이것이  백엔드 개발이다

with 자바

이것이 취업을 위한 백엔드 개발이다 with 자바

취업과 이직을 결정하는 백엔드 과제 테스트 + 기술 면접 가이드

초판 1쇄 발행 2024년 1월 12일

지은이 이준형 / **감수자** 박상현 / **펴낸이** 전태호
펴낸곳 한빛미디어(주) / **주소** 서울시 서대문구 연희로2길 62 한빛미디어(주) IT출판1부
전화 02-325-5544 / **팩스** 02-336-7124
등록 1999년 6월 24일 제25100-2017-000058호 / **ISBN** 979-11-6921-133-8 93000

총괄 배윤미 / **책임편집** 이미향 / **기획·편집** 박세미
디자인 최연희 / **표지일러스트** 안희원 / **전산편집** 김현미
영업 김형진, 장경환, 조유미 / **마케팅** 박상용, 한종진, 이행은, 김선아, 고광일, 성화정, 김한솔 / **제작** 박성우, 김정우

이 책에 대한 의견이나 오탈자 및 잘못된 내용에 대한 수정 정보는 한빛미디어(주)의 홈페이지나 아래 이메일로
알려주십시오. 잘못된 책은 구입하신 서점에서 교환해 드립니다. 책값은 뒤표지에 표시되어 있습니다.

한빛미디어 홈페이지 www.hanbit.co.kr / **이메일** ask@hanbit.co.kr
동영상 강의 youtube.com/user/HanbitMedia93
독자 Q&A https://github.com/lleellee0
자료실 https://www.hanbit.co.kr/src/11133

지금 하지 않으면 할 수 없는 일이 있습니다.
책으로 펴내고 싶은 아이디어나 원고를 메일(writer@hanbit.co.kr)로 보내주세요.
한빛미디어(주)는 여러분의 소중한 경험과 지식을 기다리고 있습니다.

이것이 취업을 위한 백엔드 개발이다

with 자바

생생한 과제 테스트 경험을 바탕으로 백엔드 개발자 취업의 모든 것을 배운다!

취업과 이직을 결정하는 백엔드 과제 테스트+기술 면접 가이드

이준형 지음 | 박상현 감수

한빛미디어
Hanbit Media, Inc.

백엔드 개발자가 되려면 스프링 프레임워크를 공부해라?

백엔드 개발자를 꿈꾸는 분이라면 이런 이야기를 많이 들어 봤을 것입니다.

　"백엔드 개발자가 되려면 자바로 웹 개발을 배워야 합니다."

　"백엔드 개발자가 되고 싶다면 스프링 프레임워크를 공부해야 합니다."

틀린 말은 아니지만, 이런 이야기를 듣는 사람 입장에서는 개발자가 되기 위한 공부 방향을 설정하는 데 그다지 도움이 되지 않습니다.

자바로 웹을 개발해야 한다기에 자바 프로그래밍을 배웠는데, 이제는 또 스프링 프레임워크를 공부해야 한다니 어떤 것부터 시작해야 할지 막막합니다. HTTP 기초도 알아야 하고, 스프링 프레임워크, 데이터베이스 등 여러 키워드도 떠오르네요. 각각의 깊은 내용들을 어느 정도로 공부해야 할지 가늠하기도 어렵습니다. 내 이야기라고 생각하셨나요?

사람마다 학습 수준의 차이는 있을지 모르지만, 백엔드 개발자가 되기 위해서는 여러 주요한 학습의 키워드를 유기적으로 연결할 줄 알아야 합니다. 그래서 이 책은 '자바 프로그래밍에 대한 기초 지식이 있는 사람이 빠르게 자바 웹 개발에 입문하고, 간단한 과제 테스트를 풀이할 수 있으려면 어떻게 학습해야 할까?'라는 물음에서 시작됐습니다.

독자들이 이 책을 모두 읽고 난 후에는 자바 웹 개발에 필요한 각각의 키워드를 중심으로 학습의 영역을 확장하고, 좀 더 어려운 과제 테스트를 풀이하거나 자신만의 웹 애플리케이션으로 포트폴리오를 만들 수 있도록 쉽게 설명하려고 노력했습니다. 최종적으로는 실무에서 웹 애플리케이션을 개발할 수 있는 백엔드 개발자로서의 역량을 갖출 수 있도록 돕기 위함입니다.

저 또한 처음부터 자바로 웹 개발을 시작한 것은 아니었습니다. 처음에는 PHP로 웹 개발에 입문했고, 이후에는 Node.js로 경력을 쌓았습니다. 돌이켜 보면 처음에는 아무런 틀에 얽매이지 않고 원하는 것을 만들 수 있다는 사실에 웹 개발이 정말 재미있었습니다. 하지만 '처음부터 자바로 웹 개발에 뛰어들었다면 어땠을까'라는 생각을 해봤습니다. 요즘 자바 웹 개발에 입문하는 분들을 보면 재미있게 학습을 이어 가는 것이 정말 어려워 보입니다. 부트 캠프나 국비 교육 프로그램 등 짧은 기간 동안 방대한 내용을 학습하고, 취업이라는 목표를 달성해야 하기 때문에 결국 어쩔 수 없는 어려움이 있는 것 같습니다. 어려운 자바라 하더라도 제가 그러했듯 독자 여러분도 '재미있게' 개발할 수 있기를 바라는 마음으로 이 책을 집필했습니다.

이 책은 웹 애플리케이션을 만드는 데 필요한 핵심 개념을 선별해 집중적으로 다루며, 취업을 위한 과제 테스트 수행의 밑거름이 되는 실전 문제도 수록했습니다.

1. 백엔드 개발자 취업을 위한 준비

2. 백엔드 개발을 위한 필수 기본 지식

3. 과제 테스트를 위한 백엔드 애플리케이션 개발

4. 실전 과제 테스트 문제

하나하나의 이론적인 내용을 깊이 파고드는 것도 의미가 있지만, 개발하는 행위 자체에 대한 재미를 느끼고 최종 목표에 한 걸음 더 다가설 수 있는 방법을 담기 위해 노력했습니다. 이해를 돕기 위해 본문에서 사용하는 모든 예제 소스는 자료실과 깃허브에서 확인할 수 있습니다. 책과 관련한 모든 질문과 제안은 다음 깃허브에 남겨 주세요.

- https://github.com/lleellee0

책을 출간하기까지 많은 우여곡절이 있었지만 드디어 책을 만날 수 있게 되어 기쁩니다. 더불어 책의 감수를 진행해 주신 F-Lab 박중수 대표님, 박상현 님, 집필 과정에 지속적으로 피드백을 주신 동료 박준형 님, 독자의 시선에서 책의 처음부터 끝까지 자세한 리뷰를 남겨 주신 멘티 한승희 님, 그리고 리뷰어로 참여해 주신 진태양, 김석현, 오창화, 최상용, 최진영 님의 조언이 많은 도움이 되었습니다.

또한 팀 동료들과 멘티분들이 있어 책을 집필할 수 있는 지식과 경험을 쌓을 수 있었습니다. 짧지 않았던 집필, 편집 기간 동안 고생하신 한빛미디어의 박새미 기획편집자님과 출간에 참여해 주신 많은 분들에게 감사합니다. 끝으로, 많이 속 썩이던 아들이지만 항상 곁에서 믿어 주고 격려해 주는 가족들에게 깊은 감사의 말씀을 전하고 싶습니다.

2024년 1월

이준형

좋은 기업으로 취업을 준비할 때 무엇을 고민해야 하는지 알 수 있는 안내서

보통 취업을 준비할 때 기술을 사용하는 것에 연연해 "왜?"라는 질문을 던지지 않는 분들이 많습니다. 하지만 좋은 기업이라고 불리는 곳에서 원하는 인재는 기술이 아니라 '깊이 있게 고민할 수 있는 사람'입니다. 이 책은 **단순히 과제를 따라만 하는 것이 아니라 출제의 의도를 설명하고, 면접에서 어떻게 깊이 있는 사고를 할 수 있는지에 대한 가이드를 제공**합니다. 학습을 마치고 나면 기업들이 채용 과정에서 어떤 것들을 바탕으로 평가하는지, 함께 일할 사람을 뽑을 때 필요로 하는 역량이 무엇인지 알 수 있습니다.

박중수 상위 1% 개발자들의 멘토링 F-Lab 대표

단순히 알려주기만 하는 것이 아니기에 더 빛나는 책!

이 책에는 **백엔드 개발의 기본 개념부터 시작해 객체지향적인 설계를 고려한 API 개발 실습까지 진행하는 '커리큘럼'이 존재**합니다. 취업을 위한 실질적인 스킬을 기르고 싶다면 주저없이 추천하고 싶습니다. 단순히 개념 설명에 그치지 않고, 그 개념이 필요한 이유와 앞으로의 학습 가이드까지 제공하고 있어 취업을 목표로 하는 독자라면 누구든 얻어가는 것이 많을 것입니다.

한승희 멘티

멘토가 필요하다면 바로 여기!

개발을 공부할 때 가장 중요한 것 중 하나는 수많은 개념을 빠르게 내것으로 만들어 코드에 적용시키는 것입니다. 하지만 알아야 하는 개념은 너무 많고, 공부의 우선순위를 잡기가 어려워 시작할 때부터 많은 스트레스를 받곤 하죠. 이 책은 백엔드 개발에 입문하려는 모든 이에게 좋은 멘토가 될 것입니다. **자바와 스프링 부트를 통해 백엔드 개발의 기본기를 단단히 다지고, 학습한 이론을 바탕으로 제시되는 면접 질문과 프로젝트 예시를 통해 취업을 위한 과제 테스트까지 준비**할 수 있습니다.

박준형 카카오

백엔드 개발자를 위한 지침서 – 기술과 커뮤니케이션, 백엔드 개발의 완벽한 조화

현대의 백엔드 개발은 단순한 기술 능력을 넘어, 커뮤니케이션과 문서 작성 같은 기술 외적인 요소들도 필수적입니다. 이 책은 이러한 백엔드 개발의 본질을 강조하며, 전문 기술만큼이나 중요한 기술 외적인 능력도 함께 다루고 있습니다. 현실적으로 취업 준비는 모든 평가 요소를 완벽하게 습득하기가 어려운 것이 사실입니다. 그렇기에 핵심을 집중적으로 다룸으로써 불필요한 수고를 줄이는 것이 중요합니다. 이 책은 **반드시 필요한 중요 기술 역량을 설명하는 동시에, 커뮤니케이션과 협업, 그리고 문서 작성을 위한 노하우도 함께 다루고 있어 백엔드 개발자의 핵심 역량을 길러주는 지침서**와 같습니다.

진태양 볼타bolta.io CTO

실전 과제 테스트로 배우는 백엔드 개발의 전략과 노하우

이 책은 개발을 처음 시작하거나 프로젝트 경험이 없는 사람도 서비스 개발에 대한 전체적인 흐름을 쉽게 이해하고, 작은 단위의 서비스를 개발할 수 있는 역량을 키우는 데 도움을 줍니다. 프로젝트 중 자주 사용하는 문법과 개념들을 단계적으로 알려주고, 실무에서만 경험할 수 있는 팁들을 사이사이에 제공하고 있습니다. **실제로 출제되는 유형의 과제 테스트를 직접 구현해 보면서 실무에서 서비스 개발이 어떻게 흘러가는지를 직접 경험해 볼 수 있다는 것**이 이 책을 선택해야 하는 가장 큰 이유입니다.

김석현 카카오스타일

예비 개발자를 위한 나침반

처음 책의 목차를 보자마자 **취업 준비 과정에서 방향성을 찾지 못해 어려움을 느끼는 많은 예비 개발자에게 좋은 가이드라인을 제공할 수 있는 책**이라고 생각했습니다. 백엔드 개발자로서의 기본 업무부터 면접 준비 방법, 기술 면접 TIP, 그리고 자바를 사용하는 회사에서 주로 다루는 기술 스택까지 모두 다루고 있어, 수많은 갈림길 앞에서 고민하는 예비 개발자들에게 확실한 이정표가 될 것입니다.

오창화 카카오

내가 개발을 시작할 때 없었던 것이 아쉬운 책

현직 개발자로서 프로그래밍 입문서들을 살펴보다 보면 분명 추상화나 DI 등과 같은 심화 개념을 설명하고 있지만, 과연 '그 책을 읽는 독자들이 완벽하게 이해할 수 있을까'라는 의문이 들 때가 있습니다. 다행스럽게도 이 책은 그런 **어려운 개념들마저 입문자가 이해할 수 있도록 쉽게 설명합니다.** 제가 개발을 시작할 때, 신입 개발자일 때 이 책이 없었던 것이 아쉬울 정도입니다. 이 책을 읽는 독자는 실전 예제와 함께 수록된 저자의 팁을 참고해 실무에서는 어떤 것을 고려하며, 개발해야 하는지 간접적으로나마 이해할 수 있습니다. **입문자들이 캐치하기 어려운 내용들을 다루고 있어 백엔드 개발 입문자는 물론, 신입 개발자에게도 도움이 될 것**이라 생각합니다. 실전 면접을 어떻게 준비해야 하는지, 자바와 스프링을 공부했지만 이제 뭘 어떻게 해야 할지 고민이라면 이 책이 좋은 길라잡이가 될 것입니다.

최상용 버킷플레이스(오늘의집)

백엔드 지망생이 꼭 읽었으면 하는 취준의 이정표

이 책에는 취업을 준비할 때 참고할 수 없는 내용들이 풍부하게 담겨 있습니다. 백엔드 개발을 위해 무엇부터 시작해야 할지 혼란스러운 입문자들에게 백엔드의 본질과 개발자로서의 방향성을 알려주는 책입니다. 말로만 듣던 기술들이 구체적으로 어떻게 구현되는지, 단순히 기술을 이해하는 것을 넘어 그 배경과 원리를 파악함으로써 개발의 역량을 키워나가는 방법을 제시합니다. **무작정 코드만 작성하는 것이 아니라 왜 그런 방식으로 작성하는지에 대한 실마리**를 얻을 수 있습니다. 또한 **실무에서 활용할 수 있는 실습 과제를 통해 코드 작성 능력과 문제 해결 능력**을 함께 기를 수 있을 것입니다.

최진영 우아한형제들

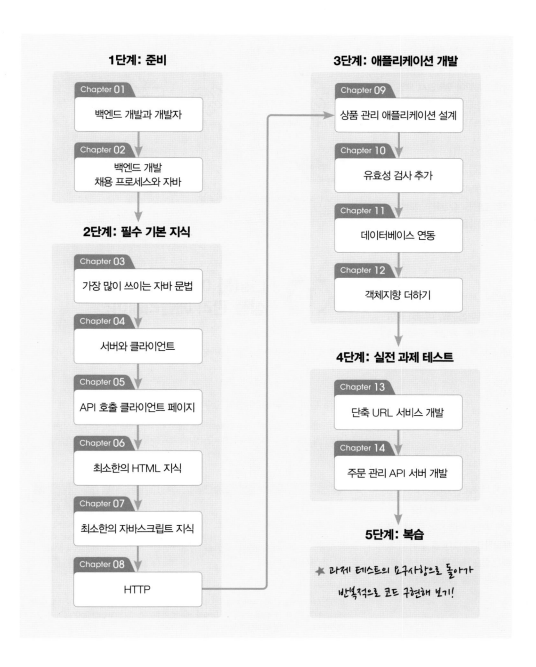

1단계: 준비

Chapter 01
백엔드 개발과 개발자

Chapter 02
백엔드 개발
채용 프로세스와 자바

2단계: 필수 기본 지식

Chapter 03
가장 많이 쓰이는 자바 문법

Chapter 04
서버와 클라이언트

Chapter 05
API 호출 클라이언트 페이지

Chapter 06
최소한의 HTML 지식

Chapter 07
최소한의 자바스크립트 지식

Chapter 08
HTTP

3단계: 애플리케이션 개발

Chapter 09
상품 관리 애플리케이션 설계

Chapter 10
유효성 검사 추가

Chapter 11
데이터베이스 연동

Chapter 12
객체지향 더하기

4단계: 실전 과제 테스트

Chapter 13
단축 URL 서비스 개발

Chapter 14
주문 관리 API 서버 개발

5단계: 복습

★ 과제 테스트의 요구사항으로 돌아가
반복적으로 코드 구현해 보기!

**백엔드 개발자 취업,
무엇을 어떻게 준비할까?**

백엔드 개발이 무엇인지, 백엔드 개발자가 되기 위해 무엇을 준비해야 하는지 설명합니다.

개발자 채용 프로세스

개발자 채용은 보통 다음과 같은 프로세스로 진행된다.

서류 전형 → 코딩 테스트/과제 테스트 → 1차 면접 → 2차 면접

기술 면접 TIP

학습한 개념과 관련된 실제 기술 면접 질문을 확인하고, 모범 답안을 작성합니다.

기술 면접 TIP

Q5. 오버라이딩과 오버로딩의 차이점을 말해 보세요.

A5. 오버라이딩은 부모 클래스에 정의된 메서드를 자식 클래스에서 새롭게 정의하는 것을 의미하고, 오버로딩은 동일한 메서드의 이름으로 서로 다른 파라미터와 리턴 타입의 메서드를 여러 개 정의하는 것을 의미합니다.

백엔드 개발 필수 이론

애플리케이션 개발 예제를 풀이하며 백엔드 개발에 대해 이해합니다.

List를 이용한 상품 관리 애플리케이션

과제 테스트를 경험해 볼 시간이다. 지금까지 배웠던 내용들이 API 서버 개발에 어떻게 적용되는지 알아보자.

상품 관리 애플리케이션의 요구사항

우리가 만들 애플리케이션은 자바 컬렉션인 리스트^{List}로 관리되는 상품 관리 애플리케이션이다. 이 상품 관리 애플리케이션은 다음과 같은 요구사항을 가지고 있다.

여기서 잠깐 & NOTE

'여기서 잠깐'을 통해 보충 설명, 참고 사항, 관련 용어 등 학습을 보완하고, 'NOTE'를 통해 혼동하기 쉬운 내용이나 알아 두어야 할 사항 등을 정리합니다.

여기서 잠깐

HTML과 HTTP

웹 애플리케이션의 근간을 이루는 프로토콜인 HTTP는 최초에 HTML 문서를 교환하기 위해 고안되었다. 그만큼 HTTP는 HTML과 깊은 연관이 있다. HTML 외의 수많은 미디어와 데이터를 주고받는 현재에도 여전히 HTML 문서는 웹 페이지를 타고 이동할 때마다 적어도 한 번씩은 다운로드하게 되어 있어 HTML을 빼고서는 웹을 설명할 수 없다.

NOTE DNS 요청을 포함해 클라이언트의 모든 요청은 공유기를 통해 라우터를 거친다. 그림에서는 구글 웹 서버로 가는 클라이언트의 요청에 초점을 맞추기 위해 DNS가 공유기를 거치지 않는 것처럼 표현했지만, DNS 역시 구글의 웹 서버처럼 공유기를 통해 접근하는 존재임을 기억하자.

질문 있습니다

target="_blank" 코드도 외워야 하나요?

혹시 지금 '새 창으로 링크를 열 때는 target="_blank"를 사용해야 함'과 같은 내용을 어딘가에 적어 두거나 외우려고 하지 않길 바란다. HTML 페이지 내에서 링크를 걸려면 a 태그를 사용한다는 것까지는 쉽게 기억할

➤➤ 좀 더 알아보기

HTML, CSS, 자바스크립트

웹 프런트엔드를 구성하는 세 가지 요소는 바로 HTML, CSS, 자바스크립트이다. 이 세 가지 요소가 제 역할을 다

**질문 있습니다 &
좀 더 알아보기**

개념 및 실습 예제를 학습하면서 궁금한 점을 해소하고, 관련 개념을 좀 더 깊이 있게 파악합니다.

3-3-10.java NullPointerException 발생

```java
public class Main {
    private static String getSomeString() {
        return null; // 이 메서드는 항상 null을 반환한다.
    }
```

실행 결과

```
Exception in thread "main" java.lang.NullPointerException: Cannot invoke
"String.toUpperCase()" because "isThisNull" is null
    at kr.co.hanbit.Main.main(Main.java:11)
```

코드 & 실행 결과

자바 코드로 작성된 예제 및 설명을 통해 백엔드 개발의 관련 개념을 명확하게 이해합니다.

※ 모든 예제 소스는 자료실과 깃허브에서 확인할 수 있습니다.

❮1❯ 과제 테스트 제시

실전 과제 테스트 문제

자주 출제되는 과제 테스트 문제를 제시된 요구사항에 맞게 연습합니다.

이번 과제 테스트는 일부 개발된 프로젝트를 깃허브에서 다운로드하여 진행하는 프로젝트이다. 과제의 일부가 이미 구현되어 있으므로 제시된 요구사항에 맞춰 그 이후 지점부터 적절하게 이어서 구현하는 것이 관건이다.

과제 요구사항

이번에는 깃허브에서 프로젝트를 다운로드하여 클론을 받아 진행하는 과제이므로 깃허브로 요구사항을 받았다는 가정 하에 실습을 진행한다. 앞으로 설명할 요구사항은 다음의 깃허브 레포지토리 링크에서도 확인할 수 있다. 요구사항에 데이터 포맷과 코드도 있기 때문에 링크로 접속하여 보는 편이 편리할 것이다.

• https://github.com/lleellee0/java-for-backend/blob/main/15-1/README.md

주문 관리 API 서버 개발 요구사항

❶ 상품을 주문할 수 있는 주문 관리 API 서버를 만들어야 합니다. 일부 코드는 이미 구현되어 있으며, 해당 코드

동영상 강의

 https://www.youtube.com/user/HanbitMedia93

한빛미디어 유튜브 채널에서 『이것이 취업을 위한 백엔드 개발이다 with 자바』의 저자 직강 동영상을 만나 보세요! 검색창에 '이것이 취업을 위한 백엔드 개발이다'를 검색하면 쉽고 빠르게 동영상 강의를 찾을 수 있습니다.

자료실

 https://www.hanbit.co.kr/src/11133

책에서 진행하는 모든 예제의 소스코드와 학습에 참고할 만한 내용을 자료실에서 확인할 수 있습니다. 전체 코드를 살펴보며 흐름을 이해하는 것은 학습한 내용을 확인하는 데에 큰 도움이 됩니다.

독자 Q&A

https://github.com/lleellee0

깃허브에서 이 책을 학습하는 데 필요한 소스코드와 Q&A를 제공합니다. 또한 자바, 백엔드 개발과 관련된 다양한 자료를 접할 수 있습니다. 저자와 함께하는 책 밖의 또 다른 공간에서 다른 독자의 고민과 궁금증도 확인해 보세요!

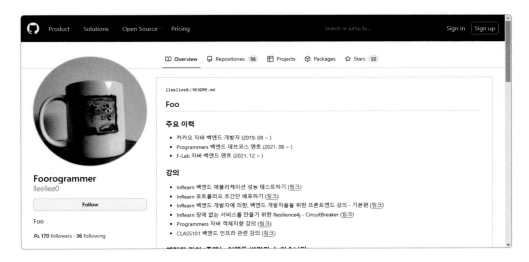

목차

PART 01 백엔드 개발자 취업, 무엇을 어떻게 준비할까?

CHAPTER 01 백엔드 개발자가 하는 일

CHAPTER 02 백엔드 개발자가 되는 방법

PART 02 백엔드 개발을 위한 필수 기본 지식

CHAPTER 03 실무에 가장 많이 쓰이는 자바 문법

부록

※ 학습에 참고할 만한 내용을 자료실(https://www.hanbit.co.kr/src/11133)에서 제공합니다.

백엔드 개발자 취업, 무엇을 어떻게 준비할까?

CHAPTER

> 01

백엔드 개발자가
하는 일

개발자는 웹 애플리케이션을 만드는 웹 개발자, 스마트폰 애플리케이션을 만드는 모바일 앱 개발자, 하드웨어 제어에 필요한 소프트웨어를 만드는 소프트웨어 개발자 등 다양한 종류로 나눌 수 있다. 백엔드 개발자는 역할상 프런트엔드와 백엔드로 나뉘는 웹 개발자에 속한다. 여기에서 프런트엔드와 백엔드를 구분하는 기준은 무엇일까? 그리고 백엔드는 웹 개발에서 어떤 위치를 차지하고 있을까? 이번 장에서는 프런트엔드 개발과 비교해 백엔드 개발이란 무엇이며, 백엔드 개발자의 역할과 역량은 무엇인지 살펴본다.

 # 백엔드 개발이란 무엇인가

백엔드 개발을 한마디로 정의하기는 어렵다. 일반적으로 백엔드 개발이라고 하면 '웹 백엔드 개발'을 이야기한다. 그럼 웹은 무엇일까? 여러분이 매일 사용하고 있는 유튜브, 구글, 카카오톡 같은 서비스나 스마트폰 애플리케이션은 모두 웹을 통해 작동한다. 이번 절에서는 웹 백엔드 개발을 이해하기 위해 웹과 백엔드라는 두 가지 키워드에 대해 알아본다.

웹 개발

웹Web은 '월드 와이드 웹World Wide Web'이라는 말에서 따온 것으로, 전 세계를 마치 거미줄처럼 연결한다는 개념에서 가져온 말이다. 웹은 물리적 실체가 있는 것이 아니라 전 세계를 아우르는 정보 교환 방식 자체를 의미한다.

웹의 다른 이름은 'HTTPHyper Text Transfer Protocol'이다. 하지만 HTTP는 웹과 달리 프로토콜Protocol이라는 실체가 있다. 프로토콜이란 어떤 약속이나 규약을 말하므로 HTTP는 웹에서 사용되는 통신 규약을 의미한다. 서로 동일한 프로토콜로 통신을 해야만 정상적인 데이터 교환이 가능하다. 따라서 웹을 이해한다는 것은 HTTP를 이해하는 것이고, 웹 개발이란 HTTP 메시지를 주고받는 소프트웨어를 개발하는 것이다.

우리가 웹 개발을 하면서 마주하게 되는 키워드에는 HTTP 외에도 웹 브라우저, HTML, 웹 서버 등이 있다. 특히 웹 브라우저와 HTML은 많이 들어 봤을 것이다. 웹 브라우저란 우리가 흔히 쓰는 구글 크롬Chrome과 같이 웹사이트에 접속할 수 있도록 도와주는 프로그램을 말한다. HTML은 이 웹 브라우저를 통해 웹사이트에 방문했을 때 보이는 화면이다. 물론 여러분이 보는 HTML은 웹 브라우저가 HTML 코드를 화면에 그려 준 결과로, 실제 HTML 코드는 웹 브라우저의 [페이지 소스 보기]에서 확인할 수 있다.

[페이지 소스 보기]로 HTML 코드 확인하기

크롬에서 웹사이트를 열고 사이트 내부 아무 곳에 마우스 오른쪽 버튼을 클릭한 다음 [페이지 소스 보기]를 선택하면 별도의 창으로 HTML 코드를 확인할 수 있다.

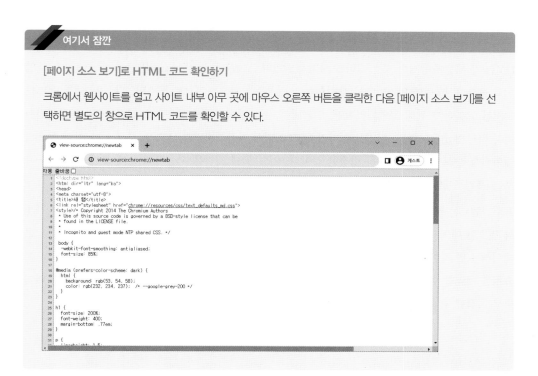

많은 사람이 웹과 인터넷Internet이라는 두 가지 개념을 혼동하곤 한다. **인터넷은 물리적으로 연결된 전 세계의 네트워크 망 자체를 가리키고, 웹은 HTTP라는 프로토콜을 통해 인터넷에서 데이터를 주고받는 방법**을 말한다. 인터넷에는 웹 말고도 데이터를 주고받는 여러 가지 방법이 있다. 파일을 주고받을 때 사용하는 FTP나 메일을 보낼 때 사용하는 SMTP 같은 프로토콜이 그 예이다. 이들 모두 HTTP와 마찬가지로 인터넷이라는 네트워크 망을 사용한다.

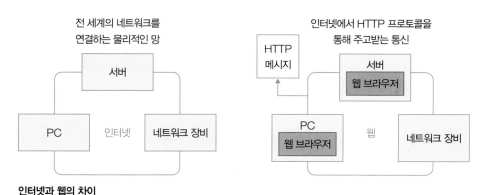

인터넷과 웹의 차이

프런트엔드와 백엔드의 분화

HTTP가 세상에 등장한 지는 그리 오래되지 않았다. 1989년, 팀 버너스 리[Tim Berners-Lee]에 의해 제안되고 불과 몇 년 만에 인터넷에서 매우 높은 트래픽을 차지하는 프로토콜이 되었다. 처음에는 HTML 문서를 교환하기 위해 고안되었지만, 인터넷이 점점 광범위하게 사용되고 개인 PC가 보급되면서 더욱 다양해졌다. 서비스 다양화에 따라 HTTP 역시 복잡해지면서 HTML 문서 외에 여러 형태의 데이터를 주고받을 수 있도록 발전한 것이다. 이렇게 웹 개발은 사용자의 눈에 보이는 부분을 다루는 '프런트엔드[Front-end]'와 눈에 보이지 않는 부분을 다루는 '백엔드[Back-end]'로 나뉘게 되었다.

프런트엔드는 서비스를 사용하는 사람들이 실제로 보는 웹 브라우저의 화면을 구성하고, 화면 구성에 필요한 데이터를 웹 서버에 요청해 받는다. 그리고 사용자가 글을 작성하는 등의 행동을 하면 그 데이터를 웹 서버로 보낸다. 그럼 백엔드는 그에 맞는 웹 서버를 구성하여 프런트엔드에서 넘어오는 요청을 처리할 수 있는 기능을 만든다. 여기에는 데이터베이스와 같이 프런트엔드에서 넘어온 데이터를 저장할 수 있는 저장소도 포함된다.

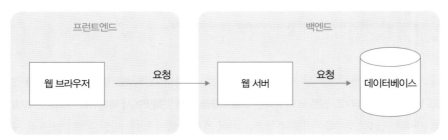

웹 개발 분야의 프런트엔드와 백엔드

프런트엔드와 백엔드 분화의 가속

웹 개발이 프런트엔드와 백엔드로 분화된 후에도 한동안은 한 명의 개발자가 프런트엔드와 백엔드를 모두 개발하는 경우가 많았다. 초기에는 웹 서비스가 비교적 간단한 형태였기 때문이다. 이러한 분위기를 크게 변화시킨 계기가 바로 스마트폰의 등장이다.

2000년대 말 처음 스마트폰이 등장한 이후 애플의 아이폰iPhone이 상업적으로 큰 성공을 거두면서 스마트폰은 전 세계로 빠르게 보급되었다. 그러면서 PC의 웹 브라우저를 통하지 않고 스마트폰 자체에서 작동하는 애플리케이션 또한 우후죽순 생겨났다. 여기서부터 웹 서비스를 개발하던 회사들의 고민이 시작되었다.

PC를 통한 웹 서비스를 개발하던 회사들은 동일한 서비스를 스마트폰 애플리케이션으로도 제공해야 하는 상황이 되었다. 문제는 웹 서비스에서는 사용자들이 원하는 HTML 문서를 보내 주면 됐지만, 스마트폰 애플리케이션에서는 HTML 문서가 아닌 스마트폰 UIUser Interface를 통해 서비스를 해야 한다는 것이었다. 즉, 동일한 서비스의 사용자 환경이 두 가지로 나뉜 것이다.

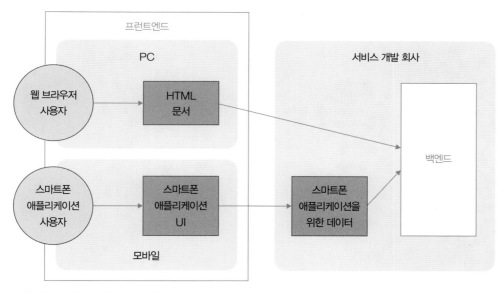

스마트폰의 등장으로 인한 서비스 환경의 분화

서비스를 개발하는 회사 입장에서 보면 하나의 서비스를 두 가지 환경의 사용자에게 제공하는 것은 아주 비효율적이다. 왜냐하면 서비스 기능 중 한 가지를 변경하면 웹 브라우저의 웹 페이지와 스마트폰의 애플리케이션을 위한 데이터를 각각 수정해 줘야 하기 때문이다. 이는 특히 백엔드 개발자에게 불편한 상황이다. 데이터 하나를 제공할 때마다 똑같은 기능의 코드를 두 벌씩 만들어야 하는 상황이 된 것이다.

그렇게 개발자들은 두 환경의 사용자에게 효과적으로 서비스를 제공하는 방법을 찾기 시작했고, 그 해결책이 바로 HTML 페이지와 데이터를 분리해 두 환경 모두를 위한 데이터를 제공하는 것이었다. 스마트폰 사용자가 애플리케이션을 통해 데이터만 주고받듯, 웹 브라우저 사용자도 HTML 페이지를 통해 데이터만 주고받도록 적용하는 것이다.

앞에서 언급했듯이 스마트폰 애플리케이션은 서비스를 위해 UI를 반드시 가지고 있어야 한다. UI는 설치될 때 함께 포함되어 있으므로 스마트폰 애플리케이션과 백엔드는 서로 필요한 데이터만을 주고받으면 된다. 이 방법을 웹 브라우저 사용자에게도 동일하게 적용하면 다음 그림과 같은 형태가 된다.

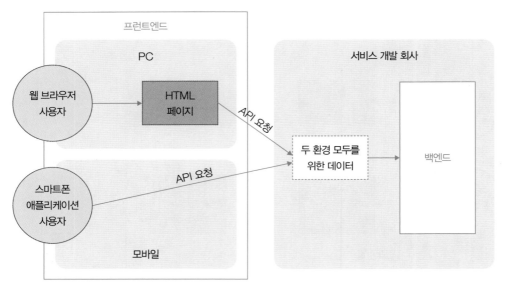

백엔드 서버의 데이터 공유 형태

NOTE '두 환경 모두를 위한 데이터'로 JSON이라는 포맷의 데이터가 많이 활용되고 있다. JSON 데이터를 주고받을 때 사용하는 프로토콜이 웹의 프로토콜인 HTTP이기 때문이다.

우리가 웹 브라우저에서 유튜브, 인스타그램, 페이스북 등의 메인 페이지를 보다가 스크롤을 아래로 내리면 계속해서 새로운 추천 영상과 게시물이 나타나는 것을 볼 수 있다. 이때 우리가 보고 있는 화면, 즉 HTML 문서는 매번 페이지를 새로 받아오는 것이 아니라 페이지를 유지한 채로 데이터만 가져온 것이다. 다음 이미지는 이렇게 웹 브라우저와 사용자가 서로 데이터를 주고받는 상황을 보여준다.

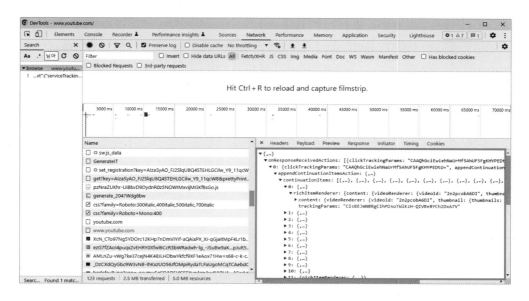

NOTE 웹사이트 아무 곳에 마우스 오른쪽 버튼을 클릭한 다음 [검사]를 선택하면 별도의 검사 창이 나타나는데, 여기에서 [Network] 탭을 선택하면 확인할 수 있다.

이렇게 데이터만 주고받도록 구성하면 백엔드 개발자가 하나의 데이터를 제공하기 위해 한 벌의 코드만 작성하면 된다. 이런 구조는 백엔드와 프런트엔드의 결합도를 낮춰 두 영역이 각각 전문적으로 발전할 수 있는 토대가 되었다. 이것이 지금까지 널리 사용되고 있는 웹 개발의 전반적인 형태라고 할 수 있다.

결과적으로 웹 개발은 시초부터 프런트엔드 개발과 백엔드 개발로 나눠져 있었지만, 스마트폰의 등장으로 인해 그 구분이 더 명확해지고 전문화되었다. 이제는 이렇게 정의할 수 있을 것이다. 프런트엔드 개발은 HTML 페이지처럼 사용자들의 눈에 보이는 코드를 개발하는 것을 의미하고, 백엔드 개발은 HTML 페이지 혹은 스마트폰 애플리케이션에서 오는 HTTP 요청을 처리하는 서버를 개발하는 것을 의미한다.

백엔드 개발

웹 개발이 프런트엔드와 백엔드로 나뉜다는 사실을 알았으니 이제 구체적으로 우리가 이 책을 통해 배우려고 하는 백엔드에 대해 알아보자. 앞에서 살펴본 것처럼 백엔드는 프런트엔드와 스마트폰 애플리케이션에서 오는 요청을 받아서 처리한 후 사용자에게 다시 데이터를 전달하는 형태이다. 이렇게 프런트엔드와 백엔드가 데이터를 서로 주고받는 형태로 개발하는 것을 'API 개발'이라고 한다. API^{Application Programming Interface}는 컴퓨터 과학에서 널리 사용하는 용어로, 하나의 프로그램 또는 라이브러리를 외부의 다른 곳에서도 사용할 수 있도록 해주는 인터페이스를 의미한다. 웹 개발에서는 이 개념을 확장해 '백엔드 서버가 가지고 있는 기능을 프런트엔드의 인터페이스로 제공한다'는 의미로 사용한다.

백엔드 개발자의 API 개발은 프런트엔드와 주고받을 데이터를 처리하기 위한 서버 프로그램을 개발한다는 뜻이다. 이렇게 API로 개발된 서버 프로그램을 서버 컴퓨터에서 실행하면, 그 서버를 'API 서버'라고 부른다.

또한 프런트엔드 개발자와 백엔드 개발자는 서로 어떤 API를 사용하여 통신할지를 미리 정의해야 한다. 이렇게 여러 API들을 정의한 문서를 'API 문서'라고 하며, 프런트엔드와 백엔드 개발자는 보통 개발을 시작하기 전에 다음과 같이 API 문서를 작성한다. 이 과정을 거치지 않고 개발을 시작하면 서로 미묘하게 데이터가 맞지 않아 API가 제대로 작동하지 않는 문제가 발생하기 쉽다.

API 문서 작성 예시

```
요청 메서드 : POST
요청 경로 : /orders

요청 데이터
[
    {
        "id": 1,
        "amount": 1
    },
    {
        "id": 3,
        "amount": 1
    }
]

응답 데이터
{
    "id": 1,
    "orderedProducts": [
        {
```

```
            "id": 1,
            "name": "상품1",
            "price": 10000,
            "amount": 1
        },
        {
            "id": 3,
            "name": "상품3",
            "price": 30000,
            "amount": 1
        }
    ],
    "totalPrice": 40000,
    "state": "CREATED"
}
```

> **NOTE** 여기에는 JSON을 사용했는데, 일단은 이런 것이 있다는 것 정도만 알아 두자. 자세한 내용은 228쪽 07-2 절에서 설명한다.

백엔드 개발에 포함되는 또 다른 중요 요소는 API 서버로 들어온 요청을 데이터베이스와 같은 외부 요소를 통해 처리하는 일인데, API 서버는 많은 데이터를 저장하고 조회하는 데 취약하다. 보통 데 이터베이스가 대량의 데이터 처리를 담당하기 때문에 백엔드 개발자는 API 서버에서 데이터베이스 로 데이터를 저장하거나 조회하고 데이터가 늘어남에 따라 발생하는 성능 문제를 해결한다. 물론 데 이터베이스와 관련된 일을 하는 DBA[Database Administrator]라는 직군이 따로 존재하지만, 회사에 따라 없 는 경우도 많고 설령 있다고 하더라도 기능적으로는 백엔드 개발자가 데이터베이스에 대해 잘 알고 있어야 총체적인 개발이 가능하다.

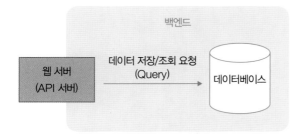

데이터베이스를 포함하는 백엔드 개발의 범위

그럼 API 서버를 개발하려면 어떤 언어로 코드를 작성해야 할까? C 언어로도 API 서버를 만들 수 있지만, 일반적으로는 이 책에서 다루는 자바를 포함하여 코틀린, 파이썬 등의 다양한 고수준High Level 언어를 많이 사용한다.

여기서 잠깐

저수준 언어

저수준 언어란 컴퓨터가 이해하기에 용이한 기계어(0과 1만으로 이루어진 언어)에 가까운 언어를 뜻한다. 인간 친화적인 고수준 언어에 비해 상대적으로 속도는 빠르지만, 메모리 관리와 같이 신경 써야 할 부분이 많다. 따라서 코드를 작성하는 방법도 어렵기 때문에 로직 외적으로 신경 써야 할 것이 많은 웹 애플리케이션 개발에는 부적절하다. 종종 파일 시스템처럼 속도를 끌어올리는 것이 중요한 시스템의 경우 일부 API를 저수준 언어로 개발하기도 한다.

여러분은 앞으로 자바를 이용해 API 서버를 개발하는 방법을 배울 것이다. 이 책에서는 백엔드 개발자가 되기 위해 꼭 필요한 기본적인 내용만 선별했기 때문에 개인적으로 더 많은 내용을 학습하는 것이 좋다. 도움될 만한 내용을 깃허브에 정리해 두었으니 참고해 보자. 이 책이 백엔드 개발자가 되기 위한 의미 있는 출발점이 되길 바란다.

백엔드 개발자의 역할과 역량

백엔드는 프런트엔드에서 사용할 API를 제공하고, 필요에 따라 데이터베이스 같은 외부 요소와 상호작용한다. 그럼 백엔드 개발자는 API 서버와 데이터베이스만 다룰 줄 알면 되는 것일까? 물론 아니다. 이번 절에서는 백엔드 개발자가 궁극적으로 해야 할 역할이 무엇이고, 백엔드 개발자가 되려면 어떤 역량이 필요한지 알아보자.

백엔드 개발자의 역할

백엔드 개발자는 곧 백엔드 애플리케이션을 개발하는 사람이다. 백엔드 애플리케이션은 프런트엔드 애플리케이션과 함께 서비스를 구성하고 사용자가 직접 서비스를 이용할 수 있도록 한다. 전체 서비스 개발 프로세스에 포함되어 있는 일부 기능을 개발하는 것이므로 전체 서비스가 어떻게 기획, 개발, 운영되는지 먼저 알아본 다음, 그 안에서 백엔드 개발자가 어떤 역할을 하는지 살펴보자.

서비스 개발은 일반적으로 다음과 같은 5단계를 거친다.

서비스 개발 5단계

기획 단계

어떤 서비스를 만들 것인지를 정의하는 단계이다. 보통 개발자보다는 기획자가 서비스를 주도하며, 사람들의 어떤 문제를 해결하는지, 누구를 타깃으로 하는지, 다른 서비스와의 차별점은 무엇인지, 비즈니스 모델은 어떻게 되는지 등을 정의한다. 이 단계에서 개발자가 하는 일은 기획 내용에 대한 가능성과 기술적 조언, 개발 기간에 대한 검토 등이다. 이 과정에 개발자가 참여하지 않으면 구현 자체가 불가능한 서비스가 될 수도 있으므로 첫 단추를 잘 꿰는 것이 중요하다.

설계 단계

기획 단계에서 정의한 서비스를 구현하기 위해 어떤 기능과 인프라가 필요한지 설계하는 단계이다. 모든 기획이 기획 단계에서 완벽하게 정의될 수는 없기 때문에 설계 단계에서도 수시로 변경될 수 있다. 이 단계부터는 개발자가 주도적으로 서비스 개발에 참여한다.

프런트엔드 개발자와 백엔드 개발자는 각자 다루게 될 데이터와 주고받을 데이터를 정의한다. 즉, API를 설계하는 것이다. 더 나아가 백엔드 개발자는 데이터베이스와 같은 저장소에 데이터가 어떻게 저장되는지도 정의해야 한다. 이렇게 데이터를 정의한 뒤에는 이를 문서로 만드는데, 이것을 'API 문서*'라고 한다. 정확한 문서가 있어야 개발 과정에서 문서를 참고해 제대로 개발할 수 있다. 또한 문서로 만드는 과정에서 서로 잘못 이해했던 부분이 드러나기도 한다.

개발 단계

서비스를 실제로 구현하는 단계이다. 개발 단계에서는 설계 단계에서 만들어진 문서를 기반으로 실제 프로그램을 개발한다. 개발 초기에는 아직 백엔드 서버가 없기 때문에 프런트엔드 개발자가 임시로 사용하는 목업Mockup 서버를 만들기도 한다. 반대로 백엔드 개발자 역시 아직 프런트엔드 페이지가 없기 때문에 Postman과 같은 툴을 사용하거나 테스트 코드를 작성하여 본인이 개발한 코드를 확인한다. 물론 상황에 따라 계속해서 초기 기획과 설계를 수정할 수 있다.

대부분의 서비스는 오픈일이 정해져 있으므로 일정을 지키기 위해 빠른 속도로 개발해야 한다. 그렇기 때문에 서비스 개발 초기에는 특히 빠르게 구현하는 쪽에 높은 우선순위를 둘 때가 많다. 서비스 오픈 속도가 시장을 선점하는 데 중요한 요소이기 때문이다.

배포 단계

개발 단계에서 구현된 코드를 서버에 올려 서비스하는 단계이다. 물론 처음 배포한 코드를 사용자에게 바로 서비스하는 경우는 드물다. 일반적으로 어느 정도 개발된 코드의 초기 배포는 개발 단계에서 이루어지고, 프런트엔드와 백엔드의 여러 개발자가 각자 배포된 서버를 통해 남은 개발을 이어나간다. 최종적으로 사용자에게 서비스를 공개할 시점이 되면 공개할 버전의 소스코드를 각자 서버

---

* API 문서에 관해 자세히 알아보고 싶다면 다음 URL을 참고하자. https://tech.kakaoenterprise.com/127

에 배포해 둔 상태에서 테스트를 진행한다.

테스트를 완료한 후 이상이 없다면 서비스 오픈일에 사용자에게 공개하고, 그때부터는 사용자의 트래픽이 서비스로 들어 온다. 서비스가 공개된 이후에는 프런트엔드와 백엔드 모두 버전Version을 관리하는 방식으로 함께 배포하는 경우가 많다. 이러한 배포를 '패치Patch'라고 한다.

운영 단계

서비스를 오픈하고 운영하는 단계를 의미한다. 아무리 서비스를 잘 개발했다고 해도 모든 서비스는 버그를 내포하고 있다. 서비스를 오픈한 다음부터는 CSCustomer Service 등을 통해 수시로 여러 가지 버그가 접수되므로 우선순위에 따라 하나씩 처리해 나가야 한다. 당연히 서비스 이용에 치명적인 오류를 일으키는 버그들이 높은 우선순위를 가진다.

트래픽이 많아지면서 문제가 생기는 경우도 있다. 트래픽이 너무 많아지면 서버의 CPU, 디스크, 네트워크 사용량이 많아지면서 API의 응답 시간이 길어져 사용자가 서비스 이용에 불편을 겪거나 완전히 이용하지 못하는 상황이 될 수 있다. 백엔드 개발자는 이러한 문제를 미연에 식별하여 테스트하고 대책을 수립해야 한다. 일반적으로 사용자에게 서비스를 오픈하기 전 배포 단계에서 테스트를 진행하며, 서비스 오픈 후 문제가 발생했다면 빠르게 원인을 파악하여 추가적인 서버를 투입하거나 로직을 변경하여 문제를 해결해야 한다.

여기까지가 일반적인 서비스 기획부터 운영까지의 백엔드 개발 과정이다. 서비스가 한 번 배포된 다음에는 운영만 하면 되는 것이 아니라 앞선 다섯 단계를 지속적으로 반복해야 한다. 상황에 따라 수시로 서비스 기능이 추가되거나 버그를 수정해야 하기 때문이다. 실제 서비스 개발은 이보다 더 복잡하지만 지금은 이 정도만 알고 있어도 충분하다.

백엔드 개발자에게 필요한 역량

개발자의 역량은 어떤 기준을 세우느냐에 따라 달라질 수 있다. 여기서는 특히 백엔드 개발자로서의 경험을 토대로 설명한 내용이므로 참고하기 바란다. 다양한 사람들과 협업하고 끊임없이 서비스를 개선해야 하는 직무의 특성이 곧 백엔드 개발자의 역량이라 할 수 있다. 그럼, 하나씩 살펴보자.

백엔드 개발자의 역량

커뮤니케이션 능력

개발자뿐 아니라 모든 사람에게 필요하겠지만, 타 부서와의 협업이 많은 백엔드 개발자에게는 특히나 중요한 역량이다. 기획부터 운영에 이르기까지 커뮤니케이션이 필요하지 않은 단계가 없다. 커뮤니케이션 능력은 단순히 말을 잘하는 것을 의미하지 않는다. 커뮤니케이션 능력이란 '내가 알고 있는 것을 상대방에게 이해시키고, 반대로 상대방이 알고 있는 것을 이해하는 능력'이다. 말은 수단 중 하나일 뿐 글이나 그림을 적절히 활용하는 것도 좋은 커뮤니케이션 수단이 될 수 있다.

구현 능력

기획한 내용을 실제 개발물로 구현해 내는 능력이다. 요구사항을 이해하고 그것을 자신이 구현할 수 있는 언어로 개발하는 능력은 개발자가 갖춰야 할 가장 기본적이면서도 중요한 역량이다. 특히 백엔드 개발자는 기획과 설계 단계에서 어떤 요소를 구현할 수 있고, 어떤 요소를 구현하기 어려운지를 구분할 줄 아는 능력이 매우 중요하다. 그래야 서비스 개발의 전체 소요 일정을 적절하게 산출하고, 정해진 날짜에 오픈할 수 있기 때문이다.

이제 개발자로 첫 발을 뗐다면 자신이 생각한 기능을 어떤 식으로든 구현해 내는 것을 첫 번째 목표로 삼아야 한다. 그밖의 유용한 기능을 추가하거나 유지보수하기 좋게 개발하는 것은 그 다음 문제이다.

주도성

주도성은 사실 역량이라기보다 개인적 성향에 가까울 수 있다. 그러나 본래 주도성이 부족한 사람이라도 좋은 개발자가 되려면 프로젝트를 적극적으로 끌고 나갈 수 있어야 한다. 주도성이 강한 사람은 팀의 목표와 자신이 해야 할 일을 이해하며, 팀과 자신이 더 좋은 방향으로 나아가려면 무엇을 해야 할지를 먼저 파악하고 행동하는 사람이다.

예를 들어 설계 단계에서는 프런트엔드 개발자와 백엔드 개발자가 소통하면서 서로 참고할 문서를 만들어야 하는데, 문서화 작업은 그리 간단하지 않다. 특히 API 서버로 서로 데이터를 주고받을 때 사용되는 데이터 포맷을 문서화하는 작업은 더더욱 귀찮고 번거로운 일이다. 이때 프런트엔드 개발자와 백엔드 개발자가 서로 상대편에서 먼저 정리해 주기만 바란다면 어떻게 될까? 주도성이 강한 사람이라면 그 일을 먼저 진행했을 것이다. 당시에는 손해보는 것 같을 수 있지만, 그로 인해 쌓아 올린 실력과 자신감은 남들보다 빠르게 기회를 캐치해 내는 능력으로 남을 것이다.

풍부한 CS 지식

풍부한 CS^{Computer Science} 지식은 단순히 작동만 하는 소프트웨어를 만들어 내는 것을 넘어, 방대한 트래픽을 처리할 수 있는 시스템을 설계하고 구현하는 데 도움이 된다. CS 지식은 대표적으로 운영체제, 데이터베이스, 네트워크 관련 지식을 들 수 있는데, 이들 모두 실무에서 가장 필요한 대규모 트래픽 처리 시스템을 만드는 데 꼭 필요하다. 실제 업무를 하며 배우게 되는 지식도 있지만, 신입 개발자로 일을 시작하려면 기본적인 CS 지식은 반드시 갖추고 있어야 한다. 특히 신입 개발자의 경우 채용 면접에서 물어보는 내용의 대부분이 CS 지식이다. 신입이라는 특성상 경험에 대한 질의보다는 지식을 통해 검증하는 것이 적절하기 때문이다.

당연한 것에 의문 품기

개발자 채용 면접에서는 대개 다음과 같은 형태의 질문을 받을 것이다. 'A와 B 중에 왜 A를 사용하셨나요?' 혹은 'A의 장점과 단점에는 어떤 것이 있나요?' 등이다. A와 B에는 여러분이 예상할 만한 것부터 전혀 생각지도 못했던 대상이 들어가기도 한다.

혹시 여러분이 자바를 배울 때 사용했던 자바 언어의 버전을 알고 있는가? 왜 그 버전을 선택했는가? 그 버전의 특징은 무엇인가? 막상 이런 질문을 받으면 답변하기 어려울 것이다. 아니, 이런 질문 자체를 생각해 본 적도 없을 수 있다.

면접관은 왜 이런 질문을 하는 것일까? 개발자는 단순히 기능을 구현하는 데 그치지 않고, 그 원리를 이해해야 하기 때문이다. 원리를 먼저 이해해야 구현 능력도 향상되고, 나아가 대량의 트래픽을 처리할 수 있는 시스템도 만들 수 있다. 따라서 평소에 당연하게 알고 있던 것에 의문을 품고, 관련 자료를 검색하는 습관을 들이는 것이 좋다.

이 책은 지금까지 설명한 백엔드 개발자에게 필요한 역량 중 '구현 능력'을 키우는 데 초점을 맞추고 있다. 자신이 훌륭한 개발자가 되기 위해 어떤 점이 부족한지, 어떻게 보완할지에 대해 고민하면서 학습을 이어가 보자.

백엔드 개발자가 되는 방법

이번 장에서는 본격적으로 백엔드 개발자가 되기 위한 방법을 알아본다. 백엔드 개발자 채용 프로세스를 살펴보면서 기업이 지원자의 역량을 검증하는 방법과 효과적인 과제 테스트 준비 과정을 이해해 보자. 더불어 백엔드 개발에서 주력 언어로 자바를 사용하는 이유에 대해서도 알아보자.

 # 백엔드 개발 채용 프로세스

제목이 백엔드 개발 채용 프로세스지만, 사실 다른 분야 개발자의 채용 프로세스도 대부분 비슷하게 진행된다. 단지 그 직무 내용이 분야별로 조금씩 다를 뿐이다. 이번 절에서는 각 단계별 백엔드 분야의 개발자 채용 프로세스에 대해 알아보자.

개발자 채용 프로세스

개발자 채용은 보통 다음과 같은 프로세스로 진행된다.

서류 전형 　　 코딩 테스트/과제 테스트 　　 1차 면접 　　 2차 면접

일반적인 개발자 채용 프로세스

여기에는 채용 조직이나 직무에 따라 별도 전형이 추가될 수 있다. 예를 들면 다음과 같다.

- 코딩 테스트 또는 과제 테스트를 한 번 더 진행하여 총 2번의 테스트를 진행(주로 공개 채용에서 적용)
- 1차 면접 전에 전화 또는 화상으로 사전 면접 진행
- 2차 면접 후 3차 추가 면접 진행

채용 과정은 기업마다 그리고 팀마다 다른 형태로 진행되기 때문에 해당 기업 지원자들의 후기를 찾아보는 것이 가장 도움이 된다. 이 책에서는 대부분의 기업에서 통용되는 전형적인 절차에 대해 다룬다.

서류 전형

먼저 백엔드 개발자 채용 공고를 살펴보자. 일반적으로 잡플래닛(www.jobplanet.co.kr)이나 사람인(www.saramin.co.kr)이 대표적인 채용 사이트로 알려져 있지만, IT 업계에서는 원티드(wanted.co.kr)나 프로그래머스(programmers.co.kr), 랠릿(www.rallit.com)과 같은 IT 기업 전문 채용 사이트에 대한 선호가 강하다. 해당 사이트에서는 채용 공고를 개발자 기술 스택에 맞게 세분화해 두거나 개발자들이 관심 있어 할 콘텐츠들을 함께 제공하고 있기 때문이다. 인재를 채용하려는 기업 입장에서도 이렇게 지원자가 많은 플랫폼을 선호하기 마련이다. 소개한 사이트를 두루 돌아다니면서 자신에게 적합한 채용 공고를 부지런히 찾아보자.

채용 공고의 세부 항목에 따른 지원 기준

채용 공고는 일반적으로 다음과 같은 항목으로 구성된다.

- 기업 및 팀에 대한 소개
- 담당 업무
- 자격조건
- 우대사항
- 필요 기술 스택

위 항목에서 추가되거나 빠지는 부분은 있겠지만, 모든 공고에서 공통적으로 등장하는 것은 자격조건과 우대사항이다. 자격조건은 말 그대로 이 채용 공고에 지원할 수 있는 최소 조건을 의미하므로 가급적이면 모든 자격조건을 충족할 수 있는 공고를 찾는 것이 좋다. 그러나 이것을 스스로 판단하기에는 다소 모호한 경우가 있다. 예를 들면 다음과 같은 식이다.

- 백엔드 개발 경력 2년 이상이거나 그에 준하는 실력이 있는 분
- 자바를 활용한 백엔드 애플리케이션 설계 및 개발에 능숙하신 분

경력 2년 이상은 객관적으로 판단할 수 있는 기간이지만, '그에 준하는 실력'은 주관적으로 판단할 수밖에 없다. 자바를 활용한 백엔드 애플리케이션 설계 및 개발에 '능숙하다'라는 말도 다분히 주관적이다. 그렇다면 자신이 이러한 자격조건에 만족하는지는 어떻게 판단해야 할까? 필자는 지원자인 여러분 역시 주관적으로 판단하라고 조언하고 싶다. 다만, 반드시 이에 대한 '근거'를 제시할 수 있어야 한다. 예를 들면 백엔드 개발을 회사에서 업무로 다뤄 본 것은 아니지만 개인 프로젝트를 진행하

면서 많은 경험을 쌓았다거나, 단순 구현이 아니라 유지보수나 성능 측면에서 깊이 있는 고민과 학습을 했다는 근거가 있어야 한다. 그리고 그 경험을 이력서에 녹여야 한다. 이러한 주관적인 기준에 대한 근거가 없다면 서류 전형에서 탈락할 가능성이 높다.

우대사항은 최소 조건은 아니지만 '가능하면 이러한 경험이 있으면 좋겠다'는 내용이 포함된다. 이 또한 객관적인 판단이 가능한 요소도 있지만, 주관적인 판단이 필요한 경우가 많다. 자신이 우대사항을 만족한다는 것을 어필하기 위해서는 이력서에 해당 내용을 적절히 담고 있어야 한다. 우대사항에서 최소 하나 이상은 만족할 수 있는 채용 공고에 지원하는 것이 서류에서 합격할 가능성이 높다. 따라서 지원할 채용 공고를 선별하는 과정에서 이 부분을 고려하자.

만약 본인이 지원할 수 있는 공고가 없다면 어떤 부분을 더 보강해야 할지 생각해 보자. 물론 본인에 대한 엄격한 기준 때문에 충분히 합격할 수 있는 실력임에도 지원할 수 있는 공고가 없다고 판단했을 수도 있다. 이것을 판단할 수 있는 가장 확실한 방법은 실제로 몇 개의 공고에 지원해 보는 것이다. 스스로 판단하는 것보다는 실제 채용을 진행하는 기업이 판별하는 것이 더 객관적이기 때문이다.

자격조건
- Java와 스프링 프레임워크에 대한 개발/운영 경험이 있으신 분
- OO 분야에 대한 관심을 표현해주실 수 있는 분
- 다음 중 1개 이상을 업무에 적용해보신 분(OOP, DDD, TDD, Event Driven Architecture, RESTful API)

우대사항
- Micro Service Architecture 개발 경험이 있으신 분
- JPA & Mybatis를 필요한 곳에 적절히 활용할 수 있는 분
- Spring Batch 등 배치 프레임워크로 대량의 데이터를 핸들링한 경험이 있으신 분
- Jenkins, Jira, GitHub 등을 익숙하게 사용하실 수 있는 분

카카오의 백엔드 개발자 채용 공고 예시(2022년 10월 기준)

가급적이면 개발자로 취업하기 위한 공부를 시작하기 전에 채용 공고를 먼저 살펴본 후 준비하는 것을 권장한다. 여러분이 개발을 공부하는 이유는 자기계발을 위해서도 있지만, 궁극적으로는 기업에서 필요로 하는 인재가 되고 싶기 때문일 것이다. 그렇다면 그 기업이 구체적으로 어떤 개발자를 원하는지를 먼저 파악하고 당연히 그에 맞춰 준비해야 한다. **여러분이 목표로 하는 기업과 팀의 채용 공고부터 먼저 살펴보고 거기서 공통적으로 원하는 자격조건과 우대사항을 만족할 수 있도록 철저히 준비하자.**

채용 공고에서는 그 외에도 채용하는 기업과 팀에 대한 소개, 담당 업무, 필요 기술 스택 등을 통해 이력서의 작성 방향과 면접 전략에 대한 힌트를 얻을 수 있다. 지원자의 최대 목표는 지원하는 기업과 팀의 방향성에 적합한 사람으로 보여야 한다는 것이다. 실제로 기업과 지원자의 방향성이 같다면 가장 좋겠지만, 적어도 완전히 반대인 사람처럼 보여서는 안 된다.

필자는 취업을 준비하던 시기에 모 투자증권 기업의 IT 직무 공개 채용에 지원한 적이 있었다. 운 좋게도 서류 전형과 인적성 검사를 통과하여 면접을 볼 수 있게 되었는데, 그동안 축적된 개발 경험을 믿고 자신 있게 면접을 치렀으나 결과는 불합격이었다. 무엇이 문제였을까? 필자가 생각하는 가장 큰 실패의 원인은 기업이 뽑고자 하는 사람이 아니었기 때문이다. 즉, 증권사의 IT 직무를 잘 모른 채로 지원했던 것이다. 증권사의 IT 직무는 애플리케이션 개발과 인프라 관리인데, 알고리즘을 만들어서 주식 트레이딩을 하거나 그 플랫폼을 만들 것이라고 생각했다. 채용 공고에 힌트가 전혀 없었던 것도 아닌데, 공고에 있던 정보를 캐치해 내는 안목이 없었던 것이다.

같은 실패를 경험하고 싶지 않다면 채용 공고에 고스란히 나와 있는 내용에 집중하자. 기업 및 팀에 대한 소개, 담당 업무, 필요 기술 스택 등에 맞춰 기업에서 뽑고자 하는 사람이 바로 자신임을 어필하는 것이 최선이다.

주요 IT 기업 인력 채용 현황(2022년 기준)

기업명	전형 과정	인재상	특이사항
카카오	서류 – 코딩테스트 – 과제 테스트 – 1차 면접 – 2차 면접	스스로 몰입하고 주도적으로 일하는 인재	• 신입 공개 채용 기준 • 수시 채용에서는 과제 테스트를 조직별로 다르게 진행 • 프로그래머스 과제관에서 과거 과제 테스트 확인 가능
카카오페이	서류 – 과제 테스트 – 1차 면접 – 2차 면접	더 나은 결과를 위해 공유하고, 동료를 존중하고, 주도적으로 일하는 인재	• 과거 진행되었던 과제 테스트 문제를 깃허브에서 확인 가능
넥슨	서류 – 과제 테스트 – 팀 면접 – 직군 면접	새로움을 찾아내는 창의적이고, 실패를 두려워하지 않는 도전하는 인재	• 면접을 1차, 2차로 나누는 대신 팀 면접과 사내 전문 인터뷰로 구분하여 진행
무신사	서류 – 과제 테스트 – 1차 면접 – 2차 면접	기술 영역에서 새로운 시도와 도전으로, 세계적으로 경쟁력 있는 서비스를 만들어 나갈 수 있는 인재	

이때 제출한 이력서는 뒤에 이어지는 면접에서도 계속해서 활용되므로, 이력서에는 단순히 서류 전형 합격뿐 아니라 면접에서 어필할 만한 포인트까지 포함해야 한다.

또한 대부분의 이력서 양식에는 '경력 사항' 기입란이 있다. 신입으로 지원할 경우에는 관련 경력이 있을 리 없다. 그렇다고 해서 비워서 제출하기보다는 개인적으로 진행했던 관련 프로젝트 내용을 채워 넣는 것을 권한다. 신입 개발자는 개인 프로젝트 경험으로 자신의 역량을 보여줘야 한다. 개인 프로젝트를 기입하는 공간이 따로 있는 양식이라면 그곳에 작성해도 무방하다. 이력서의 목표는 관련 직무에 대한 자신의 경험을 최대한 드러내는 것임을 잊지 말자.

서류 전형에서 탈락하는 이유

서류 전형에서 계속해서 떨어진다면, 그 이유는 무엇일까? 코딩 테스트와 같이 객관적인 결과가 나오는 시험이라면 연습해서 실력을 쌓으면 되지만, 서류 전형에서는 자신이 왜 떨어졌는지 그리고 무엇을 더 보완하면 좋을지 알 수 없다. 스스로 원인 분석을 하기도 쉽지 않다. 서류 전형에서 탈락하는 대표적인 이유는 대부분 다음과 같다.

- **신입이 아닌 경력 개발자를 원하는 경우**
  당연한 말이지만, 자격조건에 'O년 이상의 개발 경험' 등이 포함된다면 보통 신입보다는 경력 개발자를 뽑고자 하는 공고이다. 일반적으로 '2년 이상'을 채용하는 공고까지는 신입 개발자도 도전해 볼 만하다. 그러나 '5년 이상'을 채용하는 공고는 명백하게 경력 개발자를 뽑는 공고이다. 따라서 신입 개발자가 이러한 채용 공고에 지원할 경우 서류 전형에서부터 탈락할 가능성이 높다.

- **기술 스택이 채용 공고와 맞지 않는 경우**
  채용 공고에 명시적으로 나와 있거나 자격조건에서 유추할 수 있는 기술 스택에 해당하는 경험을 가진 지원자를 선호하는 것은 당연하다. 이러한 경향은 신입 개발자일 때보다 경력 개발자로 갈수록 두드러진다. 가급적이면 자신이 보유한 기술 스택에 맞는 채용 공고를 찾아서 지원하자. 가고 싶은 기업과 기술 스택이 맞지 않다면 개인 프로젝트 등으로 그 간극을 메꿔야 한다.

- **프로젝트 경험이 부족한 경우**
  신입 개발자의 경우 개인 프로젝트로 그 사람의 경험과 역량을 검증할 수밖에 없다. 그런데 프로젝트를 진행한 경험은 거의 없는 상태에서 'OO을 공부했다'라는 내용만으로 기업이 그 사람을 채용할 수 있을까? 이는 개발을 경험이 아니라 이론적으로만 접근한다는 인상을 주기 쉽고, 개발 자체를 즐기지 않는 사람처럼 보이기 때문에 합격 가능성이 낮아질 수 있다.

- **개인 프로젝트 없이 팀 프로젝트만 있는 경우**

  대학교 수업 시간에 진행했던 프로젝트나 캡스톤(Capstone) 프로젝트 혹은 각종 교육 기관에서 팀으로 진행한 프로젝트만 적힌 이력서는 '이 사람이 과연 혼자서 서비스를 개발할 수 있는 역량이 있는지'를 의심하게 만든다. 앞서 프로젝트 경험이 부족한 경우와 마찬가지로 개발 자체를 즐기지 않는 사람처럼 보일 수 있다. 채용 담당자는 개발을 좋아하고 즐기는 지원자를 뽑고 싶어 한다. 따라서 평소에 개인 프로젝트를 많이 진행하면서 포트폴리오를 쌓아 보자. 꼭 서비스 형태가 아니어도 좋다. 단순한 스크립트로 무언가를 자동화시키는 것 또한 좋은 개인 프로젝트가 될 수 있다.

- **성의 없는 이력서**

  채용 담당자로서 이력서를 검토하다 보면 성의 없이 작성된 이력서를 종종 보게 된다. 이력서는 보통 2~3페이지 정도의 짧은 문서인데, 이 안에서도 오타가 여러 개 나온다거나 양식이 일관성이 없다면 어떻게 보일까? 채용 담당자 입장에서는 이렇게 성의 없이 제출된 이력서를 이해하기 어렵다. 이력서는 매우 짧은 형식인데다가 여러 번 읽고 수정하는 과정을 거친 후에 제출해야 하는 문서이기 때문에 가급적 오타가 없으면서 일관성 있는 내용으로 작성하는 것이 불필요한 감점을 받지 않는 방법이다.

주관적인 경험과 의견에는 정답이 없으므로 이상의 내용들을 참고하면서 나의 이력서를 검토해 보자.

코딩 테스트와 과제 테스트

코딩 테스트는 다양한 기업의 출제 경향을 파악해 관련 개념과 풀이 등 보다 집중적으로 시간을 할애해 준비해야 하는 전형이다. 이 책에서는 백엔드 개발자 채용에 필요한 코딩 테스트의 목적과 준비 방법과 관련해 간단하게 언급하려고 하니, 본격적인 학습은 『이것이 취업을 위한 코딩 테스트다 with 파이썬』(2020)에서 도움 받길 바란다.

코딩 테스트의 목적과 준비 방법

IT 기업은 보통 면접자 1명당 최소 2명의 시니어 개발자가 1시간 이상의 시간을 투입해 면접을 진행한다. 면접에 소요되는 시간을 절감하기 위해 지원자의 실력을 1차 코딩 테스트로 평가해 실제 면접을 진행하는 지원자의 수를 제한하곤 한다.

흔히 코딩 테스트를 하나의 넘어야 할 시험처럼 따로 준비하는 경우가 많다. 그러나 코딩 테스트는 실제로 많이 개발해 보면서 테스트를 통과할 수 있는 역량을 갖추는 것이 가장 이상적인 준비 방법이다. 물론 말처럼 쉽지만은 않다. 지원자가 많아지면서 코딩 테스트의 커트라인도 높아졌기 때문이다. 코딩 테스트는 벼락치기로 실력을 갖추기 어려우므로 미리미리 준비하는 것이 좋다. 프로그래머스 사이트에서 제공하는 코딩 테스트* 중 레벨 3 정도의 문제를 풀 수 있는 실력이라면 국내 기업에서 진행하는 대부분의 코딩 테스트에서 좋은 결과를 기대할 수 있다.

코딩 테스트에 자신 없는 사람이라면 공개 채용보다는 수시 채용을 노려보는 것도 좋다. 공개 채용은 한꺼번에 많은 지원자가 몰리기 때문에 변별력을 가리기 위해 어려운 문제가 출제되는 경향이 있다. 상대적으로 수시 채용은 문제의 난이도가 쉬운 편이다.

과제 테스트의 목적과 준비 방법

과제 테스트 역시 코딩 테스트와 마찬가지로 채용 프로세스에서 면접을 보게 될 지원자의 수를 제한하기 위한 목적이 있지만, 거기에 더해 지원자의 코드 작성 스타일이나 구현 능력 등 여러 개발 능력을 좀 더 심층적으로 파악한다는 목적을 가지고 있다.

코딩 테스트에는 주로 알고리즘 문제가 출제된다면, 과제 테스트(백엔드)에는 주로 API 서버를 개발하는 문제가 나온다. 이에 관해 책 전반에 걸쳐 설명하며, 마지막 13~14장에서는 실제로 출제될 만한 과제 테스트 문제를 풀어 본다. 책을 끝까지 학습한다면 간단한 API 서버 구현이나 일반적인 과제 테스트는 어렵지 않게 해결할 수 있을 것이다.

과제 테스트는 보통 메일로 지원자에게 전달된다. 다음은 과제 테스트에 제시되는 요구사항의 예시이다.

---

1. URL bitly(https://bitly.com)과 같은 단축 URL 서비스를 만들어야 합니다.
2. 단축된 URL의 키(Key)는 8글자로 생성되어야 합니다. '단축된 URL의 키'는 'https://bit.ly/3onGWak'에서 경로(Path)에 해당하는 '3onGWak'를 의미합니다. bit.ly에서는 7글자의 키를 사용합니다.
3. 키 생성 알고리즘은 자유롭게 구현하시면 됩니다.
4. 단축된 URL로 사용자가 요청하면 원래의 URL로 리다이렉트(Redirect)되어야 합니다.
5. 원래의 URL로 다시 단축 URL을 생성해도 항상 새로운 단축 URL이 생성되어야 합니다. 이때 기존에 생성되었던 단축 URL도 여전히 동작해야 합니다.
6. 단축된 URL → 원본 URL로 리다이렉트 될 때마다 카운트가 증가되어야 하고, 해당 정보를 확인할 수 있는 API가 있어야 합니다.
7. 데이터베이스 없이 컬렉션을 활용하여 데이터를 저장해야 합니다.
8. 기능이 정상 동작하는 것을 확인할 수 있는 적절한 테스트 코드가 있어야 합니다.
9. (선택) 해당 서비스를 사용할 수 있는 UI 페이지를 구현해주세요.

과제 테스트 요구사항(예시)

---

* https://school.programmers.co.kr/learn/challenges

지원자는 이 모든 요구사항을 만족하는 코드를 작성해야 한다. 모든 개발이 끝난 후에는 자신이 만든 API 서버가 과제의 요구사항을 충실히 따르는지 반드시 확인해 봐야 한다. 예를 들어 단축된 URL 의 키는 8글자여야 한다고 했는데 10글자로 만들면 안 된다는 것이다. '8글자보다 10글자가 더 나을 것 같은데요?'와 같이 요구사항에 대한 자의적인 해석이나 의도가 있더라도 그것을 설명할 기회가 없다. 면접일 경우 그 자리에서 이야기하면 괜찮겠지만, 과제 테스트에서는 불가능하므로 주어진 요구사항대로 개발하는 것이 최우선이다.

만약 부여받은 과제에 오류나 모순되는 내용이 있다면 메일로 담당자에게 문의하자. 실제로 그러한 내용이 있다면 정정해 줄 것이다. 다시 한번 강조하지만, 중요한 것은 요구사항을 충실히 만족하는 것이다. 코드의 퀄리티나 성능 향상 등으로 여러분의 능력을 어필하는 일은 그 다음 단계이다.

자신만의 다양한 웹 애플리케이션을 개발하며 실전 경험을 쌓는 것이 매우 중요하다. 깃허브에는 대기업에서 진행했던 많은 과제 테스트들이 공개되어 있다. 구글에서 '기업명 + 과제'를 키워드로 검색하면 많은 자료를 참고할 수 있다. 비슷한 유형의 문제가 출제될 가능성이 높으므로 반드시 찾아보고 과제 테스트에 임하자. 다음 링크에 접속해 프로그래머스에서 제공하는 여러 기업의 과제 테스트 연습 서비스를 활용할 수도 있다.

- https://school.programmers.co.kr/skill_check_assignments

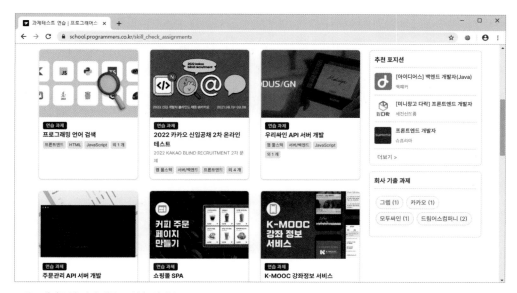

프로그래머스의 과제 테스트 연습 서비스

과제 테스트의 유형

과제 테스트는 크게 두 가지 유형으로 출제된다. 하나는 다수의 지원자가 플랫폼을 통해 과제 테스트를 푸는 것이고, 다른 하나는 소수의 지원자에게 요구사항을 부여하고 완성된 프로젝트를 메일로 보내도록 하는 것이다.

전자의 경우 코딩 테스트 플랫폼 등에서 자동으로 채점이 되는데, 주로 응시자 수가 많을 경우 이러한 방식을 취한다. 면접관이 모든 테스트 결과를 직접 확인할 수 없기 때문이다. 이 경우에는 제한된 시간 내에 과제 테스트를 풀어서 제출해야 하므로 빠르게 개발물을 구현할 수 있는 능력이 중요하다. 따라서 더더욱 과제 테스트의 요구사항에 충실하는 것이 좋다. 사람이 아닌 채점 스크립트나 테스트 코드를 통해 채점하기 때문이다.

반면 메일을 통해 완성된 과제를 제출하는 경우에는 보통 일주일 정도의 시간이 부여된다. 상대적으로 시간이 넉넉하기 때문에 구현하기까지 시간이 오래 걸릴 만한 주제들이 출제되거나, 최종 UI까지 구현해야 하는 경우가 많다. 채점과 평가가 사람에 의해 이루어지기 때문에 기본 요구사항만 충족한다면 자신이 생각하는 더 좋은 코드나 기능을 추가해 본인의 능력을 더 보여줄 수 있다.

과제 테스트를 채택하는 기업

카카오는 신입 개발자 공개 채용에서 1차 코딩 테스트, 2차 과제 테스트를 실시한다. 지원자의 알고리즘 역량과 서비스 구현 능력을 함께 검증하기 위함이다. 그 외에도 카카오페이, 네이버웹툰, 무신사 등 다양한 기업에서 과제 테스트를 채용 전형에 포함하고 있으며, 코딩 테스트를 생략하고 과제 테스트만 진행하는 곳도 많다. 깃허브 등에 공개된 자료가 많이 있으니 '과제 테스트'를 키워드로 찾아보자.

2022년 주요 기업 과제 테스트 유형 분석

기업명	날짜	형식	풀이 시간	문제 유형
카카오	2022-10-08	온라인	5시간	호텔 투숙객 예약 기능 구현 API 개발
카카오페이	수시 채용	온라인	1주일	고객 문의 기능 구현
에이블리	수시 채용	온라인	1주일(예상)	전화번호 인증을 포함한 회원가입 기능 개발
무신사	수시 채용	온라인	1주일(예상)	무신사 서비스와 유사한 브랜드, 카테고리, 상품에 대한 API 개발

2021년 주요 기업 과제 테스트 유형 분석

기업명	날짜	형식	풀이 시간	문제 유형
카카오	2021-09-25	온라인	5시간	비슷한 실력의 유저끼리 게임할 수 있는 게임 매칭 API 개발
네이버웹툰	2021-07-10	온라인	4시간	− Spring Actuator 구현 − 검색, 조회, 수정 API 구현
카카오페이	수시 채용	온라인	1주일(예상)	대화방 내 돈 뿌리기 기능 구현
무신사	수시 채용	온라인	1주일(예상)	단축 URL 구현

과제 테스트의 평가 요소

여러 번 강조했다시피 제시된 요구사항을 만족하는 것이 가장 중요하다. 코드의 퀄리티나 편의성 및 성능에 대한 고려, 동기화 처리 등의 추가 요소는 그 다음 문제이다. 제출한 코드에 모든 요소를 다 반영하지 못했더라도, 면접에서 이 부분에 대해 질문할 수도 있으므로 철저히 준비하자. 면접에 들어가기 전에는 자신이 과제 테스트에서 작성한 코드에 대해 반드시 숙지한 상태여야 하며, 왜 그렇게 작성했는지 면접관 앞에서 설명할 수 있어야 한다.

NOTE 코드의 퀄리티를 향상시키기 위해서는 객체지향이나 클린 코드 관련 책을 읽는 것도 도움이 된다. 성능에 대한 고려나 동기화 처리 등은 운영체제나 네트워크를 다루는 CS 지식을 알아두면 좋다.

1차 면접

코딩 테스트와 과제 테스트까지 통과했다면 다음 프로세스는 면접이다. 면접은 채용하는 기업과 팀, 면접관의 특성에 따라 진행 방식이나 질문 내용이 크게 달라질 수 있다. 그러나 일반적으로 자주 나오는 항목을 추려 보면 다음과 같다.

- 코딩 테스트와 과제 테스트에 대한 검증(혹은 라이브 코딩)
- 운영체제, 네트워크, 데이터베이스, 알고리즘 등 CS 지식에 대한 검증
- 이력서를 기반으로 한 프로젝트 경험에 대한 검증
- 협업 방식, 갈등 해결 방법 등 인성에 관한 검증

코딩 테스트와 과제 테스트에 대한 검증

간혹 면접에서 코딩 테스트와 과제 테스트에 대한 검증을 생략하는 경우도 있다. 그러나 면접까지 임하는 이상 자신이 작성한 테스트 코드에 대한 예상 질문은 미리 준비해 가야 한다. 예상 문제를 뽑는 것은 어렵지 않다. 본인이 문제를 어떻게 풀었는지를 중점적으로 복기해 보면 그 안에서 스스로 예상 질문을 추려낼 수 있다.

때로는 면접에서 즉석으로 라이브 코딩 테스트를 하는 경우가 있다. 문제를 푸는 과정을 누군가가 지켜본다는 것은 굉장히 긴장되는 일이다. 라이브 코딩은 정답을 가려내는 것이 중요한 것이 아니라 문제를 푸는 과정 자체를 평가하기 위한 것이기 때문에 막힐 경우 혼자서 끙끙대는 대신 면접관에게 질문하는 방법도 좋다. 필요한 시점에 적절한 질문을 하는 자세를 통해 커뮤니케이션 능력을 평가하기도 한다.

CS 지식에 대한 검증

CS 지식은 이 책에서도 일부 다루고 있지만 평소에 운영체제, 네트워크, 데이터베이스, 알고리즘 등 각 분야에 대한 기본서를 찾아보면서 공부해 두는 것이 좋다. CS 지식을 학습할 때 가장 중요한 것은 '개발은 개발, CS 지식은 CS 지식'이라고 분리해서 생각하지 않는 것이다. 여러분이 학습한 CS 지식을 개발 과정에 접목해 보고, 반대로 개발하면서 경험했던 내용 또한 CS 지식을 학습하면서 떠올려 봐야 한다.

면접관은 여러분의 암기력을 테스트하려고 CS 지식을 검증하는 것이 아니다. 성능 및 신뢰도 높은 서비스를 만들기 위해서는 자신이 배운 CS 지식을 개발하는 코드와 설계에 접목할 수 있어야 한다. 따라서 면접에서 CS 지식에 관한 질문을 받으면 자신이 실제 개발하면서 경험했던 내용을 예시로 들어 답변하면 좋은 점수를 얻을 수 있을 것이다.

프로젝트 경험에 대한 검증

이력서에 자신이 경험한 프로젝트를 적어 냈다면 면접에서 다음과 같은 질문을 받을 수 있다. '왜 이 프로젝트를 진행했는가?', '프로젝트에서 어떤 역할을 맡았고, 어떤 것을 개발했는가?', '프로젝트의 성과는 무엇인가?', '프로젝트를 진행하면서 어려웠던 점은 무엇인가?' 등이다. 이것은 프로젝트를 진행하면서 쌓은 경험을 바탕으로 회사나 팀에 합류했을 때 함께 일할 수 있는 사람인지를 검증하기 위한 질문이다. 의외로 많은 지원자가 잘 답변하지 못하는 내용은 '왜 ○○ 언어로 개발했는가?', '왜

○○ 데이터베이스를 사용했는가?' 등과 같은 기초적인 질문이다. 왜 그것을 선택했는지를 묻는 것이다. 스스로 이런 질문을 하면서 개발하거나 학습하는 사람은 없을 것이다. 특정 언어와 다른 언어와의 차이점, 특정 솔루션과 다른 솔루션의 차이점 등을 비교하면서 여러분의 선택을 뒷받침할 수 있는 합리적인 답변을 준비하자. 면접관이 이러한 질문을 하는 이유는 개발자에게 기술적 선택이 필요한 순간이 종종 있기 때문이다. 잘못된 선택으로 많은 시간과 비용을 낭비할 위험이 있다. 면접 준비가 아니더라도, 평소에 여러 가지 대체 기술을 비교하는 습관을 들이자.

인성에 관한 검증

협업 방식이나 갈등 해결 방법과 같은 인성에 관한 질문 또한 단골 소재이다. 인성 면접은 개발자와 다른 직군 간에 차이가 크지 않으므로 간단한 검색을 통해서도 많은 참고 자료를 찾을 수 있다. 대표적으로는 '팀 프로젝트를 진행하면서 갈등이 생겼던 경험이 있다면? 어떻게 해결했는가?', '부당한 지시를 받으면 어떻게 행동할 것인가?', '본인의 장단점은 뭐라고 생각하는가?' 등의 질문을 들 수 있다. 이때 좋은 답변을 하기보다는 나쁜 답변을 하지 않는 것이 중요하다. 어떠한 질문이 나쁜 답변인지를 미리 생각해 보고 자신의 상황에 맞는 답변을 준비하자. 결론적으로 여러분이 함께 일하고 싶은 사람이라는 인상을 주는 것이 중요하다.

1차 면접은 공개 채용인지 수시 채용인지에 따라 성격이 조금 다르다. 공개 채용으로 진행되는 1차 면접은 보통 전사에서 선발된 면접관들이 보기 때문에 여러분과 같은 팀에서 일할 사람이 아닐 확률이 크다. 따라서 주로 객관적으로 평가할 수 있는 항목을 검증할 가능성이 높다. 반면, 수시 채용으로 진행되는 1차 면접은 지원한 팀의 팀원들이 면접을 보는 경우가 많기 때문에 함께 일하고 싶은 사람에게 점수를 줄 가능성이 높다. 물론 그렇다고 해서 객관적인 평가 없이 합격시킨다는 의미가 아니다. 실력은 조금 부족하더라도 성장의 가능성이 보이거나 협업할 수 있는 사람으로 보인다면 조금 더 가능성이 높다는 의미이다.

2차 면접

2차 면접은 실무진보다는 주로 일정 직급 이상의 임원진 면접으로 진행된다. 규모가 작은 기업이라면 CTO나 CEO가 면접을 진행할 수도 있다. 그리고 인사팀에서 함께 면접에 참석하는 경우도 많다. 따라서 상대적으로 인성 면접에 포커스가 맞춰져 있으며, 지원자가 기업에 잘 맞는 사람인지를 중점적으로 본다. 이는 '컬처 핏Culture Fit 면접'이라고도 부른다. 기업의 문화에 얼마나 잘 맞는 사람인지를 검증하는 면접이라는 뜻이다. 물론 2차 면접이 1차 면접과 다를 바 없이 굉장히 기술적인 내용을 검증할 수도 있다. 기업마다 크게 다르기 때문에 해당 기업의 면접 후기를 찾아보는 것이 도움이 될 것이다.

이번에는 2차 면접에서 특히 중요한 내용에 대해 살펴보자.

기업에 맞는 인재상에 대한 검증

2차 면접에서는 컬처 핏을 주로 검증하기 때문에 이를 통과하려면 기업의 방향성과 인재상을 사전에 잘 알고 있어야 한다. 홈페이지의 기업 소개란이나 채용 페이지를 보면 알 수 있다. 이에 대립되는 답변을 한다면 면접관은 여러분이 이 기업에 대해 잘 알아보고 지원한 것이 맞는지 의문을 품을 것이다. 기업의 방향성과 인재상이 설령 자신과 맞지 않는 내용이라고 하더라도, 일단 지원했다면 합격이 목표이므로 합격한 후에 입사 의사가 없다고 전달하면 된다. 면접에서 불합격할 만한 요소를 최대한 줄여야 자신이 면접에서 왜 떨어졌는지를 정확히 진단할 수 있다.

2차 면접에는 기업의 CTO나 CEO가 면접관으로 들어올 가능성이 높다. 검색을 통해 관련 기사, 인터뷰 등을 찾아 선호하는 인재상이나 일하는 방식 등을 파악할 수 있다.

1차 면접에 대한 보완

1차 면접에서 제대로 답변하지 못했거나 틀리게 답변했던 내용이 있다면 2차 면접 전에 제대로 된 답변을 준비해야 한다. 모든 채용은 이전 과정의 히스토리가 다음 과정으로 전달된다. 1차 면접에서 잘 모른다고 대답했다거나 "면접 끝나고 찾아보겠습니다"와 같은 식으로 답변한 내용이 있다면 실제로 찾아보고 2차 면접에 참여하는 것이 좋다. 이러한 준비성도 없다면 면접관은 여러분의 성장 가능성에 대해 의문을 가질 것이다.

면접관에 대한 예의

면접은 기업 입장에서도 생각보다 많은 리소스를 투입하는 일이다. 실무진과 경영진 모두 바쁜 업무 시간을 쪼개 면접에 참석한다. 가능하다면 마지막에 면접 기회에 대한 감사의 인사를 전하자. 실제로 면접은 지원자에게 나의 부족한 점을 확인할 수 있는 좋은 경험이 되기 때문이다. 때로는 이러한 사소한 행동이 면접의 결과를 바꿀 수도 있다.

2 자바를 선택해야 하는 이유

개발자라면 여러 가지 언어를 두루 다룰 수 있어야 한다. 주력으로 사용하는 언어에 따라 자신이 어떤 개발자로 취업할 수 있을지가 크게 좌우되기도 한다. '자바를 선택해야 하는 이유'라는 조금 강한 표현을 썼지만, 이번 절에서는 자바를 선택하는 것이 왜 백엔드 분야로 취업하는 데 유리하게 작용하는지 알아보고, 자바 외에 다른 언어들은 어떻게 접근하면 좋을지 살펴보자.

가장 많이 쓰였고 앞으로도 써야 할 언어, 자바

다음은 IT 전문 채용 사이트 프로그래머스에서 개발자를 대상으로 매년 진행하는 설문 조사* 중 '내가 가장 자신 있게 쓸 수 있는 프로그래밍 언어'와 '쓰기 싫지만, 사정상 어쩔 수 없이 쓰고 있는 프로그래밍 언어'라는 질문에 대한 답변 결과이다. 자바가 두 질문에서 각각 1위와 2위를 차지했다는 점이 매우 흥미롭다. 결국 여전히 수많은 기업에서 자바를 활발하게 사용하고 있다는 의미이다.

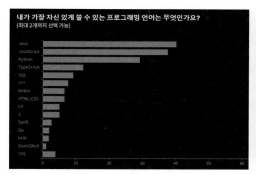
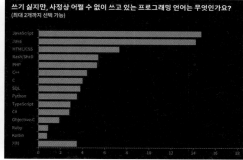

2023 프로그래머스 개발자 설문조사 리포트 답변 결과

전 세계적으로도 자바가 분명 인기 있는 언어이긴 하지만, 우리나라는 유독 자바에 대한 쏠림 현상이 심하다. 우리나라를 '자바 공화국'이라고 부르는 우스갯소리도 있다. 우리나라에는 왜 이렇게 자

---

* https://programmers.co.kr/pages/2023-dev-survey

바를 사용하는 기업과 개발자들이 많은 것일까? 2000년대부터 대규모 정부 프로젝트에 자바를 사용하던 흐름이 지금까지 이어져 오고 있다는 이유가 클 것이다. 시간이 지나면서 시니어 개발자 중에서도 자바 개발자의 비율이 많아졌고, 이들이 안정적으로 서비스를 개발할 수 있는 자바를 선택한 것이 이어져 오고 있는 것이다. 물론 다른 원인도 분명히 있을 것이다.

이와 같이 해석한다면 지금도 자바의 인기가 지속되는 이유는 자바에 대한 수요와 공급이 맞닿아 있기 때문이다. 자바 외에 다른 언어로 백엔드 시스템을 개발하는 경우 기업도 채용에 어려움을 겪고, 자바 외의 언어로 경력을 쌓은 경력 개발자도 이직할 기업을 찾지 못해 애를 먹는 경우가 많다. 이런 이유로 채용을 하려는 기업과 취업을 하려는 구직자 모두 자바를 사용하는 경향이 이어지고 있는 것이다.

여러분이 이미 자바를 학습한 상태라면 이런 상황에서 매우 유리한 포지션을 선점할 수 있을 것이다. 새로운 언어를 다시 배우는 것은 꽤 어려운 일이다. 기초 문법을 학습하는 정도를 넘어 내부적인 동작 원리나 각 언어에서 지원하는 어려운 문법까지 익히는 것은 쉽지 않다. 따라서 이미 자바에 대한 이해가 있는 독자라면 자바를 주력으로 취업을 준비하는 것을 권한다.

또한 자바를 추가로 학습하고자 하는 독자라면 다행히 참고할 만한 자료가 압도적으로 많다. 괜히 우리나라가 '자바 공화국'이라고 불리는 것이 아니다. 책, 영상 콘텐츠나 라이브러리는 물론 객체지향 개념이나 데이터베이스 같은 솔루션에 대한 설명의 대부분이 자바를 기준으로 만들어져 있다. 국내에서 유통되는 대부분의 학습 자료가 자바를 기준으로 설명하고 있는 이유는 당연히 자바의 수요가 많기 때문이다. 이 책 또한 PHP 기준으로 쓰여 있었다면 지금보다 훨씬 적은 독자가 읽게 될 것이다(PHP가 나쁜 언어라는 뜻이 아니다). 이 책을 보고 있는 여러분은 아마 취업 준비생이나 주니어 개발자일테니, 양질의 교육 자료가 학습에 미치는 영향이 절대적일 것이다. 따라서 자신의 역량 강화를 위해 자바를 선택하는 것은 결코 손해 보는 일이 아니다.

자바 외 다른 언어들

프로그래밍 언어는 그 특성에 따라 주력으로 사용되는 분야가 있다. 자바의 경우 백엔드 API 서버를 개발할 때 주로 사용되고, 자바스크립트의 경우 프런트엔드에서 절대적인 포지션을 가지고 있다. 또한 데이터 분석이나 머신러닝 같은 분야에서는 파이썬이 압도적이다. 이외에도 수많은 언어가 있지만, 여기서는 자바스크립트와 파이썬에 대해 가볍게 살펴보자.

자바스크립트

자바스크립트는 웹 브라우저에서 '프로그래밍'을 가능하게 해주는 유일한 언어이다. HTML이나 CSS도 물론 같이 쓰이지만, 엄밀히 말하면 HTML과 CSS는 프로그래밍 언어가 아니다. 프로그래밍 언어로 분류되기 위해서는 일반적으로 다음과 같은 세 가지 기준을 갖춰야 한다.

- 변수 사용이 가능해야 한다.
- 조건문을 사용하여 코드에 분기를 만들 수 있어야 한다.
- 반복문을 사용하여 특정 코드를 반복시킬 수 있어야 한다.

HTML과 CSS도 관련된 여러 기능을 제공하고 있고, CSS의 경우 마치 조건문처럼 보이는 문법이 존재하기는 한다. 그러나 이것은 어떤 코드가 실행되는 와중에 발생하는 '분기'가 아니라, '어떤 조건에서는 어떤 CSS 속성을 적용하겠다' 정도의 '선언'에 불과하다.

자바스크립트를 웹 브라우저가 아니라 별도의 프로그램처럼 실행하기도 하는데, 이렇게 웹 브라우저 밖에서 자바스크립트를 실행할 수 있도록 도와주는 런타임 환경을 Node.js라고 한다. 일반적으로 '자바스크립트'라고 하면 웹 브라우저에서 실행되는 자바스크립트를 의미하고, 'Node.js'라고 하면 웹 브라우저 없이 별도로 실행되는 자바스크립트를 말한다고 생각하면 이해가 쉽다. 여기에 자바스크립트를 학습하면 좋다고 판단하는 포인트가 있다.

자바스크립트를 알면 프런트엔드와 백엔드를 동시에 개발하면서 실제 사용할 수 있는 완성된 형태의 웹 서비스를 만들 수 있다. 또한 Node.js로 자바처럼 별도의 프로세스로 실행되는 웹 서버를 만들 수 있다. 하나의 언어로 백엔드와 프런트엔드를 모두 개발할 수 있으므로 다른 언어를 추가로 학습할 필요가 없다. 필자는 자바스크립트를 웹 서버를 만드는 데 활용하기보다는, 파일이나 로그를 처리하기 위한 스크립트를 만들거나 '일렉트론Electron'이라는 프레임워크를 활용하여 데스크톱 앱을 만드는 데 주로 활용한다.

따라서 웹 서비스를 만들려면 프런트엔드 개발자가 아니더라도 기본적인 자바스크립트 문법은 알고 있는 것이 좋다. HTML과 CSS도 마찬가지다. 실무에서도 백엔드 개발자가 프런트엔드 개발까지 하게 되는 경우가 종종 있다. 기업 내부에서 사용하는 운영용 서비스의 경우 프런트엔드 개발자까지 가지 않더라도 백엔드 개발자 선에서 처리하고, 유지보수까지 담당하기도 한다. 적어도 기능을 구현하고 코드를 수정할 수 있을 정도의 능력을 갖추는 것이 취업에도 유리할 것이다.

스크립트 언어를 꼭 배워야 하나요?

업무를 하다 보면 파일을 대량으로 처리하는 등의 반복 작업을 스크립트를 작성해서 처리하고 싶은 경우가 많다. 이럴 때 스크립트 언어를 하나 정도 알고 있으면 좋은데, 전통적인 스크립트 언어의 문법[펄(Perl)]은 기존에 알고 있던 문법과는 매우 이질적이다. 필자의 경우에도 복잡한 스크립트는 Node.js나 파이썬으로 작성한다. 스크립트 언어를 하나 정도 알고 있으면 실무에 활용하기에도 좋고, 면접에서도 어필할 수 있는 무기가 될 것이다.

강력한 도구, 일렉트론

여러분이 이미 한 번쯤은 사용해 봤을 애플리케이션인 비주얼 스튜디오 코드나 디스코드(Discord), 슬랙(Slack) 등은 모두 일렉트론(Electron)을 통해 만들어졌다. 일렉트론이 등장하기 전에는 각 플랫폼에 맞는 언어별로 각각 앱을 만들어 줘야 했다. 이것을 '네이티브 앱'이라고 한다.

OS가 윈도우라면 윈도우에 맞는 언어로, macOS라면 macOS에 맞는 언어로 각각 만들어 줘야 했기 때문에 동일한 UI를 가지는 앱인데도 서로 다른 언어로 두 번씩 코드를 작성해 줘야 했다. 이 방식은 비효율적일 뿐 아니라 네이티브 앱 개발 언어를 모르는 웹 개발자가 데스크톱 앱을 만들어야 하는 아주 어려운 일이었다. 그런데 일렉트론이 등장하면서 마치 웹 페이지의 UI를 만드는 것처럼 HTML, CSS, 자바스크립트를 활용하여 데스크톱 앱까지 만들 수 있게 되었다. 개인 프로젝트를 진행할 때 일렉트론을 활용하면 편리할 뿐 아니라 지원하는 기업에도 좋은 어필이 될 것이다.

파이썬

파이썬은 데이터 분석과 머신러닝 분야에서 압도적인 지분을 가지고 있다. 물론 데이터 분석의 경우 다른 언어를 활용하는 경우도 많지만, 상대적으로 파이썬이 차지하는 비중이 매우 높다. 그 이유는 여러 가지가 있는데, 아무래도 문법이 매우 쉽고 자바에 비해 유연하다는 장점 때문이다. 또한 다양한 분야에서 파이썬을 활용하는 사람이 많아짐에 따라 활발하게 관련 라이브러리가 개발되면서 인기가 지속되고 있는 것으로 보인다.

필자 역시 실무에서 주로 자바를 이용해 백엔드 개발을 하고 있지만, 파이썬을 활용하여 데이터 분석과 머신러닝을 진행하기도 한다. 처음에는 새로운 언어가 어려웠지만, 막상 배워 보니 데이터를 바라보는 새로운 시각이 생겼다. 무엇을 저장했을 때 의미 있는 데이터가 될 수 있는지, 어떤 문제가 생겼을 때 데이터 분석이나 머신러닝을 통해 해결할 수 있는지를 판단해 보는 시야가 생긴 것이다. 만약 취업 후 여유가 생긴다면 데이터 분석과 머신러닝 분야도 공부해 보는 것을 추천한다. 아직 데이터 분석이나 머신러닝을 도입하지 않은 기업이라면 초보 수준의 기술만 활용해도 기존 업무를 대폭 개선할 수 있는 기회가 많을 것이다.

그럼 이 책을 읽고 있는 지금 시점에는 자바스크립트와 파이썬 중 어떤 언어를 먼저 학습하는 것이 좋을까? 앞서 말한 것처럼 자바스크립트를 먼저 배우는 것을 추천하지만, 데이터 분석이나 머신러닝을 주로 사용하는 기업이라면 파이썬 데이터 분석과 머신러닝에 대한 역량도 함께 요구할 수 있다. 따라서 채용 공고에 나와 있는 자격조건과 우대사항을 잘 파악한 후 학습의 방향을 잡기 바란다.

백엔드 개발을 위한
필수 기본 지식

CHAPTER

CHAPTER

> 03

실무에 가장 많이 쓰이는 자바 문법

앞서 백엔드 개발을 위한 프로그래밍 언어로 자바를 배우는 것이 유리하다고 설명했다. 이번 장에서는 실무에서 자주 사용되는 자바의 기본 문법을 제대로 알고 있는지 점검하고, 기본 자바 문법을 자바 8 버전 이상의 모던한 자바 문법으로 바꿔 본다. 이에 앞서 이 책을 성공적으로 학습하기 위한 실습 환경도 구축해 보자.

❮1❯ 실습 환경 구축하기

자바의 문법을 익히려면 알맞은 실습 환경을 먼저 갖춰야 한다. 이미 자바로 개발할 수 있는 환경을 갖춘 독자도 원활한 실습 진행을 위해 책과 같은 환경에서 학습하는 것을 권한다. 이 책은 자바 프로그래밍을 해본 경험이 있는 독자가 대상이므로 개발 환경 간의 차이는 설명하지 않는다. 따라서 책과 다른 개발 환경으로 실습하면 제대로 실행되지 않는 부분이 발생할 수 있다.

IDE란?

IDEIntegrated Development Environment란 '통합개발환경', 코딩을 비롯해 개발에 필요한 각종 작업을 도와주는 소프트웨어를 말한다. IDE는 일반적으로 다음과 같은 기능을 포함한다.

- 소스코드 편집기
- 빌드 자동화
- 디버거

소스코드 편집기는 코드를 직접 작성하고 편집할 수 있는 기능과 문법적으로 올바른 코드인지를 검사하여 사용자에게 보여 주는 기능을 포함한다. 자동 완성으로 코드 작성을 도와주는 것 역시 소스코드 편집기의 기능이다.

빌드란 소스코드 편집기로 작성된 코드를 컴퓨터가 실행할 수 있는 바이너리binary 코드 형태로 변환하는 것을 의미한다. 여기에는 테스트 코드를 실행하여 코드가 올바르게 수정되었는지 체크하는 기능까지 포함된다. **빌드 자동화**는 이 과정을 자동화해 주는 것으로, 버튼 하나만 클릭하면 모든 테스트 코드를 실행하며 테스트 코드가 성공하면 빌드까지 해준다.

디버거는 소스코드의 어떤 부분에서 문제가 발생했는지를 분석하는 프로그램이다. 소스코드 편집기의 특정 부분을 체크하고 프로그램을 실행시키면 프로그램이 체크한 부분을 실행하는 순간 멈추는데, 이 멈춘 부분에서 어떤 변수가 어떤 값을 가지는지와 같은 정보를 볼 수 있다. 개발자는 이 정보를 참고하여 효율적으로 문제를 파악하고 수정할 수 있다.

IDE는 이와 같은 세 가지 대표적인 기능을 제공한다. 모두 소프트웨어를 개발할 때 꼭 필요한 기능이다. 자바 웹 개발에 IDE는 선택이 아니라 필수이다.

이 책을 읽고 있는 독자라면 한번쯤은 IDE를 경험해 봤을 것이다. 학교에서 자바를 배웠다면 대부분 이클립스^{Eclipse}나 인텔리제이^{IntelliJ}, 비주얼 스튜디오 코드^{Visual Studio Code} 등을 사용해 봤을 텐데, 어떤 IDE를 사용해도 괜찮지만 이 책에서는 인텔리제이를 사용한다. 인텔리제이는 많은 기업에서 사용하고 있을 정도로 자바 웹 개발에 있어 아주 강력한 도구이다.

여기서 잠깐

비주얼 스튜디오 코드도 IDE인가요?

엄밀히 말하면 비주얼 스튜디오 코드는 IDE가 아니라 소스코드 편집기이다. 하지만 각종 플러그인을 설치하여 IDE처럼 사용할 수 있어 프런트엔드 개발자들이 주 개발 도구로 사용하기도 한다. 하지만 자바를 사용하는 백엔드 개발에는 인텔리제이가 더 적합하다. 자바로 백엔드를 개발하면 환상적인 코드 자동 완성 기능을 제공하기 때문이다.

인텔리제이 설치

먼저 인텔리제이 공식 다운로드 페이지에 접속해 인텔리제이를 설치해 보자.

01. 구글 검색창에 'intellij'라고 입력하면 나오는 '최고의 Java 및 Kotlin IDE인 IntelliJ IDEA를 다운로드하세요' 링크를 클릭해 인텔리제이 다운로드 페이지에 접속한다.

NOTE 지금 접근한 방법대로라면 링크 주소가 바뀌어도 문제없이 다운로드가 가능하다. 다만, 링크 제목이 바뀔 수는 있는데, 그럴 때는 링크 제목 위의 jetbrains.com과 download 표시를 확인하자.

02. 해당하는 운영체제(Windows, macOS, Linux) 탭을 선택하고 페이지를 조금 내린 다음 Community 버전의 [다운로드] 버튼을 클릭해 설치 파일을 다운로드한다. 이 책은 Windows를 기준으로 설명한다.

여기서 잠깐

인텔리제이의 버전

인텔리제이는 유료로 제공되는 기업용 Ultimate 버전과 무료로 제공되는 Community 버전 두 가지를 제공한다. Ultimate 버전은 유료인 만큼 자바 웹 개발을 하는 데 있어서 강력한 기능들을 제공하는 반면, Community 버전은 Ultimate 버전에서 제공하는 기능 중 몇 가지가 빠져 있다. 이 책을 학습하는 데는 큰 문제가 없으므로 Community 버전을 다운로드해 실습을 진행하자.

03. 다운로드가 완료되면 설치 파일을 실행한다. 설치 과정에서 특별히 바꿔야 할 옵션이 없으므로 [IntelliJ IDEA Community Edition Setup] 창이 나타나면 [Next] 버튼을 계속 클릭한 다음 [Install] 버튼을 클릭해 설치한다.

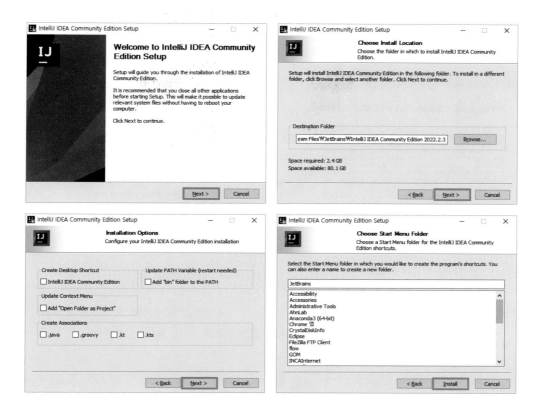

04. 설치가 완료되면 [Run IntelliJ IDEA Community Edition]에 체크하고 [Finish] 버튼을 클릭해서 인텔리제이를 실행한다.

05. 처음 실행할 때는 약관에 동의해야만 인텔리제이를 사용할 수 있다. 이어서 제품 개선을 위한 사용자 데이터 수집 여부를 각자의 판단에 따라 선택한다.

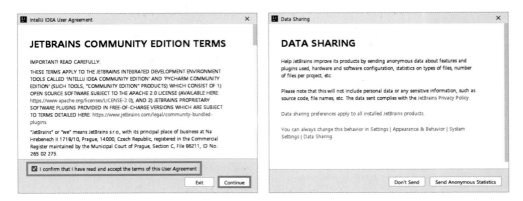

06. [Import IntelliJ IDEA Settings] 창이 나타나면 [Do not import settings]를 선택해 기존에 사용하던 인텔리제이의 설정을 불러오지 않도록 한다. 끝으로 [OK] 버튼을 클릭해 설치를 완료한다.

기본 프로젝트 생성

인텔리제이가 정상적으로 설치가 완료되었는지는 기본 프로젝트를 생성해 확인할 수 있다. 자바로 프로젝트를 하나 만들어서 'Hello World!'라는 문자열을 출력해 보자.

01. [Welcome to IntelliJ IDEA] 창의 왼쪽 목록에서 [Projects]를 선택하고 [New Project]를 클릭한다.

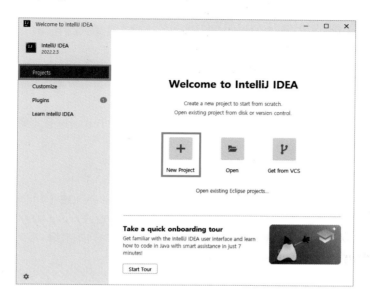

NOTE 인텔리제이의 테마 색상은 왼쪽 목록의 [Customize]에서 변경할 수 있다. 책에서는 가독성을 위해 [Color theme]를 'Light'로 설정한다.

02. [New Project] 창이 나타나면 [Name]에 'backend-helloworld'를 입력하고 [Language]를 'Java', [Build System]을 'IntelliJ'로 선택한다. [JDK] 드롭다운 버튼을 클릭해 '17' 버전을 선택한다. 만약 목록에 17 버전이 없다면 'Download JDK'를 선택하자.

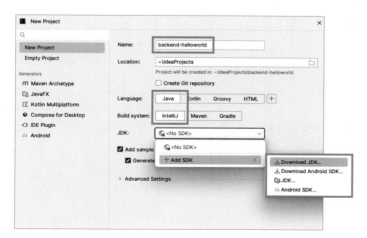

JDK는 SDK와 무엇이 다른가요?

SDK(Software Development Kit)는 소프트웨어를 개발하기 위해 필요한 도구의 모음을 뜻한다. 자바 애플리케이션을 개발할 수 있는 도구인 JDK(Java Development Kit)는 SDK의 한 종류로, JDK 말고도 소프트웨어를 개발하는데 활용하는 라이브러리라면 역시 SDK로 분류할 수 있다.

03. [Download JDK] 창이 나타나면 [Version]은 '17', [Vendor]는 'Eclipse Temurin'을 선택한 후 [Download] 버튼을 클릭한다.

NOTE [Vendor]의 Eclipse(이클립스)는 IDE가 아니라 JDK를 배포하는 재단의 이름이다. 우리는 Eclipse 재단에서 배포하는 Temurin이라는 이름의 JDK 17 버전을 다운로드한 것이다.

 좀 더 알아보기

JDK의 구성 요소와 특징

JDK(Java Development Kit)는 자바 개발에 필요한 도구를 포함하는 소프트웨어로, .java 코드를 .class 파일로 컴파일해 주는 **자바 컴파일러**와 컴파일된 .class 파일을 실행해 주는 JRE로 구성된다. **JRE**(Java Runtime Environment)는 문자 그대로 자바 애플리케이션을 실행할 수 있는 환경을 제공하는 소프트웨어를 말한다. JRE 안에 있는 **JVM**(Java Virtual Machine)이 사실 .class 파일을 실행하는 주체이다. JDK를 설치하면 JRE가 포함되어 있기는 하지만 JRE만 별도로 설치할 수도 있다. 우리는 자바로 개발하기 위해 JDK를 한 번에 설치했다.

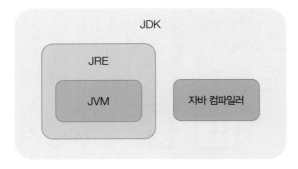

JDK를 설치했다면 두 가지 사실을 기억할 필요가 있다. 하나는 우리가 설치한 JDK가 Open JDK라는 것과 LTS 버전이라는 것이다.

Open JDK는 말 그대로 오픈 소스로 공개된 JDK를 의미한다. 상업적 사용이 가능하기 때문에 기업에서 많이 사용하는 반면, Open JDK의 대척점에 있는 Oracle JDK는 기업에서 사용하려면 라이선스 사용료를 지급해야 한다.

LTS(Long Term Support)란 장기간 기술 지원을 받을 수 있다는 의미이다. 자바는 JDK 8, 11, 17, 21을 LTS 버전으로 지정했고, JDK 17의 경우 2029년 9월까지 지원이 확정된 상태이다. 만약 여러분이 자바 개발을 위해 JDK를 설치해야 한다면 LTS 버전에 해당하는 JDK를 설치하는 것을 권장한다.

04. 이제 [JDK]에 Temurin − 17이 추가된 것을 확인할 수 있다. [Add sample code]를 체크한 후 [Create] 버튼을 클릭한다.

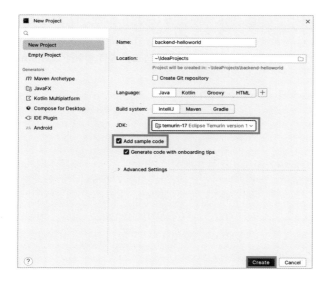

05. 작성되어 있는 코드를 삭제하고, 다음과 같이 System.out.println("Hello, World!");라는 코드를 작성한 후 오른쪽 위에 있는 초록색 Run(▶) 아이콘을 클릭한다. 잠시 기다리면 하단에 콘솔 창이 뜨고 'Hello World!'라는 문자열이 출력되는 것을 확인할 수 있다. 이로써 인텔리제이와 JDK가 정상적으로 설치되었다.

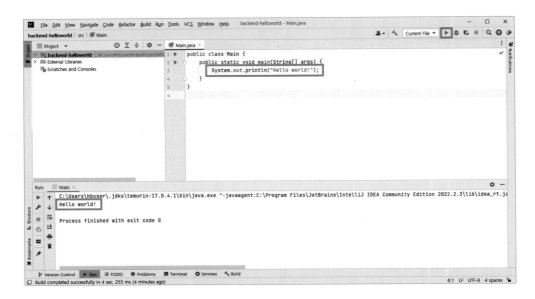

NOTE 인텔리제이에서는 코드 창에 'sout'만 입력하고 〈Enter〉 키를 눌러도 자바의 표준 출력 함수인 'System. out.println을' 자동으로 완성해 준다.

 # 자바의 기본 문법 점검하기

책에서는 여러분이 이미 자바의 기본 문법을 알고 있다고 가정한다. 모든 내용을 설명하지는 않고, 자바로 웹 개발을 하면서 필요한 로직을 작성할 수 있을 만큼만 다룰 예정이다. 물론 더 많은 문법을 안다면 좋겠지만, 우리가 필요한 로직을 구현하기 위해서는 이번 절의 내용 정도만 짚고 넘어가도 충분하다.

조건문: if 문과 else 문

자바 코드는 다른 프로그래밍 언어와 마찬가지로 순차적으로 위에서 아래로 실행되는데, 실행의 흐름을 바꿔 코드를 선택적으로 실행하는 방법을 제공하는 것이 조건문이다. 어떤 코드를 실행할지를 결정하는 간단한 방법은 '특정 조건이 만족되면 실행할 코드'와 '특정 조건이 만족되지 않으면 실행할 코드'로 나누는 것이다. 문법적으로는 다음과 같이 나타낼 수 있다.

```
if (특정 조건) {
    // 특정 조건이 만족되면 실행할 코드
} else {
    // 특정 조건이 만족되지 않으면 실행할 코드
}
```

> **NOTE** '특정 조건이 만족된다'는 것은 특정 조건에 해당하는 조건식의 결과가 '참(true)'이라는 뜻이다.

여기에 나오는 if와 else를 조합하여 다음과 같이 else if 문을 만들 수도 있다.

```
if (1번 조건) {
    // 1번 조건이 만족되면 실행할 코드
} else if (2번 조건) {
    // 2번 조건만 만족되면 실행할 코드
```

```
    } else {
        // 1, 2번 조건이 만족되지 않으면 실행할 코드
    }
```

else if 문에서 중요한 포인트는 순서대로 if 조건식을 검사하면서 만족되는 조건이 있으면 해당 조건에 맞는 코드를 실행하고, 그렇지 않은 조건은 건너뛴다는 점이다. 직접 코드로 작성하면서 결과를 확인해 보자.

인텔리제이를 실행한 후 상단 메뉴 바에서 [File] − [New] − [Project]를 선택한다. Name 입력란에 'backend−java−basic'을 입력한 후 [Create] 버튼을 클릭해 새로운 프로젝트를 생성한다. 그리고 다음 코드를 입력하자.

3-2-1.java 조건문 if 문과 else 문

```java
public class Main {
    public static void main(String[] args) {
        int number = 1;

        if (number == 1) {
            System.out.println("if 블록입니다.");
        } else if (number == 2) {
            System.out.println("else if 블록입니다.");
        } else {
            System.out.println("else 블록입니다.");
        }
    }
}
```

실행 결과

```
if 블록입니다.
```

코드를 실행시키면 현재 상태에서는 'if 블록입니다.'라는 문구가 출력된다. number 변숫값의 숫자를 바꿔서 각각 else if 블록이거나 else 블록임을 나타내는 문자열이 출력되도록 연습해 보자.

반복문: for 문과 while 문

조건문과 함께 코드의 실행 흐름을 제어할 수 있는 또 다른 장치가 반복문이다. 조건문은 특정 조건을 제시한 다음 그 조건에 따라 특정 코드 블록을 실행할지 실행하지 않을지를 선택할 수 있었다. 반복문도 조건문과 비슷하지만, 특정 조건이 만족되는 코드를 반복적으로 실행해야 할 때 사용한다. 반복문에는 for 문과 while 문이 있다.

for 문

for 문의 문법을 보면 for 조건식의 괄호 안에 세미콜론(;)으로 구분되는 세 가지 영역이 존재한다. 하나씩 살펴보자.

```
for (❶ 최초 1회만 실행할 코드; ❷ 반복 조건; ❹ 1회 반복 후 실행할 코드) {
    ❸ 반복 실행할 코드
}
```

가장 먼저 나오는 '❶ **최초 1회만 실행할 코드**'는 반복되지 않는다. for 문에 처음 진입하는 1회만 실행되고, 그 이후에는 실행되지 않는다. 보통 for 문에서 사용할 변수의 선언 및 초기화 코드가 여기에 해당된다.

다음으로 '❷ **반복 조건**'에 들어 있는 식이 참이면 반복이 진행된다. 보통 반복문은 배열을 순회하면서 반복되기 때문에 배열의 크기만큼 반복하는 경우가 많다. 조건을 잘못 지정하면 반복문이 무한히 반복될 수 있기 때문에 주의해야 한다.

'❷ 반복 조건'이 만족된다면 중괄호 안에 있는 '❸ **반복 실행할 코드**'를 실행한 다음 '❹ **1회 반복 후 실행할 코드**'를 연이어 실행한다. 보통 이 부분은 배열의 다음 요소에 접근하기 위해 특정 변수의 값을 1만큼 증가시키는 형태로 많이 사용된다.

순서를 쉽게 알아볼 수 있도록 ❶부터 ❹까지의 숫자를 매겨 두었다. 다음과 같은 순서대로 반복한다고 보면 된다. '❷ 반복 조건'이 참이 아닐 때 코드가 종료된다.

❶ → ❷ → ❸ → ❹ → ❷ → ❸ → ❹ → ... → ❷ → ❸ → ❹ → ❷

코드를 통해 확인해 보자. for 문은 보통 다음과 같은 형태로 작성된다.

```java
public class Main {
    public static void main(String[] args) {
        int[] array = {1, 2, 3, 4, 5};

        for (int i = 0;  i < array.length;  i++) {
            System.out.println("i = " + array[i]);
        }
    }
}
```

실행 결과

```
i = 1
i = 2
i = 3
i = 4
i = 5
```

코드를 실행시키면 array 배열에 저장된 값이 차례대로 출력된다. 앞에서 설명한 내용을 기억하면서 for 문의 실행 순서를 살펴보자.

❶ 가장 먼저 int i = 0 코드가 최초 1회 실행된다. 여기서 i라는 변수를 선언함으로써 for 문 내에서 i 변수를 사용할 수 있다. 이 변수는 배열의 몇 번째 요소를 읽어 올지 저장한다.

> **NOTE** 배열의 첫 번째 원소의 인덱스(index)는 0이다. 즉, 배열은 인덱스 0부터 시작한다.

❷ 다음으로 i < array.length 조건식이 실행된다. i의 초기값이 0이기 때문에 array.length인 5보다 작은지를 비교한 결과가 참이 되어 반복을 실행한다.

❸ System.out.println("i = " + array[i])는 반복 실행할 코드로 array 배열의 i번째 요소를 출력해 주는데, 지금은 i가 0이므로 array의 0번째 요소를 출력한다.

❹ 다음으로 i++가 실행된다. i++는 i를 1만큼 증가시키는 연산이다. 따라서 i는 원래 0이었으나 이제 1이 됐다. 다음에는 '❷ 반복 조건'으로 돌아가 앞의 과정을 반복한다.

이 순환을 반복하다 보면 언젠가는 반복을 끝내야 할 순간이 온다. array.length의 값이 5이므로 i가 5가 되는 순간, 반복 조건은 참이 아니라 거짓이 되므로 코드가 종료된다.

while 문

이번에는 while 문을 알아보자. while 문은 for 문보다 그 형태가 간단하다.

```
while (반복 조건) {
    // 반복 실행할 코드
}
```

for 문에 비해 훨씬 간단하다. while 문도 for 문과 마찬가지로 반복 조건이 참이면 반복하고, 그렇지 않으면 반복하지 않는다. 그럼 간단한 while 문만 사용하면 될텐데 왜 for 문을 사용하는 것일까? 그 이유는 for 문에서 다룬 예시를 while 문으로 나타내 보면 바로 알 수 있다.

3-2-3.java while 문

```java
public class Main {
    public static void main(String[] args) {
        int[] array = {1, 2, 3, 4, 5};
        int i = 0;

        while (i < array.length) {
            System.out.println("i = "+ array[i]);
            i++;
        }
    }
}
```

실행 결과

```
i = 1
i = 2
i = 3
i = 4
i = 5
```

간단해 보이던 while 문이 오히려 for 문보다 더 복잡한 코드가 되었다. 왜 그럴까? for 문에서는 '최초 1회만 실행할 코드', '반복 조건', '1회만 반복 후 실행할 코드', '반복 실행할 코드'로 나뉘어 있던 코드가 while 문에서는 순서가 뒤섞여 있기 때문이다. while 문은 언제 반복을 끝내야 할지 명확하지 않은 경우, 즉 특정 조건만 만족하면 무한히 반복해야 하는 경우에 적합하며, 다음과 같이 주로 break 문과 함께 사용한다.

```
while (true) {
    // 반복 실행할 코드

    if (특정 조건) {
        break;
    }
}
```

여기에서 while의 조건이 'true'라는 것이 항상 참이기 때문에 조건문을 무한히 반복한다는 것을 의미한다. 실행을 반복하다가 특정 조건(if 문)을 만족하면 break 문을 실행하여 반복문을 탈출할 수 있다.

이처럼 for 문과 while 문은 서로 변환될 수 있다. for 문과 while 문 바꾸기를 계속해서 연습해 보면 반복문 이해에 큰 도움이 될 것이다.

다형성: 상속과 인터페이스

다형성Polymorphism은 자바의 객체지향 개념을 관통하는 아주 중요한 개념이므로 확실하게 알고 넘어가는 것이 좋다. 책에서는 다형성에서 반드시 알아야 할 문법적 활용 방법에 대해서만 다룬다.

처음 자바를 배우는 입장에서는 다형성이 다소 어렵게 느껴질 수 있다. 기본적인 정의는 다음과 같다.

하나의 객체가 내부적으로 여러 타입을 가질 수 있고,

어떤 타입이 들어 있느냐에 따라 각기 다른 동작을 하는 성질을 의미한다.

좀 더 쉽게 설명해 보겠다. 여러분이 자동차(Car)라는 인터페이스를 정의했다고 가정하자. 그리고 이 자동차 인터페이스를 구현하는 Sonata라는 클래스도 정의했다. 또 다른 자동차 인터페이스를 구현하는 K5라는 클래스도 정의했다. 그럼 문법적으로는 다음과 같이 사용할 수 있다.

```java
public interface Car {}

public class Sonata implements Car {}

public class K5 implements Car {}

public class Main {
    public static void main(String[] args) {
        Car car1 = new Sonata();
        Car car2 = new K5();
    }
}
```

인터페이스인 Car 타입의 참조 변수에 자동차 인터페이스의 구현체인 Sonata와 K5의 인스턴스를
모두 대입할 수 있는데, 이것이 가능하도록 하는 특성이 바로 다형성이다. 위 예제에서 Car를 부모
클래스로 바꾸고, '구현한다'라는 표현을 '상속한다'로 바꿔도 다형성은 동일하게 적용된다.

NOTE 인터페이스와 구현체라는 용어가 반복해서 등장한다. 3-2-4.java 코드를 기준으로 **Car**는 인터페이스,
Sonata와 **K5**는 Car라는 인터페이스를 구현(Implement)하는 구현체가 된다. 구현체는 클래스가 되고 인터페이스
로는 new 키워드를 사용해 인스턴스를 생성할 수 없지만, 구현체인 클래스는 new 키워드를 사용해 인스턴스를 생성
할 수 있다.

앞선 코드의 Main 블록에서 변수 car1과 car2를 사용하는 코드를 작성한다고 하자. car1과 car2
를 통해 Sonata 인스턴스와 K5 인스턴스의 메서드를 실행시키기 위해 car1과 car2 안에 어떤 인
스턴스가 들어있는지를 알아야 할까? 물론 알 수는 있지만, 알 필요가 없다. 알게 되는 순간 다형성
은 그 의미를 잃어버리고, Sonata 타입이나 K5 타입의 참조 변수를 직접 사용하는 것과 다름없어
지기 때문이다.

다형성이 무엇인지는 알겠는데 그래서 어떤 장점이 있다는 것인지 궁금할 것이다. 여기서는 '인터페
이스(혹은 부모 클래스)의 참조 변수로 구현 클래스(혹은 자식 클래스)의 인스턴스를 넣어 사용할
수 있다' 정도로만 이해하면 좋을 것 같다. 다형성이 있는 코드는 if 문이 없더라도 경우에 따라 다른
코드가 실행되도록 만들 수 있다. 즉, 코드가 if 문으로 복잡해지는 것을 막을 수 있다.

NOTE 다형성과 관련해 못다 한 이야기는 551쪽 '기술 면접 TIP'과 12장 '상품 관리 애플리케이션에 객체지향 더하
기'에서 설명한다.

컬렉션: List

자바에서 컬렉션Collection이란 데이터의 집합을 의미한다. 주요 컬렉션으로 List, Set, Map이 있는데, 이것은 모두 구현체가 아닌 인터페이스이다. 인터페이스를 구현하는 여러 클래스 중 가장 많이 사용되는 List 인터페이스의 구현체 ArrayList에 대해 알아보자. ArrayList 역시 배열처럼 여러 개의 데이터를 다룰 때 주로 사용된다.

이름만 봐도 배열Array처럼 동작하는 List일 것 같지 않은가. 실제로도 ArrayList는 코드 내부에서 배열로 처리되며, 그 인터페이스가 List이다. 다음 코드를 실행해 보자.

3-2-5.java List 컬렉션

```java
import java.util.ArrayList;
import java.util.List;

public class Main {
    public static void main(String[] args) {
        List list = new ArrayList<Integer>();
        // <Integer>는 ArrayList에 Integer 타입이 저장될 수 있다는 것을 의미한다.

        list.add(1);
        list.add(2);
        list.add(3);

        System.out.println(list.get(1));
    }
}
```

실행 결과

```
2
```

List와 ArrayList에 빨간 줄이 뜨는데요?

List와 ArrayList는 기본으로 import되는 인터페이스와 클래스가 아니기 때문에 직접 불러와 줘야 한다. 따라서 다음과 같이 2개의 import 문을 입력하면 빨간 줄이 사라질 것이다.

```java
import java.util.ArrayList;
import java.util.List;
```

직접 입력하지 않고 인텔리제이에서 제공하는 기능을 사용해도 된다. import하고 싶은 클래스 위에 커서를 두고 [Alt] + [Enter] 키를 누르면 인텔리제이가 필요한 import 문을 자동으로 추가한다. 이때 java.util.List와 java.awt.List 중 java.util.List를 선택해야 한다. 앞으로도 종종 동일한 이름의 클래스나 인터페이스 중 하나를 골라야 하는 경우가 생기는데, 어떤 코드를 import하는 것이 맞을지는 package 이름을 기준으로 검색해 보거나 일단 import한 후에 수정하는 방법을 써 보자.

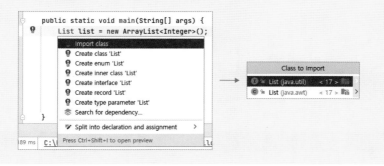

코드를 실행하면 1번 인덱스의 요소인 '2'가 출력된다. 리스트도 배열과 마찬가지로 인덱스가 0부터 시작하기 때문이다. 다음 소스코드로 List 인터페이스를 통해 ArrayList를 다루는 방법을 한 가지 더 살펴보자.

3-2-6.java ArrayList 출력

```java
import java.util.ArrayList;
import java.util.List;

public class Main {

    public static void main(String[] args) {
        List list = new ArrayList<String>();
```

```
        list.add("public");        // ["public"]
        list.add("static");        // ["public", "static"]
        list.add("void");          // ["public", "static", "void"]

        // for 문으로 List를 순회할 수 있다.
        for (int i = 0; i < list.size(); i++) { // list.size()는 리스트의 크기를 반환한다.
            System.out.println(list.get(i));    // i번째 요소가 출력된다.
        }

        list.remove(1);        // 1번째 요소인 "static"이 제거된다. -> ["public", "void"]
        int voidIndex = list.indexOf("void");    // void의 인덱스인 1이 반환된다.
        System.out.println("void의 index = " + voidIndex);
    }
}
```

실행 결과

```
public
static
void
void의 index = 1
```

여기서 잠깐

ArrayList의 실제 구현 내용 확인하기

인텔리제이 코드 창에서 ArrayList를 먼저 import한 다음 ArrayList를 마우스 오른쪽 버튼으로 클릭해 [Go to] – [Declaration or Usages]로 들어가거나, ArrayList에 커서를 놓고 [Ctrl] 키와 함께 마우스 왼쪽 버튼으로 클릭하면 실제 ArrayList의 구현 코드를 볼 수 있다.

동일성과 동등성

자바의 기본 개념을 배우다 보면 자바의 문법과 구현에만 집중한 나머지 놓치기 쉬운 포인트가 있다. 바로 동일성identity과 동등성equality에 대한 개념이다. 매우 중요한 내용이므로 빠르게 짚고 넘어가자.

3-2-7.java 동일성 비교

```java
public class Main {
    public static void main(String[] args) {
        String str1 = new String("is same?");
        String str2 = new String("is same?");

        System.out.println(str1 == str2); // true or false?
    }
}
```

실행 결과

```
false
```

혹시 실행 결과를 'true'라고 예상했는가? 하지만 놀랍게도 실행 결과가 'false'인 이유는 바로 변수 str1과 str2가 가리키는 존재가 서로 동일하지 않기 때문이다. **자바에서 동일하다고 말하는 경우는 같은 인스턴스를 참조하고 있을 때이다.** 예제 코드에서 str1은 "is same?"이라는 String 인스턴스를 생성하여 참조하고, str2는 "is same?"이라는 또 다른 String 인스턴스를 생성하여 참조한다. String 인스턴스가 같은 값을 가지고 있더라도 각각 생성되었기 때문에 서로 다른 인스턴스인 것이다. 따라서 두 변숫값은 서로 동일하지 않다.

변수 str1과 str2가 가지고 있는 String 인스턴스의 값을 비교하려면 ==가 아니라 equals() 메서드로 비교해야 한다. 다음 코드를 보자.

3-2-8.java 동등성 비교

```java
public class Main {
    public static void main(String[] args) {
        String str1 = new String("is same?");
        String str2 = new String("is same?");
```

```
        System.out.println(str1.equals(str2)); // true or false?
    }
}
```

실행 결과

```
true
```

equals()는 동일성이 아니라 동등성을 비교하므로 str1.equals(str2)의 실행 결과는 'true'이다.
이것이 바로 동일성과 동등성의 차이이다. 만약 여러분이 새로운 클래스를 선언하고 해당 클래스로
인스턴스를 만든 후 인스턴스끼리 동등성을 비교하려 한다면 다음과 같은 사항을 주의해야 한다.

String 클래스는 자바에서 기본으로 제공해 주는 String 클래스에 구현된 equals()를 사용하
는 반면, 여러분이 만든 클래스에 있는 equals() 메서드는 Object 클래스로부터 상속받은 것이
다. Object 클래스에서 상속된 equals() 메서드는 여러분이 만든 클래스의 동등성을 비교하기
에 충분하지 않다. 따라서 **반드시 여러분의 클래스를 위한 equals() 메서드를 오버라이딩해 줘야 하며,**
hashCode() 메서드 역시 함께 오버라이딩해 주는 것이 좋다.

질문 있습니다

hashCode() 메서드는 왜 오버라이딩해 줘야 하나요?

컬렉션 중 Hash로 시작하는 컬렉션인 HashMap, HashTable, HashSet는 동일한 값을 비교하기 위
해 hashCode() 메서드와 equals() 메서드를 모두 사용한다. 만약 equeals() 메서드만 오버라이딩하고
hashCode() 메서드는 오버라이딩하지 않는다면 Hash로 시작하는 컬렉션에서 같은 값으로 판단해야 할 인
스턴스들이 마치 다른 인스턴스인 것처럼 동작할 것이다. 좀 더 자세한 설명은 구글에서 'Java hashCode()를
재정의해야 하는 이유'에 대해 검색해 참고하자.

 좀 더 알아보기

인텔리제이에서 제공하는 equals()와 hashCode() 자동 생성 사용하기

equals()와 hashCode() 메서드를 오버라이딩해 본 적이 없다면 메서드를 어떻게 작성해야 할지 막막할 것
이다. 인텔리제이에는 equals()와 hashCode()를 자동으로 생성해 주는 기능이 있으므로 다음 과정을 따라
하며 실습해 보자.

01. [src] 폴더를 마우스 오른쪽 버튼으로 클릭하고 [New] – [Package]를 선택해 클래스 소스 파일을 생성할 패키지 'kr.co.hanbit'를 생성한다. 다시 [kr.co.hanbit]를 마우스 오른쪽 버튼으로 클릭하고 [New] – [Java Class]를 선택해 새로운 클래스를 생성한다.

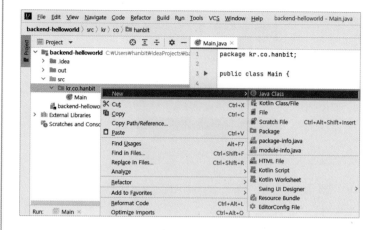

02. 새로 작성할 클래스의 이름을 'Human'으로 입력하고 [Enter] 키를 누른다.

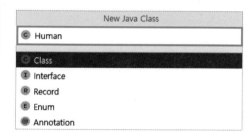

03. 생성된 코드 입력창에 다음과 같이 클래스를 정의하는 코드를 작성한다.

```
public class Human {
    private String name;
    private Integer age;
    private Double height;
}
```

04. 소스코드 내에서 마우스 오른쪽 버튼을 클릭한 후 [Generate]를 선택한다.

05. [equals( ) and hashCode( )]를 클릭하고, 다음과 같은 창이 나타나면 [Next] 버튼을 클릭한다.

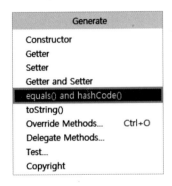 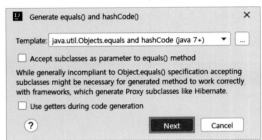

06. 클래스 내의 어떤 필드를 대상으로 equals( ) 메서드를 생성할지를 체크하는 창의 모든 체크박스가 체크된 상태로 [Next] 버튼을 클릭한다.

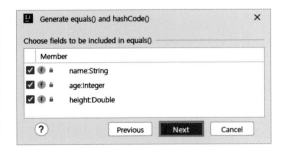

07. 이어서 클래스 내의 어떤 필드를 대상으로 hashCode() 메서드를 생성할지를 체크하는 창에서도 모든 체크박스가 체크된 상태로 [Create] 버튼을 클릭한다.

08. 자동으로 equals() 메서드와 hashCode() 메서드가 생성된 것을 확인할 수 있다. 두 메서드 중 equals() 메서드가 어떻게 두 인스턴스를 비교해 주는지 코드를 하나하나 살펴보며 이해해 보자.

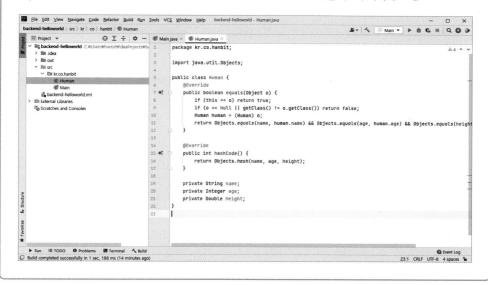

‹3› 자바 8 버전 이상의 모던한 자바 문법 다지기

자바에는 여러 버전이 있다. 앞서 여러분이 설치한 JDK 17은 자바 17 버전을 사용하는 JDK를 설치했다는 것을 의미한다. 항상 최신 버전의 자바 문법을 프로젝트에 사용할 필요는 없지만, 웹 개발을 목표로 한다면 최소한 자바 8 버전 이상의 문법에는 익숙해질 필요가 있다.

자바 8 버전 이상이 필요한 이유

왜 자바 8 버전일까? 그 이유는 자바의 기능과 문법이 자바 8 버전을 기점으로 획기적으로 변화했기 때문이다. 그래서 자바를 8 버전 이전과 이후로 구분하는 개발자가 많다. 대부분의 기업에서도 자바 8 버전 이상의 문법을 알고 있는 개발자를 선호하므로 자바 8 버전부터 지원되는 문법과 기능 중 반드시 알고 있어야 할 내용을 알아보자.

자바 8 버전의 주요 문법

람다 표현식	자바 8 버전에서 가장 획기적으로 등장한 문법 중 하나이다. 자바 8 이전에는 코드에서 잠깐 사용되고 마는 메서드를 추가하기 위해 익명으로 클래스를 선언해야 했다. 이는 불필요한 코드를 만들어 내 코드 가독성을 해치는 요소였다. 람다 표현식은 이를 한번에 해결한다.
스트림 API	스트림(Stream) API는 컬렉션(Collection)과 람다 표현식을 함께 사용했을 때 가장 효과적이다. 앞서 반복문으로 컬렉션을 사용하기 위해 for 문을 사용했던 코드를 스트림 API로는 간단하게 개선할 수 있다. 또한 for 문과 if 문이 함께 들어간 코드 역시 스트림 API로 가독성 높은 코드로 만들 수 있다.
Optional	자바로 개발을 하다 보면 'null' 때문에 골머리를 앓는 경우가 많다. 사용하려는 변수의 값이 null인지 체크하기 위한 if 문을 하나씩 추가하다 보면 코드가 복잡해진다. Optional은 이 null을 if 문 없이 처리하여 가독성 높은 코드를 만드는 데 도움이 된다.

이 밖에도 자바 8 버전 이후에 추가된 문법과 기능은 매우 많다. 하지만 책을 학습하는 데에는 앞서 언급한 내용 정도면 충분하다. 관심이 있다면 다른 문법과 기능도 더 학습해 보자.

람다 표현식

람다 표현식^{Lambda Expression}이라는 단어만 보면 어떤 문법인지 잘 그려지지 않지만, 앞으로는 람다 표현식을 보면 바로 익명 함수^{Anonymous function}를 머릿속에 떠올릴 수 있어야 한다. 함수는 함수이지만, 이름이 없는 함수를 말한다.

자바에서 함수를 선언하는 방법을 떠올려 보자. 자바 기본 문법에서는 함수만 따로 선언할 수 없고 클래스가 있어야 한다. 즉, 클래스를 먼저 선언한 다음 그 안에 함수를 선언해야 그 전체를 메서드라고 부를 수 있다. 중요한 점은 클래스와 메서드에 모두 이름을 붙여 줘야 하나의 함수로 사용할 수 있다는 것이다.

임시로 사용할 함수 때문에 매번 클래스를 선언하고 메서드를 선언하는 것은 굉장히 불편하다. 심지어 여기에 이름까지 붙여 줘야 한다. 이런 불편함을 피하기 위해 익명 클래스를 사용하기도 하지만, 이 역시 불필요한 코드가 많이 추가되어 코드의 가독성이 떨어진다.

코드로 직접 확인해 보자. 다음 코드는 동일한 기능을 하는 코드가 익명 클래스에서 람다 표현식으로 바뀌었을 때 어떻게 작성되는지를 보여 준다.

3-3-1.java 람다 표현식

```java
import java.util.ArrayList;
import java.util.Comparator;
import java.util.List;

public class Main {
    public static void main(String[] args) {
        List list = new ArrayList<String>();

        list.add("public");
        list.add("static");
        list.add("void");

        // 익명 클래스 코드
        list.sort(new Comparator<String>() {
            @Override
            public int compare(String str1, String str2) {
                return str1.compareTo(str2);
            }
        });
```

```
        // 람다 표현식 코드
        list.sort((Comparator<String>) (str1, str2) -> str1.compareTo(str2));
    }
}
```

코드가 얼마나 간결해졌는지 보이는가? 코드가 간결해지면 더 중요한 것에 집중할 수 있다. 우리는 코드에서 로직을 보고자 하는 것이지, 복잡한 문법을 보고자 하는 것이 아니다. 람다 표현식은 이어서 설명할 스트림 API와도 잘 어울린다.

람다 표현식의 각 조건에 따른 문법적 특징은 다음과 같다. 파라미터의 개수와 실행될 함수의 명령문 수에 따라 그 문법이 조금씩 달라지기 때문에 주의해서 작성해야 한다.

파라미터 1개, 명령문 1개인 경우

파라미터가 1개인 경우 파라미터를 감싸는 괄호를 생략할 수 있다. 또한 명령문이 1개인 경우 다음과 같이 함수를 감싸는 중괄호와 세미콜론을 생략할 수 있다.

```
var1 -> System.out.println(var1)
```

이때 명령문의 결과가 이 람다 표현식의 리턴 값이 된다. System.out.println은 리턴 값이 void이기 때문에 이 람다 표현식의 리턴 값 역시 void가 된다.

파라미터 1개, 명령문 2개 이상인 경우

파라미터가 1개이기 때문에 파라미터를 감싸는 괄호는 생략할 수 있지만, 명령문이 2개 이상이 될 경우에는 반드시 중괄호로 명령문을 감싸야 한다.

```
var1 -> {
    var1 = var1 + 1;
    System.out.println(var1);
    return var1;
}
```

여기에서는 명시적으로 var1을 return하고 있다고 가정하고 코드를 작성했다. 이렇게 하면 var1에 들어 있던 값이 리턴 값이 된다. 물론 return 문이 없어도 되지만, return 문이 없는 경우 이 람다 표현식의 리턴 값은 void가 된다.

파라미터 2개 이상, 명령문 1개인 경우

파라미터가 2개 이상인 경우에는 반드시 괄호로 파라미터를 감싸야 한다.

```
(var1, var2) -> System.out.println(var1 + var2)
```

이때는 파라미터 1개, 명령문 1개인 조건과 마찬가지로 명령문의 결과가 그대로 람다 표현식의 리턴 값이 된다.

파라미터 2개 이상, 명령문 2개 이상인 경우

앞의 내용을 조합한다고 생각하면 된다. 파라미터는 괄호로 감싸고, 함수 역시 중괄호로 감싸야 한다.

```
(var1, var2) -> {
    System.out.println(var1);
    System.out.println(var2);
}
```

스트림 API

스트림 API는 컬렉션에 추가된 메서드의 집합을 의미한다. 스트림^{Stream}은 컬렉션에 담겨 있는 데이터를 마치 물이 흐르는 것처럼 처리한다는 데서 유래한 이름이다. 자바 기본서에서 많이 보았을 파일 입출력에 사용되는 '입력 스트림'과 '출력 스트림'의 스트림과 의미상으로는 동일하다. 물론 지금부터 다루는 스트림 API는 컬렉션에 담긴 데이터를 처리하는 존재라는 것을 명심하자.

스트림 API는 스트림 API가 호출되는 컬렉션 객체의 요소들을 인자로 들어온 람다 표현식을 통해 처리한다. 설명만 들어서는 감이 오지 않을 테니 예시로 살펴보자. for 문을 스트림 API로 바꾸는 방법을 03-2절에서 다뤘던 예제로 바로 확인해 보자.

3-2-6.java ArrayList 출력

```java
import java.util.ArrayList;
import java.util.List;

public class Main {
    public static void main(String[] args) {
        List list = new ArrayList<String>();

        list.add("public");
        list.add("static");
        list.add("void");

        // for 문으로 List를 순회할 수 있다.
        for (int i = 0; i < list.size(); i++) { // list.size()는 리스트의 크기를 반환한다.
            System.out.println(list.get(i)); // i번째 요소가 출력된다.
        }
    }
}
```

실행 결과

```
public
static
void
```

코드에서 굵게 표시한 부분은 다음과 같이 스트림 API로 바꿀 수 있다. forEach() 메서드를 사용한 것에 주목하자.

3-3-2.java 스트림 API

```java
import java.util.ArrayList;
import java.util.List;

public class Main {
    public static void main(String[] args) {
```

```java
        List list = new ArrayList<String>();

        list.add("public");
        list.add("static");
        list.add("void");

        list.stream().forEach(str -> System.out.println(str));
    }
}
```

```
public
static
void
```

확연하게 간결해진 코드를 확인할 수 있다. 이제 더 이상 반복문을 위한 변수 i를 몰라도 된다. 예제처럼 간단한 코드가 아니라 반복문 블록에 장황하게 긴 코드가 있다면 스트림 API의 위력이 더 강력했을 것이다.

이번에는 리스트에 1~10까지의 수를 넣고, 그 리스트에서 2의 배수만으로 이루어진 리스트를 새로 뽑는 예제도 살펴보자. 먼저 for 문으로 코드를 작성하고 스트림 API를 활용한 코드로 변경해 보자.

3-3-3.java for 문

```java
import java.util.ArrayList;
import java.util.Arrays;
import java.util.List;

public class Main {
    public static void main(String[] args) {
        Integer[] integerArray = new Integer[]{1, 2, 3, 4, 5, 6, 7, 8, 9, 10};
        List<Integer> list = Arrays.asList(integerArray);

        List evenList = new ArrayList<Integer>();

        for (int i = 0; i < list.size(); i++) {
            Integer number = list.get(i);
            if (number % 2 == 0) { // 2로 나눴을 때의 나머지가 0이면 2의 배수이다.
                evenList.add(number);
```

```
            }
        }

        for (int i = 0; i < evenList.size(); i++) {
            System.out.println(evenList.get(i));
        }
    }
}
```

```
2
4
6
8
10
```

다음 코드에서 list.stream()이 리스트 컬렉션을 스트림으로 만드는 것을 볼 수 있다. filter() 메서드를 사용한 것에 주목하자.

3-3-4.java 스트림 API

```java
import java.util.Arrays;
import java.util.List;
import java.util.stream.Collectors;

public class Main {
    public static void main(String[] args) {
        Integer[] integerArray = new Integer[]{1, 2, 3, 4, 5, 6, 7, 8, 9, 10};
        List<Integer> list = Arrays.asList(integerArray);

        List evenList = list.stream()
                .filter(value -> value % 2 == 0).collect(Collectors.toList());

        evenList.stream().forEach(value -> System.out.println(value));
    }
}
```

```
2
4
6
8
10
```

스트림 API에서 forEach() 메서드와 filter() 메서드를 활용하면 코드가 간결해지는 것을 확인했다. 이 외에도 스트림 API는 distinct(), map(), collect(), toList() 등의 메서드를 통해 다양한 기능을 제공한다. 아직은 스트림이라는 개념이 익숙하지 않겠지만, 스트림 API가 리스트 컬렉션의 요소를 처리하는 것이라고 생각하면 좀 더 쉽게 머릿속에 그려질 것이다. 스트림 API에서 자주 사용되는 메서드를 살펴보자.

forEach()

forEach() 메서드는 컬렉션의 요소들을 하나씩 꺼내서 반복하므로 문법적으로 보면 반복문을 쉽게 대체할 수 있다.

3-3-5.java forEach() 메서드 활용

```java
import java.util.Arrays;
import java.util.List;

public class Main {
    public static void main(String[] args) {
        Integer[] integerArray = new Integer[]{1, 2, 3, 4, 5};
        List<Integer> list = Arrays.asList(integerArray);
        list.stream().forEach(value -> System.out.println(value));
    }
}
```

실행 결과

```
1
2
3
4
5
```

filter()

filter() 메서드는 컬렉션의 요소들 중 조건문에 맞는 요소만 뽑아 새로운 스트림을 만든다. collect() 메서드와 함께 사용하면 전체 리스트 요소 중 조건문을 만족하는 요소를 뽑아 새로운 리스트를 만들 수 있다.

3-3-6.java filter() 메서드 활용

```java
import java.util.Arrays;
import java.util.List;
import java.util.stream.Collectors;

public class Main {
    public static void main(String[] args) {
        Integer[] integerArray = new Integer[]{1, 2, 3, 4, 5, 6, 7, 8, 9, 10};
        List<Integer> list = Arrays.asList(integerArray);
        List evenList = list.stream()
            .filter(value -> value % 2 == 0).collect(Collectors.toList());
        evenList.stream().forEach(value -> System.out.println(value));
    }
}
```

실행 결과

```
2
4
6
8
10
```

distinct()

distinct() 메서드는 컬렉션의 요소에서 중복을 제거한다. 중복을 제거한다는 행위가 이미 정해져 있기 때문에 람다 표현식을 함수의 인자로 넘겨줄 필요가 없고, 이때 중복인지 아닌지를 판단하는 것은 요소들의 equals() 메서드이다.

```java
import java.util.Arrays;
import java.util.List;

public class Main {
    public static void main(String[] args) {
        Integer[] integerArray = new Integer[]{1, 1, 1, 1, 2, 2, 2, 3, 3, 4};
        List<Integer> list = Arrays.asList(integerArray);
        List<Integer> distinctList = list.stream().distinct().toList();
        distinctList.stream().forEach(value -> System.out.println(value));
    }
}
```

실행 결과

```
1
2
3
4
```

map()

map() 메서드는 컬렉션의 요소들에 특정 연산을 적용한 새로운 스트림을 만든다. 이때 입력으로 들어간 컬렉션의 수와 출력으로 나오는 컬렉션의 수는 동일하다. 예를 들어 문자열 컬렉션의 모든 소문자 요소들을 대문자로 바꾸는 새로운 컬렉션은 다음과 같이 만들 수 있다.

3-3-8.java map() 메서드 활용

```java
import java.util.Arrays;
import java.util.List;

public class Main {
    public static void main(String[] args) {
        String[] lowercaseArray = new String[]{"public", "static", "void"};
        List<String> lowercaseList = Arrays.asList(lowercaseArray);
        List<String> uppercaseList = lowercaseList.stream()
            .map(value -> value.toUpperCase()).toList();
        uppercaseList.stream().forEach(value -> System.out.println(value));
```

```
        }
    }
```

```
    PUBLIC
    STATIC
    VOID
```

collect() / toList()

filter(), distinct(), map()과 함께 .collect(Collectors.toList()) 형태로 사용하면 스트림을 간단하게 리스트로 만들 수 있다. 이렇게 리스트로 바꾸는 경우가 아주 많기 때문에 자바 16 버전 부터는 .collect(Collectors.toList()) 대신 .toList()를 사용해 간결하게 코드를 작성하는 것이 가능해졌다(본문의 소스코드 3-3-6.java, 3-3-7.java, 3-3-8.java 참고). 이후 실습부터는 .collect(Collectors.toList()) 대신 .toList()로 간결하게 작성한다.

이외에도 많은 스트림 API가 있지만, 여기에서 언급한 것들이 가장 많이 사용된다고 볼 수 있다. 만약 다른 스트림 API가 필요하다면 구글에 관련 내용을 검색해 보자.

Optional

Optional은 널(null)이 들어 있는 레퍼런스 변수의 멤버(필드나 메서드)에 접근하려고 할 때 발생하는 예외인 NullPointerException을 우아하게 해결하기 위해 등장했다. 다음은 어떤 메서드가 null을 반환할 수도 있는 상황에서 해당 메서드의 반환 값을 사용하는 코드이다.

3-3-9.java null 반환

```java
public class Main {
    private static String getSomeString() {
        return null; // 이 메서드는 항상 null을 반환한다.
    }

    public static void main(String[] args) {
        String isThisNull = getSomeString();
```

```
        if(null != isThisNull) {
            System.out.println(isThisNull.toUpperCase());
        }
    }
}
```

이렇게 어떤 메서드를 호출했다면 해당 메서드에서 null이 반환되었는지를 반드시 체크해야 한다.
null을 체크하지 않으면 다음과 같이 NullPointerException이 발생한다.

3-3-10.java NullPointerException 발생

```
public class Main {
    private static String getSomeString() {
        return null; // 이 메서드는 항상 null을 반환한다.
    }

    public static void main(String[] args) {
        String isThisNull = getSomeString();

        System.out.println(isThisNull.toUpperCase());
    }
}
```

실행 결과

```
Exception in thread "main" java.lang.NullPointerException: Cannot invoke
"String.toUpperCase()" because "isThisNull" is null
    at kr.co.hanbit.Main.main(Main.java:11)
```

Optional을 사용하면 if 문으로 null을 체크하는 코드를 다음과 같이 개선할 수 있다.

3-3-11.java 비어 있는 Optional 반환

```
import java.util.Optional;

public class Main {
    private static Optional<String> getSomeString() {
        return Optional.empty(); // null을 반환하는 것이 아니라 비어 있는 Optional을 반환한다.
    }
```

```
    public static void main(String[] args) {
        Optional<String> isThisNull = getSomeString();

        isThisNull.ifPresent(str -> System.out.println(str.toUpperCase()));
    }
}
```

Optional로 선언된 메서드에서 반환된 문자열이 비어 있지 않은 경우(empty가 아닌 경우)에는 ifPresent의 인자로 들어간 람다 표현식을 실행하고, 비어 있는 경우에는 실행되지 않는다. 앞에서 실행한 예제 코드(3-3-9.java)에서 null을 체크하던 if 문과 동일하게 동작한다. 비어 있는 Optional이 아니라 값을 포함한 Optional을 반환하려면 다음과 같이 작성하면 된다.

3-3-12.java 값을 포함한 Optional 반환

```
import java.util.Optional;

public class Main {
    private static Optional<String> getSomeString() {
        return Optional.ofNullable("public static void");
    }

    public static void main(String[] args) {
        Optional<String> isThisNull = getSomeString();

        isThisNull.ifPresent(str -> System.out.println(str.toUpperCase())); // PUBLIC
STATIC VOID가 출력된다.
    }
}
```

실행 결과

```
PUBLIC STATIC VOID
```

이 책을 실습하면서 직접 Optional을 반환하는 메서드를 선언할 일은 아마 없을 것이다. 하지만 사용하는 클래스의 메서드 중 반환 타입이 Optional인 경우에 어떻게 사용해야 할지를 이해하는 것은 앞으로의 개발에는 꼭 필요하다.

안티 패턴

추가로 Optional을 사용하면서 주의해야 할 안티 패턴을 소개한다. 디자인 패턴이라는 말을 들어본 적이 있을 것이다. 이것은 소프트웨어 개발 과정에서 자주 나타나는 문제 해결 방법 중 다른 분야에서도 재사용하기 좋은 코드의 패턴을 모아 이름을 붙인 것이다. 안티 패턴Anti Pattern은 이와 반대로 소프트웨어 개발 과정에서 자주 나타나지만, 비효율적이거나 생산적이지 않은 패턴을 의미한다. 안티 패턴은 주로 코드의 가독성을 떨어뜨리거나 성능상 심각한 손실을 유발하므로 지양해야 한다.

다음은 대표적인 안티 패턴 중 하나이다. isPresent() 메서드를 마치 if 문처럼 잘못 사용한 사례이다.

3-3-13.java 안티 패턴

```java
import java.util.Optional;

public class Main {
    private static Optional<String> getSomeString() {
        return Optional.ofNullable("public static void");
    }

    public static void main(String[] args) {
        Optional<String> str = getSomeString();

        if(str.isPresent()) {
            System.out.println(str.get().toUpperCase());
        }
    }
}
```

> **NOTE** 더 많은 모던한 자바 문법에 관심이 있다면 『모던 자바 인 액션』(한빛미디어, 2019)를 참고하자. 더 많은 모던 자바 문법에 대한 예제를 볼 수 있다.

이 안티 패턴 코드를 동일한 동작을 하면서도 Optional을 제대로 사용하는 코드로 바꾸면 다음과 같다.

```java
import java.util.Optional;

public class Main {
    private static Optional<String> getSomeString() {
        return Optional.ofNullable("public static void");
    }

    public static void main(String[] args) {
        Optional<String> str = getSomeString();

        str.ifPresent((string) -> System.out.println(string.toUpperCase()));
    }
}
```

마무리

이번 장은 본격적인 백엔드 개발 실습을 시작하기 전에 워밍업하는 단계로, 기본 실습 환경을 구축하고 실습에 필요한 일부 자바 문법을 알아봤다. 마치기 전에 다음 내용을 제대로 진행했는지 확인해 보자.

- 실습에 사용할 IDE로 인텔리제이 Community 버전을 설치했다.
- JDK를 최신 LTS 버전인 17 버전으로 설치했다.
- 자바의 기본 문법 중 조건문, 반복문으로 코드의 흐름을 제어하는 방법을 배웠다.
- 상속과 인터페이스를 통해 다형성 있는 코드를 작성할 수 있다는 것을 이해했다.
- 컬렉션 중 List의 사용법을 배웠다.
- 동일성과 동등성의 차이를 명확히 구분할 수 있다.
- 람다 표현식으로 익명 클래스를 사용한 장황한 코드를 간결하게 개선했다.
- 스트림 API를 통해 조건문과 반복문으로 이루어진 코드를 간결하게 개선했다.
- Optional을 통해 자바에서 null을 안전하고 효과적으로 다룰 수 있는 방법을 배웠다.

Q1. **IDE와 소스코드 편집기는 어떤 차이가 있나요?**

A1. **통합개발환경**인 IDE가 더 포괄적인 개념이라고 할 수 있습니다. IDE가 소스코드 편집기를 포함합니다. IDE는 개발에 필요한 여러 가지 기능, 빌드를 자동으로 진행하거나 디버깅하는 기능, 결정적으로 소스코드를 편집할 수 있는 기능을 포함하고 있어 개발자의 사용 편의를 높입니다.

해설

이 질문에서 면접관의 의도는 '평소에 학습하면서 어느 정도의 문제 의식을 가지고 학습하는가'를 파악하는 것이다. 개발자로 취업하기 위해 면접을 보러 왔다면 어떤 종류가 되었든 IDE를 한번쯤은 사용해 봤을 것이다. 그럼 당연히 IDE라는 용어를 들어 봤을 것이고, 문제 의식을 가지고 학습하는 사람이라면 IDE와 소스코드 편집기의 명칭을 구분해서 부르고 있다는 사실을 파악했을 것이다. 사소해 보이지만, 평소에 학습하면서 마주치는 용어들의 정의와 유사한 용어와의 차이점을 찾아보고 정확히 알아두는 편이 좋다.

Q2. **동일성과 동등성의 차이를 설명해 보세요.**

A2. 동일성과 동등성은 두 인스턴스를 비교할 때 사용되는 개념입니다. 동일성은 두 인스턴스가 '같은 존재인지' 판단하는 것으로, 자바에서는 '==' 연산자로 두 인스턴스의 레퍼런스 변수를 비교합니다. 비교의 결과가 true라면 두 인스턴스는 동일한 인스턴스인 것입니다. 동등성은 두 인스턴스가 '같은 값으로 평가되는지' 확인하는 것으로, String 클래스는 자바의 equals() 메서드를 통해 확인하고, 직접 선언한 클래스는 equals() 메서드를 오버라이딩해 어떤 조건에서 동등하다고 판단할지를 정해 줘야 합니다.

해설

동일성과 동등성은 자바에서 아주 중요하면서 기본적인 내용이므로 79쪽 내용을 꼼꼼하게 학습해 두자.

Q3. 객체지향에 대해 설명해 보세요.

A3. 객체지향은 현재 가장 널리 사용되고 있는 프로그래밍 방법론입니다. 객체지향의 핵심은 **추상화**와 **다형성**이라고 생각합니다. 추상화와 다형성은 곧 인터페이스로 연결되는데요. 인터페이스 없이 애플리케이션을 개발하면 클라이언트 코드가 구체적인 클래스에 의존하게 되고, 하나의 클래스가 변경되면 다른 클래스도 계속해서 변경해 줘야 하는 문제가 생깁니다. 이런 문제를 해결하려면 클라이언트 코드가 구체적인 클래스가 아니라 인터페이스에 의존해야 합니다. 결국 클라이언트 코드와 구체적인 클래스 모두 인터페이스에 의존하게 되는 것입니다.

이처럼 코드를 변경했을 때 얻을 수 있는 몇 가지 이점이 있습니다. **첫째, 클라이언트 코드는 해당 인터페이스를 구현하고 있는 구체적인 클래스의 세부 구현을 몰라도 됩니다.** 인터페이스에 의존하고 있기 때문에 구체적인 클래스가 바뀌더라도 인터페이스가 바뀌지 않는 한 클라이언트 코드로 변경 내용이 전파되지 않는다는 것입니다. **둘째, 클라이언트 코드는 해당 인터페이스를 구현하고 있는 구체적인 클래스가 구현되지 않았더라도 자신의 코드를 개발할 수 있습니다.** 테스트 코드를 만들어 해당 인터페이스가 해야 하는 역할에 대해 정의해 주기만 하면 됩니다.

추상적인 존재는 보통 다형성도 가집니다. 인터페이스의 레퍼런스 변수는 해당 인터페이스를 구현하는 여러 클래스들의 인스턴스를 담을 수 있습니다. 그리고 레퍼런스 변수 안에 어떤 인스턴스가 들어 있는지 신경 쓰지 않고 메서드를 호출하면 안에 들어 있는 인스턴스의 종류에 따라 완전히 다른 동작이 실행될 수 있습니다. 만약 이런 성질 없이 인터페이스가 '필수로 구현해야 할 메서드의 집합'의 역할만 했다면, 인터페이스를 선언해도 추상화했을 때의 이점을 누릴 수 없게 될 것입니다.

해설

이 질문에 대한 답변에서 절대 붕어빵과 붕어빵 틀과 같은 예시를 들지 말자. 그것은 객체지향에 대한 설명이 아니다. 이 질문을 한 면접관의 의도는 무엇일까? 면접자가 단순히 로직만 구현하는 게 아니라 '더 나은 코드를 작성하기 위해 고민하고 공부하는 사람인가?'를 판단하는 질문이라고 생각한다. 객체지향에 대한 이해와 고찰은 단순히 개발을 많이 한다고 해서 자연스레 늘어나는 것이 아니다. 객체지향적인 코드를 작성하기 위한 학습과 노력의 결과라고 보는 것이 맞다. 마음 가는 대로, 아무렇게나 즉흥적으로 작성한 코드는 객체지향적이지 않은 코드일 가능성이 높다. 이 책을 제대로 학습하고자 하는 독자라면 우선 객체지향적이지 않은 코드를 작성하는 것부터 시작해 익숙해지면 점차적으로 객체지향적인 코드 작성에 도전하자. 예상 답변이 지금 이해하기에는 조금 어려울 수도 있다. 지금 잘 이해가 되지 않는다면 책을 다 읽고 난 후에 다시 읽어 보기 바란다.

Q4. **ArrayList의 크기(size)가 어떻게 변하는지 설명해 보세요.**

A4. 자바 버전마다 그 구현 방식이 다를 수 있지만, 기본적인 틀은 최초 ArrayList 내부에 특정 크기의 배열이 생성된 다음 용량이 가득 찰 때마다 일정 비율로 늘려간다고 알고 있습니다. 자바 8 버전 이상을 기준으로 했을 때 크기를 지정하지 않으면 최초 10 크기의 배열이 생성되고, 용량이 가득 찰 때마다 1.5배씩 늘어나는 것으로 기억합니다.

해설

면접자가 항상 정확한 답을 알고 있기를 바라면서 질문하는 것은 아니다. ArrayList의 최초 크기가 10이고, 1.5배씩 늘어난다라는 숫자를 외우길 바라는 것이 아니라는 말이다(물론 ArrayList의 경우 면접에서 상당히 자주 등장하는 주제이므로 자연스럽게 기억하게 될 것이다). 질문의 목적은 합리적으로 추론하는 능력을 가지고 있는지를 확인해 보려는 것이다. 만약 면접자가 ArrayList의 크기가 어떻게 변하는지를 모른다고 가정하고 추론해 보자.

ArrayList는 이름부터가 Array와 List를 합친 것이다. 인터페이스가 List이고 내부 구현은 배열 형태라는 느낌을 준다. 그렇다면 내부에 배열을 가지고 있을 것이고, 배열은 생성할 때 그 크기를 지정해 줘야 한다. 그럼 이 배열의 최초 용량이 가득 찼다면 다음 배열의 크기는 새롭게 어느 정도로 생성해 줘야 할까? 단순히 1만큼 큰 배열을 생성하면 용량이 금방 다시 차므로 새로운 배열을 또 생성해야 할 것이다. 그렇다고 무작정 엄청 큰 배열을 생성하는 것은 메모리 낭비로 이어질 수 있다. 따라서 현재 배열의 크기에 비례하여 적당한 크기의 새로운 배열을 생성해야 한다는 결론이 나온다.

혹은 면접관이 면접자가 자바 API에 관한 문서나 구현 방식을 살펴보는 습관을 가졌는지를 판단하려고 할 수도 있다. 훌륭한 면접자라면 합리적으로 추론하고, 자주 사용하는 라이브러리의 구현에 관심을 가지는 것도 중요하다.

Q5. **오버라이딩과 오버로딩의 차이점을 말해 보세요.**

A5. 오버라이딩은 부모 클래스에 정의된 메서드를 자식 클래스에서 새롭게 정의하는 것을 의미하고, 오버로딩은 동일한 메서드의 이름으로 서로 다른 파라미터와 리턴 타입의 메서드를 여러 개 정의하는 것을 의미합니다.

해설

자바의 기본 문법을 알고 있는지 확인하기 위한 의도이다. 실제로 두 개념의 이름이 헷갈려서 반대로 외우는 경우가 종종 있다. 필자가 예전에 읽었던 한 번역서에서는 오버라이딩을 '재정의', 오버로딩을 '중복적재'라고 번역했다. 오버로딩의 loading은 무언가를 싣는다는 의미가 있으니 중복적재, 즉 메서드를 여러 개 싣는다고 연상하고, 남은 오버라이딩은 자연스럽게 메서드를 재정의하는 것이라고 기억해 보자.

◀ 예상 꼬리 질문 ▶

Q5-1. **오버라이딩과 오버로딩의 조건을 각각 설명해 보세요.**

서버와 클라이언트의 개념

서버와 클라이언트

서버와 클라이언트를 이해하는 것이 백엔드 개발의 시작이다. 그 이유는 서버와 클라이언트의 차이를 알아야 내가 만든 애플리케이션이 어떻게 돌아가고, 무엇을 할 수 있는지 알 수 있기 때문이다. 이번 장에서는 서버와 클라이언트라는 용어와 개념을 이해하고, 웹 개발 과정에서 등장하는 서버와 클라이언트의 유형과 종류에 대해 알아본다.

⟪1⟫ 서버와 클라이언트의 개념

보통 서버라고 하면 데이터 센터 같은 곳에 들어 있는 고성능 컴퓨터가 생각나고, 클라이언트라고 하면 손님이나 고객의 이미지가 상상된다. 이번 절에서는 컴퓨터 과학에서 말하는 서버와 클라이언트의 개념을 크게 세 가지로 나눠 살펴본다. 이것은 이해를 돕기 위한 분류로, 서버와 클라이언트라는 개념에 익숙해지고 난 후에 다시 보면 왜 이렇게 나누었는지 이해가 될 것이다.

네트워크에서의 서버와 클라이언트

먼저 네트워크에서의 서버와 클라이언트부터 살펴보자. **서비스를 제공하는 쪽이 서버**server**이고, 서비스를 제공받는 쪽이 클라이언트**client**이다.** 여기서는 클라이언트가 고객을 뜻하게 된다. 그렇다면 서버라는 단어에서 고성능 컴퓨터가 떠오르는 이유도 보통 하나의 서버를 통해 다수의 클라이언트가 서비스를 제공받기 때문이라고 생각할 수 있다. 물론 서비스의 특징과 규모에 따라 다르겠지만, 하나의 고성능 서버는 클라이언트를 수십 대에서 수만 대까지 수용할 수 있다.

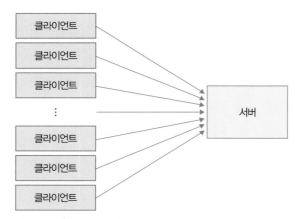

하나의 서버에 연결되는 수많은 클라이언트

그림에서 서버는 실제 존재하는 물리적인 고성능 컴퓨터이고, 클라이언트는 데스크톱이나 노트북, 스마트폰 등과 같은 사용자들의 단말기를 나타낸다. 즉, 물리적 장치와 또 다른 물리적 장치 사이의 관계를 의미한다. 이렇게 물리적인 장치 간에 서로 통신이 이루어지기 위해서는 통신을 시작하는 쪽이 상대방의 네트워크 주소인 IP 주소를 알고 있어야 한다. 클라이언트가 서버의 IP 주소를 알고 있어야 서버와 클라이언트로서의 관계를 맺을 수 있다.

NOTE IP 주소는 다음 절에서 실습을 통해 자세히 알아보자.

우리가 컴퓨터나 스마트폰으로 이용하는 서비스들은 수백만 명 이상의 사용자가 동시에 사용하고 있는 경우가 대부분이다. 그렇다면 이러한 서비스를 운영하는 서버는 모두 고성능일까? 당연히 그렇지 않다. 한꺼번에 수백만 명 이상의 사용자로부터 생기는 트래픽traffic을 처리하기 위한 방법은 여러 가지가 있다. 여기서는 가장 범용적이고 직관적인 방법 두 가지, 로드 밸런싱과 캐시에 대해 간단히 설명한다.

로드 밸런싱

로드 밸런싱Load Balancing이란 부하 분산, 즉 서버에 가해지는 부하Load를 분산하는 것이다. 사용자들의 트래픽을 여러 서버가 나눠 받도록 구성하며, 일반적으로 네트워크 장비인 스위치Switch를 할당해 로드 밸런싱할 수 있다. 스위치에서 어떤 서버로 로드 밸런싱이 되도록 할지는 소프트웨어적으로 제어할 수 있다.

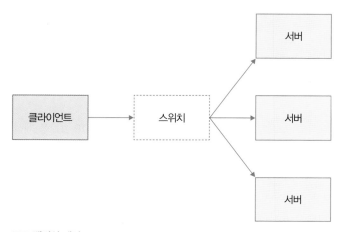

로드 밸런싱 예시

로드 밸런싱은 스위치라는 장비가 클라이언트의 트래픽을 먼저 받아서 여러 대의 서버로 분산해 주는 방식이다. 이렇게 하면 부하가 분산되는 효과 외에도 스위치 뒤에 연결된 서버들을 필요에 따라 추가하거나 삭제할 수 있어 편리하다.

캐시

트래픽 처리를 위한 또 다른 방법으로는 캐시^{Cache}가 있다. 캐시를 쉽게 설명하면 '비용이 큰 작업의 결과를 어딘가에 저장하여 비용이 작은 작업으로 동일한 효과를 내는 것'이라고 할 수 있다.

캐시를 이용하면 매번 요청이 들어올 때마다 비용이 큰 작업을 다시 수행할 필요 없이 미리 저장된 결과로 응답하면 된다. 물론 이렇게 하면 가장 최신의 데이터는 아닐 수 있지만, 성능을 극대화시키고자 하는 캐시의 목적을 생각해 데이터의 실시간성을 조금 포기해도 되는 경우가 많다.

음원 서비스를 예로 들어 보자. 음원 서비스에서는 데이터베이스에 저장된 수많은 음원의 다운로드 수, 스트리밍 수, 추천 수 등으로 인기 점수를 계산하여 100개의 곡을 오름차순 순위로 제공한다. 만약 사용자가 한 번 음원을 조회할 때마다 모든 음원의 인기 점수를 계산해 순위를 매긴다면 아마 사용자가 수백 명만 되어도 서버 부하로 응답 시간이 매우 느려질 것이다. 이렇게 수많은 음원의 인기 점수를 매번 계산하여 순위를 매기는 작업이 바로 '비용이 큰 작업'이다.

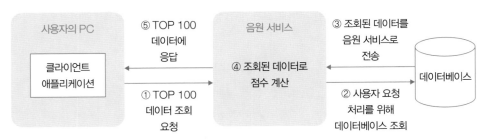

음원 서비스의 흐름 – 매번 데이터베이스를 조회하는 경우

그렇다면 이것을 어떻게 '비용이 작은 작업'으로 대체할 수 있을까? 매시 정각마다 TOP 100을 계산한 결과를 저장했다가 사용자의 요청이 들어왔을 때 응답해 주는 방법이 있다. 사용자는 16시 30분에 16시에 저장된 TOP 100 결과로도 큰 불편함을 느끼지 않는다. 이렇게 사용자가 캐시된 과거의 데이터를 보더라도 서비스 이용에 지장이 없다면 캐시 사용을 충분히 고려할 만하다. 사용자의 요청에 빠르게 응답할 수 있어 실제 많은 음원 서비스 기업에서 사용하는 방식이다.

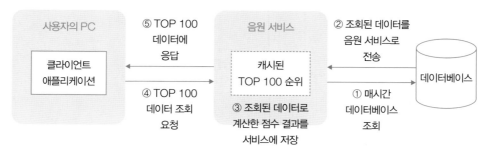

음원 서비스의 흐름 – 데이터를 캐시하여 1시간에 한 번만 데이터베이스를 조회하는 경우

캐시는 다양한 상황에서 비슷한 뜻으로 사용되지만, 공통적으로 '비용이 큰 작업을 비용이 작은 작업으로 대신하는 것'이라고 정리할 수 있다.

애플리케이션에서의 서버와 클라이언트

네트워크에서의 서버와 클라이언트는 물리적인 장치 간의 관계를 뜻한다. 연결된 장치 사이에는 유의미한 트래픽이 오고 간다. 네트워크로 연결된 두 장치에서는 각자의 역할에 따라 실제 유의미한 트래픽을 주고 받는 애플리케이션이 실행된다.

> **질문 있습니다**
>
> **애플리케이션이요? 스마트폰에 설치하는 앱을 말하는 건가요?**
>
> 보통 애플리케이션이라고 하면 우리가 스마트폰에 설치하는 앱이라고 생각하는 경우가 많다. 하지만 개발자에게 애플리케이션이란 윈도우나 macOS 같은 운영체제에 설치해 사용하는 모든 응용 프로그램을 의미한다. 따라서 PC에 설치된 웹 브라우저나 카카오톡 같은 메신저도 모두 애플리케이션이다.

우리가 사용하는 PC는 보통 기본적으로 여러 개의 애플리케이션을 실행시키고 있다. 웹 브라우저인 크롬을 통해 구글 문서를 작성하면서 카카오톡을 켠 동시에, 멜론으로 노래를 들을 수 있다. 하나의 장치에 여러 개의 애플리케이션이 동시에 실행될 수 있으며, 이들은 서로 다른 서버와 연결된다. 다음은 PC에서 실행 중인 클라이언트 애플리케이션들이 어떻게 각 서비스의 서버와 연결되어 있는지를 나타낸 것이다.

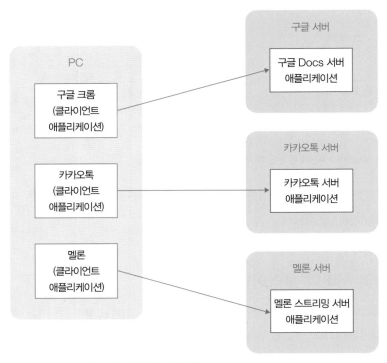

클라이언트 애플리케이션과 서버 애플리케이션

이 그림은 애플리케이션의 관계를 개념적으로만 나타낸 것으로, 실제로는 이렇게 간단하지 않다. 우선 애플리케이션에서도 서버와 클라이언트 관계가 존재한다는 사실만 알아 두자. 앞으로 우리가 주로 다루게 될 웹 서버와 웹 브라우저도 여기에 해당된다.

소스코드에서의 서버와 클라이언트

소스코드에도 서버와 클라이언트가 존재한다. 앞서 설명했듯이 어떤 서비스를 제공하는 것은 서버이고, 서비스를 제공받는 것은 클라이언트이다. 그럼 A라는 코드가 B라는 코드를 사용한다면 B는 서버 코드가 될 것이고, A는 B 코드를 사용하는 클라이언트 코드가 될 것이다. 다음 예시로 이해해 보자.

```
// 클라이언트
public static void main() {
    serverMethod();
}

// 서버
private static void serverMethod() {
    System.out.println("this is server method");
}
```

serverMethod()를 기준으로 호출을 당한 아래의 코드는 서버 코드가 되고, 호출을 하는 위의 코드는 클라이언트 코드가 된다. 이처럼 코드 간에 서버와 클라이언트가 존재할 경우 클라이언트 코드가 서버 코드에 '**의존한다**'고 표현한다. 즉, serverMethod() 메서드를 호출하는 코드는 serverMethod() 코드에 의존하고 있는 것이다. 앞으로 이 '의존'이라는 단어가 자주 등장하니 꼭 기억해 두자. 이때 다음과 같이 어느 한 쪽의 코드가 변경됐을 때 어떻게 변화하는지 살펴보자.

클라이언트 코드가 변경되는 경우

만약 클라이언트 코드가 더 이상 serverMethod() 메서드를 호출하지 않도록 변경된다고 가정하면 serverMethod()에게는 어떤 영향을 미칠까? 아무 영향도 주지 않는다. serverMethod() 입장에서는 자신을 호출해 주는 클라이언트가 없어지긴 했지만, 그것만으로 serverMethod() 자체가 변경될 이유가 없다.

```
// 클라이언트 -> ① 더 이상 serverMethod()를 호출하지 않도록 변경되었다.
public static void main() {

}

// 서버 -> ② 아무것도 변경될 필요가 없다.
private static void serverMethod() {
    System.out.println("this is server method");
}
```

서버 코드가 변경되는 경우

이번에는 반대로 서버 코드가 변경되는 경우를 생각해 보자. serverMethod() 메서드의 이름이 serverMethodTwo()로 변경되면 클라이언트 코드는 어떻게 될까? 클라이언트 코드는 자신이 호출하고 있던 serverMethod()가 없어졌기 때문에 컴파일 에러가 발생할 것이다. 에러를 막으려면 클라이언트 코드에 있는 메서드의 이름도 같이 변경해 줘야 한다. 즉, **서버 코드의 변경이 클라이언트 코드의 변경을 유발한 것이다.** 이러한 경우를 코드 사이의 '**의존 관계**'라고 한다.

```
// 클라이언트
public static void main() {
    serverMethodTwo() // ② 클라이언트 코드도 같이 변경되어야 한다.
}

// 서버 -> ① 메서드 이름이 변경되었다.
private static void serverMethodTwo() {
    sout("this is server method");
}
```

소스코드에서의 서버와 클라이언트 관계는 일반적으로 이야기하는 서버와 클라이언트와는 다르다. 하지만 서버와 클라이언트 사이의 관계를 반영하고 있는 것은 분명하므로 알아 두도록 하자.

이와 같은 소스코드에서의 의존 관계는 다음과 같은 경우에도 적용할 수 있다. 만약 애플리케이션에서 서비스를 제공하는 서버에 변경이 생기면 그 변경 내용에 맞춰 클라이언트도 업데이트해야 하지만, 반대로 클라이언트가 변경된다고 해서 서버가 변경되어야 할 필요는 없고, 변경되어서도 안 된다. 마찬가지로 애플리케이션에서 서버와 클라이언트의 관계에서도 클라이언트는 서버에 의존하고 있다.

〈2〉 서버와 브라우저

우리가 일상에서 가장 자주 접하는 클라이언트는 구글 크롬과 같은 브라우저이다. 정확히 말하면 웹 서버에 접속할 수 있는 웹 브라우저로, HTTP라는 프로토콜을 통해 서로 통신한다. 이번 절에서는 웹 서버와 웹 브라우저가 통신하는 원리에 대해 알아본다.

www.google.com에 접속하면 생기는 일

컴퓨터에서 웹 브라우저를 열고 구글 홈페이지(www.google.com)에 접속하면 다음과 같은 화면이 나타난다. 우리는 어떻게 이 화면을 볼 수 있는 것일까? 지금부터 그림과 실습을 통해 알아보자.

구글 홈페이지 첫 화면

DNS 서버 조회

네트워크상에서 클라이언트가 서버를 찾아가려면 IP 주소를 알아야 한다고 설명했다. 하지만 우리가 아는 것은 구글 웹 서버의 IP 주소가 아닌 'www.google.com'이라는 구글의 도메인 네임(이름)뿐이다. 인터넷에는 이러한 도메인 네임을 IP로 변경해 주는 **DNS**Domain Name System가 있다. DNS도 하나의 애플리케이션 서비스이다. 윈도우의 명령 프롬프트를 열고 'nslookup www.google.com'을 입력해 눈으로 확인해 보자.

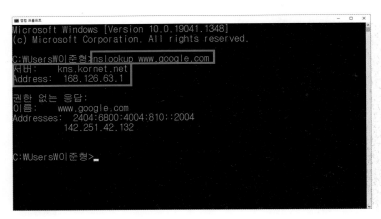

윈도우 명령 프롬프트의 DNS 조회 화면

NOTE 명령 프롬프트는 윈도우 시작 버튼을 누른 다음 'cmd'라고 입력하면 실행할 수 있다.

명령어의 결과로 첫 번째 줄에 나온 서버 이름이 여러분이 사용하고 있는 DNS 서버이다. 그 아래에 있는 Addresses 영역을 보면 숫자로 연결된 IP가 있다. DNS 서버가 제공한 www.google.com에 대응되는 구글 웹 서버의 IP 주소이다.

이처럼 클라이언트는 DNS를 이용해 구글 웹 서버의 IP 주소를 얻었고, 이 주소로 구글의 웹 서버를 찾아가게 된다.

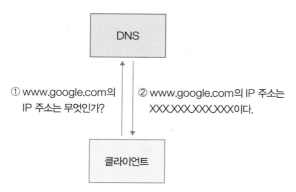

클라이언트가 DNS 서버를 조회하는 과정

라우터 접속

구글 웹 서버의 IP를 가지고 출발한 클라이언트의 요청은 PC에 연결된 랜선이나 와이파이 전파를 타고 공유기를 거쳐 인터넷 구간을 지난다. 인터넷은 KT와 같은 인터넷 사업자들에 의해 관리되는 회선으로, 회선 중간마다 라우터가 존재한다. 이 라우터는 클라이언트의 요청에 적혀 있는 IP 주소를 기반으로 다음 경로를 안내해 준다. 일반적으로 국내에서 서비스 중인 웹 서버에 접근할 때는 3~15개 정도의 라우터를 거친다.

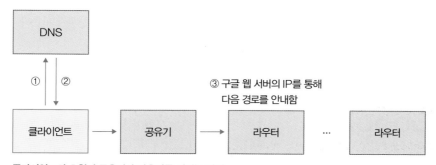

클라이언트의 요청이 공유기와 라우터를 거치는 과정

NOTE DNS 요청을 포함해 클라이언트의 모든 요청은 공유기를 통해 라우터를 거친다. 그림에서는 구글 웹 서버로 가는 클라이언트의 요청에 초점을 맞추기 위해 DNS가 공유기를 거치지 않는 것처럼 표현했지만, DNS 역시 구글의 웹 서버처럼 공유기를 통해 접근하는 존재임을 기억하자.

HTML 문서 전달

라우터의 안내를 받아 구글의 웹 서버에 도달한 클라이언트의 요청은 구글의 웹 서버에서 실행 중인 웹 서버 애플리케이션에게 전달된다. 그럼 웹 서버 애플리케이션은 클라이언트의 요청에 해당하는 HTML 문서를 응답으로 준다. 이 HTML 문서는 왔던 길을 다시 되돌아가 최종적으로 클라이언트 (웹 브라우저)에게 전달된다.

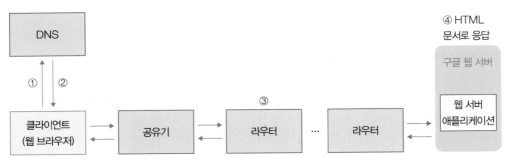

구글 웹 서버로부터 받은 HTML 문서가 클라이언트에 전달되는 과정

이렇게 전달받은 HTML 문서는 구글 크롬의 개발자 도구에서 확인할 수 있다. 크롬에서 [F12] 키를 눌러 개발자 도구를 켜고 [Network] 탭에 들어간 다음, 주소창을 통해 www.google.com에 접속 해보자. 그리고 아래에 있는 [Name] 목록에서 가장 위에 있는 'www.google.com'을 선택하고, 오른쪽 탭의 [Response]를 클릭하면 웹 서버 애플리케이션으로부터 전달받은 HTML 문서가 나온다.

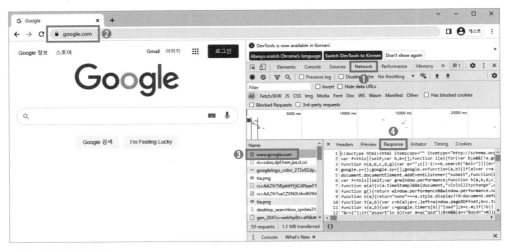

구글 크롬의 개발자 도구

웹 브라우저의 역할

웹 브라우저는 웹 서버 애플리케이션으로부터 전달받은 HTML 문서뿐만 아니라 이미지, 동영상 파일 등의 다양한 요소를 종합하여 사용자들에게 보여 주고, 우리는 모든 리소스가 포함되어 있는 완성된 웹 페이지를 보게 된다. 이렇게 서버로부터 응답받은 HTML 문서를 사용자가 볼 수 있는 형태로 만드는 과정을 렌더링Rendering이라고 한다. 결과적으로 웹 브라우저가 하는 일은 다음과 같다.

- 사용자가 도메인 네임을 입력하면 DNS를 통해 IP 주소로 변환한다.
- 사용자의 액션에 따라 웹 애플리케이션 서버로 요청을 보낸다.
- 사용자가 보낸 요청에 대한 응답을 받아 웹 페이지 화면에 렌더링한다.

웹 브라우저는 이외에도 여러 기능을 제공하지만, 이 세 가지가 웹 서핑을 가능하게 하는 핵심 기능이라고 할 수 있다.

요청과 응답

앞서 구글 홈페이지에 접속하는 과정에서 요청과 응답이라는 단어가 여러 번 등장했다. **요청**request이란 구체적으로 웹 브라우저가 웹 서버에게 HTML 문서를 달라고 요청하는 것을 말하고, **응답**response이란 HTTP 요청을 받은 웹 서버가 요청에 해당하는 HTML 문서를 주는 것을 말한다. 주의할 점은 주고받는 대상이 반드시 HTML 문서만은 아니라는 것이다. 단순히 문자열만 주고받거나 이미지, 동영상 파일, JSON이라는 데이터만 주고받기도 한다. 또한 요청을 처리하는 데 실패하면 에러에 해당하는 응답을 돌려주기도 한다.

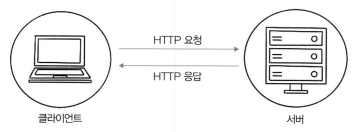

서버와 클라이언트의 요청과 응답

IP 주소

우리는 주소를 통해 위치를 식별한다. 예를 들면 '경기도 안양시 안양로 OO동 OO호'처럼 가장 큰 행정구역이 앞에 오고, 그 다음 단위의 주소를 추가해 최종적으로 하나의 세대를 지칭하는 형식이다. 이는 네트워크에서도 마찬가지이다. '142.251.42.132'와 같은 4개의 숫자 조합이 네트워크상에서의 주소인 IP 주소이다. 지금부터 이 IP 주소가 세부적으로 어떻게 구성되어 있는지 알아보자.

IP 주소의 구성

IP 주소는 마침표(.)를 기준으로 구분한 4개의 숫자 조합으로 구성된다. 각 구역의 숫자는 0~255 사이의 숫자로 이루어지므로 0.0.0.0부터 255.255.255.255까지 존재할 수 있다. 따라서 이론적으로 존재 가능한 IP 주소는 256의 4제곱인 약 43억 개 정도가 된다. 단, 특별한 의미로 사용되는 IP들이 일부 있어 실제 사용 가능한 IP 주소는 더 적다.

사실 43억 개면 충분히 많다고 느낄 수도 있지만, 여러분이 가지고 있는 장비의 수를 떠올려 보자. 필자만 하더라도 스마트폰, 노트북, 데스크톱, 태블릿 등 네트워크에 연결할 수 있는 장비를 최소 4개는 가지고 있다. 필자와 같은 사람이 10억 명만 되면 모든 IP 주소를 사용하게 되므로 더 이상 남는 주소가 없을 것이다. IP 주소를 구분하여 사용할 필요가 있다. 그래서 전 세계 인터넷에 연결된 모든 곳에서 접속할 수 있는 유일한 IP는 **공인**Public **IP 주소**로 부여하고, 각각의 공인 IP 내부에 존재하는 네트워크 망에는 **사설**Private **IP 주소**를 부여하는 방식을 사용하고 있다.

그림으로 두 IP 주소의 개념을 살펴보자. 여러분의 집에 설치된 공유기에는 외부에서 접근할 수 있는 공인 IP 주소가 할당되고, 공유기에 연결된 스마트폰, 노트북, 데스크톱 등의 기기에는 사설 IP 주소가 부여된다. 괄호 안의 주소는 연결된 기기의 사설 IP 주소를 예로 든 것이다.

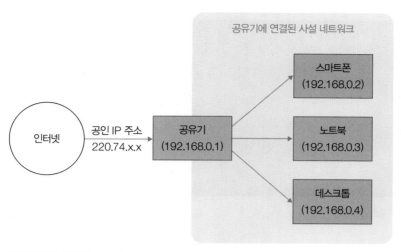

공인 IP 주소와 사설 IP 주소

IP 주소 확인 방법

이번에는 지금 사용하고 있는 네트워크 망의 공인 IP 주소와 사설 IP 주소를 각각 알아보자. 공인 IP 주소를 확인하는 방법은 매우 간단하다. 네이버(www.naver.com)에 접속해 검색창에 'IP 주소'라고 검색하면 다음과 같이 현재 네트워크 망의 공인 IP 주소를 알려 준다.

네이버의 IP 주소 검색 화면

다음으로 지금 사용하고 있는 PC의 사설 IP를 확인하려면 명령 프롬프트를 열고 'ipconfig'라고 입력한다. 사용자에 따라 여러 개의 IP 주소들이 나타나는데, 보통 '192.168.X.X'인 주소가 자신이 사용하고 있는 네트워크 망의 사설 IP 주소이다.

윈도우 명령 프롬프트의 IP 주소 조회 화면

사설 IP 외에도 특별한 용도로 사용되는 로컬호스트^{localhost}라는 호스트 이름도 있다. 로컬호스트의 범위는 IPv4를 기준으로 127.0.0.1~127.255.255.254이며, 이는 네트워크상에서 '자기 자신'을 의미한다. 일반적으로 로컬호스트의 IP 주소로는 127.0.0.1을 사용하는데, 127.0.0.1로 접속하는 것은 곧 자기 자신에게 접속하는 것과 같다.

더 나아가, 같은 공유기의 와이파이에 연결된 스마트폰과 노트북으로 각각의 공인 IP 주소를 조회해 보자. 아마 같은 IP 주소가 나올 것이다. 앞서 이야기한 클라이언트의 요청이 공유기를 통해 나간다는 말이 무엇인지 와 닿을 것이다. 반대로 공유기 바깥에서는 '포트 포워딩^{Port Forwarding}'을 통해 내부에 있는 노트북이나 스마트폰으로 접근할 수 있다.

여기서 잠깐

IPv4와 IPv6

공인 IP 주소와 사설 IP 주소를 구분했음에도 워낙 네트워크에 연결되는 기기가 많아지다 보니 사용할 수 있는 IP 주소는 빠르게 고갈되기 시작했다. 새로운 IP 주소 체계의 필요성이 대두되었고, 차세대 버전으로 IPv6 방식이 등장했다. 기존에 사용하던 4개의 마침표(.)로 구분되는 IP 주소 체계를 IPv4라고 하는데 v4는 2^{32}, 즉 32개의 비트(bit)로 IP 주소를 나타낸다는 뜻이다. 반면, v6는 2^{128}, 즉 128개의 비트로 IP 주소를 나타내기 때문에 당연히 IPv4보다 IPv6가 더 많은 조합의 IP 주소를 만들 수 있다.

현재까지는 아직 IPv4가 지배적으로 사용되고 있지만 네트워크 연결 기기의 증가로 IPv6도 점차 활성화될 것으로 보인다.

포트

여러 개의 서버 애플리케이션에 접근하려면 IP 주소만으로 충분할까? 그렇지 않다. IP 주소는 클라이언트의 요청을 물리적인 장치인 서버까지는 안내해 줄 수 있지만, 해당 서버 내에서 돌아가고 있는 서버 애플리케이션까지 전달해 주기에는 정보가 부족하다. 각각의 서버 애플리케이션에 정확하게 요청을 전달하기 위해서는 **포트**Port라는 추가 정보가 필요하다.

앞에서 구글 홈페이지에 접속했을 때는 'www.google.com'이라는 주소만 입력했지 직접 포트를 입력하지는 않았다. 웹 브라우저는 포트 번호를 명시적으로 적어 주지 않아도 해당 프로토콜의 기본 포트를 요청에 추가해 준다. 우리가 요청을 보내는 프로토콜은 웹에서 요청하는 것이므로 HTTP를 사용하는데, www.google.com으로 접속하면 프로토콜을 추가해 http://www.google.com으로 동일하게 접속하게 된다. 또한 HTTP의 기본 포트는 80번이므로 http://www.google.com은 http://www.google.com:80이라고 요청을 보내는 것과 동일하다.

포트의 값과 종류

포트에 대해 좀 더 알아보자. 포트는 0~65535번까지의 값을 가질 수 있다. 그 중에서도 0~1023번까지의 포트는 '잘 알려진 포트Well Known Port', 1024~49151번까지의 포트는 '등록된 포트Registered Port', 나머지 49152~65535번까지의 포트는 '동적 포트Dynamic Port'라고 부른다.

잘 알려진 포트는 우리가 자주 사용하는 프로토콜이나 서비스들이 사용하는 포트이다. HTTP의 기본 포트가 80번인 것을 생각하면 된다. 다음은 잘 알려진 포트와 그에 따른 서비스를 표로 나타낸 것이다. 주의할 점은 이 표를 보고 'HTTP는 무조건 80번 포트'라고 생각하면 안 된다는 것이다. 이것은 포트를 별도로 지정하지 않았을 경우에 프로토콜이 해당 포트를 사용한다는 의미이지, 직접 지정만 하면 얼마든지 다른 포트를 사용할 수 있다. 예를 들어 80번으로 HTTP 서버를 하나 띄우고, 8080으로 또 다른 HTTP 서버를 띄울 수 있다.

잘 알려진 포트 예시

포트	서비스 내용
20	FTP – 데이터 전송을 위해 사용
21	FTP – 제어를 위해 사용
22	SSH 연결에 사용(SSH 접속, SFTP 등)
23	Telnet
80	HTTP
443	HTTPS

NOTE 잘 알려진 포트를 사용하기 위해서는 관리자 권한으로 애플리케이션을 실행해야 한다.

등록된 포트는 범용적 프로토콜이 아닌 특정 소프트웨어에서만 사용하는 프로토콜을 위해 쓴다. 기본적으로 MySQL은 3306번, 레디스Redis는 6379번 포트를 사용한다.

동적 포트는 서버에게 보낸 요청을 되돌려 받기 위해 사용한다. 사실 서버에만 여러 개의 서버 애플리케이션이 실행되고 있는 것이 아니라, 클라이언트에도 여러 개의 클라이언트 애플리케이션들이 실행되고 있으므로 서로 구분이 필요하다. 동적 포트는 우리가 직접 지정할 필요 없이 운영체제에 의해 관리되며, 비어 있는 포트를 사용하여 클라이언트 애플리케이션이 자신의 요청에 대한 응답을 제대로 되돌려 받을 수 있도록 한다.

그렇다면 서로 다른 2개 이상의 애플리케이션이 동일한 포트를 동시에 사용할 수 있을까? 당연히 그럴 수 없다. 포트가 중복되면 해당 포트로 들어온 요청을 어떤 애플리케이션이 받아야 할지 모호해지므로 운영체제가 이미 사용 중인 포트에 대한 할당 요청을 거절한다. 따라서 원하는 포트를 사용하려면 해당 포트를 기존에 사용하고 있는 서버 애플리케이션을 먼저 종료해야 한다. 이미 사용 중인 포트를 사용하면 어떤 형태로든 에러 메시지가 나오므로 서버 애플리케이션을 실행시킬 때 뜨는 메시지를 놓치지 말고 확인하는 습관을 갖자.

> **질문 있습니다**
>
> **http가 아니라 https로 접속되는데요?**
>
> 웹 브라우저에서 http://www.google.com으로 접속하면 주소가 바로 https://www.google.com으로 바뀌는 것을 볼 수 있다. 이는 구글 웹 서버에서 http로 들어오는 접속을 https로 '리다이렉트redirect'시키기 때문이다. 프로토콜이 https로 바뀌었기 때문에 사용되는 포트 역시 80에서 443으로 바뀐다. https의 기본 포트이기 때문에 포트 번호를 명시적으로 적어 주지 않아도 주소에서 표기가 생략되었다.

웹 서버와 WAS

사용자의 웹 브라우저에서 시작된 요청이 구글 웹 서버에게 도달하는 과정을 살펴보았다. 여기에서 **웹 서버**라는 용어는 다음 세 가지 의미로 사용된다.

❶ 웹 서비스가 실행되고 있는 물리적인 형태의 서버
❷ 물리적인 서버 내에서 실행 중이며 웹 요청을 받을 수 있는 서버
❸ 프로그래밍 언어에 의해 특정 로직이 실행되는 웹 애플리케이션 서버

❶은 네트워크 장비나 데이터베이스 등 실제 존재하는 물리적인 장치를 의미한다. 다음과 같이 웹 서버 시스템 구성도를 그렸을 때 '물리적인 서버'에 해당된다.

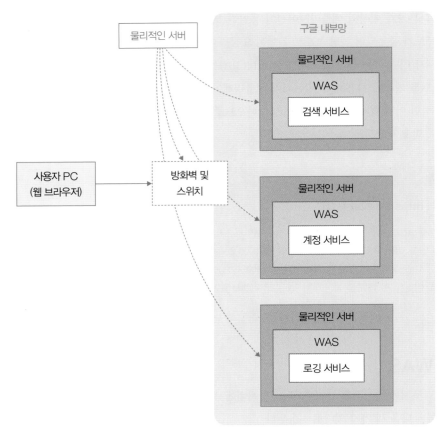

웹 서버 시스템 구성도

❷와 ❸이 핵심인데, 보통은 ❷를 **웹 서버**^{Web Server}, ❸을 **애플리케이션 서버**^{Web Application Server}, 즉 **WAS** 라고 한다. 둘 다 통상적으로는 웹 서버라고 부르기도 하고, 상황에 따라 명확히 구분하여 부르기도 한다. 그럼 정확히 어떤 차이가 있는 것일까?

웹 서버는 보통 정적인 콘텐츠를 제공하는 것에 중점을 둔다. 예를 들어 HTML, CSS, 자바스크립트나 이미지 파일처럼 사용자가 요청한 콘텐츠를 정적인 형태 그대로 반환해 주는 역할을 한다. 반면, WAS는 이런 정적인 콘텐츠에 더해 사용자의 요청에 따라 어떠한 로직을 실행시키거나, 그 로직의 결과에 맞춰 서버에 존재하지 않던 콘텐츠를 새로 만들어 응답하기도 한다.

이런 의문이 들 수 있다. WAS가 웹 서버가 하는 역할까지 다 할 수 있으니 굳이 웹 서버를 쓸 필요가 없지 않을까? 웹 서버는 WAS보다 범용성은 떨어지지만, 정적인 콘텐츠만을 주로 서비스하는 경우에는 WAS보다 훨씬 더 좋은 성능을 보일 수 있다. 대표적인 웹 서버로는 엔진엑스^{Nginx}, 아파치^{Apache}, WAS로는 자바를 기준으로 톰캣^{Tomcat}과 언더토우^{Undertow} 등이 많이 사용된다.

⟨3⟩ 서버와 서버

웹 개발을 처음 배우는 사람이라면 서버와 서버가 연결된다는 생각을 바로 떠올리기 어렵다. 이번 절에서는 웹 개발을 할 때 왜 서버와 서버를 연결해 서비스를 구성해야 하는지에 대해 알아본다.

서버와 서버를 연결해야 하는 이유

웹 서비스의 사용자들은 보통 웹 서비스가 다음과 같이 하나의 서버에서 서비스되고 있다고 생각할 것이다.

사용자가 구글 웹 서버로부터 받는 서비스

우리가 자주 사용하는 구글 검색 서비스를 생각해 보자. 구글 웹 서버로부터 제공받은 구글 페이지에서 검색어를 입력한 후 검색 요청을 하면, 모든 검색 결과를 하나의 구글 웹 서버가 처리해 주는 것처럼 느껴진다. 그렇다면 실제 구글 서버는 하나의 거대한 웹 서버 또는 하나의 WAS로 구성되어 있을까? 당연히 아니다. 구글만 보더라도 다음과 같은 몇 가지 부가적인 서비스가 더 필요하다(물론 이것은 일부일 뿐, 실제로는 더 세부적이고 복잡하다).

- 검색 서비스
- 사용자 계정 관련 서비스
- 검색 기록에 대한 로깅 서비스

검색 서비스는 구글의 가장 핵심적인 기능이고, **사용자 계정 관련 서비스**는 사용자가 다른 어떤 PC에서 로그인하더라도 동일한 환경과 설정으로 구글 검색 서비스를 이용할 수 있도록 한다. 눈에 보이지는 않지만 **검색 기록에 대한 로깅 서비스** 또한 중요한 서비스 중 하나이다. 검색 기록은 검색 결과의 품질을 향상시키는 데 사용되고, 사용자에 따라 맞춤 광고를 노출하기 위한 중요한 데이터 자원도 될 수 있다. 이제 앞에서 봤던 그림은 다양한 서비스를 추가해 다음과 같이 수정할 수 있다.

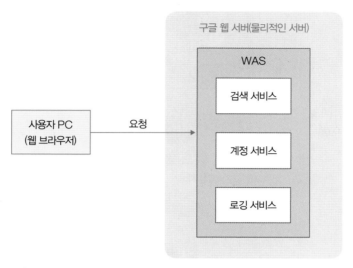

사용자가 구글 웹 서버로부터 받는 다양한 서비스

하나의 WAS에 다양한 애플리케이션을 개발해 서비스를 구성했다. 만약 이 상태에서 '계정 서비스' 개발팀에서 코드를 수정하고 해당 버전을 서버에 배포했다고 가정해 보자. 그런데 코드에 문제가 발생해 배포에 실패했고, 이전 버전으로 복구하기까지 잠시 동안 서비스가 중단되었다. 이 경우 배포에 실패한 계정 서비스만 중단되었을까? 아니다. WAS가 동일하므로 함께 제공하는 모든 서비스가 중단되었을 것이다. 개발자라면 애꿎은 검색 서비스와 로깅 서비스까지 함께 중단되는 상황은 피하고 싶을 것이다. 이럴 때는 다음과 같이 별도의 서버와 WAS에서 서비스되도록 구성해 볼 수 있다.

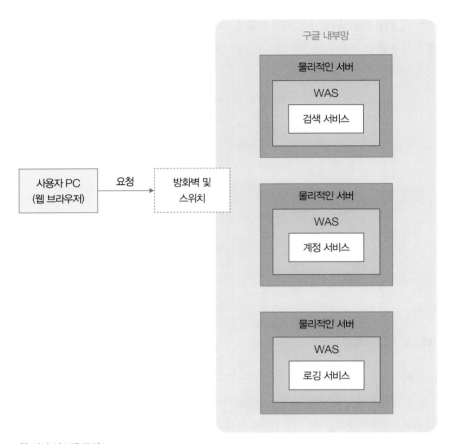

웹 서버 시스템 구성도

이렇게 서비스를 구성하면 같은 상황에서 한꺼번에 서비스가 중단될 일이 없다. 대신 서버와 서버 간의 통신이 필요하다. 만약 사용자가 검색에 대한 로깅 작업을 요청하는 경우, 검색 서비스 쪽에서 로깅 서비스 쪽으로 바로 HTTP 요청을 할 수 있어야 한다.

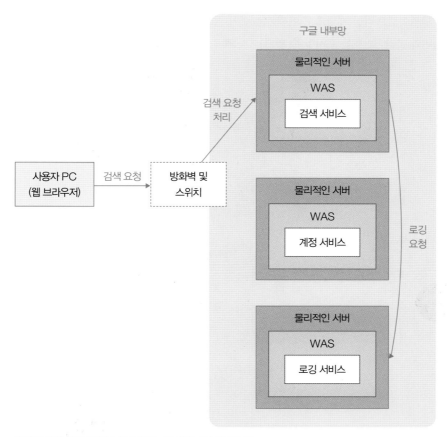

서버와 서버 간의 통신이 이루어지는 웹 서버 시스템 구성도

그림에서 화살표로 표시된 검색 요청, 검색 요청 처리, 로깅 요청 모두 서버와 서버가 통신하는 HTTP 요청에 해당한다. 우리가 통상적으로 알고 있는 웹 브라우저와 웹 서버 사이의 통신과는 다른 형태로, 이와 같은 형태를 서버와 서버 간의 통신이라고 지칭한다.

다른 형태의 서버와 클라이언트

서버와 서버의 연결은 엄밀히 말해 서버와 클라이언트의 연결이다. 서버와 클라이언트라는 특정 장치를 지칭하는 것이 아니다. 무조건 사용자의 PC는 클라이언트이고, 물리적인 서버는 항상 서버인 것이 아니라는 의미이다. 04-1절에서 이야기한 것처럼 '어떤 서비스를 제공하는 것이 서버, 서비스를 제공받는 것이 클라이언트'라는 개념으로 이해하는 것이 적절하다. 각각의 HTTP 요청을 기준으로 다음과 같이 서버와 클라이언트를 표시할 수 있다.

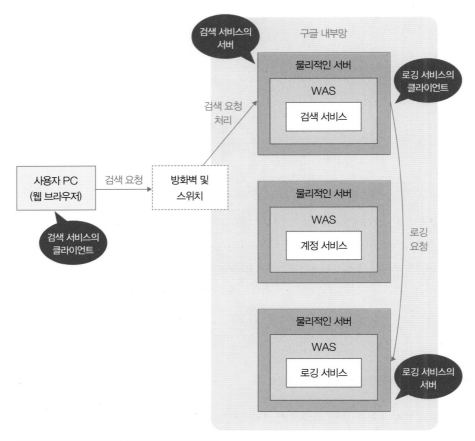

서버와 서버간의 통신에서 서버와 클라이언트 역할

사용자의 웹 브라우저는 검색 서비스의 클라이언트이고, 검색 서비스와 해당 WAS는 서버의 역할을 한다. 반면 로깅 서비스에서는 검색 서비스가 클라이언트이고, 로깅 서비스와 해당 WAS가 서버의 역할을 한다. 이처럼 클라이언트와 서버는 고정된 존재가 아니라 상대적인 개념이다.

〈4〉 서버와 기타 클라이언트

웹 브라우저는 가장 일반적인 HTTP 클라이언트지만, 그 외에도 여러 HTTP 클라이언트가 있다. 이번 절에서는 실무에서 많이 사용하는 HTTP 클라이언트, Postman과 curl을 소개한다.

Postman

Postman은 개발 과정에서 API를 테스트하기 위한 툴로 사용된다. Postman을 설치하고 구글 사이트(www.google.com)에 HTTP 요청을 하는 과정을 살펴보자.

01. 구글 검색창에 'Postman'을 입력하면 나오는 검색 결과에서 [Download Postman] 링크를 클릭하고 Postman 다운로드 페이지에 접속한다.

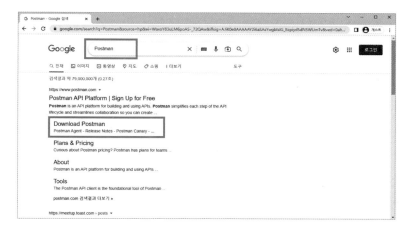

02. 본인의 운영체제에 맞는 Postman 버전을 확인하고, 해당 운영체제 버튼([Windows 64-bit])을 클릭해 다운로드한다.

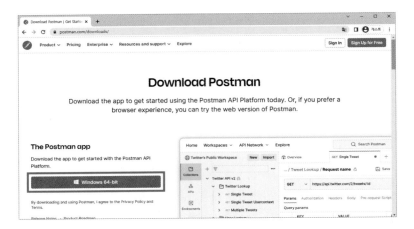

03. 다운로드된 파일을 실행하면 다음과 같이 설치 대화상자가 나타난다. 회원가입을 하고 사용해도 되지만, 지금은 [lightweight API client]를 클릭해 바로 실행한다.

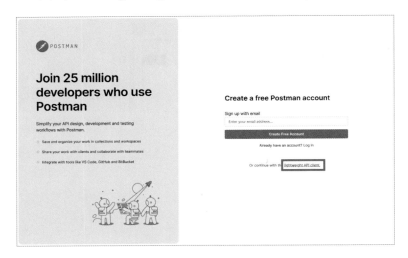

04. Postman은 윈도우용 애플리케이션이므로 별도의 설치 과정 없이도 사용이 가능하다. 'Enter URL or paste text'라고 나와 있는 칸에 'https://google.com'을 입력하고 [Send] 버튼을 클릭하면 하단에서 HTML 소스코드 등의 정보를 확인할 수 있다.

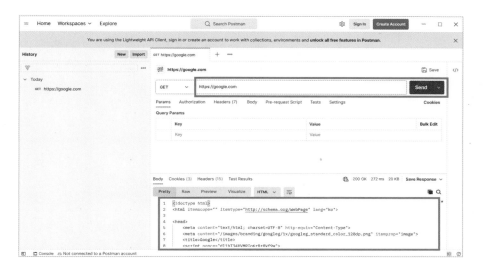

지금까지의 과정이 바로 웹 브라우저 주소창에 'www.google.com'을 입력하고 구글 검색 페이지에 접속한 것과 같은 행동이다. API 테스트를 위한 Postman 사용 방법은 다음 링크의 자료실을 참고하자. Postman은 웹 개발을 하는 동안 자주 사용하게 될 툴이므로 자세한 내용은 검색을 통해 좀 더 알아보자.

- https://www.hanbit.co.kr/src/11133

curl

Postman은 손쉽게 UI를 사용했지만, curl은 UI 없이 커맨드 라인에 명령어를 입력하여 사용하는 방식의 HTTP 클라이언트이다. 주로 HTTP 클라이언트로 사용하며, HTTP 외에 다른 프로토콜에도 사용할 수 있다.

윈도우 10 버전 이상의 운영체제에는 기본적으로 curl이 설치되어 있기 때문에 먼저 여러분의 PC에 curl이 설치되어 있는지를 확인해 보자.

01. 명령 프롬프트를 열어 'curl'을 입력하고 [Enter] 키를 누른다. 다음 화면과 같은 메시지가 나오면 이미 curl이 설치된 것이고, "'curl'은(는) 내부 또는 외부 명령, 실행할 수 있는 프로그램, 또는 배치 파일이 아닙니다."라는 메시지가 나오면 설치되어 있지 않은 것이다. 만약 설치되어 있지 않다면 다음 페이지에 있는 [좀 더 알아보기]를 참고하자.

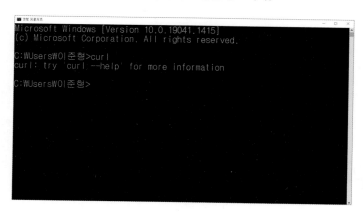

02. 이번에는 'curl www.google.com'을 입력하고 [Enter] 키를 누르면 다음과 같이 알 수 없는 문자들이 뜨는데, 마지막에 있는 '⟨/body⟩⟨/html⟩' 태그로 보아 HTML 문서의 일부라는 사실을 알 수 있다. 눈치 빠른 독자라면 이것이 구글 검색 페이지의 HTML 파일이 출력된 것임을 알아봤을 것이다.

curl은 웹 애플리케이션 개발에 유용하게 사용되지만 책에서는 Postman으로 실습을 진행한다. Postman으로도 대부분의 API 테스트를 진행할 수 있고, UI를 통해 쉽게 사용할 수 있기 때문이다.

따라서 Postman으로 웹 애플리케이션 개발에 익숙해진 다음, 같은 내용을 curl로 다시 테스트하면서 연습해 보자.

curl 설치하기

curl이 설치되어 있지 않다면 다음 순서대로 따라 설치해 보자(책에서는 Postman으로 실습을 진행하므로 반드시 설치할 필요는 없다).

01. 웹 브라우저를 열고 'https://curl.se/windows'로 접속한 다음 본인의 운영체제에 맞는 curl 실행 파일을 다운로드한다. 필자는 윈도우 64비트를 사용하므로 'curl for 64-bit'를 선택했다.

02. 다운로드한 압축 파일을 해제하고 [bin] 폴더로 들어간 다음 [Shift] 키를 누른 채로 마우스 오른쪽 버튼을 클릭해 '여기에 PowerShell 창 열기'를 선택한다.

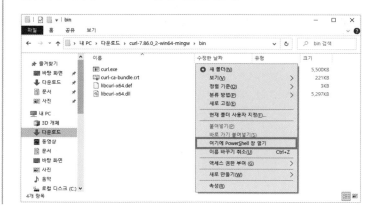

03. 다음과 같이 PowerShell 창이 나오면 여기에서 cmd와 마찬가지로 명령어를 입력해 curl을 사용할 수 있다.

이번 장에서는 웹 개발의 중요 개념인 서버와 클라이언트의 관계에 대해 알아봤다. 마치기 전에 관련 네트워크 지식을 제대로 학습했는지 확인해 보자.

- 네트워크, 애플리케이션, 소스코드에서의 서버와 클라이언트 관계를 이해했다.

- 여러 대의 서버가 트래픽을 분산하여 받는 로드 밸런싱의 개념을 배웠다.

- 서버와 클라이언트의 가장 일반적인 형태인 서버와 브라우저의 관계에 대해 이해했다.

- 웹 브라우저에 'www.google.com'을 입력하면 일어나는 과정으로 네트워크와 웹 관련 지식을 습득했다.

- IP 주소, 포트의 의미와 사용 방법을 배웠다.

- Postman과 curl 툴에 대해 알아봤다.

Q1. **프로토콜에 대해 설명해 보세요.**

A1. 프로토콜이란 통신 규약으로, 일종의 약속입니다. 사람도 같은 언어를 사용해야 의사소통이 가능한 것처럼, 네트워크 역시 보내는 쪽과 받는 쪽이 서로 동일한 형식과 규칙으로 데이터를 주고받아야 통신이 가능합니다. 우리가 많이 사용하는 프로토콜에는 TCP와 HTTP 등이 있습니다.

해설

TCP, UDP, HTTP 등 프로토콜의 이름과 쓰임은 외우면서 정작 프로토콜이 무엇을 뜻하는지는 놓치는 경우가 많다. 면접관은 네트워크의 근간을 이루는 요소인 프로토콜의 정의에 대해 제대로 알고 있는지를 파악하고자 할 것이다. 자주 사용하는 용어의 기본적인 정의는 짚고 넘어가는 습관을 들이자.

Q2. **웹 브라우저에서 www.google.com에 접속하면 어떤 일이 생기는지 설명해 보세요.**

A2. 사용자의 웹 브라우저에서 'www.google.com'을 입력하고 [Enter]를 치면 해당 요청은 DNS에 www.google.com이라는 도메인이 어떤 IP 주소를 가지고 있는지를 묻습니다. DNS에서 www.google.com의 IP 주소를 알려 주면, 그때부터 트래픽이 구글 웹 서버를 향해 출발합니다. 이것은 네트워크상의 라우터, 스위치 등 여러 네트워크 장비를 거쳐 구글의 웹 서버에 도달합니다. 구글 웹 서버에서 해당 요청에 맞는 HTML 파일을 응답으로 돌려주면, 그 HTML 파일은 왔던 길을 되돌아가 클라이언트에게 도착해 사용자의 웹 브라우저에 렌더링됩니다.

해설

이 질문은 단순히 사이트에 접속하는 과정을 묻는 것이 아니라 면접자가 네트워크와 HTTP에 대해 얼마나 이해하고 있는지 알아보고자 하는 의도의 질문이다. 이러한 질문에는 자세히 답변할 수도 있지만, 가급적이면 큼직한 단위로 간단히 설명하고 꼬리 질문을 유도하는 것이 좋다. 모든 내용을 한번에 자세히 설명하려고 하면 답변 시간이 너무 길어지고, 원래 하려던 내용이 꼬여 버릴 수 있다. 답변은 위의 예시 정도로 간단히 하고, 꼬리 질문이 이어질 때 자세히 답변하자.

◀ 예상 꼬리 질문 ▶ -

Q2-1. 브라우저에서 URL을 처리하는 과정을 설명해 보세요. 만약 URL이 www.google.com이 아니라 www.google.com/search?q=url과 같이 되어 있다면 어떤 과정이 필요한가요?

HINT   브라우저가 URL을 파싱하는 과정에 대해 질문하는 것이다. '브라우저 URL 파싱'이라는 키워드를 검색 해 관련 내용을 알아 두자.

Q2-2. 만약 DNS가 www.google.com이라는 도메인에 대한 정보를 가지고 있지 않다면 어떻게 되나요?

HINT   DNS의 동작에 대해 알고 있는지 확인하려는 질문이다.

Q2-3. 트래픽은 사용자의 PC에서 구체적으로 어떤 과정을 거쳐 빠져나가나요? OSI 7계층이나 TCP/IP 4 계층을 기준으로 설명해 보세요.

HINT   네트워크의 중요한 뼈대인 OSI 7계층과 TCP/IP 4계층에 대한 부분은 네트워크 지식의 가장 핵심적인 부분으로, 면접관이 만족할 만한 답변을 하려면 네트워크 관련 서적을 읽어 두는 것이 좋다. 시간이 부족 하다면 'OSI 7계층'이나 'TCP/IP 4계층'을 키워드로 검색해 관련 아티클만이라도 미리 읽어 두자.

Q2-4. 라우터는 어떻게 구글 웹 서버를 찾아가나요?

HINT   IP를 통해 트래픽이 라우팅되는 것을 알고 있는지 확인하는 질문이다.

Q2-5. 구글 웹 서버 장비에서 어떻게 트래픽이 웹 서비스로 접근하나요?

HINT   포트의 존재 의미와 동작 방식에 대해 알고 있는지 확인하는 질문이다. 앞에서 설명한 것처럼 포트를 통 해 해당 서버 장비 내의 어떤 서비스가 트래픽을 받아야 할지 정해진다고 설명하면 된다.

Q2-6. 사용자의 웹 브라우저에 HTML이 렌더링되는 것 외에 다른 과정이 또 있을까요?

HINT   HTML 페이지가 응답으로 돌아온 후에는 CSS, 자바스크립트, 이미지 파일 등이 추가로 요청된다. 이 요 소들의 URL은 보통 HTML 페이지 내에 들어 있기 때문에 먼저 HTML 페이지를 받아 오고 난 뒤에 다 른 요소들을 다운로드하여 최종 화면이 렌더링된다. 이 과정에서 이미지 파일의 용량이 크거나 네트워크 속도가 낮은 경우, 다른 요소에 비해 이미지 파일이 늦게 로딩되는 현상을 볼 수 있다.

Q3. **TCP와 UDP의 차이에 대해 설명해 보세요.**

A3. TCP와 UDP는 둘 다 전송 계층에 속하는 프로토콜입니다. 그러나 트래픽을 전송하는 방식에 있어서 두 프로토콜은 큰 차이를 보이는데요, 우선 TCP의 경우 트래픽을 보낼 때 패킷이라는 단위를 사용합니다. 이 패킷의 전송 과정 전후로 연결을 맺고 끊는 과정이 포함되고, 전송 도중에도 올바르게, 그리고 순서대로 도착했는지를 확인하는 과정이 있습니다. 그래서 패킷 전송 시 신뢰성이 더 높습니다. 반면, UDP는 트래픽을 보낼 때 데이터그램이라는 단위를 사용하며, 전송 도중에 TCP처럼 확인하는 과정이 없습니다. 따라서 상대적으로 TCP보다 신뢰성은 낮지만 속도는 빠릅니다.

해설

OSI 7계층과 TCP/IP 4계층의 전송 계층에 해당하는 TCP와 UDP에 대해 묻는 질문으로, 단골 질문 중 하나이다. 위와 같이 답변하면 TCP나 UDP에 대한 세부 질문이 이어질 수 있다. 혹은 HTTP/3가 TCP 대신 UDP를 사용하는 이유 등 비교적 최신 이슈와 관련한 질문이 들어올 수도 있으므로 미리 관련 지식을 공부해 놓는 것이 좋다.

Q4. **공인 IP와 사설 IP의 차이는 무엇인가요?**

A4. 공인 IP는 전 세계 인터넷 어디에서도 접근 가능한 유일한 주소입니다. IPv4를 기준으로 사용할 수 있는 IP 주소는 대략 43억 개 정도인데, 인터넷이 연결된 모든 기기에 IP 주소를 부여하기에는 그 수가 너무 부족합니다. 그래서 IPv6처럼 더 많은 IP 주소를 할당할 수 있는 방식이 등장했지만 아직 널리 사용되고 있지는 않고, 사설 IP가 IP 주소 부족 문제를 부분적으로나마 해결해 주고 있습니다. 사설 IP는 어떤 네트워크 망 내부에서만 사용되는 IP 주소로, 보통 192.168로 시작하며 우리가 가장 흔히 볼 수 있는 IP이기도 합니다. 사설 IP를 사용하는 이유는 공인 IP 할당에 많은 비용이 들어간다는 이유도 있지만, 네트워크 망을 외부와 분리하여 해킹 등의 위험으로부터 상대적으로 안전하게 인프라를 구성하려는 목적도 있습니다.

해설

이 내용은 116쪽의 'IP 주소' 부분에 설명되어 있다. 네트워크와 관련해 가장 많이 나오는 질문 중 하나로, 기본적인 네트워크 지식에 대해 묻는 질문이다.

Q5. **로드 밸런싱에 대해 설명해 보세요.**

A5. 로드 밸런싱이란 하나의 서버가 받아야 할 트래픽을 여러 서버가 나눠 받도록 부하를 분산하는 것입니다. 부하 분산을 위해서는 L4, L7 스위치 같은 네트워크 장비나 엔진엑스Nginx 같은 소프트웨어를 사용하여 서버를 구성합니다. 이렇게 하면 부하가 분산되는 효과 외에도 스케일 아웃하기 좋은 환경이 됩니다. 또한 수평적으로 확장이 가능하기 때문에 들어오는 트래픽이 늘어나는 상황에 대응하기 좋다는 장점이 있습니다.

해설

만약 한 서버의 자원을 무한정 늘릴 수 있다면 로드 밸런싱은 필요하지 않을 수 있다. 하지만 현실적으로 이것은 불가능하고, 어느 정도 선까지 늘리는 데에도 막대한 비용이 드는 경우가 많다. 따라서 적당한 성능의 서버를 여러 대로 로드 밸런싱을 하는 것이 가장 현실적이고 좋은 방법이다.

스케일 아웃Scale out 역시 로드 밸런싱이 가능한 환경에서 비교적 쉽게 구성할 수 있는 확장 방법으로, 스케일 아웃을 무중단으로 배포될 수 있는 환경을 구성하는 것이 일반적이다. 질문의 의도는 단순한 기능 동작을 넘어 실제처럼 많은 트래픽을 받는 인프라를 구성하는 방법에 대해 고민해 봤는지 확인하는 것이다.

API 호출 클라이언트 페이지 만들기

이번 장에서는 API를 호출하기 위한 클라이언트 페이지를 만들면서 첫 번째 스프링 부트 애플리케이션 실습을 진행한다. 여기에 사용자 요청을 받기 위한 컨트롤러, HTML 문서와 이미지 같은 정적 리소스를 추가하는 방법까지 익혀보자.

⟪1⟫ 스프링 부트 애플리케이션 실행하기

백엔드 개발을 위해 가장 많이 사용하는 방법은 바로 스프링 부트를 이용하는 것이다. 이번 절에서는 쉽고 빠르게 웹 애플리케이션을 만들 수 있는 스프링 부트가 어떤 툴인지 구체적으로 알아보고, 웹 애플리케이션을 만드는 과정을 실습해 본다.

스프링 프레임워크와 스프링 부트

자바로 웹 애플리케이션을 개발하려는 사람이라면 스프링 프레임워크^{Spring Framework}에 대해 한 번쯤 들어 봤을 것이다. 스프링 부트^{Spring Boot}가 무엇인지 알기 위해서는 먼저 이 스프링 프레임워크에 대해 알아야 한다.

스프링 프레임워크를 이해하려면 객체지향 프로그래밍 관련 지식이 필요한데, 다음 세 가지 키워드를 중심으로 이해하면 좋다.

- 의존성 주입(DI, Dependency Injection)
- 제어의 역전(IOC, Inversion Of Control)
- 관점지향 프로그래밍(AOP, Aspect-Oriented Programming)

아직 개발 경험이 많지 않다면 키워드의 의미가 바로 이해되지 않을 것이다. 그렇다고 너무 걱정할 필요는 없다. 스프링 부트로 웹 애플리케이션을 직접 만들다 보면 쉽게 이해될 것이다.

비즈니스 로직과 스프링 프레임워크

자바 애플리케이션 개발 코드는 크게 두 영역으로 나눌 수 있다. 필수적이지만 애플리케이션에서 핵심적인 역할을 하는 코드와 필수적이지만 핵심적이지는 않은 코드이다. 두 코드의 차이점을 알아보자.

애플리케이션에서 필수적이면서 핵심적인 역할을 하는 코드는 '비즈니스 로직^{Business Logic}'이라고 부른다. 예를 들어 아마존 같은 웹 서비스를 개발한다고 생각해 보자. 여기에는 다음과 같이 업무와 관련된 여러 규칙이 필요할 것이다. 해당 서비스에서 핵심적으로 수행해야 하는 규칙이므로 관련 코드가 필수적으로 존재해야 한다.

- 재고가 없는 상품은 주문이 불가능하다.
- 상품 주문은 결제에 성공해야 완료된다.
- 배송 상태는 '주문완료, 배송시작, 배송중, 배송완료'로 구분된다.

반면 **필수적이지만 핵심적이지는 않은 코드는 비즈니스 로직을 제외한 나머지 로직**을 말한다. 예를 들어 사용자에게 요청을 받거나 데이터베이스에 데이터를 저장하고 조회하는 기능은 필수적이지만, 핵심적인 업무라고는 할 수 없다.

스프링 프레임워크는 이 두 종류의 코드 중에서도 비즈니스 로직에 최대한 집중할 수 있도록 돕는 프레임워크이다. 프레임워크에서 앞서 언급했던 의존성 주입, 제어의 역전, 관점지향 프로그래밍 등을 쉽게 사용할 수 있도록 지원함으로써 비즈니스 로직과 이를 제외한 나머지 로직을 분류해 작업할 수 있도록 한다.

스프링 부트

스프링 프레임워크는 애플리케이션 개발에 유용하지만 초기 설정이 어렵고 복잡하다는 단점이 있다. 반면, 스프링 부트는 초기 설정을 자동으로 도와주는 '오토 컨피규레이션Auto Configuration' 기능이 있어, 일반적으로 많이 사용하는 설정을 자동으로 지정하고, 필요할 경우 개발자가 튜닝까지 할 수 있다. 또한 스프링 프레임워크는 별도의 WAS를 서버에 설치해야 배포할 수 있는 반면, 스프링 부트는 WAS를 내장하고 있어서 훨씬 쉽게 배포할 수 있다.

다음은 스프링 부트 공식 홈페이지*에 나와 있는 설명이다.

> **스프링 부트를 '그냥 실행하는 것'만으로도 스프링 프레임워크 기반의 독립적stand-alone이고, 기업 제품 수준production-grade에 해당하는 애플리케이션을 만들 수 있습니다.**

이 문장은 스프링 부트에 대해 잘 설명하고 있다. 그럼 지금부터 스프링 부트가 애플리케이션을 얼마나 쉽게 만들고 실행할 수 있는지 직접 실습하면서 살펴보자.

---

* https://spring.io/projects/spring-boot

스프링 이니셜라이저

스프링 부트 애플리케이션을 만들기 위해서는 먼저 스프링 부트 프로젝트를 생성해야 한다. 프로젝트란 통합개발환경IDE에서 애플리케이션을 다루는 단위를 말한다. 일반적으로 하나의 프로젝트에 하나의 애플리케이션이 포함되며, 'IDE로 스프링 부트 프로젝트를 연다'는 식으로 표현한다.

스프링 부트 프로젝트를 생성하려면 스프링 이니셜라이저spring initializr가 필요하다. 스프링 이니셜라이저에서는 생성할 스프링 부트 프로젝트의 사용 언어나 버전 등을 설정할 수 있다. 구글에서 'Spring Initializr'라고 검색하거나 주소창에 'https://start.spring.io'를 입력하여 접속하면 다음과 같은 페이지를 볼 수 있다. 책을 따라 하나씩 설정하면서 각 옵션이 무엇을 뜻하는지 살펴보자.

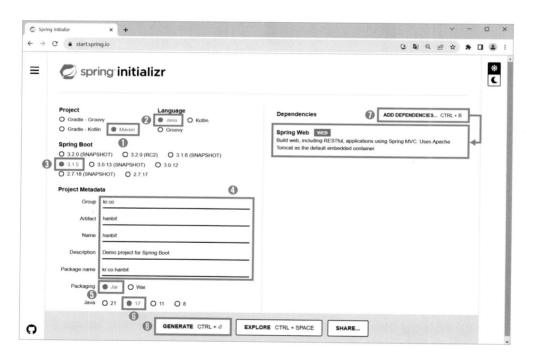

❶ [Project] 항목은 'Maven'을 선택한다. 메이븐과 그래들은 라이브러리를 관리하거나 소스코드를 바이너리 코드로 컴파일하는 프로젝트 빌드 도구이다. 둘 다 널리 사용되지만, 책에서는 상대적으로 이해하기 쉬운 메이븐을 기준으로 설명한다.

메이븐과 그래들

메이븐(Maven)과 그래들(Gradle)은 자바로 애플리케이션을 만들 때 가장 많이 사용하는 빌드 툴이다. 이렇게 두 가지 이상의 선택권이 있는 경우에는 어떤 툴을 사용할 것인지 고민스러울 때가 많다. 그래들이 최근에 나온 빌드 툴이지만, 메이븐 역시 많이 사용되고 있기 때문에 사용 방법을 반드시 알아 두자.

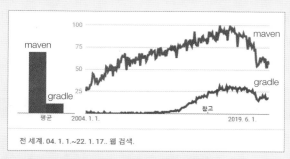

메이븐과 그래들 키워드의 검색량 추이(구글 트렌드)

❷ [Language] 항목은 'Java'를 선택한다. 그 외에도 코틀린Kotlin, 그루비Groovy 같은 언어로도 프로젝트를 생성할 수 있다.

❸ [Spring Boot] 항목에서는 사용할 스프링 부트의 버전을 선택할 수 있다. 스프링 부트 역시 자바처럼 버전에 따라 기능이 추가되거나 변경되므로 여기서는 **기본 선택되어 있는 버전으로 실습을 진행하자.** 집필 시점으로는 '2.7.5' 버전이 기본 선택 버전이다. 스프링 부트 3 버전은 2 버전에서 달라진 부분이 있지만, 책의 내용을 실습하는 데에는 문제없으므로 3 버전으로 진행해도 괜찮다.

❹ [Project Metadata] 항목에는 앞서 인텔리제이에서 자바 프로젝트를 만들 때와 같은 패키지 정보와 프로젝트 설명을 입력하자.

- Group : kr.co
- Artifact : hanbit
- Name : hanbit
- Description : Demo project for Spring Boot
- Package name : kr.co.hanbit

❺ [Packaging] 항목은 'Jar'를 선택한다. 그래야 별도의 WAS를 설치하지 않고 내장된 WAS를 사용할 수 있다.

❻ [Java] 항목에서는 자바의 버전을 선택할 수 있다. 이 책에서는 '17' 버전으로 실습을 진행한다.

❼ [Dependencies] 항목에서는 이 프로젝트에서 어떤 의존성^{Dependency}을 사용할지 선택할 수 있다. 의존성은 애플리케이션 개발에 필요한 라이브러리를 의미한다고 생각해도 무방하다. [ADD DEPENDENCIES...] 버튼을 클릭하고 Web 하위에 있는 'Spring Web'을 선택한다. Spring Web에는 스프링 부트로 웹 애플리케이션을 개발하는 데 필요한 라이브러리가 들어 있다.

여기서 잠깐

의존성이란?

의존성을 라이브러리라고 생각해도 무방하다고 했지만, 이것이 의존성에 대한 정확한 의미는 아니다. 앞서 108쪽 '소스코드에서의 서버와 클라이언트'에서 클라이언트 코드가 서버 코드에 의존한다는 표현을 설명했다. 즉, 클라이언트 코드 입장에서는 서버 코드가 하나의 의존성인 것이다.

프로그래밍에서 의존성은 단순히 라이브러리를 넘어 특정 서비스나 인프라스트럭처(infrastructure)에도 존재한다. 예를 들어 자신이 만든 애플리케이션이 구글 지도 API를 사용한다면 그 애플리케이션은 구글 지도 API에 의존하는 것이다. 또한 데이터베이스에 데이터를 저장하고 조회한다면 그 애플리케이션은 데이터베이스에 의존하고 있다.

이번에는 의존성의 방향에 대해서도 생각해 보자. 반대로 생각했을 때 구글 지도 API는 자신이 만든 애플리케이션에 의존하고 있지 않다. 의존성은 오직 한 방향으로만 향하며, 만약 상호 의존하고 있다면 이것은 잘못된 것일 가능성이 높다. 상호 의존하는 경우에는 어느 한 쪽의 변경이 어려워지기 때문이다.

---

❽ 마지막으로 [GENERATE] 버튼을 누르면 스프링 부트 프로젝트가 'hanbit.zip'이라는 파일 명으로 생성되어 자동 다운로드된다. 이 파일을 자신이 작업할 폴더에 옮긴 다음 압축 해제 하자.

스프링 부트 애플리케이션 실행하기

이제 다운받은 스프링 부트 프로젝트를 인텔리제이로 열고 실행해 보자. 프로젝트를 생성하면서 스프링 이니셜라이저에 입력했던 내용이 프로젝트에 어떻게 반영되어 있는지 확인할 수 있다. 진행할 내용을 그림으로 표현하면 다음과 같다.

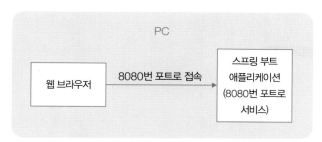

스프링 부트 애플리케이션 실행하기

01. 인텔리제이를 실행한 다음 [File] – [Open] 순으로 클릭해 프로젝트 실행 창을 연다.

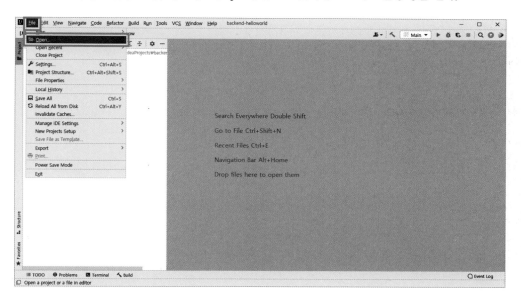

02. 앞서 스프링 부트 프로젝트의 압축 해제 경로에 있는 [hanbit] 프로젝트 폴더를 선택하고 [OK] 버튼을 클릭한다. 이때 프로젝트 폴더(📁)의 아이콘은 조금 다르게 생긴 것을 볼 수 있다.

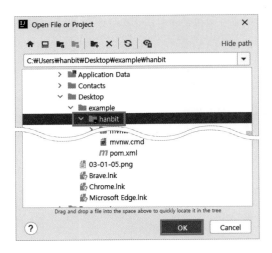

03. 다음과 같은 대화상자가 나타나면 [Trust Project] 버튼을 클릭한다. 다운로드 받은 프로젝트에 악성 코드가 숨어있을지도 모르기 때문에 사용자에게 신뢰할 수 있는 프로젝트인지를 묻는 것이다.

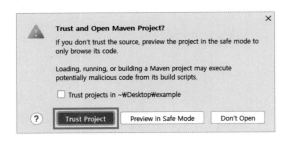

04. 그리고 나타나는 대화상자에서 기존 프로젝트 창을 열어둔 상태로 새로운 프로젝트 창을 함께 열기 위해 [New Windows] 버튼을 클릭한다.

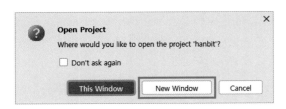

05. 다음과 같이 새 창으로 스프링 부트 프로젝트가 열리는 것을 확인할 수 있다.

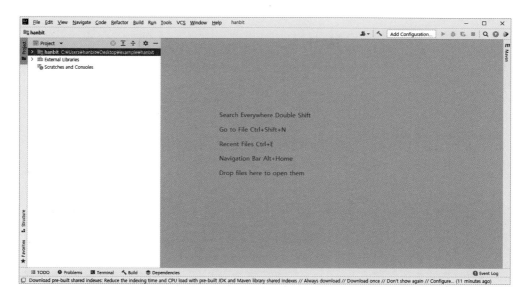

06. 왼쪽 [Project] 창에서 [hanbit] 프로젝트의 [src] – [main] – [java] – [kr.co.hanbit] 폴더를 차례로 클릭하면 'HanbitApplication' 파일을 확인할 수 있다. 파일을 마우스 오른쪽 버튼으로 클릭해 [Run 'HanbitApplicat….main()']을 선택한다.

07. 하단 콘솔 창에서 다음과 같이 스프링 부트 애플리케이션이 실행된 상태의 내용이 출력되는 것을 볼 수 있다.

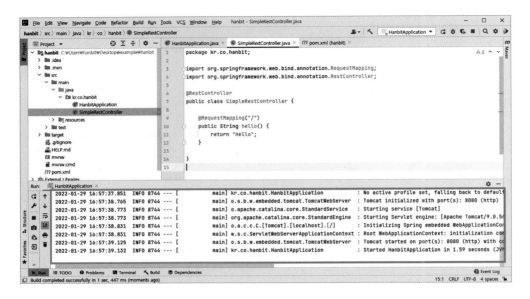

NOTE 혹시 중간에 [Windows 보안 경고] 대화상자가 뜨면 [액세스 허용] 버튼을 클릭한다.

08. 웹 브라우저를 열어 주소창에 'http://localhost:8080'을 입력하고 접속해 보자. 다음과 같은 창이 나오면 성공적으로 스프링 부트 애플리케이션이 실행된 것이다.

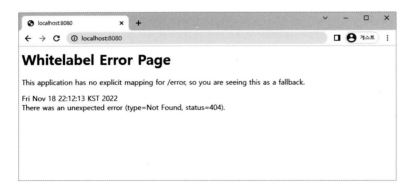

NOTE 8080 포트를 쓰는 이유는 첫째로 웹 서버들이 서비스될 때 기본 포트로 80 포트를 사용하기 때문에 겹치지 않도록 하기 위함이고, 둘째로 80 포트가 '잘 알려진 포트'이기 때문에 사용하려면 관리자 권한이 필요하기 때문이다.

그런데 접속한 페이지는 왜 에러 메시지가 떠 있는 상태일까? 이것은 아직 우리가 만든 스프링 부트 애플리케이션에 사용자의 요청을 정상적으로 받을 수 있는 존재가 없기 때문이다. 사용자의 요청을 정상적으로 받기 위해서는 컨트롤러를 추가하거나 정적 리소스를 추가해야 한다. 2가지 작업은 다음 절에서 다룬다. 구체적인 작업을 하기 전에, 먼저 우리가 만든 스프링 부트 프로젝트의 구성을 좀 더 자세히 살펴보자.

스프링 부트 프로젝트 살펴보기

인텔리제이 왼쪽에 있는 [Project] 창을 살펴보자. 프로젝트의 최상단인 [hanbit] 폴더는 여러 폴더와 파일들로 구성되어 있다. 모든 요소를 알아야 할 필요가 없으므로 꼭 알고 넘어가야 할 요소들만 확인해 보자.

인텔리제이의 Project 창

.idea 폴더와 .mvn 폴더

.idea 폴더에는 해당 프로젝트에 적용되는 인텔리제이 설정 정보가 들어 있고, .mvn 폴더에는 우리가 선택한 빌드 툴인 메이븐을 사용하기 위한 파일이 들어 있다. 이 두 폴더를 특별히 확인할 필요는 없고, 관심 있게 봐야 할 폴더는 src 폴더이다.

src 폴더

src 폴더는 이름에서 알 수 있듯이 각종 소스코드가 저장되는 경로이다. 그 하위에는 애플리케이션을 동작하는 코드가 있는 main 폴더와 main 폴더에서 작성된 애플리케이션 코드의 테스트 코드가 있는 test 폴더가 있다.

main 폴더는 다시 java 폴더와 resources 폴더로 나뉜다. java 폴더에는 이름 그대로 자바 소스코드, resources 폴더에는 다음 절에서 배울 '정적 리소스'들이 들어간다. java 폴더부터는 패키지 구조가 등장하는데, 현재 상태에서는 프로젝트에 존재하는 유일한 소스코드인 HanbitApplication.java 파일만 존재한다. 본격적인 개발은 필요에 따라 이 안에 패키지와 소스코드를 추가하는 방식으로 진행된다.

여기서 잠깐

HanbitApplication.java 파일의 소스코드 살펴보기

src 폴더에 들어 있는 HanbitApplication.java 파일을 열고, main() 메서드가 있는 클래스 코드를 자세히 살펴보자.

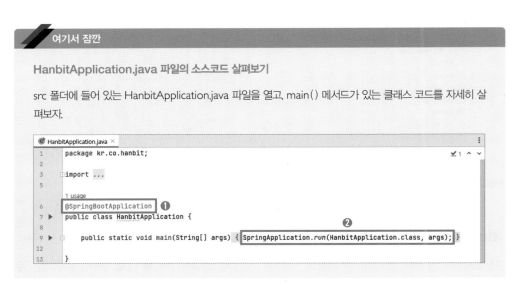

target 폴더

target 폴더에는 메이븐이나 그래들 같은 빌드 툴로 빌드했을 때 서버에 배포할 수 있는 Jar 파일이 생성된다. 또한 .java 소스코드의 컴파일 파일인 .class 파일도 이곳에 생성된다.

.gitignore

gitignore는 Git 관련 파일이다. Git은 소스코드를 버전별로 관리하기 위한 툴로, 이러한 프로그램을 가리켜 '형상관리 툴'이라고 부른다. Git으로 소스코드를 관리하다 보면 추적이 필요하지 않거나 무시하고 싶은 파일이나 폴더들이 생긴다. 앞서 살펴본 target 폴더나 .idea 폴더 같은 것들은 소스코드를 통해 생성할 수 있거나 사용자의 IDE 설정 등을 기록하고 있기 때문에 버전으로 관리될 필요가 없다. gitignore는 이러한 파일들을 모아 추적하지 않도록 관리한다.

mvnw와 mvnw.cmd

mvnw와 mvnw.cmd는 메이븐 명령어를 실행시키기 위한 스크립트 파일로, 내용은 두 파일이 거의 동일하다. mvnw에는 리눅스 계열 운영체제에서 사용할 수 있는 스크립트, mvnw.cmd에는 윈도우에서 사용할 수 있는 스크립트가 들어 있다. 이 스크립트로 명령어를 실행하면 .mvn 폴더에 들어 있는 maven-wrapper.jar 파일이 실행되어 최종적으로 메이븐이라는 빌드 툴의 기능이 수행된다.

pom.xml

pom.xml은 메이븐으로 관리되는 프로젝트의 빌드 관련 정보를 가지고 있는 파일이다. 'pom' 이라는 이름은 'Project Object Model'의 머리글자로, 프로젝트 관련 정보를 하나의 개체로 모델링하고 있다는 뜻이다. 파일을 열어 보면 앞서 우리가 스프링 이니셜라이저에서 프로젝트를 생성할 때 지정했던 정보를 확인할 수 있다.

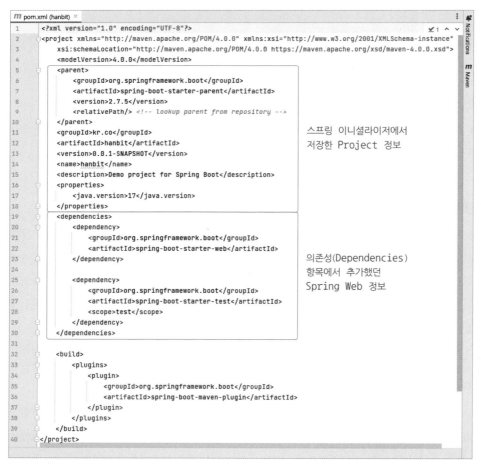

pom.xml 파일의 소스코드

pom.xml의 22번째 줄에서 'spring-boot-starter-web'으로 들어가 있는 artifactId는 스프링 부트로 웹 애플리케이션을 개발하기 위해 필요한 의존성의 이름이다. 'spring-boot-starter-OOO'과 같은 이름은 앞으로 스프링 부트에서 개발 편의성을 위해 관련 의존성을 한데 묶어 둔 것이라고 생각하면 된다. 다시 말해 우리는 웹 애플리케이션을 개발하기 위해 spring-boot-start-web 의존성을 추가한 것이다. 27번째 줄에 'spring-boot-starter-test'라는 의존성도 볼 수 있는데, 이것은 앞서 보았던 test 폴더 안에 작성하는 테스트 코드와 관련된 의존성이라고 보면 된다.

NOTE spring-boot-starter-web 내부에 실제 어떤 의존성이 포함되어 있는지 궁금하다면 [Ctrl] 키를 누른 상태에서 'spring-boot-starter-web'을 클릭해 보자.

 좀 더 알아보기

프로젝트 생성 시점에 추가하지 못했던 의존성을 추가하는 방법

프로젝트 생성 시점에 추가하지 못했던 의존성이 개발 과정에서 새롭게 필요해지는 일은 아주 흔하다. 이럴 때는 pom.xml 파일에 〈dependency〉 태그를 넣어 새로운 의존성을 추가할 수 있다. 만약 'spring-boot-starter-web'에 미처 의존성을 추가하지 못한 상태에서 웹 애플리케이션을 개발했다면 다음 과정을 따라해 보자.

01. pom.xml 파일을 열고 〈dependencies〉와 〈/dependencies〉 태그 사이에 다음과 같은 코드를 추가한다.

```
...

<dependencies>
    <dependency>
        <groupId>org.springframework.boot</groupId>
        <artifactId>spring-boot-starter-web</artifactId>
    </dependency>
    ...
</dependencies>

...
```

NOTE 〈dependencies〉 태그는 구글에서 'maven spring boot web'을 검색하면 나오는 Maven Repository 페이지*에서 현재 개발 중인 스프링 부트 버전을 선택해 관련 태그를 복사해 올 수 있다. 여기에는 코드 안에 해당 의존성의 버전도 명시되어 있는데, 이것을 함께 기입하지 않으면 'pom.xml'에 명시된 스프링 부트의 버전을 따라간다. 이렇게 버전을 지정해 주는 경우도 있지만, 'spring-boot-starter-'로 시작하는 의존성은 자연스럽게 스프링 부트의 버전을 따라가도록 하는 것이 좋다.

---

* https://mvnrepository.com/artifact/org.springframework.boot/spring-boot-starter-web

02. 코드를 입력하고 오른쪽 상단에 생기는 메이븐 새로고침(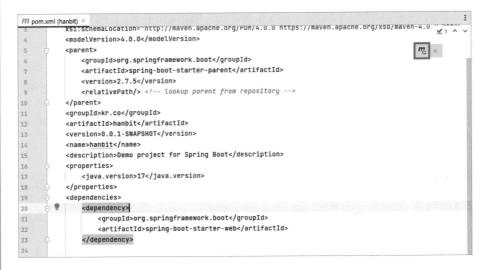) 아이콘을 클릭하면 변경된 의존성을 다운로드하거나 제거하는 동작이 수행된다.

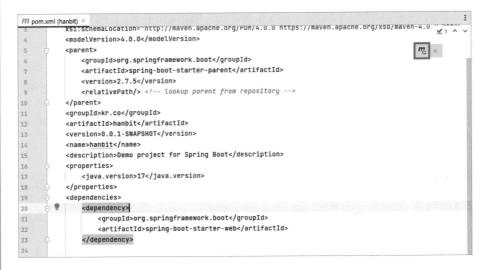

```xml
     xsi:schemaLocation="http://maven.apache.org/POM/4.0.0 https://maven.apache.org/xsd/maven-4.0...
     <modelVersion>4.0.0</modelVersion>
     <parent>
         <groupId>org.springframework.boot</groupId>
         <artifactId>spring-boot-starter-parent</artifactId>
         <version>2.7.5</version>
         <relativePath/> <!-- lookup parent from repository -->
     </parent>
     <groupId>kr.co</groupId>
     <artifactId>hanbit</artifactId>
     <version>0.0.1-SNAPSHOT</version>
     <name>hanbit</name>
     <description>Demo project for Spring Boot</description>
     <properties>
         <java.version>17</java.version>
     </properties>
     <dependencies>
         <dependency>
             <groupId>org.springframework.boot</groupId>
             <artifactId>spring-boot-starter-web</artifactId>
         </dependency>
```

NOTE 윈도우 기준 [Ctrl] + [Shift] + [O] 단축키로도 메이븐을 새로고침할 수 있다.

〈2〉 컨트롤러 추가하기

백엔드 웹 애플리케이션 개발에서 사용자로부터 오는 HTTP 요청과 그에 대한 응답은 '컨트롤러'라고 부르는 소스코드를 통해 이루어진다. 이번 절에서는 컨트롤러가 무엇인지 알아보고, 앞에서 만든 웹 애플리케이션에 첫 번째 컨트롤러를 추가해 그 동작을 확인해 보자.

컨트롤러의 역할

백엔드 웹 애플리케이션의 역할은 클라이언트가 보내는 HTTP 요청을 받아 적절히 처리한 후 HTTP 응답을 주는 것이다. 이 클라이언트 요청 처리의 시작과 끝을 담당하는 곳이 컨트롤러^{Controller}이다. 사용자의 HTTP 요청은 크게 두 가지로 나눌 수 있다.

- 사용자가 눈으로 볼 HTML 문서를 요청하는 것
- HTML 문서가 아닌, 클라이언트에게 필요한 데이터만 요청하는 것

사용자가 눈으로 볼 수 있는 HTML 문서를 요청하는 이유는 웹 브라우저를 통해 UI가 있는 웹 페이지를 보려면 HTML 문법으로 작성된 HTML 문서가 있어야 하기 때문이다. 사용자는 이 HTML 문서에 나와 있는 링크나 버튼 등을 눌러 웹 애플리케이션의 여러 기능을 사용할 수 있다. 반면, 클라이언트에게 필요한 데이터만 요청하는 경우는 HTML 문서가 이미 화면에 로딩된 상태에서 데이터만 받아 자바스크립트를 통해 사용자에게 보여 주거나, 스마트폰 애플리케이션처럼 UI는 스마트폰에 설치된 상태에서 데이터만 받아 사용자에게 보여 줄 때이다.

여기서 컨트롤러는 사용자가 보낸 HTTP 요청을 받아 애플리케이션의 적절한 기능을 호출하고, 그 결과를 받아와 HTML 문서나 JSON이라는 데이터 형식으로 변환하여 사용자에게 응답으로 제공하는 역할을 한다.

HTML 문서 요청

사용자가 웹 서비스를 이용하려면 직접 눈으로 볼 수 있는 웹 페이지가 있어야 한다. 이 웹 페이지는 하나의 온전한 HTML 문서여야 한다. 클라이언트에게 고정된 HTML 문서를 그대로 보내기만 하면

되는 경우라면 다음 절에 나오는 '정적 리소스'로 등록하는 것이 좋다. 물론 서버에서 HTML 문서를 동적으로 생성하기 위해 JSP나 Thymeleaf와 같은 '템플릿 엔진Template Engine'을 사용하는 방법도 있지만 권장하지는 않는다. 1장에서 이야기한 것처럼 백엔드와 프런트엔드가 나뉘면서 템플릿 엔진을 위한 API와 스마트폰에 각종 정보를 제공하기 위한 2개의 API를 각각 개발하고 유지해야 하는 번거로움이 있기 때문이다. 단, 서비스의 규모가 작거나 별도의 API를 제공할 필요가 없다면 템플릿 엔진을 사용해도 무방하다.

필요한 데이터만 요청

클라이언트가 필요한 데이터만 요청하는 경우는 HTML 문서 대신 JSON이라는 데이터 형식을 사용한다. 다음의 JSON 예시를 살펴보자.

JSON 예시*

```
{
  "squadName": "Super hero squad",
  "homeTown": "Metro City",
  "formed": 2016,
  "secretBase": "Super tower",
  "active": true,
  "members": [
    {
      "name": "Molecule Man",
      "age": 29,
      "secretIdentity": "Dan Jukes",
      "powers": [
        "Radiation resistance",
        "Turning tiny",
        "Radiation blast"
      ]
    },
    {
      "name": "Madame Uppercut",
      "age": 39,
```

---

* 자유 소프트웨어 커뮤니티 모질라(Mozila)
　https://developer.mozilla.org/ko/docs/Learn/JavaScript/Objects/JSON

```
        "secretIdentity": "Jane Wilson",
        "powers": [
          "Million tonne punch",
          "Damage resistance",
          "Superhuman reflexes"
        ]
      },
      {
        "name": "Eternal Flame",
        "age": 1000000,
        "secretIdentity": "Unknown",
        "powers": [
          "Immortality",
          "Heat Immunity",
          "Inferno",
          "Teleportation",
          "Interdimensional travel"
        ]
      }
    ]
  }
```

이와 같은 JSON 데이터를 클라이언트와 주고 받을 수 있는 API를 제공하는 백엔드 웹 애플리케이션을 API 서버라고 부른다. **API 서버**는 주로 HTML 페이지나 스마트폰 애플리케이션에서 사용자의 요청을 받거나 서버 간 통신에 사용된다. 별도의 UI가 필요하지 않은 경우 하나의 API 서버가 필요한 데이터의 송수신 기능을 수행할 수 있기 때문이다.

컨트롤러 추가하고 동작 확인하기

이제 웹 애플리케이션에 컨트롤러가 될 클래스를 추가하고 그 동작을 확인해 보자.

컨트롤러로 'Hello' 응답 동작 추가하기

먼저 8080번 포트로 'Hello'라는 텍스트를 출력하는 동작을 추가해 보자.

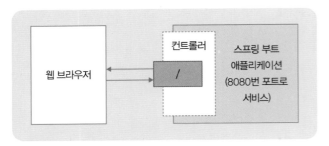

컨트롤러로 'Hello' 응답 동작 추가하기

01. 클래스를 추가할 패키지(kr.co.hanbit)를 마우스 오른쪽 버튼으로 클릭한 다음 [New] −
[Java Class]를 선택한다.

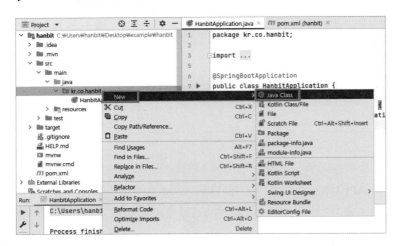

02. [New Java Class] 창에서 클래스 이름을 'SimpleRestController'로 입력한 후 [Enter] 키를
누른다.

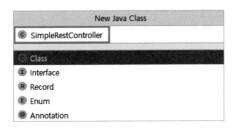

03. 해당 이름으로 클래스가 생성된 것을 확인한 후 다음 코드를 추가한다. 이것이 우리가 만들 웹 애플리케이션의 첫 번째 컨트롤러 코드이다.

5-2-1.java 첫 번째 컨트롤러

```java
package kr.co.hanbit;

import org.springframework.web.bind.annotation.RequestMapping;
import org.springframework.web.bind.annotation.RestController;

@RestController
public class SimpleRestController {

    @RequestMapping("/")
    public String hello() {
        return "Hello";
    }

}
```

04. 웹 브라우저를 열고 'http://localhost:8080' 주소로 접속한다. 앞서 나왔던 에러 페이지와는 달리 'Hello'라는 문자열이 출력되는 것을 확인할 수 있다.

어떤 과정을 거쳐 이런 결과가 나왔을까? 우리는 컨트롤러 코드의 @RequestMapping에서 '/' 경로로 요청이 들어온 경우 'Hello'라는 문자열이 반환되도록 작성했다. 그리고 웹 브라우저로 해당 경로를 요청하여 응답을 받은 것이다.

컨트롤러로 'Bye' 응답 동작 추가하기

이번에는 컨트롤러에 또 다른 @RequestMapping을 추가해 보자.

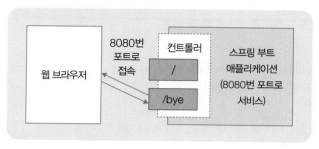

컨트롤러로 'Bye' 응답 동작 추가하기

01. 작성했던 SimpleRestController.java 파일에 굵게 표시된 코드를 추가한다.

5-2-2.java 첫 번째 컨트롤러

```java
package kr.co.hanbit;

import org.springframework.web.bind.annotation.RequestMapping;
import org.springframework.web.bind.annotation.RestController;

@RestController
public class SimpleRestController {

    @RequestMapping("/")
    public String hello() {
        return "Hello";
    }

    @RequestMapping("/bye")
    public String bye() {
        return "Bye";
    }

}
```

02. 웹 브라우저를 열고 'http://localhost:8080/bye' 주소로 접속한다. 코드에 입력한 'Bye'라는 문자열이 출력된 것을 확인할 수 있다.

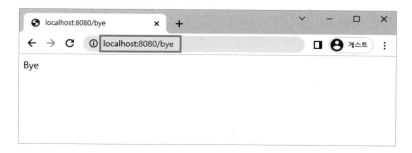

컨트롤러에 경로가 중복될 경우

이와 같이 @RequestMapping에서 지정한 '/'와 '/bye'를 '경로[Path]'라고 표현한다. 지금까지는 스프링 부트 애플리케이션이 총 2개의 경로를 외부에 제공하고 있지만, 만약 동일한 경로로 2개의 @RequestMapping을 만들면 어떻게 될까? 직접 실습하면서 알아보자.

01. 5-2-2.java에서 작성한 SimpleRestController.java 파일에서 첫 번째 @RequestMapping 경로를 "/bye"로 수정한다.

5-2-3.java 첫 번째 컨트롤러

```java
package kr.co.hanbit;

import org.springframework.web.bind.annotation.RequestMapping;
import org.springframework.web.bind.annotation.RestController;

@RestController
public class SimpleRestController {

    @RequestMapping("/bye")
    public String hello() {
        return "Hello";
    }

    @RequestMapping("/bye")
    public String bye() {
```

```
        return "Bye";
    }

}
```

02. 다음과 같이 'Ambiguous mapping'이라는 에러 메시지가 나오면서 애플리케이션이 종료되는 것을 볼 수 있다. 동일한 경로로 2개의 컨트롤러를 등록하면 어떤 경로로 연결할지 모호해지기 (ambiguous) 때문이다.

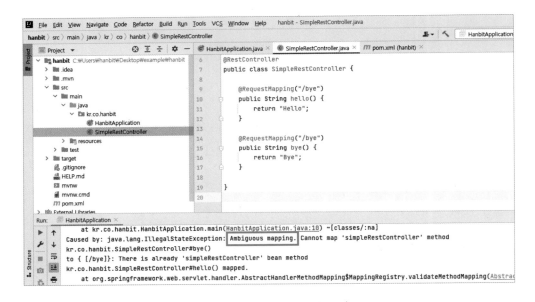

컨트롤러에 HTML 코드를 입력하는 경우

컨트롤러에서 응답으로 보내는 'Hello'와 'Bye'는 단순한 문자열일까? 여기에 HTML 코드를 넣으면 어떻게 되는지 확인해 보자.

01. 최초로 열었던 SimpleRestController.java 파일을 열어 'Bye'에 해당하는 @ RequestMapping을 지우고, '/'에 해당하는 @RequestMapping의 return 값을 "Hello 〈strong〉Backend〈/strong〉"으로 바꾼다.

5-2-4.java 첫 번째 컨트롤러

```java
package kr.co.hanbit;

import org.springframework.web.bind.annotation.RequestMapping;
import org.springframework.web.bind.annotation.RestController;

@RestController
public class SimpleRestController {

    @RequestMapping("/")
    public String hello() {
        return "Hello <strong>Backend</strong>";
    }

}
```

02. 웹 브라우저를 열고 'http://localhost:8080' 주소로 접속한다. 'Hello'라는 문자열과 함께 'Backend' 문자열이 굵게 표시되었다. 이로써 HTML로 작성한 코드도 출력 화면에 반영되는 것을 확인할 수 있다.

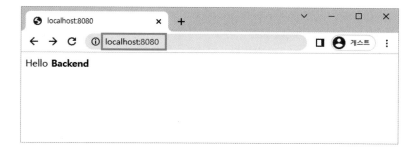

NOTE '⟨strong⟩⟨/strong⟩'은 해당 태그 내에 포함된 문자를 굵은 글씨로 표현하는 HTML 태그이다.

지금까지 백엔드 웹 애플리케이션을 실행하고 등록된 @RequestMapping 경로로 간단한 요청을 응답받는 과정을 실습했다. 이렇게 클라이언트와 서버가 상호작용하는 방법은 특정 URL로 접속하는 것 외에도 여러 가지가 있다. 이는 다음 6~8장에서 좀 더 자세히 알아보자.

URL의 구조

앞서 우리는 다음 두 가지 URL로 특정 내용을 요청하고 응답받았다.

- http://localhost:8080
- http://localhost:8080/bye

URL은 인터넷을 사용하는 우리 모두가 흔하게 사용하는 용어이다. URL의 정확한 의미는 무엇일까? URL은 'Uniform Resource Locator'의 약자로, **네트워크상에 존재하는 자원의 위치를 표현하기 위해 사용하는 일련의 문자열 집합**을 의미한다. 이 집합을 분석하면 다음과 같다.

각각의 항목이 무엇을 의미하는지 알아보자.

- **scheme:** 해당 요청이 어떤 프로토콜을 사용할 것인지를 결정한다. 웹 개발 환경에서는 'http' 또는 'https'가 해당된다.
- **host:** 해당 요청이 네트워크상에서 어떤 호스트로 가야 할지를 결정한다. 호스트란 IP 주소를 가진 주체를 의미하므로 주로 서버의 IP 주소가 들어간다. 물론 IP 주소 대신 'google.com'과 같은 도메인 네임이 들어갈 수도 있다. localhost는 127.0.0.1과 동일하게 자기 자신을 나타낸다.
- **port:** 해당 요청이 호스트의 어느 포트로 가야 할지를 결정한다. 포트가 생략될 경우에는 scheme에 해당하는 기본 포트가 기본값(default)으로 지정된다. http는 80번, https는 443번이다.
- **url-path:** path라고도 불리며, 특정 호스트나 포트에 도달한 요청이 구체적으로 어떤 자원에 요청하는지를 의미한다. 여기서 '자원'이란 크게 두 가지를 의미하는데, 하나는 HTML 문서나 이미지 파일 같은 정적인 파일의 이름이나 경로이고, 다른 하나는 사용자의 요청이나 서버의 상태에 따라 동적으로 생성되는 응답을 뜻한다. 앞의 실습에서 '/'와 '/bye'로 매핑했던 문자열은 코드상에서 동적으로 변경할 수 있는 응답에 해당한다(실습에서는 고정적인 문자열을 반환하도록 지정했기 때문에 항상 같은 응답을 준다).

이와 같은 세부 항목 외에도 URL은 두 가지 요소를 더 가지고 있다. 바로 인증에 사용되는 사용자의 계정(user)과 비밀번호(password)인데, 이들 모두를 포함하는 전체 URL은 다음과 같은 형식으로 표현된다.

http://someuser:anypassword@localhost:8080/bye

scheme　　　user　　　　　password　　　　　　host　　　port　url-path

온전한 형태의 URL은 이런 모습이지만, 사실 계정과 비밀번호까지 넣어 인증하는 방식은 거의 사용되지 않는다. 종종 데이터베이스에 접속하기 위한 URL이 비밀번호만 제외하고 사용하는 정도이다. 즉, 'http://localhost:8080/bye'은 계정 정보를 생략하고 있는 URL인 것이다. URL은 이렇게 일부 요소를 생략할 수 있다. port를 명시하지 않은 경우 scheme에 해당하는 기본(default) 포트로 연결되는 것이 대표적이다.

⟨3⟩ 정적 리소스 추가하기

앞에서 추가한 @RequestMapping은 컨트롤러를 통해 동적인 응답을 생성하는 방법이었다. 이번 절에서는 HTML 문서나 이미지 파일 같은 정적인 리소스를 응답으로 추가하는 방법에 대해 알아보자.

resources/static 경로 이용하기

스프링 부트에서는 프로젝트의 'src/main/resources/static' 경로에 정적인 파일을 두는 것만으로 간단하게 정적 리소스를 추가할 수 있다. 실습으로 살펴보자.

01. 인텔리제이의 왼쪽 [Project] 창에서 hanbit 프로젝트 안에 있는 [src] – [main] – [resources] 폴더로 이동한 다음, [static] 폴더를 마우스 오른쪽 버튼으로 클릭하고 [New] – [File]을 차례로 선택한다.

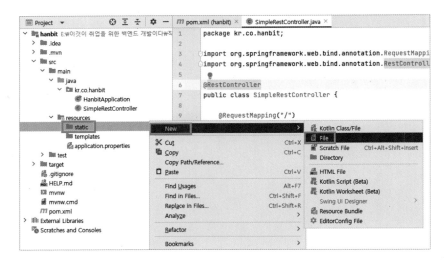

02. [New File] 창에서 파일 이름으로 'backend.html'을 입력하고 [Enter] 키를 누른다. 왼쪽 [Project] 창의 [static] 폴더에 'backend.html' 파일이 추가되는 것을 볼 수 있다.

03. 'backend.html' 파일을 열고 다음 HTML 코드를 입력한다. 그리고 오른쪽 위에 있는 Run 아이콘을 클릭해 웹 애플리케이션을 재시작한다.

backend.html

```html
<html>
    <head>
        <title>이 HTML의 제목입니다.</title>
        <meta charset="utf-8">
    </head>
    <body>
        안녕하세요. <strong>resources/static 폴더</strong>에 추가된 backend.html입니다.
    </body>
</html>
```

04. 웹 브라우저를 열고 'http://localhost:8080/backend.html' 주소로 접속한다. 다음과 같이 HTML 소스로 작성한 문구가 출력된 웹 페이지를 볼 수 있다.

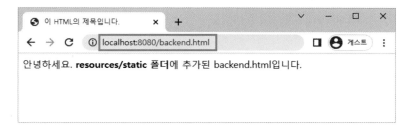

이미지 역시 HTML 문서와 마찬가지로 같은 경로에 추가하는 방식으로 클라이언트에게 응답을 제공할 수 있다. 같은 방식으로 이미지 파일을 추가해 보자.

NOTE 새로운 파일을 업로드한 후에는 반드시 애플리케이션을 재시작해야 한다. 스프링 부트는 애플리케이션을 시작하는 시점에 프로젝트 내에 존재하는 정적 리소스만을 관리하기 때문이다. 따라서 애플리케이션이 시작된 후에 추가된 정적 리소스는 파일이 존재하더라도 재시작되기 전까지는 없는 파일로 간주된다는 점을 기억하자.

컨트롤러 vs 정적 리소스

이번에는 컨트롤러를 통해 동적인 응답을 제공하는 것과 정적인 리소스를 등록하여 파일을 제공하는 방법은 각각 어떤 차이점이 있고, 또 어떻게 사용되는지 알아보자.

먼저 기능적인 차이부터 살펴보자. 컨트롤러에 동적인 응답을 제공하려면 그에 맞는 적절한 로직을 구현해 줘야 하지만, 정적 리소스를 사용하는 경우에는 새로운 로직을 작성할 필요 없이 단순히 파일을 추가하고 서버를 재시작하면 된다. 물론 컨트롤러에서도 사용자의 요청에 따라 특정 파일을 읽어서 응답하도록 할 수 있지만, 그 과정에는 백엔드 웹 애플리케이션의 자원을 불필요하게 사용한다는 단점이 있다. 따라서 동일한 동작을 하더라도 정적 리소스로 등록하면 더 좋은 성능을 낼 수 있다.

그렇다면 실제 서비스는 어떻게 구성하는 것이 좋을까? 소규모 서비스와 대규모 서비스를 운영하는 경우로 나눠 살펴보자.

소규모 서비스를 운영하는 경우

소규모 서비스라면 컨트롤러와 정적 리소스를 동일한 애플리케이션에서 서비스하는 편이 관리가 쉽고, 서버도 1대만 사용하면 되기 때문에 편리하다. 이 경우 정적 리소스로 HTML 파일이나 이미지 파일 등을 업로드한 다음 링크로 이동할 수 있도록 HTML 코드를 작성해야 한다. 이를 그림으로 표현하면 다음과 같다.

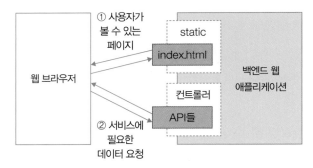

소규모 서비스의 정적 리소스와 컨트롤러 구성

NOTE API 요청이 필요하다면 AJAX를 통해 API 요청을 하고 응답을 받아 사용자에게 보여 주면 된다. AJAX(비동기 자바스크립트와 XML)는 236쪽 07-3절에서 학습한다.

대규모 서비스를 운영하는 경우

대규모 서비스라면 컨트롤러와 정적 리소스를 동일한 애플리케이션에 두지 않는다. 관리해야 할 코드와 정적 리소스가 많아지면 관리상의 문제도 있고 성능적인 면에서도 불리하기 때문이다. 일반적으로 정적 리소스들은 CDN^{Content Delivery Network}이라는 서비스를 활용하는데, CDN은 백엔드 웹 애플리케이션에서 정적 리소스를 서비스하는 것보다 훨씬 더 효율적으로 리소스를 제공할 수 있다. 이를 그림으로 표현하면 다음과 같다.

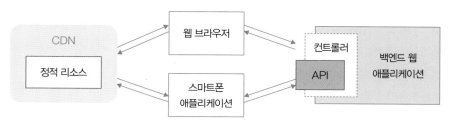

대규모 서비스의 정적 리소스와 컨트롤러 구성

실제 기업에서 활용하는 서비스는 그림보다 훨씬 더 복잡한 구조를 가지고 있다. 그림에는 지금까지 우리가 배운 요소만 표현했다고 보면 된다. 특히 스마트폰 애플리케이션의 경우 이미 사용자가 볼 수 있는 UI가 포함되어 있기 때문에 프런트엔드 페이지를 받아 오지 않고, API와 CDN의 정적 리소스만 사용한다.

마무리

이번 장에서는 스프링 부트 프로젝트를 생성하고 실행한 후 컨트롤러와 정적 리소스를 추가하여 클라이언트의 요청을 어떻게 처리할 수 있는지 학습했다. 마치기 전에 스프링 부트 애플리케이션의 구동 방식을 제대로 학습했는지 확인해 보자.

- 스프링 프레임워크와 스프링 부트의 차이를 이해했다.
- 스프링 이니셜라이저로 스프링 부트 프로젝트를 생성했다.
- 첫 번째 스프링 부트 애플리케이션을 실행하고 웹 브라우저로 접속했다.
- 스프링 부트 프로젝트를 구성하는 폴더와 파일의 역할에 대해 이해했다.
- 스프링 부트 프로젝트에 컨트롤러를 추가하고 @RequestMapping으로 경로에 따라 다른 응답을 제공하도록 만들었다.
- URL의 구조와 뜻을 이해했다.
- resources/static 폴더에 정적 리소스를 추가하여 사용자에게 파일을 제공하는 방법을 배웠다.
- 예시를 통해 컨트롤러를 사용하여 동적으로 응답을 제공하는 방식과 정적 리소스를 사용하여 파일을 제공하는 방식의 차이점을 알아보았다.

Q1. **스프링 프레임워크와 스프링 부트의 차이는 무엇인가요?**

A1. 결론부터 이야기하면, 스프링 부트는 스프링 프레임워크를 사용하기 쉽도록 만들어 줍니다. 스프링 부트가 스프링 프레임워크와 별개의 존재가 아니라는 것입니다.

좀 더 자세히 설명해 보겠습니다. 스프링 프레임워크는 현재 자바 진영에서 가장 많이 사용되고 있는 프레임워크입니다. 객체지향적인 개발을 위해 필요한 의존성 주입이나 제어의 역전을 손쉽게 활용할 수 있어 애플리케이션에서 핵심적인 로직에 집중하도록 도와주기 때문입니다. 또한 스프링 프레임워크는 XML과 같은 여러 가지 초기 설정을 해줘야 하는데, 스프링 부트를 쓰면 이러한 초기 설정을 간단하게 할 수 있습니다. 뿐만 아니라 내장 톰캣을 사용하면 애플리케이션을 손쉽게 빌드하고 배포할 수 있습니다.

해설

스프링 부트로 서비스를 개발한 경험이 있거나 관련 포트폴리오가 있다면 많이 받는 질문이다. 아마 스프링 부트를 사용하지 않고서는 직접 스프링 프레임워크를 사용할 일이 없을 것이다. 하지만 스프링 프레임워크 자체의 개념에 대해서는 알고 있어야 한다. 스프링 부트는 스프링 프레임워크를 손쉽게 사용할 수 있도록 도와주는 것이지, 별개의 존재가 아니기 때문이다.

◀ 예상 꼬리 질문 ▶

Q1-1. **객체지향적인 개발이 어떤 것인지 설명해 보세요.**

Q1-2. **의존성 주입이 뭔가요?**

Q1-3. **제어의 역전이 뭔가요?**

Q2. **프레임워크와 라이브러리의 차이는 무엇인가요?**

A2. 우리가 작성하는 코드와의 관계를 생각해 볼 수 있을 것 같습니다. 프레임워크는 제가 작성한 코드가 프레임워크를 호출하는 것이 아니라 프레임워크가 필요할 때 제가 작성한 코드를 호출합니다. 반면, 라이브러리는 제 코드를 필요할 때 호출해서 사용합니다. 다시 말해 프레임워크는 애플리케이션 전체 실행의 흐름을 좌우합니다. 이미 특정 프레임워크로 개발된 애플리케이션을 다른 프레임워크로 바꾸는 것은 아주 어렵습니다. 왜냐하면 실행의 흐름이 이미 해당 프레임워크에 맞춰서 개발되어 있기 때문이죠. 반면, 라이브러리는 상대적으로 다른 라이브러리로 바꾸는 것이 간단합니다. 제가 작성한 코드에서만 부분적으로 사용되고 있기 때문입니다.

해설

면접자가 스프링 프레임워크를 사용한 경험이 있거나 프레임워크와 라이브러리라는 용어를 모호하게 잘못 사용하고 있다면 받을 확률이 높은 질문이다. 예시대로 답변하면 충분히 구체적인 답변이 될 것이다. 핵심은 프레임워크가 내가 작성한 코드를 호출한다는 것이고, 이것이 '제어의 역전'이다. 자신이 직접 개발하면서 경험했던 내용을 기반으로 답변하는 것이 좋으며, 더 자세한 정보를 얻고 싶다면 구글에 'framework library difference'라고 검색해 관련 아티클을 찾아보자.

◀ 예상 꼬리 질문 ▶

Q2-1. **프레임워크와 라이브러리를 사용했던 구체적인 예시를 들어 보세요.**

Q3. **왜 메이븐을 빌드 툴로 사용했나요?**

A3. 메이븐과 그래들 중에서 고민하다가 메이븐을 선택했는데요. 현재 더 많이 사용되고 있는 빌드 툴이기 때문입니다. 그래서 의존성을 추가할 때도 그래들보다 예제를 더 쉽게 찾을 수 있다는 장점이 있습니다. 또한 제가 앞으로 유지 보수해야 할 프로젝트가 메이븐으로 되어 있을 확률이 높기 때문에 선택했습니다.

해설

어떤 역할을 하는 툴이나 솔루션이 2개 이상 존재한다면 왜 한 쪽을 선택했는지 그 이유를 묻는 경우가 많다. 수많은 실무 상황 속에서 합리적으로 선택하는 능력이 중요하기 때문이다.

메이븐은 그래들보다 오래된 빌드 툴이다. 그래들이 메이븐보다 기능적으로나 성능적으로 더 나은 선택이라는 것에는 이견이 없을 것이다. 하지만 여전히 메이븐이 그래들보다 많이 사용되고 있다는 것 하나만으로도 메이븐을 알고 있어야 할 중요한 이유가 된다.

메이븐은 문법적인 면에서도 HTML과 유사한 XML 문법을 사용하는 반면, 그래들은 비교적 생소한 Groovy 문법을 사용하기 때문에 메이븐이 유리하다.

그러나 앞으로는 그래들의 점유율이 점차 높아질 것이므로 여러분도 그래들에 익숙해지는 것이 좋다. 메이븐과 비교해 그래들이 가지는 대표적인 장점은 빌드 스크립트를 유연하게 작성할 수 있다는 것과 빌드 성능이 좋다는 것이다. 보통 빌드 툴을 선택하는 프로젝트 초기에 프로젝트 상황에 맞는 빌드 툴을 잘 선택하자.

〈 예상 꼬리 질문 〉

Q3-1. **그렇다면 그래들을 사용해 본 경험은 없나요?**

Q3-2. **팀에서 메이븐이 아닌 그래들을 사용해야 한다면 어떻게 할 건가요?**

Q4. URI와 URL의 차이를 설명해 보세요.

A4. URI가 URL보다 상위 개념입니다. URI에는 URL과 URN이 포함되어 있는데요, URL은 스킴 (scheme)을 통해 어떤 방법으로, 어디를(host, port, url-path) 통해 자원을 가져와야 하는 지를 나타낸다면, URN은 고유한 리소스 자체를 표현합니다. 책 번호로 사용되는 ISBN이 대 표적인 URN입니다. 또한 URN을 URL로 변환시키는 작업이 필요할 때도 있습니다.

해설

URI가 URL보다 상위 개념인 것을 설명하는 것이 가장 핵심이다. 이것만 구분해도 면접관이 의도한 질문에 충분히 답했다고 봐도 된다. 실제 URN을 말로 설명하기에는 조금 모호할 수 있 는데, RFC-3986 문서에 있는 다음 예시를 참고하자.

```
URL: ftp://ftp.is.co.za/rfc/rfc1808.txt
URL: http://www.ietf.org/rfc/rfc2396.txt
URL: ldap://[2001:db8::7]/c=GB?objectClass?one
URL: mailto:John.Doe@example.com
URL: news:comp.infosystems.www.servers.unix
URL: telnet://192.0.2.16:80/
URN (not URL): urn:oasis:names:specification:docbook:dtd:xml:4.1.2
URN (not URL): tel:+1-816-555-1212 (disputed, see comments)
```

ISBN은 다음과 같이 표현할 수 있다.

```
URN (not URL) urn:isbn:0-486-27557-4
```

NOTE RFC는 'Request for Comments'의 약자로, 인터넷 기술 및 프로토콜을 정의하고 설명하 는 문서이다. 네트워크의 표준 문서라고 생각하면 이해가 쉽다.

백엔드 개발에 필요한 HTML을
최소한의 지식 습득

백엔드 개발에 필요한 최소한의 HTML 지식

백엔드 개발자는 HTML을 몰라도 된다? 그렇지 않다. 백엔드 개발자도 최소한의 HTML 구조는 알고 있어야 본인이 계획한 프로젝트를 성공적으로 완성할 수 있다. 이번 장에서는 백엔드 개발에 필요한 최소한의 HTML 문법을 짚어 보고, 웹 클라이언트와 웹 서버가 어떻게 상호작용하는지 살펴본다.

백엔드 개발자가 HTML을 알아야 하는 이유

백엔드 개발자가 프런트엔드의 모든 것을 깊게 알 필요는 없지만, 적어도 자신이 개발한 API 서버가 '기능하도록' 만들 수 있는 능력은 필요하다. 백엔드 개발자가 HTML을 알아야 하는 이유가 있다.

요청은 HTML 문서로부터 날아온다

웹 서비스에서 사용자들은 웹 브라우저를 통해 HTTP 요청을 API 서버로 보낸다. 이때 HTML 문서가 웹 브라우저에 띄워져 있기 때문에 HTML 문서로부터 HTTP 요청이 날아온다고 볼 수 있는데, 이것을 이해하지 못하면 백엔드 웹 애플리케이션을 제대로 개발할 수 없다. 따라서 백엔드 개발자에게 있어 HTML에 대한 기본적인 이해는 필수이다.

웹 브라우저에서 백엔드 웹 애플리케이션으로 요청을 보내는 방법에는 여러 가지가 있다. 만약 웹브라우저에서 보내는 방법과 백엔드 웹 애플리케이션에서 받는 방법이 서로 다르다면, 그 요청은 정상적으로 처리되지 않을 것이다. 자세한 설명은 199쪽 06-3절에서 다룬다. 지금은 웹 브라우저와서버 간의 통신 규약을 HTTP라고 부른다는 사실만 이해하고 넘어가자.

 여기서 잠깐

HTML과 HTTP

웹 애플리케이션의 근간을 이루는 프로토콜인 HTTP는 최초에 HTML 문서를 교환하기 위해 고안되었다. 그만큼 HTTP는 HTML과 깊은 연관이 있다. HTML 외의 수많은 미디어와 데이터를 주고받는 현재에도 여전히 HTML 문서는 웹 페이지를 타고 이동할 때마다 적어도 한 번씩은 다운로드하게 되어 있어 HTML을 빼고서는 웹을 설명할 수 없다.

HTML 코드만 가지고도 충분히 웹 서비스를 제공하는 경우도 있다. 국제인터넷표준화기구(IETF) 표준을 사용하는 사람들을 위한 Datatracker 사이트의 웹 페이지는 검색 등의 일부 기능을 제외한 대부분의 기능이 오직 하이퍼링크를 통한 웹 페이지 간의 이동으로 이루어져 있다. 사용자는 이 하이퍼링크를 통해 페이지를 이동하며, 필요한 정보를 얻는 데 아무런 문제가 없다.

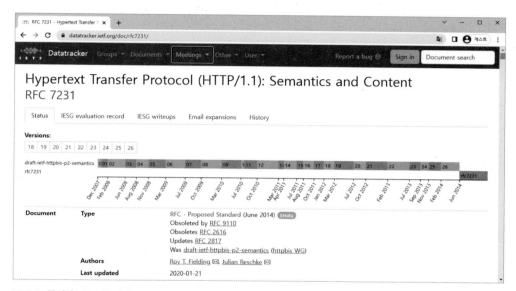

HTML 문서만으로 이루어진 Datatracker의 웹 페이지*

API만 있는 포트폴리오 vs 프런트엔드 페이지까지 있는 포트폴리오

백엔드 개발자로 취업하려면 보통 자신이 만든 웹 서비스를 포트폴리오로 만들어 제출해야 한다. 이때 단순히 API 서버만 있는 포트폴리오와 API에 프런트엔드 페이지까지 있는 포트폴리오 중 어떤 것이 더 합격에 유리할까? 두 개발물이 비슷한 수준이라면 당연히 후자에 더 눈길이 갈 것이다.

제출한 포트폴리오에 프런트엔드 페이지가 있다면, 나아가 해당 포트폴리오를 배포해서 서비스하고 있다면 평가가 진행되는 면접 중에라도 지원자의 포트폴리오를 확인해 볼 수 있다. 또한 웹 서비스를 개발해 본 사람이라면 API만 만들더라도 프런트엔드에서 어떤 형태로 사용될지 고려하여 설계할 수 있지만, 웹 서비스 개발 경험이 없다면 단순히 어떤 대상에 대한 CRUD API만 개발하는 정도

---

* https://datatracker.ietf.org/doc/rfc7231

가 대부분일 것이다. 프런트엔드 페이지 개발까지 경험해 봐야 실제 서비스를 가정해 기존 API 설계에 있던 모순을 찾아낼 수 있다. 프런트엔드 페이지에 배포까지 진행된 포트폴리오는 면접관에게 하나의 서비스를 만들 수 있는 개발자임을 보여주는 기회라는 점을 기억하자.

모든 백엔드 개발자가 프런트엔드 개발자와 일하는 것은 아니다

실무를 경험해 보면 모든 백엔드 개발자가 프런트엔드 개발자와 항상 함께 일하지 않는다는 사실을 깨닫게 된다. 백엔드 개발자가 프런트엔드 개발자와 함께 일하는 경우는 주로 해당 웹 서비스가 일반 사용자를 대상으로 서비스하는 경우이다. 일반 사용자가 아니라 내부 운영을 위해 또 다른 서비스를 구축하는 경우에는 해당 API 서버나 시스템을 개발하는 백엔드 개발자가 프런트엔드 페이지까지 개발하는 경우가 많다. 이해를 돕기 위해 유튜브를 예시로 살펴보자.

유튜브를 사용하는 사용자는 크게 다음과 같은 기능을 사용한다.

- 피드(Feed)에 사용자의 시청 기록을 기반으로 관심 있어 할 만한 영상을 추천받는다.
- 동영상을 시청하거나 직접 업로드한다.
- 동영상에 달린 댓글 목록을 보거나 댓글을 작성한다.

이러한 요청을 처리할 수 있는 API 서버는 다음 그림과 같을 것이다.

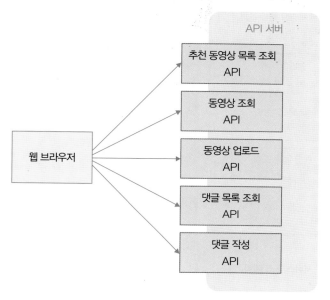

일반 사용자를 대상으로 한 유튜브의 기본 서비스 구조 예시

서비스의 규모가 작다면 그림과 같은 구성으로도 충분하지만, 서비스의 규모가 커지고 사용자에게 높은 만족감을 주려면 각각의 기능을 좀 더 고도화할 필요가 있다. 예를 들어 동영상 목록을 추천할 때는 각각의 사용자에 맞춘 동영상을 찾는 알고리즘과 그 알고리즘이 지속적으로 높은 성능을 보이는지에 대한 모니터링이 필요하다. 또한 동영상을 업로드할 때는 저작권 침해에 대한 모니터링, 댓글 기능에서는 댓글에 작성된 광고나 욕설을 신고할 수 있는 기능, 신고로 들어온 댓글에 대한 모니터링 기능도 필요하다. 사용자에게 직접 노출되는 API는 몇 개 없더라도 이렇게 내부적으로는 많은 서비스가 추가된다.

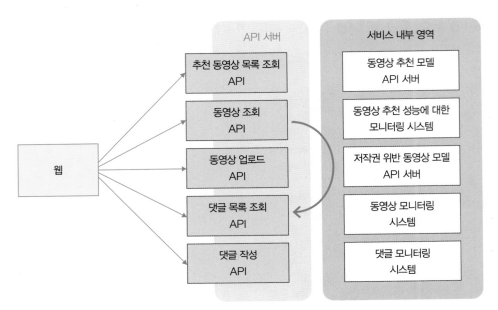

일반 사용자를 대상으로 한 유튜브의 고도화된 서비스 구조 예시

'서비스 내부 영역'에 있는 API 서버와 시스템에도 개발자나 기획자들, 혹은 모니터링을 하는 운영자들에게 제공할 프런트엔드 페이지가 필요하다. 이 또한 백엔드 개발자가 HTML을 알아야 하는 충분한 이유가 된다.

⟨2⟩ HTML의 구조

이번 절에서는 기본적인 HTML 구조에 대해 다룬다. HTML에서는 태그의 사용이 중요하므로 수많은 태그를 모두 다루는 대신, 백엔드 개발 과정에 있어 꼭 알아야 하는 태그만 중점적으로 살펴보자.

HTML 태그에서 사용되는 용어

HTML은 홑화살괄호(⟨ ⟩)로 이루어진 '⟨html⟩' 형태의 '태그[tag]'라는 단위로 구성되어 있다. HTML 태그는 이름[name]과 속성[attribute], 값[value]을 가지며, 속성에 해당하는 값을 지정할 때는 속성 다음에 등호(=)를 붙이고 값은 큰 따옴표(")로 감싸 줘야 한다.

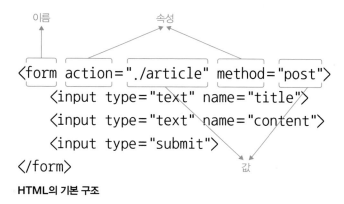

HTML의 기본 구조

form 태그와 input 태그

HTML의 기본 태그로는 form 태그와 input 태그가 있다. 둘은 서로 다른 모습을 가지고 있는데, form 태그의 경우 여는 태그와 슬래시(/)로 닫는 태그가 있지만, input 태그는 닫는 태그가 없는 것이 특징이다. 여는 태그와 닫는 태그가 있는 form 태그는 그 사이에 다른 태그를 넣을 수 있고, input 태그는 다른 태그를 넣을 수 없다. 이처럼 닫는 태그가 없는 태그는 특별히 '싱글톤 태그[singleton tag]'라고 부른다. form 태그와 input 태그는 203쪽 06-4절에서 더 살펴보자.

주석

HTML 태그에 포함되지 않지만, HTML 코드에서 주석을 나타내는 방법도 반드시 알아 두자. 특히 작성되어 있는 코드에서 설명을 덧붙일 때 바로 이 주석을 사용하는데, 주석은 HTML 페이지의 화면 렌더링에 아무 영향을 주지 않는다.

HTML 코드에서 주석은 다음과 같이 '<!--'로 열어서 '-->'로 닫는다. 다른 프로그래밍 언어에서 사용하는 것과 동일한 용도로, 주로 소스코드에 대한 설명을 적거나 임시로 특정 코드를 주석 처리해 해당 코드가 없는 것처럼 실행하고 싶을 때 사용한다.

6-2-1.html 주석 추가

```html
<form action="./article" method="post">
    <input type="text" name="title">
    <input type="text" name="content">
    <input type="submit">
</form>

<!-- 이 부분은 주석입니다. -->
```

최상단 태그 html

HTML 문서의 최상단에는 반드시 html 태그가 들어가고, html 태그 안쪽에는 head 태그와 body 태그가 작성된다.

```html
<html>
    <head>
    </head>
    <body>
    </body>
</html>
```

우리가 보는 대부분의 웹 페이지는 이와 같은 형태의 HTML 코드로 작성되어 있다. 여기서 '대부분'이라고 표현한 이유는 html, head, body 태그 모두 생략이 가능하기 때문이다. 다만, 구조를 나타내는 태그를 생략하는 것은 그리 좋은 방법이 아니다. 최종 화면에는 이상이 없더라도 개발자가 구체적인 소스를 확인하기 어렵고, 검색 엔진이 페이지를 크롤링하는 데 문제가 생길 수 있기 때문이다. 따라서 이 세 가지 태그는 반드시 HTML 문서에 작성한다고 기억하자.

NOTE 구글과 같은 검색 엔진들이 검색 데이터를 수집하는 과정을 '크롤링(Crawling)'이라고 한다.

또한 html 태그에는 'lang'이라는 속성을 별도로 지정할 수 있는데, lang은 해당 페이지가 어떤 언어로 작성되어 있는지를 알려 준다. 이 속성을 사용하면 번역된 페이지를 추천해 주거나 시각장애인을 위한 스크린 리더Screen Reader를 활용할 수 있다.

```html
<!-- HTML 문서가 한글로 작성된 페이지임을 나타냄 -->
<html lang="ko"> </html>


<!-- HTML 문서가 영어로 작성된 페이지임을 나타냄 -->
<html lang="en-US"> </html>
```

구글 크롬에서 영어로 된 페이지에 방문하면 다음과 같이 페이지 번역 기능을 사용할 수 있다. 해당 웹 페이지의 언어와 사용자의 언어가 다를 때 나타나는 기능이다. 기능으로 lang 속성을 지정해야만 구글 크롬과 같은 웹 브라우저에서 번역 기능을 활성화시킬 수 있다.

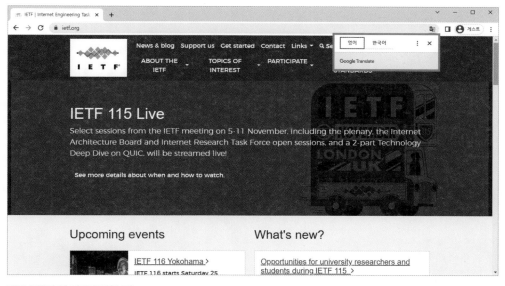

구글 크롬의 웹 페이지 번역 기능

html 태그 내에 포함되지 않고 밖에 작성하는 태그도 있다. **독타입**DOCTYPE이라고도 하는데, 해당 HTML 문서가 HTML의 어떤 버전으로 작성된 것인지를 명시하는 기능이다. 현재 우리가 사용하는 것은 HTML5 버전이며, 〈!DOCTYPE html〉과 같이 버전을 써 주지 않으면 가장 최신 버전의 HTML을 사용하겠다고 선언하는 것과 같다.

```
<!DOCTYPE html>
<html>
    <head>
    </head>
    <body>
    </body>
</html>
```

 좀 더 알아보기

HTML 코드를 경량화하는 방법, minify

웹 페이지의 소스코드를 열어 보면 HTML이나 CSS, 자바스크립트 파일에 줄바꿈이 전혀 되어 있지 않거나 띄어쓰기가 생략되어 있는 경우가 있다. 이것은 파일의 용량을 줄이기 위해 문법적으로 불필요한 것들을 제거한 것으로, 'minify'라고 한다. 줄바꿈과 띄어쓰기는 코드의 가독성을 높여 주지만, 웹 브라우저가 코드를 실행하는 데는 불필요하다.

나무위키 웹 페이지의 소스코드

이런 불편함을 감수하면서도 파일의 용량을 줄이는 이유는 무엇일까? 파일 용량을 줄이면 그만큼 네트워크 트래픽이 줄어들어 서비스 기업 입장에서는 운영 비용을 절감할 수 있다. 소스코드에 따라 다르지만 minify를 실행하면 보통 10% 이상의 용량이 줄어드는 효과를 볼 수 있다.

반대로 사용자가 알아보기 힘들도록 소스코드를 고의로 어렵게 만드는 경우도 있다. 이것은 난독화라고 하며, 'uglify' 혹은 'obfuscation'이라고 부른다. 난독화 과정에서 변수명의 길이 역시 줄일 수 있기 때문에 minify와 uglify는 함께 적용되는 경우가 많다.

> **NOTE** 웹 페이지의 소스코드는 해당 웹 페이지에서 마우스 오른쪽 버튼을 클릭하고 [페이지 소스 보기]를 선택하면 확인할 수 있다.

HTML 문서를 설명하기 위한 head 태그

head 태그는 html 태그 안에 들어 있는 태그로, 주로 해당 HTML 문서를 설명하는 내용이 들어있다. 이렇게 어떤 데이터를 설명하는 데이터를 **메타데이터**metadata라고 하는데, 이곳에 들어가는 내용은 다음과 같다.

- title 태그로 해당 HTML 문서의 제목을 표현한다.
- meta 태그로 캐릭터셋이나 검색 엔진에게 해당 페이지를 크롤링하기 위한 여러 정보를 제공한다.
- link 태그로 CSS 파일을 불러와 적용한다.

이외에도 다른 기능을 하는 태그가 많으니 여러 웹 페이지의 HTML 소스코드를 보면서 모르는 요소는 검색을 통해 알아보자. 앞서 나열한 요소들을 코드로 살펴보자.

title 태그

title 태그는 사용자의 웹 브라우저에 해당 웹 페이지의 제목을 표시할 때 사용한다. 필수로 넣어야 하는 태그는 아니지만 웹 서비스의 완성도를 생각하면 웹 페이지별로 적절한 제목을 지정해 주는 것이 좋다. 다음 화면에서 HTML 코드에서 작성된 title 태그가 웹 브라우저에 어떻게 표시되는지를 볼 수 있다.

title 태그 표시

meta 태그 – 캐릭터셋

meta 태그에는 다양한 정보를 지정할 수 있는데, 그중에서도 캐릭터셋charset은 해당 HTML 문서 내에 있는 문자들을 어떤 방식으로 읽어야 하는지 알려 주고, 웹 페이지가 정상적으로 보이도록 하는 중요한 요소이다. HTML 문서 내에 있는 문자들이 정상적으로 읽히기 위해서는 입력할 때 사용했던 방식과 동일한 방식으로 읽어야 한다. 실제로 이 태그가 어떻게 작동하는지 윈도우를 기준으로 살펴보자.

01. 메모장을 열고 다음 코드를 입력한다.

```
<html>
    <head>
        <meta charset="utf-8">
    </head>
    <body>
        헬로 월드, hello world
    </body>
</html>
```

02. [파일] – [다른 이름으로 저장]을 클릭하고 파일 이름을 '6-2-2.html', 파일 형식을 '모든 파일
(*.*)', 인코딩은 'UTF-8'로 선택해 저장하자.

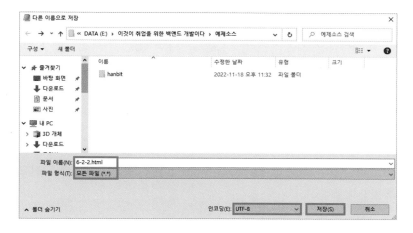

03. 크롬과 같은 웹 브라우저를 통해 '6-2-2.html' 파일을 열면 입력한 내용이 웹 브라우저에 나
타난다.

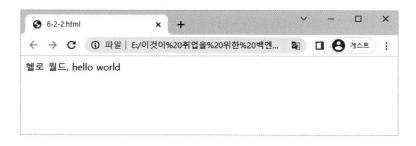

04. 이제 **01**에서 입력했던 코드의 캐릭터셋을 변경해 보자. 메모장으로 6-2-2.html 파일을 다시 열고, 코드의 'utf-8' 부분을 'euc-kr'로 변경해 저장한다.

6-2-2.html 캐릭터셋 변경

```
<html>
    <head>
        <meta charset="euc-kr">
    </head>
    <body>
        헬로 월드, hello world
    </body>
</html>
```

05. 웹 브라우저를 새로고침하면 다음과 같이 한글이 깨지는 것을 볼 수 있다.

06. 이번에는 6-2-2.html 파일에서 코드는 그대로 두고 [파일] – [다른 이름으로 저장]에서 [인코딩]을 'ANSI'로 선택한 후 저장해 보자.

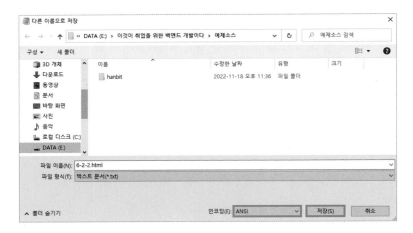

07. 웹 브라우저를 새로고침하면 다시 정상적으로 한글이 출력되는 것을 확인할 수 있다.

NOTE 알파벳이나 콤마(,) 등의 특수문자는 캐릭터셋의 영향을 받지 않는다. 이는 아스키 코드(ascii code)에 포함된 문자가 인코딩 방식과 무관하게 저장되기 때문이다.

정리하자면, HTML 문서는 인코딩되는 방식과 캐릭터셋이 맞아야 한글이 정상적으로 출력된다. 즉 UTF-8로 인코딩된 파일은 캐릭터셋을 'utf-8'로, ANSI로 인코딩된 파일은 캐릭터셋을 'euc-kr'로 지정해야 정상적으로 출력되는 것이다. 가능하면 인코딩 방식과 캐릭터셋은 웹 애플리케이션이나 데이터베이스, 네트워크 통신 등 많은 분야에서 표준으로 사용되고 있는 UTF-8로 지정하는 것을 추천한다. 웹 프로그래밍을 처음 접하는 사람이라면 가장 많이 헤매는 부분이므로 캐릭터셋과 관련된 내용을 반드시 기억해 두자.

여기서 잠깐

구글에서 지원하는 meta 태그 한눈에 보기

meta 태그는 검색 엔진에 웹 페이지에 대한 다양한 정보를 제공하는 역할을 한다. 구체적으로 어떤 키워드가 어떤 역할을 하는지에 대해서는 구글 제공 정보를 참고하자. 구글 사이트에서 'google에서 인식하는 메타 태그'라는 키워드를 검색하면 각종 meta 태그에 대한 내용을 정리한 구글 공식 문서*를 찾을 수 있다.

---

* https://developers.google.com/search/docs/advanced/crawling/special-tags?hl=ko

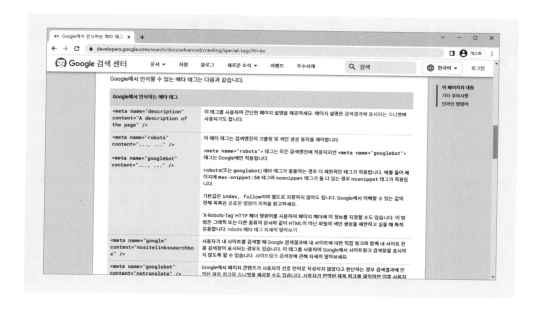

meta 태그 – 오픈 그래프

SEO(Search Engine Optimization, 검색 엔진 최적화)와 관련해 meta 태그와 유사하지만 다른 의미로 사용되는 '오픈 그래프(open graph)'라는 것이 있다. 아마 카카오톡 같은 메신저나 페이스북, 블로그 글에 링크를 적으면 다음과 같이 해당 링크의 미리보기 창이 나타나는 것을 본 적이 있을 것이다.

카카오톡 메신저에서 보이는 링크 미리보기 창

반드시 링크된 웹 페이지에 대한 미리보기 이미지와 설명을 지정할 필요는 없지만, 사용자의 편의를 위해 미리보기에서 어떤 이미지와 제목을 보여줄 것인지 명시하는 방법이 바로 오픈 그래프이다. 웹 페이지의 [페이지 소스 보기]로 들어가면 다음과 같은 내용을 확인할 수 있다. meta 태그 하위에 'og'라고 표시되어 있는 부분이 바로 오픈 그래프와 관련된 정보이다.

페이지 소스 보기에서 보이는 오픈 그래프 정보

오픈 그래프는 개발에 필수적이지는 않지만, title 태그와 마찬가지로 서비스의 완성도를 결정짓는 중요한 요소 중 하나이다. 만약 여러분이 프런트엔드가 포함된 서비스를 만든다면 반드시 오픈 그래프를 설정해 두는 것이 좋다.

link 태그

link 태그도 head 태그 내에 포함되는 주요 태그 중 하나이다. 주로 CSS 파일을 해당 HTML 페이지에 적용하기 위해 다음과 같은 형태로 사용한다.

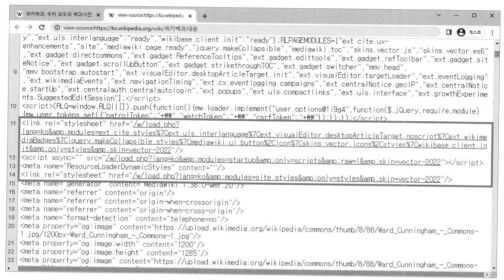

페이지 소스 보기에서 보이는 link 태그

상대적으로 HTML보다는 그 중요도가 떨어질 수 있지만 CSS 또한 웹 페이지를 구성하는 중요한 요소이므로 백엔드 개발자가 알아야 할 필요가 있다.

HTML 문서의 내용이 들어가는 body 태그

head 태그가 HTML 페이지의 메타데이터가 들어가는 영역이었다면, body 태그는 사용자의 눈에 보이는 HTML 페이지의 내용이 들어가는 영역이라고 할 수 있다. 다음 절에서 설명할 웹 브라우저가 서버와 상호작용하는 과정이 주로 이 body 태그에 포함된다. 여기서는 body 태그에 포함되는 요소 중 HTML을 모르는 사람들도 자주 접하게 되는 링크와 이미지 삽입 태그를 살펴본다.

링크를 생성하는 a 태그

a 태그는 다른 웹 페이지로 이동할 수 있는 링크를 생성하며, 주소만 넣으면 될 정도로 문법이 간단하다. 메모장을 열어 다음과 같이 HTML 코드를 작성한 후 '6-2-3.html' 이름으로 저장하고, 웹 브라우저로 실행해 보자.

6-2-3.html a 태그 실행

```html
<html>
    <head>
        <meta charset="utf-8">
    </head>
    <body>
        <a href="https://www.google.com/">구글로 이동</a>
    </body>
</html>
```

그럼 다음과 같이 '구글로 이동'이라는 글자에 링크가 삽입된 것을 볼 수 있다. 이 링크를 클릭하면 소스코드에서 삽입했던 'https://www.google.com'으로 페이지가 이동하는 것을 볼 수 있다.

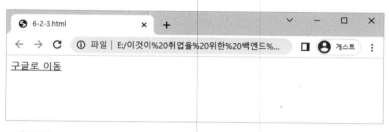

a 태그 표시

이 경우에는 한 가지 불편한 점이 있다. 링크를 타고 이동하고 사용자가 다시 원래 페이지로 돌아오려면 '뒤로가기' 버튼을 눌러야 한다. 이것은 웹 서비스의 사용성을 크게 떨어뜨릴 수 있으므로 현재 창은 그대로 둔 채 새로운 창 혹은 새로운 탭으로 열리도록 바꿔 보자. 간단하게 a 태그에 target="_blank"라는 속성과 값을 추가하면 된다.

6-2-3-1.html a 태그 실행

```html
<html>
    <head>
        <meta charset="utf-8">
    </head>
    <body>
        <a href="https://www.google.com/" target="_blank">구글로 이동</a>
    </body>
</html>
```

코드를 바꾸고 저장한 뒤 웹 브라우저 새로고침을 하고 링크를 누르면 이번에는 기존의 웹 페이지는 그대로 둔 상태에서 새로운 창이 열리는 것을 볼 수 있다.

이미지를 삽입하는 img 태그

한빛미디어 홈페이지에 올라와 있는 이미지 중 하나를 사용해 이미지 태그의 사용 방법을 알아보자.

01. 사용할 이미지 위에 마우스를 올려놓고 오른쪽 버튼을 클릭한 후 [이미지 주소 복사]를 선택한다.

02. 메모장을 열어 다음과 같이 HTML 코드를 작성한 후 '6-2-4.html' 이름으로 저장한다. 웹에 올려진 이미지 주소는 언제든지 변경될 수 있으니 자신이 직접 복사한 이미지 주소를 사용하자.

6-2-4.html img 태그 실행

```html
<html>
    <head>
        <meta charset="utf-8">
    </head>
    <body>
        이미지 넣어 보기
        <img src="https://www.hanbit.co.kr/data/books/B4861113361_l.jpg">
    </body>
</html>
```

03. 6-2-4.html 파일을 웹 브라우저로 열면 복사한 이미지가 웹 페이지에 첨부된 것을 확인할 수 있다.

NOTE 간혹 이미지의 주소가 올바른데도 로딩되지 않는 경우는 이미지를 제공하는 사이트에서 특정 웹 페이지에서만 열리도록 설정해 뒀기 때문이다. 걱정하지 말고 다른 이미지로 테스트하자.

자바스크립트를 넣는 script 태그

사용자의 눈에는 보이지 않지만 자바스크립트 코드를 넣을 수 있는 script 태그도 body 태그에 속한다. script 태그는 body 태그 내에서도 가장 마지막에 들어가는데, 자바스크립트 코드가 해당 태그보다 앞에 있는 경우 자바스크립트 코드가 실행되는 시점에는 아직 그 태그가 존재하지 않는 것으로 간주하여 코드가 정상적으로 실행되지 않기 때문이다. 실습을 통해 차이점을 살펴보자.

01. 메모장을 열어 다음과 같이 HTML 코드를 작성한 후 '6-2-5.html' 이름으로 저장한다. script 태그의 내용은 a 태그 내부의 텍스트를 '구글로 이동'이라는 텍스트로 바꾼다는 뜻이다. 정상적으로 실행된다면 '어떤 링크'라는 글자가 '구글로 이동'이라고 변경되어야 한다.

6-2-5.html script 태그 실행

```html
<html>
    <head>
        <meta charset="utf-8">
    </head>
    <body>
        <script>
            document.querySelector('a').innerText = '구글로 이동';
        </script>
        <a href="https://www.google.com/">어떤 링크</a>
    </body>
</html>
```

02. 6-2-5.html 파일을 웹 브라우저로 열면 '어떤 링크'라는 텍스트에 링크가 걸려 있는 것을 볼 수 있다. 이것은 앞서 설명한 것처럼 script 태그가 HTML 태그보다 앞쪽에 있어 제어가 되지 않았기 때문이다.

03. [F12]를 눌러 개발자 도구를 열면 다음과 같은 에러 메시지를 확인할 수 있다. document. querySelector('a')를 찾지 못했기 때문에 해당 값이 'null'로 나왔고, 결과적으로 null.innerHTML 에 접근하려고 했기 때문이다. 자바에서 발생하는 '널 포인터 익셉션'과 동일한 상황이라고 생각하면 된다.

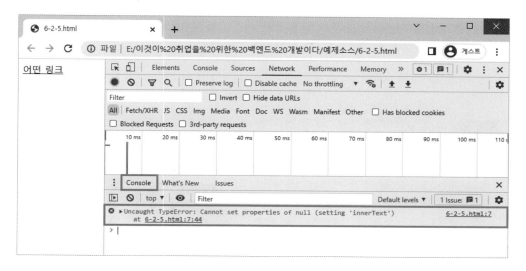

NOTE 이와 같은 화면이 보이지 않는다면 개발자 도구를 연 상태에서 [새로고침]해 보자.

04. 코드를 바르게 실행하기 위해 6-2-5.html 파일에서 script 태그를 body 태그의 가장 마지막 부분에 배치하고 저장한다.

6-2-5-1.html script 태그 실행

```html
<html>
    <head>
        <meta charset="utf-8">
    </head>
    <body>
        <a href="https://www.google.com/">어떤 링크</a>
        <script>
            document.querySelector('a').innerText = '구글로 이동';
        </script>
    </body>
</html>
```

05. 웹 브라우저를 새로고침하면 다음과 같이 '구글로 이동'에 링크가 걸려있는 것을 볼 수 있다. a 태그의 내용이 '구글로 이동'으로 잘 변경되었다. HTML 태그가 script 태그보다 앞쪽에 있어 제어되었기 때문이다.

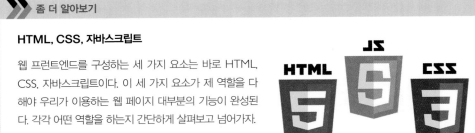

좀 더 알아보기

HTML, CSS, 자바스크립트

웹 프런트엔드를 구성하는 세 가지 요소는 바로 HTML, CSS, 자바스크립트이다. 이 세 가지 요소가 제 역할을 다해야 우리가 이용하는 웹 페이지 대부분의 기능이 완성된다. 각각 어떤 역할을 하는지 간단하게 살펴보고 넘어가자.

HTML은 웹 페이지의 뼈대 역할을 하는 근간이다. 만약 CSS와 자바스크립트 없이 HTML만 있더라도 웹 페이지는 기능할 수 있다. 그만큼 웹 페이지에서 빠질 수 없는 핵심 요소이지만, 이것만으로는 우리가 늘 사용하는 웹 페이지처럼 화려하고 멋진 UI/UX를 만들 수 없다. CSS와 자바스크립트가 필요한 이유이다.

CSS는 이미 뼈대를 이루고 있는 HTML을 화려하게 꾸미는 역할을 한다. HTML 태그의 위치를 수정하거나 높이와 너비를 지정하기도 하고, 선의 굵기를 지정할 수도 있다. CSS도 날이 갈수록 버전이 업그레이드되면서 UI/UX를 향상하기 위한 다채로운 기능을 수행할 수 있게 되었다.

자바스크립트(JS)는 HTML 문서 내에 있는 요소를 제어하거나 서버와 통신하여 새로운 데이터를 불러오는 역할을 하는 프로그래밍 언어이다. 사용자가 프런트엔드에서 어떤 동작을 했을 때 필요한 HTML 태그를 추가하거나 서버에서 데이터를 받아 보여 주는 행위 등을 할 수 있다.

책에서는 백엔드 개발자에게 필요한 최소한의 HTML 지식과 태그만 설명하고 있다. HTML에 대해 더 알고 싶은 독자라면 『모던 웹을 위한 HTML＋CSS3 바이블』(한빛미디어, 2019) 도서나 w3schools 웹사이트*에서 HTML 튜토리얼을 참고해 보완하자.

---

* https://www.w3schools.com

 # 웹 브라우저와 서버의 상호작용

이번 절에서 다루는 내용이야말로 백엔드 개발자가 프런트엔드를 알고 있어야 하는 중요한 이유라고 할 수 있다. 프런트엔드에서 웹 서버가 웹 브라우저와 어떻게 상호작용하는지를 알아야 그에 맞는 백엔드를 개발할 수 있기 때문이다.

웹 브라우저가 서버와 상호작용하는 방법

웹 브라우저가 서버와 상호작용하는 방법에는 크게 네 가지가 있다.

- URL을 통한 접속
- form 태그를 사용하여 form 제출
- XHR을 사용한 AJAX 요청
- 웹 소켓을 통한 연결

이 중에서 우리가 주로 다룰 것은 'XHR을 사용한 AJAX 요청'으로, 다음 장에서 자세히 다룬다. 여러 방법을 숙지하고 있어야 각 상황에 맞는 적절한 선택을 할 수 있으므로 나머지 방법도 간단히 살펴보자.

URL을 통한 접속

가장 기본적인 형태의 상호작용 방법이다. 사용자는 주로 웹 브라우저에서 직접 URL을 입력하여 웹 페이지를 방문하거나 a 태그가 걸려 있는 링크를 통해 접근한다. 이 URL을 통한 접속에는 중요한 특징이 하나 있다.

웹에서 사용하는 프로토콜인 HTTP는 요청의 종류를 '메서드(method)'로 구분하는데, URL을 통한 접속의 경우 그 메서드가 'GET'이라는 것이다. HTTP 요청의 메서드에 대해서는 8장에서 자세히 다룰 예정이므로 여기서는 **URL을 통한 접속 요청은 GET**이라는 정도만 알아 두자.

form 태그를 사용하여 form 제출

이 방법은 웹사이트를 이용하면서 자주 보았을 로그인 창이나 게시글 작성 화면에서 보게 되는 입력란에 주로 사용된다. URL을 통한 접속의 요청 메서드가 모두 'GET'이었다면 form 태그는 'GET'과 'POST'라는 방식을 모두 사용할 수 있으며, 주로 'POST'를 사용한다. 이 외에도 여러 HTTP 요청 메서드가 있지만 form 태그는 이 두 가지의 메서드를 주로 지원한다는 것을 기억하자.

form 태그를 이용하는 사용자 로그인 페이지

NOTE form 태그를 사용하여 form을 제출하는 방법은 다음 절에서 자세히 살펴본다.

XHR을 사용한 AJAX 요청

앞서 설명한 두 가지 방법은 HTTP가 등장한 초기부터 사용됐던 서버와의 상호작용 방식으로, 정보를 전송하기 위해 반드시 화면을 새로고침해야 한다는 치명적 단점이 있다. 예를 들어 유튜브 사이트에 한번 접속해 보자.

특정 유튜브 채널의 동영상 첫 목록에는 해당 채널의 영상 중 일부가 표시된다. 이 상태에서 스크롤을 아래로 내리면 로딩이 되면서 다음 동영상들이 목록에 추가된다. 즉, 화면을 새로고침하지 않으면서 서버에 다음 동영상 목록에 대한 정보를 요청하고 받아 오게 되는데, 이것을 바로 'XHR을 사용한 AJAX 요청'으로 구현할 수 있다.

유튜브 동영상 목록의 로딩 화면

웹 소켓을 통한 연결

웹 소켓websocket은 앞서 말한 세 가지 방법의 한계를 극복하기 위해 등장했다. 그 한계는 바로 정보 교환을 시작할 수 있는 주체가 오직 '클라이언트'뿐이기 때문에 서버 쪽에서 주도적으로 클라이언트에게 정보를 전달할 수 없다는 것이었다. 웹 소켓은 이러한 서버와 클라이언트 간의 통신을 양방향으로 가능하도록 지원한다.

채팅 서비스를 예로 들어 보자. 어떤 채팅창에 참여해 상대가 보낸 메시지는 클라이언트끼리 주고받는 것이 아니라 서버가 먼저 수신한 메시지를 다른 클라이언트에게 전송해 주는 것이다. 서버가 먼저 새로운 메시지가 있다는 사실을 알게 되면 클라이언트에게 알림을 보내 서버의 변경 내용과 메시지를 전달한다. 새로운 메시지가 있다는 사실을 클라이언트보다 서버가 먼저 알게 되는 것이다.

웹 소켓이 등장하기 전에는 이러한 상황에서 짧은 주기로 일정하게 AJAX(비동기식 자바스크립트 XML) 요청을 보내 서버의 상태 변경을 체크하기도 했다. 이러한 방식은 '폴링polling'이라고 하는데, 이것은 웹뿐 아니라 상대의 상태 변경을 체크하기 위해 주기적으로 요청하는 방식을 지칭하는 말로도 널리 사용된다. 서버에서 먼저 데이터를 전송할 수 있는 수단은 웹 소켓 이외에도 SSE(Server-

Sent Events)라는 방법도 있으므로 나중에 서버에서 먼저 데이터를 전송해야 할 상황이라면 웹 소켓과 비교해 보고 적절한 것을 선택하자.

지금까지 살펴본 웹 브라우저가 서버를 상대로 상호작용하는 네 가지 방법은 웹 브라우저와 사용자가 체감할 수 있는지를 중점으로 보고 분류한 것이다. 가장 좋은 방법은 무엇일까? 정답은 없다. 각각의 상호작용 방법이 가진 특징이 다르기 때문이다. 또한 하나의 웹 서비스를 만드는 데 여러 방법을 혼합해서 사용하는 경우가 대부분이므로 여러 가지 상호작용 방법 중 만들고자 하는 서비스에 가장 적합한 방법을 선택할 수 있는 능력을 키우자.

⟨4⟩ form 태그로 서버와 상호작용하는 방법

이번 절에서는 웹 브라우저에서 form 태그를 통해 서버와 상호작용하는 방법을 알아본다. 간략히 말하면 HTML 코드를 먼저 작성한 후에 그에 해당하는 요청을 받는 컨트롤러를 추가하는 것이다. 이 방법으로 웹 브라우저로부터 오는 form 태그의 요청을 정상적으로 받을 수 있는지 확인해 보자.

form 태그로 요청하고 받아 보기

앞서 가장 기본적인 형태의 HTML 코드에서 form 태그와 input 태그를 추가한 형태는 다음과 같다.

6-4-1.html form 태그 실행

```html
<html>
    <head>
        <meta charset="utf-8">
    </head>
    <body>
        <form action="./article" method="post">
            <input type="text" name="title">
            <input type="text" name="content">
            <input type="submit">
        </form>
    </body>
</html>
```

이 파일을 웹 브라우저로 열면 다음과 같이 input 입력을 할 수 있는 2개의 박스와 '제출' 버튼이 생성된다. HTML 코드와 웹 브라우저에 나타난 페이지를 비교해 보면 다음과 같은 내용을 생각해 볼 수 있다.

- form 태그가 보이지 않는다.
- input 태그의 타입(type)이 'text'인 경우 글자를 입력할 수 있는 공간이 생긴다.
- input 태그의 타입이 'submit'인 경우 [제출]이라고 적혀 있는 버튼이 생긴다.

form 태그는 눈에 보이지 않지만 form 내부에 포함된 input 태그의 입력값들을 웹 서버로 전송한다. 따라서 form 태그는 웹 서버로 전송될 하나의 논리적인 영역이라고 보면 된다. 그 밑에 있는 input 태그가 결국 form이 실제 전송하려는 데이터가 된다. input 태그에는 여러 가지 타입이 있지만, 여기에서는 코드에 입력한 text, submit의 두 가지 타입에 대해서만 살펴본다.

NOTE 타입에 대한 자세한 정보는 구글에서 'html input types'라고 검색해 참고하자.

input 태그의 text 타입을 보면 'name'이라는 속성이 들어가 있다. name은 말 그대로 해당 input 태그의 이름을 의미하며, name="title"과 같이 보내는 쪽에서 title로 보냈다면 받는 쪽에서도 title로 받아야 한다. 즉, 웹 브라우저에서 title로 보내고 있으니 웹 서버에서도 title로 받아야 한다는 것이다. name="content"도 마찬가지이다.

반면, input 태그의 submit 타입은 'name' 속성이 없다. input 태그의 submit 타입은 웹 서버로 전송되는 것이 아니라 form 태그 내부에서 form을 제출하는 버튼으로서의 역할을 하기 때문이다.

다시 화면으로 돌아와 각각의 input 입력란에 '제목은 title', '내용은 content'를 입력하고, [제출] 버튼을 클릭해 다음 화면에서 입력한 내용을 표시해 보자. [제출] 버튼을 클릭했을 때 '파일에 액세스할 수 없음'이라는 메시지가 뜨는 이유는 우리가 html을 작업하던 경로에는 article이라는 파일이 존재하지 않기 때문이다.

정상적으로 요청을 받으려면 article이라는 새로운 파일을 만들어 추가하거나 해당 요청을 받을 수 있는 @RequestMapping을 컨트롤러에 추가해야 한다. 먼저, 지금 작업하고 있던 HTML 파일을 스프링 부트 프로젝트의 정적 리소스로 추가해 보자.

01. 인텔리제이로 5장에서 만들었던 [hanbit] 프로젝트를 열고, src/main/resources/static 경로에 6-4-1.html 파일을 추가한 다음 Run 아이콘을 클릭해 웹 애플리케이션을 실행한다.

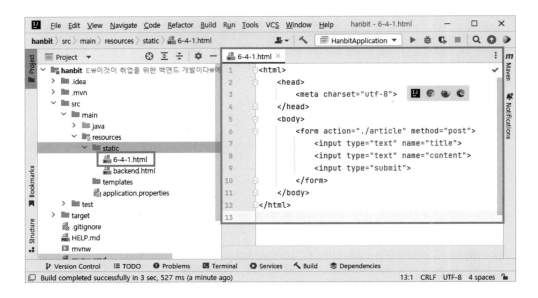

02. 웹 브라우저를 통해 'http://localhost:8080/6-4-1.html'로 접속하면 기존에 작업했던 것과 동일한 모습의 웹 페이지를 볼 수 있다. 물론 이전에는 로컬에 있던 파일을 실행한 것이고, 이번에는 스프링 부트 애플리케이션에 업로드한 정적 리소스에 접근했다는 차이가 있다.

03. 다시 input 입력란에 내용을 작성하고 [제출] 버튼을 누르면 'Whitelabel Error Page'와 'Not Found, 404' 오류 메시지를 볼 수 있다. 이것은 사용자가 요청한 경로에서 해당하는 요청을 찾지 못했을 때 웹 서버가 반환하는 메시지이다.

04. 이제 컨트롤러에 '/article' 요청을 처리할 수 있는 @RequestMapping을 만들어 보자. 기존에 src/main/java/kr.co.habbit 경로에 만들어 두었던 SimpleRestController.java 파일을 열어 '/'로 매핑된 @RequestMapping을 지우고 '/article'로 @RequestMapping을 추가한다.

SimpleRestController.java 컨트롤러 추가

```
package kr.co.hanbit;

import org.springframework.web.bind.annotation.RequestMapping;
import org.springframework.web.bind.annotation.RestController;

@RestController
public class SimpleRestController {

    @RequestMapping("/article")
    public String createArticle() {
        return "SOME MESSAGE.";
    }

}
```

05. 애플리케이션을 재시작해 다시 'http://localhost:8080/6-4-1.html'로 접속하고 입력란에 '제목은 title', '내용은 content'을 넣은 후 [제출] 버튼을 클릭해 form을 전송해 보자. 이번에는 의도했던 페이지가 정상적으로 나타난다. form에서 입력한 내용에 따라 '/article' 경로로 title과 content에 입력한 요청을 성공적으로 받을 수 있게 된 것이다.

06. 그러나 '/article' 경로에서는 아직 title과 content를 처리할 수 있는 준비가 되지 않았다. 단순히 'SOME MESSAGE'를 반환하도록 코드를 작성했기 때문에 이제는 자바 코드상에서 title과 content를 받을 수 있도록 변경해야 한다. SimpleRestController.java의 코드를 다음과 같이 바꿔 보자. @RequestParam을 사용하여 input 태그에 입력했던 name을 적으면 그 내용이 컨트롤러 메서드의 파라미터로 들어간다. 이제 자바 프로그래밍을 하던 것처럼 변수에 들어 있는 값을 이용해 로직을 작성하면 된다.

SimpleRestController.java 컨트롤러 추가

```java
package kr.co.hanbit;

import org.springframework.web.bind.annotation.RequestMapping;
import org.springframework.web.bind.annotation.RequestParam;
import org.springframework.web.bind.annotation.RestController;

@RestController
public class SimpleRestController {

    @RequestMapping("/article")
    public String createArticle(@RequestParam("title") String title,
                                @RequestParam("content") String content) {
        return String.format("title=%s / content=%s", title, content);
    }

}
```

07. 애플리케이션을 실행하고 다시 [제출] 버튼을 클릭해 form을 전송하면 title로 전송한 값과 content로 전송한 값이 화면에 제대로 출력된다.

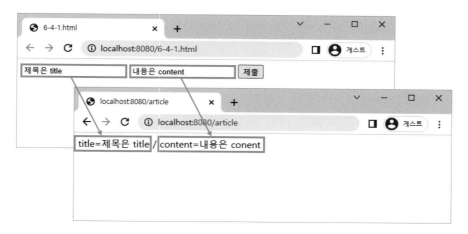

실습을 통해 form 태그의 input 태그에 입력된 값을 어떻게 서버로 보내고 받을 수 있는지 알아보았다. 지금까지 소개한 내용이 form 태그의 기본적인 사용 방법이다. 이제 form 태그의 속성을 좀 더 알아보자.

질문 있습니다

@RequestParam이 추가되면서 복잡해진 코드, 꼭 외워야 하나요?

@RequestParam 관련 코드가 추가되면서 자바 코드가 꽤 복잡해졌다. 이렇게 복잡한 코드는 반드시 외워서 작성할 필요 없이 그때그때 우리가 하려는 작업을 키워드로 검색하며 자료를 찾아보는 습관을 들이는 것이 좋다. 앞에서 우리는 스프링 부트에서 form으로 전송되는 POST 요청에 포함된 데이터를 받는 컨트롤러 코드를 찾아야 했다. 이럴 때는 'form data post request spring boot'와 같은 키워드로 구글에 검색해 보면 '@RequestParam'을 사용하면 된다는 것을 알 수 있다.

---

form 태그의 여러 가지 속성

6-4-1.html 파일에서 작성했던 form 태그를 다시 살펴보면서 form 태그의 여러 속성을 자세히 알아보자.

```
<html>
    <head>
        <meta charset="utf-8">
    </head>
    <body>
        <form action="./article" method="post">
            <input type="text" name="title">
            <input type="text" name="content">
            <input type="submit">
        </form>
    </body>
</html>
```

action

form 태그 내부에 action이라는 속성을 사용해 해당 form이 '현재 경로(.)'의 'article'이라는 경로로 전송되도록 설정했다. action은 form이 제출될 경로를 지정하는 속성이다. 지금은 간단한 소스코드지만, 실제 서비스라면 굉장히 경로가 복잡해질 수 있기 때문에 컨트롤러에 매핑된 경로와 action의 경로를 잘 맞춰 줘야 한다.

method

form 태그는 'GET'과 'POST'라는 방식을 모두 사용할 수 있지만 주로 'POST'를 사용한다. 자세한 내용은 8장에서 더 알아보자.

enctype

form 태그의 가장 중요한 속성 중 하나로, form으로 파일을 전송할 때 반드시 설정해야 하는 옵션이다. 6-4-1.html 코드에서는 form 태그에 enctype 속성을 직접 지정해 주지 않았지만, 기본값으로 'application/x-www-form-urlencoded' 값이 지정되어 있다. 즉, enctype을 명시하지 않아도 다음과 같이 enctype이 들어 있는 것과 마찬가지 상태라는 말이다.

6-4-2.html form의 기본값으로 들어있는 enctype

```html
<html>
    <head>
        <meta charset="utf-8">
    </head>
    <body>
        <form action="./article" method="post" enctype="application/x-www-form-
    urlencoded">
            <input type="text" name="title">
            <input type="text" name="content">
            <input type="submit">
        </form>
    </body>
</html>
```

이 상태에서 form을 전송하면 다음과 같이 데이터가 전송된다. 전송 내용은 개발자 도구(F12)를 열어 [Network] 탭 안에 있는 [Payload] 탭에서 [view source]를 클릭해서 확인할 수 있다.

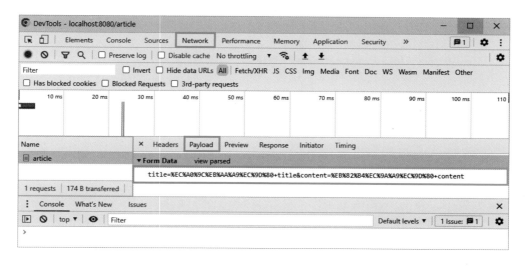

한글이 인코딩되어 있어서 다소 내용을 알아보기 어렵지만, 내용을 하나하나 자세히 뜯어보면 'name1=value1&name2=value2' 형태로 전송된다는 사실을 확인할 수 있다. 즉, 'application/x-www-form-urlencoded'에서는 이와 같은 형태로 전송된다.

> **title**=%EC%A0%9C%EB%AA%A9%EC%9D%80+title&**content**=%EB%82%B4%EC%9A%A9%EC%9D%80+content

또 다른 형식으로는 'multipart/form-data'가 있다. 6-4-2.html 코드에서 enctype을 'multipart/form-data'로 설정하고 form을 전송해 보자. 그리고 같은 방법으로 개발자 도구에서 [Network] − [Payload] − [view source]를 선택하면 다음과 같이 전송되는 것을 확인할 수 있다.

6-4-3.html enctype을 multipart/form-data로 변경한 소스코드

```html
<html>
    <head>
        <meta charset="utf-8">
    </head>
    <body>
        <form action="./article" method="post" enctype="multipart/form-data">
            <input type="text" name="title">
            <input type="text" name="content">
            <input type="submit">
        </form>
    </body>
</html>
```

```
------WebKitFormBoundary0RKvCSsCLDB6baIH
Content-Disposition: form-data; name="title"

제목은 title
------WebKitFormBoundary0RKvCSsCLDB6baIH
Content-Disposition: form-data; name="content"

내용은 content
------WebKitFormBoundary0RKvCSsCLDB6baIH--
```

앞에서 살펴봤던 'application/x-www-form-urlencoded'와 달리 전송되는 데이터가 알 수 없는 문자열로 나뉘어 있다. 'multipart/form-data'라는 이름에서 알 수 있듯 이것이 여러 개 (multi)의 부분(part)으로 나뉘어 있는 form 데이터 전송 방식의 특징이다. 앞서 'application/x-www-form-urlencoded'에서는 한글이 인코딩되어 있지만, 'multipart/form-data'에서는 한글이 인코딩되어 있지 않다.

또한 'multipart/form-data'는 form뿐 아니라 AJAX로 파일을 전송할 때에도 사용한다. 여기서 다루지는 않지만, 파일을 전송할 때 이 방식을 사용해야 한다는 점을 기억해 두자.

마무리

이번 장에서는 백엔드 개발을 위해 필요한 최소한의 HTML 지식, 웹 브라우저와 웹 서버가 상호작용하는 여러 방법에 대해 알아보았다. 마치기 전에 배운 내용을 확실히 익혔는지 확인해 보자.

- 백엔드 개발자가 HTML에 대해 알아야 하는 이유를 이해했다.

- HTML의 기본 구조를 이루는 html, head, body 태그에 대해 알아보았다.

- 최상단 태그인 html과 독타입(doctype)의 기능을 이해했다.

- HTML의 메타데이터를 포함하는 head 태그와 그밖의 주요 태그들을 알아보았다.

- HTML 페이지 내용을 작성하는 body 태그와 링크를 연결하는 a 태그, 이미지를 삽입하는 img 태그를 배웠다.

- 웹 브라우저가 서버와 상호작용하기 위한 대표적인 방법 4가지를 숙지했다.

- form 태그를 사용하여 실제 서버로 데이터를 전송했다.

Q1. 웹 브라우저가 웹 서버와 상호작용할 수 있는 방법에는 어떤 것들이 있나요?

A1. 기본적으로 URL을 통해 접속하는 방법이 있습니다. URL을 직접 입력하거나 링크를 통해 접속하면 HTTP 메서드로 GET 요청이 날아가게 됩니다. 또 다른 방법으로는 form 태그를 사용하여 상호작용하는 것인데, 일반적으로 form 태그는 POST로 요청합니다. 두 가지 방법은 모두 사용자의 웹 페이지를 새로고침해야 한다는 한계가 있는데요, 이런 한계를 극복하는 방법에는 AJAX로 요청하는 방법이 있습니다. AJAX로 요청하면 웹 페이지를 새로고침하지 않고도 서버와 상호작용할 수 있습니다. 마지막으로 웹 소켓을 통한 상호작용도 가능합니다. 앞서 이야기한 방법들은 모두 클라이언트 쪽에서 먼저 서버로 요청을 해야만 데이터를 보낼 수 있었습니다. 서버에서 먼저 클라이언트로 보내는 방법이 필요했고, 그 대안이 바로 웹 소켓을 통한 연결로 정보를 주고 받는 것입니다.

해설

너무 답변이 길어지면 중간에 말이 꼬일 수 있으므로 어떤 방법이 있는지만 간단히 이야기하고 면접관의 다음 질문을 기다리자.

◀ 예상 꼬리 질문 ▶

Q1-1. AJAX가 필요한 이유와 AJAX를 사용하면 무엇을 할 수 있는지 설명해 보세요.

HINT 07-3절에서 AJAX에 대한 좀 더 자세한 설명을 다룹니다. 267쪽 [기술 면접 TIP] A3에서 자세한 답변을 확인할 수 있습니다.

Q2-2. 웹 소켓은 어떤 경우에 사용하나요?

Q2. HTML 페이지 가장 상단에 있는 독타입(Doctype)은 어떤 기능을 하나요?

A2. 독타입은 해당 HTML 문서의 HTML 버전을 나타냅니다. 일반적으로 우리가 작성하는 HTML 버전은 5 버전이고, HTML5는 현재 HTML의 표준으로 사용되고 있습니다.

해설

HTML5는 2014년 웹 표준으로 지정된 후 지금도 계속 개발되고 있다. 중요한 키워드는 '웹 표준'으로, 웹 표준을 왜 지켜야 하는가에 대해 고민해 볼 필요가 있다. 표준은 약속이다. 여러 기업에서 개발하고 있는 웹 브라우저의 HTML 태그가 서로 호환되지 않는다면 개발이 너무나 어려울 것이다. 물론 모든 브라우저가 완벽하게 동일한 문법을 지원하고 있지는 않지만, 적어도 웹 표준으로 지정된 항목들에 대해선 표준을 준수하고 있다. 웹 개발을 할 때는 반드시 작성한 코드가 웹 표준을 따르는지 확인해 보자.

Q3. HTML 문서의 head 태그에는 어떤 정보들이 들어가나요?

A3. head 태그에는 주로 HTML 문서를 설명하기 위한 '메타데이터'가 들어갑니다. 여기에는 HTML 페이지의 제목을 지정하기 위한 title 태그, 캐릭터셋이나 오픈 그래프를 지정할 수 있는 meta 태그, CSS를 첨부하기 위한 link 태그 등이 포함됩니다.

해설

위와 같이 답변한 경우 추가로 캐릭터셋이나 오픈 그래프와 관련한 질문을 받거나 '리퍼러referer'에 대해 물어볼 수 있다. 리퍼러는 클라이언트가 이전에 어떤 페이지에 있었는지를 나타내는 값으로, 클라이언트의 유입 경로를 추적하거나 통계를 내기 위해 사용하는 중요 항목이다. 이 리퍼러 역시 meta 태그에서 제어할 수 있다.

NOTE 리퍼러는 원래 'referrer'이 올바른 철자이지만, 리퍼러를 정의한 RFC 문서에서 referer로 철자를 잘못 사용한 이후 굳어져 현재까지 referer로 사용되고 있다.

백엔드 서버와 통신하기 위한 최소한의 자바스크립트 지식

웹 개발에서 자바스크립트는 HTML과 함께 빠질 수 없는 요소이다. 이번 장에서는 백엔드 서버와 통신하기 위해 필요한 최소한의 자바스크립트 문법과 XHR을 통한 AJAX 통신 방법을 알아본다.

〈1〉 자바와 비교하며 배우는 자바스크립트 필수 문법

자바스크립트는 웹 브라우저에서 백엔드 서버로 HTTP 요청을 보내는 역할을 하므로 백엔드 개발자도 알아 두어야 할 프로그래밍 언어 중 하나이다. 이번 절에서는 서버와 통신하기 위한 최소한의 자바스크립트 문법을 익히는 데 중점을 두고, 자바 문법과 비교하며 알아보자.

자바스크립트는 어떤 언어일까?

자바스크립트JavaScript는 자바Java와 비슷하면서도 다른 언어이다. 자바와 자바스크립트 모두 C 언어로부터 영향을 받았기 때문에 비슷한 문법을 가지고 있지만*, 프로그래밍 언어의 범주로 분류하면 또 굉장히 다른 언어이다. 자바는 컴파일 언어, 자바스크립트는 인터프리터 언어이기 때문이다.

컴파일 언어와 인터프리터 언어

프로그래밍 언어는 크게 컴파일 언어와 인터프리터 언어로 나눌 수 있다. 컴파일 언어에는 프로그래밍 언어로 작성된 소스코드를 컴파일하는 과정이 있다. 컴파일된 결과물은 기계에 의해 실행될 수 있는 상태가 되는데, 이것이 '실행 파일'이다. 실행 파일은 윈도우나 리눅스 등의 운영체제별로 종류가 다르기 때문에 서로 다른 운영체제에서는 실행이 불가능하다. 반면, 인터프리터 언어는 컴파일이라는 과정이 없어 실행 파일이 아닌 소스코드가 그대로 사용자에게 전달되며, 이 소스코드가 한 줄씩 그대로 실행된다.

따라서 컴파일 언어는 컴파일 과정에서 문법적인 에러를 체크할 수 있지만, 인터프리터 언어는 실행 시점이 되어서야 체크된다는 이유로 컴파일 언어가 더 안정적이라는 시각도 있다. 그러나 인터프리터 언어도 이런 문제를 보완할 만한 많은 수단들(타입스크립트, 테스트 코드를 통한 검증 등)을 가지고 있다. 그 외에도 기계에 의해 바로 실행될 수 있는 형태로 준비되는 컴파일 언어가 일반적으로 더 빠른 속도를 가지고 있다고 평가받는다.

---

* https://en.wikipedia.org/wiki/List_of_C-family_programming_languages

자바스크립트의 표준

자바스크립트 언어는 ECMAScript라는 표준에 나와 있는 대로 구현되어야 한다. ECMAScript를 표준으로 따르는 다른 언어들도 있지만, 가장 널리 알려져 있는 것이 자바스크립트이다. 자바의 경우 버전을 'Java 17'로 표현하지만, 자바스크립트는 'ECMAScript 2022' 같은 형태로 표현한다.

자바스크립트는 웹 브라우저에서 실행되기도 하고 자바처럼 따로 실행될 수도 있다(이 책에서는 웹 브라우저에서 실행할 것이다). 따로 실행 가능한 자바스크립트인 'Node.js'로는 자바처럼 서버 프로그래밍에 활용할 수 있다. 자바스크립트는 실행되는 환경Runtime에 따라 코드의 작성 방식이 크게 달라지기 때문에 관련 코드를 검색할 때 해당 코드가 웹 브라우저에서 실행되는 자바스크립트인지 Node.js인지를 잘 구분해야 한다. 물론 문법적으로는 둘 다 ECMAScript를 따르는 자바스크립트이다.

자바와 비슷한 자바스크립트 문법

여기에서 자바스크립트의 기본 문법으로 다룰 내용은 다음과 같다.

- 변수와 상수의 선언과 사용
- console.log() 메서드와 alert() 메서드
- 논리 연산자와 if 문
- 배열과 for 문
- 함수 선언과 호출

자바스크립트는 HTML 페이지 내에 〈script〉 태그를 사용하여 코드를 작성해도 되지만, 웹 브라우저의 개발자 도구(F12)를 열어 [Console] 탭에서 실행할 수도 있다. 우리는 후자의 방법으로 진행한다.

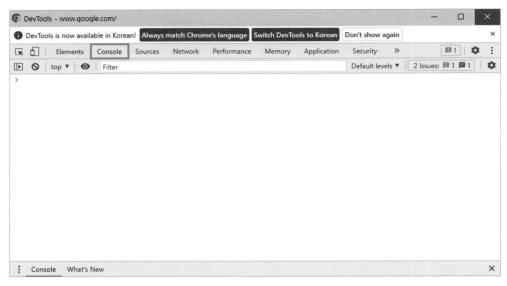

구글 크롬의 개발자 도구 화면

NOTE 이렇게 콘솔 창에 한 줄씩 코드를 실행시켜 바로 결과를 확인할 수 있는 환경을 REPL(Read-Eval-Print Loop)이라고 한다.

변수와 상수의 선언과 사용

자바스크립트에서는 'let'이라는 키워드로 변수를 선언할 수 있다. 다음 코드를 보면 바로 이해가 될 것이다.

```
> let a = 1;
undefined
> let b = "자바스크립트";
undefined
```

먼저 첫 번째 줄에서 a라는 변수를 선언하고 '1'이라는 정수로 초기화했다. 그리고 b라는 변수를 선언하고 '자바스크립트'라는 문자열로 초기화했다. 여기서 자바와 구분되는 자바스크립트의 특징은 변수에 타입이 없다는 것이다. 모든 변수는 단지 let이라는 키워드와 함께 선언하면 그만이다.

위 코드를 콘솔에서 실행하기 위해 한 줄 입력하고 [Enter] 키를 누르면 다음과 같이 바로 실행된 코드의 결괏값이 출력되는데, 여기에서 'undefined'라는 값이 나온 이유는 변수를 선언하고 초기화하는 코드가 결괏값이 없기 때문이다. 반면, 결괏값이 있는 수 연산 '3 + 5'를 입력하면 '8'이라는 결과를 확인할 수 있다.

```
> 3 + 5
8
```

NOTE 지금부터 작성하는 코드는 위에서 작성한 변수 선언 코드에 이어서 입력한다.

변수를 선언하며 타입을 지정하지 않았다고 해서 타입 자체가 존재하지 않는 것은 아니다. 'typeof' 키워드를 사용하면 특정 변수에 저장된 값의 타입을 알 수 있다.

```
> typeof a;
'number'
> typeof b;
'string'
```

또한 항상 변하지 않는 수인 상수constant를 선언할 수도 있다. 자바에서는 'final' 키워드를, 자바스크립트에서는 'const' 키워드를 사용한다. 상수 역시 변수와 마찬가지로 타입을 지정하지 않는다. 다음과 같이 상수로 이미 선언된 값(const PI = 3.14)을 다른 값(PI = 10)으로 변경하고자 하면 에러가 발생한다.

```
> const PI = 3.14;
undefined
> PI = 10;
Uncaught TypeError: Assignment to constant variable.
    at <anonymous>:1:4
```

console.log() 메서드와 alert() 메서드

자바에서는 System.out.println()으로 콘솔에 메시지를 출력했었다. 자바스크립트에서 동일한 기능을 하는 메서드는 console.log()로, 자바에서와 마찬가지로 간단하게 디버깅을 위해 사용할 수 있다.

```
> console.log(b);
자바스크립트
undefined
> console.log(PI);
3.14
undefined
```

여기서도 출력 후 'undefined'가 나오는 이유는 console.log() 자체가 반환하는 값이 없기 때문이다. 마치 자바에서 반환 타입이 void로 정의된 함수와 같다.

또 다른 자바스크립트의 출력 방법으로는 alert() 함수가 있다. alert()에 인자로 넘겨준 값을 웹 브라우저의 경고 창으로 띄우는 것으로, 웹 브라우저에서만 사용할 수 있다.

```
> const PI = 3.14;
undefined
> alert("PI = " + PI);
```

alert() 함수로 입력한 구글 크롬의 경고 창

논리 연산자와 if 문

if 문을 사용하는 방법은 자바와 자바스크립트가 동일하다. 다만, if 문에 들어가는 논리 연산자에 조금 차이가 있다. 자바에서는 두 값이 같음을 확인하는 논리 연산자로 '=='를 사용하지만, 자바스크립트에서는 '==='를 사용한다.

```
> 1 === 1
true
> 1 == "1"
true
> 1 === "1"
false
```

같은 자료를 비교할 때 등호(=)를 2개만 사용하면 타입이 다른 경우에도 동일한 값으로 처리하여 'true'라는 결과가 나온다. 반면, 등호를 3개 사용하면 타입이 다름을 체크하여 서로 같지 않다는 'false' 결과가 나온다. 이것은 자바스크립트가 가진 연산자 처리의 모호한 특징 중 하나이다. 코드를 작성할 때는 최대한 이런 모호한 부분을 피해야 하므로 자바스크립트에서는 '==' 대신 '==='를 사용한다는 것을 확실하게 알아 두자.

반대로 자바에서는 '같지 않음'을 평가하는 논리 연산자를 '!='로 작성하지만, 자바스크립트에서는 등호를 하나 더 붙인 '!=='로 작성해야 한다.

간단하게 if 문과 논리 연산자로 코드를 만들어서 실행해 보자. 자바에서의 if 문 사용법과 완전히 동일하다는 사실을 알 수 있다.

```
> let number = 1;

    if(number === 1) {
        console.log('number는 1입니다.');
    } else {
        console.log('number는 1이 아닙니다.');
    }
number는 1입니다.
```

> **NOTE** 개발자 도구의 콘솔 창에서 2줄 이상의 코드를 작성하려면 [Shift] + [Enter] 키를 누르면 된다.

배열과 for 문

자바에서의 배열은 배열에 저장될 요소들의 타입이 존재하고, 길이가 최초 생성한 크기로 고정된다는 특징이 있다. 반면 자바스크립트에서는 변수와 마찬가지로 배열의 타입이 존재하지 않고, 생성 후에도 크기를 자유롭게 변경 가능하다. 이 점에서는 자바에서의 리스트(List)와 비슷하다. 다음 코드를 보면서 자바스크립트에서 배열을 선언하는 방법을 살펴보자.

```
> const arr = []; // 배열 arr 생성

    arr.push(10); // [10]
    arr.push(20); // [10, 20]
    arr.push(30); // [10, 20, 30]
3
> console.log(arr); // 배열 arr 출력
    ▶ (3) [10, 20, 30]
undefined
>  console.log(arr[2]); // 배열 arr의 2번째 요소 출력
30
undefined
> console.log(arr.length); // 배열 arr의 길이 출력
3
undefined
> arr.splice(1, 1); // 배열 arr의 1번째 요소부터 1개 요소 제거

    console.log(arr); // 배열 arr 출력
    ▶ (2) [10, 30]
undefined
```

배열의 시작 번호(index)가 자바와 마찬가지로 0이라는 것을 알 수 있다. for 문의 사용 방법 또한 자바와 자바스크립트에서의 배열이 완전히 동일하다. 이외에도 배열을 조작할 필요가 있다면 '자바스크립트 배열에서 제공하는 메서드'를 검색해 보자.

```
> const arr = [1, 2, 3, 4, 5];

    for(let i = 0; i < arr.length; i++) {
        console.log(arr[i]);
```

```
    }
1
2
3
4
5
undefined
```

함수 선언과 호출

자바와 자바스크립트는 함수를 선언하는 방법도 비슷하지만, 자바스크립트는 클래스 내부에 선언할 필요가 없다는 점과 반환값, 매개변수의 타입이 없다는 점이 다르다. 다음 코드를 보면 addTwoNumber()라는 이름의 함수가 2개의 파라미터를 받아 더하기 연산한 결과를 반환하고 있는데, 호출하는 방법이 자바와 완전히 동일하다는 것을 확인할 수 있다.

```
> function addTwoNumber(one, two) {
      return one + two;
  }

  let result = addTwoNumber(3, 5);
  console.log(result);
8
undefined
```

자바에서 함수를 람다 표현식으로 작성했던 것처럼 자바스크립트에서도 function 키워드를 사용하지 않고 함수를 사용할 수 있다. 다음과 같이 화살표 부분에서 '–>'가 아니라 '=>'를 사용하면 된다. 자바와 자바스크립트를 동시에 사용하다 보면 많이 헷갈리는 문법이니 주의하자.

```
> const addTwoNumber = (one, two) => {
      return one + two;
  }

  let result = addTwoNumber(3, 5);
  console.log(result);
```

```
8
undefined
```

여기서 눈여겨볼 특징 하나는 함수를 마치 '값'처럼 취급했다는 점이다. 이에 대한 내용은 바로 이어서 알아보자.

자바스크립트에서의 함수는 일급 시민

자바와 자바스크립트의 문법은 완전히 동일한 부분도 있지만, 다른 언어이기 때문에 당연히 다른 부분이 존재한다. 그중에서도 우리가 AJAX 요청을 하기 위해 알아야 할 내용을 중점적으로 살펴보자.

함수를 상수에 집어넣는 것은 자바에서는 지원하지 않는 문법이다. 이는 주로 함수형 프로그래밍 언어에서 보이는 특징으로, **'함수를 일급 시민**first-class citizens**으로 취급한다'**고 표현한다. '일급 시민'이라는 말은 '함수에 매개변수로 넘기거나 변수에 대입하는 것이 가능한 존재'를 뜻한다. 즉, 자바스크립트에서는 '함수'를 마치 변수처럼 다룰 수 있고, 심지어 함수의 반환값으로 함수를 넘기는 것도 가능하다. 다음 코드를 실행해 보면 실제로 잘 동작하는 것을 확인할 수 있다.

```
> // 함수를 상수(변수에도 가능)에 넣기
  const addTwoNumber = (one, two) => {
      return one + two;
  }

  // 함수를 매개변수로 넣기
  const wrapperFunction = (func) => {
      const result = func(10, 20);
      console.log(result);
  }

  wrapperFunction(addTwoNumber);

  // 함수를 반환하기
  const returnFunction = () => {
      return addTwoNumber;
  }
```

```
    const result = returnFunction()(15, 35);
    console.log(result);
```

함수의 반환값이 함수라는 것은 사실 현직 개발자도 많이 헷갈리는 부분이다. 이 예제를 완벽히 이해할 필요는 없지만, 여기에서 우리가 AJAX 요청을 위해 알아야 할 내용은 함수를 변수에 넣어야 한다는 사실이다. 다음의 AJAX 요청 코드를 살펴보면서 함수를 변수에 넣는 코드가 어디인지 찾아보자.

```
function onReadyStateChange(event) {
    if (ajaxRequest.readyState === XMLHttpRequest.DONE) {
      if (ajaxRequest.status === 200) {
        console.log(ajaxRequest.responseText);
      } else {
        console.error('request failed');
      }
    }
  }

const ajaxRequest = new XMLHttpRequest();

ajaxRequest.onreadystatechange = onReadyStateChange;
ajaxRequest.open('GET', '/get-with-no-parameter');
ajaxRequest.send();
```

굵게 표시된 부분을 보면 상수 ajaxRequest에 XMLHttpRequest를 new 키워드로 생성하여 대입하고 있다. 이것은 자바에서 클래스로 인스턴스를 만드는 것과 동일한 행위이다. XMLHttpRequest를 쓴다는 것은 어딘가에 이미 정의되어 있다는 뜻이며, 이것은 바로 자바스크립트에 내장되어 있다. XHR이란 XMLHttpRequest의 약자로, 'XHR을 사용한 HTTP 요청'을 의미한다. AJAX 요청을 위해서는 이 XHR을 사용해야 한다. 또한 XMLHttpRequest는 onreadystatechange라는 변수에 미리 선언해 둔 onReadyStateChange()라는 이름의 함수를 넣었다.

눈치 빠른 독자라면 이미 알아차렸을 것이다. readystatechange라는 이벤트가 발생하면 ajaxRequest.onreadystatechange에 변수로 넣어 준 onReadyStateChange() 함수가 실행된다. 이 내용은 07-3절의 '간단한 AJAX 코드 이해하기'에서 다루므로 여기서는 자바스크립트에서 함수를 변수처럼 다룰 수 있다는 사실만 알아 두자.

 # HTTP 전송 데이터의 형식 JSON

JSON은 데이터를 저장하거나 전송하기 위한 데이터 형식 중 하나이다. 자바스크립트 이야기를 하다가 갑자기 데이터 형식에 대해 이야기하는 것이 의아하겠지만, JSON은 사실 자바스크립트와 밀접한 관련이 있다. JSON은 현재 자바스크립트를 넘어 웹, 도큐먼트 방식의 데이터베이스 등 여러 곳에서 표준처럼 사용되고 있으므로 웹 애플리케이션을 개발하며 JSON을 사용하지 않는 일은 거의 없을 것이다.

JSON 표기 방법

JSON은 'JavaScript Object Notation'의 약자로, 자바스크립트JavaScript에서 객체Object를 표기Notation 하는 방법이다. 기본적인 형태는 다음과 같다.

```
{
    "name": "김한빛",
    "age": 30,
    "address": "서울시 서대문구"
}
```

표기 방법을 살펴보면 다음과 같은 특징을 알 수 있다.

- 중괄호({)로 시작해서 중괄호(})로 끝난다.
- "name": "김한빛"처럼 하나의 쌍으로 데이터를 나타낸다.
- 데이터 쌍 사이에는 콜론(:)이 들어간다.
- 각 데이터 쌍은 쉼표(,)로 구분되고, 가장 마지막에는 들어가지 않는다.
- 데이터 쌍의 왼쪽에 있는 값은 반드시 큰따옴표(")로 감싸야 한다.
- 데이터 쌍의 오른쪽에 있는 값이 문자열이면 큰따옴표(")로 감싸야 하고, 숫자면 감싸지 않아도 된다.

이제 문법적인 특징을 알아보자. 데이터 쌍의 왼쪽을 키^{key}, 오른쪽을 값^{value}이라고 부른다.

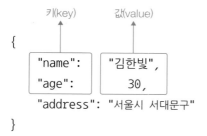

키에는 오직 문자열만 올 수 있으며, "123" 처럼 숫자를 큰따옴표로 감싸는 것도 가능하다. 반면, 값에는 문자열, 정수, 실수뿐 아니라 또 다른 JSON 데이터가 들어갈 수 있고, 배열과 true 및 false, null도 가능하다. 예제로 확인해 보자.

JSON 구조 예제*

```json
{
  "firstName": "John",
  "lastName": "Smith",
  "isAlive": true,
  "age": 27,
  "height": 176.5,
  "address": {
    "streetAddress": "21 2nd Street",
    "city": "New York",
    "state": "NY",
    "postalCode": "10021-3100"
  },
  "phoneNumbers": [
    {
      "type": "home",
      "number": "212 555-1234"
    },
    {
      "type": "office",
```

---

* https://en.wikipedia.org/wiki/JSON

```
      "number": "646 555-4567"
    }
  ],
  "children": [],
  "lottoNumbers": [3, 6, 11, 32, 37, 42],
  "spouse": null
}
```

이해를 돕기 위해 출처에 있는 예제에 children과 lottoNumbers 키와 값을 일부 추가했다. 전체 코드의 내용을 하나씩 살펴보자.

- firstName, lastName 키는 값으로 문자열을 가지고 있다. 큰따옴표로 감싸고 있다는 사실에 주목하자.
- isAlive는 불리언(boolean) 값을 가지고 있고, 큰따옴표 없이 true로만 표기한다.
- age는 정수형 값을 가지고 있고, 큰따옴표 없이 정수형 값만 표기한다.
- height는 실수형 값을 가지고 있고, 정수형과 마찬가지로 큰따옴표가 없다.
- address는 또 다른 JSON 데이터를 값으로 가진다.
- phoneNumbers는 배열을 값으로 가지고 있고, 배열 안에 여러 개의 JSON 데이터가 들어 있다. children 처럼 비어 있는 배열을 전달할 수도 있고, lottoNumbers처럼 정수형 값을 배열에 넣어 전달할 수도 있다. 또한 문자열도 가능하며, 정수형과 문자열을 섞어서 사용할 수도 있다.
- spouse처럼 null을 값으로 가질 수 있다.

혹은 다음처럼 완전히 처음부터 배열의 형태로 시작할 수도 있다.

```
[
    {
        "name": "김한빛",
        "age": 30,
        "address": "서울시 서대문구"
    },
    {
        "name": "박출판",
        "age": 25,
        "address": "서울시 종로구"
    }
]
```

JSON 표기 방법에 대한 자세한 내용을 확인하고 싶다면 RFC 8259 공식 문서*를 참고하자.

여기서 잠깐

키-값 스토어

키-값 스토어(key-value store)란 본문에서 다룬 JSON처럼 키-값 형태로 저장되는 자료구조나 데이터 베이스를 통칭하는 말이다. 자바 프로그래밍에서 배우는 맵(map) 자료구조나 저장소인 Redis도 대표적인 키-값 스토어 중 하나이다.

JSON Formatter로 JSON 검증하기

웹 애플리케이션을 개발하다 보면 JSON을 직접 작성하는 경우도 있고, 상대가 보낸 JSON이 올바른 형식이 맞는지 확인해야 하는 경우도 있다. 이때 사용하기 좋은 툴이 JSON Formatter이다. JSON Formatter는 말 그대로 JSON을 정해진 형식에 맞게 정렬하거나 실제로 맞게 작성되었는지 검증하는 역할도 한다.

주로 웹 서비스로 구현되어 있으며, 이 책에서는 구글 검색창에 'JSON Formatter'라고 검색하면 가장 상위에 노출되는 웹 페이지를 이용해 살펴본다. 물론 다른 JSON Formatter를 사용해도 무관하다. 다음 URL로 접속해 보자.

- https://jsonformatter.curiousconcept.com

---

* https://www.rfc-editor.org/info/rfc8259

앞서 예제로 살펴봤던 JSON 데이터를 입력하고 [Process] 버튼을 클릭해 검증해 보자.

그럼 다음 화면과 같이 검증이 된다.

이번에는 "김한빛" 뒤에 있는 쉼표(,) 하나를 생략해 어떤 일이 일어나는지 확인해 보자.

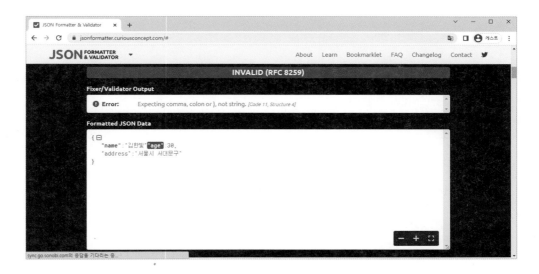

INVALID 화면과 함께 입력한 JSON이 올바르지 않은 JSON 형식임을 알려 주고, 어떤 부분이 문제인지도 보여 준다. 직접 JSON 데이터를 만들 때는 최종 단계에서 JSON Formatter를 통해 검증하는 습관을 들이는 것이 좋다.

JSON Formatter는 이 밖에도 띄어쓰기나 줄바꿈되어 있지 않은 JSON을 보기 좋게 만들어 주기

도 한다. 다음과 같이 띄어쓰기와 줄바꿈을 모두 없앤 JSON 문자열을 입력하고 [Process] 버튼을
클릭하면 보기 좋게 정렬하여 보여준다.

```json
{"name":"김한빛","age":30,"address":"서울시 서대문구"}
```

JSON vs XML

데이터를 전송하기 위한 데이터 형식으로는 JSON 외에 XML도 있다. XML은 HTML과 비슷해 보
이지만 HTML이 아니라 SGML^{Standard Generalized Markup Language}이라는 마크업 언어에서 파생된 데이터
형식이다(HTML 역시 SGML에서 파생되었다는 설도 있으나, 분명하지는 않다).

XML의 데이터 표현 방식은 앞에서 작성한 JSON 데이터를 XML 형식으로 바꿨을 때 어떻게 표현
되는지 비교해 보면 이해하기 쉽다.

JSON
```json
{
    "name": "김한빛",
    "age": 30,
    "address": "서울시 서대문구"
}
```

XML
```xml
<?xml version="1.0" encoding="UTF-8" ?>
<root>
    <name>김한빛</name>
    <age>30</age>
    <address>서울시 서대문구</address>
</root>
```

XML은 HTML처럼 태그를 사용해 열고 닫는다. 또한 JSON과 비교해 태그 이름이 키, 태그 내에
들어가는 내용이 값이며, 시작하는 첫줄에 XML의 버전과 인코딩에 대한 정보를 포함하고 있다. 두
데이터 형식의 장단점은 다음과 같이 비교할 수 있다.

- 데이터의 크기 면에서 JSON이 XML보다 작아 데이터를 전송할 때 발생하는 시간이나 비용이 절약된다.
- 프런트엔드에서 데이터를 파싱(구문 분석)하는 속도는 JSON이 자바스크립트 엔진을 통해 훨씬 빠르게 수행된다. 따라서 서버와 서버 간에 통신하는 경우에는 XML이 유리할 수 있지만, 일반적으로는 JSON이 유리하다고 볼 수 있다.
- 데이터 자체 외에 추가적인 정보를 보내기 위해서는 XML이 JSON보다 편리하다. XML은 HTML처럼 메타데이터를 함께 전송할 수도 있고, 주석이나 태그에 속성(attribute)을 추가할 수도 있지만, JSON은 이러한 기능을 제공하지 않는다.

더 많은 차이점이 있지만, 여기서는 이 정도만 알아도 충분하다. 더 자세한 내용은 다음 링크에 있는 문서를 참조하면 도움이 될 것이다.

- https://hackr.io/blog/json-vs-xml

결과적으로 백엔드 개발에는 XML보다 JSON을 선택하는 것을 추천한다. 보통 데이터 전송을 위해 고민하는 경우가 많을 것이다. 단순 데이터 전송 시에는 JSON만으로도 충분한 경우가 많으며, 데이터의 크기도 작고 구문분석 속도도 빨라 유리하다. 이러한 이유로 수많은 API가 JSON으로 데이터를 주고받고 있다. XML을 반드시 사용해야 할 특별한 이유가 아니라면 JSON을 사용하자.

⟨3⟩ 서버와 비동기로 상호작용하기

웹 개발을 처음 해보는 독자라면 서버와 비동기로 상호작용한다는 말이 익숙하지 않을 것이다. 이번 절에서 설명하는 서버와의 비동기 상호작용은 쉽게 말해 '웹 페이지를 새로고침하지 않고 서버로 정보를 보내거나 서버의 정보를 가져오는 것'을 의미한다. 비동기라는 용어는 자바스크립트에서 웹 페이지를 새로고침하지 않고 서버와 상호작용할 때 비동기적인 방식을 사용하기 때문이다.

간단한 AJAX 코드 이해하기

먼저 계속해서 등장하는 AJAX가 무슨 뜻인지 알아보자. AJAX는 'Asynchronous JavaScript And XML'의 약자로, 직역하면 '비동기 자바스크립트와 XML'이라는 뜻이다. 실제로는 **자바스크립트를 통해 서버에 비동기로 요청하는 것**으로 이해하자. 또한 이름에는 XML이 붙어 있지만, JSON을 사용해도 무관하며, 현재에는 JSON을 사용하여 통신하는 경우가 더 많다.

서버와 비동기로 상호작용하는 것을 확인하기 위해서는 다음과 같은 코드를 작성한다.

- 클라이언트 코드: HTML 페이지 내에 XHR을 사용하여 서버로 AJAX 요청을 하는 코드
- 서버 코드: AJAX 요청에 대한 간단한 응답을 하는 컨트롤러 코드

클라이언트와 서버 코드 작성하기

앞서 사용했던 스프링 부트 프로젝트로 실습을 이어 가 보자.

01. 인텔리제이를 실행하고 마우스 오른쪽 버튼으로 kr.co. hanbit 패키지를 클릭한 다음 [New] - [Java Class]를 선택해 NoParameterAjaxRestController.java라는 이름의 파일을 추가한다.

02. 마우스 오른쪽 버튼으로 [resources] - [static] 폴더를 클릭하고, 차례로 [New] - [File]을 선택한 다음 7-3-1.html 파일을 추가한다.

03. NoParameterAjaxRestController.java 파일을 더블 클릭해 열고 다음과 같이 코드를 작성한다.

NoParameterAjaxRestController.java AJAX 비동기 컨트롤러

```java
package kr.co.hanbit;

import org.springframework.web.bind.annotation.RequestMapping;
import org.springframework.web.bind.annotation.RestController;

@RestController
```

```java
public class NoParameterAjaxRestController {

    @RequestMapping("/get-with-no-parameter")
    public String getWithNoParameter() {
        return "파라미터가 없는 GET 요청";
    }


}
```

04. 7-3-1.html 파일도 더블 클릭해서 열고 다음과 같이 코드를 작성한다.

7-3-1.html AJAX 비동기 요청 클라이언트

```html
<html>
    <head>
        <meta charset="utf-8">
    </head>
    <body>
        <script>
            function onReadyStateChange(event) {
                if (ajaxRequest.readyState === XMLHttpRequest.DONE) {
                    if (ajaxRequest.status === 200) {
                        console.log(ajaxRequest.responseText);
                    } else {
                        console.error('request failed');
                    }
                }
            }

            const ajaxRequest = new XMLHttpRequest();

            ajaxRequest.onreadystatechange = onReadyStateChange;
            ajaxRequest.open('GET', '/get-with-no-parameter');
            ajaxRequest.send();
        </script>
    </body>
</html>
```

05. 스프링 부트 애플리케이션을 시작하고 웹 브라우저를 열어 'http://localhost:8080/7-3-1. html' 주소로 접속한 페이지에는 아무것도 보이지 않을 것이다. [F12] 키를 눌러 개발자 도구를 열고 새로고침해 보자. 그럼 콘솔 창에 '파라미터가 없는 GET 요청'이라는 로그가 찍혀 있는 것을 볼 수 있다. 어떤 과정을 거쳐서 이 로그를 볼 수 있는 것인지 알아보자.

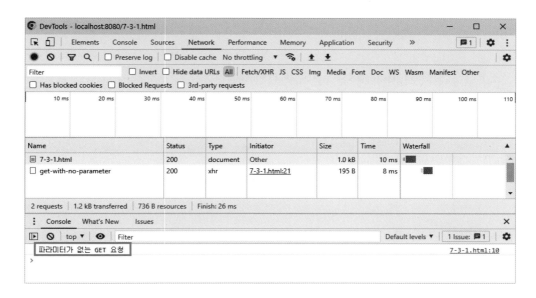

클라이언트 코드 뜯어보기

앞에서 작성한 7-3-1.html 소스코드는 XHR을 통한 AJAX 요청에 집중하여 보여 준 것이기 때문에 정확히 AJAX 코드로 무엇을 할 수 있는지는 확인할 수 없다. 우선 이 코드가 의미하는 내용을 먼저 살펴보고 AJAX를 어떻게 활용할 수 있는지 알아보자.

7-3-1.html AJAX 비동기 요청 클라이언트

```html
<html>
    <head>
        <meta charset="utf-8">
    </head>
    <body>
        <script>
```

```
function onReadyStateChange(event) {
    if (ajaxRequest.readyState === XMLHttpRequest.DONE) {
      if (ajaxRequest.status === 200) {
        console.log(ajaxRequest.responseText);
      } else {
        console.error('request failed');
      }
    }
  }
```
❶

```
const ajaxRequest = new XMLHttpRequest();

ajaxRequest.onreadystatechange = onReadyStateChange;
ajaxRequest.open('GET', '/get-with-no-parameter');
ajaxRequest.send();
```
❷

```
      </script>
    </body>
  </html>
```

코드는 크게 두 부분으로 나눌 수 있다. ❶번 영역에는 onReadyStateChange()라는 함수 선언이 있다. 그리고 이 함수는 ❷번 영역에 있는 ajaxRequest의 onreadystatechange라는 변수에 저장된다. 이것은 앞서 설명했던 것처럼 자바스크립트에서는 함수가 일급 시민이기 때문에 가능한 것이다. 이렇게 하면 onReadyStateChange() 함수는 ajaxRequest에서 readystatechange라는 이벤트가 발생했을 때 호출된다.

이처럼 특정 이벤트가 발생했을 때 호출되는 함수를 **이벤트 핸들러**event handler라고 하며, 현재와 같은 상황에서는 통상적으로 'onReadyStateChange()를 ajaxRequest.onreadystatechange의 이벤트 핸들러로 등록했다'고 표현한다. 여기서 이벤트란 애플리케이션상에서 발생할 수 있는 어떤 사건을 이야기한다. 예를 들어 사용자가 마우스로 클릭하는 것도 하나의 이벤트이고, onclick 같은 이름으로 이벤트 핸들러를 등록할 수도 있다. 여기서는 ajaxRequest의 readystate가 변경(change)되는 것이 이벤트이다. 정리하자면, onReadyStateChange() 함수는 ajaxRequest의 readystate가 변경될 때 호출되도록 이벤트 핸들러로 등록되었다.

❷번 영역에는 XHR 객체를 생성하여 AJAX 요청을 하는 내용이 있다. 생성한 XHR 객체는 ajaxRequest라는 상수에 저장하고, 위에서 선언해 준 onReadyStateChange() 함수를 ajaxRequest.onreadystatechange에 이벤트 핸들러로 등록했다. 이벤트 핸들링을 위한 필드에

는 onreadystatechange 외에도 onabort, onerror, onload, ontimeout 등이 있는데, 이 역시 개발 중 필요한 시점에 찾아봐도 늦지 않다.

open() 함수는 XHR 객체의 요청을 초기화한다. 여기서는 'GET' 메서드, 그리고 '/get-with-no-parameter'라는 경로로 요청하는 AJAX 요청을 초기화하고 있다. '요청을 초기화'한다라는 말은 '요청을 준비한다' 정도의 의미로 생각하자.

이어서 send() 함수가 실행될 때 비로소 AJAX 요청이 날아간다. send()는 AJAX 요청을 하는 즉시 반환되고, AJAX 요청에 대한 응답은 send() 함수와 무관하다. 응답은 앞서 선언했던 onReadyStateChange()에서 처리하게 된다. XHR로 AJAX 요청을 하면 ajaxRequest.readyState가 바뀌면서 ajaxRequest.onreadystatechange에 등록된 이벤트 핸들러가 실행되기 때문이다. readyState는 다음과 같은 상태를 가질 수 있다.

readyState 상태의 종류

상태	값	설명
UNSENT	0	XHR 객체가 생성된 후 open() 함수를 호출하지 않은 상태
OPENED	1	open() 함수가 호출된 상태
HEADERS_RECEIVED	2	send() 함수가 호출된 상태 또는 HTTP 응답 헤더와 상태 코드까지만 사용할 수 있는 상태
LOADING	3	HTTP 응답의 body를 다운로드하고 있는 상태
DONE	4	XHR 객체의 AJAX 요청과 응답이 모두 완료된 상태

앞에서 살펴본 onReadyStateChange() 코드에서는 XMLHttpRequest.DONE과 같이 사용되었다. 따라서 다음 2줄의 코드는 정확히 같은 의미이며, 자바 프로그래밍을 하면서 상수를 사용하는 것과 같은 맥락으로 XMLHttpRequest.DONE처럼 이름 있는 상수를 사용하면 코드의 가독성을 올려 준다.

```
if (ajaxRequest.readyState === XMLHttpRequest.DONE)
if (ajaxRequest.readyState === 4)
```

다시 onReadyStateChange() 함수로 돌아와 보자. 이 함수는 과연 몇 번이나 실행될까? readyState가 변할 때마다 호출되는 것을 생각하면, XHR 객체는 UNSENT → OPENED →

HEADERS_RECEIVED → LOADING → DONE의 순서로 변경되므로 총 4번의 변화가 있다는 사실을 확인할 수 있다.

NOTE readyState의 상태 변화를 직접 눈으로 확인하고 싶다면 onReadyStateChange() 함수의 가장 앞쪽에 로그를 찍어 살펴보면 된다.

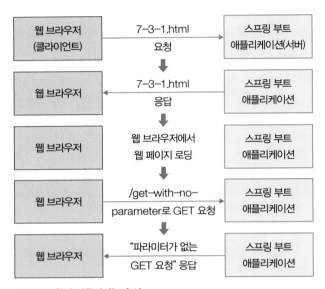

AJAX 요청이 이루어지는 순서

❶번 영역의 코드를 다시 살펴보자. readyState가 변경될 때마다 onReadyStateChange() 함수가 호출되어 첫 if 문을 만나게 된다. 이 if 문의 조건은 'ajaxRequest.readyState === XMLHttpRequest.DONE'인데, readyState가 DONE 상태가 될 때만 '참(true)'이 되기 때문에 4번의 onReadyStateChange() 호출 중에서 마지막에만 참이 된다. 첫 번째 if 문 안으로 들어가면 또 다시 if 문이 등장하며, 여기서는 ajaxRequest.status가 200인지를 체크한다. DONE 상태는 AJAX의 모든 과정이 끝난 상태로, HTTP의 응답 헤더와 상태 코드를 당연히 알아낼 수 있다. HTTP의 상태 코드에 대해서는 다음 장에서 자세히 다루므로 여기에서는 200이 '요청을 성공했음을 의미하는 상태 코드'라는 사실만 기억하자. 따라서 이 코드는 요청 성공 시 ajaxRequest.responseText를 로그로 찍고, 실패 시 요청이 실패했다는 에러 로그를 찍으라는 의미이다.

(생략)

```javascript
        function onReadyStateChange(event) {
            if (ajaxRequest.readyState === XMLHttpRequest.DONE) {
              if (ajaxRequest.status === 200) {
                console.log(ajaxRequest.responseText);
              } else {
                console.error('request failed');
              }
            }
          }
```

(생략)

지금까지 살펴본 코드는 AJAX의 원리를 이해하기 위한 예제 코드로, 그리 실용적이지는 않았다. 이어서 JSON을 주고받는 좀 더 실용적인 형태의 AJAX 활용 코드를 살펴보자.

JSON을 주고받는 AJAX

앞서 작성했던 7-3-1.html 코드를 수정하여 JSON을 주고받는 AJAX 코드를 작성해 보자. 자바의 컬렉션인 리스트를 활용하여 웹 브라우저의 '즐겨찾기(북마크)' 서비스를 만들어 보는 실습이다. 물론 실제로는 더 복잡한 형태겠지만, 실습을 위해 다음과 같이 최소한의 기능만으로 구성해 보자.

- 즐겨찾기는 이름과 URL로 구성한다.
- 즐겨찾기를 등록하는 기능과 현재 등록된 모든 즐겨찾기 목록을 조회하는 기능만 존재한다.
- 즐겨찾기를 등록하는 기능과 모든 즐겨찾기 목록을 조회하는 기능은 AJAX로 동작하여 새로고침하지 않도록 한다.

01. 즐겨찾기에 대한 JSON을 다음과 같이 정의한다. 즐겨찾기의 이름은 'name', 즐겨찾기의 URL은 'url'로 키를 지정했다.

```json
{
    "name": "구글",
    "url": "http://www.google.com/"
}
```

02. 즐겨찾기를 등록하는 기능을 할 HTTP 메서드와 API의 경로를 정의한다.

- POST 메서드, /bookmark: 즐겨찾기 등록
- GET 메서드, /bookmarks: 즐겨찾기 목록 조회

NOTE 이렇게 **API URL** 경로를 단수형과 복수형을 섞어 쓰는 것은 좋은 **API** 설계가 아니다. 다만, 실습의 목적상 개발자 도구를 보며 구분하기 쉽도록 등록과 목록 조회의 경로를 단수형과 복수형으로 나누었다.

03. Bookmark라는 이름의 자바 클래스를 'kr.co.hanbit' 패키지에 추가하고 다음과 같이 작성한 다. 이 클래스는 즐겨찾기를 리스트에 저장하고 서버와 클라이언트가 주고받는 데 사용된다.

Bookmark.java

```java
package kr.co.hanbit;

public class Bookmark {
    public String name;
    public String url;
}
```

04. BookmarkAjaxRestController.java 파일을 만들고 다음과 같이 즐겨찾기를 등록하는 API 와 즐겨찾기 목록을 조회하는 API를 작성해 추가한다.

BookmarkAjaxRestController.java

```java
package kr.co.hanbit;

import org.springframework.web.bind.annotation.RequestBody;
import org.springframework.web.bind.annotation.RequestMapping;
import org.springframework.web.bind.annotation.RequestMethod;
import org.springframework.web.bind.annotation.RestController;

import java.util.ArrayList;
import java.util.List;

@RestController
public class BookmarkAjaxRestController {

    private List<Bookmark> bookmarks = new ArrayList<>();
```

```java
@RequestMapping(method = RequestMethod.POST, path = "/bookmark")
public String registerBookmark(@RequestBody Bookmark bookmark) {
    bookmarks.add(bookmark);
    return "registered";
}


@RequestMapping(method = RequestMethod.GET, path = "/bookmarks")
public List<Bookmark> getBookmarks() {
    return bookmarks;
}


}
```

05. 다음과 같이 **04**에서 작성한 두 가지 **API**를 사용하는 프런트엔드 페이지를 작성한다.

7-3-2.html

```html
<html>
    <head>
        <meta charset="utf-8">
    </head>
    <body>
        <form onsubmit="return addBookmarkRequest();">
            <label>즐겨찾기 이름 : </label><input type="text" name="name"><br>
            <label>즐겨찾기 URL : </label><input type="text" name="url"><br>
            <input type="submit"><br>
        </form>
        <button onclick="getBookmarkListRequest();">즐겨찾기 목록 가져오기</button>
        <ol id="bookmark-list">
            <!-- 여기에 즐겨찾기 목록이 나옵니다. -->
        </ol>

        <script>
            function addBookmarkRequest() {
                const name = document.querySelector('input[name=name]').value;
                const url = document.querySelector('input[name=url]').value;
                const requestObject = {name: name, url: url};
                const requestJson = JSON.stringify(requestObject);

                function onReadyStateChange(event) {
                    const currentAjaxRequest = event.currentTarget;
```

```javascript
        if (currentAjaxRequest.readyState === XMLHttpRequest.DONE) {
          if (currentAjaxRequest.status === 200) {
            alert("즐겨찾기가 등록되었습니다.");
          } else {
            console.error('request failed');
          }
        }
      }

      const ajaxRequest = new XMLHttpRequest();

      ajaxRequest.onreadystatechange = onReadyStateChange;
      ajaxRequest.open('POST', '/bookmark');
      ajaxRequest.setRequestHeader('Content-Type', 'application/json');
      ajaxRequest.send(requestJson);

      return false;
    }

    function getBookmarkListRequest() {
      function onReadyStateChange(event) {
        const currentAjaxRequest = event.currentTarget;

        if (currentAjaxRequest.readyState === XMLHttpRequest.DONE) {
          if (currentAjaxRequest.status === 200) {
            const bookmarkListDom = document.querySelector('#bookmark-list');
            bookmarkListDom.innerHTML = '';

            const bookmarks = JSON.parse(currentAjaxRequest.responseText);
            bookmarks.forEach(bookmark => {
              const liNode = document.createElement('li');
              const textNode = document.createTextNode(bookmark.name +
' - ' + bookmark.url);

              liNode.appendChild(textNode);
              bookmarkListDom.appendChild(liNode);
            });
          } else {
            console.error('request failed');
          }
        }
      }
```

```
            const ajaxRequest = new XMLHttpRequest();

            ajaxRequest.onreadystatechange = onReadyStateChange;
            ajaxRequest.open('GET', '/bookmarks');
            ajaxRequest.send();
        }
      </script>
    </body>
  </html>
```

NOTE 프런트엔드 코드 중 HTML 코드를 제어하기 위한 코드가 추가되어 있다. 코드가 길어서 꽤 복잡해보이지만, 앞서 정의한 두 가지 API를 기준으로 나눠서 보면 간단한 예제이다.

06. 웹 브라우저를 통해 'http://localhost:8080/7-3-2.html'로 접속하면 다음과 같은 창을 볼 수 있다.

즐겨찾기 등록 기능 뜯어보기

접속한 웹 브라우저 화면에서 즐겨찾기 이름 입력란에 '구글'을, 즐겨찾기 URL 입력란에 'https://www.google.com'을 입력한 후 [제출] 버튼을 클릭하자. 그러면 form 태그에 지정된 것처럼 onsubmit 이벤트가 발생하고 addBookmarkRequest() 함수가 호출된다.

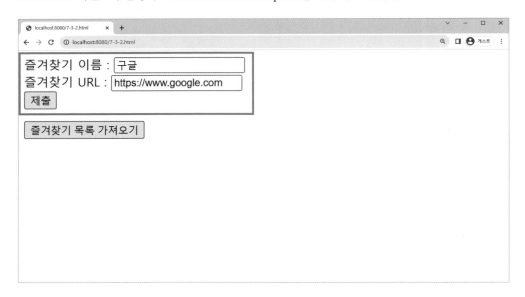

7-3-2.html 파일을 보면 addBookmarkRequest() 함수 내부가 앞에서 살펴본 AJAX 요청 코드와 비슷하다는 것을 알 수 있다. 다른 부분이 있다면 document.querySelector를 통해 input 태그에 있는 값을 자바스크립트로 가져온 것과 해당 값을 JSON으로 만들어 요청에 포함시켰다는 것이다. 다음에 굵게 표시된 2줄의 코드는 name이라는 이름(name)을 가지는 input 태그와 url이라는 이름(name)을 가지는 input 태그의 값을 각각 name과 url이라는 상수에 넣은 것이다.

7-3-2.html

(생략)

```
<script>
    function addBookmarkRequest() {
        const name = document.querySelector('input[name=name]').value;
        const url = document.querySelector('input[name=url]').value;
        const requestObject = {name: name, url: url};
```

```
        const requestJson = JSON.stringify(requestObject);

        function onReadyStateChange(event) {
            const currentAjaxRequest = event.currentTarget;
```

(생략)

NOTE 여기서는 document.querySelector를 통해 HTML 태그에 있는 값을 가져오는 문법은 설명하지 않는다. 자세한 내용을 알고 싶다면 'DOM(Document Object Model)'과 '선택자'에 대해 검색해 보자.

이어서 input 태그에서 가져온 즐겨찾기 이름과 URL로 requestObject라는 객체를 생성하고 JSON.stringify() 함수를 호출한다. JSON.stringify()는 자바스크립트 객체^{Object}를 JSON 문자열로 바꿔 주는 함수이다. 무언가 이상한가? 앞에서 'JSON은 자바스크립트에서 객체^{Object}를 표기^{Notation}하는 방법'이라고 설명했다. 이 문장을 오해하면 'JSON = 자바스크립트의 객체'라고 생각하기 쉽다. 그러나 JSON은 자바스크립트의 객체가 아니다. 표기 방법이 자바스크립트의 객체 문법과 유사하지만, 같은 것은 아니다. 단적인 예로 JSON에서는 키를 큰따옴표(")로 감싸지만, 자바스크립트에서는 키를 큰따옴표로 감싸지 않는다. 따라서 JSON.stringify()처럼 자바스크립트 객체를 JSON 문자열로 바꿔 줄 함수가 따로 필요한 것이다.

7-3-2.html

(생략)

```
<script>
    function addBookmarkRequest() {
        const name = document.querySelector('input[name=name]').value;
        const url = document.querySelector('input[name=url]').value;
        const requestObject = {name: name, url: url};
        const requestJson = JSON.stringify(requestObject);

        function onReadyStateChange(event) {
            const currentAjaxRequest = event.currentTarget;
```

(생략)

```
> const obj = {name: '구글', url: 'https://www.google.com/'};
< undefined
> JSON.stringify(obj);
< '{"name":"구글","url":"https://www.google.com/"}'
> |
```

자바스크립트 객체와 JSON의 서로 다른 키(name, url) 표현 방식

이번에는 XHR 객체를 생성하고 AJAX 요청을 보내는 부분을 살펴보자. 여기에는 다음과 같은 세 가지 특징이 있다.

- GET이 아닌 POST로 요청한다.
- 'Content–Type'이라는 요청 헤더를 'application/json'으로 보낸다.
- ajaxRequest.send( ) 함수의 인자로 JSON 문자열을 넣는다.

7-3-2.html

```
        function addBookmarkRequest() {

(생략)

            const requestJson = JSON.stringify(requestObject);

            function onReadyStateChange(event) {

(생략)

                }

            const ajaxRequest = new XMLHttpRequest();

            ajaxRequest.onreadystatechange = onReadyStateChange;
            ajaxRequest.open('POST', '/bookmark');
            ajaxRequest.setRequestHeader('Content-Type', 'application/json');
            ajaxRequest.send(requestJson);

            return false;
        }
```

GET 메서드가 아닌 POST 메서드로 요청하는 이유는 바로 컨트롤러 코드에 게시글 등록에 해당하는 @RequestMapping을 POST로 등록했기 때문이다. 또한 Content-Type을 application/json으로 보낸 것은 JSON이 포함된 요청을 보낼 때 Content-Type 헤더를 application/json으로 보내야 한다는 약속이 있기 때문이다. 마지막으로 데이터를 ajaxRequest.send() 함수의 인자로 보내는 것은 ajaxRequest.send() 함수가 그렇게 정의되어 있기 때문이다.

이렇게 새로운 자원resource을 생성할 때 POST 메서드를 사용하는 것과 JSON을 전송할 때 Content-Type 헤더에 application/json이라고 보내는 것, ajaxRequest.send() 함수의 인자로 JSON 데이터를 보내는 것은 모두 일종의 약속에 의해 정해진 것이다. 앞의 두 가지는 8장에서 더 알아보고, ajaxRequest.send() 함수에 대한 내용은 다음 링크를 참고하자.

- https://mzl.la/3zCSi5N

즐겨찾기 목록 조회 기능 뜯어보기

앞서 접속한 웹 브라우저 화면에서 [즐겨찾기 목록 가져오기] 버튼을 클릭하면 즐겨찾기 목록을 조회할 수 있다.

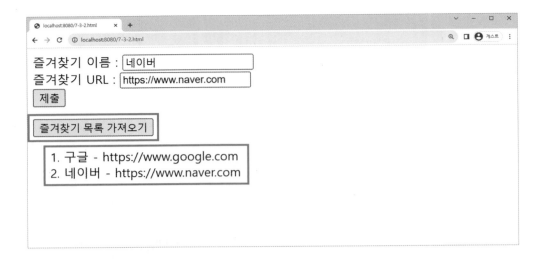

이와 관련된 코드를 보면서 이해해 보자.

7-3-2.html

(생략)

```
            <input type="submit"><br>
        </form>
        <button onclick="getBookmarkListRequest();">즐겨찾기 목록 가져오기</button>
        <ol id="bookmark-list">
            <!-- 여기에 즐겨찾기 목록이 나옵니다. -->
        </ol>

(생략)

            function getBookmarkListRequest() {
                function onReadyStateChange(event) {
                    const currentAjaxRequest = event.currentTarget;

                    if (currentAjaxRequest.readyState === XMLHttpRequest.DONE) {
                      if (currentAjaxRequest.status === 200) {
                        const bookmarkListDom = document.querySelector('#bookmark-list');
                        bookmarkListDom.innerHTML = '';

                        const bookmarks = JSON.parse(currentAjaxRequest.responseText);
                        bookmarks.forEach(bookmark => {
```

```
                            const liNode = document.createElement('li');
                            const textNode = document.createTextNode(bookmark.name +
                                ' - ' + bookmark.url);
                            liNode.appendChild(textNode);
                            bookmarkListDom.appendChild(liNode);
                        });

    (생략)


                    const ajaxRequest = new XMLHttpRequest();

                    ajaxRequest.onreadystatechange = onReadyStateChange;
                    ajaxRequest.open('GET', '/bookmarks');
                    ajaxRequest.send();
                }
            </script>

    (생략)
```

이제 XHR 객체를 생성하고, 이벤트 핸들러를 등록한 후 GET 메서드 요청을 보내는 부분은 제법 익숙해졌을 것이다. 그리고 즐겨찾기 목록을 불러오는 getBookmarkListRequest() 함수에는 대부분 HTML 태그에 있는 값을 수정하거나 새로운 태그를 추가하는 코드가 들어 있다. 해당 코드는 직관적이므로 어려움 없이 읽을 수 있을 것이다.

또한 JSON.parse() 함수가 사용되고 있는데, 이 함수는 JSON.stringify()가 했던 것을 반대로 수행한다. JSON 문자열을 자바스크립트의 객체로 변경하는 것으로, /bookmarks에 대한 GET 메서드 요청의 응답으로 '즐겨찾기의 JSON 배열'을 받아 '자바스크립트의 즐겨찾기 배열'로 만드는 코드라고 이해하면 된다. 그 후에는 자바스크립트에도 존재하는 forEach() 메서드를 통해 배열을 순회하면서 HTML 태그를 추가한다.

즐겨찾기 등록 요청 내용 눈으로 확인하기

여기까지 읽고 나면 자연스럽게 다음과 같은 궁금증이 생길 수 있다. 자바스크립트에서 JSON으로 보낸 요청이 자바에서의 타입과 어떻게 매핑(대응)되는 것일까? 이 질문에 대한 답은 개발자 도구에서 우리가 보낸 즐겨찾기 등록 요청과 서버에서 보내 주는 즐겨찾기 목록의 응답이 어떻게 구성되어 있는지 확인해 보는 것이 좋다.

웹 브라우저로 'http://localhost:8080/7-3-2.html'에 접속한 후 개발자 도구를 열어 둔 상태에서 즐겨찾기 이름 입력란에 '구글'을, 즐겨찾기 URL 입력란에 'https://www.google.com'을 입력한다. [제출] 버튼을 클릭했을 때 다음과 같이 경고 창이 나타나면 잘 설정된 것이다.

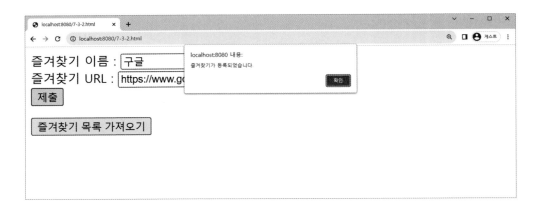

[확인] 버튼을 눌러 경고 창을 닫고, 개발자 도구에서 [Network] 탭의 Name 영역에 있는 'bookmark'를 클릭하면 오른쪽 [Headers] 탭에서 우리가 POST 메서드로 요청한 내용을 확인할 수 있다. 또한 해당 요청이 성공하여 상태 코드가 200으로 표시되는 것도 확인할 수 있다.

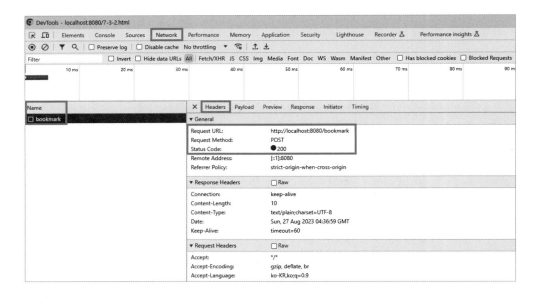

NOTE 여기에서 클릭한 'bookmark'는 하나의 HTTP 요청이다.

이번에는 [Payload] 탭에서 우리가 요청할 때 사용했던 JSON을 확인해 보자. 앞에서 입력한 즐겨찾기의 이름과 URL이 보인다. 사실 이것은 JSON이 아니라 자바스크립트 객체 형태인데, 웹 브라우저에서 보기 좋게 정렬해 줬기 때문에 이렇게 보이는 것이다.

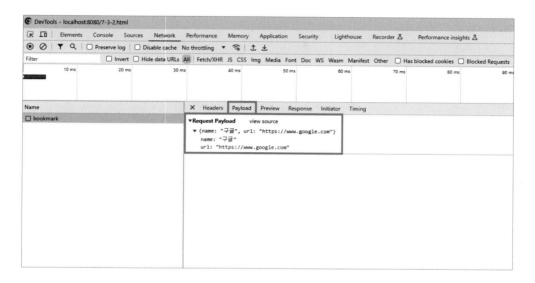

JSON 문자열을 보려면 [view source]를 클릭한다. 그럼 실제로 보낸 JSON 문자열을 확인할 수 있다.

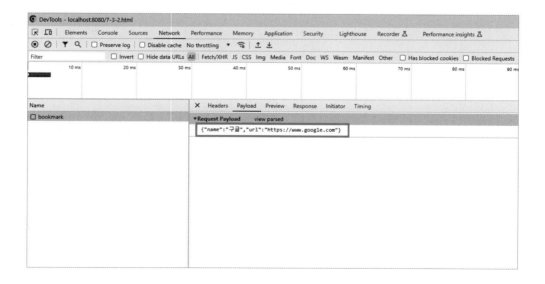

[Headers] 탭으로 돌아와 스크롤을 아래로 내리면 [Request Headers]에서 우리가 설정했던 'Content-Type'도 확인할 수 있다.

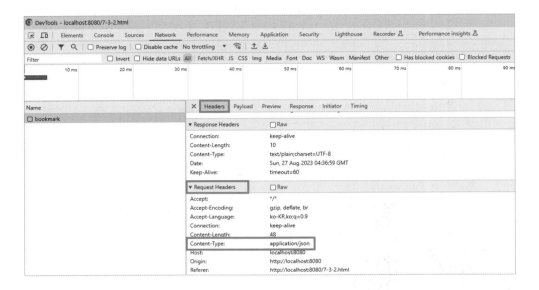

즐겨찾기 목록 조회 내용 눈으로 확인하기

이번에는 즐겨찾기 목록을 조회하는 요청과 그 응답으로 어떤 JSON 문자열이 오는지 확인해 보자. 임의로 즐겨찾기를 3개 정도 추가해 놓아야 비교하기가 쉬우므로 웹 브라우저로 'http://localhost:8080/7-3-2.html'에 접속한 후 입력란에 다음과 같이 입력해 제출해 두자. 마지막으로 [즐겨찾기 목록 가져오기] 버튼을 클릭하는데, 이때 개발자 도구는 반드시 켜져 있어야 한다.

- (즐겨찾기 이름) 구글 / (즐겨찾기 URL) https://www.google.com
- (즐겨찾기 이름) 네이버 / (즐겨찾기 URL) https://www.naver.com
- (즐겨찾기 이름) 유튜브 / (즐겨찾기 URL) https://www.youtube.com

[Network] 탭의 Name 영역을 보면 우리가 요청한 3개의 즐겨찾기 등록과 1개의 즐겨찾기 목록 조회 요청이 잘 노출되고 있음을 볼 수 있다. 즐겨찾기 목록에 대한 JSON 배열을 확인하려면 'bookmarks'를 클릭한 후 [Preview] 탭이나 [Response] 탭을 선택하면 된다. [Preview] 탭에서는 자바스크립트 객체 형태로 보기 좋게 보여 주고, [Response] 탭에서는 JSON 문자열을 그대로 보여 준다. 책에서는 JSON 문자열을 기준으로 설명한다.

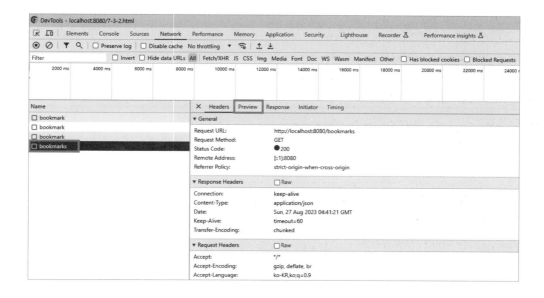

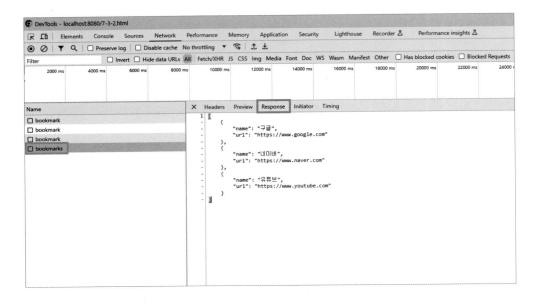

먼저 /bookmark에 대한 POST 메서드 요청으로는 다음과 같은 JSON이 사용되었다.

```
{"name":"구글","url":"https://www.google.com"}
```

NOTE 요청으로 보낸 JSON 데이터는 즐겨찾기 등록 요청인 bookmark의 [Payload] 탭에서 확인할 수 있다.

컨트롤러에서는 이 JSON을 다음과 같은 코드로 받는다.

BookmarkAjaxRestController.java

```java
(생략)

    private List<Bookmark> bookmarks = new ArrayList◇();

    @RequestMapping(method = RequestMethod.POST, path = "/bookmark")
    public String registerBookmark(@RequestBody Bookmark bookmark) {
        bookmarks.add(bookmark);
        return "registered";
    }

(생략)
```

Bookmark.java

```
(생략)

public class Bookmark {
    public String name;
    public String url;
}
```

이를 통해 @RequestBody를 붙인 매개변수로 JSON의 키와 클래스의 필드가 이름이 같을 경우에는 서로 매핑(대응)된다는 것을 알 수 있다. 그 이후에는 자바 코드 내에서 처리된다.

BookmarkAjaxRestController.java

```
(생략)

    private List<Bookmark> bookmarks = new ArrayList<>();

(생략)

    @RequestMapping(method = RequestMethod.GET, path = "/bookmarks")
    public List<Bookmark> getBookmarks() {
        return bookmarks;
    }

(생략)
```

즐겨찾기 목록 조회 API도 마찬가지이다. 반환 타입은 List⟨Bookmark⟩이고, 컨트롤러에서는 이 것을 다음과 같은 JSON 배열로 반환한다.

```
[{"name":"구글","url":"https://www.google.com"},{"name":"네이버","url":"https://www.naver.
com"},{"name":"유튜브","url":"https://www.youtube.com"}]
```

JSON 문자열을 자바에서의 인스턴스로 만들거나 그 반대의 동작을 가능하게 하는 것은 'Jackson'이라는 라이브러리이다. 만약 이러한 라이브러리가 없다면 매개변수와 반환 타입을 모두 'String'으로 만들고, 직접 JSON 문자열과 자바 인스턴스 사이의 변환 코드를 작성해야 한다.

NOTE Jackson을 사용하는 스프링 프레임워크의 메시지 컨버터가 등록되어 있으므로 자동 변환된다고 보면 된다.

직렬화와 역직렬화

자바를 학습할 때 자바 애플리케이션의 메모리상에 존재하는 인스턴스를 바이너리 형태로 변경 후 파일로 저장하거나, 네트워크를 통해 다른 자바 애플리케이션으로 전송한 후 이 바이너리를 읽어 다시 인스턴스로 만드는 예제를 본 적이 있을 것이다. 이렇게 메모리상에 존재하는 인스턴스를 바이너리 형태나 문자열로 만드는 것은 직렬화(serialize)라고 하고, 그 반대의 과정은 역직렬화(deserialize)라고 한다.

책에서는 메모리상에 존재하는 인스턴스를 JSON 포맷으로 만들거나 그 반대의 과정을 하고 있으며, 서버와 클라이언트를 기준으로 다음과 같은 과정을 거친다. 따라서 클라이언트인 웹 브라우저와 서버인 스프링 부트 애플리케이션 양쪽 모두에서 직렬화와 역직렬화가 발생한다.

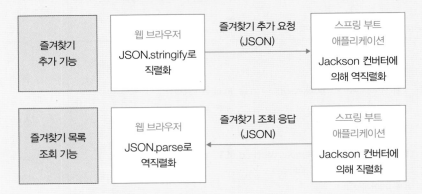

- **즐겨찾기 추가 기능 실행 시**

  form에 입력된 값을 읽어 와 자바스크립트 객체로 만든 후 해당 객체를 JSON.stringify로 직렬화하여 AJAX 요청을 한다. 그럼 이 요청을 받은 스프링 부트 애플리케이션은 스프링에서 제공하는 Jackson 컨버터를 통해 자바 인스턴스로 역직렬화를 수행한다.

- **즐겨찾기 목록 조회 기능 실행 시**

  반대로 자바 메모리에 저장되어 있던 Bookmark 인스턴스들을 Jackson 컨버터가 JSON으로 직렬화하여 응답으로 보내 주고, 웹 브라우저는 이것을 받아 JSON.parse로 역직렬화한다.

책에서는 Jackson 컨버터가 어떤 방식으로 요청을 받을 수 있고 역직렬화를 하는지에 대해서는 다루지 않는다. 자세한 내용은 'Spring Http Message Converter'를 키워드로 검색해 보자.

Postman으로 API 호출하기

지금까지 실습한 API 호출을 Postman으로 시도해 보자. 이것은 앞서 다루지 않았던 POST 메서드 요청으로 JSON 문자열을 보내는 방법이다. 이후 실습에서는 프런트엔드 페이지를 만드는 대신 Postman을 통해 API만 테스트하는 경우가 많을 것이다.

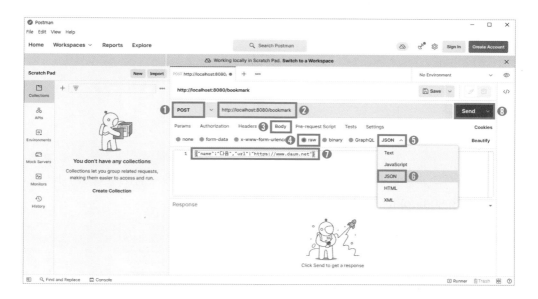

Postman을 실행하고 ❶ 메서드는 [POST]로 설정하고, ❷ URL에는 'http://localhost:8080/bookmark'를 입력한다. 그리고 ❸ [Body] 탭에서 ❹ 'raw'를 선택하고, ❺ [Text] 메뉴의 드롭다운 버튼을 클릭해 ❻ [JSON]을 선택한다. 다음으로 ❼ 전송할 JSON 문자열을 입력하고 ❽ [Send] 버튼을 클릭하면 요청이 날아간다. 여기서는 다음과 같은 즐겨찾기로 JSON 문자열을 입력했다.

```
{"name":"다음","url":"https://www.daum.net"}
```

잠시 기다린 후 스크롤을 아래로 내리면 'registered'라는 응답 결과와 상태 코드를 볼 수 있다.

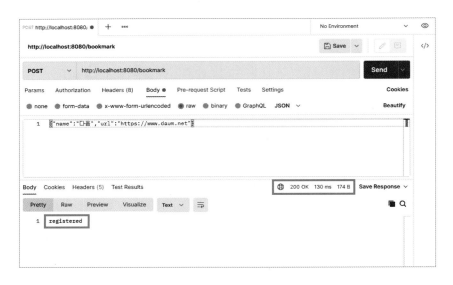

즐겨찾기 목록도 조회해 보자. 앞서 진행했던 방법에서 [GET] 요청을 선택한 후 URL을 'http://localhost:8080/bookmarks'로 바꿔 주면 된다.

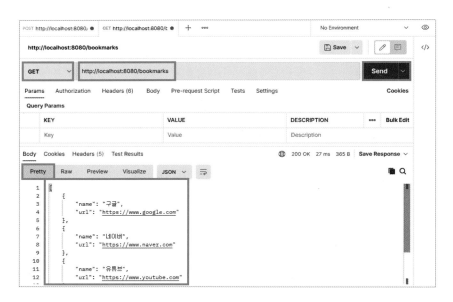

응답 결과가 현재 [Pretty]로 선택되어 있어 JSON 문자열이 보기 좋게 정렬되어 있는데, 옆의 [Raw] 탭을 선택하면 줄바꿈이나 들여쓰기가 되지 않은 JSON 문자열도 볼 수 있다. [Preview] 탭에서는 응답이 HTML 문서일 경우 웹 브라우저에서 보이는 화면을 미리 볼 수 있다.

동기, 비동기, 블로킹, 논블로킹

마지막으로 '비동기'라는 개념을 정리해 보자. 이번 절을 시작하며 '서버와의 비동기 상호작용'은 쉽게 말해 웹 페이지를 새로고침하지 않고 서버로 정보를 보내거나 서버의 정보를 가져오는 것이라고 설명했다. 그 이유를 살펴보자.

동기와 비동기

'비동기'를 이해하려면 먼저 '동기'가 무엇인지부터 알아야 하다. **동기**Synchronous란 '작업을 요청하는 쪽과 작업을 처리하는 쪽이 서로를 인식하고 상태를 동기화하는 것'을 의미한다. 일반적으로 작업을 요청하는 쪽은 작업을 처리하는 쪽에게 작업을 요청한 후 작업이 완료될 때까지 대기하게 된다. 자바 코드에서 메서드를 호출할 때 보통 해당 메서드가 종료되는 것을 기다렸다가 다음 코드가 실행됐던 것을 떠올리면 좋다. 반대로 **비동기**Asynchronous는 '작업을 요청하는 쪽과 작업을 처리하는 쪽이 서로를 인식하지 않으며, 상태 역시 동기화하지 않는 것'을 의미한다. 앞서 우리가 작성했던 7-3-1. html 코드에도 비동기적인 내용이 포함되어 있다.

NOTE '서로를 인식한다'라는 말이 어렵다면 '서로의 실행 결과에 관심이 있다' 정도로 생각해도 좋다.

7-3-1.html

```
<script>
    function onReadyStateChange(event) {
        if (ajaxRequest.readyState === XMLHttpRequest.DONE) {
          if (ajaxRequest.status === 200) {
             console.log(ajaxRequest.responseText);
          } else {
             console.error('request failed');
          }
        }
    }

    const ajaxRequest = new XMLHttpRequest();

    ajaxRequest.onreadystatechange = onReadyStateChange;
    ajaxRequest.open('GET', '/get-with-no-parameter');
    ajaxRequest.send();
</script>
```

코드는 위에서 아래로 실행되므로 onReadyStateChange() 함수가 먼저 선언되면 그 다음으로 XHR 객체가 생성되고, 이벤트 핸들러가 등록되고, XHR 객체가 초기화되고, XHR 객체가 AJAX 요청을 전송한다. 여기까지는 아주 직관적이며 동기적으로 실행되지만, 그 다음부터는 비동기적인 부분이 시작된다.

실습을 통해 요청이 성공하면 onReadyStateChange라는 이벤트 핸들러가 실행된다고 배웠다. 'ajaxRequest.send();' 코드가 실행되고 나면 자바스크립트 코드를 실행했던 주체는 서버로 요청했던 것을 인식하지 않는다. 단지 이벤트 핸들러로 등록된 onReadyStateChange가 XHR 객체의 readyState가 변경되는 이벤트가 발생할 때 핸들러가 실행될 뿐이다. 여기서 AJAX 요청을 던지는 자바스크립트 코드는 서버의 상태에 관심이 없다. 서버의 상태를 받아서 처리하는 것은 onReadyStateChange 이벤트 핸들러이다. 따라서 AJAX 요청을 던지는 자바스크립트 코드와 서버의 상태가 서로 '비동기적'이라고 이야기할 수 있는 것이다.

블로킹과 논블로킹

동기, 비동기에 대해 이야기할 때 빠지지 않고 함께 등장하는 키워드는 바로 블로킹과 논블로킹이다. **동기와 비동기**가 작업을 요청하는 쪽과 작업을 처리하는 쪽, 두 주체 사이의 관계를 이야기하는 용어라면 **블로킹**blocking과 **논블로킹**non-blocking은 작업을 요청하는 쪽에서 어떻게 동작하는지를 표현하는 용어이다.

동기와 블로킹은 함께 묶어서 생각해도 좋다. 앞서 동기화를 수행하기 위해서는 작업을 요청하고 있는 쪽에서 작업이 완료될 때까지 실행을 멈추고 있어야 한다고 설명했다. 이때 작업을 요청하는 쪽은 대기, 즉 '블로킹' 상태가 된다고 할 수 있다. 따라서 동기는 두 주체 간 동기화되는 관계 그 자체를 의미하고, 블로킹은 동기화를 위해 기다리고 있는 상태를 의미한다.

비동기와 논블로킹도 비슷하다. 작업을 요청하는 쪽은 작업을 처리하는 쪽에 요청하고 우선 다른 일을 진행하는데, 이것이 '논블로킹'이다. 즉, 논블로킹은 작업을 요청한 쪽에서 작업 완료에 대해서는 신경쓰지 않은 채 실행이 멈추지 않는 것을 의미한다. 이때는 작업을 처리하는 쪽에서 작업을 요청한 쪽에 처리 여부를 알려 주며, 이것을 '콜백callback'이라고 한다. 정리하자면, 비동기란 작업을 처리하는 쪽에서 작업 완료에 대해 작업을 요청한 쪽으로 알려 주는 '관계'를 이야기하고, 논블로킹이란 작업 완료 여부와는 무관하게 작업을 요청한 쪽에서 요청 후 '대기하지 않는 행위 자체'를 이야기한다.

이제 처음에 이야기했던 서버와의 비동기 상호작용이 웹 페이지를 새로고침하지 않고 서버로 정보를 보내거나 서버의 정보를 가져오는 것이라는 표현이 왜 비동기 그 자체를 의미하지 않는지 이해가 됐을 것이다. 이것은 웹 브라우저가 웹 서버와 비동기로 상호작용하여 얻어진 결과일 뿐, 비동기 그 자체를 의미하는 것은 아니다.

질문 있습니다

자바스크립트를 반드시 알아야 하나요?

백엔드 애플리케이션을 개발하면서 자바스크립트에 대해 반드시 알아야 하는 것은 아니다. Postman 같은 툴로도 얼마든지 테스트할 수 있기 때문이다. 단, 자신이 만든 API가 프런트엔드에서 어떤 형태로 사용될 것인지 생각할 수 있어야 좋은 API를 만들 수 있다는 사실에는 변함이 없다.

그러나 자바스크립트와는 달리 JSON은 반드시 알아야 한다. 내용이 그렇게 많지도 않을뿐더러, 웹 애플리케이션을 개발한다면 늘 함께해야 할 데이터 포맷이기 때문이다. JSON을 통한 데이터 전송은 form 태그를 사용하여 데이터를 전송하는 것과 기능적으로는 비슷해 보이지만, 프런트엔드 코드도 다르고 백엔드에서 데이터를 받는 방법 역시 다르다. 만약 실무에서 이 차이점도 구분하지 못한다면 개발 과정에서 원활한 커뮤니케이션을 이루기 힘들 것이다.

마무리

이번 장에서는 백엔드 서버와 통신하기 위해 필요한 자바스크립트에 대해 학습했다. 또한 JSON 표기 방법과 AJAX로 서버에 요청하고 응답을 받는 과정을 실습으로 확인했다. 마치기 전에 배운 내용을 확실히 익혔는지 확인해 보자.

- AJAX 통신을 위한 자바스크립트 기본 문법을 이해하고 코드를 작성할 수 있다.
- HTTP 요청 시 자주 사용되는 데이터 포맷인 JSON의 표기 방법을 익혔다.
- JSON Formatter로 JSON 문법을 확인하는 방법에 대해 알아보았다.
- XHR을 사용해 서버와 비동기적인 통신인 AJAX 통신을 해 보았다.
- 동기, 비동기, 블로킹, 논블로킹이라는 개념을 확실히 이해했다.

Q1. **컴파일 언어와 인터프리터 언어의 차이를 설명해 보세요.**

A1. 컴파일 언어는 프로그래밍 언어로 작성된 소스코드가 미리 컴파일되어, 운영체제별로 실행될 수 있는 파일로 배포되는 언어를 의미합니다. 반대로 인터프리터 언어는 컴파일 과정 없이 프로그래밍 언어가 코드 실행 환경으로 배포된 후 인터프리터에 의해 실행됩니다. 컴파일 언어로는 C나 자바 같은 언어가 있고, 인터프리터 언어로는 자바스크립트나 파이썬이 있습니다.

컴파일 언어는 문법적인 오류를 컴파일 시점에 체크하지만, 인터프리터 언어는 실행 시점에 체크합니다. 그래서 인터프리터 언어는 안정적인 코드 작성을 위해 IDE의 도움을 받거나 자바스크립트를 확장한 타입스크립트처럼 컴파일 과정을 추가하기도 합니다.

해설

그 외 타입스크립트와 관련한 설명을 덧붙여, 타입스크립트는 자바스크립트를 확장한 언어로 자바스크립트에 컴파일 과정과 자료형을 추가한 언어라고 생각하면 된다. 물론 여기서 컴파일 과정은 컴파일 언어에서의 컴파일 과정과는 다르고, 타입스크립트로 작성된 코드를 트랜스파일 하여 자바스크립트로 만드는 과정을 이야기한다.

컴파일 언어와 인터프리터 언어의 성능에 대해 생각해 볼 수도 있다. 구조적으로는 컴파일 언어가 인터프리터 언어보다 성능이 좋다고 이야기할 수 있으나 인터프리터 언어들도 성능을 끌어 올리기 위한 여러 노력을 시도해 왔으며, 특정 상황에서는 인터프리터 언어가 컴파일 언어보다 속도가 빠르다. 프로그래밍 언어의 성능을 기준으로 선택하는 시대는 이미 지나간 듯하다. 프로그래밍 언어를 선택하는 현실적인 기준은 구현하고자 하는 기능을 만드는 데 적합하게 사용되는지 여부에 있다. 보통 두 가지 이상의 선택지 중 각 언어의 차이점을 비교해 보고 더 적합한 쪽을 선택해야 한다.

Q2. **데이터를 표현하기 위해 사용되는 JSON과 XML은 어떤 차이가 있나요?**

A2. JSON은 중괄호({)와 큰따옴표(")를 사용하여 키-값 형태로 표현되는 데이터 표현 방식이고, XML은 마치 HTML처럼 태그 단위로 표현되는 데이터 표현 방식입니다. XML은 하나의 값을 표현하기 위해 여는 태그와 닫는 태그가 2번씩 들어가야 하기 때문에 일반적으로 JSON보다 데이터의 크기가 커집니다. 따라서 데이터 전송 시에는 동일한 데이터를 표현하더라도 데이터

크기가 작은 JSON이 더 유리합니다. 물론 XML도 장점이 있습니다. XML은 태그 형태로 표현
되기 때문에 값에 속성을 부여해 보다 풍부한 데이터 표현이 가능합니다.

해설

개발을 하다 보면 동일한 기능을 하는 두 가지 이상의 라이브러리나 솔루션 중 하나를 선택해
야 하는 경우가 많다. 적절한 선택을 위해 각각의 특징을 나열해 보고 비교하는 습관을 가져야
한다. 각자의 기준에서 JSON과 XML 중 어떤 것을 사용하는 것이 좋을지 충분히 생각해 보자.

◀ 예상 꼬리 질문 ▶

Q2-1. JSON과 XML 둘 중 어떤 것을 사용할 건가요?

Q3. AJAX가 필요한 이유와 AJAX를 사용하면 무엇을 할 수 있는지 설명해 보세요.

A3. AJAX는 'Asynchronous JavaScript And XML'의 약자로, 직역하면 '비동기 자바스크립트와
XML'이라는 뜻입니다. 전통적으로 웹 브라우저에서 웹 서버로 새로운 정보를 요청하려면 항상
페이지를 이동해야 했습니다. 그러나 웹 서비스가 발전하면서 더 나은 사용자 경험을 제공하기
위해 자바스크립트를 사용하여 웹 페이지를 이동하지 않고도 새로운 정보를 요청하는 방법이
추가되었고, 그것이 바로 AJAX입니다.

예를 들어 AJAX를 사용하면 새로 회원가입 페이지를 띄우지 않으면서 아이디 중복 검사를 수
행하거나, 페이스북이나 인스타그램 같이 뉴스 피드를 볼 수 있는 페이지에서 스크롤을 내리는
것만으로 다음 목록을 불러올 수 있습니다. 만약 다음 목록을 보기 위해 페이지가 매번 새로고
침되어야 한다면 지금보다 사용자 경험이 좋지 못했을 것입니다.

해설

AJAX를 통해 데이터를 주고받도록 웹 서비스를 개발하면 사용자 경험이 좋아진다는 것은 표
면적인 특징이다. 사실 웹 개발 관점에서도 차이가 있다. AJAX를 통해 웹 서비스를 개발하면
프런트엔드와 백엔드를 완전히 분리할 수 있다. 이와 관련해서는 168쪽 05-3절 '컨트롤러 vs
정적 리소스' 내용을 참고하자.

Q4. **동기와 비동기에 대해 설명해 주세요.**

A4. 우리가 시스템을 설계할 때는 통신을 동기적으로 할지, 비동기적으로 할지를 정할 수 있습니다. 동기적인 통신은 작업을 요청하는 클라이언트와 작업을 처리하는 서버의 동기화가 필요하기 때문에 클라이언트는 서버가 작업을 처리하는 동안 대기하고 있어야 합니다. 서버에서 작업에 대한 처리가 끝나면 바로 응답이 올테니까요. 반면 비동기적인 통신은 클라이언트가 서버에게 작업을 요청한 후 다른 작업을 처리합니다. 클라이언트는 자신이 하던 작업을 기억하지 않고, 작업이 완료되었다는 응답이 왔을 때 무엇을 해야 할지만 미리 등록해 둡니다. 이벤트 핸들러 같은 것을 통해서 말이죠.

그래서 동기적인 방식은 직관적이고 흐름을 따라가기 쉽기 때문에 문제가 생겼을 때 디버깅이 쉽습니다. 반면, 서버가 작업을 처리하는 동안 클라이언트가 대기하게 되면서 다른 작업을 하지 못할 수도 있습니다. 또 여러 가지 작업을 해야 한다면 전체 작업을 끝내는 속도가 길어질 수 있습니다. 비동기적인 방식은 반대의 특징을 가지고 있습니다. 동기적인 방식보다는 직관적이지 않고, 비동기적인 프로그래밍에 대한 지식이 없이는 디버깅도 어렵습니다. 그러나 여러 가지 작업을 처리할 경우에는 비동기적으로 작업을 요청해 두고 끝나는 대로 취합하면 전체 작업 속도를 단축할 수 있습니다.

해설

동기와 비동기에 대한 질문은 면접에 자주 등장하지만 답변이 어려운 주제 중 하나이다. 비동기적인 방식이 성능 측면에서 언제나 유리한 것은 아니다. 대규모 작업을 작은 단위로 나눈다고 생각해 보자. 나눠진 작은 단위의 작업들이 동시에 실행될 경우, 비동기적인 방식으로 여러 작업을 동시에 실행하고 취합하면 더 빠르게 처리할 수 있다. 그러나 작은 단위의 작업들이 반드시 차례대로 실행되어야 하는 경우라면 오히려 동기적인 방식의 속도가 더 빠를 수 있다.

서버와 클라이언트의 약속, HTTP

백엔드 개발은 결국 HTTP라는 프로토콜 위에서 동작하는 웹 서비스를 구현하는 일이다. 따라서 백엔드 개발자는 HTTP에 대한 기본 지식 또한 갖추어야 한다. 이번 장에서는 웹 서버와 클라이언트의 통신에 사용되는 프로토콜인 HTTP에 대해 알아본다.

HTTP 트랜잭션

HTTP는 태생적으로 요청과 응답이 하나의 묶음을 이루도록 설계되었다. 이 하나의 HTTP 요청과 응답 묶음을 'HTTP 트랜잭션'이라고 한다. 이번 절에서는 개발자 도구에서 HTTP 트랜잭션을 직접 확인하면서 HTTP의 특징에 대해 알아본다.

HTTP 트랜잭션 확인하기

서버와 클라이언트에 대한 내용으로 돌아가 보자. 웹 서비스를 사용하는 쪽이 웹 클라이언트이고, 웹 서비스를 제공하는 쪽이 웹 서버이다. 일반적으로 웹 클라이언트는 웹 브라우저가 된다. HTTP의 경우 다음 그림처럼 반드시 클라이언트가 먼저 요청을 하고 서버가 그에 대한 응답을 한다.

서버가 클라이언트의 HTTP 요청에 응답하는 과정

정적 리소스를 제외한 클라이언트의 요청과 서버의 응답 사이에는 HTTP 요청을 처리하는 과정이 추가되기도 한다. 앞으로 여러분이 개발할 API 서버는 보통 이와 같은 중간 처리 과정이 존재한다. 243쪽 07-3절에서 즐겨찾기를 등록하거나 목록을 조회하는 과정도 그 중간 처리 과정에 해당한다고 볼 수 있다.

NOTE 앞으로 언급하는 모든 '요청'과 '응답'은 'HTTP 요청'과 'HTTP 응답'을 의미한다.

개발자 도구를 통한 HTTP 트랜잭션 확인

웹 브라우저의 개발자 도구에서 HTTP 트랜잭션을 확인해 보자. HTTP 트랜잭션을 확인하려면 무엇을 해야 할까? HTTP 트랜잭션을 발생시키기 위해 아무 웹 페이지에 접속해 보면 된다. 여기서는 구글에 접속해 보자. 개발자 도구를 켜기 전에 발생한 HTTP 트랜잭션은 기록되지 않으므로 반드시 개발자 도구를 먼저 켠 상태에서 웹 페이지에 접속해야 한다.

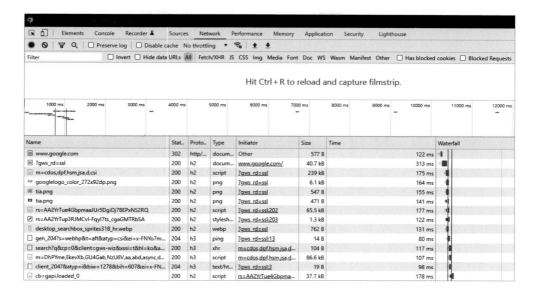

HTTP 트랜잭션은 [Network] 탭에서 확인할 수 있다. 아래쪽에 표시된 목록에 있는 것들이 모두 HTTP 트랜잭션이다. 가장 위쪽에는 www.google.com에 대한 HTTP 트랜잭션이 있다. 가장 왼쪽에 있는 [Name] 열에서 www.google.com을 클릭해 보자.

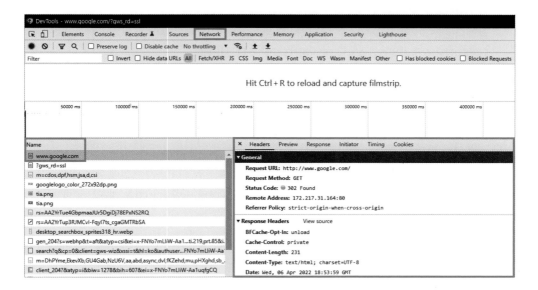

해당 HTTP 트랜잭션에 대한 상세 내용을 볼 수 있는 탭이 열렸다. 여기에는 없는 [Payload] 탭을 포함해 특히 자주 확인하게 되는 탭을 굵은 글씨로 표시해 두었다. 경우에 따라 7개 탭 모두 백엔드 개발에 요긴하게 사용될 수 있다. 각 탭의 역할을 알아보자.

- **Headers**: HTTP 헤더에 대한 정보를 보여 준다. 요청에 대한 헤더와 응답에 대한 헤더를 나눠서 볼 수 있다.

- **Payload**: Payload라는 용어 자체가 데이터 전송에 포함되는 내용의 데이터를 의미한다. HTTP 요청은 헤더(Header)와 바디(Body) 부분으로 나뉘므로 요청의 바디에 해당하는 데이터가 있는 경우에는 해당 탭에서 확인 가능하다. 현재 www.google.com에 접속할 때는 요청의 바디가 없기 때문에 탭이 보이지 않는 것이다.

- **Preview**: 응답의 바디에 포함된 데이터를 보기 좋은 형태의 미리보기로 제공한다. 앞서 JSON 데이터를 자바스크립트 객체 형태로 보여 줬던 것이 이 탭에 해당된다. 만약 응답의 바디에 HTML 문서가 있다면 웹 브라우저에 보이는 것처럼 미리보기할 수 있다. 이미지 파일 역시 여기서 볼 수 있다.

- **Response**: [Preview] 탭과 동일하게 응답의 바디에 포함된 데이터를 보여 주지만, 있는 그대로 보여 준다. JSON 문자열을 그대로 보거나 HTML 문서를 그대로 볼 수 있다. 마찬가지로 이미지 파일도 바이너리 데이터로 보여 줄 것 같지만, 바이너리 데이터도 보여 주지 않고 'This request has no response data available.'이라는 문구만 나온다.

- Initiator: 'Request call stack'과 'Request initiator chain' 등을 통해 HTTP 트랜잭션이 시작되는 주체와 종류를 확인할 수 있다. 만약 웹 페이지가 느리게 로딩된다면 여기서 'Request call stack'과 'Request initiator chain'에서 순환되는 것이 있는지 체크해 볼 수 있다.

- Timing: 하나의 HTTP 트랜잭션은 요청과 응답 말고도 여러 과정으로 나눌 수 있다. 요청을 위해 연결을 사용하려고 대기하는 시간도 있고, 실제 요청이 날아가는 시간, 응답의 다운로드를 시작하는 시간, 응답의 다운로드가 완료된 시간, 화면에 렌더링을 완료한 시간 등 여러 가지 정보를 확인할 수 있다. 이런 단계별 정보는 웹 서비스의 성능을 개선하는데 중요한 단서가 된다.

- Cookies: 'Request Cookies'와 'Response Cookies'로 나뉘어 표현되며, 있는 그대로 요청과 응답에 포함된 쿠키(Cookie)를 나타내는 탭이다. 쿠키는 헤더의 일부이고, 인증과 인가에 활용할 수 있는 값이라는 정도로 이해하고 넘어가자.

이번 장에서는 백엔드 개발을 하면서 자주 확인하게 되는 [Header], [Payload], [Preview], [Response], 4개의 탭을 중점적으로 살펴본다. 여기서는 우선 HTTP 트랜잭션에 대해 집중적으로 알아보자. 조금 전 우리가 www.google.com에 접속하자 여러 번의 HTTP 트랜잭션이 발생했다. 왜 한 번이 아니라 여러 번의 HTTP 트랜잭션이 발생했을까? 그 이유는 우리가 웹 브라우저를 통해 HTTP 페이지에 대한 요청을 했기 때문이다. 웹 브라우저는 응답으로 온 HTTP 페이지에 포함된 이미지, 자바스크립트, CSS에 대한 요청을 자동으로 수행한다. 자동으로 요청해 줘야 원활한 웹 서핑이 되기 때문이다. 만약 웹 브라우저가 아니라 Postman 같은 클라이언트를 사용했다면 오직 한 번의 HTTP 트랜잭션만 발생했을 것이다.

HTTP의 특징

HTTP는 'HyperText Transfer Protocol'의 줄임말이다. HyperText는 여러분이 웹 서핑을 하면서 보는 링크를 떠올리면 쉽게 이해할 수 있다. 즉, HTTP는 웹 페이지들 사이에서 링크를 타고 다니면서 정보를 전송하는 통신 규약(Protocol)을 의미한다.

자바처럼 HTTP 역시 여러 가지 버전을 가지고 있는데, 기본적으로 알아야 할 HTTP 버전은 HTTP/1.1 버전이다. HTTP/1.1 버전은 HTTP라는 프로토콜이 안정적으로 자리 잡은 버전이자, 가장 널리 사용되고 있는 버전이다. 물론 현재 HTTP/1.1에서 HTTP/2 버전으로 빠르게 전환되고 있지만, HTTP/2 버전 역시 HTTP/1.1 버전에 기초를 두고 있다. 따라서 책에서는 HTTP/1.1 버전을 기준으로 설명하며, 다른 버전은 특징만 간단히 알아보자.

HTTP/1.1 버전에 기반한 HTTP의 대표적 특징

HTTP는 클라이언트의 요청으로 HTTP 트랜잭션이 시작된다. HTTP의 등장 초기에는 단순히 HTTP 문서 하나에 대한 HTTP 요청이 주를 이루었지만, 점점 다양한 서비스 요구사항에 의해 다양한 형태로 서버의 리소스를 제공하게 되었다. 클라이언트가 먼저 요청을 시작한다는 HTTP의 특징은 서버에서 데이터를 줘야 할 때 실시간으로 줄 수 없다는 한계가 있어 웹 소켓과 같은 기술이 도입되기도 했다.

HTTP는 상태를 가지지 않는다. 쉽게 이야기하면 '이전 HTTP 트랜잭션과 다음 HTTP 트랜잭션 사이에 연관 관계가 없다'고 할 수 있다. 서버는 지금 요청을 한 클라이언트와 잠시 후 요청한 클라이언트가 설령 같은 클라이언트라고 하더라도 구분할 수 없다. 이러한 특징을 'HTTP는 무상태성Stateless 이다'라고 표현한다. 뭔가 이상하게 느껴질 수 있다. 서비스를 사용할 때 분명 회원가입을 하고 로그인하는 방식으로 서버가 사용자를 구분하고 있으니 말이다. 그러나 이것은 HTTP라는 프로토콜 자체에서 구분한 것이 아니라 쿠키, 세션, 토큰 등 사용자를 식별할 수 있는 별도의 수단을 사용하여 구분한 것이다.

또한 **HTTP는 비연결성Connectionless을 갖는다.** 어떤 언어로든 네트워크 프로그래밍을 해본 독자라면, 두 주체가 연결되기 위해서는 소켓을 서로 연결해 두는 과정이 필요하다는 사실을 알고 있을 것이다. 필요한 통신을 모두 완료하면 두 주체는 연결을 끊는다. HTTP도 마찬가지로 데이터를 주고 받기 위해 분명 연결이라는 과정이 필요하고, HTTP 트랜잭션이 종료되면 연결을 끊어 버린다. 여기에는 장점과 단점이 있다. 장점으로는 클라이언트와 서버의 자원을 효율적으로 사용할 수 있다는 점을 들 수 있다. 특히 서버 측에서는 다수의 클라이언트가 서버로 접속하기 때문에 연결된 클라이언트가 쌓이기만 하면 더 이상 새로운 클라이언트를 연결하지 못하는 상황이 생길 수 있다. 반면, 단점으로는 매번 HTTP 트랜잭션마다 연결을 맺고 끊는 과정이 추가되어야 한다는 점이다. 즉, 매 연결마다 조금씩 성능상의 손해를 보게 만드는 '오버헤드Overhead'가 발생하는 것이다. 물론 이를 보완하기 위한 여러 가지 수단이 존재한다. 참고로 이러한 네트워크 연결은 보통 '커넥션'이라고 표현한다.

NOTE HTTP에서 커넥션을 유지하려는 경우 Connection, Keep-Alive 같은 헤더를 사용한다. 그 외에도 여러 가지 메커니즘이 있으므로 더 자세한 내용은 다음 링크를 참고하자. 그리고 앞으로 책에서는 연결과 커넥션 중 자연스러운 표현을 섞어서 사용할 것이다.

- https://developer.mozilla.org/ko/docs/Web/HTTP/Connection_management_in_HTTP_1.x

오버헤드를 완전히 없앨 수는 없나요?

앞으로 개발을 하다 보면 여러 가지 오버헤드를 경험하게 될 것이다. 오버헤드란 어떤 작업을 위해 필연적으로 수반되는 부수적인 작업을 이야기한다. HTTP 트랜잭션에서 클라이언트와 서버가 교환하고 싶었던 것은 HTTP 메시지이다. 여기에는 네트워크상에서 커넥션을 맺는 과정이 필요하며, 이것이 바로 오버헤드이다. HTTP가 비연결성이라곤 하지만, 클라이언트와 서버가 교환할 HTTP 메시지가 남아 있다면 연결을 끊지 않고 그대로 사용하는 것이 오버헤드를 줄일 수 있는 방법일 것이다. HTTP 버전이 올라가면서 이와 관련해 더 효율적인 방법들도 나오고 있다.

오버헤드는 HTTP 트랜잭션 말고도 여러 곳에 존재한다. 데이터를 파일에 읽고 쓰는 과정에도 파일을 열고 닫는 과정이 포함되고, 데이터베이스에 쿼리를 날릴 때에도 커넥션을 획득하고 반납하는 과정이 포함된다. 운영체제에서도 하나의 프로세스(스레드)에서 다른 프로세스(스레드)로 실행 흐름을 옮겨 가는 과정에 '컨텍스트 스위칭(Context Switching)'이라는 오버헤드가 발생한다.

오버헤드는 대부분의 경우 필연적으로 발생한다. 한 쪽에서 오버헤드를 줄이는 것이 다른 쪽에서 또 다른 문제를 일으킬 수도 있기 때문에 적절히 '트레이드 오프(Trade-off)'를 해야 한다. HTTP가 클라이언트와 서버 사이의 커넥션을 유지하지 않고 끊어 버리는 비연결성을 사용한 것도 서버의 자원을 적절히 사용하기 위해 선택한 트레이드 오프의 결과이다.

HTTP는 사람에게 친화적인 프로토콜이다. 통신을 위한 프로토콜들은 보통 사람이 그냥 알아보기 어려운 바이너리Binary 형태로 데이터를 주고받는 경우가 많은데, HTTP는 다음과 같이 사람이 읽을 수 있는 형태로 헤더를 주고받는다. 바디 부분은 'Content-Encoding'이라는 헤더에 정의된 대로 압축하여 주고받고, 헤더를 압축하지 않고 사람이 읽을 수 있는 형태 그대로 보내 주는 것이다. 물론 HTTPS에서는 헤더가 암호화되기 때문에 바로 알아볼 수 없다.

HTTP 요청 헤더

```
GET / HTTP/1.1
Accept: text/html,application/xhtml+xml,application/xml;q=0.9, ... 생략 ...
Accept-Encoding: gzip, deflate
Accept-Language: ko
Connection: keep-alive
Host: www.google.com
Upgrade-Insecure-Requests: 1
User-Agent: Mozilla/5.0 (Windows NT 10.0; Win64; x64) ... 생략 ...
```

HTTP/1.1 외의 버전

HTTP/1.1 이전에는 0.9와 1.0 버전이 있고, 이후로는 2.0, 3.0 버전이 있다. 버전별로 어떤 차이가 있는지 간단히 알아보자. 자세한 내용은 HTTP 관련 서적과 아티클을 참고하는 것을 추천하며, 다음 링크에도 간략히 소개되어 있으니 읽어 봐도 좋다.

- https://www.baeldung.com/cs/http-versions

먼저 HTTP/1.1 이전 버전들은 빈약한 기능과 헤더를 가지고 있었다. 초기 HTTP는 단순히 HTML 문서를 요청하고 응답하기 위해 고안되었기 때문이다. HTTP/0.9 버전은 GET이라는 하나의 메서드만 지원했고, 그 후 나온 HTTP/1.0에는 POST와 HEAD 메서드, 상태 코드Status Code와 여러 가지 헤더가 추가되었다. HTTP/1.1에서도 사용되는 많은 헤더가 HTTP/1.0에서부터 정의된 만큼, 실질적으로 HTTP의 기반을 닦은 버전은 바로 HTTP/1.0이다.

이후 우리가 사용하고 있는 HTTP/1.1에서는 커넥션에 대한 '지속적인 연결Persistent Connections'이 추가되어 HTTP 트랜잭션에 대한 오버헤드를 줄일 수 있게 발전했고, 여러 가지 헤더가 추가되어 지금의 모습을 갖추게 되었다.

이어서 HTTP/2와 HTTP/3의 특징을 정리하면서 현재 HTTP/1.1이 겪고 있는 문제의 해결책을 알아보고, 우리 서비스에 적용할 부분이 있을지 살펴보자.

HTTP/2 버전의 특징

HTTP/2에는 다음과 같은 주요 변경 사항이 있다.

- 하나의 커넥션에서 여러 개의 요청을 동시에 다중(Multiplex) 처리할 수 있다.
- 헤더를 압축한다.
- 서버에서 예상되는 요청을 미리 클라이언트에 전송한다.

웹 브라우저로 웹 서핑을 하면 하나의 HTML 페이지를 먼저 다운로드하고 거기에 포함된 여러 개의 CSS, 자바스크립트, 이미지 파일을 연달아 받는 상황이 흔히 발생한다. 이런 상황에서 HTTP/1.1은 '파이프라이닝Pipelining'이라는 방법으로 하나의 커넥션을 통해 요청과 응답을 처리하도록 개선했다. 그러나 여기에는 반드시 '요청한 순서와 동일하게 응답이 와야 한다'라는 제약이 있어서, 앞쪽 요청에 대한 처리가 늦어지면 뒤쪽 요청에 대한 처리 역시 늦어진다는 문제가 있었다. HTTP/2는 '다중화Multiplexing'를 통해 요청한 순서에 상관없이 응답이 오는 대로 처리할 수 있도록 개선했다. 이와 관련된 내용은 다음 링크들을 참고하자.

- https://stackoverflow.com/questions/36517829/what-does-multiplexing-mean-in-http-2
- https://manningbooks.medium.com/http-1-1-vs-http-2-vs-http-2-with-push-91f7d497ddbe

또한 HTTP/1.1은 헤더를 압축하지 않아 사람이 바로 읽을 수 있는 형태를 가지고 있다. 그러나 이것은 헤더의 사이즈를 키웠고, 파싱Parsing하는 데에도 비효율적이어서 낮은 성능을 보였다. 더구나 TCPTransmission Control Protocol의 '느린 시작Slow Start'라는 특성은 이런 문제를 더 부각시켰다(TCP가 느리게 시작하는 이유는 처음 요청하여 실패할 수도 있는 요청에게 네트워크 대역폭을 낭비하지 않도록 만들어 전체적인 네트워크 효율을 높이기 위함이다). HTTP/2에서는 이러한 문제를 해결하고자 'HPACK'이라는 헤더 압축 방식을 채택했다.

다중화와 비슷하게 반드시 연달아 제공되는 파일들이 있다면 해당 파일들을 서버에서 먼저 클라이언트에게 보내 두는 것도 좋은 방법일 것이다. HTML에 대한 요청이 오면 해당 HTML에 포함되어 요청이 들어올 것으로 예상되는 CSS, 자바스크립트, 이미지 파일들을 요청이 오기 전에 서버 쪽에서 클라이언트에게 보내 두는 것이다. 이를 '서버 푸시Server Push'라고 한다. 그러나 서버 푸시는 모든 상황에서 좋은 방법은 아니다. 만약 클라이언트가 실제로 필요하지 않은 콘텐츠를 푸시한다면 불필요하게 네트워크 대역폭을 낭비하게 된다. 그 밖의 HTTP/2와 관련된 궁금한 내용은 HTTP/2 깃허브 블로그*에 있는 자주 묻는 질문을 참고하자.

HTTP/3 버전의 특징

HTTP/3은 'QUICQuick UDP Internet Connections'이라는 UDP를 사용하는 프로토콜을 선택했다. 앞서 HTTP 트랜잭션에는 '네트워크상에서 커넥션을 맺는 과정'이 필요하다고 했는데, 네트워크상에서 커넥션을 맺는 과정은 'TCP의 핸드쉐이킹Handshaking'을 의미한다. 이를 통해 TCP는 안전하게 두 주체 간 정보를 교환할 수 있게 되지만, 이 과정 자체가 오버헤드가 된다. 반면, UDP는 이러한 핸드쉐이킹 과정이 없다. 또한 네트워크 헤더도 큰 차이가 있는데, TCP의 헤더는 안정적인 데이터 전송을

---

* https://http2.github.io/faq/

위해 여러 가지 필드를 가지고 있지만, UDP의 헤더는 오직 출발지 포트, 목적지 포트, 데이터의 길이, 체크섬^{Checksum} 정도만 가지고 있다.

UDP는 이렇게 가벼운 프로토콜이긴 하지만, HTTP 통신에는 TCP가 해주던 여러 가지 기능이 필요할 것이다. 필요한 기능은 QUIC이 새로 구현해 주면 되기 때문에 UDP만으로도 충분하다. 가벼운 UDP 프로토콜 위에 HTTP 통신에서 필요한 부분만 추가로 구현하여 훨씬 효율적이고 빠르게 HTTP 통신이 가능하도록 만들 수 있다.

⟨2⟩ HTTP 요청 헤더와 바디

HTTP 트랜잭션은 HTTP 요청으로부터 시작된다. 이번 절에서는 HTTP 요청에 포함되는 헤더와 바디에 대해 알아본다. 개발에 중요한 부분인 헤더 첫 번째 줄에 있는 메서드를 자세히 다루고, 나머지 줄에 있는 요청 헤더는 필요할 때마다 설명한다.

HTTP 요청 살펴보기

7장에서 만들었던 즐겨찾기 서비스를 실행해 HTTP 요청을 확인해 보자. 즐겨찾기 애플리케이션을 실행시키고 웹 브라우저의 개발자 도구를 켠 상태로 'http://localhost:8080/backend.html'로 접속하자.

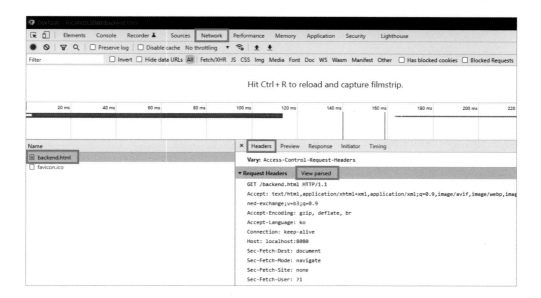

[Network] 탭에서 'backend.html'을 선택하고 [Headers] 아래에 있는 [Request Headers]에서 'View source'를 클릭하면 실제 HTTP 요청의 헤더를 볼 수 있다. 구글 크롬 버전에 따라 'view source' 대신 [Raw] 체크박스를 클릭하면 동일하게 HTTP 요청 헤더를 확인할 수 있다. 항목이 조금 다를 수 있지만 주요 내용은 동일하니 참고하자.

HTTP 요청 헤더 예시

```
GET /backend.html HTTP/1.1
Accept: text/html,application/xhtml+xml,application/xml;q=0.9,image/avif,image/
webp,image/apng,*/*;q=0.8,application/signed-exchange;v=b3;q=0.9
Accept-Encoding: gzip, deflate, br
Accept-Language: ko
Connection: keep-alive
Host: localhost:8080
Sec-Fetch-Dest: document
Sec-Fetch-Mode: navigate
Sec-Fetch-Site: none
Sec-Fetch-User: ?1
Upgrade-Insecure-Requests: 1
User-Agent: Mozilla/5.0 (Windows NT 10.0; Win64; x64) AppleWebKit/537.36 (KHTML, like
Gecko) Chrome/100.0.4896.75 Safari/537.36
sec-ch-ua: " Not A;Brand";v="99", "Chromium";v="100", "Google Chrome";v="100"
sec-ch-ua-mobile: ?0
sec-ch-ua-platform: "Windows"
```

굵게 표시된 부분이 비교적 중요한 내용이다. HTTP 요청은 크게 헤더와 바디로 나누고, 다시 헤더는 첫 번째 줄과 나머지 줄로 나눌 수 있다.

```
GET /backend.html HTTP/1.1
```

첫 번째 줄에 있는 GET은 HTTP 요청 메서드로, 'GET'이라는 메서드를 사용했다. '/backend.html'은 해당 요청이 어떤 경로로 가는지를 나타내고, 'HTTP/1.1'은 해당 요청의 HTTP 버전을 의미한다. 경로와 버전은 개발에 크게 신경 써야 할 내용은 아니지만, 만약 HTTP/1.1에서 HTTP/2로 변경하고 있는 상황이라면 중요할 수도 있다. 반면, HTTP 요청 메서드는 매우 중요하므로 좀 더 알아보자.

HTTP 요청 메서드들

같은 경로에 대한 HTTP 요청이더라도 메서드에 따라 동작이 달라진다. 아니, 달라지도록 개발해야한다. 앞으로 어떤 메서드를 사용할지 고민하게 되는 상황이 많을 것이다. 여기서 설명하는 내용이 API 설계에 도움되길 바란다.

행위별로 적절한 HTTP 메서드 연결하기

모질라^{Mozilla}에서 제공하는 HTTP 요청 메서드 리스트*를 보면 여러 가지 HTTP 메서드가 있지만 실제로 많이 사용되는 HTTP 요청 메서드는 다음과 같이 정해져 있다.

- **GET**: 특정 자원에 대한 조회를 요청하는 메서드이다.
- **HEAD**: GET 메서드에 대한 요청과 동일한 효과를 내지만, 바디를 제외한 헤더 부분만 응답으로 받는 메서드이다.
- **POST**: 새로운 자원 생성을 요청하는 메서드이다. 새로운 자원은 요청 바디에 있는 내용을 바탕으로 생성된다.
- **PUT**: 기존에 있던 자원을 요청 바디에 있는 내용으로 변경하는 메서드이다.
- **PATCH**: PUT처럼 기존 자원을 변경하지만 해당 자원의 전체를 변경하는 것이 아니라 일부만 변경한다.
- **DELETE**: 특정 자원을 제거한다.
- **OPTIONS**: 해당 경로에서 어떤 HTTP 요청 메서드를 사용할 수 있는지 알려 준다.

앞서 CRUD는 생성하고(Create), 읽고(Read), 수정하고(Update), 삭제하는(Delete) 것을 의미한다고 설명했다. 그럼 이 CRUD 각각의 행위에는 어떤 HTTP 메서드가 적절할까?

- 생성하기(POST)
- 읽기(GET)
- 수정하기(PUT)
- 삭제하기(DELETE)

물론 모든 상황에서 이처럼 대응되는 것은 아니지만, 일반적으로는 GET, POST, PUT, DELETE, 네 가지 메서드를 이와 같이 적용해 API를 설계한다. 이를 이해하려면 HTTP 메서드의 중요한 특징 두 가지를 알아야 한다.

---

* https://developer.mozilla.org/ko/docs/Web/HTTP/Methods

안전한 메서드와 멱등성 있는 메서드

안전한 메서드라는 것은 대상이 되는 자원의 상태를 변경하지 않는 메서드라는 의미이다. 즐겨찾기 서비스라면 즐겨찾기의 이름을 변경하거나 즐겨찾기의 URL을 변경하지 않는 메서드를 안전한 메서드라고 할 수 있다. HTTP/1.1 명세 문서*를 살펴보면 GET, HEAD, OPTIONS가 각각 안전한 메서드라고 나와 있다. HEAD와 OPTIONS에는 보통 @RequestMapping을 추가해 줄 필요없이 GET 메서드로 @RequestMapping을 추가하면 WAS가 자동으로 생성해 준다. 결국 GET 메서드만 만들어 주면 되는데, 중요한 점은 GET 메서드 API도 '안전한 메서드'로 만들어야 한다는 것이다. GET 메서드라면 자원의 상태를 변경하지 않아야 한다.

> **여기서 잠깐**
>
> **GET 메서드가 안전한 메서드여야 하는 또 다른 이유**
>
> 다른 이유는 좀 더 현실적이다. GET 메서드는 웹 브라우저에서 특정 URL에 접속하기만 해도 요청이 날아갈 수 있다. 실수로도 얼마든지 요청이 날아갈 수 있으므로 자원의 상태를 변경하는 API에 GET 메서드를 사용하는 것은 위험한 API 설계이다.

다음은 **멱등성**이다. 멱등성이란 '한 번 호출한 것과 여러 번 호출한 것이 같은 자원의 상태를 가지는 것'을 의미한다. 말이 조금 어렵게 느껴질 수 있다. 즐겨찾기 서비스의 즐겨찾기를 새로 생성하는 API를 생각해 보자. 즐겨찾기를 새로 생성하는 요청을 보내면 매 요청마다 새로운 즐겨찾기가 생성될 것이다. 그럼 이것은 멱등성이 있다고 할 수 있을까? 아니다. 생성 요청을 보낼 때마다 자원이 하나씩 늘어나기 때문이다. POST는 대표적인 멱등성이 없는 메서드이다. 멱등성이 있는 메서드는 대표적으로 GET, PUT, DELETE이 있다. 안전한 메서드 GET은 당연히 멱등성도 있다고 할 수 있다. 호출해도 자원의 상태가 바뀌지 않기 때문이다. PATCH 역시 멱등성이 없는 메서드이다.

다시 각각의 기능과 메서드가 대응된 이유를 따져 보자.

- **생성하기(POST)** – 생성하기는 멱등성이 없으므로 POST 메서드가 적절하다.
- **읽기(GET)** – 읽기 연산은 안전해야 하므로 GET 메서드가 적절하다.

---

* https://www.rfc-editor.org/rfc/rfc9110.html#name-safe-methods

- **수정하기(PUT)** – 수정하기는 보통 멱등성이 있다. 동일한 내용으로 요청하면 한 번 수정된 후 동일한 상태를 가지기 때문이다. 맥락상 수정한다는 의미에서 PUT이 적절하기도 하다. 자원의 일부만 수정하는 기능이면서 멱등성이 없다면 PATCH를 고려해 볼 수도 있다.
- **삭제하기(DELETE)** – 삭제하기는 보통 멱등성이 있다. 데이터베이스를 사용하면 자원마다 고유한 ID를 가지게 된다. 삭제하기는 해당 ID를 기준으로 삭제를 요청하기 때문에 한 번 삭제된 후로는 동일하게 자원이 삭제된 상태를 유지하게 된다. 따라서 삭제하기는 멱등성이 있고, 의미상으로도 DELETE가 적절하다.

이와 같은 기능별 메서드의 지정은 상황에 따라 달라질 수 있다. 다만, 다음의 2가지 특징이 반드시 지켜지고 있는지는 확인해야 한다.

GET은 반드시 안전한 메서드여야 한다. 해당 기능이 자원의 상태를 변경하는 경우 안전한 메서드가 아니다. GET이 아니라 다른 메서드 중에 적절한 메서드를 찾아야 한다.

PUT, DELETE는 멱등성이 있는 메서드여야 한다. 한 번 호출한 것과 여러 번 호출한 것의 자원 상태가 같아야만 한다. 만약 해당 기능이 멱등성이 없다고 판단되면 멱등성이 없어도 되는 다른 메서드의 사용을 고려하자.

멱등성에 대해 오해하지 말아야 하는 점은 POST가 붙은 기능이 반드시 멱등성이 없어야 한다는 뜻은 아니라는 것이다. 멱등성이 있는 메서드는 POST, PUT, DELETE 등 적절한 메서드 이름을 붙이면 되지만, 멱등성이 없다면 PUT, DELETE를 붙이지 말고 POST 같은 메서드를 붙여야 한다.

HEAD와 OPTIONS 메서드

HEAD와 OPTIONS 메서드로 요청하기 위해 Postman을 실행하고 'http://localhost:8080/backend.html'에 요청을 보내자. 먼저 메서드를 'HEAD'로 두고 요청을 보내면 다음과 같이 응답 바디에 아무것도 나오지 않는다.

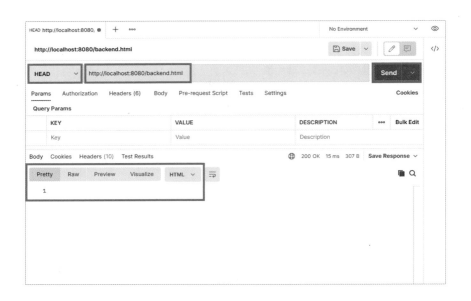

이것을 [Headers] 탭으로 바꾸면 다음과 같이 헤더는 정상적으로 나오는 것을 볼 수 있다.

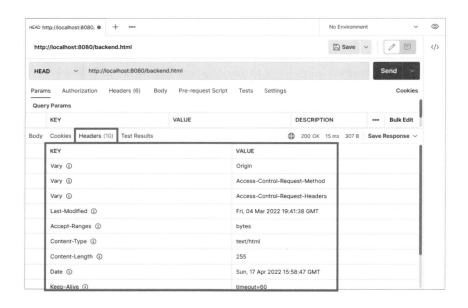

HEAD 메서드를 사용하면 GET 메서드를 호출했을 때와 동일하지만, 응답 바디는 비어 있다. 즉, 응답 헤더만 볼 수 있다. GET 메서드로 호출했을 때와 헤더가 동일한지 직접 비교해 보자.

그럼 HEAD 메서드를 어디에 사용할 수 있을까? 웹 페이지를 돌아다니며 'HTTP 문서를 수집'하는 프로그램을 만들었다고 가정하자. 일종의 '크롤러Crawler'라고 볼 수 있다. 이 크롤러가 효율적으로 동작하기 위해서는 '한 번 다운로드 된 페이지는 변경되기 전까지 다시 다운로드하지 않는다'는 규칙을 적용하는 것이 좋다. 웹 페이지를 다운로드하는 것은 트래픽을 유발하고, 트래픽은 바로 비용으로 직결되는 문제이기 때문이다. HEAD 메서드는 이런 상황에서 사용될 수 있다. HEAD 메서드로 요청하여 응답이 온 HTTP 응답 헤더를 보면 다음과 같이 'Last-Modified'라는 헤더를 볼 수 있다.

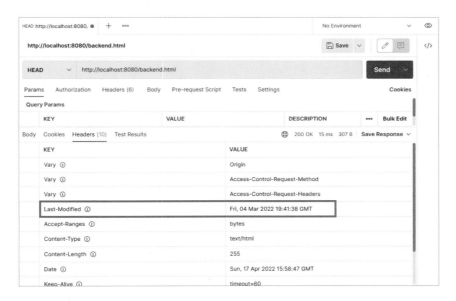

이 헤더를 활용하여 불필요한 다운로드에 소모되는 트래픽을 줄이기 위해서는 다음과 같은 과정으로 코드를 작성하면 된다.

- 처음 웹 페이지를 수집할 때는 GET으로 요청하고, 해당 웹 페이지의 URL과 Last-Modified 헤더의 값을 함께 저장한다.
- 일정 주기가 지난 후 이미 수집했던 웹 페이지가 변경되었는지 확인하기 위해 HEAD로 요청하고, 해당 웹 페이지의 Last-Modified가 변경되었는지 확인한다.
- 변경되었다면 GET으로 요청하여 다시 다운로드하고, 저장되어 있는 Last-Modified 헤더 값을 갱신한다. 변경되지 않았다면 다시 다운로드할 필요가 없다.

보통 검색 엔진을 만드는 서비스 기업에서 사용하는 크롤러는 방금 언급한 것보다 훨씬 복잡한 과정을 거쳐서 웹 페이지의 변경 여부를 판단한다.

OPTIONS로도 요청해 보자. OPTIONS로 요청하면 다음과 같이 해당 경로로 어떤 HTTP 메서드 요청이 가능한지를 보여 준다.

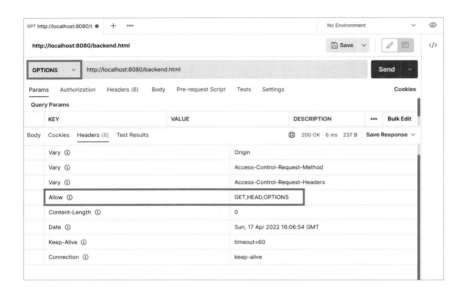

OPTIONS로 요청한 후 응답으로 온 HTTP 헤더의 'Allow'라는 항목을 보면 어떤 HTTP 메서드 요청이 가능한지 확인할 수 있다. '/backend.html' 경로로는 GET, HEAD, OPTIONS 메서드로 요청이 가능하다.

HTTP 요청 바디와 데이터 전달 방식

HTTP 요청 바디는 'HTTP 요청 시 데이터를 전달하는 방법'에 대한 이야기이다. 앞에서 우리는 form을 통해 데이터를 전달하기도 했고, AJAX로 JSON 데이터를 전달하기도 했다. 그 외 몇 가지 데이터 전달 방법을 살펴보면서 각각의 방식이 HTTP 요청 헤더와 바디의 어떤 부분에 담겨 전달되는지 알아보자.

URL을 통한 데이터 전달

URL의 일부로 데이터를 전달하는 방법부터 알아보자. 아마 웹 서핑을 하면서 다음과 같은 URL 형태를 본적이 있을 것이다.

```
https://www.google.com/search?q=HTTP+Request&newwindow=1&....
```

'https://www.google.com/search'까지는 도메인 정보와 경로인 것은 알겠고, 뒤쪽은 물음표로 시작하여 뭔가 값을 전송하고 있는 것처럼 보인다. 이처럼 URL의 일부로 데이터를 전송하는 방식은 **쿼리 파라미터**Query Parameter 혹은 **쿼리 스트링**Query String이라고 한다. 쿼리 파라미터로 보낸 데이터를 컨트롤러 쪽에서 활용할 때는 form과 동일하게 '@RequestParam'을 사용하면 된다.

form과 동일한 방식이 가능하다면 쿼리 파라미터 방식으로 데이터를 전달할 필요가 있을까? 물론 있다. 쿼리 파라미터는 단순히 URL 링크만으로 데이터를 전달할 수 있다는 강력한 장점이 있다. 즉, 링크를 공유하는 것만으로도 다른 사람에게 내가 보고 있는 것과 동일한 페이지를 전달할 수 있다. 다음 URL로 들어가 보면 구글 검색창에 'HTTP Request'라고 검색한 것과 동일한 페이지를 보게 될 것이다.

- https://www.google.com/search?q=HTTP+Request

쿼리 파라미터는 실제로 HTTP 요청상에 다음과 같이 전달된다.

> **쿼리 파라미터를 통한 HTTP 요청 헤더와 바디**
> ```
> GET /search?q=HTTP+Request HTTP/1.1
> Host: www.google.com
> Cache-Control: no-cache
>
> <바디는 없음>
> ```

쿼리 파라미터의 키key와 값value은 '='로 구분되고, 여러 개의 쿼리 파라미터를 전달할 때는 '&'로 묶인다는 특징이 있다. 그리고 눈썰미 있는 독자라면 'HTTP Request'가 아니라 'HTTP+Request'라고 되어 있는 것을 눈치챘을 것이다. 이는 'URL 인코딩Encoding'이라는 것으로, URL에 사용하는 값 중 띄어쓰기나 특정 문자열, 아스키 코드Ascii Code 외의 문자를 다른 형태로 인코딩하는 것을 의미한다.

쿼리 파라미터 외에도 데이터를 경로Path의 일부인 **패스 베리어블**Path Variable로 전달하는 방법이 있다. 일반적으로 '패스 베리어블로 전달한다'고 표현하며, 다음과 같은 경로를 가진다.

```
/article/123
```

보통 이와 같은 형태는 id가 123인 article을 조회한다는 의미이다. 동일한 의미로 쿼리 파라미터를 사용하여 다음과 같이 전달할 수도 있다.

```
/article?id=123
```

둘 중 어떤 것이 더 적절한 방식일까? 일반적으로 패스 베리어블의 경우 특정 자원resource 그 자체를 지칭할 때 사용한다. 여기서는 id가 123이라는 특정 article을 지칭하고 있으므로 이런 경우에는 패스 베리어블이 더 적절하다. 반면, 쿼리 파라미터의 경우 특정 자원을 지칭하기보다는 필터의 조건이나 정렬 방식 등을 지정하는 경우가 많다. 앞서 우리가 봤던 구글 검색 결과는 일종의 필터라고 볼 수 있으므로 쿼리 파라미터가 더 적절할 것이다.

요청 바디를 통한 데이터 전달

요청 바디를 통해 전달되는 내용을 확인해 보자. 6장에서 우리는 '/article'이라는 경로로 form을 통해 title과 content를 전달했다.

6-4-1.html form 태그 실행 소스코드 일부

```
(생략)

<form action="./article" method="post">
    <input type="text" name="title">
    <input type="text" name="content">
    <input type="submit">
</form>

(생략)
```

6장 프로젝트의 애플리케이션을 시작하고 'http://localhost:8080/6-4-1.html'로 접속한 다음, 입력란에 '제목은 title', '내용은 content'을 적어 [제출] 버튼을 클릭하고 form을 전송해 보자.

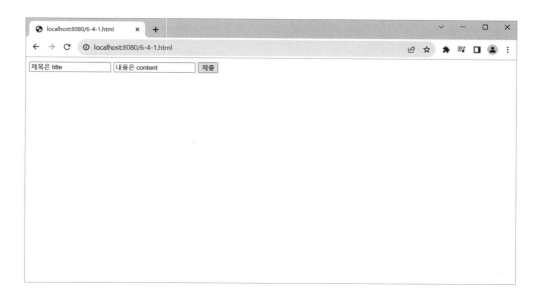

이 HTTP 요청은 다음과 같은 형태를 가진다.

application/x-www-form-urlencoded를 사용한 HTTP 요청 헤더와 바디

```
POST /article HTTP/1.1
Host: localhost:8080
Content-Type: application/x-www-form-urlencoded
Cache-Control: no-cache

title=%EC%A0%9C%EB%AA%A9%EC%9D%80+title&content=%EB%82%B4%EC%9A%A9%EC%9D%80+content
```

중간에 비어 있는 줄을 기준으로 위쪽이 헤더, 아래쪽이 바디이다. 실제 HTTP 요청은 이와 같다. 어디까지가 헤더이고 어디까지가 바디인지 명확히 구분된다. 실제 전송 데이터에서도 빈 줄이 헤더와 바디를 구분하는 경계가 된다. 쿼리 파라미터와 마찬가지로 인코딩이 되어 있다는 것도 6장에서 확인했던 내용이다. 이것은 **'application/x-www-form-urlencoded'**로 요청했을 때의 모습이므로 여기서 **'multipart/form-data'**로 요청했을 때도 앞서 확인했던 것과 동일한지 살펴보자.

```
POST /article HTTP/1.1
Host: localhost:8080
Content-Type: multipart/form-data; boundary=----WebKitFormBoundary7MA4YWxkTrZu0gW
Cache-Control: no-cache


------WebKitFormBoundary7MA4YWxkTrZu0gW
Content-Disposition: form-data; name="title"

제목은 title
------WebKitFormBoundary7MA4YWxkTrZu0gW
Content-Disposition: form-data; name="content"

내용은 content
------WebKitFormBoundary7MA4YWxkTrZu0gW--
```

바디 부분은 동일하다. 눈여겨봐야 할 부분은 각 데이터를 나누는 문자열이 헤더에 포함되어 있다는 점이다. 이번에는 7장에서 **JSON 데이터를 전송**했을 때의 HTTP 요청을 살펴보자.

```
POST /bookmark HTTP/1.1
Host: localhost:8080
Content-Type: application/json
Cache-Control: no-cache

{"name":"다음","url":"https://www.daum.net"}
```

바디에 JSON 데이터가 담겨 있는 것을 확인할 수 있다. 컨트롤러에서는 HTTP 요청 바디에 담긴 JSON 데이터를 '@RequestBody'를 통해 받을 수 있다는 사실을 기억할 것이다.

마지막으로 HTTP 요청 시 데이터 전달 방식과 관련해 주의할 점 두 가지를 짚고 넘어가자. 첫 번째는 GET 메서드와 HTTP 요청 바디에 대한 내용이다. GET 메서드로 데이터를 요청하는 경우에는 요청 바디에 데이터를 넣는 것을 권장하지 않는다. 물론 컨트롤러에서 GET 메서드로 지정한 '@RequestMapping'에서 HTTP 요청 바디에 있는 데이터를 꺼내는 코드를 작성할 수도 있지만, 역시 권장하는 방식이 아니다. 자세한 내용은 다음 링크의 RFC 문서를 참고하자.

• https://datatracker.ietf.org/doc/html/rfc7231#section-4.3.1

두 번째는 'Content-Type' 헤더에 대한 내용이다. Content-Type 헤더는 HTTP 요청과 응답 양쪽 헤더에 포함되는 헤더이다. 짐작하다시피, HTTP 요청에 들어간 Content-Type은 해당 HTTP 요청의 바디에 포함된 데이터가 어떤 타입인지를 표현한다. 앞에서 form과 JSON 등 보내는 데이터의 타입에 따라 Content-Type이 변경되는 것을 확인할 수 있었다. 그리고 HTTP 응답에 들어간 Content-Type은 서버에서 응답으로 보내 준 바디에 포함된 데이터가 어떤 타입인지를 표현한다. 웹 브라우저는 서버에서 보내 준 Content-Type을 기준으로 바디를 파싱하여 보여 준다. 종종 HTML 코드가 그대로 웹 브라우저에 보이는 경험을 하게 될 수도 있다. 이는 응답의 Content-Type으로 'text/html'처럼 HTML 문서라고 보내야 하는데, 실수로 'text/plain'처럼 단순 문자열이라고 잘못 보내는 경우 발생하는 문제이다.

여기서 잠깐

Content-Type과 MIME 타입

Content-Type 헤더에 포함되는 'text/html'이나 'application/json' 같은 값은 어디에 정의된 내용인지 궁금할 수 있다. 이러한 문자열들을 'MIME 타입' 혹은 '미디어 타입(Media Type)'이라고 하는데, 정의된 MIME 타입 리스트는 다음 링크에서 확인해 보자.

• https://www.iana.org/assignments/media-types/media-types.xhtml

모든 MIME 타입을 외울 필요는 없다. 자주 사용하는 MIME 타입은 자연스레 머리에 남게 된다. MIME 타입은 앞서 설명했던 크롤러 예시처럼 HEAD 메서드와 함께 사용하여 특정한 종류의 자원만 수집하는 것에 활용될 수 있다.

‹3› HTTP 응답 헤더와 바디

다음은 HTTP 응답이다. HTTP 요청에서의 핵심이 메서드였다면, HTTP 응답에서의 핵심은 상태 코드이다. 역시 응답에 포함된 헤더 중 설명이 필요한 부분만 언급하고, 나머지 부분은 책 후반부에서 조금씩 다룬다.

HTTP 응답 살펴보기

응답 역시 즐겨찾기 서비스로 확인해 보자. 웹 브라우저의 개발자 도구를 실행한 상태에서 'http://localhost:8080/backend.html'로 접속한다.

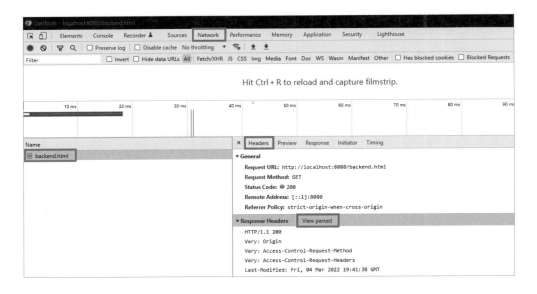

이제 개발자 도구로 HTTP 헤더를 보는 방법이 조금은 익숙해졌을 것이다. 응답 헤더는 요청 헤더와 동일하게 [Network] 탭에서 보고 싶은 HTTP 트랜잭션을 선택한 후 [Headers]에서 확인한다. [Response Headers]에서 'View source'나 [Raw] 체크박스를 클릭하면 다음과 같은 내용을 확인할 수 있다.

```
HTTP 응답 헤더

HTTP/1.1 200
Vary: Origin
Vary: Access-Control-Request-Method
Vary: Access-Control-Request-Headers
Last-Modified: Fri, 04 Mar 2022 19:41:38 GMT
Accept-Ranges: bytes
Content-Type: text/html
Content-Length: 255
Date: Wed, 13 Apr 2022 22:12:28 GMT
Keep-Alive: timeout=60
Connection: keep-alive
```

응답 헤더도 요청 헤더와 마찬가지로 첫 번째 줄과 나머지 줄로 나눌 수 있다. 먼저 첫 번째 줄을 보자.

```
HTTP/1.1 200
```

응답 헤더는 요청 헤더와는 다르게 첫 번째 줄에 HTTP 버전과 숫자가 등장한다. HTTP 버전은 이미 알고 있는 내용이고, 200이라는 숫자가 바로 '상태 코드Status Code'이다.

상태 코드는 클라이언트가 보낸 HTTP 요청이 서버에서 어떻게 처리되었는지에 대한 정보를 제공한다. 우선 응답 헤더와 바디에 대해서 좀 더 살펴보자. 헤더를 보면 크롤러 예시에서 봤던 Last-Modified 헤더가 있다. 그 외에도 Content-Type, Content-Length 헤더가 있는데, Content-Type은 응답 헤더에 포함된 경우 응답 바디에 포함된 데이터가 어떤 형식의 데이터인지를 나타낸다. 또한 Content-Length는 응답 바디에 포함된 데이터의 크기가 몇 바이트Byte인지를 나타내는데, 헷갈리지 말아야 할 점은 응답 헤더를 제외한 응답 바디의 크기라는 점이다.

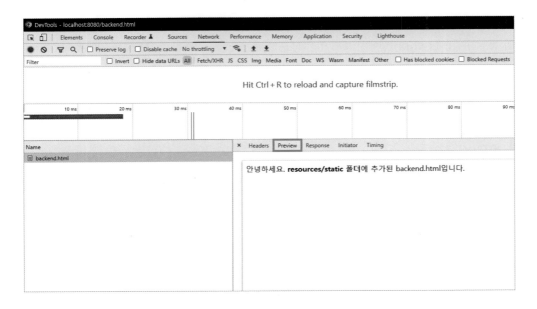

[Preview] 탭으로 가면 HTML 코드가 렌더링된 모습을 확인할 수 있다. 앞서 [Preview] 탭에서는 응답의 바디에 포함된 데이터를 보기 좋은 형태로 미리보기시켜 준다고 설명했다. HTML은 이처럼 HTML 코드를 렌더링해 주고, JSON은 자바스크립트 객체 형태로 보여 준다.

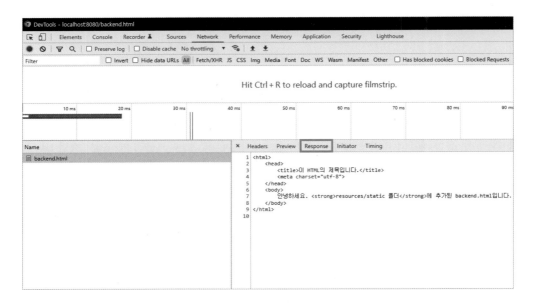

다음으로 [Response] 탭을 보면 응답 바디에 담긴 데이터를 있는 그대로 보여 준다. HTML 태그가 그대로 노출되어 있는 것을 확인할 수 있다. 추가로 해당 요청의 HTML 응답을 있는 그대로 보여 주면 다음과 같다.

HTTP 응답 헤더와 바디

```
HTTP/1.1 200
Vary: Origin
Vary: Access-Control-Request-Method
Vary: Access-Control-Request-Headers
Last-Modified: Fri, 04 Mar 2022 19:41:38 GMT
Accept-Ranges: bytes
Content-Type: text/html
Content-Length: 255
Date: Wed, 13 Apr 2022 22:12:28 GMT
Keep-Alive: timeout=60
Connection: keep-alive

<html>
    <head>
        <title>이 HTML의 제목입니다.</title>
        <meta charset="utf-8">
    </head>
    <body>
        안녕하세요. <strong>resources/static 폴더</strong>에 추가된 backend.html입니다.
    </body>
</html>
```

HTTP 응답 상태 코드

앞서 HTTP 응답 상태 코드는 클라이언트가 보낸 HTTP 요청이 서버에서 어떻게 처리되었는지에 대한 정보를 제공한다고 설명했다. HTTP 응답 상태 코드는 100번 대에서 500번 대까지의 값을 사용하며, 각 100번 대마다 다음과 같은 의미를 가지고 있다.

HTTP 응답 상태 코드의 대역별 의미

상태 코드 대역	의미	
1xx	정보성 상태 코드	요청을 받았으나 무언가 계속되는 상태를 나타낸다.
2xx	성공을 의미하는 상태 코드	요청을 성공적으로 수신/이해/수락했다는 것을 의미한다.
3xx	리다이렉트(Redirect)*를 의미하는 상태 코드	요청을 서버에서 처리하지 않고 다른 곳으로 유도한다. 리다이렉트되는 경우 2번의 HTTP 트랜잭션이 발생한다.
4xx	클라이언트 오류에 해당하는 상태 코드	요청에 잘못된 구문이 포함되어 있거나 어떤 이유에 의해 수행할 수 없다는 것을 의미한다.
5xx	서버 오류에 해당하는 상태 코드	서버에서 요청을 처리하는 과정에서 문제가 발생했다는 것을 의미한다.

대역별 상태 코드는 포괄적 의미를 설명하고 있다. 하나하나의 상태 코드는 보다 명확한 의미를 가지고 있으므로 정확한 의미의 상태 코드를 사용해야 한다. 알고 있어야 할 만한 상태 코드 다섯 가지를 추려 웹 브라우저에서 확인해 보자. 'http://localhost:8080/backend.html'로 접속했던 개발자 도구에 HTTP 상태 코드가 있었다. [Headers] 탭에서 'General' 영역의 'Status Code' 항목을 살펴보면 된다.

200, 404, 400 상태 코드

[Headers] 탭의 상태 코드를 보면 성공을 의미하는 상태 코드인 200을 확인할 수 있다. 'http://localhost:8080/backend.html'에 대한 요청이 성공했기 때문이다.

---

* HTTP 요청을 서버가 처리하지 않고 다른 곳으로 보내 버리는 것을 의미한다.

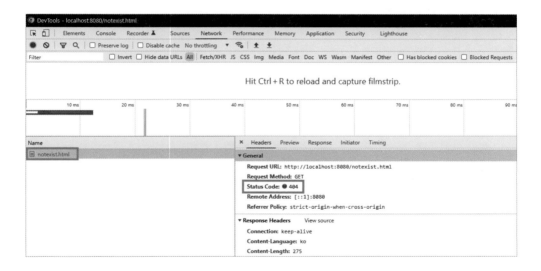

이번에는 존재하지 않는 경로 'http://localhost:8080/notexist.html'에 접속해 보자.

'notexist.html'을 추가해 준 적이 없기 때문에 정상적으로 요청이 성공하지 않았을 것이다. 이때 발생하는 상태 코드가 404이다. 404 상태 코드는 HTTP 트랜잭션의 글씨가 붉은 색이고, Status Code 역시 빨간불인 것을 확인할 수 있다. 상태 코드가 200일 때와는 대조적이다.

다음으로는 요청 파라미터가 잘못된 경우 발생하는 상태 코드를 알아보자. 다음은 이전에 추가했던 컨트롤러이다.

```java
@RestController
public class SimpleRestController {

    @RequestMapping("/article")
    public String createArticle(@RequestParam("title") String title,
                                @RequestParam("content") String content) {
        return String.format("title=%s / content=%s", title, content);
    }

}
```

여기 @RequestMapping은 title과 content라는 두 가지 파라미터가 필요한데, 이 파라미터를 누락한 채 보내면 어떻게 될까? 'http://localhost:8080/article?title=sometitle'로 GET 요청을 해보자. content 파라미터가 누락되었기 때문에 상태 코드가 400인 것을 볼 수 있다.

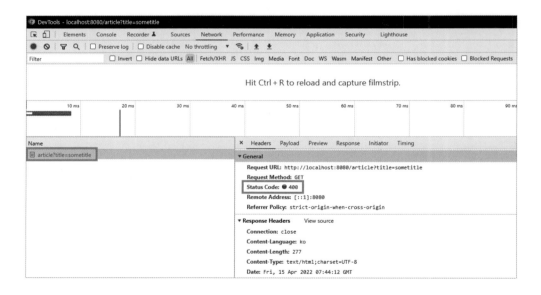

/article은 POST 요청만 가능한 것 아니었나요?

@RequestMapping은 특정 HTTP 메서드만 매핑하는 애너테이션이 아니다. 만약 POST만 매핑해 주려면 다음과 같이 코드를 작성해야 한다.

> **POST 메서드로 요청을 받기 위한 애너테이션 작성 방법**
>
> ```
> @RequestMapping(value = "/article", method = RequestMethod.POST)
>
> 혹은
>
> @PostMapping("/article")
> ```

@RequestMapping("/article")로 작성했던 API에서 어떤 메서드를 받을 수 있는지 확인하려면 OPTIONS 메서드로 요청해 보면 된다.

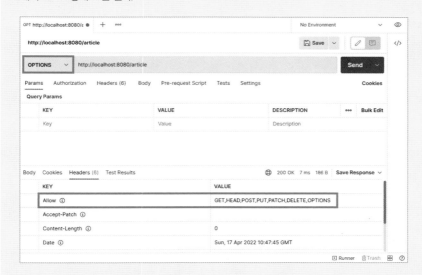

응답 헤더의 'Allow' 헤더에 해당 API에서 받을 수 있는 메서드 목록을 확인할 수 있으므로 가급적 명확한 메서드를 지정하여 사용하자.

리다이렉트를 의미하는 301 상태 코드

다음은 리다이렉트^{Redirect}를 시켜보자. 'RedirectRestController'라는 컨트롤러를 추가해 다음과 같이 코드를 작성하고 애플리케이션을 재시작한다.

RedirectRestController.java 컨트롤러 추가

```java
@RestController
public class RedirectRestController {

    @RequestMapping("/redirectToTarget")
    public ResponseEntity redirectToTarget() {
        HttpHeaders headers = new HttpHeaders();
        headers.setLocation(URI.create("/targetOfRedirect"));
        return new ResponseEntity◇(headers, HttpStatus.MOVED_PERMANENTLY);
    }

    @RequestMapping("/targetOfRedirect")
    public String targetOfRedirect() {
        return "This is Redirect!";
    }

}
```

'http://localhost:8080/redirectToTarget'로 접속하면 접속하는 순간 URL의 경로가 '/redirectToTarget'가 아닌 '/targetOfRedirect'로 변경될 것이다.

개발자 도구의 [Network] 탭에서 2번의 HTTP 트랜잭션이 발생한 것을 확인할 수 있다.

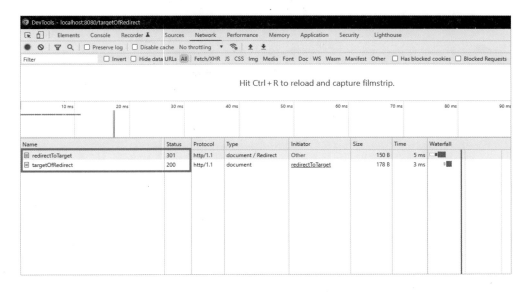

redirectToTarget으로는 301, targetOfRedirect로는 200이라는 상태 코드가 보인다. 301이 리다이렉트를 의미하는 상태 코드인 것이다. 웹 브라우저는 구체적으로 targetOfRedirect로 리다이렉트해야 한다는 정보를 어떻게 알 수 있을까? 이것에 대한 답은 redirectToTarget로 요청했던 HTTP 트랜잭션의 응답 헤더를 보면 확인할 수 있다.

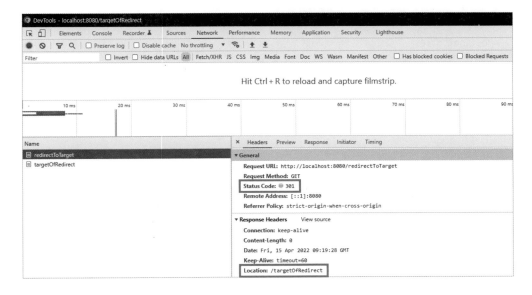

redirectToTarget의 응답 헤더 영역을 보면 'Location'이라는 헤더가 있는데, 이 헤더에 있는 값을 기준으로 리다이렉트되는 경로가 결정된다.

서버측 에러를 의미하는 500 상태 코드

500번대 상태 코드들은 서버에서 요청을 처리하는 과정에서 문제가 발생했다는 의미이므로 애플리케이션에 예외를 발생시켜 주자. 'ServerErrorRestController'라는 이름의 컨트롤러를 추가하고 다음과 같이 코드를 작성한다.

ServerErrorRestController.java 컨트롤러 추가

```java
@RestController
public class ServerErrorRestController {

    @RequestMapping("/throwServerError")
    public void throwServerError() {
        throw new RuntimeException();
    }

}
```

그리고 'http://localhost:8080/throwServerError'로 접속해 보면 상태 코드가 500인 HTTP 트랜잭션을 볼 수 있다.

지금까지 실무에서 주로 만나게 될 다섯 가지 상태 코드에 대해 살펴보았다. 이어서 상태 코드와 관련해 몇 가지 알아 두면 좋을 만한 내용을 짚고 넘어가자.

상태 코드와 관련된 몇 가지 팁

HTTP 상태 코드 중 400, 500번 대 상태 코드는 400 에러, 404 에러, 500 에러 같이 '[상태 코드 번호] + 에러'로 부르는 경우가 많다. 실제로 400, 500번 대는 에러 상황에서 발생하는 상태 코드이기 때문이다.

100번 대는 실제로 개발하면서 보기 드문 상태 코드이므로 어떤 상황에서 필요하다는 정도만 알고 있자. 예를 들어 상태 코드 100번은 클라이언트가 대용량 파일을 서버로 업로드하는 상황에서 사용할 수 있다. 파일을 쪼개어 보내도록 서비스를 구성할 수 있는데, 이럴 때 쪼갠 파일을 받은 서버에서 상태 코드 100번을 응답으로 줄 수 있다. 정리하면 상태 코드 100번은 서버에서 응답을 잘 받고 있고, 다음 요청을 이어서 진행하라는 의미를 가지고 있다.

같은 대역대 상태 코드는 서로 비슷하지만 조금씩 다른 의미를 가지고 있다. 예를 들어 상태 코드 301번은 페이지가 '영구히' 새로운 위치로 이동되었다는 의미를 가지는 리다이렉트를 나타내지만, 상태 코드 302번은 페이지가 '임시로' 새로운 위치로 이동되었다는 의미를 가지는 리다이렉트를 나타낸다. 미묘하게 다를 수 있으므로 API를 설계할 때는 최대한 원래 의미에 맞게 상태 코드를 사용하고 있는지 점검해 보자. 301, 302 상태 코드 간 미묘한 차이로 인해 어떤 문제를 야기할 수 있는지는 다음 링크에서 확인할 수 있다.

- https://www.hochmanconsultants.com/301-vs-302-redirect/

HTTP 상태 코드들은 MIME 타입과 동일한 곳에서 관리되고 있다. 다음 링크에서 현재 정의되어 있는 상태 코드들을 살펴볼 수 있다.

- https://www.iana.org/assignments/http-status-codes/http-status-codes.xhtml

한글로 되어 있는 상태 코드별 설명은 다음 링크에서 확인하자.

- https://developer.mozilla.org/ko/docs/Web/HTTP/Status

상태 코드에 대해 이야기할 때는 숫자와 함께 설명을 붙여서 부르곤 한다. 예를 들어 200 상태 코드는 'OK'라는 설명과 함께 '200 OK'라고 부르고, 404 상태 코드는 '404 Not Found'라고 부른다.
개발을 진행하다 보면 다음과 같은 상태 코드를 자주 보게 될 것이다. 상태 코드의 존재만 익혀 두고, 각각의 의미는 필요할 때 검색해 API 설계에 반영하자.

- 200 OK
- 201 Created
- 301 Moved Permanently
- 304 Not Modified
- 307 Temporary Redirect
- 308 Permanent Redirect
- 400 Bad Request
- 401 Unauthorized
- 403 Forbidden

- 404 Not Found
- 405 Method Not Allowed
- 406 Not Acceptable
- 413 Content Too Large
- 429 Too Many Requests
- 500 Internal Server Error
- 502 Bad Gateway
- 503 Service Unavailable
- 504 Gateway TImeout

400번 대 상태 코드라면 무조건 클라이언트의 잘못이라고 봐야 할까요?

HTTP 상태 코드를 처음 학습한 사람이 자주하는 오해이다. 그러나 400번 대 에러는 사실 '서버의 구현 상태와 클라이언트의 요청이 맞지 않았을 때 발생하는 상태 코드'로 봐야 한다.

이런 상황을 가정해 보자. 특정 API를 클라이언트 개발자와 서버 개발자가 모두 동일한 문서를 보고 개발했다. 그런데 서버 개발자가 특정 필드에서 오타를 냈고, 클라이언트 개발자는 문서대로 정확하게 개발했다. 이 상태에서 클라이언트가 서버로 API 호출을 하면 어떤 에러가 발생할까? 아마 400 에러가 발생할 것이다. 그럼 이 상황은 클라이언트 개발자의 잘못인가, 서버 개발자의 잘못인가? 클라이언트 개발자도 서버 개발자가 냈던 오타를 똑같이 내면 당연히 에러는 수정된다. 그러나 이것은 API 문서와 다르게 개발된 경우로, 클라이언트 개발자의 잘못이 아니라 서버 개발자가 코드를 올바르게 수정해야 하는 문제인 것이다.

HTTP 응답 바디

HTTP 응답 바디에 대한 내용은 이미 앞선 설명에 많은 것들이 녹아 있다. 간단히 생각하면 코드에 응답으로 정의한 타입과 값이 응답의 바디가 된다. 다만, HTTP 응답 바디는 응답 헤더의 'Content-Type'과 아주 밀접한 관련이 있다. 그 부분을 살펴보자.

우선 'ContentTypeRestController' 컨트롤러와 다음과 같은 코드를 추가하고 애플리케이션을 재시작하자.

ContentTypeRestController.java 컨트롤러 추가

```java
@RestController
public class ContentTypeRestController {

    @RequestMapping("/returnString")
    public String returnString() {
        return "<strong>문자열</strong>을 리턴";
    }

    @RequestMapping("/returnBookmark")
    public Bookmark returnBookmark() {
        return new Bookmark();
    }

}
```

두 경로에 각각 요청한 후 응답 헤더의 'Content-Type'을 확인해 보자.

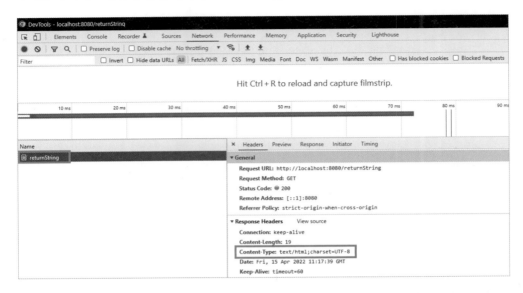

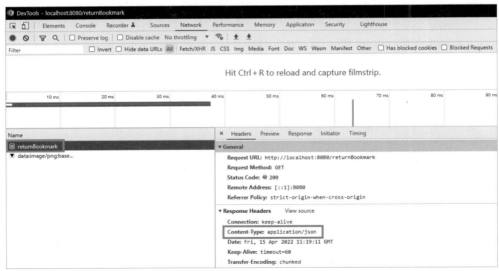

'/returnString'에 대한 요청은 'Content-Type'이 'text/html'으로, '/returnBookmark'에 대한
요청은 'Content-Type'이 'application/json'으로 들어가 있다. 반환되는 타입에 맞춰 'Content-
Type'이 들어 가고 있는 것이다. 한 가지만 더 확인해 보자.

지금은 '/returnString'을 웹 브라우저에서 'text/html' 즉, HTML 문서로 받아들이고 있다. 따라서 다음처럼 HTML 태그를 적절히 렌더링해 주고 있다.

그런데 응답 헤더의 'Content-Type'을 강제로 'text/plain'으로 바꿔 주면 어떻게 될까?

응답 헤더의 'Content-Type'을 강제로 지정하기 위해서는 @RequestMapping에 produces 값을 지정하면 된다. 다음과 같이 코드를 변경한 후 애플리케이션을 재시작하여 다시 접속해 보자.

ContentTypeRestController.java 'Content-Type' 강제 지정

```
@RestController
public class ContentTypeRestController {

    @RequestMapping(value = "/returnString", produces = "text/plain")
    public String returnString() {
        return "<strong>문자열</strong>을 리턴";
    }

… 생략

}
```

이와 같이 웹 브라우저가 해당 응답 바디를 HTML 문서로서 렌더링해 주지 않고, 태그를 그대로 보여 주고 있다는 사실을 확인할 수 있다.

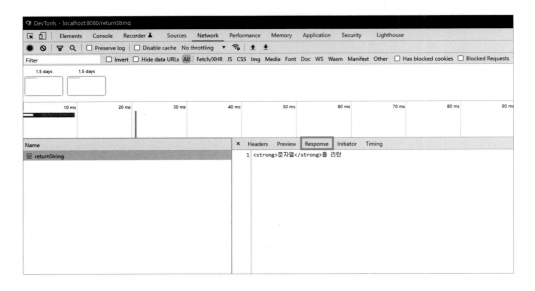

'Content-Type'을 강제로 변경해 주기 전과 후의 [Response] 탭에는 분명 동일한 응답 바디가 들어 있다. 같은 내용이라고 하더라도 'Content-Type'에 따라 웹 브라우저가 다르게 해석할 수 있다는 점에 주의하자.

마무리

이번 장에서는 클라이언트와 서버가 통신할 때 사용하는 HTTP에 대해 배웠다. HTTP 트랜잭션은 요청과 응답으로 이루어지고, 요청과 응답은 다시 헤더와 바디로 이루어진다. 마치기 전에 배운 내용을 확실히 익혔는지 확인해 보자.

- HTTP 트랜잭션이 무엇이고, 개발자 도구로 HTTP 트랜잭션을 확인하는 방법을 알아보았다.
- HTTP/1.1 버전을 중심으로 HTTP의 특징을 배웠다.
- HTTP 요청 헤더와 바디에는 어떤 요소가 포함되어 있는지 요청 메서드를 중심으로 알아보았다.
- HTTP 응답 헤더와 바디에는 어떤 요소가 포함되어 있는지 응답 상태 코드를 중심으로 알아보았다.

Q1. 서로 다른 애플리케이션끼리 통신할 때 더 효율적인 프로토콜을 사용할 수도 있는데, 왜 아직 HTTP를 많이 사용하는 걸까요?

A1. 다른 프로토콜을 사용해도 애플리케이션 간 통신이 가능하지만 HTTP 말고 다른 프로토콜을 사용해야 한다면 우리는 분명 '어떤 프로토콜을 사용해야 할지' 고민해 봐야 할 겁니다. 만약 애플리케이션마다 제각각 다른 프로토콜을 사용하는 상황이라면 굉장히 불편할 겁니다. HTTP 내에서 API를 맞춰서 개발하는 것도 어려운데 프로토콜도 맞춰 봐야 하니까요.

HTTP는 대부분의 언어와 라이브러리, 프레임워크에서 기본으로 제공해 주는 클라이언트가 있어 개발이 편리합니다. 또한 PC에 이미 웹 브라우저라는 훌륭한 HTTP 클라이언트가 하나씩 설치되어 있기 때문에 HTTP가 범용적으로 애플리케이션 간 통신에 사용되고 있다고 생각합니다.

해설

애플리케이션(프로세스) 간 통신은 보통 IPC^Inter-Process Communication라고 한다. IPC에는 여러 가지 방법이 있다. 같은 PC 내에서는 메모리를 공유해 사용하고, 다른 서버에 존재하는 애플리케이션 간 통신에는 반드시 네트워크 레이어가 끼어 있어야 하기 때문에 소켓^Socket을 사용하는 경우가 많다. 이 소켓을 통해 통신하는 상황에서 사용하는 대표적인 프로토콜이 HTTP이다. HTTP는 간단하고 이해하기 쉬운 프로토콜이고 상태를 저장하지 않아 각각의 요청이 독립적이므로 확장이 용이한 것은 맞지만, 다른 프로토콜들에서도 이런 특징을 찾아볼 수 있다. 이 질문에서 면접관은 지원자가 평소 문제 의식을 가지고 학습하는 사람인지 여부를 가늠하고 있다.

Q2. **HTTP/3에서는 왜 TCP가 아니라 UDP를 사용하나요?**

A2. TCP는 연결을 지향하고 손실을 네트워크 레이어에서 감지하는 프로토콜로, 보통 안정성이 높다고 평가됩니다. 반면, UDP는 연결을 맺지 않고, 전송 시 손실된 데이터가 있어도 재전송하지 않는 프로토콜입니다. 그러나 이것은 네트워크 레이어 차원에서 지원하고 안 하고의 차이일 뿐 필요한 기능은 애플리케이션 레이어에서 구현할 수 있습니다.

UDP는 아주 단순한 프로토콜이며, 기존에 TCP를 통한 HTTP 통신에서 제공했던 기능은 UDP 위에서 별도로 구현해 주면 됩니다. TCP와 동일한 기능을 유지하면서 훨씬 가볍고 빠른 프로토콜을 만들 수 있다는 이점이 있기 때문에 HTTP/3에서 UDP를 채택했다고 생각합니다.

> **해설**
>
> TCP는 생각보다 많은 일을 하지만, 많은 시간을 소모하는 과정이 있어 비효율적인 면이 있다. 예를 들어 TCP는 두 주체 간 연결을 수립하는 과정 '3 웨이 핸드쉐이크³ Way-Handshake'가 있어야만 통신이 가능하다. 실제 데이터를 주고받기 위한 준비에 서로 데이터를 주고 받는 시간이 소모된다. HTTP/3에서는 TCP 대신 UDP를 사용해 이런 과정을 효율적으로 변경하는 것이다. 이외에도 중요한 내용들이 있으니 자세한 설명은 다음 링크를 참고하자.
>
> • https://evan-moon.github.io/2019/10/08/what-is-http3/

Q3. **HTTP 메서드 중 GET과 POST는 각각 어떤 기준으로 구분해 사용하나요?**

A3. 보통 자원을 조회하는 것에 GET, 자원을 생성(등록)하는 것에 POST 메서드를 사용합니다. 여기에는 규칙이 있는데요. GET 메서드를 사용할 때는 해당 요청이 '안전한 요청'일 경우로, 안전하다는 의미는 해당 요청이 서버의 자원 상태를 변경하지 않는 것을 의미합니다. 그리고 '멱등성이 없는 요청'인 경우 POST 메서드로 지정하여 사용하곤 합니다.

결과적으로 보통 GET 메서드는 특정 자원에 대한 조회나 검색을 하는 경우에 사용하며, POST 메서드는 글 작성처럼 자원을 등록하는 경우에 사용합니다.

> **해설**
>
> 한 가지 중요한 특징을 덧붙이면 GET 메서드의 경우 HTTP 요청 바디를 사용하는 것이 적절하지 않다는 점이다.

Q4. 멱등성이란 무엇인가요?

A4. 멱등성이란 '한 번 호출한 것과 여러번 호출한 것의 자원 상태가 동일한 것'을 이야기합니다. 주로 수정이나 삭제 같은 기능이 멱등성 있는 기능이 되는데요. 'id가 3인 게시글을 다음 내용으로 수정하라'던가 'id가 3인 게시글을 삭제하라'와 같은 명령이 한 번이라도 실행되면 특정 내용으로 이미 수정되었거나 삭제된 상태가 되었을 겁니다. 이 상태에서 동일한 명령을 다시 수행한다고 해서 자원의 상태가 달라지지는 않습니다. 자원은 여전히 어떤 상태로 수정된 상태일 것이고, 삭제된 상태로 남아 있을 겁니다. 이런 특성을 멱등성이라고 이야기합니다.

HTTP 메서드 중 멱등성 있는 메서드는 GET, PUT, DELETE 등이 있으며, 이 중 GET은 안전한 메서드이므로 당연히 멱등성도 가지고 있습니다.

해설

API 설계에 대해 고민해 본 면접자라면 당연히 답변할 수 있어야 한다. 간혹 오해하는 내용이 있는데, 멱등성 있는 메서드라는 것은 동일 내용의 메서드가 여러 번 호출되는 경우 멱등성이 지켜지는지에 대한 것이다. 다음과 같은 상황 역시 멱등성이 있는 경우이다.

1. A라는 내용으로 자원을 수정 (자원은 A 상태)
2. B라는 내용으로 자원을 수정 (자원은 B 상태)
3. A라는 내용으로 자원을 수정 (자원은 A 상태)

이 순서대로 API가 호출되어 자원의 상태가 A → B → A 순으로 변경되기 때문에 이 메서드가 멱등성이 없다고 생각하는 경우가 있다. 그러나 멱등성은 외부 간섭 없이 오직 해당 메서드가 실행되는 결과만을 놓고 봤을 때 멱등성이 있느냐 없느냐를 판단한다.

또 멱등성을 '자원의 상태가 동일'한 것이 아니라 'HTTP 응답이 동일'한 것으로 오해하는 경우도 있다. 멱등성은 HTTP 응답이 동일한 것을 이야기하는 것이 아니다. 예를 들어 특정 자원의 응답에 현재 시간이 포함되어 있는 경우 이 시간은 계속 변경될 것이다. 그럼 이것은 멱등성이 없는 메서드인가? 그렇지 않다. 단순히 현재 시간을 HTTP 응답에 포함한다고 해서 자원의 상태가 되는 것은 아니다. 이것은 '안전한 메서드'에도 동일하게 적용되는 내용이므로 착각하지 말자.

Q5. **콘텐츠 네고시에이션(Content Negotiation)에 대해 설명해 보세요.**

A5. 콘텐츠 네고시에이션은 말 그대로 서버와 클라이언트 사이에서 어떤 콘텐츠를 제공할지에 대한 협상Negotiation을 이야기합니다. 동일한 URL에 대한 요청이라고 하더라도 어떤 사용자는 영어로 된 페이지를 받고 싶고, 어떤 사용자는 동일한 URL에 대해 HTML 페이지와 JSON 데이터 중 하나를 선택하여 받고 싶을 수도 있습니다. 만약 이러한 콘텐츠 네고시에이션 과정이 없다면 여러 가지 언어나 데이터 타입별로 페이지를 만들어야 할 겁니다. 그러나 HTTP는 이런 측면에서 적절한 협상 메커니즘을 가지고 있으며, 이것이 바로 콘텐츠 네고시에이션입니다.

구체적으로 콘텐츠 네고시에이션은 클라이언트가 요청 헤더에서 'Accept'로 시작하는 헤더들을 사용하여 어떤 콘텐츠를 받고 싶은지 명시하고, 서버는 최대한 클라이언트가 받고 싶어하는 콘텐츠에 맞춰 주려고 노력합니다. 이 과정 자체를 HTTP에서의 콘텐츠 네고시에이션이라고 합니다.

해설

본문에서 설명하지는 않았지만, 웹 애플리케이션을 개발하면서 중요하게 다뤄야 할 주제이다. 콘텐츠 네고시에이션의 개념이 더 궁금한 독자는 다음 링크를 참고하자.

- https://developer.mozilla.org/ko/docs/Web/HTTP/Content_negotiation

Q6. **HTTP와 HTTPS의 차이는 무엇인가요?**

A6. HTTP는 요청과 응답을 평문으로 주고받고, HTTPS는 요청과 응답을 암호화하여 주고받습니다. 데이터를 평문으로 주고받으면 전송 도중에도 데이터의 내용을 알아낼 수 있는데, 비밀번호나 개인정보를 전송할 경우 HTTP를 사용하면 정보가 유출될 위험이 있습니다. 반면, HTTPS는 데이터를 암호화하기 때문에 전송 도중 데이터의 내용을 알아낼 수 없어 안전합니다. 사용되는 포트 역시 다른데, HTTP는 80번, HTTPS는 443번 포트를 사용합니다.

해설

웹 개발에서 필수적인 HTTPS를 정확히 알고 있는지 확인하는 질문이다. 종종 HTTPS가 동작하는 원리에 대해 물어보는 경우도 있다. 이와 관련해서는 암호학 관련 지식이 조금 필요한데, 궁금한 독자는 'HTTPS 동작 원리'라는 키워드를 검색해 관련 내용을 참고하자.

과제 테스트를 위한 백엔드 애플리케이션 개발하기

상품 관리
애플리케이션 만들기

이번 장에서는 지금까지 배웠던 자바와 웹 지식을 바탕으로 상품 관리 애플리케이션을 만들어 본다. 분석한 요구사항을 바탕으로 상품 관리 애플리케이션의 핵심 기능을 하나씩 추가해 보면서 웹 애플리케이션의 기초적인 구현 방법을 알아보자.

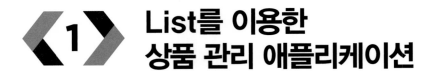

List를 이용한 상품 관리 애플리케이션

과제 테스트를 경험해 볼 시간이다. 지금까지 배웠던 내용들이 API 서버 개발에 어떻게 적용되는지 알아보자.

상품 관리 애플리케이션의 요구사항

우리가 만들 애플리케이션은 자바 컬렉션인 리스트List로 관리되는 상품 관리 애플리케이션이다. 이 상품 관리 애플리케이션은 다음과 같은 요구사항을 가지고 있다.

- 상품을 관리할 수 있는 애플리케이션이다.
- 상품은 상품 번호, 상품 이름, 가격, 재고 수량이라는 네 가지 정보를 가진다.
- 상품 번호는 1부터 시작하여 상품이 추가될 때마다 1씩 증가한다. 동일한 상품 번호를 가지는 상품은 존재할 수 없다.
- 상품 이름은 1글자 이상 ~ 100글자 이하의 문자열로, 동일한 상품 이름을 가지는 상품은 존재할 수 있다.
- 가격은 0원 이상 ~ 1,000,000원 이하의 값을 가질 수 있다.
- 재고 수량은 0개 이상 ~ 9,999개 이하의 값을 가질 수 있다.
- 상품에 대한 다음과 같은 행동이 가능하다.
  - 상품 추가
    - 단건으로 하나씩 상품을 추가할 수 있어야 한다.
  - 상품 조회
    - 상품 번호를 기준으로 하나의 상품을 조회할 수 있어야 한다.
    - 전체 상품 목록을 조회할 수 있어야 한다.
    - 상품 이름에 포함된 특정 문자열을 기준으로 검색할 수 있어야 한다.
  - 상품 정보 수정
    - 상품 번호를 기준으로 상품 번호를 제외한 나머지 정보를 수정할 수 있어야 한다.
  - 상품 제거
    - 상품 번호를 기준으로 특정 상품을 제거할 수 있어야 한다.

어떻게 개발해야 할지가 머릿속에 그려지는가? 잘 그려지지 않더라도 걱정할 필요 없다. 지금부터 하나씩 알아보자.

프로젝트 생성하기

먼저 상품 관리 애플리케이션용 프로젝트를 생성해야 한다. 스프링 부트 프로젝트 생성 방법은 142쪽 5장 '스프링 이니셜라이저' 내용을 참고하자. 다음과 같이 입력하여 프로젝트를 생성한다.

01. Group과 Artifact만 입력하면 Name과 Package name은 자동으로 입력된다. Packaging 은 'Jar', Java는 '17'을 선택한다.

Project Metadata

Group	kr.co.hanbit
Artifact	product.management
Name	product.management
Description	Demo project for Spring Boot
Package name	kr.co.hanbit.product.management
Packaging	● Jar ○ War
Java	○ 18 ● 17 ○ 11 ○ 8

02. Dependencies(의존성)으로는 'Spring Web'만 포함시키고 [GENERATE] 버튼을 클릭해 프로젝트를 다운로드한다.

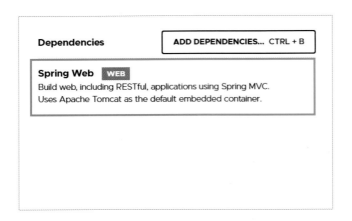

03. 다운로드한 프로젝트의 압축을 풀고 인텔리제이로 프로젝트를 열면 다음과 같이 프로젝트가 열린다.

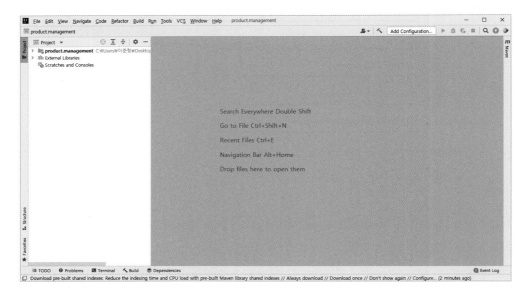

〈2〉 데이터 구조 정의하기

애플리케이션을 개발할 때는 데이터에 어떤 행동을 추가할 것인지를 결정하기보다는 데이터가 어떤 정보를 가지도록 할 것인지, 즉 어떤 데이터를 저장하고 전송할 것인지를 결정하는 것이 중요하다. 먼저 상품 관리 애플리케이션의 데이터 구조를 정의해 보고, 코드로 옮겨 보자. 요구사항에 정의된 상품은 매우 간단한 구조를 가지고 있기 때문에 쉽게 옮길 수 있을 것이다.

질문 있습니다

데이터 중심적인 설계는 좋지 않다던데요?

맞다. 데이터부터 정의하는 것은 자칫 데이터 중심적인 설계가 될 수 있다는 단점이 있다. 데이터를 너무 이른 시기에 정의하여 객체지향 패러다임에서 이야기하는 '객체 간의 협력'에 초점을 맞추지 않고, 각 데이터끼리 고립시켜 버리는 결과를 가져올 수 있기 때문이다. 그러나 처음 애플리케이션 개발을 시작하는 사람에게는 데이터부터 생각하는 설계 방식이 적절한 출발점이 될 수 있다. 먼저 덧셈을 알아야 곱셈을 이해할 수 있는 것과 같은 맥락이다.

상품 클래스 정의하기

앞서 상품이 가져야 할 데이터와 관련된 요구사항은 다음과 같다.

- 상품은 상품 번호, 상품 이름, 가격, 재고 수량이라는 네 가지 정보를 가진다.
- 상품 번호는 1부터 시작하여 상품이 추가될 때마다 1씩 증가한다. 동일한 상품 번호를 가지는 상품은 존재할 수 없다.
- 상품 이름은 1글자 이상 ~ 100글자 이하의 문자열로 동일한 상품 이름을 가지는 상품은 존재할 수 있다.
- 가격은 0원 이상 ~ 1,000,000원 이하의 값을 가질 수 있다.
- 재고 수량은 0개 이상 ~ 9,999개 이하의 값을 가질 수 있다.

상품은 상품 번호와 상품 이름, 가격, 재고 수량 이렇게 네 가지 정보를 가져야 한다. 각각의 이름부터 지정해 보자.

- **상품:** Product
- **상품 번호:** id
- **상품 이름:** name
- **가격:** price
- **재고 수량:** amount

상품 번호가 'productId'가 아니라 'id'인 이유는 상품 번호가 'Product' 안에 존재할 것이기 때문이다. 또한 'number'가 아닌 이유는 '상품 번호를 기준으로' 여러 가지 조회나 수정을 진행해야 하며, 동일한 상품 번호를 가지는 상품이 존재할 수 없다고 했기 때문이다. 상품 번호를 기준으로 상품을 '식별'해야 한다는 뜻이므로 상품 번호는 '식별자'가 된다. 보통 식별자에는 'id'라는 이름을 붙인다.

특별히 'Product'만 대문자로 시작하는 이유는 자바의 작명 관례에 따른 것이다. 'Product'는 클래스의 이름으로 사용될 것이므로 대문자로 시작하고, 나머지는 필드로 사용될 것이므로 소문자로 시작한다. 이번에는 요구사항을 보고 각 데이터의 적절한 타입을 생각해 보자.

- **상품:** Product → 클래스
- **상품 번호:** id → Long
- **상품 이름:** name → String
- **가격:** price → Integer
- **재고 수량:** amount → Integer

상품 이름은 문자열이기 때문에 String으로 지정한 것이 쉽게 납득될 것이다. 보통 식별자는 Long으로 선언하므로 상품 번호를 Long으로 정했다. Integer는 약 −21억에서 +21억까지 표현할 수 있지만, 가격과 재고 수량 모두 양수로만 표현되므로 겨우 21억 개만 사용할 수 있게 된다. 실무에서 다루게 되는 데이터는 서비스의 규모에 따라 금방 21억 개를 넘어설 수 있기 때문에 '겨우'라고 표현했다. 그래서 id의 경우는 양수로 약 2의 63제곱 개를 나타낼 수 있는 자료형인 Long을 사용했다.

long vs Long

클래스를 정의한 코드를 보다 보면 어떤 곳에서는 long, 어떤 곳에서는 Long을 사용한다. 어떤 차이가 있을까? long은 '프리미티브 타입(Primitive Type)'이고, Long은 '래퍼 클래스(Wrapper Class)'이다. 프리미티브 타입은 언어 차원에서 지원하는 기본 타입으로, 특정 클래스가 아닌 순수한 타입이다. '원시 타입'이라고 부르기도 한다. 반면, 래퍼 클래스는 말 그대로 '클래스'이다. Long은 프리미티브 타입인 long과 같은 범위의 자료형이지만, 기본 타입이 아니라 클래스로서 존재한다.

그럼 프리미티브 타입이 아니라 래퍼 클래스를 사용하는 이유는 뭘까? 클래스라는 것 자체가 이유인데, 클래스는 프리미티브 타입과 달리 다음과 같은 이점이 있기 때문이다.

- 해당 레퍼런스 변수가 null 값을 가질 수 있다.
- ArrayList 같은 컬렉션의 요소가 될 수 있다.

체감할 만한 차이는 이 두 가지가 가장 크다. 프리미티브 타입은 null이 될 수 없기 때문에 여러분이 받은 요청 JSON에 특정 필드가 '없다'라는 상태를 나타낼 수 없고, 컬렉션에 값을 넣고 싶은 상황이 발생했을 때 발목을 잡는다.

또한 프리미티브 타입과 래퍼 클래스 간의 변환 과정은 박싱(Boxing)과 언박싱(Unboxing)이라고 표현한다. 프리미티브 타입을 래퍼 클래스로 넣는 것이 박싱, 그 반대가 언박싱이다. 박싱과 언박싱 과정이 불필요하게 반복되면 애플리케이션의 성능을 떨어뜨리기도 하므로 성능 개선 시에는 반복문에서 박싱과 언박싱 과정의 반복 여부도 확인해 볼 필요가 있다.

따라서 가격(price)과 재고 수량(amount)이 정의되지 않은 상태를 null로 표현하려면 Integer와 같은 래퍼 클래스를 사용하며, 정의되지 않은 상태를 허용하지 않고 그냥 0으로 초기화하려면 int를 사용하면 된다. 이는 개발자가 상황에 맞게 적절히 선택할 수 있어야 할 것이다.

그럼 앞선 내용을 바탕으로 Product 클래스를 만들어 보자. 먼저 'Application' 클래스가 있는 패키지에 Product 클래스를 추가한다.

Product.java

```java
package kr.co.hanbit.product.management;

public class Product {
    private Long id;
    private String name;
```

```
        private Integer price;
        private Integer amount;
}
```

이 Product 클래스는 아직 부족한 부분이 많다. 생성자가 따로 정의되어 있지도 않고, 필드에 접근할 수 없는 private필드에, 메서드도 없다. 실습을 진행하면서 Product에 필요한 코드를 차차 추가해 보자.

⟨3⟩ 상품 추가 구현 및 프로젝트 구조 잡기

정의한 Product 클래스를 사용하여 상품 추가 API를 개발해 보자. 컨트롤러부터 Product들이 저장될 리스트까지 만들어 본다.

상품 추가를 위한 컨트롤러 코드

컨트롤러는 클라이언트로부터 온 요청을 처리하기 위한 백엔드 애플리케이션의 시작점이다. 7장에서 만들었던 즐겨찾기 서비스의 컨트롤러 코드를 참고해 다음과 같은 컨트롤러 코드를 추가하자.

상품 추가 요청을 받을 수 있는 컨트롤러 추가하기

컨트롤러 클래스 이름을 ProductController로 지정해 주고, 패키지 위치는 Product와 마찬가지로 'Application' 클래스가 있는 패키지에 둔다. 그리고 다음과 같이 코드를 작성하자.

ProductController.java

```
(생략)

@RestController
public class ProductController {

    @RequestMapping(value = "/products", method = RequestMethod.POST)
    public Product createProduct(@RequestBody Product product) {
        // Product를 생성하고 리스트에 넣는 작업이 필요함.
        return product;
    }

}
```

Product를 생성하고 저장하는 기능은 아직 구현하지 않았다. 우선 컨트롤러가 Product를 JSON 요청으로 받을 수 있는지부터 확인해 보자. 애플리케이션을 시작하고 Postman으로 Product에 대한 JSON 요청을 한다. 프로젝트를 처음 시작하면 '@SpringBootApplication'이 달려 있는 클래스인 'Application' 클래스를 마우스 오른쪽 버튼으로 클릭하고 [Run 'Application.main()']을 선택해 실행해 줘야 한다.

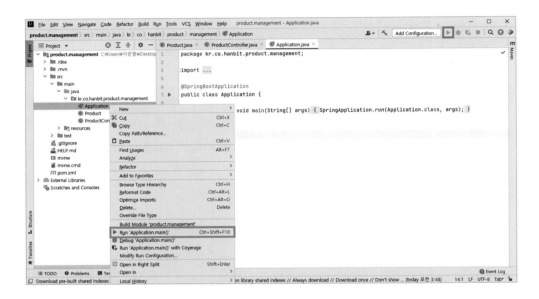

여기서 잠깐

/product? /products?

8장에서는 경로 이름으로 단수형인 '/article'을 사용한 반면, 여기서는 복수형인 '/products'를 사용했다. 자원의 이름을 단수형으로 나타낼지, 복수형으로 나타낼지를 구분하기보다는 프로젝트 내에서 일관성 있게, 전부 s를 붙이거나 전부 붙이지 않는 쪽으로 통일하는 것을 추천한다. 섞어서 사용할 경우 경로를 잘못 입력했을 때 s가 붙었는지 안 붙었는지를 매번 컨트롤러에서 확인해야 할 수도 있기 때문이다.

처음 API 서버를 만들 때 자주 범하는 오류가 있다. id를 통해 단일 자원을 조회할 때는 단수형을 사용하고, 여러 개의 자원을 조회할 때는 복수형을 사용하는 것이다.

- 단일 자원 조회 : /product/{id}
- 여러 자원 조회 : /products

이러면 나중에 분명 혼동되기 쉬우므로 '/product'나 '/products' 중 하나만 사용하자. 이와 관련해 커뮤니티에서는 전부 s를 붙여 API를 설계하는 방법이 더 지배적이다. 구글에서 'rest api path plural or singular'라는 키워드로 검색해 보면 여러 의견과 예시를 확인할 수 있다.

Product 클래스에 getter 추가하기

애플리케이션이 실행되었다면 Postman으로 'http://localhost:8080/products'에 POST 메서드로 다음 JSON을 요청해 보자.

상품 추가 요청 바디
```
{
    "name": "연필",
    "price": 300,
    "amount": 50
}
```

결과는 '406 Not Acceptable'라는 에러를 응답으로 받게 된다. '406 Not Acceptable' 에러의 의미를 검색 엔진에서 검색해 보면 콘텐츠 네고시에이션 과정이 실패했을 때 반환되는 상태 코드라는 설명을 볼 수 있을 것이다. 312쪽에서 간단하게 살펴봤던 콘텐츠 네고시에이션은 Accept 헤더와 관련된 내용이다. 그럼 우리가 보낸 Accept 헤더 값을 바꾸면 문제를 해결할 수 있을까?

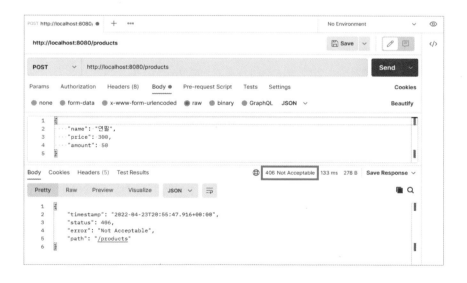

[Headers] 탭에서 Accept 헤더를 보면 '*/*'라고 나와 있다. 이는 모든 MIME 타입을 받겠다는 의미이다. 이 의미대로라면 콘텐츠 네고시에이션 과정에서 어떤 타입이든 받을 수 있기 때문에 실패할 리가 없을 것이다. 그럼 무엇이 문제일까?

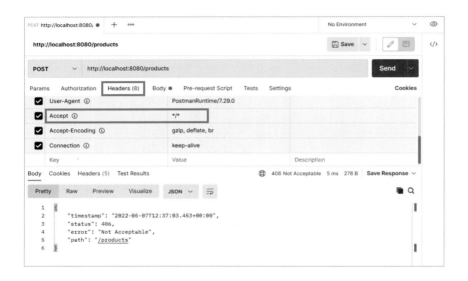

문제는 서버가 클라이언트에게 아무것도 줄 수 없기 때문이다. Product의 모든 필드가 private이므로 필드에 접근할 수 있는 메서드가 없다. 컨트롤러가 응답으로 Product를 주려면 다음 두 가지 방법 중 하나를 선택해야 한다.

- 응답으로 제공하려는 필드의 접근 제어자를 public으로 변경한다.
- 응답으로 제공하려는 필드에 대한 getter 메서드를 만들어야 한다.

보통 전자보다는 후자의 방법을 권장한다. 필드의 접근 제어자를 public으로 하면 캡슐화가 깨진다는 이야기를 들어 본 적이 있을 것이다. 엄밀히 말하면 후자 역시 캡슐화가 깨진다고 볼 수 있지만, 전자처럼 필드를 public으로 만들면 setter와 getter를 동시에 노출한 것과 마찬가지이므로 캡슐화가 더 깨진다고 볼 수 있기 때문이다. 자세한 내용은 다음 절에서 DTO[Data Transfer Object]와 함께 좀 더 알아보자.

인텔리제이의 기능을 사용해 필드에 대한 getter를 만들어 보자. 이 과정은 equals와 hashCode 메서드를 만들어 주는 과정과 동일하다.

01. Product 클래스에서 마우스 오른쪽 버튼을 클릭하고 [Generate...]를 선택한다. 단축키로는 [Alt] + [Insert]를 누르면 된다.

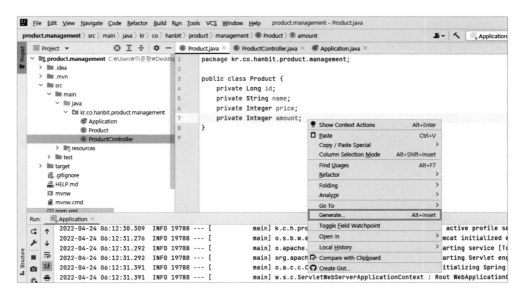

02. [Generate] 창에서 [Getter]를 클릭해 모든 필드를 선택하고 [OK] 버튼을 누르면 getter 메서드들이 자동으로 생성된다.

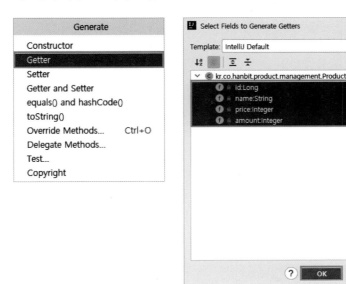

다음은 이 과정을 통해 getter 메서드들이 생성된 Product 코드이다. 애플리케이션을 재시작하고 다시 요청하면 정상적인 응답을 받을 수 있다.

Product.java

```java
package kr.co.hanbit.product.management;

public class Product {
    private Long id;
    private String name;
    private Integer price;
    private Integer amount;

    public Long getId() {
        return id;
    }

    public String getName() {
        return name;
    }

    public Integer getPrice() {
        return price;
    }

    public Integer getAmount() {
        return amount;
    }
}
```

질문 있습니다

JSON을 인스턴스로, 인스턴스를 JSON으로 변환해 주는 일은 누가 담당하나요?

스프링 프레임워크에는 HTTP 요청에 포함된 메시지를 변환(Convert)하는 'HTTP 메시지 컨버터(Http Message Converters)'가 있다. 이 HTTP 메시지 컨버터 중 JSON을 변환해 주는 것이 'MappingJackson2 HttpMessageConverter'이다.

HTTP 메시지 컨버터는 스프링에서 자동으로 등록해 준 메시지 컨버터로, 사용자가 별도의 HTTP 메시지 컨버터를 정의하고 등록하여 사용할 수도 있다. 자세한 내용은 다음 링크를 참고하자.

• https://www.baeldung.com/spring-httpmessageconverter-rest

응답에서 id가 null인 이유는 아직 id를 요청 바디에 넣어 주지 않았기 때문이다. 그럼 요청 바디에 id를 넣어서 보내야 할까? 그게 자연스러운 경우도 있겠지만, 지금 요구사항에 있는 상품 번호는 1부터 시작하여 상품이 추가될 때마다 1씩 증가하는 값이므로 상품이 서버에 생성되는 시점에 정해져야 자연스러울 것이다. 클라이언트가 보내는 id로 상품 번호를 만들면 중복된 상품 번호가 생성되거나, 사용자가 보낸 요청이 실패할 가능성이 있기 때문이다.

상품을 리스트에 추가하기

다음으로는 상품을 리스트에 추가하는 로직을 만들어 보자. 즐겨찾기 서비스는 즐겨찾기에 대한 리스트를 컨트롤러의 필드로 가지고 있다.

즐겨찾기 서비스에서 사용했던 컨트롤러

```
@RestController
public class AjaxRestController {

    private List<Bookmark> bookmarks = new ArrayList<>();

    @RequestMapping(method = RequestMethod.POST, path = "/bookmark")
    public String registerBookmark(@RequestBody Bookmark bookmark) {
        bookmarks.add(bookmark);
        return "registered";
    }

    @RequestMapping(method = RequestMethod.GET, path = "/bookmarks")
    public List<Bookmark> getBookmarks() {
        return bookmarks;
    }

}
```

이렇게 컨트롤러에 모든 코드를 구현하는 것이 적절할까? 만약 또 다른 컨트롤러에서 즐겨찾기에 대한 리스트에 접근하고 싶다면 어떻게 해야 할까? 'new AjaxRestController()'를 사용하여 AjaxRestController에 대한 인스턴스를 생성하는 경우에는 서로 다른 각자의 리스트를 가지게 된다. 즉, 서로가 가진 데이터를 공유하지 않는 것이다. 새로운 구조를 고민하고 만들어 내지 않아도 된다. 다음으로 레이어드 아키텍처Layered Architecture에 대해 알아보며 고민을 해결해 보자.

NOTE AjaxRestController에 대한 인스턴스는 스프링 프레임워크(Spring Framework)에서 자동으로 생성해 준다. 자세한 내용은 333쪽 '빈 등록과 의존성 주입하기'에서 살펴보자.

레이어드 아키텍처

컴퓨터 과학이 발전함에 따라 많은 개발자가 소프트웨어 설계에 대해 깊게 고민했고, 레이어드 아키텍처가 바로 그 결과로 나온 소프트웨어 설계 방법 중 하나이다. 레이어드 아키텍처는 말 그대로, 하나의 소프트웨어를 여러 개의 계층으로 나누고 각 계층의 책임과 역할을 구분하여 여러 가지 제약을 두는 설계 방법이다. 이는 곧 소프트웨어를 유지보수하기 좋게 만들려는 노력의 일환인 것이다.

레이어드 아키텍처는 계층화된 구조를 가지는 설계 방법을 총칭하는 용어이다. 레이어드 아키텍처에는 여러 종류가 있는데, 여기서는 'DDD'라고 부르는 도메인 주도 설계^{Domain Driven Design}에 대해 설명한다.

레이어드 아키텍처의 네 가지 계층

도메인 주도 설계에서의 레이어드 아키텍처는 다음과 같은 네 가지 계층으로 구성된다.

- **표현(Presentation) 계층:** Interface 계층이라고도 부른다. 클라이언트로부터 들어오는 요청을 받고, 응답해 주는 역할을 한다. 컨트롤러가 전형적인 표현 계층에 속하는 존재이다. 표현 계층으로 들어온 데이터는 값이 존재하는지, 타입이 맞는지 등 간단한 유효성 검사를 한 후 응용 계층으로 처리를 넘긴다.

- **응용(Application) 계층:** 표현 계층에서 넘겨 받은 데이터로 새로운 자원을 저장하거나 저장되어 있던 자원을 조회해 온다. 여기서 자원은 도메인 객체(Domain Object)를 말하며, 조회된 도메인 객체의 메서드를 실행시킨다. 주로 'Service'라고 불리는 코드가 위치한다.

- **도메인(Domain) 계층:** 도메인의 핵심적인 지식이 있는 계층으로, 도메인 객체가 위치한다. 앞서 정의한 'Product' 클래스를 도메인 객체라고 할 수 있다. 도메인의 핵심적인 지식이란 상품 이름, 가격, 재고 수량 등 비즈니스와 관련된 요구사항이라고 생각하면 된다. 도메인 계층은 다른 계층이나 외부 요소에 의존하지 않도록 만드는 것이 좋다.

- **인프라스트럭처(Infrastructure) 계층:** 특정 인프라스트럭처에 접근하는 구현 코드들이 위치하는 계층이다. 리스트에 상품을 저장하는 로직이나 데이터베이스에 상품을 저장하는 코드 등이 포함되어야 한다.

우선 각 계층의 이름과 역할 정도만 보고 넘어가자. 그림과 패키지 구조, 코드까지 살펴보면 좀 더 쉽게 이해될 것이다. 다음은 네 가지 계층을 기준으로 어떤 클래스가 존재해야 하는지를 정리한 그림이다.

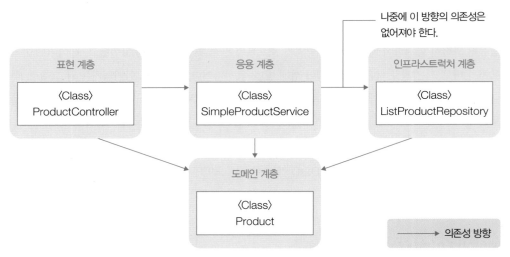

미완성인 레이어드 아키텍처의 계층별 의존성 방향

그림의 화살표는 계층별 의존성의 방향이다. 그중 인프라스트럭처 계층으로의 의존성은 나중에 없어져야 한다. 계층을 구분하여 코드를 작성해 보자.

01. 먼저 네 가지 계층에 해당하는 패키지를 추가하기 위해 자바 클래스 추가 메뉴에서 [Package]를 선택한다.

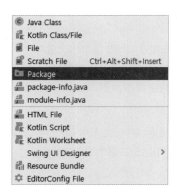

02. application과 infrastructure 패키지에 각각 SimpleProductService와 ListProductRepository를 추가해 주고, ProductController와 Product도 적절한 패키지로 옮겨 주자.

도메인 객체가 뭔가요?

도메인 객체는 애플리케이션에서 사용되는 데이터와 그 데이터를 다루는 로직을 하나로 묶은 것을 의미한다. 이때는 단순히 데이터와 로직이 한 곳에 모이는 것뿐만 아니라 애플리케이션의 핵심 지식이 포함되어야 한다. 애플리케이션의 핵심 지식은 비즈니스 로직이나 도메인 규칙이라고 표현하며, 정책이라고 이야기할 수도 있다. 예를 들어 '상품은 재고 수량 이상으로 주문할 수 없다'와 같은 개념이 비즈니스 로직이 될 수 있다. 최대한 이러한 로직이 모이도록 코드를 작성하면 도메인 코드가 된다.

반대로 도메인 객체에 비즈니스 로직이 모이지 않아 비즈니스 로직이 서비스 코드에 구현되면 도메인 객체의 응집력이 낮아지고 서비스 코드와의 결합도가 증가하여, 곳곳에 중복된 코드가 생기고 점점 유지보수하기 어려운 코드가 된다.

빈 등록과 의존성 주입하기

표현 계층인 ProductController부터 코드를 수정해 보자. ProductController에서 SimpleProductService를 사용하기 위해 직접 SimpleProductService를 생성해 줄 수도 있지만, 스프링 프레임워크를 사용하면 직접 생성해 주지 않아도 된다. 또한 스프링 프레임워크에서 클래스를 생성하고, 필요한 곳에 주입해 줄 수 있는 의존성 주입이 가능하다.

의존성 주입에는 다음의 두 가지 과정이 필요하다.

1. 주입될 의존성(클래스)를 빈(Bean)으로 등록
2. 빈으로 등록된 의존성을 사용할 곳에 주입

주입될 의존성은 SimpleProductService이다. SimpleProductService 의존성을 주입해 보자.

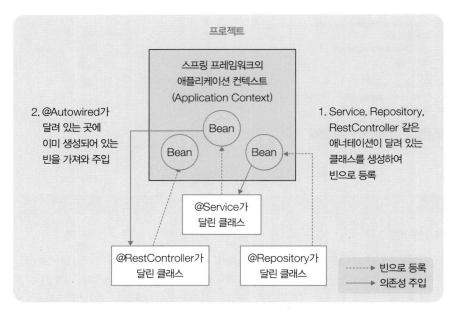

스프링 프레임워크가 클래스의 빈을 등록하고 주입하는 과정

SimpleProductService에 다음과 같이 '@Service' 애너테이션을 달아 주자.

SimpleProductService.java

```java
package kr.co.hanbit.product.management.application;

import org.springframework.stereotype.Service;

@Service
public class SimpleProductService {
}
```

단순히 '@Service'라는 코드를 추가한 것만으로 해당 클래스는 스프링 프레임워크에 의해 생성되어 관리된다. 이제 이 의존성을 필요로 하는 곳에서 주입받아 사용하면 된다. 의존성을 주입받는 코드는 다음과 같다.

```java
package kr.co.hanbit.product.management.presentation;

import kr.co.hanbit.product.management.application.SimpleProductService;
import kr.co.hanbit.product.management.domain.Product;
import org.springframework.beans.factory.annotation.Autowired;
import org.springframework.web.bind.annotation.RequestBody;
import org.springframework.web.bind.annotation.RequestMapping;
import org.springframework.web.bind.annotation.RequestMethod;
import org.springframework.web.bind.annotation.RestController;

@RestController
public class ProductController {

    private SimpleProductService simpleProductService;

    @Autowired
    ProductController(SimpleProductService simpleProductService) {
        this.simpleProductService = simpleProductService;
    }

    @RequestMapping(value = "/products", method = RequestMethod.POST)
    public Product createProduct(@RequestBody Product product) {
        // Product를 생성하고 리스트에 넣는 작업이 필요함.
        return product;
    }

}
```

의존성을 주입받는 방법에는 여러 가지가 있지만, 일반적으로는 '생성자 주입'을 많이 사용한다. 생성자 주입 방법은 이 코드처럼 간단히 빈을 등록하고 의존성을 주입할 수 있다.

이어서 ListProductRepository와 SimpleProductService를 구현해 보자. ListProductRepository 역시 SimpleProductService처럼 빈으로 등록해 주고, SimpleProductService에 의존성 주입을 하면 된다. 어려운 로직이 아니므로 완성된 코드로 확인하자.

```
package kr.co.hanbit.product.management.infrastructure;

(생략)

import java.util.concurrent.CopyOnWriteArrayList;

@Repository
public class ListProductRepository {

    private List<Product> products = new CopyOnWriteArrayList<>();

    public Product add(Product product) {
        products.add(product);
        return product;
    }

}
```

ListProductRepository는 즐겨찾기 서비스의 컨트롤러 코드와 비슷한 코드가 되었다. 다만, '@RestController'가 아니라 '@Repository'라는 애너테이션이 달려 있다. 앞서 SimpleProductService에 달려 있던 '@Service'와 마찬가지로 '@Repository' 역시 빈으로 등록하기 위한 애너테이션으로 이해하면 된다. 다만, 각 의존성의 역할을 나눠 주고 추가적인 활용이 가능하다는 점이 다르다.

처음으로 CopyOnWriteArrayList를 사용한 이유는 웹 애플리케이션이 여러 개의 스레드가 동시에 동작하는 멀티 스레드라는 특수한 환경 때문에 '스레드 세이프한Thread Safety' 컬렉션을 사용해야 하기 때문이다. ArrayList는 스레드 세이프하지 않은, 즉 스레드 안전성이 없는 컬렉션이다. 물론 ArrayList를 사용해도 되는 상황도 있다. 지역 변수나 매개 변수로 전달되는 리스트의 경우 보통 하나의 스레드에서만 접근하기 때문에 스레드 안전성이 필요하지 않아 ArrayList를 많이 사용한다. 이번에는 SimpleProductService.java를 살펴보자.

```
package kr.co.hanbit.product.management.application;

(생략)
```

```
@Service
public class SimpleProductService {

    private ListProductRepository listProductRepository;

    @Autowired
    SimpleProductService(ListProductRepository listProductRepository) {
        this.listProductRepository = listProductRepository;
    }

    public Product add(Product product) {
        Product savedProduct = listProductRepository.add(product);
        return savedProduct;
    }

}
```

지금 코드상에서는 SimpleProductService가 굉장히 쓸모없어 보일 수 있다. 단순히 ListProductRepository를 주입받아서 호출하는 정도만 하고 있기 때문이다. 아직 하는 일이 없어 보이지만, 점점 많은 일을 하게 될 것이다. 마지막 ProductController.java은 즐겨찾기 서비스의 컨트롤러에서 봤던 코드가 여러 클래스에 걸쳐 있는 느낌이 들 것이다.

ProductController.java

```
package kr.co.hanbit.product.management.presentation;

(생략)

@RestController
public class ProductController {

    private SimpleProductService simpleProductService;

    @Autowired
    ProductController(SimpleProductService simpleProductService) {
        this.simpleProductService = simpleProductService;
    }

    @RequestMapping(value = "/products", method = RequestMethod.POST)
    public Product createProduct(@RequestBody Product product) {
```

```
        return simpleProductService.add(product);
    }

}
```

이제 코드를 실행해 Postman으로 기존과 동일한 요청을 해보자. 잘 동작한다. 물론 리스트에 들어간 내용을 확인할 API가 없어 정확하게 알 수는 없지만, 응답은 정상적으로 오고 있다. 그러나 추가 요청했던 상품 JSON 바디에 id를 설정하지 않았기 때문에 id가 null인 것을 확인할 수 있다.

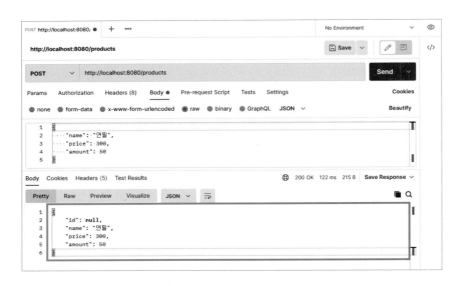

id 추가하기

Product의 id는 두 위치를 고려할 만하다. Product 내에 static 변수로 관리하거나 ListProductRepository에서 관리할 수 있다. 두 가지 방법 모두 장단점이 있긴 하지만, 여기서는 ListProductRepository에서 관리하는 방법을 택한다. 다음 장에서 데이터베이스를 사용하여 상품을 저장할 때 상품의 id 관리를 데이터베이스가 하기 때문이다. 만약 Product 내 static 변수에서 id를 관리하면 데이터베이스를 사용하도록 애플리케이션을 수정할 때마다 Product를 변경해야 한다. 앞서 도메인 계층을 설명할 때 다른 계층이나 외부 요소에 의존하지 말라고 했던 이유도 바로 여기에 있다. 그럼 이제 Product와 ListProductRepository를 다음과 같이 수정해 보자.

우선 Product에는 id 필드에 대한 setter를 추가한다. 도메인 객체에 대한 getter와 setter는 캡슐화가 깨진 코드를 만들 수 있어 가급적 피해야 하지만, id에 대한 관리 책임을 Product가 아닌 ListProductRepository로 가져오면서 외부에서 id를 설정해야 할 필요가 생겼다. 일종의 '트레이드 오프Trade-off'라고 보면 된다.

Product.java

```java
package kr.co.hanbit.product.management.domain;

public class Product {
    private Long id;
    private String name;
    private Integer price;
    private Integer amount;

    public void setId(Long id) {
        this.id = id;
    }

    public Long getId() {
        return id;
    }

(생략)

}
```

이어서 ListProductRepository 코드는 다음과 같이 수정한다. 상품 번호를 1부터 1씩 증가한다는 요구사항에 따라 1로 초기화하고, Product의 id는 getAndAdd 메서드로 값을 가져온 후 1씩 증가시키는 연산을 사용한다. AtomicLong은 CopyOnWriteArrayList와 마찬가지로 스레드 안전성을 가지는 클래스로, Long 타입의 값을 안전하게 다룰 수 있도록 만든다.

ListProductRepository.java

```java
package kr.co.hanbit.product.management.infrastructure;

(생략)

import java.util.concurrent.atomic.AtomicLong;
```

```
@Repository
public class ListProductRepository {

    private List<Product> products = new CopyOnWriteArrayList<>();
    private AtomicLong sequence = new AtomicLong(1L);

    public Product add(Product product) {
        product.setId(sequence.getAndAdd(1L));

        products.add(product);
        return product;
    }

}
```

다시 애플리케이션을 시작하여 동작을 확인해 보자. 한 번 요청을 보낼 때마다 응답으로 온 상품 JSON의 id가 1씩 증가하는 것을 확인할 수 있다.

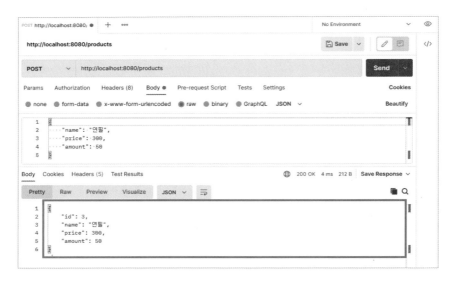

⟨4⟩ DTO와 getter, setter

이제 상품 추가 API는 기능적으로 잘 작동하지만, 한 가지 더 알아야 할 것이 있다. 바로 DTO이다. DTO의 의미와 역할을 먼저 살펴보고, getter와 setter를 어떻게 사용하는 것이 적절한지 알아보자.

DTO와 ModelMapper

DTO^{Data Transfer Object}는 말 그대로 '데이터를 전송하는 역할을 가진 객체'를 의미하며, 클라이언트에게 노출되는 데이터 구조와 백엔드 애플리케이션 내부 데이터 구조를 분리하기 위해 사용된다. 다음 코드를 살펴보자.

ProductController.java

```
package kr.co.hanbit.product.management.presentation;

(생략)

@RestController
public class ProductController {

(생략)

    @RequestMapping(value = "/products", method = RequestMethod.POST)
    public Product createProduct(@RequestBody Product product) {
        return simpleProductService.add(product);
    }

}
```

ListProductRepository.java

```java
package kr.co.hanbit.product.management.infrastructure;

(생략)

import java.util.concurrent.atomic.AtomicLong;

@Repository
public class ListProductRepository {

    private List<Product> products = new CopyOnWriteArrayList<>();
    private AtomicLong sequence = new AtomicLong(1L);

    public Product add(Product product) {
        product.setId(sequence.getAndAdd(1L));

        products.add(product);
        return product;
    }

}
```

도메인 객체인 Product는 표현 계층인 컨트롤러에서도 사용되고, 응용 계층인 애플리케이션 서비스와 인프라스트럭처 계층인 레포지토리에서도 사용된다. 현재 상태에서는 문제가 없어 보이지만, Product의 필드가 변경되면 표현 계층에서 인프라스트럭처 계층까지 전 계층이 변경의 영향을 받게 될 것이다. 실무에서는 데이터 구조가 바뀌는 일이 자주 일어나고, 때로는 내부적으로 동일한 도메인 객체라 하더라도 상황에 따라 조금씩 다른 데이터를 클라이언트에게 전달해야 할 때도 있다. 이런 상황에 적합한 것이 바로 DTO이다. 지금부터 DTO의 적용 방법을 알아보자.

표현 계층 패키지에 ProductDto라는 클래스를 추가하고 다음과 같은 코드를 추가하자*. id 필드에 대한 setter가 없다는 점만 빼고는 당연하게도 Product 클래스와 거의 똑같다.

---

* DTO를 응용 계층에 위치시키는 것이 더 적절하다는 의견도 있다. 둘 중 어디에 위치시킬지보다 중요한 것은 프로젝트에서 일관성 있게 위치시키는 것이다.

```java
package kr.co.hanbit.product.management.presentation;

public class ProductDto {
    private Long id;
    private String name;
    private Integer price;
    private Integer amount;

    public Long getId() {
        return id;
    }

    public String getName() {
        return name;
    }

    public Integer getPrice() {
        return price;
    }

    public Integer getAmount() {
        return amount;
    }

}
```

getter는 HTTP 응답을 주기 위해 추가되었던 메서드였다. Product는 더 이상 HTTP 응답을 주는 데 사용하지 않으므로 Product에 있던 getter는 제거해도 된다.

Product.java

```java
package kr.co.hanbit.product.management.domain;

public class Product {
    private Long id;
    private String name;
    private Integer price;
    private Integer amount;
```

```java
        public void setId(Long id) {
            this.id = id;
        }

    }
```

컨트롤러에 있던 Product를 ProductDto로 바꿔 준다.

ProductController.java

```java
package kr.co.hanbit.product.management.presentation;

(생략)

@RestController
public class ProductController {

(생략)

    @RequestMapping(value = "/products", method = RequestMethod.POST)
    public ProductDto createProduct(@RequestBody ProductDto productDto) {
        return simpleProductService.add(productDto);
    }

}
```

여기까지 코드를 수정하면, 'simpleProductService.add(productDto)' 부분에 나타난 빨간 줄이 보일 것이다. SimpleProductService의 add 메서드는 ProductDto가 아니라 Product를 인자로 받고 있기 때문이다. 이 부분도 다음과 같이 변경하자.

SimpleProductService.java

```java
package kr.co.hanbit.product.management.application;

(생략)

@Service
public class SimpleProductService {
```

```java
    private ListProductRepository listProductRepository;

    @Autowired
    SimpleProductService(ListProductRepository listProductRepository) {
        this.listProductRepository = listProductRepository;
    }

    public ProductDto add(ProductDto productDto) {
        // 1. ProductDto를 Product로 변환하는 코드
        Product product = ??;

        // 2. 레포지토리를 호출하는 코드
        Product savedProduct = listProductRepository.add(product);

        // 3. Product를 ProductDTO로 변환하는 코드
        ProductDto savedProductDto = ??;

        // 4. DTO를 반환하는 코드
        return savedProductDto;
    }

}
```

DTO는 표현 계층부터 응용 계층까지 역할을 하고, 그 안쪽까지 전달되지는 않는다. 아직 작성되지 않은 부분인 Product와 ProductDto를 서로 변환하는 코드는 작성하기에 그렇게 어려운 일이 아니다. 생성자를 사용해도 되고, '정적 팩토리 메서드'라는 이름의 디자인 패턴을 사용해도 되지만, 그 과정에서 Product에서 제거했던 getter를 다시 추가해 줘야 한다는 문제가 있다. 도메인 객체에 대한 getter는 어쩔 수 없이 추가해야 하는 경우가 생기기 때문에 추가해도 된다. 하지만 여기서는 getter 없이 두 클래스를 변환하는 ModelMapper 매핑 라이브러리에 대해 알아보자.

DTO와 엔티티

ProductDto를 DTO라고 하면 Product도 지칭하는 용어가 있지 않을까? 본문에서는 도메인 객체라고 표현했지만, Product는 구체적으로 엔티티라고 부를 수 있다. 도메인 객체이면서 id를 가지는 존재를 '엔티티(Entity)', 도메인 객체이면서 id를 가지지 않는 존재를 '값 객체(Value Object)'라고 부른다.

DTO를 어떤 패키지에 두어야 하는가 외에 DTO와 엔티티에 대한 변환을 어디에서 수행해야 하는가에 대한 이슈도 있다. 컨트롤러와 애플리케이션 서비스, 각각의 방식이 가지고 있는 장단점이 확실하기 때문에 상황마다 달라지기 때문이다. 추가적인 내용은 다음 링크를 참고하자.

- https://github.com/HomoEfficio/dev-tips/blob/master/DTO-DomainObject-Converter.md

ModelMapper 외에도 여러 매핑 라이브러리가 있다. 매핑 라이브러리마다 내부적인 구현 방식은 조금씩 다르지만, 사용 방법은 대체로 비슷하다. ModelMapper를 사용하지 않고 두 클래스를 변환하는 방법은 12장에서 다룬다.

ModelMapper는 자바에서 제공하는 '리플렉션Reflection API'를 사용하여 두 클래스 사이의 변환 기능을 제공하는 라이브러리이다. ModelMapper와 비슷한 기능을 제공하는 MapStruct 라이브러리도 있지만, 여기서는 ModelMapper에 대해서만 살펴본다.

ModelMapper는 자바에서 기본으로 제공하는 라이브러리가 아니기 때문에 메이븐 의존성을 추가해 줘야 한다. 프로젝트의 pom.xml 파일을 열고 다음 코드를 추가하자.

pom.xml

```
(생략)

<dependencies>
    <dependency>
        <groupId>org.springframework.boot</groupId>
        <artifactId>spring-boot-starter-web</artifactId>
    </dependency>
    <dependency>
        <groupId>org.modelmapper</groupId>
        <artifactId>modelmapper</artifactId>
        <version>3.1.0</version>
    </dependency>
```

```
            <dependency>
                    <groupId>org.springframework.boot</groupId>
                    <artifactId>spring-boot-starter-test</artifactId>
                    <scope>test</scope>
            </dependency>
        </dependencies>
```

(생략)

NOTE 책에서는 ModelMapper 3.1.0 버전을 사용한다. 만약 최신 버전을 사용하고 싶다면 메이븐 저장소*에서 modelmapper의 최신 버전을 확인하여 해당 버전으로 지정하면 된다.

코드를 추가하고 키보드의 [Ctrl] + [Shift] + [O] 키를 눌러 프로젝트에 의존성을 다운로드한다. ModelMapper를 사용하기 위해 매번 new 키워드로 ModelMapper를 생성하는 방법도 고려할 수 있지만, 미리 빈으로 등록한 후 의존성을 주입받아서 사용하는 것이 성능상 더 유리하다.

main 함수가 있는 Application 클래스에 다음과 같은 코드를 추가한다. ModelMapper 클래스의 인스턴스를 생성한 후 빈으로 등록하는 코드이다.

Application.java

```java
package kr.co.hanbit.product.management;

(생략)

@SpringBootApplication
public class Application {

    public static void main(String[] args) {
            SpringApplication.run(Application.class, args);
    }

    @Bean
    public ModelMapper modelMapper() {
            return new ModelMapper();
    }

}
```

---

* https://mvnrepository.com/artifact/org.modelmapper/modelmapper

ModelMapper를 생성할 때는 바꿔 줘야 할 것이 하나 있다. ModelMapper의 기본 설정은 '매개 변수가 없는 생성자로 인스턴스를 생성한 후 setter로 값을 초기화하여 변환'하는 것이다. setter 없이도 Product와 ProductDto를 변환 가능하도록 하려면 다음과 같은 설정으로 ModelMapper 빈을 생성해야 한다. 이 설정은 ModelMapper가 private인 필드에 리플렉션 API로 접근하여 변환할 수 있도록 만들어 준다.

Application.java

```
(생략)

    @Bean
    public ModelMapper modelMapper() {
            ModelMapper modelMapper = new ModelMapper();
            modelMapper.getConfiguration()
                        .setFieldAccessLevel(Configuration.AccessLevel.PRIVATE)
                        .setFieldMatchingEnabled(true);
            return modelMapper;
    }

}
```

SimpleProductService로 가서 다음과 같이 변환 코드를 수정한다. 의존성을 주입받아서 사용하는 것은 ListProductRepository를 주입받아서 사용했던 코드와 완전히 동일하다. ModelMapper의 map 메서드를 사용할 때는 첫 번째 인자로 변환시킬 대상을 넣고, 두 번째 인자로 어떤 타입으로 변환할지는 [클래스 이름.class]의 형태로 넣어 주면 된다. 그러면 필드 이름을 기준으로 동일한 필드 이름에 해당하는 값을 자동으로 복사하여 변환해 준다.

SimpleProductService.java

```
package kr.co.hanbit.product.management.application;

(생략)

@Service
public class SimpleProductService {

    private ListProductRepository listProductRepository;
```

```java
    private ModelMapper modelMapper;

    @Autowired
    SimpleProductService(ListProductRepository listProductRepository, ModelMapper
modelMapper) {
        this.listProductRepository = listProductRepository;
        this.modelMapper = modelMapper;
    }


    public ProductDto add(ProductDto productDto) {
        // 1. ProductDto를 Product로 변환하는 코드
        Product product = modelMapper.map(productDto, Product.class);

        // 2. 레포지토리를 호출하는 코드
        Product savedProduct = listProductRepository.add(product);

        // 3. Product를 ProductDTO로 변환하는 코드
        ProductDto savedProductDto = modelMapper.map(savedProduct, ProductDto.class);

        // 4. DTO를 반환하는 코드
        return savedProductDto;
    }

}
```

애플리케이션을 재시작하여 잘 작동하는지 확인해 보자. 코드를 정상적으로 수정했다면 기존과 동일하게 작동할 것이다.

getter, setter

지금까지 우리는 도메인 객체인 Product에서 getter를 제거했다. 도메인 객체에 대한 getter와 setter가 반드시 필요한 경우가 아니라면 getter와 setter를 사용하지 않고 최대한 표현력 있는 메서드를 만들어 사용하자. 이런 습관이 도메인 객체를 캡슐화시켜 객체지향적인 코드 만들기에 도움이 된다.

실무에서 **getter**는 데이터베이스에 접근하거나 **DTO로 도메인 객체를 변환하는 과정(ModelMapper를 사용하여 제거하긴 했지만)**이 필요한 경우가 꽤 있으므로 필요할 때 **구현하도록 하자**. 반면, **setter는 생성자를 사용하거나 표현력 있는 메서드를 활용하여 대체가 가능**하다. 이 내용은 앞으로 책을 학습하며 예시로 확인하게 될 것이다.

DTO는 레이어드 아키텍처 내에서 도메인 계층의 변화가 클라이언트에게 전파되지 않도록 제한한다. 또한 레이어드 아키텍처는 각 계층별로 해야 할 역할을 구분하여 코드가 높은 응집력을 가지도록 가이드를 제공하고, 각 계층별로 테스트하기에도 용이한 코드를 만들도록 돕는다.

다음은 DTO가 추가되면서 변경된 의존성의 방향을 나타낸 그림이다.

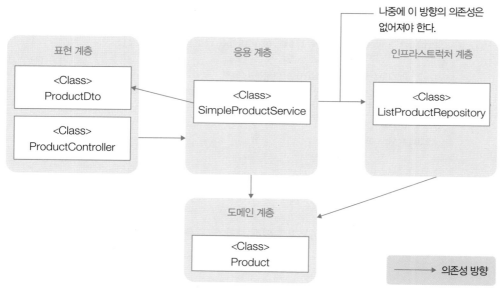

현재까지 구성된 레이어드 아키텍처의 의존성 방향

표현 계층에서 도메인 계층으로의 의존성이 없어졌고, 응용 계층에서 표현 계층 ProductDto로의 의존성이 추가되었다. 이 방향의 의존성은 문제가 없다. 도메인 주도 설계 아키텍처 그림을 보다 보면 DTO로의 의존성 때문에 표현 계층과 응용 계층이 함께 그려져 있는 경우가 많다. 도메인 주도 설계에서 이야기하는 레이어드 아키텍처에는 반드시 지켜야 하는 두 가지 의존성의 방향이 있다.

- 도메인 계층은 다른 계층에 의존하지 않아야 한다.
- 다른 모든 계층은 인프라스트럭처 계층에 의존하지 않아야 한다.

첫 번째 조건은 만족하고 두 번째 조건은 만족하지 않고 있다. ListProductRepository 코드를 사용해야 데이터를 리스트에 저장할 수 있는데 의존하지 않아야 한다니, 지금은 이해되지 않을 수 있다. 이와 관련해서는 12장에서 데이터베이스를 활용한 레포지토리 코드를 추가하며 개선해 보자.

여기서 잠깐

DTO 대신 record

DTO를 사용하다 보면 반복적으로 생성자, getter, hashCode, equals 메서드를 정의하게 된다. 반복적인 작업을 하다 보면 메서드를 정의하지 않고도 해당 메서드를 사용할 수 있는 방법을 고민하게 될 것이다. 이때 자바 14 버전부터 추가된 record 키워드가 도움이 된다.

앞서 선언했던 ProductDto는 다음과 같이 record 문법으로 바꿀 수 있다.

record 문법으로 만들어 본 ProductDto

```
public record ProductDto(Long id, String name, Integer price, Integer amount ) {}
```

이렇게 하면 직접 작성했던 ProductDto 코드와 동일한 기능을 한다. 다만, 한 가지 주의할 점이 있다. **setter를 자동으로 만들어 주지 않기 때문에** setter 메서드를 직접 정의해 주거나 값이 변경될 때 생성자를 통해 직접 생성해 줘야 한다. 책에서는 record를 사용하지 않고 DTO를 직접 정의하여 사용하므로 record에 대한 자세한 설명은 다음 링크를 참고하자.

• https://www.baeldung.com/java-record-keyword

 # 상품 조회/수정/삭제 구현하기

앞서 상품 추가 기능을 구현하면서 프로젝트의 구조를 잡았고, 이제는 상품 조회, 수정, 삭제 기능을 구현하면 된다. 이미 구조가 잡혀 있기 때문에 쉽게 코드를 추가할 수 있을 것이다.

상품 조회하기

상품에 대한 조회 기능부터 추가해 보자. 우리가 구현해야 할 조회 기능은 다음 세 가지이다.

- 상품 번호를 기준으로 하나의 상품을 조회할 수 있어야 한다.
- 전체 상품 목록을 조회할 수 있어야 한다.
- 상품 이름에 포함된 특정 문자열을 기준으로 검색할 수 있어야 한다.

상품 번호를 기준으로 조회 기능 추가하기

먼저 상품 번호를 기준으로 하나의 상품을 조회하는 기능부터 구현해 보자. 이번에는 ListProductRepository에서 시작한다. ListProductRepository에는 어떤 메서드를 구현해야 할까? Product가 들어 있는 리스트에서 상품 번호를 기준으로 하나의 Product를 뽑는 메서드를 만들면 된다.

다음과 같이 findById 메서드를 추가하자. 이 메서드에는 products 리스트에 대해 스트림 API를 활용하여 filter의 결과가 참[true]인 Product만 뽑아내는 코드가 들어 있다.

ListProductRepository.java

```
(생략)

@Repository
public class ListProductRepository {

    private List<Product> products = new CopyOnWriteArrayList<>();
```

```
    private AtomicLong sequence = new AtomicLong(1L);

(생략)

    public Product findById(Long id) {
        return products.stream()
                .filter(product -> product.sameId(id))
                .findFirst()
                .orElseThrow();
    }

}
```

코드에서 product의 sameId라는 메서드는 우리가 정의해 준 적이 없으므로 다음과 같이 Product
에 sameId 메서드를 추가해 주자. 파라미터로 받은 id 값을 Product 인스턴스의 id와 비교하여
같으면 참^{true}, 다르면 거짓^{false}이 반환되는 메서드이다.

Product.java

```
public class Product {
    private Long id;

(생략)

    public Boolean sameId(Long id) {
        return this.id.equals(id);
    }
}
```

다시 ListProductRepository의 findById 메서드로 돌아와 findFirst와 orElseThrow의 동작
에 대해 알아보자. findFirst는 스트림 API의 filter에 걸린 Product 중 첫 번째 Product에 대한
Optional 객체를 반환한다. Optional 객체는 비어 있는 상태일 수도 있고, Product가 들어 있을
수도 있다. 주의할 점은 타입이 'Optional〈Product〉'이기 때문에 바로 Product를 반환할 수 없다
는 것이다. Product로 반환하기 위해 Product 타입으로 변환할 때 사용할 수 있는 메서드에는 여
러 가지가 있지만, 여기서는 orElseThrow를 사용했다. orElseThrow는 해당 Optional 객체가
비어 있으면 'NoSuchElementException'라는 이름의 예외를 던지고, Product가 들어 있으면
Product를 반환해 준다.

다음으로는 SimpleProductService와 ProductController에 해당 메서드를 사용하는 메서드를 추가해 주자. 상품 추가 기능에 사용되었던 메서드를 참고하면 어렵지 않게 다음과 같은 메서드를 추가할 수 있다.

SimpleProductService.java

```java
(생략)

@Service
public class SimpleProductService {

    private ListProductRepository listProductRepository;
    private ModelMapper modelMapper;

(생략)

    public ProductDto findById(Long id) {
        Product product = listProductRepository.findById(id);
        ProductDto productDto = modelMapper.map(product, ProductDto.class);
        return productDto;
    }

}
```

ProductController.java

```java
(생략)

@RestController
public class ProductController {

    private SimpleProductService simpleProductService;

(생략)

    @RequestMapping(value = "/products/{id}", method = RequestMethod.GET)
    public ProductDto findProductById(@PathVariable Long id) {
        return simpleProductService.findById(id);
    }

}
```

컨트롤러 코드의 요청 경로를 보면 '{id}'가 들어 있다. '{ }' 안에 있는 값과 매개변수의 변수 이름이 같으면 요청된 값이 매개변수로 들어와서 실행된다. 경로에 있던 id가 메서드의 매개변수 id로 들어오는 것이다. 8장에서 배웠던 것처럼 이렇게 경로의 일부로 데이터를 전달하는 방법은 '패스 베리어블'이라고 한다.

여기까지 코드를 추가했다면 애플리케이션을 재시작하고, Postman을 통해 Request Body로 몇 가지 상품을 추가해 보자. 그리고 컨트롤러에 구현한 대로, 패스 베리어블에 id를 넣어 상품을 조회하면 다음과 같이 id 값에 따라 상품이 조회될 것이다.

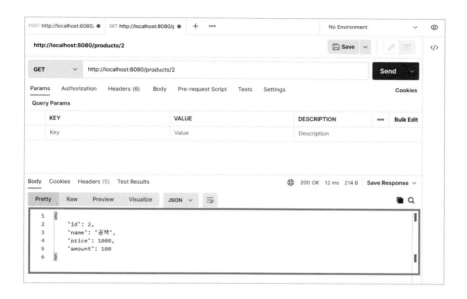

없는 id로 요청을 하면 500 에러가 발생한다. 자바 코드상에서 발생한 예외를 처리하지 않고 컨트롤러에서 반환하면 지금처럼 500 에러가 반환된다. 이럴 때는 500 에러를 반환하기보다는 예외를 적절히 처리하는 편이 좋다. 이를 위해서는 '전역 예외 핸들러Global Exception Handler'를 구현하는데, 그 방법은 다음 장에서 알아보고 지금은 상품 등록 기능을 구현하는 것에 집중하자.

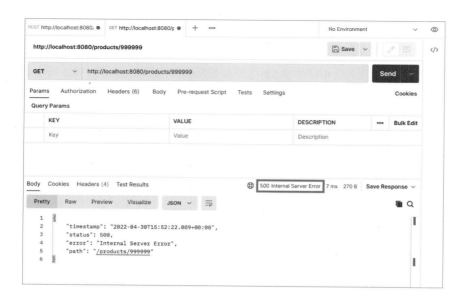

전체 상품 목록 조회 기능 추가하기

다음으로는 전체 상품 목록을 조회하는 API를 추가해 보자. 이해를 돕기 위해 우선 코드에 다음과 같은 세 가지 메서드를 추가한다.

ListProductRepository .java

```
(생략)

@Repository
public class ListProductRepository {

    private List<Product> products = new CopyOnWriteArrayList<>();

(생략)

    public List<Product> findAll() {
        return products;
    }

}
```

SimpleProductService.java

```
(생략)

@Service
public class SimpleProductService {

    private ListProductRepository listProductRepository;
    private ModelMapper modelMapper;

(생략)

    public List<ProductDto> findAll() {
        List<Product> products = listProductRepository.findAll();
        List<ProductDto> productDtos = products.stream()
                .map(product -> modelMapper.map(product, ProductDto.class))
                .toList();
        return productDtos;
    }
}
```

ProductController.java

```
(생략)

@RestController
public class ProductController {

    private SimpleProductService simpleProductService;

(생략)

    @RequestMapping(value = "/products", method = RequestMethod.GET)
    public List<ProductDto> findAllProduct() {
        return simpleProductService.findAll();
    }

}
```

ListProductRepository에서는 전체 Product 목록을 반환해야 하므로 당연히 Product 리스트를 그대로 반환하면 됐다. SimpleProductService에서의 관건은 Product 리스트를 ProductDto 리스트로 변환하는 것이다. 여기서는 스트림 API의 map과 한 건씩 변환하던 코드를 참고하여 쉽게 리스트 변환이 가능하다. ProductController에서는 /products 경로에 대해 'GET' 메서드를 통해 요청하도록 구성한다. 상품 추가와는 요청 경로는 동일하고 HTTP 메서드가 다르다는 것에 주의하자.

상품 이름에 포함된 문자열로 검색하는 기능 추가하기

마지막으로 상품 이름에 특정 문자열이 포함된 상품을 검색하는 기능을 추가해 보자. 이번에는 도메인 객체인 Product부터 메서드를 추가하고, 이어서 레포지토리와 서비스, 컨트롤러에도 각각 다음과 같이 코드를 추가해 보자.

Product.java

```
(생략)

public class Product {
    private Long id;
    private String name;

(생략)

    public Boolean containsName(String name) {
        return this.name.contains(name);
    }
}
```

ListProductRepository.java

```
(생략)

@Repository
public class ListProductRepository {

    private List<Product> products = new CopyOnWriteArrayList<>();
```

(생략)

```java
    public List<Product> findByNameContaining(String name) {
        return products.stream()
                .filter(product -> product.containsName(name))
                .toList();
    }

}
```

SimpleProductService.java

(생략)

```java
@Service
public class SimpleProductService {

    private ListProductRepository listProductRepository;
    private ModelMapper modelMapper;
```

(생략)

```java
    public List<ProductDto> findByNameContaining(String name) {
        List<Product> products = listProductRepository.findByNameContaining(name);
        List<ProductDto> productDtos = products.stream()
            .map(product -> modelMapper.map(product, ProductDto.class))
            .toList();
        return productDtos;
    }
}
```

ProductController.java

(생략)

```java
@RestController
public class ProductController {

    private SimpleProductService simpleProductService;
```

(생략)

```java
@RequestMapping(value = "/products", method = RequestMethod.GET)
public List<ProductDto> findProducts(
    @RequestParam(required = false) String name
) {
    if (null == name)
        return simpleProductService.findAll();

    return simpleProductService.findByNameContaining(name);
}

}
```

Product에는 containsName이라는 메서드를 추가해 매개변수로 받은 문자열이 포함된 상품 이름을 가지는 경우 참을 반환하도록 작성했다. 앞서 상품 번호로 조회하는 기능을 구현할 때 추가해 준 sameId와 같은 맥락이다. 상품 이름으로 검색했을 때 여러 개의 상품이 검색될 것이므로 ListProductRepository에서는 리스트를 반환하도록 했다. SimpleProductService는 리스트로 되어 있는 Product를 ProductDto로 바꿔 주기 때문에 findAll 메서드와 거의 동일한 모습이다.

눈여겨볼 부분은 ProductController이다. ProductController에서는 기존에 전체 상품 목록을 가져오는 API를 수정하여 기능을 구현했다. 이 API는 name이라는 쿼리 파라미터가 넘어오지 않으면 기존처럼 전체 목록을 조회하고, name이라는 쿼리 파라미터가 넘어오면 name을 기준으로 검색하는 서비스 메서드를 실행한다. 8장에서 설명한 것처럼 id를 기준으로 조회하는 것은 특정 자원을 조회하는 것이기 때문에 패스 베리어블을 사용했고, 상품 이름 중 특정 문자열을 포함하는 상품을 검색하는 것은 일종의 필터 조건에 해당하기 때문에 쿼리 파라미터를 사용했다는 점에 유의하자.

또한 @RequestParam은 기본 속성이 해당 파라미터를 필수로 받도록 하는 것이기 때문에 파라미터가 없어도 되도록 'required = false'를 반드시 명시해야 한다. 그렇지 않으면 name 쿼리 파라미터가 없을 때 400 에러가 발생하여 전체 목록을 조회하는 기능을 사용할 수 없다.

여기까지 코드를 수정했다면 Postman으로 기능을 테스트해 보자. 테스트 방법은 간단하다. 서로 다른 이름을 가지는 상품을 몇 개 추가하고, 'http://localhost:8080/products?name={검색할 이름}' 형태로 검색하면 된다.

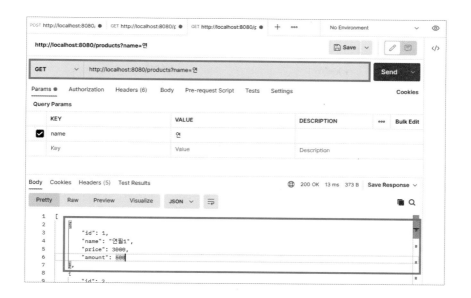

자바로 코드를 작성해 본 경험이 있다면 이런 의문이 들 수도 있다. '다른 코드들을 보면 보통 name 을 getter로 가져와서 비교하는데, 왜 getter를 사용하지 않고 containsName 메서드를 사용할까?' 와 같은 의문 말이다. 코드를 보면서 생각해 보자. getter를 사용했다면 다음과 같은 코드가 작성됐 을 것이다.

ListProductRepository.java에 getter를 사용하는 코드

```java
(생략)

    public List<Product> findByNameContaining(String name) {
        return products.stream()
                .filter(product -> product.getName().contains(name))
                .toList();
    }

(생략)
```

```
(생략)


    public String getName() {
        return this.name;
    }


(생략)
```

containsName으로 구현한 코드와 getName으로 구현한 코드 중 어떤 것이 더 좋아 보이는가? getName을 통해 Product의 name을 가져와서 비교하는 것이 더 좋다고 생각할 수도 있다. 하지만 이처럼 getter로 값을 직접 가져와서 사용하면 객체지향적인 코드가 아니라 값이 여러 곳에 중복 사용된 절차지향적인 코드가 된다. 또한 Product가 단순히 값을 저장하는 객체가 되고, 요구사항에 나와 있는 상품[Product]이라는 도메인의 지식이 상품 내부가 아니라 애플리케이션 전체로 퍼져서 코드만으로는 요구사항이 뭔지 알기 어려워질 것이다. 앞서 getter와 setter의 사용을 최대한 지양하라고 했던 것과 같은 맥락이다.

작은 차이처럼 느껴지겠지만, 애플리케이션이 비대해지고 요구사항이 점점 추가되는 실무 상황에서는 이런 설계가 빛을 발할 것이다. 이것이 현재 객체지향 프로그래밍과 도메인 주도 설계가 널리 사용되는 이유이다.

상품 수정하기

상품 수정하기는 '상품 번호를 기준으로 상품 번호를 제외한 나머지 정보를 수정할 수 있어야 한다'는 요구사항을 가지고 있다. 이번에는 어떤 코드가 작성되어야 할지 미리 정리해 보자.

먼저 ProductController에서는 상품 번호를 받을 수 있어야 한다. 특정 자원을 지칭해야 하기 때문에 패스 베리어블로 id를 받아야 한다. 즉, 상품 번호로 조회하던 것처럼 **'/products/{id}'라는 경로**를 가져야 한다. 수정을 하는 것이기 때문에 **HTTP 메서드는 PUT**이 적절하다.

상품 번호를 제외한 나머지 정보를 모두 수정하는 것이기 때문에 상품에 대한 정보를 전부 받아야 하므로 상품 추가 기능처럼 **요청 바디를 통해 상품에 대한 JSON을 받아, 그 값으로 상품을 수정**해야 한다.

중간에 있는 SimpleProductService에서는 ProductDto를 Product로 변환하고,

ListProductRepository를 호출하고, 호출된 결과로 반환되고 수정된 Product를 다시 DTO로 변환하여 컨트롤러로 반환해 줘야 한다.

마지막으로 ListProductRepository에서는 기존 리스트에 저장되어 있던 Product를 가져와서 setter를 통해 변경해 주는 방법을 사용할 수도 있다. 그런데 setter를 사용하지 않으려면 어떻게 해야 할까? **ModelMapper를 통해 DTO에서 변환된 Product를 수정되기 전의 Product와 바꿔 버리면 된다.** 다시 말해, Product 인스턴스의 값을 바꾸는 것이 아니라 Product 인스턴스 자체를 통째로 바꿔 버리는 것이다. 코드로 구현하며 살펴보자.

컨트롤러부터 다음과 같이 @RequestMapping과 메서드를 추가해 다시 구현해 보자.

ProductController.java

```
(생략)

@RestController
public class ProductController {

    private SimpleProductService simpleProductService;

(생략)

    @RequestMapping(value = "/products/{id}", method = RequestMethod.PUT)
    public ProductDto updateProduct(
            @PathVariable Long id,
            @RequestBody ProductDto productDto
    ) {
        productDto.setId(id);
        return simpleProductService.update(productDto);
    }

}
```

컨트롤러에서 경로와 메서드를 확인한다. 패스 베리어블로는 id를 받고, 요청 바디로는 ProductDto 를 받고 있다. 여기서 'productDto.setId(id);'를 사용하는 이유는 클라이언트가 요청 바디로 id 를 넣어 주지 않을 수도 있기 때문이다. 패스 베리어블로 id를 보냈기 때문에 요청 바디에는 보내지 않는 경우, 이런 코드가 없다면 id가 없기 때문에 상품 수정이 정상적으로 이루어지지 않는다.

이번에는 서비스에서 Product 수정을 진행하는 코드를 추가해 보자. SimpleProductService는 상품 추가 기능을 구현할 때 사용하는 add 메서드와 거의 동일하므로 자세하게 설명하지는 않는다.

SimpleProductService.java

```java
(생략)

@Service
public class SimpleProductService {

    private ListProductRepository listProductRepository;
    private ModelMapper modelMapper;

(생략)

    public ProductDto update(ProductDto productDto) {
        Product product = modelMapper.map(productDto, Product.class);
        Product updatedProduct = listProductRepository.update(product);
        ProductDto updatedProductDto = modelMapper.map(updatedProduct, ProductDto.
class);
        return updatedProductDto;
    }
}
```

다음으로는 레포지토리에서 Product를 통째로 바꿔 버리는 코드를 추가한다.

ListProductRepository.java

```java
(생략)

@Repository
public class ListProductRepository {

    private List<Product> products = new CopyOnWriteArrayList<>();

(생략)

    public Product update(Product product) {
        Integer indexToModify = products.indexOf(product);
        products.set(indexToModify, product);
        return product;
```

```
        }

    }
```

리스트의 indexOf 메서드는 리스트의 요소 중 매개변수로 받은 인스턴스와 동일한 인스턴스의 index를 반환한다. 여기서 '동일하다'라고 판단하는 기준은 해당 요소의 equals 메서드이다. 엄밀히 말하면 '동등한 인스턴스'를 찾게 되는 것이다. 당연히 동일한 인스턴스는 동등하다. 동일성과 동등성에 대한 내용이 기억나지 않는다면 79쪽 3장을 다시 확인하자.

따라서 Product의 equals를 다음과 같이 오버라이딩해 줘야 한다.

Product.java

```java
public class Product {
    private Long id;

(생략)

    @Override
    public boolean equals(Object o) {
        if (this == o) return true;
        if (o == null || getClass() != o.getClass()) return false;
        Product product = (Product) o;
        return Objects.equals(id, product.id);
    }
}
```

인텔리제이에서 자동으로 생성해 주는 equals를 활용하여 id 값만 같다면 같은 Product로 인식한다고 가정했다. 실제로 데이터베이스 등의 다른 방법을 사용하더라도 도메인 객체를 구분할 때 id가 같다면 애플리케이션에서는 같은 엔티티라고 판단한다.

여기까지 코드를 수정했다면 애플리케이션을 재시작해 기능을 테스트해 보자. 없는 id를 수정하려고 요청하면 'ArrayIndexOutOfBoundsException'이 발생하는 것도 확인할 수 있다. 이처럼 인프라스트럭처 계층에서 발생하는 예외가 컨트롤러까지 오는 것은 바람직한 예외 처리 방법은 아니지만, 지금 당장은 이처럼 구현해도 무관하다.

스레드 세이프하지 않은 update 메서드

ListProductRepository에 추가한 update 메서드는 사실 문제가 좀 있다. '스레드 세이프하지 않다'는 것인데, 뭔가 이상하지 않은가? 'CopyOnWriteArrayList는 스레드 세이프하다'더니 스레드 세이프하지 않다니?

CopyOnWriteArrayList 자체는 분명 스레드 세이프한 것이 맞다. 그러나 스레드 세이프한 범위는 그 연산이 하나의 메서드로만 이루어질 때에 한정된다. ❶ SimpleProductService의 Update 메서드와 ❷ ListProductRepository의 Update 메서드는 각각 다음과 같은 순서로 동작한다.

❶ 매개변수로 들어온 Product와 동일한 id를 가진 Product의 index를 가져오는 동작
❷ ❶에서 가져온 index의 Product를 매개변수로 받아 온 Product로 교체하는 동작

여기서 문제가 될 만한 내용은 ❷에서 **index를 기준으로 수정할 Product가 선택된다는 점**이다. ❶과 ❷의 동작 사이에 Product가 추가되거나 삭제되면 어떻게 될까? 수정하려는 id의 Product가 아니라 엉뚱한 Product가 수정될 것이다. 이런 문제를 피하려면 다음과 같은 방법을 고려해 볼 수 있다.

- CopyOnWriteArrayList를 사용하는 것과는 별개로 또 다른 동기화 수단을 사용한다.
- Product에 setter를 추가하고, Product 조회 후 setter로 값을 수정한다.
- 해당 Product를 remove로 삭제한 후 리스트의 순서와는 무관하게 가장 뒤에 추가한다.

책에서는 이에 대한 해결 방법을 설명하지 않는다. 다만, 스레드 세이프한 컬렉션을 사용해도 코드를 잘못 작성하면 스레드 세이프하지 않은 상황이 발생할 수 있다는 사실은 알아 두자.

상품 삭제하기

마지막으로 상품 삭제하기 기능도 구현해 보자. 상품 삭제하기 기능은 특정 id에 해당하는 Product를 리스트에서 지워 버리는 방식으로 구현하면 될 것이다. 컨트롤러 쪽은 상품 조회하기 기능과 마찬가지로 패스 베리어블로 id만 받는다. 다만, HTTP 메서드는 'DELETE'가 되어야 한다. 추가된 코드를 확인해 보자.

다음과 같이 컨트롤러에 상품 삭제를 위한 @RequestMapping과 메서드를 추가한다.

ProductController.java

```
(생략)

    @RequestMapping(value = "/products/{id}", method = RequestMethod.DELETE)
    public void deleteProduct(@PathVariable Long id) {
        simpleProductService.delete(id);
    }

(생략)
```

삭제된 상품 정보를 반환해 줄 수도 있지만, 이미 삭제된 상품이므로 응답으로 줬을 때 큰 의미가 없을 것 같아 void를 반환 타입으로 선언했다. 앞서 상품 추가와 상품 수정의 경우에도 동일하게 void 타입으로 선언해도 무방하나, 프런트엔드 개발자에게 추가된 상품과 수정된 상품에 대한 정보가 필요할 수도 있어 반환해 주었다. 이 부분은 API를 사용하는 프런트엔드 개발자와 논의해야 할 내용이다.

서비스와 레포지토리에도 각각 다음과 같은 코드를 추가한다.

SimpleProductService.java

```
(생략)

    public void delete(Long id) {
        listProductRepository.delete(id);
    }

(생략)
```

ListProductRepository.java

```
(생략)

    public void delete(Long id) {
        Product product = this.findById(id);
        products.remove(product);
    }

(생략)
```

ListProductRepository 코드가 생각했던 것과는 조금 다른 형태일 수도 있다. 우리가 요청으로 받은 값은 오직 id뿐이다. 우리는 이 id를 통해 삭제할 상품을 찾아야 한다. 상품 수정 기능을 구현했던 것처럼 indexOf를 사용하여 먼저 index를 구할 수도 있다. 하지만 remove는 indexOf와 마찬가지로 equals를 기준으로 동등한 요소를 찾아서 지워 주는 기능을 하므로 indexOf로 index를 받는 절차를 생략하고, 바로 findById를 통해 Product를 조회한 다음 remove의 인자로 넣어 주면 삭제된다.

여기서 잠깐

재사용성과 레이어드 아키텍처

방금 살펴본 코드가 전형적인 레이어드 아키텍처의 장점에 대해 확인할 수 있는 코드이다. 우리는 조회에서 구현했던 findById를 삭제에서 재사용하고 있다. 만약 우리가 컨트롤러에 모든 코드를 넣어서 모든 기능이 서로 다른 메서드로 이루어졌다면 이런 재사용이 어려웠을 것이다.

애플리케이션을 개발하다 보면 많은 코드가 재사용된다는 사실을 알게 된다. 재사용하지 않으면 중복된 코드가 계속 생기고, 중복된 코드가 많아지면 코드를 수정하는 일이 점점 어려워진다. 레이어드 아키텍처는 계층별로 코드를 나눠 재사용성을 높이고 중복된 코드를 줄여 준다.

실무에서 사용자에게는 데이터가 삭제된 것처럼 보이지만, 내부적으로는 삭제하지 않는 경우가 있다. 이것을 '소프트 딜리트^{Soft Delete}'라고 하는데, 보통 Boolean 타입의 필드 중 하나를 추가하여 해당 필드가 참이면 삭제된 것처럼 조회되지 않도록 구현한다. 필드 이름을 예로 들어 보면 isDelete 정도가 될 수 있다.

이런 기능은 보통 두 가지 상황에서 구현하게 되는데, 하나는 데이터를 **서비스 요구사항에 따라 원상 복구**시켜야 할 가능성이 있는 경우이다. 조회 시에는 삭제된 것처럼 보이지 않다가도 삭제를 취소하면 다시 원래 데이터가 조회되도록 하고 싶은 경우가 여기에 해당된다. 또 다른 상황으로는 **법적 근거에 의해 삭제를 유예**시켜야 하는 경우가 있다. 일정 기간 로그인 이력이 없으면 휴면 계정으로 전환되는 경우가 여기에 해당된다. 서비스 내에서는 삭제된 계정처럼 보이다가도 사용자가 다시 로그인하면 휴면 계정에서 정상 계정으로 계정 상태를 변경하게 된다. 따져 보면 이 경우 역시 데이터를 원상 복구시켜야 하는 경우라고 볼 수 있다.

지금까지 상품 관리 애플리케이션에 상품 추가, 조회, 수정, 삭제 기능을 개발해 보았다. 어렵게 느껴졌을지도 모르지만, 후반부에 비슷한 내용이 패턴처럼 반복된다는 것을 알 수 있을 것이다. 만약 지금까지 실습했던 내용 중 컨트롤러 부분이 어려웠다면 HTTP에 대한 이해가 부족한 것이므로 8장을 다시 읽어 보자. 컨트롤러 이후 애플리케이션 서비스, 도메인 객체, 인프라스트럭처 계층 부분이 어려웠다면 자바 문법이 익숙하지 않은 것이므로 『이것이 자바다(개정판)』(2022, 한빛미디어) 등의 도서로 보완하자.

이번 장에서 진행했던 프로젝트의 전체 코드는 다음 링크에서 확인할 수 있다. 전체 코드를 보며 흐름을 이해하는 것이 학습한 내용을 이해하는 데에도 큰 도움이 될 것이다.

- https://github.com/lleellee0/java-for-backend/tree/main/09

끝으로 여러분이 개발한 상품 관리 애플리케이션의 API를 이리저리 테스트해 보고, 멱등성이 지켜져야 할 메서드가 잘 지켜지는지 확인해 보자. 다시 한번 강조하지만, 멱등성이란 한 번 이상 호출했을 때 자원의 상태가 계속 같은 상태로 유지되는 것을 의미한다. 예를 들어 동일한 id의 상품을 두 번 삭제하면 500 에러가 발생하지만, 상품들의 상태는 변함이 없다. 에러는 발생하지만, 멱등한 상태인 것은 분명하다는 의미이다.

마무리

이번 장에서는 지금까지 배운 내용을 바탕으로 간단한 상품 관리 애플리케이션을 만들어 봤다. 아직 모든 요구사항을 충족하고 있지는 않으므로 나머지 요구사항은 10장에서 애플리케이션을 개선하며 충족시키자. 학습을 마치기 전에 다음 내용을 제대로 진행했는지 확인해 보자.

- 상품 관리 애플리케이션의 요구사항을 보고 데이터를 정의하여 상품 클래스를 만들어 봤다.
- 상품 추가 기능을 구현하며 프로젝트의 전체 구조를 잡았다.
- 레이어드 아키텍처 중 도메인 주도 설계에서 사용하는 레이어 구조를 프로젝트에 적용했다.
- 상품 번호에 해당하는 id를 관리하는 위치에 대해 고민했고, 인프라스트럭처 계층인 레포지토리에 그 코드를 위치시켰다.
- DTO의 존재 이유와 DTO ↔ 도메인 객체 간의 변환 방법으로 ModelMapper를 사용해 봤다.
- getter와 setter의 올바른 사용 방법과 getter, setter 사용을 지양한 코드 작성 방법을 알아봤다.
- 상품 조회, 수정, 삭제 기능을 적절한 레이어에 코드를 추가하여 구현했다.

Q1. 어떤 자원을 저장할 때는 숫자로 된 id를 사용하곤 합니다. 만약 id가 엄청 커진다면 어떤 자료형을 사용하는 것이 적절할까요?

A1. Interger로 약 −21억~+21억까지 표현이 가능한데요. id 값은 일반적으로 양의 정수만 사용하므로 약 21억 개의 id를 생성할 수 있습니다. 그런데 서비스를 만들다 보면 서비스의 규모에 따라 한 종류의 자원이 21억 개를 넘어서는 상황이 충분히 생길 수 있습니다. 따라서 훨씬 더 큰 자료형인 Long을 사용하거나 Long으로도 표현하기에 큰 수라면 UUID를 사용해도 좋을 것 같습니다.

해설

본문에서 상품 번호의 자료형을 정할 때 나왔던 내용이다. Integer의 범위를 약 −21억 ~ +21억으로 기억하는 것도 좋지만, 2의 제곱 형태로 기억해 두는 것이 더 좋다. Integer는 4바이트(32비트)이므로 총 2의 32 제곱만큼을 표현할 수 있고, 2의 32 제곱 중 반은 음수, 반은 정수이다. 2의 보수를 활용하여 10진수와 2진수를 서로 변환하는 연습을 해보면 자료형을 더 많이 이해할 수 있을 것이다. Long의 경우 8바이트(64비트)로 표현할 수 있는 범위가 훨씬 넓고, UUID의 경우 16바이트(128비트)로 Long보다도 압도적으로 크다. 다만, 통상적인 애플리케이션은 Long으로 표현할 수 있는 범위 내의 id 값 정도만 사용하므로 표현 범위의 문제라면 Long을 사용해도 충분하다. 하지만 1씩 증가해야 하는 id 발급에 성능상의 문제가 있다면 UUID 같이 랜덤하게 생성되는 id를 사용하는 편이 더 좋다.

Q2. 레이어드 아키텍처에 대해 설명해 보세요.

A2. 레이어드 아키텍처는 애플리케이션을 계층별로 나눠 각 계층에 적절한 책임과 역할을 부여해 계층별 재사용성을 높이는 설계 방법입니다. 과거에는 Controller-Service-DAO 형태의 3개 계층으로 나눈 3-티어Tier 아키텍처가 유행했고, 현재는 표현, 응용, 도메인, 인프라스트럭처로 나눈 4-티어 아키텍처가 널리 사용되고 있는 것으로 알고 있습니다. 이렇게 티어를 나누어 사용하면 마치 디자인 패턴처럼 동일한 구조의 아키텍처에 익숙한 사람이 좀 더 빠르게 프로젝트 구조를 이해하는 데 도움을 줄 수 있습니다.

레이어드 아키텍처의 장점을 이해하려면 아무 레이어 없이 모든 코드를 컨트롤러에 넣는 것을 상상해 보면 좋다. 그럼 코드가 재사용되기 굉장히 어려운 구조가 되거나 레이어가 엄격하게 나눠지지 않고, 적절한 기준 없이 여기 저기에 서비스를 추가해 나가면 너무 복잡하고 디버깅하기 어려운 코드가 될 것이다. 레이어드 아키텍처는 이런 문제를 피하고자 각 레이어별로 적절한 책임을 부여하고, 그것을 강제하는 설계 방법이다.

혹시 이와 같은 답변을 한 후 도메인 주도 설계에 대한 질문이 이어진다면 알고 있는 만큼만 정직하게 답변하자. 얕은 지식으로 장황하게 답변하는 것은 면접에 도움되지 않는다.

Q3. '스레드 세이프하다(Thread Safety)'는 말은 어떤 의미인지 설명해 보세요.

A3. '스레드 세이프하다'는 것은 주로 어떤 코드나 라이브러리가 멀티 스레드 환경에서 적절히 동기화를 처리해 정상적인 동작을 보장하는지를 의미합니다. 만약 스레드 세이프하지 않다면 '레이스 컨디션'과 같은 문제가 발생하고, 데이터가 불일치할 위험이 있습니다.

컬렉션 중 스레드 세이프한 자료형인 Vector와 스레드 세이프하지 않은 자료형인 ArrayList가 대표적입니다. 그럼 '항상 스레드 세이프한 컬렉션을 사용해야 하는가'하는 문제가 있는데요. 그것은 해당 컬렉션 인스턴스에 동시에 여러 개의 스레드가 접근할 수 있는지에 따라 달라져야 합니다. 동기화라는 것은 결국 '락(Lock)' 같은 동기화 매커니즘을 사용하여 성능을 희생하게 되는데, 동기화가 필요하지 않은 곳에 스레드 세이프한 자료형을 사용하면 성능에 손해를 보게 되기 때문입니다. ArrayList가 사용되는 환경은 보통 단일 스레드가 접근하여 컬렉션을 다루는 상황이 많기 때문에 스레드 세이프하지 않아도 문제가 되지 않는 경우가 많습니다.

주로 컬렉션에 대한 스레드 세이프 여부를 묻는 질문이 많으므로 각 컬렉션의 종류별로 스레드 세이프한 컬렉션과 아닌 컬렉션을 구분하는 것이 좋다. 컬렉션을 사용할 때 해당 컬렉션이 스레드 세이프해야 하는 경우 java.util.concurrent 패키지에 있는 컬렉션을 사용하면 동기화에 있어서도 좋은 성능을 보여 준다.

java.util.concurrent 패키지에 있는 컬렉션 중 ConcurrentHashMap이 대표적이다. ConcurrentHashMap은 HashMap의 스레드 세이프한 버전이다. 사실 HashMap 같이 스레드 세이프하지 않은 컬렉션도 스레드 세이프하게 만드는 방법이 있는데, 바로 Collections.synchronizedMap으로 HashMap을 래핑하는 것이다. 그러나 이렇게 래핑한 클래스는 스레드 세이프하긴 하지만 성능이 좋지 않고, ConcurrentHashMap은 스레드 세이프하면서도 좋은 성능을 제공한다. 이러한 차이가 발생하는 이유는 Collections.synchronizedMap으로 래핑하는 것과 ConcurrentHashMap 사이에 스레드를 동기화시키는 것의 방법이 다르기 때문이다. 자세한 내용은 구글에서 'ConcurrentHashMap vs Collections.synchronizedMap'과 같은 키워드를 검색해 참고하자. 기억해야 할 점은 java.util.concurrent 패키지에 있는 클래스들을 스레드 세이프가 필요한 상황에 적극적으로 활용하면 좋다는 것이다.

Q4. 애플리케이션을 개발할 때 DTO를 만들어 사용하는 이유가 뭔가요?

A4. DTO는 계층 간 데이터를 전달하기 위해 사용되는 객체입니다. DTO가 없다면 도메인 객체가 그대로 표현 계층까지 와서 클라이언트에게 그대로 노출될 겁니다. 그런 상황에서는 도메인 객체의 필드나 구조를 변경하는 것이 클라이언트에게 노출됩니다. 그럼 해당 API를 바라보고 있는 클라이언트가 바로 영향을 받게 되지만, DTO를 사용하면 이런 상황을 완화시킬 수 있습니다. 중간에 변환 로직이 있기 때문에 내부적으로 도메인 객체가 변경되어도 DTO 변환 로직만 잘 변경해 주면 변경의 여파가 클라이언트에게 미치지 않도록 만들 수 있습니다. 또한 DTO는 하나의 도메인 객체에 목적별로 여러 개의 DTO를 두어서 서로 다른 API에 대해 서로 다른 DTO를 제공하는 것도 가능하게 만들 수 있습니다.

해설

DTO가 없으면 도메인 객체를 함부로 변경할 수가 없다. 도메인 객체가 변경되면 그 구조 그대로 클라이언트가 보는 API 요청, 응답의 변경으로 이어지기 때문에 DTO를 두면 상대적으로 유연하게 변경할 수 있다. 실무에서는 생각보다 도메인 객체가 변경되는 상황이나 동일한 도메인 객체라고 하더라도 목적별로 다른 필드를 보여 주고 싶은 상황도 많이 발생한다. 예를 들어 동일한 도메인 객체에 대해 HTTP 클라이언트에게 제공해 줄 응답과 저장소(데이터베이스가 아니라 JSON으로 저장되는 저장소)에 저장할 때 서로 다른 데이터 포맷을 사용하고자 하는 상황이라면 목적에 따라 서로 다른 DTO를 적용하기에 적절한 경우이다.

Q5. **스프링 프레임워크에서는 왜 빈(Bean)을 만들고 주입하여 사용할까요?**

A5. 빈은 스프링 프레임워크에서 관리하는 인스턴스들을 이야기합니다. 스프링 프레임워크는 애플리케이션 시작 시 특정 애너테이션들이 붙어 있는 클래스들을 빈으로 등록하고, 의존성이 필요한 곳에 해당 빈을 주입하여 사용합니다. 이렇게 하면 동일한 인스턴스는 한 번만 생성되고 여기 저기서 재사용되기 때문에 인스턴스를 만드는 비용과 메모리를 아낄 수 있습니다. 따라서 이것은 성능상의 이점이 됩니다.

또 다른 이점으로는 의존성을 주입받아서 사용하는 것에서 객체지향적인 이점이 발생합니다. 애플리케이션을 개발하다 보면 테스트 코드를 작성할 때 특정 의존성의 대역(Stub) 의존성을 주입받아서 사용하고 싶은 경우가 생깁니다. 이런 상황에서 의존성을 주입받아서 사용하는 경우 원래 코드를 수정하지 않고도 아주 손쉽게 테스트할 때 대역 의존성을 주입받아서 사용하고, 실제 애플리케이션이 실행되는 환경에서 실제 동작하는 의존성을 주입받아서 사용할 수 있습니다.

> **해설**
>
> 성능적인 이점에 초점을 맞춰 답변하자. 의존성 주입은 'Dependency Injection'이라는 이름으로 하나의 패턴처럼 사용되고, 이를 제대로 사용하려면 객체지향적인 지식이 필요하다. 어차피 코드만 사용하게 될 클래스들의 인스턴스를 하나만 만들어서 여러 클래스에서 사용하는 것이다. 이처럼 하나의 인스턴스만 만들어지는 것을 '싱글톤(Singleton)'이라고 하는데, 기본적으로 스프링의 빈들은 싱글톤으로 생성된다.

Q6. 컨트롤러 코드에 @Controller라는 애너테이션을 붙인 컨트롤러와 @RestController라는 애너테이션을 붙인 컨트롤러가 있습니다. 두 가지 애너테이션은 어떻게 다른가요?

A6. @Controller 애너테이션은 MVC 패턴에서 사용되고 각 @RequestMapping들의 반환 값이 JSON이 아닌 뷰(View)의 경로가 됩니다. 즉, 클라이언트는 뷰를 통해 렌더링된 HTML 페이지를 보게 됩니다. 반면, @RestController는 각각의 @RequestMapping에 @ResponseBody 애너테이션이 붙어 있는 것과 동일합니다. 즉, 뷰가 아니라 JSON을 응답으로 반환합니다.

해설

@RestController는 '@Controller + 각 @RequestMapping마다 @ResponseBody'라고 이해하면 쉽다. @RestController는 API 서버로서 뷰가 아니라 JSON을 응답으로 주는 컨트롤러이다.

상품 관리
애플리케이션에
유효성 검사 추가하기

9장에서 간단한 상품 관리 애플리케이션을 만들어 봤지만, 아직 모든 요구사항을 만족하고 있지는 않다. 기능적인 요구사항은 모두 구현했지만, 데이터의 값에 대한 부분은 요구사항을 만족하지 못하고 있으므로 이번 장에서는 애플리케이션에 데이터의 값이 유효한 값인지 검증하는 유효성 검사를 추가해 보자.

‹1› 도메인 객체 및 컨트롤러 유효성 검사 추가하기

우리가 어떤 데이터를 가지고 있는지 생각해 보자. 우리는 'Product'라는 이름의 상품 클래스와 그 DTO인 'ProductDto' 클래스를 가지고 있다. 요구사항에 있던 똑같은 유효성 검사를 두 곳 모두에 추가하면 코드의 중복이 발생한다. 그럼 한 쪽에만 추가하면 될까? 먼저 이와 관련한 고민부터 해결하고, 도메인 객체에 적용할 수 있는 유효성 검사를 추가해 보자.

어디서 유효성 검사를 할 것인가?

백엔드 애플리케이션을 처음 개발할 때 느끼는 어려움 중 하나가 바로 '클라이언트로부터 온 데이터의 유효성을 어디에서 검증할 것인가'이다. 유효성 검사는 DTO와 도메인 객체 양쪽 모두에 추가해야 한다. 그러나 두 곳에서 진행하는 유효성 검사의 성격이 조금 다르다. 상품 관리 애플리케이션의 각 필드별 요구사항으로 돌아가 보자.

- 상품 번호는 1부터 시작하여 상품이 추가될 때마다 1씩 증가한다. 동일한 상품 번호를 가지는 상품은 존재할 수 없다.
- 상품 이름은 1글자 이상 ~ 100글자 이하의 문자열로, 동일한 상품 이름을 가지는 상품이 존재할 수 있다.
- 가격은 0원 이상 ~ 1,000,000원 이하의 값을 가질 수 있다.
- 재고 수량은 0개 이상 ~ 9,999개 이하의 값을 가질 수 있다.

이번에도 상품 번호는 논외이므로 상품 이름부터 살펴보자. 상품 이름이 1글자 이상 ~ 100글자 이하의 문자열로 이루어져야 한다는 것은 상품 이름이라는 필드의 문자열 길이가 1 이상 ~ 100 이하여야 한다는 뜻이다. 이것이 바로 도메인 지식이다. 도메인 지식은 도메인 객체 밖으로 빠져 나가지 않는 것이 좋다. 그럼 이런 유효성 검사 조건이 존재하기에 가장 적절한 곳은 어디일까? 당연하게도 도메인 객체 내부이다. 즉, Product 클래스 내부에서 Product 클래스의 필드에 대한 유효성을 검사할 수 있어야 한다는 말이다.

그럼 DTO에서는 어떤 것에 대한 유효성 검사를 하는 걸까? 상품 이름을 살펴 보면 상품 이름이라는 필드 자체를 사용자가 JSON에 포함시키지 않았거나, null로 데이터를 보내고 있는 경우에 대한 유효성을 검사할 수 있다.

도메인의 지식이라고 할 수 있을 만한 유효성에 대한 검사는 도메인 객체가 하는 것이 적절하고, 그 외의 도메인 지식과 무관하게 데이터 그 자체가 유효한지 아닌지를 검사할 때는 DTO에서 하는 것이 적절하다.

Product 유효성 검사

도메인 지식에 해당하는 내용은 도메인 객체에서 검증해야 하므로 Product에 대한 유효성을 검사하는 코드를 추가해 보자. 처음 애플리케이션을 개발할 때 많이 잘못 작성하는 코드부터 확인해 보자.

SimpleProductService.java의 잘못된 유효성 검사 코드

```java
(생략)

    public ProductDto add(ProductDto productDto) {
        Product product = modelMapper.map(productDto, Product.class);

        if(product.getName().length() > 100 && product.getName().length() < 1) {
            return null;
        }

        Product savedProduct = listProductRepository.add(product);
        ProductDto savedProductDto = modelMapper.map(savedProduct, ProductDto.class);
        return savedProductDto;
    }

(생략)
```

언뜻 보면 적절한 코드처럼 보이지만 잘 살펴보면 몇 가지 문제점이 있다.

첫 번째, 도메인 지식이 도메인 객체 외부로 새어 나가고 있다. 상품 이름의 길이가 100보다 크거나 1보다 작으면 유효하지 않다고 가정하여 Product를 저장하지 않고 바로 return하고 있다. 이런 유효성 검사는 도메인 지식을 도메인 계층 바깥으로 공개하여 중복된 코드를 양산하고, Product 클래스의 응집도를 낮춘다. 실제로 상품 정보를 수정하는 곳에도 동일한 유효성 검사를 넣을 텐데, 이렇게 짧은 애플리케이션 서비스 코드 내에서도 벌써 중복이 발생하고 있다.

두 번째, 애플리케이션 서비스 코드의 흐름을 확인하기 어렵다. 첫 번째 문제의 연장선에 있는 문제라고 볼 수 있다. 도메인 객체에 있어야 하는 도메인 지식이 애플리케이션 계층으로 새어 나오니, 애플리케이션 서비스의 역할과 도메인 객체의 역할이 뒤섞여 애플리케이션 서비스가 하는 역할을 찾기 어려워진다. 아직은 레포지토리에 Product를 저장하거나 DTO와 도메인 객체를 변환하는 코드가 잘 보이지만, 유효성 검사 로직이 계속 추가되면 코드를 확인하기 어려울 것이다.

세 번째, null을 반환한다. 가장 많이 하는 실수 중 하나가 예외적인 상황(지금처럼 유효성 검사에 실패한 것처럼)에서 예외를 던지지 않고 null 같은 불필요한 값을 반환하는 코드를 작성하는 것이다. null을 반환하는 코드는 메서드를 호출하는 쪽에 예외적인 상황을 마치 정상적인 상황인 것처럼 반환 값을 준다. 이러면 null 값을 체크하기 위해 코드를 호출한 쪽에 if 문으로 null을 체크하는 로직을 넣어야 할 것이고, 불필요한 if 문이 하나 더 늘어나게 된다. 자바에는 Optional을 사용하는 것과 같은 여러 에러 처리 방법이 있지만, 여기서는 **예외적인 상황에서 null 같은 불필요한 값을 반환하지 않고 예외를 던진다.** 예외를 던져서 얻을 수 있는 이점은 뒤에서 다시 설명한다.

첫 번째, 두 번째 이유 때문에 가급적 getter를 사용하지 말라고 했던 것이다. 물론 9장에서 언급했던 것처럼 기술적인 문제로 getter를 반드시 추가해야 하는 상황이 발생할 수도 있지만, getter를 추가했더라도 불필요한 상황에서 사용하는 일은 피해야 한다.

getter를 사용하지 않고 도메인 객체 내부에서 유효성을 검사하는 방법은 생성자에서 검사하는 방법, setter에서 검사하는 방법, Bean Validation을 사용하여 검사하는 방법 등 여러 가지가 있다. 여기서는 ModelMapper를 사용하고 있기 때문에 생성자에서 검사하는 방법은 사용할 수 없으므로 Bean Validation을 사용하여 검사하는 방법을 소개한다.

여기서 잠깐

생성자에서 유효성 검사하기

도메인 객체를 비롯한 자바의 모든 인스턴스는 생성자를 통해 생성된다. 생성자를 통해 인스턴스를 초기화할 때 유효성 검사가 이루어지지 않으면 인스턴스가 생성되더라도 인스턴스가 가지고 있는 필드에 잘못된 값이 들어가게 된다. 이렇게 되면 해당 인스턴스는 생성됐지만, 제대로 동작하지 않는 '불완전한 인스턴스'가 된다. 이 인스턴스를 생성하고 유효성 검사를 통해 잘못 사용되는 것을 막을 수 있지만, 생성하는 시점에 '불완전한 인스턴스'가 애초에 생성되지 않도록 유효성 검사를 통해 막는 것이 안전하다.

생성자에서 유효성을 검사하려면 다음과 같이 name에 대한 유효성만 검사하면 된다. 인스턴스 생성에 실패하는 경우에는 예외를 던져야 한다. 관련한 내용은 뒤에서 좀 더 알아보자.

Product.java

```java
(생략)

    public Product(Long id, String name, Integer price, Integer amount) {
        if (name.length() > 100 || name.length() < 1) {
            // 인스턴스 생성 실패 예외 던지기
        }

(생략)

        this.name = name;

(생략)

    }

(생략)
```

Bean Validation을 통한 유효성 검사

네트워크의 스펙Specification 문서로 RFCRequest for Comments가 있다면, 자바의 스펙 문서로는 JSRJava Specification Requests이 있다. 우리가 지금 사용할 Bean Validation은 JSR-303 문서에 기록된 스펙을 이야기한다. JSR-303은 Bean Validation이라는 설명서에 불과하고, 우리가 실제 사용하는 것은 JSR-303 스펙을 구현한 구현체이다. Bean Validation은 JSR-303이라는 스펙을 사용하여 유효성을 검사하는 행위를 의미한다.

지금 구체적으로 어떤 구현체를 사용하는지는 크게 중요하지 않다. 실제로 주로 사용되는 Bean Validation 스펙은 JSR-380이라는 확장된 스펙이다. JSR-303이 Bean Validation 1.0, JSR-380이 Bean Validation 2.0 버전이다.

스펙과 구현체

개발자들끼리는 Specification을 '스펙'이라고 부르곤 한다. Specification은 글자 그대로 이야기하면 '명세' 혹은 '사양'이라고 해석할 수 있지만, 처음 듣는 사람에게 와닿는 단어는 아니다. 스펙은 '특정 제품이나 서비스가 만족해야 하는 요구사항의 집합'을 의미한다. 예시로 살펴보자.

자동차의 요구사항을 다음과 같이 설정했다고 가정해 보자.

- 자동차는 4개의 바퀴를 가지고 있어야 한다.
- 자동차는 전진과 후진이 가능해야 한다.
- 자동차는 좌우로 방향 전환이 가능해야 한다.

이와 같은 요구사항을 여러 사람이 함께 정했다면, 이 요구사항의 집합을 '자동차에 대한 스펙'이라고 부른다. 스펙이 나오면 이 스펙을 따르는 자동차의 실물을 만들어 내는 기업에 의해 자동차가 만들어진다. 시중에서 판매되는 소나타, K5와 같은 자동차를 말한다. 이때 소나타나 K5를 '자동차에 대한 스펙을 만족하는 구현체'라고 표현한다.

이러한 관계는 여러 곳에서 찾아볼 수 있다. 앞서 살펴본 JSR-303, 308 스펙을 만족하는 구현체 중 'Hibernate Validator' 같은 구현체가 이러한 사례 중 하나이다.

Product 생성 시 유효성 검사 추가하기

9장에서 만든 스프링 부트 애플리케이션에서 Bean Validation을 수행하려면 여러 개의 라이브러리가 필요하다. 이 라이브러리들에서 개별적으로 의존성을 추가해 줄 수도 있지만, 일반적으로는 필요한 라이브러리들을 한번에 추가할 수 있기 때문에 'spring-boot-starter-validation'이라는 의존성 하나만을 추가하여 개발한다.

spring-boot-starter-validation 의존성을 메이븐 저장소(https://mvnrepository.com/)에서 검색해 클릭한 후 최신 버전을 선택한다. 다음과 같이 화면에 나타난 의존성 태그를 pom.xml에 추가하자(〈version〉 태그는 생략한다).

pom.xml

(생략)

```
    <dependencies>
```

(생략)

```xml
        <dependency>
            <groupId>org.springframework.boot</groupId>
            <artifactId>spring-boot-starter-validation</artifactId>
        </dependency>

        <dependency>
            <groupId>org.modelmapper</groupId>
            <artifactId>modelmapper</artifactId>
            <version>3.1.0</version>
        </dependency>
```

(생략)

```xml
    </dependencies>
```

(생략)

NOTE 스프링 부트와 관련한 의존성에 〈version〉 태그를 붙여 주지 않으면 상단에 위치한 〈parent〉 태그 내 spring-boot-starter-parent 의존성의 버전을 따라간다.

이어서 〈dependency〉를 추가하고 [Ctrl] + [Shift] + [O]를 눌러서 의존성을 다운로드한 후 Product.java의 필드에 다음과 같은 애너테이션을 달아 주자.

Product.java

```java
public class Product {
    private Long id;

    @Size(min = 1, max = 100)
    private String name;

    @Max(1_000_000)
    @Min(0)
    private Integer price;

    @Max(9_999)
    @Min(0)
    private Integer amount;
```

(생략)

```
    }
```

아주 직관적이고 간단하다. 이로써 도메인 지식은 도메인 객체인 Product 내에 머물게 되었지만, 아직 유효성 검사가 실행되지 않는다. 애플리케이션 서비스에서 유효성 검사를 하도록 코드를 작성할 것이다. 유효성 검사 진행 명령은 애플리케이션 서비스에서 내리게 하지만, 유효성 검사에 필요한 도메인 지식은 여전히 Product 내에 머물도록 할 것이다.

먼저 application 패키지 내에 ValidationService라는 클래스를 추가하고, 다음과 같은 코드를 입력한다. 애플리케이션 서비스인 SimpleProductService에는 위 ValidationService를 사용하여 유효성을 검사하는 코드도 추가한다.

ValidationService.java

```java
package kr.co.hanbit.product.management.application;

import org.springframework.stereotype.Service;
import org.springframework.validation.annotation.Validated;

import jakarta.validation.Valid;

@Service
@Validated
public class ValidationService {
    public  <T> void checkValid(@Valid T validationTarget) {
        // do nothing
    }
}
```

SimpleProductService.java

(생략)

```java
@Service
public class SimpleProductService {

    private ListProductRepository listProductRepository;
```

```
    private ModelMapper modelMapper;
    private ValidationService validationService;

    @Autowired
    SimpleProductService(ListProductRepository listProductRepository, ModelMapper
modelMapper, ValidationService validationService
    ) {
        this.listProductRepository = listProductRepository;
        this.modelMapper = modelMapper;
        this.validationService = validationService;
    }

    public ProductDto add(ProductDto productDto) {
        Product product = modelMapper.map(productDto, Product.class);
        validationService.checkValid(product);

        Product savedProduct = listProductRepository.add(product);
        ProductDto savedProductDto = modelMapper.map(savedProduct, ProductDto.class);
        return savedProductDto;
    }

(생략)

}
```

ValidationService에는 @Service 애너테이션이 붙어 있기 때문에 스프링 프레임워크가 해당 클래스를 인스턴스화하여 빈으로 등록한다. 그리고 @Validated 애너테이션은 해당 클래스에 있는 메서드들 중 @Valid가 붙은 메서드 매개변수를 유효성 검사하겠다는 의미이다. 여기서 유효성 검사는 Product에 붙인 Bean Validation 애너테이션을 기준으로 이루어진다.

제네릭Generic 문법에 익숙하지 않다면 checkValid 메서드는 어렵게 느껴질 수도 있다. 반환 타입인 void 앞에 적은 '〈T〉'는 해당 메서드 내에서 T라는 이름의 제네릭을 사용하겠다는 선언이고, T에는 어떤 타입이든 올 수 있다는 것을 의미한다. 매개변수 쪽에서는 T를 매개변수의 타입으로 지정해 줬다. 결국, 해당 메서드의 매개변수로는 어떤 타입이든 올 수 있다. 만약 우리가 Product만의 checkValid 메서드를 만들었다면 다음과 같이 만들 수 있었을 것이다.

```
(생략)

@Service
@Validated
public class ValidationService {
    public void checkValid(@Valid Product validationTarget) {
        // do nothing
    }
}
```

이와 같이 특정 타입에 해당하는 checkValid를 만든다면 단순히 유효성 검사만을 위해 모든 도메인 객체에 대한 유효성 검사 코드를 추가해야 할지도 모른다. 그러나 우리는 제네릭을 사용하여 이런 불편과 코드의 중복을 피할 수 있게 되었다.

다시 checkValid 메서드가 하는 일로 돌아가자. checkValid 메서드는 아무것도 하는 일이 없으므로 'do nothing'이라는 주석을 달아 두었다. checkValid로 인자를 담아 호출하는 것만으로 유효성에 대한 검증이 이루어지기 때문이다.

SimpleProductService에는 전형적인 의존성 주입을 위한 코드가 들어 있다. ValidationService를 의존성 주입해 줬고, ModelMapper가 ProductDto를 Product로 변환한 직후 바로 ValidationService의 checkValid 메서드를 호출하며 인자로 변환된 Product를 넘겨준다. checkValid 메서드를 호출한 후에는 ValidationService가 유효성을 검증한다.

이제 애플리케이션을 실행해서 정상적인 상품 데이터와 각각의 조건을 벗어나는 데이터를 요청으로 보내어 유효성 검사가 잘 이루어지는지 확인해 보자. 다음과 같은 조건으로 요청을 보냈다.

- name: "연필", price: 300, amount: 100 → 성공 **(응답 id: 1)**
- name: "", price: 300, amount: 100 → 500 에러 (로그에 다음과 같이 출력 jakarta.validation.**ConstraintViolationException**: checkValid.validationTarget.**name: 크기가 1에서 100 사이여야 합니다**)
- name: "연필", price: −30, amount: 100 → 500 에러 (로그에 다음과 같이 출력 jakarta.validation.**ConstraintViolationException**: checkValid.validationTarget.**price: 0 이상이어야 합니다**)
- name: "", price: 2000000, amount: 99999 → 500 에러 (로그에 다음과 같이 출력 jakarta.validation.**ConstraintViolationException**: checkValid.validationTarget.**name: 크기가 1에서 100 사이여야 합니다**, checkValid.validationTarget.**price: 1000000 이하여야 합니다**,

checkValid.validationTarget.**amount: 9999 이하여야 합니다**)

- name: "필통", price: 1000, amount: 30 → 성공 **(응답 id: 2)**

테스트 결과를 살펴보자. 여러 필드에 대한 유효성 검사를 실패해도 실패한 필드를 모두 보여 주고 있다. 500 에러가 발생한 경우 id가 증가되지 않는 것으로 보아 유효성 검사에 실패한 상품이 리스트에 저장되지 않았다는 사실까지 확인했다. 즉, 유효성 검사가 아주 잘 작동하고 있다.

그런데 이상한 점이 있다. 앞서 HTTP 응답 상태 코드 중 파라미터를 잘못 보낸 경우에는 400 Bad Request를 응답해야 한다고 설명했다. 특정 파라미터가 누락된 경우 400 에러가 왔었고, 여기서도 파라미터가 잘못되었다고 생각하면 400 에러가 와야 할 것 같은데 500 에러가 왔다. 이것은 애플리케이션에서 발생한 ConstraintViolationException을 처리해 주지 않고 컨트롤러에서까지 throw되고 있기 때문이다. 애플리케이션에서 500 에러를 반환하려면 예외를 처리하지 않고 컨트롤러 밖으로 throw하면 된다. 뒤에서 우리는 전역 예외 핸들러를 추가하면서 이 예외를 받아 적절한 상태 코드로 반환해 주도록 할 것이다.

또 다른 이상한 점은 로그에서 볼 수 있었던 유효성 검사 실패 정보를 응답 바디에서 찾아볼 수 없다는 것이다. 응답 바디에는 다음과 같이 활용하기 어려운 정보만 담겨 온다.

유효성 검사에 실패한 응답 바디

```
{
    "timestamp": "2022-05-08T00:17:03.682+00:00",
    "status": 500,
    "error": "Internal Server Error",
    "path": "/products"
}
```

혹시나 응답 헤더에 유효성 검사 관련 정보가 있을까 찾아 봐도 없다. 로그에서 본 것처럼 어떤 필드가 어떤 유효성 검사에 실패했다는 정보를 응답 바디에 포함시키는 일은 상태 코드를 바꿔 주는 것과 마찬가지로 전역 예외 핸들러에서 처리할 수 있다.

본문에서 사용한 애너테이션 외에도 JSR-303, 380에는 다양한 애너테이션이 있다. 공식 문서에는 각 애너테이션별로 자세한 설명과 예시가 있지만 모두 확인하기 어려우므로 다음 링크를 참고하자. 간결하게 정리된 내용을 볼 수 있다.

- https://www.baeldung.com/java-validation

컨트롤러 유효성 검사

이번에는 컨트롤러에 대한 유효성을 검사해 보자. 도메인 객체 때와 마찬가지로 Bean Validation
을 사용하면 된다. spring-boot-starter-validation 의존성은 이미 추가되어 있기 때문에 코드
만 변경해 보자.

컨트롤러에 대한 유효성 검사는 엄밀히 말해 클라이언트의 요청에 대한 유효성을 검사하는 것이다.
컨트롤러에 대한 유효성 검사는 ValidationService와 같은 별도의 클래스가 없어도 쉽게 진행할 수
있다.

유효성 검사를 추가하기 위해서는 ProductDto와 ProductController를 수정해야 한다.
ProductDto에서는 도메인 지식을 다루지 않고, name, price, amount 데이터가 존재하는지, 그
리고 null인지만 체크한다. 먼저 지금 상태에서 특정 필드를 비워서 보내면 어떻게 되는지 확인해
보기 위해 price를 비워서 보냈더니 다음과 같이 price가 null인 상태로 상품이 등록됐다.

이런 상품이 등록되지 않도록, 데이터가 없거나 null인 경우 유효성 검사를 통과하지 못하도록
ProductDto와 ProductController 코드를 다음과 같이 수정하자.

ProductDto.java

```java
package kr.co.hanbit.product.management.presentation;

import jakarta.validation.constraints.NotNull;

public class ProductDto {
    private Long id;

    @NotNull
    private String name;

    @NotNull
    private Integer price;

    @NotNull
    private Integer amount;

(생략)

}
```

ProductController.java

```java
package kr.co.hanbit.product.management.presentation;

(생략)

import jakarta.validation.Valid;
import java.util.List;

@RestController
public class ProductController {

    private SimpleProductService simpleProductService;

    @Autowired
    ProductController(SimpleProductService simpleProductService) {
        this.simpleProductService = simpleProductService;
    }
```

```
    @RequestMapping(value = "/products", method = RequestMethod.POST)
    public ProductDto createProduct(@Valid @RequestBody ProductDto productDto) {
        return simpleProductService.add(productDto);
    }

(생략)

}
```

ProductDto 쪽에는 name, price, amount 필드에 @NotNull 애너테이션을 달아 주고, 컨트롤러에는 매개변수 쪽에 @Valid 애너테이션을 달아 줬다. 여기서는 클래스에 @Validated를 달아주지 않아도 된다.

애플리케이션을 재시작하고 price 필드를 비워서 요청을 보내 보자. 이번에는 도메인 객체에 대한 유효성을 검사를 할 때와는 다르게 400 에러가 잘 떨어지고, 로그로 다음과 같은 내용이 출력된다.

```
Resolved [...MethodArgumentNotValidException: Validation failed for argument [0]
in public kr.co.hanbit.product.management.presentation.ProductDto kr.co.hanbit.
product.management.presentation.ProductController.createProduct(kr.co.hanbit.
product.management.presentation.ProductDto): [Field error in object 'productDto'
on field 'price': rejected value [null]; codes [NotNull.productDto.price,NotNull.
price,NotNull.java.lang.Integer,NotNull]; arguments [org.springframework.context.
support.DefaultMessageSourceResolvable: codes [productDto.price,price]; arguments
[]; default message [price]]; default message [널이어서는 안됩니다]] ]
```

그러나 이번에도 응답 바디에는 어떤 필드가 왜 유효성 검사에 실패했는지 나와 있지 않다. 앞서 설명을 미뤘던 전역 예외 핸들러가 필요한 순간이다.

유효성 검사에 실패한 응답 바디

```
{
    "timestamp": "2022-05-08T03:17:40.723+00:00",
    "status": 400,
    "error": "Bad Request",
    "path": "/products"
}
```

@NotNull, @NotEmpty, @NotBlank

JSR-303 애너테이션 중 본문에서 사용된 @NotNull 외에도 비슷해 보이는 @NotEmpty와 @NotBlank가 있다. 문자열 말고 다른 타입에도 사용할 수 있는데, 그 의미는 다음과 같이 미묘하게 다르다.

- **@NotNull:** 오직 null만 허용하지 않는다. ""처럼 빈 문자열이나 " "처럼 띄어쓰기만 있는 문자열은 허용된다.

- **@NotEmpty:** null과 ""처럼 빈 문자열이 허용되지 않는다. " " 처럼 띄어쓰기가 있는 문자열은 허용된다.

- **@NotBlank:** null, "", " " 전부 허용되지 않는다.

 전역 예외 핸들러 추가하기

앞서 도메인 객체와 컨트롤러에 대한 유효성 검사를 실패했을 때 각각 발생한 예외에 대해 눈여겨보았는가? 예외의 종류는 예외를 처리하는 것에 있어 중요한 기준이 된다. 예외는 예외의 종류에 따라 처리할 수 있기 때문이다. 이번 절에서는 유효성 검사 실패에 대한 전역 예외 핸들러를 추가해 보고, 다른 예외 처리 방법도 알아본다.

@RestControllerAdvice로 유효성 검사 예외 처리

도메인 객체와 컨트롤러에서 유효성 검사를 실패했을 때는 각각 다음과 같은 예외가 발생한다.

- **도메인 객체:** jakarta.validation.**ConstraintViolationException**
- **컨트롤러:** org.springframework.web.bind.**MethodArgumentNotValidException**

예외도 클래스와 마찬가지로 패키지 이름이 있다. 예외를 처리할 때는 패키지 이름보다 예외 이름이 더 중요하다. 예외 이름은 해당 예외가 어떤 예외인지에 관한 힌트를 제공하며, 예외 이름으로 검색해 해당 예외가 다시 어떤 예외를 상속하는지 알 수 있다. 이 상속 관계를 활용하면 모든 예외에 대해 하나하나 처리할 필요가 없으므로 효율적이다.

우리는 이해를 돕기 위해 두 가지 예외를 구분하여 처리해 보자. 예외 처리 핸들러 역할을 수행할 클래스를 추가해야 한다. 우리는 컨트롤러까지 넘어온 예외를 처리하려는 것이기 때문에 예외에 대한 처리를 담당하는 전역 예외 핸들러는 표현 계층에 있어야 적절하다. 이런 이유 외에도 전역 예외 핸들러는 HTTP 상태 코드를 다뤄야 하기 때문에 표현 계층에 있는 편이 적절하다.

ConstraintViolationException 예외 처리 코드 추가하기

먼저 presentation 패키지에 'GlobalExceptionHandler'라는 이름의 클래스를 추가하자. 예외 처리 핸들러는 예외가 컨트롤러에서도 처리되지 않고 던져졌을 때 알아서 호출되는 것이므로 다음과 같이 정해진 틀에 따라 코드를 작성하면 된다.

GlobalExceptionHandler.java

```java
package kr.co.hanbit.product.management.presentation;

import org.springframework.http.HttpStatus;
import org.springframework.http.ResponseEntity;
import org.springframework.web.bind.annotation.ExceptionHandler;
import org.springframework.web.bind.annotation.RestControllerAdvice;

import jakarta.validation.ConstraintViolationException;

@RestControllerAdvice
public class GlobalExceptionHandler {

    @ExceptionHandler(ConstraintViolationException.class)
    public ResponseEntity<String> handleConstraintViolatedException(
            ConstraintViolationException ex
    ) {
        // 예외에 대한 처리
        String errorMessage = "에러 메시지";
        return new ResponseEntity(errorMessage, HttpStatus.BAD_REQUEST);
    }

}
```

코드를 살펴보면 클래스 이름 위에 @RestControllerAdvice라는 애너테이션을 달아 줬고, 메서드에 @ExceptionHandler라는 애너테이션과 처리하려는 예외의 종류를 적어 주었다.

지금 이 상태만으로도 앞서 문제가 됐던 ConstraintViolationException이 던져지는 상황, 즉 도메인 객체에 대한 유효성 검사가 실패했을 때 500 에러가 던져지는 상황을 400 에러가 던져지도록 바꾸어 해결했다. 정말 도메인 객체에 대한 유효성 검사가 실패했을 때 500 에러가 아니라 400 에러가 응답으로 오는지, 불가능한 범위의 값을 입력하여 테스트해 보자.

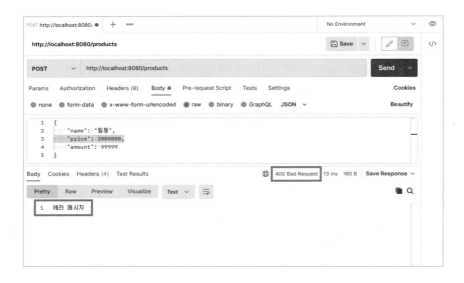

원래라면 500 에러가 응답으로 오던 것이 400 Bad Request로 바뀐 것을 볼 수 있다. 그러나 아직 응답 바디에는 '에러 메시지'라는 문자열을 제외하고 유용한 정보가 담겨 있지 않다. 이 '에러 메시지'라는 문자열도 코드에서 예시로 반환하라고 지정했기 때문에 출력된 것이다.

그럼 클라이언트에게 유의미한 응답 바디를 주려면 어떻게 해야 할까? 바로 ConstraintViolation Exception 예외가 가지고 있는 정보를 뽑아내면 된다. ConstraintViolationException 예외에 대한 공식 문서를 참고하면서 에러 메시지로 제공할 만한 정보를 찾아봐도 되겠지만, 다른 사람이 이미 작성해 둔 예외 핸들링 방법을 참고하는 것을 권장한다.

ConstraintViolationException 예외를 핸들링하는 코드에는 여지없이 '@ExceptionHandler (ConstraintViolationException.class)'가 들어가 있을 확률이 높다. 구글에서 '@ExceptionHandler(ConstraintViolationException.class)'를 키워드로 검색해 보면 쉽게 예시 코드를 찾을 수 있다.

더 많은 코드 예시 찾아보기

구글에서 '@ExceptionHandler(ConstraintViolationException.class)'를 키워드로 검색하면 많은 예시 코드를 찾아볼 수 있다. 만약 오직 '코드'만을 기준으로 더 많은 예시 코드를 찾아보고 싶다면 'grep.app'이라는 서비스를 활용하자. 이 서비스는 깃허브에 있는 소스코드를 검색하여 여러분이 검색한 키워드가 포함된 소스코드들을 검색 결과로 보여 준다. 다음 링크로 접속해 사용할 수 있다.

- https://grep.app/

다음은 예시로 작성한 ConstraintViolationException 예외에 대한 핸들링 코드이다. 코드를 활용해 다음과 같이 GlobalExceptionHandler를 수정해 보자.

GlobalExceptionHandler.java

```java
package kr.co.hanbit.product.management.presentation;

import org.springframework.http.HttpStatus;
import org.springframework.http.ResponseEntity;
import org.springframework.web.bind.annotation.ExceptionHandler;
import org.springframework.web.bind.annotation.RestControllerAdvice;

import jakarta.validation.ConstraintViolation;
import jakarta.validation.ConstraintViolationException;
import java.util.List;
import java.util.Set;

@RestControllerAdvice
public class GlobalExceptionHandler {

    @ExceptionHandler(ConstraintViolationException.class)
    public ResponseEntity<ErrorMessage> handleConstraintViolatedException(
            ConstraintViolationException ex
    ) {
        Set<ConstraintViolation<?>> constraintViolations = ex.getConstraintViolations();
        List<String> errors = constraintViolations.stream()
            .map(
                constraintViolation ->
                    constraintViolation.getPropertyPath() + ", " +
```

```
                                constraintViolation.getMessage()
            )
            .toList();

        ErrorMessage errorMessage = new ErrorMessage(errors);
        return new ResponseEntity(errorMessage, HttpStatus.BAD_REQUEST);
    }

}
```

에러 메시지를 좀 더 명확하게 나타내기 위해 ErrorMessage 클래스를 정의하고 사용하자. 다음과
같이 표현 계층에 ErrorMessage 클래스를 추가한다.

ErrorMessage.java

```
package kr.co.hanbit.product.management.presentation;

import java.util.List;

public class ErrorMessage {

    private List<String> errors;

    public ErrorMessage(List<String> errors) {
        this.errors = errors;
    }

    public List<String> getErrors() {
        return errors;
    }

}
```

ErrorMessage를 사용하지 않고, List⟨String⟩ 형태로 반환해도 무관하지만, List⟨String⟩ 형태로
반환하면 해당 JSON에 필드 이름 없이 다음과 같이 문자열 배열 형태로 전달되므로 어떤 정보인지
명확하게 파악되지 않는다. 어떤 필드가 유효성 검사에 실패했는지 외에도 여러 가지 에러 메시지를
일관된 형태로 제공하고 싶다면 가급적 커스텀한 에러 응답 클래스를 만드는 것이 좋다.

List⟨String⟩을 그대로 반환할 때의 응답 바디

```
[
    "checkValid.validationTarget.amount, 9999 이하여야 합니다",
    "checkValid.validationTarget.price, 1000000 이하여야 합니다"
]
```

ErrorMessage로 감싼 경우의 응답 바디

```
{
    "errors": [
        "checkValid.validationTarget.amount, 9999 이하여야 합니다",
        "checkValid.validationTarget.price, 1000000 이하여야 합니다"
    ]
}
```

MethodArgumentNotValidException 예외 처리 코드 추가하기

다음으로는 컨트롤러에서 유효성 검사에 실패한 경우 발생하는 예외인 MethodArgumentNot
ValidException를 처리하는 예외 핸들러를 추가해 보자. 다음 코드를 보면 두 예외가 제공하는 인
터페이스가 다르기 때문에 세부적인 내용은 조금 차이가 있지만, ConstraintViolationException
을 처리할 때와 유사하다.

GlobalExceptionHandler.java

```java
package kr.co.hanbit.product.management.presentation;

(생략)

import org.springframework.validation.FieldError;
import org.springframework.web.bind.MethodArgumentNotValidException;

(생략)

@RestControllerAdvice
public class GlobalExceptionHandler {

(생략)
```

```
@ExceptionHandler(MethodArgumentNotValidException.class)
public ResponseEntity<ErrorMessage> handleMethodArgumentNotValidException(
        MethodArgumentNotValidException ex
) {
    List<FieldError> fieldErrors = ex.getBindingResult().getFieldErrors();
    List<String> errors = fieldErrors.stream()
        .map(
            fieldError ->
                fieldError.getField() + ", " + fieldError.getDefaultMessage()
        )
        .toList();

    ErrorMessage errorMessage = new ErrorMessage(errors);
    return new ResponseEntity(errorMessage, HttpStatus.BAD_REQUEST);
}

}
```

MethodArgumentNotValidException는 컨트롤러에서 유효성 검사에 실패할 때 발생되는 예외이기 때문에 컨트롤러에서 유효성 검사에 실패해 봐야 테스트할 수 있다. 따라서 이번에는 요청 바디의 JSON에서 일부 필드를 비워서 요청을 보내 테스트해 보자.

400 에러로 응답이 오는 것은 이미 확인했었고, 응답 바디로는 누락된 필드에 대한 유효성 검사 결과를 응답으로 주고 있다. 여기서 두 예외 처리 핸들러의 응답과는 조금 다른 부분이 있다. 도메인 객체에 대한 유효성을 검증하는 ConstraintViolationException 예외 처리 핸들러에서는 'checkValid.validationTarget.amount'처럼 사용자가 보낸 필드 자체가 아니라 ValidationService에서 사용하는 메서드와 매개 변수 이름이 함께 노출된다는 점이다. 다음과 같이 코드를 수정하면 일관성 있게 맞출 수 있다.

GlobalExceptionHandler.java

```
(생략)

@RestControllerAdvice
public class GlobalExceptionHandler {

    @ExceptionHandler(ConstraintViolationException.class)
    public ResponseEntity<ErrorMessage> handleConstraintViolatedException(
            ConstraintViolationException ex
    ) {
        Set<ConstraintViolation<?>> constraintViolations = ex.getConstraintViolations();
        List<String> errors = constraintViolations.stream()
            .map(
                constraintViolation ->
                    extractField(constraintViolation.getPropertyPath()) + ", " +
                        constraintViolation.getMessage()
            )
            .toList();

        ErrorMessage errorMessage = new ErrorMessage(errors);
        return new ResponseEntity(errorMessage, HttpStatus.BAD_REQUEST);
    }

(생략)

    private String extractField(Path path) {
        String[] splittedArray = path.toString().split("[.]");
        int lastIndex = splittedArray.length - 1;
        return splittedArray[lastIndex];
    }
}
```

String에서 제공하는 메서드 split을 사용하여 '.'을 기준으로 나눈 후 가장 마지막 요소만 사용한다. '[.]' 처럼 적은 이유는 split이 단순한 문자열이 아니라 정규 표현식을 사용하기 때문이다.

예외 처리 전략

일반적인 웹 애플리케이션에 대한 예외 처리 전략도 함께 알아보자. 전역 예외 핸들러와 웹 애플리케이션의 예외 처리 전략은 큰 관련이 있다. 애플리케이션에서 발생한 예외를 클라이언트에게 적절한 상태 코드와 메시지로 전달해 줘야 하기 때문이다.

예외 처리 전략에 대해 이해하기 위해 먼저 Checked Exception과 Unchecked Exception에 대해 알아야 한다. 이미 알고 있을 만한 내용이지만, 이해하기 어려운 내용이므로 복습 차원으로 한 번 더 짚고 넘어가자.

Checked Exception과 Unchecked Exception

Checked Exception은 try-catch 문이 강제되는 예외를 의미한다. Exception 클래스를 상속받는 예외들이 Checked Exception으로 처리된다. **Unchecked Exception은 try-catch 문이 강제되지 않는 예외를 의미한다.** RuntimeException 클래스를 상속받는 예외들이 Unchecked Exception으로 처리된다. 이를 그림으로 표현해 보면 다음과 같다.

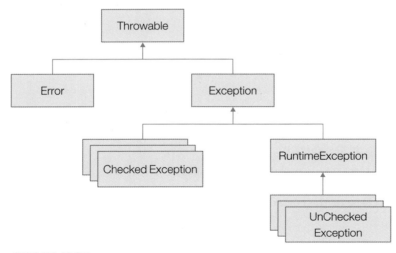

예외의 상속 관계도

Throwable은 마치 인터페이스처럼 느껴지지만 클래스이다. Error는 예외와는 다르다. 예외는 애플리케이션에서 자연스럽게 발생하며, 일반적으로 개발자가 적절히 처리하기 위한 로직을 작성할 수 있다. 그러나 Error는 OutOfMemoryError, StackOverflowError처럼 메모리와 관련해 발생한 문제를 이야기한다. 이러한 문제는 개발자가 로직을 작성하기 어렵고, 원래라면 발생하지 않아야 하는 문제이다.

Exception 클래스부터 예외라고 할 수 있고, Exception 클래스를 상속받는 예외와 해당 예외를 다시 상속받는 예외가 Checked Exception이 되어 try-catch 문을 강제하게 된다. 앞서 이야기한 것처럼 RuntimeException도 RuntimeException 클래스를 상속받는 예외와 해당 예외를 다시 상속받는 예외가 Unchecked Exception이 되어 try-catch 문을 사용하지 않아도 되도록 만들 수 있다. 이는 자바의 문법적인 특징이므로 어렵더라도 꼭 기억해 두자.

여기서 잠깐

Checked Exception과 Unchecked Exception에 대한 오해

Checked Exception과 Unchecked Exception에 대해 흔히 잘못 알고 있는 내용이 있다. 많은 사람들이 두 예외의 차이를 다음과 같이 이해하고 있다는 것이다.

- **Checked Exception:** 컴파일 시점에서 발생하는 예외
- **Unchecked Exception:** 런타임 시점에서 발생하는 예외

두 예외는 이렇게 구분되지 않는다. **Checked Exception과 Unchecked Exception은 모두 런타임 시점에서 발생한다.** 그럼 왜 이런 오해를 하는 것일까? 아마도 그 이유는 다음 두 가지 원인이 복합적으로 작용했을 것이다. 첫 번째는 Unchecked Exception이 RuntimeException과 그것을 상속 받은 예외이기 때문이다. RuntimeException이라는 이름 때문에 마치 이 예외가 런타임 시점에서 발생할 것 같고, 그 대척점에 있는 Checked Exception은 런타임이 아니라 컴파일 시점에서 예외가 발생할 것 같다고 생각하기 때문이다. 그러나 둘다 분명 런타임에 예외가 발생한다. 두 번째는 Checked Exception이 try-catch를 강제한다는 점이다. 마치 '이 예외는 컴파일 시점에서 발생하는 예외'라고 이야기하는 것처럼 느껴지는 것 같다. 부디 Checked Exception과 Unchecked Exception를 명확하게 정리해 두자.

애플리케이션 예외 처리를 하기 위해서는 종종 예외를 직접 정의해야 하는 상황이 발생한다. 정의할 예외를 Checked Exception으로 할 것인지, 아니면 Unchecked Exception으로 할 것인지 고민이 된다. 자바 커뮤니티에서 이뤄진 Checked Exception과 Unchecked Exception에 대한

논쟁의 결과는 Unchecked Exception을 사용하는 것이 적절하다는 것이다. 얼핏 생각하기에는 예외를 명시적으로 처리하도록 강제하는 Checked Exception으로 처리하는 것이 더 좋아 보이지만, 이런 결론이 난 이유는 다음과 같이 여러 가지가 있다.

- 실제로 예외 상황이 발생하면 개발자가 try-catch 문으로 예외를 처리할 수 있는 방법이 없는 경우가 대부분이다. 대표적 Checked Exception인 FileNotFoundException을 생각해 보면 사용자가 입력한 파일 이름을 찾지 못하는 경우, try-catch 문을 통해 처리할 수 있는 방법을 떠올리기 쉽지 않다. 결국 사용자에게 파일 이름이 잘못된 것 같으니 다시 입력해 달라는 메시지를 보여 줘야 한다.
- Unchecked Exception으로도 충분히 예외를 처리해 줄 수 있다. 예외 처리 핸들러, 또는 필요하다면 Unchecked Exception에도 try-catch 문을 통해 처리할 수 있다.
- Unchecked Exception은 람다 표현식에서 깔끔하게 처리 가능하지만, Checked Exception을 사용하면 코드가 불필요하게 복잡해진다.

이외에도 여러 이유가 있으므로 자세한 내용은 다음 링크를 참고하자.

- https://literatejava.com/exceptions/checked-exceptions-javas-biggest-mistake/

코드에서 발생하는 예외를 커스텀 예외로 바꿔 던지기

ListProductRepository의 findById 메서드에서 id에 해당하는 Product를 찾지 못하는 경우에는 NoSuchElementException를 던진다. 이 예외를 그대로 던지는 것이 좋을까? 당연히 적절하지 않다. 그 이유는 NoSuchElementException가 Optional에서 요소를 찾지 못해서 발생하는 예외이기 때문이다.

물론 이 예외는 Optional에서만 발생하는 예외는 아니다. 그러나 데이터베이스에서 id에 해당하는 Product를 찾지 못했을 때에도 동일한 예외가 발생할까? 아마 아닐 것이다. 예외의 타입을 통해 서버 코드(레포지토리)가 무엇으로 구현되어 있는지 클라이언트 코드(서비스, 컨트롤러)에서 알게된다. 이는 Repository 코드의 캡슐화를 깨뜨리는 예외이다.

그럼 애플리케이션에서 던져질 수 있는 예외를 새로 정의하자. Repository에서 특정 id에 해당하는 Product를 찾지 못해 발생한 예외이다. 그럼 ProductNotFoundException 정도면 적당할 수도 있지만, Product 말고 다른 도메인 객체들도 추가될 것을 감안하면 더 범용적인 이름을 가지는 편이 좋다. Product처럼 id(식별자)를 가지는 도메인 객체를 엔티티라고 부르므로 EntityNotFoundException이라는 이름의 예외를 정의해 보자.

다음과 같이 도메인 계층에 EntityNotFoundException 예외 클래스를 추가하자.

EntityNotFoundException.java

```java
package kr.co.hanbit.product.management.domain;

public class EntityNotFoundException extends RuntimeException {
    public EntityNotFoundException(String message) {
        super(message);
    }
}
```

왜 도메인 계층일까? 엔티티를 찾지 못했을 때 발생하는 예외의 위치로는 도메인 계층이 더 자연스럽다. 사실 이보다도 EntityNotFoundException이라는 클래스가 모든 계층에 의해 사용된다는 점이 더 중요하다. 레이어드 아키텍처에서 모든 계층은 도메인 계층을 의존할 수 있으므로 모든 계층에서 사용되어야 할 EntityNotFoundException을 도메인 계층에 위치시키는 편이 더 적절하다.

다음으로 Product를 찾지 못했을 때 예외가 던져지는 곳인 ListProductRepository의 findById 메서드를 다음과 같이 수정해 보자. Product를 찾지 못한 상황을 예외 메시지로 지정해 준 것이다.

ListProductRepository.java의 findById

```java
(생략)

public Product findById(Long id) {
    return products.stream()
        .filter(product -> product.sameId(id))
        .findFirst()
        .orElseThrow(() -> new EntityNotFoundException("Product를 찾지 못했습니다."));
}

(생략)
```

애플리케이션을 재시작한 후 아무 id로나 요청을 보내고 로그를 보면 다음과 같은 예외 정보를 확인할 수 있다. 우리가 정의한 예외가 잘 던져지고 있는 것이다.

```
kr.co.hanbit.product.management.domain.EntityNotFoundException: Product를 찾지 못했습니다.
    at kr.co.hanbit.product.management.infrastructure.ListProductRepository.lambda$
findById$1(ListProductRepository.java:28) ~[classes/:na]
    at java.base/java.util.Optional.orElseThrow(Optional.java:403) ~[na:na]
    at kr.co.hanbit.product.management.infrastructure.ListProductRepository.
findById(ListProductRepository.java:28) ~[classes/:na]
```

이번에는 EntityNotFoundException에 대한 예외 처리 핸들러를 추가해 보자.

EntityNotFoundException.java 중 일부

```java
(생략)

    @ExceptionHandler(EntityNotFoundException.class)
    public ResponseEntity<ErrorMessage> handleEntityNotFoundExceptionException(
            EntityNotFoundException ex
    ) {
        List<String> errors = new ArrayList<>();
        errors.add(ex.getMessage());

        ErrorMessage errorMessage = new ErrorMessage(errors);
        return new ResponseEntity<>(errorMessage, HttpStatus.NOT_FOUND);
    }

(생략)
```

여기서 404 Not Found를 응답 상태 코드로 사용한 이유는 URL의 경로에 해당하는 자원을 찾지 못했다는 의미로 404 Not Found를 사용한 편이 더 적절하기 때문이다. 404 Not Found는 단순히 페이지를 찾지 못했을 때만 사용하는 상태 코드가 아니다. 여기서는 URL의 경로에 존재하는 id를 가진 Product가 없기 때문에 404 Not Found를 응답 상태 코드로 주는 것이다.

이와 같이 코드를 수정하고 애플리케이션을 재시작한 후 요청을 보내 보면 잘 작동한다는 사실을 확인할 수 있다.

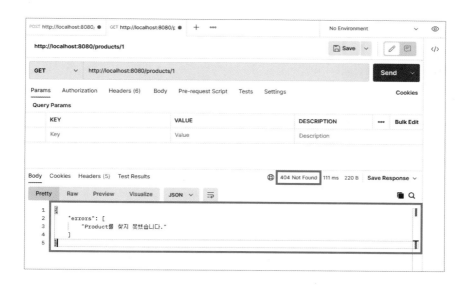

예외 처리 전략에 대해 정리해 보자. 애플리케이션의 각 레이어에서 발생하는 예외는 가급적 특정 레이어 내에서 특정 기술에 종속적인 예외를 사용하기보다는 애플리케이션 내에서 의미있는 예외를 정의해서 사용해야 한다. 그리고 그 예외는 RuntimeException을 상속받아서 Unchecked Exception로 만들면 된다.

또한 예외가 필요한 상황에서는 예외를 사용해야 한다. 예외가 필요한 상황에서 예외를 던지지 않을 경우 코드에 불필요하게 분기가 들어가게 된다. 앞서 유효성 검사에서 실패한 상황에 null을 던지는 코드는 해당 코드를 호출한 클라이언트 코드 쪽에 null에 대한 처리를 강제한다. 반면, Unchecked Exception을 던지면 해당 예외를 try-catch하지 않더라도 예외 처리 핸들러에 의해서 적절히 처리될 수 있다. 따라서 코드에 불필요한 분기가 줄어들고, 훨씬 간결하고 가독성 높은 코드가 된다.

이렇게 특정 예외를 잡아서 다른 예외로 바꿔 던져 주는 것은 '예외를 전환한다'고 표현한다. 많이 사용되는 표현이므로 참고로 알아 두자.

⟨3⟩ HTTP 응답 상태 코드와 바디

이번 절에서는 해당 내용에 덧붙여 상품 관리 애플리케이션 같은 웹 애플리케이션에서 응답 상태 코드와 바디를 어떻게 구성하는 것이 적절할지 예시를 통해 알아보자.

응답 상태 코드에 대한 이야기

응답 상태 코드에는 정말 많은 종류가 있다. 그래서 웹 애플리케이션을 개발하면서 이 상황에 어떤 상태 코드를 사용해야 할지 고민되는 경우가 많다. 상태 코드를 적절하게 사용해야 하지만, 결정이 어렵다면 많이 사용되는 상태 코드를 사용하자.

예를 들어 요청의 성공을 나타내는 상태 코드는 '200 OK'지만, 리소스의 생성에 성공했다는 의미에서 '201 Created'를 사용할 수도 있다. 앞서 도메인 객체에 대한 유효성 검사를 실패한 경우 '400 Bad Request'를 사용해 응답했지만, '422 Unprocessable Entity'를 사용할 수도 있다. 이처럼 응답 상태 코드를 명확하게 구분하여 사용하려고 하다 보면 다른 개발자와의 의견 차이가 발생할 수도 있다. 그럴 경우에는 다음과 같이 대표적인 몇 가지 상태 코드를 대표적으로 정해 놓고 사용하자.

- 200 OK → 요청이 성공했음
- 400 Bad Request → 클라이언트의 요청이 잘못되었음
- 500 Internal Server Error → 서버 내부적으로 오류가 발생했음

400 에러의 경우 서버 개발자가 API를 잘못 구현해서 발생할 수도 있다. 응답 상태 코드를 잘못 구현하는 전형적인 패턴은 응답 바디에 상태 코드를 넣으면서, 진짜 응답 헤더에는 전부 200 OK를 넣어서 보내는 경우이다. 이런 경우는 웹 브라우저에서 AJAX로 요청을 보낸 후 응답을 처리하거나 또 다른 API 서버에서 HTTP 클라이언트를 사용하여 우리 시스템의 API를 호출한 경우 400, 500 에러가 발생했을 때 해당 요청이 실패했다는 것으로 간주하고 처리할 수 있는 별도의 메커니즘을 가지고 있어 문제가 된다. 만약 상태 코드는 200 OK로 응답을 주면서 응답 바디에만 400, 500 에러를 넣어 주면 이런 메커니즘을 활용할 수 없게 된다. 다음 코드를 보면 메커니즘을 이해하는 데 도움될 것이다.

이처럼 error라는 이벤트가 발생한 경우에 대한 처리를 지정해 줄 수 있다. 그런데 error라는 이벤트는 400, 500 에러가 떨어진 경우 동작하기 때문에 상태 코드가 200 OK면 실행되지 않는다.

응답 바디에 대한 이야기

유효성 검사에 실패한 경우 ErrorMessage 클래스에 정의된 대로 errors라는 필드에 에러에 대한 정보를 보냈다. 요청이 성공한 경우에는 등록에 성공한 상품의 JSON 문자열을 보내 주거나 조회된 상품의 JSON 문자열을 보내 주는 것이 자연스럽다. 그러나 등록에 성공했을 때는 응답 바디가 반드시 필요할까? 이는 애플리케이션의 요구사항에 따라 달라진다. 만약 클라이언트 페이지에서 등록된 상품을 바로 화면에 보여 줘야 한다면 등록된 상품의 정보를 응답 바디에 넣어 주는 것이 효율적이지만, 그런 요구사항이 없다면 불필요하다. 만약 상품 정보가 엄청나게 큰 데이터라면 클라이언트에서 사용하지도 않을 데이터를 전송하기 위해 엄청난 트래픽이 낭비될 것이다. 클라이언트에게는 스마트폰 배터리와 데이터를 낭비하게 만들고, 서버에게는 트래픽을 늘려 비용을 더 발생하게 하는 원인이 된다. 정해진 답은 없으므로 필요에 따라 구현하자.

유효성 검사를 실패한 경우 외에도 서버에서 요청을 처리하는 데 실패하는 경우에는 응답 바디에 어떤 정보를 넣을지에 대해 고민하게 된다. 이것 역시 정해진 답은 없지만, 해당 API를 호출한 클라이언트에게 필요한 정보를 주는 방법을 권한다. 앞서 유효성 검사를 구현할 때 응답으로 클라이언트가 어떤 데이터를 잘못 보냈고, 해당 데이터가 어떤 범위의 값을 가져야 하는지 응답 바디에 넣어 보

---

* https://developer.mozilla.org/en-US/docs/Web/API/XMLHttpRequest/error_event

내게 했다. 그럼 클라이언트는 이 정보를 보고 API 요청 시 데이터를 잘못 보내고 있다는 것을 인지하고, 데이터를 바꿔서 보낼 것이다. 만약 이런 응답 바디 없이 400 에러만 응답으로 주는 경우에는 어떤 상황이 발생할까? 다음 예시를 살펴보자.

> **클라이언트 개발자:** 제가 API 요청을 했는데 400 에러가 나오네요. 혹시 로그 좀 봐 주실 수 있나요?
> **API 개발자:** 아… 잠시만요. 혹시 API 요청하신 시간 좀 알 수 있을까요?
> **클라이언트 개발자:** 한 15시 20분쯤이었던 것 같은데, 그냥 지금 다시 요청해 볼게요.
> **API 개발자:** 네.

> (2분 후)

> **클라이언트 개발자:** 요청했습니다.
> **API 개발자:** 데이터 들어왔습니다. 잠시만요…

> (10분 후)

> → 왜 이렇게 오래 걸릴까? 데이터가 복잡하고 유효성 검사 결과를 응답으로 주지 않는데 어떤 필드에서 유효성 검사에 실패했는지 로그로는 남기고 있을까? 당연히 남기지 않았고, 데이터를 하나씩 눈으로 보면서 유효성 검사를 하기 때문에 오래 걸리는 것이다.

> **API 개발자:** amount 필드 범위가 넘어서 그런 것 같네요. amount는 0~9999의 값으로 보내 주셔야 합니다.
> **클라이언트 개발자:** 아 그렇군요. 감사합니다. 수정해서 다시 요청하겠습니다.

요청 실패가 발생했을 때 클라이언트에 관련 정보를 전달하도록 구현하면 이와 같은 상황을 최대한 막을 수 있다. 클라이언트 개발자나 API 개발자 둘 다 얼마나 많은 시간을 낭비하는 것인가? 응답 바디에 클라이언트가 참고할 만한 데이터를 주는 것은 클라이언트 개발자를 위한 일이기도 하지만 API 개발자를 위한 일이기도 하다. 처음부터 좋은 응답 바디가 나오기는 어렵다. 클라이언트 개발자에게 반복적으로 받는 질문을 정리해 두었다가 응답 바디를 개선할 때 참고해 보자. 최대한 커뮤니케이션에 소모되는 비용을 줄이는 쪽으로 개선해 나가면 된다.

이쯤하면 클라이언트에게 필요한 정보를 주는 일의 중요성은 충분히 깨달았을 것이다. 최대한 응답 바디를 일관성 있게 작성하는 편이 좋다. DTO를 작성한 것처럼 클라이언트 개발자도 DTO 같은 것을 사용한다. 만약 응답 바디를 API마다 다르게 만든다면 클라이언트 개발자도 마찬가지로 여러 개의 DTO를 만들어야 할 것이다. 이러한 상황을 방지하기 위해 공통된 응답 포맷을 만든다. 어떤 형태의 응답 바디 포맷이 좋은지에 대한 물음에도 역시 정답은 없다. 가급적 여러 곳의 Open API를 참고하여 여러분의 애플리케이션에 적절한 응답 바디 포맷을 정해 보자. 필자는 주로 네이버나 카카오의 Open API를 참고한다.

응답 상태 코드를 바디에 넣는 것은 추천하지 않지만, 애플리케이션 내부적으로 정의된 에러 코드를 응답 바디에 포함하는 것은 도움이 될 수 있다. 잘 정의된 에러 코드 역시 클라이언트 개발자와의 커뮤니케이션 비용을 줄여 줄 수 있기 때문이다. 에러 코드에 대한 예시는 다음 링크를 참고하자.

- **에러 코드가 포함된 응답 바디:** https://developers.kakao.com/docs/latest/ko/kakaologin/rest-api#oidc-get-id-token-info-sample
- **정의된 에러 코드 목록:** https://developers.kakao.com/docs/latest/ko/kakaologin/trouble-shooting#code

9~10장에서 진행한 상품 관리 애플리케이션의 코드는 다음 링크에 접속해 확인할 수 있다. 코드를 다시 한번 살펴보면서 지금까지 배운 내용을 정리해 보자.

- https://github.com/lleellee0/java-for-backend/tree/main/10

 마무리

이번 장에서는 상품 관리 애플리케이션에 유효성 검사를 추가하고, 유효성 검사에 실패하는 경우에 대한 예외 처리를 위해 전역 예외 핸들러도 등록해 줬다. 11장에서는 지금까지 만든 상품 관리 애플리케이션에서 리스트가 아닌 데이터베이스를 사용하도록 코드를 수정해 본다. 학습을 마치기 전에 다음 내용을 제대로 진행했는지 확인해 보자.

- Bean Validation을 수행하는 JSR-303, 380 애너테이션을 사용하여 도메인 객체와 DTO에 대한 유효성 검사 방법을 배웠다.
- Bean Validation은 spring-boot-starter-validation 의존성을 추가하면 쉽게 적용할 수 있다.
- @RestControllerAdvice, @ExceptionHandler를 통해 전역 예외 핸들러를 등록하는 방법을 알아보았다.
- Checked Exception, Unchecked Exception의 차이와 예외 처리 전략에 대해 이해했다.
- 에러 상황에 어떤 HTTP 응답 상태 코드와 바디를 보내는 것이 적절한지 알아보았다.

Q1. 클라이언트의 요청에 대한 유효성 검사는 어떻게 하나요?

A1. 저는 보통 DTO와 도메인 객체, 두 곳에 나눠서 유효성 검사를 진행합니다. DTO에서는 값이 존재하지 않거나 null인 경우처럼 도메인 지식과는 무관하게 유효성을 검사하고, 도메인 객체 에서는 도메인 지식에 해당하는 유효성을 검사해 줍니다. 예를 들면 가격은 음수가 될 수 없다 던가 하는 것처럼요. 유효성 검사를 위한 로직을 직접 작성하기도 하지만, JSR-303 스펙에 따라 애너테이션을 통해 유효성 검사를 수행합니다.

해설

본문에서 진행했던 실습 내용을 면접 답변으로 옮겨 보았다. 본문에서는 도메인 객체에 대한 유효성 검사 역시 JSR-303 스펙에 따라 진행했지만, 필자는 도메인 객체의 경우 생성자로 유 효성 검사를 하는 방식을 더 선호한다. 물론 ModelMapper 같은 매퍼를 사용하면 JSR-303 스펙을 통해 유효성 검사를 진행하는 것이 더 간단하다.

Q2. Checked Exception과 Unchecked Exception의 차이에 대해 설명해 보세요.

A2. Checked Exception은 Exception 클래스를 상속받는 예외이고, Unchecked Exception 은 RuntimeException 클래스를 상속받는 예외입니다. Checked Exception은 try-catch 문을 강제하는 예외로 throw되면 반드시 해당 예외를 try-catch로 감싸야 합니다. 하지만 RuntimeException은 try-catch 문을 강제하지 않습니다.

해설

Checked Exception과 Unchecked Exception의 문법적인 특징만 답변했으나, 두 예외를 어떤 경우에 사용하는 것이 좋을지, 어떤 예외를 사용하는 것을 선호하는지에 대한 내용을 함 께 이야기해도 좋다. 그러나 먼저 간략하게 문법적인 차이부터 답변해 보자. 간혹 두 종류의 예외 중 알고 있는 예외에 대해 물어볼 수도 있다. 물론 예외의 종류를 외워야 하는 것은 아니 지만, 개발을 많이 해본 사람이라면 두 종류의 예외 중 생각나는 것이 몇 가지가 있을 것이다. Checked Exception의 경우 IOException과 SQLException이나 Unchecked Exception 의 경우 NullPointerException 등이 있다.

또한 Unchecked Exception는 전부 RuntimeException을 상속하기 때문에 Unchecked Exception 대신 RuntimeException이라고 표현하는 경우도 많으니 유의하자.

Q3. Checked Exception과 Unchecked Exception 중 어떤 것을 선호하나요?

A3. 예외를 정의하게 되면 Unchecked Exception을 선호합니다. 몇 가지 이유가 있는데요. 우선 try-catch 문에서 개발자가 실제로 예외를 적절히 처리할 수 있는 상황이 드물다는 점을 이유로 들 수 있습니다. 그럴 때 개발자는 바깥으로 예외를 다시 던지게 되고, 그럼 처리되지도 못할 예외가 무의미하게 바깥으로 던져지는 코드가 나올 겁니다. 또 다른 이유로는 Unchecked Exception으로도 충분히 예외를 처리해 줄 수 있다는 점을 들 수 있습니다. 특히 람다 표현식을 사용했을 때 try-catch 문과 함께 사용하면 코드가 불필요하게 복잡해진다는 점에서 Unchecked Exception을 선호하는 편입니다.

해설

이런 답변을 하면 "그럼 왜 자바에는 Checked Exception이 있나요?" 같은 질문이 이어질 수 있다. 이는 초기 자바라는 언어를 설계하는 과정에서 Checked Exception이 애플리케이션에서 발생하는 예외를 '복구'할 수 있다는 믿음이 있었고, 예외를 복구하는 코드를 작성하도록 개발자에게 강제하기 위해 만들어진 것이다. 그러나 실제로는 복구할 수 없는 경우가 더 많아 오랫동안 진행된 토론에 의해 Checked Exception의 존재는 '설계상의 실수'였다는 결론이 났다.

다시 이런 질문이 이어질 수 있다. "Checked Exception이 필요 없다면 Checked Exception 이라는 개념을 없애면 되지 않을까요?"와 같은 질문이다. 실제로 문법적으로는 Checked Exception이라는 개념이 없어져도 전혀 문제가 없다. 왜냐하면 기존 Checked Exception을 처리하는 코드에는 전부 try-catch 문이 있기 때문이다. 그럼에도 아직 Checked Exception 이 존재하는 이유는 여전히 Checked Exception이 유용하며, 실제로 복구가 가능한 경우 복구를 강제하도록 할 수 있기 때문이다.

추가로 Checked Exception 대신 Unchecked Exception을 사용해야 한다는 의견에 관한 토론은 다음 링크에서 확인해 보자.

• https://stackoverflow.com/questions/613954/the-case-against-checked-exceptions

❮ 예상 꼬리 질문 ❯ --

Q3-1. 자바에는 왜 Checked Exception이 있나요?

Q3-2. Checked Exception이 필요 없다면 Checked Exception이라는 개념을 없애면 되지 않나요?

상품 관리 애플리케이션에 데이터베이스 연동하기

이번 장에서는 상품 관리 애플리케이션의 상품 데이터를 리스트가 아니라 데이터베이스에 저장하도록 수정해 본다. 리스트에 데이터를 저장하는 애플리케이션은 애플리케이션이 종료되면 모든 데이터가 날아가지만, 데이터베이스를 사용하는 애플리케이션은 데이터베이스에서 데이터를 관리할 수 있다.

《1》 데이터베이스를 사용하는 웹 애플리케이션

데이터베이스라는 용어는 프로그래밍을 떠나 다양한 분야에서 사용하고 있음에도 데이터베이스가 정확히 무엇을 지칭하는 것인지 알고 사용하는 사람은 많지 않다. 이번 절에서는 데이터베이스란 무엇이고, 왜 웹 애플리케이션의 저장소로 데이터베이스를 사용하는지 알아보자.

데이터베이스를 사용하는 이유

상품 관리 애플리케이션의 데이터를 어디에 저장할 수 있을지부터 고민해 보자. 가장 먼저 지금까지 만든 애플리케이션 내에서 컬렉션을 사용하여 메모리에 저장하는 방법을 생각해 볼 수 있다. 경우에 따라 훌륭한 데이터 저장 방법이 될 수 있는 이 방법은 다음과 같은 문제점을 가지고 있다.

- **데이터 휘발성:** 애플리케이션이 재시작되거나 예상치 못한 오류로 종료되는 경우에 모든 데이터가 날아간다.
- **애플리케이션 간의 데이터 공유 불가:** 애플리케이션 내부에 데이터를 가지고 있기 때문에 다른 서버에 상품 관리 애플리케이션을 하나 더 띄웠을 때 두 애플리케이션 간 데이터 공유가 불가능하다.

데이터의 휘발성은 여러분도 쉽게 예상할 수 있지만, 애플리케이션 간의 데이터 공유 불가는 생각하지 못한 내용일 것이다. 실제로 서비스 인프라를 구성하다 보면 다음 그림처럼 로드 밸런싱(부하 분산)을 위해 동일한 애플리케이션을 여러 개 띄워 서비스하는 경우가 많다.

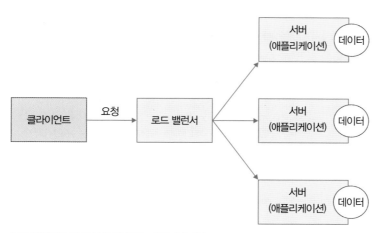

로드 밸런싱을 통해 분산 처리하는 애플리케이션

리스트를 사용하는 상품 관리 애플리케이션을 여러 서버에 각각 띄웠다고 생각하면 되는데, 이런 상황에서 애플리케이션 간에 데이터를 공유하는 일은 어렵다. API 통신만으로는 데이터를 변경하는 과정에서 트랜잭션 처리나 데이터 무결성Integrity과 같은 제약을 지키기가 어렵고, 서버가 늘어나면서 서버 간에 데이터를 공유하기 위한 API 통신도 폭발적으로 증가하기 때문이다.

여기서 잠깐

트랜잭션과 무결성

트랜잭션은 '어떤 변경 사항이 모두 실행되거나 모두 실행되지 않은 상태로 만드는 것'을 의미한다. 즉, 완전히 실행되거나 전혀 실행되지 않도록 만드는 것이다. 예시를 살펴보면 이해가 쉬울 것이다.

A 계좌와 B 계좌 사이에 돈을 이체하는 로직을 작성한다고 생각해 보자. 계좌 이체는 계좌 간에 돈이 이동하는 일을 의미하므로 다음과 같은 두 가지 연산이 실행되어야 한다.

- A 계좌의 잔액에서 일정 금액을 뺀다.
- B 계좌의 잔액에서 일정 금액을 더한다.

두 가지 연산이 '모두' 성공해야 우리가 흔히 생각하는 계좌 이체 기능이 정상 실행되고, 반대로 실패하면 A와 B 계좌의 잔액이 변경되어서는 안 된다. 즉, 두 가지 연산이 '모두' 실행되지 않아야 한다. 트랜잭션은 첫 번째 연산에 성공한 후 두 번째 연산에 실패했다면 첫 번째 연산까지 실행하지 않은 것으로 판단하고 원점으로 되돌려 버린다. 두 번째 연산을 실패하는 경우 첫 번째 연산까지 취소되고 모두 실행되지 않은 상태가 되는 것이 트랜잭션의 개념이다. 이처럼 모두 실행하거나 모두 실행하지 않는 특성을 '원자성(Atomicity)'이라고 하고, 처음 상태로 되돌리는 일을 '롤백(Rollback)'이라고 한다. 트랜잭션을 구현하는 방법에는 여러 가지가 있지만, 가장 간단한 방법은 데이터베이스를 활용하는 것이다.

무결성은 트랜잭션과 함께 자주 등장하는 키워드이다. 앞서 계좌 이체 기능이 실행되는 와중에 트랜잭션이 없다고 가정해 보자. 그럼 첫 번째 연산을 성공한 후 두 번째 연산을 실패했을 때 롤백이 되지 않고, A 계좌에서는 돈이 빠져나갔지만 B 계좌로는 돈이 들어오지 않은 상태가 된다. 데이터상으로 돈이 증발한 것이다. 이러한 상황을 '데이터 무결성이 깨졌다'고 표현한다. 데이터의 앞뒤가 맞지 않는 상태가 되는 것이다.

이와 같이 여러 연산을 수행하다 보면 도중에 실패하는 상황이 자주 발생한다. 바로 이럴 때 데이터베이스는 트랜잭션을 사용하여 데이터 무결성을 유지하는 데 도움을 준다. 물론 데이터베이스를 사용하더라도 트랜잭션을 잘못 처리할 경우 무결성이 깨질 수 있다. 트랜잭션과 무결성은 다른 분야에서도 사용되는 용어이므로 맥락에 맞게 다른 의미로 해석해야 하는 경우가 있다. 상황에 맞게 단어의 의미를 떠올리며 이해하자.

데이터베이스를 사용하는 애플리케이션은 다음과 같은 구조를 갖는다.

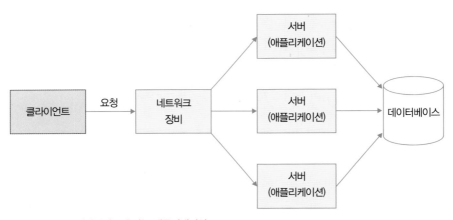

데이터베이스에 저장하여 공유하는 애플리케이션

그림의 구조는 더 이상 데이터가 각 애플리케이션에 저장되지 않고 데이터베이스에 저장되는 구조이다. 이 구조는 앞서 언급한 문제를 모두 해결할 수 있다. 데이터가 데이터베이스에 의해 영속성 있게 관리되므로 더 이상 애플리케이션이 종료되더라도 날아가지 않고, 데이터베이스가 종료된다고 하더라도 데이터를 메모리가 아닌 디스크에 저장하므로 저장되어 있던 데이터가 날아가지 않는다. 애플리케이션 간의 데이터 공유 역시 모든 애플리케이션이 데이터를 데이터베이스에 저장하고 조회하는 형태이기 때문에 자연스럽게 가능하다. 어느 애플리케이션에서 데이터를 저장하든 같은 데이터베이스에 저장되기 때문이다. 또한 데이터베이스는 트랜잭션을 지원하며, 데이터 무결성을 지키는 데 용이하기까지 하다.

데이터베이스를 사용하는 방법

데이터베이스는 여러분이 사용하는 프로그램들과 비슷하다. 윈도우 같은 운영체제에 데이터베이스를 다운로드해 설치하고 실행할 수 있다. 데이터베이스는 다음과 같이 개발자의 PC에 설치되기도 하고, 서버에 설치되기도 한다.

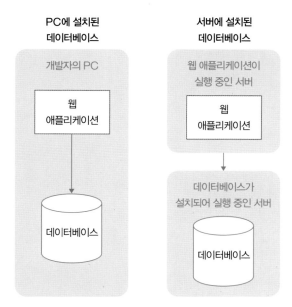

개발자의 PC와 서버에 설치된 데이터베이스

데이터베이스 역할을 하는 물리적인 장치만으로는 데이터베이스라고 할 수 없다. 서버와 마찬가지로 컴퓨터 위에 데이터베이스가 실행되어야 비로소 제 기능을 한다. 그림처럼 개발자의 PC 내에서도 데이터베이스를 실행할 수 있다. 이렇게 데이터베이스가 실행되는 경우 외부로 포트를 열어 주지 않는 한 같은 PC 안에서만 데이터베이스에 접근이 가능하다. 외부에서는 접속하지 못하는 데이터베이스는 개발자가 자신의 PC에서 웹 애플리케이션을 개발할 때 사용된다. 이러면 다른 개발자가 테스트하는 것과 무관하게 본인의 코드를 자신만의 데이터베이스에 테스트하며 웹 애플리케이션을 개발할 수 있다.

실제 서비스를 운영할 때는 별도의 서버에 웹 애플리케이션과 데이터베이스를 설치하여 서비스를 구성한다. 서버는 PC와 다르게 외부에서 접근하도록 구성하기가 쉽고, 항상 전원이 켜져 있어서 트래픽을 받을 준비가 되어 있기 때문이다.

한번 개발되어 서비스를 시작한 후에도 웹 애플리케이션은 계속해서 개발되어야 하므로 별도의 서버에 서비스를 구성한다고 하더라도 개발자가 다음 버전의 코드 배포를 준비하면서 개발할 때는 같은 PC 내에서 데이터베이스를 설치하여 테스트할 수도 있다. 즉, 두 구조는 따로따로 사용되는 것이 아니라 다음과 같이 서비스에 대해 개발 환경과 운영 환경을 구분하여 사용할 수 있다.

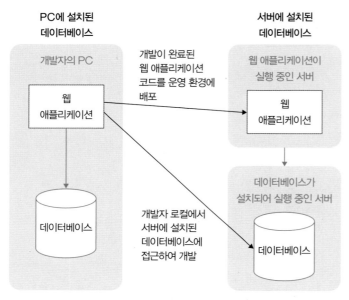

개발 환경과 운영 환경에 따라 나뉘는 데이터베이스의 위치

여기서 잠깐

데이터베이스로 사용되는 서버

웹 애플리케이션을 실행하는 서버와 데이터베이스를 실행하는 서버의 사양은 조금 다르다. 일반적으로 데이터베이스를 실행하는 서버가 보다 고성능이고 디스크 용량도 압도적으로 크다. 데이터베이스의 경우 웹 애플리케이션과 달리 서비스 운영 중에 서버를 추가하여 성능을 올리기 어려우므로 장비의 사양을 크게 잡기 때문이다.

때로는 웹 애플리케이션과 같은 서버에 데이터베이스를 설치하여 사용하기도 하지만, 웹 애플리케이션과 데이터베이스가 서로 같은 장비를 사용하기 때문에 트래픽을 많이 받는 상황에서 문제가 발생할 가능성이 높다.*
따라서 이런 구성은 운영 환경보다는 개발 환경에서만 사용하기를 권장한다.

---

* 이런 문제를 시끄러운 이웃(Noisy Neighbor) 문제라고 한다. 같은 서버에 올라가 있는 서로 다른 애플리케이션이 다른 쪽 애플리케이션의 영향을 받는 상황을 이야기한다.

우리는 PC 외에 별도의 서버를 가지고 있지 않기 때문에 PC만을 사용한다. PC에서 데이터베이스를 실행하는 방법은 크게 두 가지가 있다. 하나는 데이터베이스를 직접 설치하여 실행하는 방법이고, 다른 하나는 도커Docker를 사용하는 방법인데, 책에서는 도커를 사용해 데이터베이스를 실행해 보자. 데이터베이스를 직접 설치하여 실행하는 경우는 하나의 프로그램을 설치하여 실행하는 것과 같고, 도커를 통해 실행하는 경우는 PC 내에 별도의 서버를 생성하고 그 서버 안에서 데이터베이스를 실행하는 것과 비슷하다.

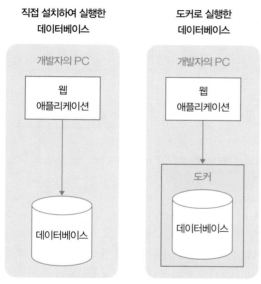

도커로 실행한 데이터베이스

우리는 데이터베이스를 쉽게 실행해 보기 위한 용도로만 도커를 사용하고, 도커에 대해 자세히 다루지는 않는다. 그러나 도커는 다양한 곳에서 사용할 수 있는 활용도 높은 기술이므로 따로 실습해 보는 것이 좋다.

앞으로 PC에서 데이터베이스를 실행하는 것은 '로컬 환경에서 데이터베이스를 실행한다'고 표현한다. 컴퓨터 안에서만 동작하는 환경을 이야기한다고 이해하자. 이렇게 로컬 환경에서 개발한 코드는 실제 서비스 운영을 위해 서버에 있는 데이터베이스를 사용하도록 바꿀 수도 있다. 서비스를 개발할 때는 로컬에 설치된 데이터베이스를 사용하고, 서비스를 배포할 때는 별도의 서버에 데이터베이스를 설치하여 사용하면 된다. 두 환경 모두에서 실행될 수 있도록 '프로파일Profile'이라는 것을 활용하면 되는데, 이와 관련해서는 다음 장에서 알아볼 것이므로 지금은 이런 것이 가능하다는 정도만 알아 두자.

파일에 저장하기 vs 데이터베이스 사용하기

데이터를 파일로 저장하는 방법도 생각해 보자. 만약 각각의 애플리케이션 서버에 파일을 저장하는 경우 데이터의 휘발성 문제는 해결할 수 있겠지만, 애플리케이션 간의 데이터 공유는 불가능하다.

그럼 각자의 애플리케이션 서버에 파일로 저장하지 않고, 다음 그림처럼 데이터베이스와 같은 역할을 하는 웹 애플리케이션 서버를 만들면 어떨까?

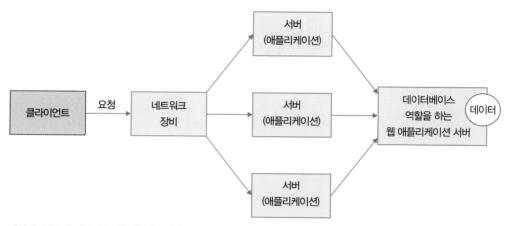

데이터베이스 역할을 하는 웹 애플리케이션 서버

이렇게 하면 데이터의 휘발성 문제와 애플리케이션 간의 데이터 공유 문제를 해결할 수 있다. 그러나 이 방법은 몇 가지 단점이 있다. 데이터베이스를 사용하는 방식과 비교하면서 알아보자.

데이터베이스 역할을 제대로 하려면 데이터베이스처럼 데이터를 CRUD하는 기능을 만들어 줘야 한다. 데이터를 단순히 CRUD하는 것뿐만 아니라 커넥션이나 트랜잭션, 락^{Lock} 같은 애플리케이션 개발에 자주 사용하는 기능도 필요한데, 이런 기능을 전부 직접 구현해 줘야 한다는 단점이 있다.

또한 데이터베이스에 비해 성능이 크게 떨어진다. 데이터를 디스크에 저장하는 데이터베이스는 한 번 읽었던 데이터를 캐시하여 메모리에 보관하거나, 앞으로 읽게 될 것이 확실한 데이터를 미리 읽어 와서 보관한다. 물론 웹 애플리케이션 서버에서도 이렇게 사용하지 못하는 것은 아니지만, 웹 애플리케이션 서버에 이런 성능 최적화 기능을 일일이 구현해 줘야 하는 것은 번거롭고 쉽지 않은 일이다.

마지막으로, 데이터베이스에 비해 지원 기능이 미약하다. 데이터베이스는 수십 년간 개발되어 온 데이터 저장 소프트웨어이다. 데이터베이스도 처음에는 간단한 데이터 CRUD에서 출발하여 여러 가지 기능이 추가되고 개선된 것이다. 데이터베이스 역할을 하는 웹 애플리케이션으로 요구사항에 맞게 개발에 성공했더라도 데이터베이스에 이미 구현되어 있는 기능을 구현하기 위해 시간을 낭비했을 수 있다. 그럼 본격적으로 데이터베이스의 사용 방법을 알아보자.

# 데이터베이스 다뤄 보기

이번 절에서는 도커를 통해 데이터베이스를 띄우고, 그 데이터베이스 안에 '스키마Schema'와 '테이블Table'을 생성한다. 상품 관리 애플리케이션의 데이터가 실제로 저장되는 공간인 테이블을 만들어 보고, 실제 상품이 저장되는 것처럼 상품을 저장해 조회해 보자. 여기서는 데이터베이스에 직접 접속하여 명령어를 입력하고, 애플리케이션에 해당 기능을 구현하는 것은 다음 절에서 진행한다.

도커 설치하기

PC에 '도커 데스크톱Docker Desktop'을 설치해 보자. 별도로 도커를 설치해 줄 수도 있지만, 도커 데스크톱을 설치하는 편이 더 쉽고 빠르다.

여기서 잠깐

도커 데스크톱

원래 도커는 명령어를 입력해서 사용해야 하지만, 초보자가 명령어를 입력해서 도커를 사용하기는 쉽지 않다. 이때 도움이 되는 것이 바로 도커 데스크톱이다. 도커 데스크톱은 도커 그 자체는 물론이거니와 UI까지 제공하므로, 이를 활용하면 도커의 기능을 쉽게 사용할 수 있다.

도커 데스크톱 설치하기

01. 구글에서 'docker desktop'을 검색해 도커 데스크톱 공식 설치 페이지(https://www.docker.com/products/docker-desktop/)에 접속한 다음, [Download for Windows] 버튼을 클릭해 설치 프로그램을 다운로드한다.

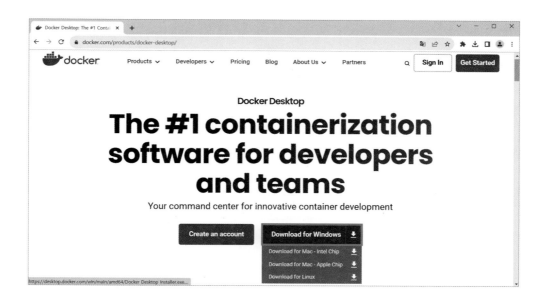

02. 다운로드된 도커 데스크톱 설치 프로그램을 실행하고, 기본 설정으로 [OK] 버튼을 클릭한다.

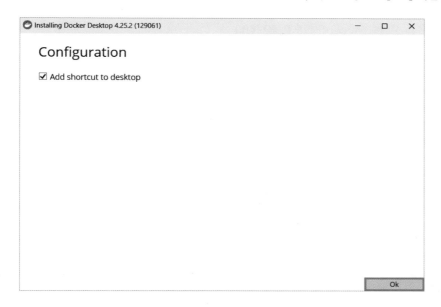

03. 설치 완료 화면에서 [Close] 버튼을 눌러 설치를 마무리한다.

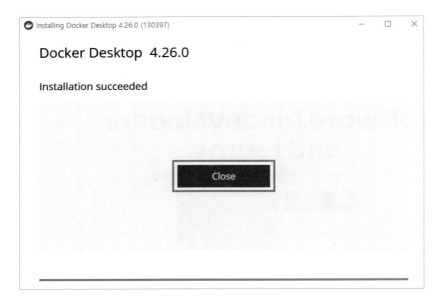

04. 도커 데스크톱을 실행해 [Accept] 버튼을 클릭한다.

05. 추천 설치 사양을 선택하고 회원가입하지 않은 채로 도커 데스크톱을 실행하면 다음과 같은 화면이 나타난다. 왼쪽 하단에 'ENGINE RUNNING'이라는 문구가 보인다면 도커로 데이터베이스를 실행시킬 준비가 된 것이다.

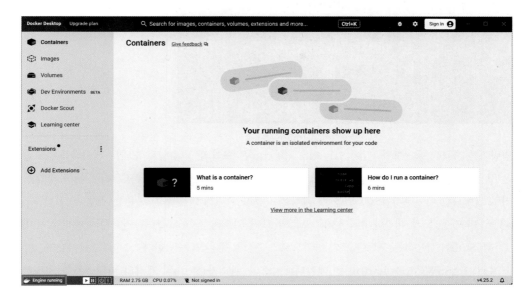

도커는 실행 환경에 따라 설치 도중에 문제가 발생하는 경우가 많다. 설치 과정에 실패하거나 도커로 데이터베이스를 실행하는데 실패했다면 다음 링크를 참고하자.

- https://github.com/lleellee0/java-for-backend/issues/1

도커로 데이터베이스 실행하기

이제 도커로 데이터베이스를 실행하기 위해 윈도우의 명령 프롬프트를 열고 다음 명령어를 입력한다.

MySQL 데이터베이스 실행

```
docker run --name some-mysql -p 3306:3306 -e MYSQL_ROOT_PASSWORD=hanbit -d mysql:8.0.29
--character-set-server=utf8mb4  --collation-server=utf8mb4_general_ci
```

명령어를 하나씩 살펴보자. 앞에 있는 'docker run'은 도커의 명령어로, 도커로 데이터베이스 같은 것을 실행시킬 때 사용한다. 그 다음에 있는 '--name some-mysql'은 컴퓨터에 여러 개의 도커로 실행시킨 데이터베이스가 있을 때 각각을 구분하기 위해 이름을 지어 주는 것이다. 또한 '-p 3306:3306'은 도커 내부에서의 3306 포트와 도커 외부의 3306 포트를 연결시켜 준다는 의미로, MySQL이 사용하는 포트를 도커 바깥으로 노출시켜 주는 기능을 한다. 그 다음 '-e MYSQL_ROOT_PASSWORD=hanbit'은 데이터베이스의 '관리자(Root)' 계정의 비밀번호를 지정한 것이며, 관리자 계정은 자동으로 생성된다. 여기서는 비밀번호를 'hanbit'이라고 지정했다. '-d mysql:8.0.29'는 실행시킬 도커가 어떤 것인지 지정하는 것으로, 책에서는 mysql이라는 데이터베이스의 8.0.29 버전을 실행시킨 것이다.

마지막으로 '--character-set-server=utf8mb4 --collation-server=utf8mb4_general_ci'는 MySQL에서 사용될 인코딩 방식을 설정하는 것으로, 한글로 된 데이터를 저장하려면 해당 설정이 필요하다. 명령을 실행한 후 다음과 같은 화면이 나오면 명령이 정상적으로 적용된 것이다.

이제 도커에서 실행되는 데이터베이스를 사용할 준비가 되었다. 이러한 상태는 '도커 컨테이너가 실행 중'이라고 표현한다. 또한 데이터베이스에는 여러 가지 종류가 있는데, 우리가 사용하는 데이터베이스는 관계형 데이터베이스RDB; Relational Database의 한 종류인 MySQL로, 가장 많이 사용되는 데이터베이스 중 하나이다.

데이터베이스에 접속하여 스키마 추가해 보기

데이터베이스에 접속하기 위해서는 별도의 데이터베이스 클라이언트가 필요하다. 그러나 우리는 MySQL 도커 컨테이너로 직접 접속하여 데이터베이스를 사용할 수 있다.

MySQL 도커 컨테이너 재실행

컴퓨터를 재시작하면 도커 컨테이너가 종료된다. 이때 도커 데스크톱을 실행해 왼쪽에 있는 [Containers] 탭을 클릭하면 'Exited' 상태의 도커 컨테이너를 확인할 수 있다. 그럼 컨테이너의 [Actions]에 있는 재생 버튼을 클릭해 다시 MySQL 도커 컨테이너를 실행하면 된다.

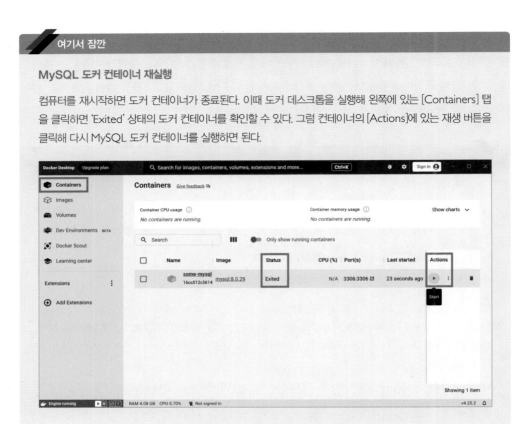

데이터베이스 접속하기

도커 데스크톱을 실행해 왼쪽에 있는 [Containers] 탭을 클릭한다. 그리고 'some-mysql' 도커 컨테이너 오른쪽에 있는 더보기(⋮) 아이콘을 클릭해 [Open in terminal]을 선택하면 도커 컨테이너의 내부로 들어갈 수 있다.

그러면 MySQL 도커 컨테이너의 내부를 보여 주는 [Exec] 탭이 열린다. 도커를 사용하면 PC 내에 별도의 서버를 생성한 것처럼 명령어를 입력할 수 있다.

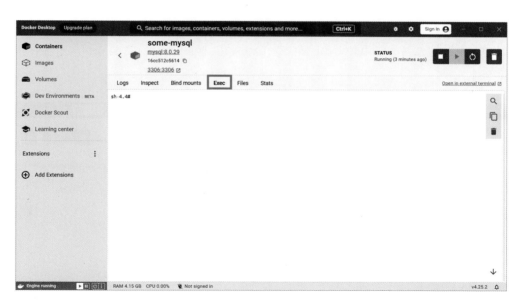

'mysql −u root −p'라고 입력하고 엔터를 누르면 나오는 'Enter password:'에 도커 컨테이너를 실행시킬 때 설정했던 비밀번호를 입력하면 된다. 우리는 'hanbit'이라고 입력하고 엔터를 누르면

된다. **여러분이 비밀번호를 입력해도 화면상으로는 아무 문자가 표시되지 않지만, 잘 입력되고 있는 것이니 걱정하지 말자.** 한글로 입력하거나 대소문자를 잘못 구분하여 입력하면 비밀번호가 틀렸다고 나올 수 있으니 정확히 입력하자.

그러면 MySQL 도커 컨테이너 안에서 실행 중인 MySQL 데이터베이스 내부로 들어온 상태를 볼 수 있다.

여기에 상품을 저장할 공간을 만들기 위해서는 다음 두 가지 작업을 진행해야 한다.

- 상품 관리 애플리케이션에서 사용할 데이터베이스(Database)를 만들어야 한다.
- 앞서 만들었던 데이터베이스 안에 상품 테이블(Table)을 생성해야 한다.

즉, 데이터베이스와 테이블을 추가해 줘야 한다. 이미 도커로 MySQL 데이터베이스를 실행했는데, 또 데이터베이스를 만든다니 이상하게 들릴지도 모른다. 이해를 돕기 위해 다음 그림을 살펴보자. 도커로 띄워 준 MySQL 데이터베이스와 지금부터 만들어 줄 데이터베이스, 테이블 간의 관계를 표현한 그림이다.

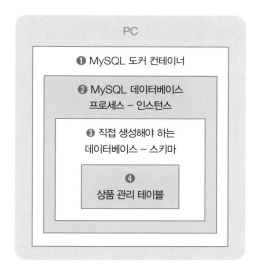

PC부터 상품 관리 테이블까지의 관계

❶, ❷번까지는 이미 생성된 것이고, 앞으로 ❸, ❹번을 만들어야 한다. ❷번과 ❸번은 둘 다 데이터베이스라고 부르지만, ❷번은 데이터베이스 프로세스 자체를 의미하고 ❸번은 데이터베이스 프로세스 내에 직접 추가해 줘야 하는 요소를 의미한다. 일반적으로는 이 둘을 구분하지 않고 데이터베이스라고 부르지만, 지금처럼 둘을 구분하여 불러야 하는 경우에는 ❷번을 **데이터베이스 인스턴스**Database Instance라고 하고, ❸번을 **데이터베이스 스키마**Database Schema라고 한다.

MySQL에는 기본으로 제공되는 데이터베이스 스키마들이 있다. 도커 컨테이너에 'SHOW DATABASES;'를 입력하면 현재 데이터베이스 인스턴스에 있는 데이터베이스 스키마들을 확인할 수 있다.

데이터베이스 스키마는 MySQL에서 여러 가지 설정이나 계정 정보를 저장하는 곳이다. 데이터베이스가 더 궁금하다면 관련 도서를 찾아보자. 데이터베이스를 처음 접하는 사람이라면 『SQL 첫걸음』(한빛미디어, 2015)이 도움될 것이다.

스키마 추가하기

지금부터 데이터베이스 콘솔 창에서 입력하는 명령어는 'SQL Structured Query Language'이라는 것으로, 데이터베이스에서 사용되는 문법이다. SQL은 자바에서 코드 한 줄마다 세미콜론을 입력해 줬던 것처럼 하나의 SQL 문장이 끝난다는 것을 세미콜론으로 표시한다. 데이터베이스 스키마를 추가하기 위해 MySQL 도커 컨테이너 내부 콘솔 창에서 다음 명령어를 입력하자. 가장 마지막에는 세미콜론을 반드시 입력해 줘야 한다.

create_schema.sql 데이터베이스 스키마 생성

```
CREATE SCHEMA product_management;
```

잘 실행됐다면 다시 'SHOW DATABASES;'라고 입력하여 데이터베이스 스키마 목록을 확인해 보자. 우리가 추가해 준 'product_management'라는 이름의 스키마가 추가된 것을 확인할 수 있다. 여기서는 상품 관리 애플리케이션에서 사용할 데이터베이스 스키마이므로 'product_management'라는 이름을 지어 주었다.

스키마 안에 테이블 추가하기

'product_management' 스키마 안에 테이블도 추가해 보자. 먼저 우리가 사용할 스키마를 선택해 줘야 한다. 지금의 데이터베이스 콘솔은 어떤 스키마를 사용하려고 하는지 알지 못하는 상태이다.

사용할 스키마를 지정하고 테이블 추가하기

'USE product_management;'라고 입력하면 해당 스키마를 사용하는 상태가 된다. 해당 명령어를 실행하고 'Database changed'라고 나오면 사용 중인 스키마가 잘 지정된 것이다.

다음으로 'SHOW TABLES;'라고 입력하면 앞서 스키마를 보는 명령어와 비슷하게 사용 중인 스키마 내에 존재하는 테이블의 목록을 보여 준다. 이 스키마는 방금 만든 것이므로 아직 아무 테이블도 추가되지 않았다. 따라서 'SHOW TABLES;'의 결과가 'Empty set'로 표시된다. 이제 여기에 테이블을 추가하면 된다.

테이블은 실질적으로 데이터가 저장되는 공간이므로 저장하려는 데이터의 형식에 맞춰 만들어져야 한다. 마치 클래스를 정의하는 것처럼 어떤 데이터를 가져야 하고, 어떤 타입을 가져야 하는지 정의해야 한다. 테이블을 생성할 수 있는 SQL 문을 입력해 보면서 테이블이 왜 그렇게 정의되었는지 확인해 보자. 다음 SQL 문을 입력하여 상품 정보를 저장할 수 있는 테이블을 생성한다.

create_table.sql products 테이블 생성

```sql
CREATE TABLE products (
    id BIGINT PRIMARY KEY NOT NULL AUTO_INCREMENT,
    name VARCHAR(100) NOT NULL,
    price INT NOT NULL,
    amount INT NOT NULL
);
```

테이블을 생성하는 쿼리를 하나하나 살펴보자. 가장 먼저 'CREATE TABLE'과 함께 사용할 테이블의 이름을 지정해 준다. 여기서는 'products'라는 이름으로 테이블을 생성했다. 괄호 안에는 해당 테이블에 저장될 데이터의 포맷을 지정하고 id, name, price, amount는 자바 코드에서의 Product 클래스가 가지고 있던 필드와 동일한 이름을 가지게 했다. 이들은 테이블에서 '컬럼Column'이라고 부르며, 각각의 컬럼은 자바에서와 마찬가지로 타입과 특성을 가질 수 있다.

id 컬럼의 타입은 'BIGINT'로 지정했다. BIGINT는 자바에서의 Long과 같은 범위의 자료형이다. 그 다음 'PRIMARY KEY'는 두 가지 의미를 가지는데, id 컬럼의 값이 중복되지 않는다는 제약조건을 추가함과 동시에 '인덱스Index'라는 것을 생성한다. 인덱스는 id 컬럼을 기준으로 조회할 때 빠르게 조회되도록 도와주는 기능을 한다. 'NOT NULL'은 해당 컬럼에 NULL 값이 들어오지 못하도록 제약조건을 거는 것이고, 'AUTO_INCREMENT'는 해당 컬럼의 값이 상품이 하나씩 추가될 때마다 1씩 증가함을 나타낸 것이다. 이로 인해 id는 1부터 시작하여 1씩 계속 증가할 것이다.

name 컬럼은 VARCHAR 타입이고 괄호 안에 100이 적혀 있다. VARCHAR는 문자열을 저장할 수 있는 타입이고, 100은 문자열을 100글자까지 저장할 수 있다는 의미이다. 나머지 price, amount와 마찬가지로 NOT NULL 제약조건이 추가되어 있다.

테이블에 데이터 추가하고 조회하기

아직은 실제 데이터가 어떤 형태로 저장되는지 잘 그려지지 않을 것이다. 다음 SQL 문을 실행하여 products 테이블에 데이터를 추가해 보자.

insert_products.sql 3개의 상품 추가

```
INSERT INTO products (name, price, amount) VALUES ('product 1', 100, 10);
INSERT INTO products (name, price, amount) VALUES ('product 2', 300, 25);
INSERT INTO products (name, price, amount) VALUES ('product 3', 500, 70);
```

잘 추가되었는지 확인하려면 테이블을 조회해 보면 된다. 다음 명령어를 실행하여 products 테이블에 저장된 데이터를 조회해 보자.

select_products.sql 상품 테이블 조회

```
SELECT * FROM products;
```

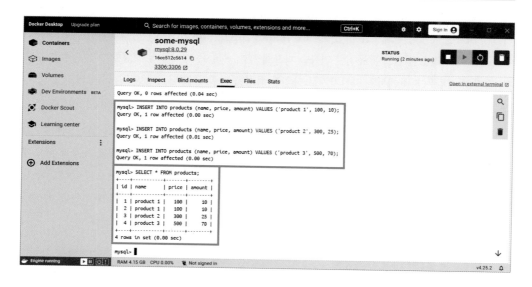

테이블에 저장된 데이터는 마치 표와 같다. 앞으로도 테이블에 저장된 데이터를 떠올릴 때는 표처럼 저장되어 있다고 생각해도 무관하다. 지금은 상품 이름을 한글로 넣는 것이 불가능하다. 현재 사용 중인 도커 데스크톱 CLI가 한글 입력을 지원하지 않기 때문이다. 추후에 애플리케이션을 통해 상품을 추가할 때는 한글로 상품 이름을 입력할 수 있으니 그때 확인해 보자.

다시 테이블이 왜 이렇게 정의되었는지 살펴보자. 이를 위해서는 테이블을 상품 관리 애플리케이션에서 상품의 요구사항과 비교해 봐야 한다.

- 상품은 상품 번호, 상품 이름, 가격, 재고 수량이라는 네 가지 정보를 가진다.
- 상품 번호는 1부터 시작하여 상품이 추가될 때마다 1씩 증가한다. 동일한 상품 번호를 가지는 상품은 존재할 수 없다.
- 상품 이름은 1글자 이상 ~ 100글자 이하의 문자열로, 동일한 상품 이름을 가지는 상품은 존재할 수 있다.
- 가격은 0원 이상 ~ 1,000,000원 이하의 값을 가질 수 있다.
- 재고 수량은 0개 이상 ~ 9,999개 이하의 값을 가질 수 있다.

상품 번호는 id 컬럼으로 대응되었고 1씩 값이 증가하며, 동일한 상품 번호는 제약조건 때문에 존재하지 않는다. 자바 코드상에서는 Long으로 지정했기 때문에 컬럼에서는 BIGINT로 지정했다. 그리고 상품 이름은 1글자 이상 ~ 100글자 이하의 문자열을 가져야 하므로 VARCHAR의 길이를 100으로 지정해 줬다. 가격과 재고 수량의 값은 정수이기 때문에 INT로 지정해 줬다. 왜 구체적인 범위를 가지지 않는지 궁금할 수 있다. 물론 제약조건을 지정할 수 있지만, 쿼리가 너무 복잡해질 것을 우려하여 지정하지 않은 것이다. 실무에서도 이런 최댓값과 최솟값 제약조건의 경우 대부분 자바 코드상에서만 유효성 검사를 한다. INSERT SQL과 SELECT SQL에 대해서는 각 기능을 구현하면서 알아보자. 지금은 해당 SQL 문이 각각 상품 테이블에 데이터를 추가하고 조회하는 기능을 했다는 사실만 기억하자.

 **상품 추가 기능 구현하기**

데이터베이스를 실행하고 테이블도 만들어 봤다면 이제 상품 관리 애플리케이션에 상품 추가 기능을 구현할 차례이다. 이번 절에서는 상품 관리 애플리케이션에 데이터베이스를 사용하기 위한 의존성을 추가하고, 데이터베이스로 상품 추가 기능을 제공하는 클래스를 구현한다.

데이터베이스 사용을 위한 의존성 추가

상품 관리 애플리케이션 프로젝트를 열어 pom.xml에 다음과 같이 두 가지 의존성을 추가해 주자.

pom.xml

```
<dependency>
    <groupId>org.springframework.boot</groupId>
    <artifactId>spring-boot-starter-jdbc</artifactId>
</dependency>
<dependency>
    <groupId>mysql</groupId>
    <artifactId>mysql-connector-java</artifactId>
    <scope>runtime</scope>
</dependency>
```

'spring-boot-starter-jdbc' 의존성은 'spring-boot-starter-web' 의존성처럼 스프링 부트에서 제공해 주는 JDBC 관련 의존성 모음이다. JDBC(Java Database Connectivity)는 자바에서 데이터베이스에 접속하는 기능을 제공하는 API이다. 'mysql-connector-java'는 여러 데이터베이스 종류 중 MySQL에 접속하기 위해 필요한 의존성이다. 데이터베이스마다 통신하는 방법이 서로 다르기 때문에 데이터베이스를 개발하는 곳에서는 언어별로 데이터베이스에 접속할 수 있는 라이브러리를 별도로 배포한다. mysql-connector-java는 그런 라이브러리 중 하나이다.

데이터베이스 접속 정보 추가하기

데이터베이스에 접속 정보를 추가하기 위해 'resources' 디렉토리에 있는 'application.properties'를 열어 다음과 같이 입력하자.

application.properties

```
spring.datasource.url=jdbc:mysql://localhost:3306/product_management
spring.datasource.username=root
spring.datasource.password=hanbit
spring.datasource.driver-class-name=com.mysql.cj.jdbc.Driver
```

질문 있습니다

application.yaml을 사용하려면 어떻게 해야 하나요?

설정 파일에서 application.properties 대신 application.yaml을 사용해 접속 정보를 추가하는 방법도 있다. 두 방식은 문법적으로 조금 차이가 있다. 앞에서 작성한 application.properties와 완전히 동일한 설정은 다음과 같이 표현한다.

application.yaml

```
spring:
  datasource:
    driver-class-name: com.mysql.cj.jdbc.Driver
    username: root
    url: jdbc:mysql://localhost:3306/product_management
    password: hanbit
```

개인 선호에 따라 다르지만, 여기에서는 스프링 이니셜라이저가 기본으로 생성해 주는 파일이 application.properties이므로 properties 방식으로 진행한다.

yaml 방식으로는 resources 디렉토리에 있는 application.properties를 삭제한 후 application.yaml 파일을 추가하고, 위와 같이 설정 값을 입력해 주면 된다.

'spring.datasource.url'에는 데이터베이스의 URL을 입력하면 된다. 우리가 웹 브라우저에서 보던 URL과는 형태가 조금 다르지만, 앞으로 데이터베이스를 연결할 때 자주 보게 될 것이다. localhost 는 나의 PC, 즉 자기 자신을 가리키며 거기에서 3306 포트로 접속을 시도한다. 이때 데이터베이스

스키마도 함께 지정해 주기 위해 앞서 만들었던 product_management로 접속한다. 애플리케이션에서 데이터베이스를 사용하기 위해서는 이렇게 스키마까지 지정해 줘야 한다.

username과 password는 데이터베이스의 계정 아이디와 비밀번호를 지정한 것이고, driver-class-name은 데이터베이스 연결 시 어떤 드라이버를 사용할지를 지정해 주는 설정이다.

데이터베이스 접속 테스트하기

이렇게 설정하면 데이터베이스를 사용할 준비가 된 것이다. 정말 연결이 잘 되었는지 확인하는 방법은 간단하다. 다음과 같은 코드를 추가하면 된다.

Application.java

```
package kr.co.hanbit.product.management;

import org.modelmapper.ModelMapper;
import org.modelmapper.config.Configuration;
import org.springframework.boot.ApplicationRunner;
import org.springframework.boot.SpringApplication;
import org.springframework.boot.autoconfigure.SpringBootApplication;
import org.springframework.context.annotation.Bean;

import javax.sql.DataSource;
import java.sql.Connection;

@SpringBootApplication
public class Application {

    public static void main(String[] args) {
        SpringApplication.run(Application.class, args);
    }

(생략)

    @Bean
    public ApplicationRunner runner(DataSource dataSource) {
        return args -> {
            // 이 부분에 실행할 코드를 넣으면 된다.
            Connection connection = dataSource.getConnection();
```

```
        };
    }


}
```

ApplicationRunner는 스프링 부트 애플리케이션이 시작한 직후 실행하려는 코드를 추가할 수 있는 의존성이다. 코드에서처럼 ApplicationRunner를 빈으로 등록하면서 람다 표현식 함수 내에 실행할 코드를 넣으면 된다. 매개변수로 받고 있는 DataSource는 데이터베이스와의 연결을 담당하는 인터페이스로, 해당 인터페이스를 통해 데이터베이스와의 커넥션^{Connection}을 가져올 수 있다. 커넥션을 가져오는 행위가 성공한다면 애플리케이션과 데이터베이스가 연결에 성공했다는 의미이다.

이제 애플리케이션을 시작해 보자. 로그 가장 아랫줄에 다음과 같이 'HikariPool-1 - Start completed.'라는 메시지가 보인다면 정상적으로 데이터베이스와 연결이 맺어진 것이다.

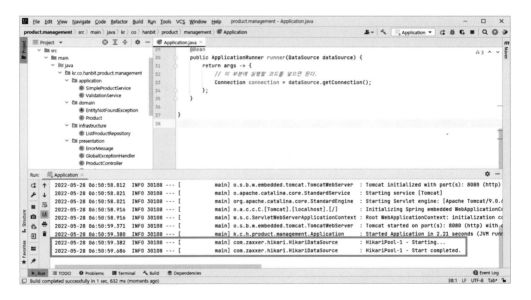

만약 데이터베이스에 연결하는 url, username, password 중 하나를 이상하게 바꾸면 연결에 실패하는 것을 테스트해 볼 수 있다. 여기서는 비밀번호를 일부러 틀리게 만들었다. 이 상태로 실행해 보면 다음과 같이 데이터베이스 연결에 실패한 로그를 확인할 수 있다. 다음 실습을 이어가기 위해 테스트했던 url, username, password는 원래대로 돌려 두자.

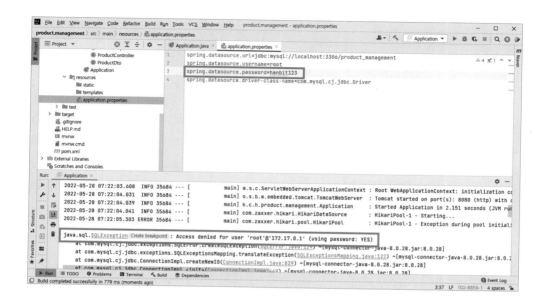

데이터베이스 커넥션과 커넥션 풀

여기까지 진행했다면 상품 관리 애플리케이션은 다음과 같이 데이터베이스와 연결된 상태가 된다.

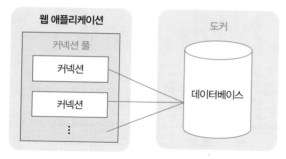

웹 애플리케이션과 데이터베이스를 연결하는 커넥션

애플리케이션과 데이터베이스 사이의 연결은 '커넥션'이라고 표현한다. 애플리케이션에서는 데이터베이스와의 연결을 수행하는 커넥션 인스턴스를 생성하고, 데이터베이스에서는 그에 상응하는 인스턴스를 만들어서 대응한다. 여기서 눈여겨볼 부분은 바로 '커넥션 풀Connection Pool'이다.

커넥션 풀은 애플리케이션이 앞으로 사용할 커넥션들을 미리 만들어 두고, 애플리케이션 내에서 커넥션이 필요한 곳에 커넥션을 빌려줬다가 돌려 받는다. 만약 커넥션 풀을 사용하지 않는다면 데이터베이스와 커넥션을 맺을 때 해당 커넥션 인스턴스를 별도로 생성해 줘야 하므로 데이터베이스와 연결할 때마다 리소스가 낭비된다. 이는 성능에도 영향을 미치므로 일반적으로 데이터베이스와의 커넥션은 미리 일정 수량을 만들어 두고, 해당 커넥션을 재사용한다.

그런데 우리는 따로 커넥션 풀을 만들어 준 적이 없다. 커넥션 풀은 앞서 spring-boot-starter-jdbc 의존성을 사용할 때 기본 설정으로 자동 생성되었다. 다만, 첫 번째 요청이 오기 전까지는 커넥션 풀을 만들지 않기 때문에 ApplicationRunner 빈을 생성해 줌으로써 커넥션 풀을 생성해 줬던 것이다. 'HikariPool-1 - Start completed.'라는 메시지가 성공적으로 커넥션 풀이 생성되었다는 로그 메시지이다. 이러한 커넥션 풀에는 여러 구현체가 있는데, HikariPool이 현재 스프링 부트에서 기본으로 사용하는 커넥션 풀 구현체이다.

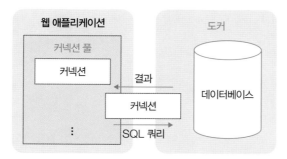

커넥션을 통해 주고 받는 쿼리와 결과

웹 애플리케이션은 커넥션을 통해 SQL을 보내기 때문에 SQL을 보내는 것은 '쿼리한다' 혹은 '질의한다'라고 표현하기도 한다. 데이터베이스는 받은 SQL 쿼리를 실행하고, 그 결과를 다시 커넥션으로 응답을 준다. 따라서 앞으로 해야 할 일은 웹 애플리케이션에서 데이터베이스로 SQL 쿼리를 보내고 돌아온 결과를 애플리케이션 로직에서 활용할 수 있도록 코드를 작성하는 것이다.

상품 추가 기능 구현

상품 추가 기능은 infrastructure 패키지에 'DatabaseProductRepository' 클래스를 추가해 개발할 수 있다.

DatabaseProductRepository 추가하기

DatabaseProductRepository는 ListProductRepository가 하는 일을 모두 할 수 있어야 하므로 우선 모든 메서드를 가져와서 다음과 같이 추가하자.

DatabaseProductRepository.java

```java
package kr.co.hanbit.product.management.infrastructure;

import kr.co.hanbit.product.management.domain.Product;
import org.springframework.stereotype.Repository;

import java.util.Collections;
import java.util.List;

@Repository
public class DatabaseProductRepository {

    public Product add(Product product) {
        return null;
    }

    public Product findById(Long id) {
        return null;
    }

    public List<Product> findAll() {
        return Collections.EMPTY_LIST;
    }

    public List<Product> findByNameContaining(String name) {
        return Collections.EMPTY_LIST;
    }

    public Product update(Product product) {
```

```
        return null;
    }

    public void delete(Long id) {
        // do nothing
    }

}
```

NOTE 여기서는 add 메서드만 구현하고, 나머지 메서드는 다음 절에 이어서 구현한다.

데이터베이스에 상품을 추가하려면 데이터베이스에 INSERT SQL을 전송해야 할 것이다. 데이터베이스에 SQL을 전송하려면 JdbcTemplate이라는 의존성을 사용하면 된다. 다음과 같이 JdbcTemplate 의존성을 주입받자.

DatabaseProductRepository.java

```
(생략)


import org.springframework.beans.factory.annotation.Autowired;
import org.springframework.jdbc.core.JdbcTemplate;

(생략)

@Repository
public class DatabaseProductRepository {

    private JdbcTemplate jdbcTemplate;

    @Autowired
    public DatabaseProductRepository(JdbcTemplate jdbcTemplate) {
        this.jdbcTemplate = jdbcTemplate;
    }

    public Product add(Product product) {
        return null;
    }

(생략)
```

JdbcTemplate? 실무에서는 JPA를 많이 사용한다고 들었는데요.

JPA(Java Persistence API)를 사용하면 SQL을 작성하지 않고도 자바 애플리케이션이 데이터베이스를 사용할 수 있지만, 그것이 SQL을 이해할 필요가 없다는 의미는 아니다. SQL을 학습하지 않고 JPA만 사용하면 여러 가지 문제가 발생한다. 특히 성능 측면에서 많이 발생하는 문제를 해결하려면 SQL에 대한 이해가 반드시 필요하다. 우선 SQL에 익숙해지고 난 이후에 JPA를 사용해도 충분하다.

상품 추가 기능을 위한 쿼리와 Product의 getter

JdbcTemplate 의존성을 주입해 주었으니 이제 JdbcTemplate을 통해 데이터베이스로 INSERT SQL 쿼리를 보내야 한다. 앞서 데이터베이스에 직접 접속하여 실행했던 INSERT SQL 문을 다시 살펴보자.

```
INSERT INTO products (name, price, amount) VALUES ('product 1', 100, 10);
```

이 SQL 문에는 상품 이름^{name}, 가격^{price}, 재고 수량^{amount}이 필요하므로 우리의 Product add 코드를 보자.

DatabaseProductRepository.java의 add 메서드

```
(생략)

public Product add(Product product) {
    return null;
}

(생략)
```

Product 인스턴스의 값을 가져와야 하는데, Product에 getter가 없다. 10장에서 언급했던 기술적인 문제로 getter를 반드시 추가해야 하는 상황이 바로 지금과 같은 상황이다. 물론 getter를 억지로 추가하지 않는 방법도 있지만, 지금은 추가하는 것이 더 실용적인 방법이다. 다만, 여기서 getter를 사용한다고 해서 애플리케이션 서비스에도 getter를 사용하는 코드를 넣어서는 안 된다. getter는 반드시 필요한 곳에서만 사용하자.

Product에 있는 id 필드는 아직 getter가 필요 없으므로 나머지 필드에만 getter를 추가해 주자. 나중에 필요해지면 그때 추가해도 된다.

Product.java

```
(생략)

public class Product {
    private Long id;

    @Size(min = 1, max = 100)
    private String name;

    @Max(1_000_000)
    @Min(0)
    private Integer price;

    @Max(9_999)
    @Min(0)
    private Integer amount;

    public String getName() {
        return name;
    }

    public Integer getPrice() {
        return price;
    }

    public Integer getAmount() {
        return amount;
    }

(생략)
}
```

Product에 getter를 추가했으므로 이제 INSERT SQL을 보내는 코드를 작성할 수 있다. JdbcTemplate에서 INSERT SQL을 보내기 위해서는 다음과 같이 코드를 작성하면 된다.

```
(생략)

public Product add(Product product) {
    jdbcTemplate
        .update("INSERT INTO products (name, price, amount) VALUES (?, ?, ?)",
        product.getName(), product.getPrice(), product.getAmount());

    return product;
}

(생략)
```

JdbcTemplate.update 메서드의 인자로 들어간 SQL 쿼리에 특이한 부분이 있다. 값이 들어가야 할 부분에 물음표(?)가 들어가 있는 곳이다. 해당 물음표에는 뒤쪽에 오는 인자들이 순서대로 들어가게 된다. 예를 들어 첫 번째 물음표에는 'product.getName()'이 들어간다. 이 코드만으로 데이터베이스에 상품 정보를 저장할 수 있다.

ListProductRepository 대신 DatabaseProductRepository 사용하기

서비스에서는 ListProductRepository를 사용 중이기 때문에 DatabaseProductRepository는 아직 사용되지 않고 있다. 이제 DatabaseProductRepository를 사용하도록 코드를 변경하자.

SimpleProductService의 코드에서 ListProductRepository를 사용하던 모든 코드를 다음과 같이 DatabaseProductRepository를 사용하도록 바꿔 주면 된다.

SimpleProductService.java

```
package kr.co.hanbit.product.management.application;

(생략)

@Service
public class SimpleProductService {

    private DatabaseProductRepository databaseProductRepository;
```

(생략)

```java
    @Autowired
    SimpleProductService(DatabaseProductRepository databaseProductRepository,
ModelMapper modelMapper, ValidationService validationService
    ) {
        this.databaseProductRepository = databaseProductRepository;
```

(생략)

```java
    }

    public ProductDto add(ProductDto productDto) {
        Product product = modelMapper.map(productDto, Product.class);
        validationService.checkValid(product);

        Product savedProduct = databaseProductRepository.add(product);
        ProductDto savedProductDto = modelMapper.map(savedProduct, ProductDto.class);
        return savedProductDto;
    }

    public ProductDto findById(Long id) {
        Product product = databaseProductRepository.findById(id);
        ProductDto productDto = modelMapper.map(product, ProductDto.class);
        return productDto;
    }

    public List<ProductDto> findAll() {
        List<Product> products = databaseProductRepository.findAll();
        List<ProductDto> productDtos = products.stream()
                .map(product -> modelMapper.map(product, ProductDto.class))
                .toList();
        return productDtos;
    }

    public List<ProductDto> findByNameContaining(String name) {
        List<Product> products = databaseProductRepository.findByNameContaining(name);
        List<ProductDto> productDtos = products.stream()
            .map(product -> modelMapper.map(product, ProductDto.class))
            .toList();
        return productDtos;
    }
```

```
    public ProductDto update(ProductDto productDto) {
        Product product = modelMapper.map(productDto, Product.class);
        Product updatedProduct = databaseProductRepository.update(product);
        ProductDto updatedProductDto = modelMapper.map(updatedProduct, ProductDto.class);
        return updatedProductDto;
    }

    public void delete(Long id) {
        databaseProductRepository.delete(id);
    }
}
```

아직은 DatabaseProductRepository 메서드 내부 구현을 하지 않아 정상적으로 작동하지는 않
지만, 메서드는 만들었으므로 애플리케이션은 컴파일 에러 없이 실행된다.

데이터베이스에 상품 추가 기능 테스트하기

이어서 다음과 같이 애플리케이션을 실행시키고, Postman으로 상품 추가 API를 테스트해 보자.

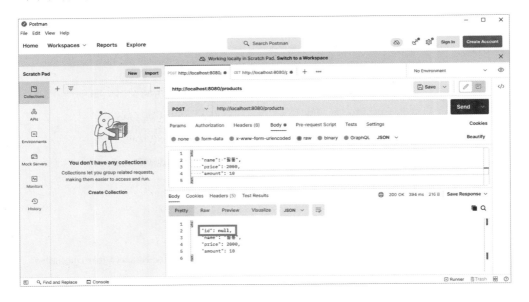

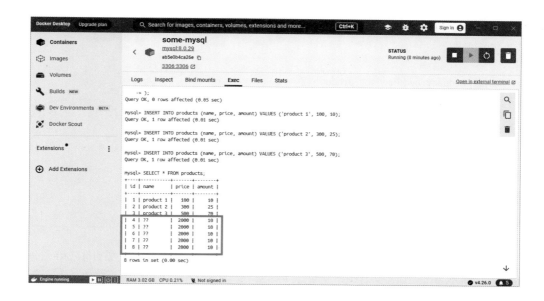

데이터베이스 테이블에는 데이터가 분명 들어가고 있는데, HTTP 응답으로 온 상품 정보의 id 필드가 비어 있다. 그 이유는 DatabaseProductRepository의 add 메서드에 있다. 문제를 해결해 보자.

HTTP 응답에 id 추가하기

HTTP 응답에 id를 추가하기 전에 다음 메서드를 한번 살펴보자.

```
(생략)

public Product add(Product product) {
    jdbcTemplate
        .update("INSERT INTO products (name, price, amount) VALUES (?, ?, ?)",
        product.getName(), product.getPrice(), product.getAmount());

    return product;
}

(생략)
```

이 메서드는 매개변수로 받은 Product를 데이터베이스에 넣은 뒤 데이터베이스에 설정된 id 값을 설정하는 과정 없이 그대로 반환해 주고 있다. 따라서 데이터베이스에 저장한 후 id를 받아 오는 코드가 메서드에 추가되어야 한다. INSERT 쿼리를 보내면서 저장된 상품의 id를 가져오려면 크게 두 가지 코드 변경이 필요하다. 먼저 다음과 같이 DatabaseProductRepository부터 바꿔 주자.

DatabaseProductRepository.java

```
package kr.co.hanbit.product.management.infrastructure;

(생략)

@Repository
public class DatabaseProductRepository {

    private NamedParameterJdbcTemplate namedParameterJdbcTemplate;

    @Autowired
    public DatabaseProductRepository(NamedParameterJdbcTemplate
namedParameterJdbcTemplate) {
        this.namedParameterJdbcTemplate = namedParameterJdbcTemplate;
    }

    public Product add(Product product) {
        SqlParameterSource namedParameter = new BeanPropertySqlParameterSource(product);

        namedParameterJdbcTemplate.update("INSERT INTO products (name, price, amount)
VALUES (:name, :price, :amount)", namedParameter);
```

```
        return product;
    }

(생략)

    }
```

JdbcTemplate 의존성을 NamedParameterJdbcTemplate으로 변경했다. 이름에서 짐작할 수 있는 것처럼 SQL 쿼리를 보낼 때 물음표로 매개변수를 매핑하지 않고 매개변수의 이름을 통해 SQL 쿼리와 값을 매핑한다. 물음표로 매핑되는 방식과 비교해 이 방식은 개발 과정에서 매개변수 순서가 바뀌거나 매개변수의 수가 많은 경우에도 헷갈리지 않는다. 만약 컬럼이 20개 이상인 테이블에 데이터를 넣는 경우 물음표 순서가 헷갈릴 것이다. NamedParameterJdbcTemplate는 그런 문제를 해결해 준다. JdbcTemplate을 사용해서 id를 받아 오는 방법이 있지만, JdbcTemplate으로 상품 id를 받아 오는 코드는 좀 더 복잡하다. 따라서 우리는 NamedParameterJdbcTemplate를 사용한다.

또한 Product에 대한 getter 메서드를 사용하는 코드도 없어졌는데, 해당 기능은 'SqlParameterSource namedParameter = new BeanPropertySqlParameterSource(product);'에서 처리한다. BeanPropertySqlParameterSource는 Product의 getter를 통해 SQL 쿼리의 매개변수를 매핑시켜 주는 객체이다. 해당 변수는 SQL 쿼리와 함께 인자로 넘겨주면 된다.

NamedParameterJdbcTemplate으로 변경했다고 해서 기능이 바뀌지는 않는다. 아직 상품 추가 API에 대한 응답에 id는 비어 있기 때문이다. id를 채워 주려면 다음과 같이 DatabaseProductRepository의 add 메서드에 KeyHolder 관련 코드를 추가해야 한다.

DatabaseProductRepository.java

```
(생략)

public class DatabaseProductRepository {

    private NamedParameterJdbcTemplate namedParameterJdbcTemplate;

    @Autowired
    public DatabaseProductRepository(NamedParameterJdbcTemplate
namedParameterJdbcTemplate) {
        this.namedParameterJdbcTemplate = namedParameterJdbcTemplate;
```

```
    }

    public Product add(Product product) {
        KeyHolder keyHolder = new GeneratedKeyHolder();
        SqlParameterSource namedParameter = new BeanPropertySqlParameterSource(product);

        namedParameterJdbcTemplate.update("INSERT INTO products (name, price, amount)
VALUES (:name, :price, :amount)", namedParameter, keyHolder);

        Long generatedId = keyHolder.getKey().longValue();
        product.setId(generatedId);

        return product;
    }
```

이 코드로 INSERT 쿼리의 실행 결과로 생성된 상품의 id를 가져올 수 있다. KeyHolder라는 객체를 생성한 후 NamedParameterJdbcTemplate의 update 메서드에 매개변수로 넘겨줬다. 이렇게 매개변수로 넘겨주면 KeyHolder에는 id가 담겨 온다. INSERT 쿼리가 실행된 후, Long 타입의 id 값을 가져오는 코드와 해당 id를 Product에 지정하는 코드는 KeyHolder에 있다.

이제 애플리케이션을 재시작하고 상품 추가 API를 호출하면 HTTP 응답 바디에 다음과 같이 상품의 id가 잘 담겨 있는 것을 볼 수 있다.

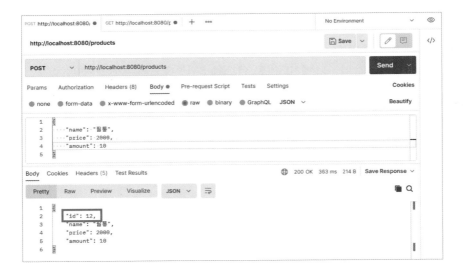

데이터베이스에도 요청하는 대로 id가 잘 쌓이고 있는지 조회해 보고 싶다면 데이터베이스에서 'SELECT * FROM products;'를 실행해 보자.

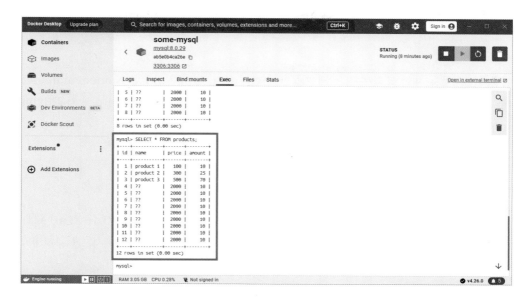

 상품 조회/수정/삭제 구현하기

이번에는 상품에 대한 조회/수정/삭제 기능을 구현해 보자. 앞서 사용했던 NamedParameter JdbcTemplate을 활용한다. 또한 SQL을 처음 접한 독자의 이해를 돕기 위해 실습에 사용되었던 SQL 문도 정리해 보자.

상품 조회 기능 구현

상품 조회 기능은 DatabaseProductRepository에서 findById, findAll, findByNameContaining 이렇게 세 가지 메서드를 구현해 줘야 한다. 3개의 메서드를 구현해야 하지만, 상품 추가 기능보다 훨씬 쉽게 구현할 수 있다.

id로 상품 조회 기능 추가하기

먼저 findById 메서드 구현은 다음과 같은 코드를 추가하면 된다.

DatabaseProductRepository.java의 findById 메서드

```
(생략)

public Product findById(Long id) {
    SqlParameterSource namedParameter = new MapSqlParameterSource("id", id);

    Product product = namedParameterJdbcTemplate.queryForObject(
            "SELECT id, name, price, amount FROM products WHERE id=:id",
            namedParameter,
            new BeanPropertyRowMapper◇(Product.class)
    );

    return product;
}

(생략)
```

코드를 하나씩 살펴보자. 먼저 SqlParameterSource로 id를 매핑시켜 줘야 하므로 MapSqlParameterSource를 사용했다. MapSqlParameterSource는 BeanPropertySqlParameterSource와 다르게 Product 같은 객체를 매핑하는 것이 아니라 Map 형태로 Key-Value 형태를 매핑할 수 있다. 우리는 id만 매핑해 주면 되므로 MapSqlParameterSource를 사용하는 것이 적절하다.

queryForObject는 앞서 상품 추가에 사용했던 update와 비슷하게 첫 번째 인자로 SQL 쿼리를, 두 번째 인자로 namedParameter를 받는다. 그리고 세 번째 인자로는 조회된 상품 정보를 Product 인스턴스로 변환해 주는 BeanPropertyRowMapper가 들어간다. 이런 간단한 코드만으로 데이터베이스에 저장된 데이터를 가져와서 자바의 인스턴스로 만들 수 있다.

BeanPropertyRowMapper가 정상적으로 작동하려면 해줘야 할 일이 하나 더 있다. BeanPropertyRowMapper가 데이터베이스에서 조회된 상품 정보를 Product 인스턴스로 만들기 위해서는 다음 두 가지 과정을 거친다.

- Product의 인자가 없는 생성자로 Product 인스턴스를 생성한다.
  → 인자 없는 생성자가 반드시 필요하다.
- 생성된 Product 인스턴스의 setter로 필드를 초기화한다.
  → setter가 반드시 필요하다.

그러나 현재 Product 클래스에는 id에 대한 setter밖에 없으므로 지금 상태에서 애플리케이션을 재시작하고 상품을 조회해 오면 다음과 같은 응답을 받는다.

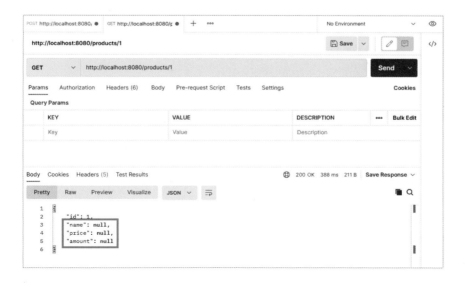

setter가 있는 id 필드를 제외한 나머지 필드는 모두 null로 채워져 있다. 이것은 BeanPropertyRowMapper가 데이터베이스에서 가져온 데이터를 Product 인스턴스로 변환하는 과정에서 Product 인스턴스의 값을 변경하지 못하기 때문에 생기는 문제이다. 따라서 다음과 같이 Product에 id 필드를 제외한 나머지 필드에 대해서도 setter를 추가해 줘야 한다.

Product.java

```
(생략)

    public void setId(Long id) {
        this.id = id;
    }

    public void setName(String name) {
        this.name = name;
    }

    public void setPrice(Integer price) {
        this.price = price;
    }

    public void setAmount(Integer amount) {
        this.amount = amount;
    }

(생략)
```

이렇게 코드를 변경하고 애플리케이션을 재시작한 후 다시 요청해 보면 모든 필드에서 정상적으로 응답이 올 것이다. 한글로 저장했던 상품 이름도 잘 조회된다.

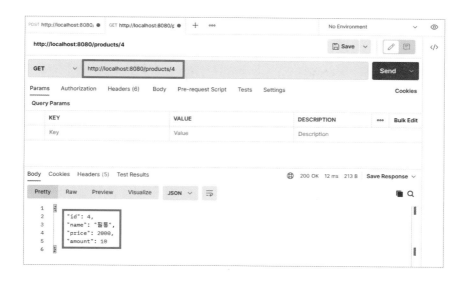

상품 전체 및 이름으로 조회 기능 추가

이어서 findAll과 findByNameContaining도 구현해 보자. findAll, findByNameContaining 메서드는 다음과 같이 추가하면 된다.

DatabaseProductRepository의 findAll, findByNameContaining 메서드

```
public List<Product> findAll() {
    List<Product> products = namedParameterJdbcTemplate.query(
            "SELECT * FROM products",
            new BeanPropertyRowMapper◇(Product.class)
    );

    return products;
}

public List<Product> findByNameContaining(String name) {
    SqlParameterSource namedParameter = new MapSqlParameterSource("name", "%" + name + "%");

    List<Product> products = namedParameterJdbcTemplate.query(
            "SELECT * FROM products WHERE name LIKE :name",
            namedParameter,
```

```
        new BeanPropertyRowMapper◇(Product.class)
    );

    return products;
}
```

먼저 findAll은 findById와 비교했을 때 queryForObject로 하나의 Product를 조회하던 것에서 query를 통해 List를 조회하는 부분이 달라졌다. 또한 전체 목록을 조회하는 경우 매개변수가 필요 없기 때문에 MapSqlParameterSource를 생성하지 않고, namedParameter도 인자로 넣어 주지 않았다. 이번에도 데이터베이스에서 조회된 데이터는 BeanPropertyRowMapper에 의해 변환된다.

findByNameContaining은 MapSqlParameterSource를 통해 검색하려는 name을 매핑한다. 이때 name의 값 앞뒤로 '%'를 붙인다는 것이 특이하다. %를 붙이지 않으면 정확히 일치하는 값만 검색하는 반면, %를 앞뒤로 붙이면 검색하려는 name이 가장 앞에 있는 경우와 중간에 있는 경우, 가장 마지막에 있는 경우 모두를 검색할 수 있다. 이렇게 매핑된 name은 LIKE와 함께 다음과 같이 실행되며, '검색어' 부분에 name으로 매핑된 값이 들어가고 해당 값을 기준으로 검색된다.

```
SELECT * FROM products WHERE name LIKE '%검색어%';
```

findAll과 findByNameContaining을 구현했으니, 애플리케이션을 재시작하여 잘 작동하는지 '/products'로 요청해 확인하자. 다음과 같이 전체 상품 목록이 잘 조회될 것이다.

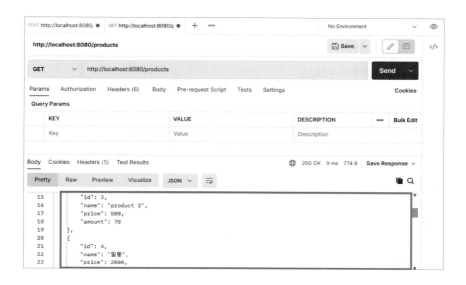

다음으로 '/products?name=duct'로 조회해 보면 상품 이름에 'duct'가 포함된 상품만 정상적으로 조회되는 것을 확인할 수 있다.

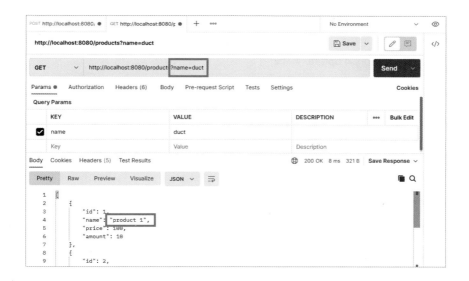

점점 어려운 SQL 문이 등장하고 있지만, 먼저 데이터베이스를 사용하는 코드 작성 자체에 집중해보자. 책에서 다루는 SQL 문은 굉장히 제한적이므로 데이터베이스에 대해 더 알고 싶다면 관련 도서를 읽어보자. 여기서는 책에서 제시한 SQL 쿼리를 이리저리 바꿔 테스트해 보면서 추측한 대로 결과가 바뀌는지 확인하고, SQL을 데이터베이스에 직접 접속해서 실행해 보자. 그러면 조금 더 쉽게 SQL과 데이터베이스에 익숙해질 것이다.

상품 수정 기능 구현

상품 수정 기능은 앞서 작성했던 상품 추가/조회 기능과 큰 차이는 없지만, 사용하는 SQL 문이 다르다. 조회할 때는 SELECT, 추가할 때는 INSERT를 사용했지만, 수정할 때는 UPDATE를 사용해야 한다. 그럼 UPDATE로 상품 정보의 수정 기능을 구현해 보자.

id로 상품을 찾고 수정하는 기능 추가하기

상품 수정 기능은 상품 번호(id)를 기준으로 수정할 상품을 찾고, 상품 번호를 제외한 나머지 정보를 수정하는 것을 말한다. 이를 염두에 두고 상품 수정 기능을 코드로 구현해 보자.

DatabaseProductRepository의 update 메서드

```
public Product update(Product product) {
    SqlParameterSource namedParameter = new BeanPropertySqlParameterSource(product);

    namedParameterJdbcTemplate.update("UPDATE products SET name=:name, price=:price,
amount=:amount WHERE id=:id", namedParameter);

    return product;
}
```

코드를 살펴보면 상품 추가 기능과 거의 같다는 사실을 알 수 있다. 물론 SQL 문으로 UPDATE를 사용했다는 점과 id를 가져오기 위해 사용했던 KeyHolder 코드가 없다는 점이 다르다. 그럼 이 상태에서 애플리케이션을 재시작한 후 상품 수정 API를 호출해 보자.

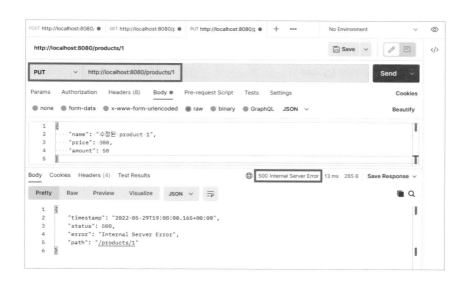

잘 실행될 것을 기대했지만 500 에러가 발생했다. 뭐가 문제일까? 인텔리제이에 있는 애플리케이션 로그를 확인해 보자.

2022-05-30 04:02:42.685 ERROR 62396 --- [nio-8080-exec-4] o.a.c.c.C.[.[.[/].
[dispatcherServlet]   : Servlet.service() for servlet [dispatcherServlet] in
context with path [] threw exception [Request processing failed; nested exception
is org.springframework.dao.InvalidDataAccessApiUsageException: No value supplied
for the SQL parameter 'id': Invalid property 'id' of bean class [kr.co.hanbit.
product.management.domain.Product]: **Bean property 'id' is not readable or has an
invalid getter method: Does the return type of the getter match the parameter
type of the setter?**] with root cause

org.springframework.dao.InvalidDataAccessApiUsageException: No value supplied for
the SQL parameter 'id': Invalid property 'id' of bean class

(생략)

kr.co.hanbit.product.management.infrastructure.DatabaseProductRepository.update(Dat
abaseProductRepository.java:74) ~[classes/:na]

로그를 읽어 보니 id 필드와 관련된 문제인 것 같다. 상품 추가 기능을 구현할 때 BeanPropertySqlParameterSource는 getter를 통해 값을 매핑한다고 했지만, id에 대한 getter가 없다. 상품 추가 기능에서는 매핑 과정에서 id가 존재하지 않았고, 사용되지도 않았기 때문이다. 그러나 이번에는 id가 존재하고 id를 사용해야 하므로 다음과 같이 id에 대한 getter를 Product 클래스에 추가한다.

Product.class

```
(생략)

public class Product {

(생략)

    public Long getId() {
        return id;
    }

    public String getName() {
        return name;
    }

    public Integer getPrice() {
        return price;
    }

    public Integer getAmount() {
        return amount;
    }

(생략)

}
```

id에 대한 getter를 추가하고 애플리케이션을 재시작하여 테스트해 보자. 이번에는 상품 정보가 정상적으로 수정될 것이다.

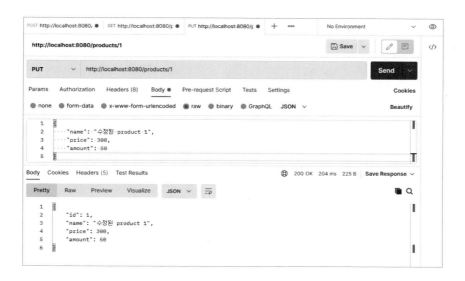

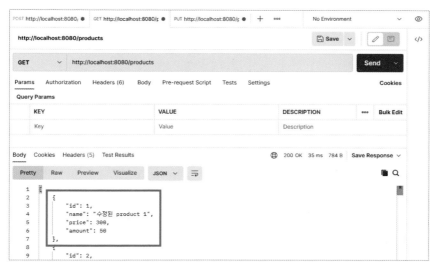

상품 삭제 기능 구현

마지막으로 상품 삭제 기능을 구현해 보자. 상품 삭제 기능도 지금까지 작성했던 코드와 비슷하다.

이제는 namedParameter로 매개변수를 매핑해 주는 것이 익숙해졌을 것이다. 상품 삭제 역시 id를 기준으로 삭제될 상품을 지정하므로 다음과 같이 코드를 수정하자. id만 필요하기 때문에

MapSqlParameterSource로 id만 매핑해 줬고, 그 후로는 findById와 거의 비슷하다. 차이점은 update 메서드와 DELETE SQL이 사용됐다는 것 정도이다.

DatabaseProductRepository의 delete 메서드

```
public void delete(Long id) {
    SqlParameterSource namedParameter = new MapSqlParameterSource("id", id);

    namedParameterJdbcTemplate.update(
        "DELETE FROM products WHERE id=:id",
        namedParameter
    );
}
```

코드를 구현하고 애플리케이션을 재시작해 상품 삭제 기능을 테스트해 보자. 여기서는 id가 1인 상품을 제거했고, 그 후 전체 상품 목록을 조회하는 API를 호출했더니 다음과 같이 id가 1인 상품이 제거된 것을 볼 수 있다. 상품 삭제 기능이 정상적으로 작동하는 것이다.

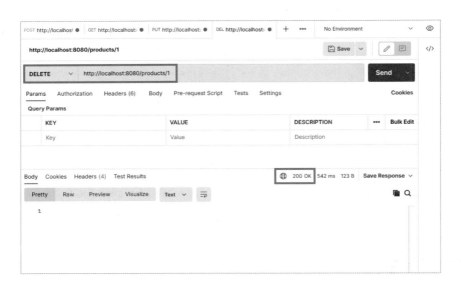

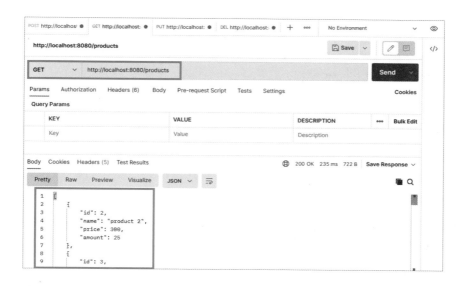

id가 1인 상품이 삭제되었다면 뒤쪽 id를 가지는 상품의 id 모두 1씩 줄어들어야 한다고 생각할 수도 있지만 그렇지 않다. 그런 작업은 데이터베이스에 쌓인 데이터가 많을 경우 엄청난 리소스가 든다. 만약 id가 1씩 줄어들어야 한다면 AUTO_INCREMENT로 자동 생성되는 id 역시 1씩 줄어들어야 한다. 이와 같은 로직이 필요하다면 여러분이 직접 구현해 줘야 한다.

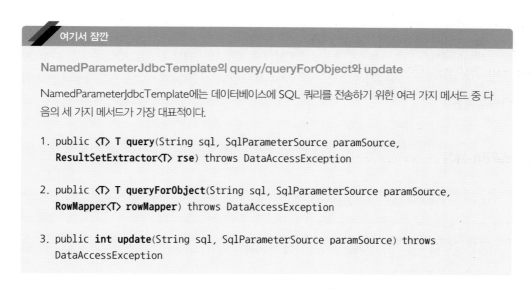

여기서 잠깐

NamedParameterJdbcTemplate의 query/queryForObject와 update

NamedParameterJdbcTemplate에는 데이터베이스에 SQL 쿼리를 전송하기 위한 여러 가지 메서드 중 다음의 세 가지 메서드가 가장 대표적이다.

1. `public <T> T query(String sql, SqlParameterSource paramSource, ResultSetExtractor<T> rse) throws DataAccessException`

2. `public <T> T queryForObject(String sql, SqlParameterSource paramSource, RowMapper<T> rowMapper) throws DataAccessException`

3. `public int update(String sql, SqlParameterSource paramSource) throws DataAccessException`

query와 queryForObject는 SQL 쿼리 전송 후 그 결과로 특정 클래스의 인스턴스를 받는다. 우리는 코드상에서 Product를 받을 수 있도록 코드를 작성했다. 반면, update는 int 값을 반환한다. 여기서 반환되는 int 값은 update로 실행된 SQL 쿼리로 영향을 받은 데이터의 수이다. 만약 UPDATE SQL 쿼리로 10건의 데이터가 수정되었다면 10이라는 값이 반환될 것이다.

update에서 반환되는 int 값을 통해 수정 및 삭제의 성공 여부를 알 수 있다. 만약 우리가 id로 특정 상품을 수정하거나 삭제했는데, update에서 반환된 값이 0이라면 수정된 상품이 없다는 것이다. 따라서 해당 값이 0인 경우에는 수정이나 삭제에 실패했다는 예외를 던질 수 있다.

SQL 문 정리하기

이번 장에서는 여러 가지 기본적인 SQL 문이 등장했다. 이번 장을 마무리하기 전에 SQL 문과 거기에 사용된 SQL 문법을 간단히 정리해 보자.

스키마 목록 보기

```
SHOW DATABASES;
```

앞서 데이터베이스 인스턴스에 존재하는 스키마의 목록을 보기 위해 실행한 SQL 문이다. MySQL을 처음 설치하면 우리가 만들어 준 스키마는 존재하지 않고, MySQL에서 자동으로 생성해 준 스키마만 존재한다.

스키마 생성

```
CREATE SCHEMA product_management;
```

데이터베이스 인스턴스 내에 새로운 스키마를 추가하는 SQL 문이다. product_management라는 이름을 사용했지만, 다른 이름을 사용해도 괜찮다. 스키마 내에는 여러 가지 테이블이 생성될 수 있다.

사용할 스키마 지정

```
USE product_management;
```

사용할 스키마를 지정하기 위해 해당 애플리케이션에서는 'spring.datasource.url=jdbc:mysql://localhost:3306/product_management'처럼 데이터베이스 연결 URL에 지정해 줬다.

테이블 생성

```
CREATE TABLE products (
    id BIGINT PRIMARY KEY NOT NULL AUTO_INCREMENT,
    name VARCHAR(100) NOT NULL,
    price INT NOT NULL,
    amount INT NOT NULL
);
```

테이블 생성을 위한 SQL 문을 일반화하여 표현하면 다음과 같다.

```
CREATE TABLE 테이블이름 (
    컬럼명1 컬럼타입 컬럼속성,
    컬럼명2 컬럼타입 컬럼속성,
    …
);
```

여기서는 '컬럼타입'으로 BIGINT, VARCHAR, INT 등을 사용했지만, 이외에도 여러 가지 타입을 사용할 수 있다. 이 타입은 데이터베이스마다 조금씩 다르기 때문에 사용하게 될 데이터베이스에 맞는 타입을 찾아 써야 한다.

'컬럼속성'으로 우리는 PRIMARY KEY, NOT NULL, AUTO_INCREMENT를 사용했다. PRIMARY KEY는 해당 컬럼의 값이 중복되지 않는다는 제약조건을 추가함과 동시에 인덱스를 생성하고, NOT NULL은 해당 컬럼에 NULL 값을 넣지 못한다는 제약조건을 말한다. 또한 AUTO_INCREMENT는 해당 컬럼의 값이 1부터 시작하여 1씩 자동으로 증가하는 컬럼이라는 사실을 지정하는 속성이다.

INSERT

```
INSERT INTO products (name, price, amount) VALUES (:name, :price, :amount);
```

상품 추가 기능을 구현했던 INSERT SQL 문을 일반화하면 다음과 같다.

```
INSERT INTO 테이블이름 (컬럼이름1,컬럼이름2, …) VALUES (값1, 값2, …);
```

'컬럼이름'과 값은 순서대로 '컬럼이름1'에 해당하는 값이 '값1'에 매핑된다. 문법적으로 INTO와
VALUES도 들어간다는 사실을 확인할 수 있다. id는 AUTO_INCREMENT에 의해 자동으로 들
어가는 값이기 때문에 넣지 않는다.

SELECT

```
SELECT * FROM products;
```

SELECT는 products 테이블의 모든 데이터를 조회하는 SQL 문으로, 보통 다음과 같은 형식으로
사용된다.

```
SELECT 조회할컬럼이름들 FROM 테이블이름;
```

'조회할컬럼이름들' 부분에 각각의 컬럼 이름을 적어도 되고, *를 적어도 된다. 여기서 *은 모든 컬
럼을 조회하겠다는 의미이다. 만약 id만 조회하는 경우에는 다음과 같은 결과가 나온다.

WHERE

```
SELECT id, name, price, amount FROM products WHERE id=:id;
```

SELECT를 사용하며 특정 조건을 만족하는 데이터만 조회하고 싶은 경우가 있다. 그럴 때 사용할 수 있는 것이 WHERE 절이다. id 값을 기준으로 조회할 때 사용했던 WHERE 절 부분을 일반화하여 표현하면 다음과 같다.

```
WHERE 컬럼이름=값 AND/OR 컬럼이름=값 AND/OR …;
```

이 형식은 일반적으로 사용하게 될 WHERE 절의 형태로, 이외에도 여러 가지 형태로 사용할 수 있다. 여기서는 하나의 조건만 사용하고 있어 AND나 OR이 들어가진 않았지만, 이를 사용해 다음과 같은 형태로도 쓸 수 있다.

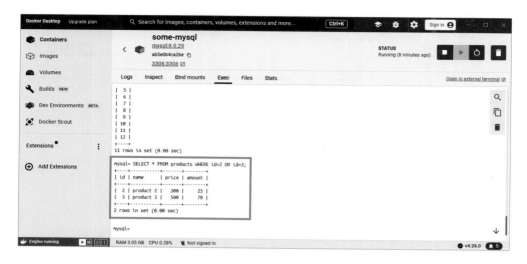

WHERE 절은 UPDATE와 DELETE에도 사용할 수 있다.

UPDATE

```
UPDATE products SET name=:name, price=:price, amount=:amount WHERE id=:id;
```

상품 정보를 수정하던 SQL 문으로, 이를 일반화하면 다음과 같다.

```
UPDATE 테이블이름 SET 컬럼이름1=값1, 컬럼이름2=값2, … WHERE 컬럼이름=값;
```

UPDATE 다음에 '테이블이름'이 오고 그 다음에 SET이 온다. SET 다음에는 수정될 컬럼들의 이름과 값이 이어진다. 앞서 설명했던 것처럼 WHERE 절은 수정되어야 할 데이터의 조건을 지정한다. 여기서 WHERE 절을 생략하면 어떻게 될까? 실행은 되지만, 테이블에 있는 모든 데이터가 해당 값으로 수정된다. 따라서 데이터베이스에 UPDATE를 실행시킬 때는 WHERE 절을 생략하지 않도록 주의해야 한다.

무조건 참^{True}이 나오는 조건을 입력해도 모든 데이터가 수정된다. 예를 들어 'WHERE 1=1' 처럼 무조건 참이 되는 조건이 있다. 이런 실수를 막기 위해서는 UPDATE하기 전에 SELECT에 해당

WHERE 절을 넣어 미리 어떤 데이터가 수정될지를 확인하기 바란다. 이는 DELETE를 실행시키기 전에도 마찬가지이다.

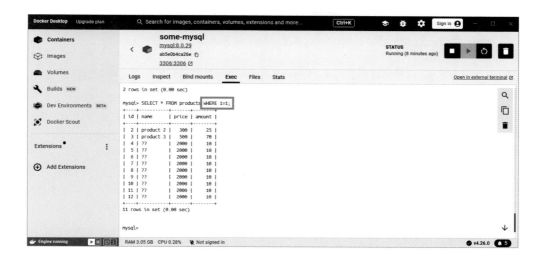

DELETE

```
DELETE FROM products WHERE id=:id;
```

SQL 문 중 가장 간편하게 사용할 수 있는 것이 바로 DELETE이다. 데이터를 삭제하기만 하면 되기 때문에 어떤 데이터가 삭제되어야 할지 삭제할 데이터의 조건만 WHERE 절로 지정하면 된다. DELETE를 일반화시키면 다음과 같다.

```
DELETE FROM 테이블이름 WHERE 컬럼이름=값;
```

DELETE 다음에 바로 FROM과 '테이블이름'이 오고, 이어서 WHERE 절이 온다. UPDATE와 마찬가지로 DELETE에 WHERE을 지정하지 않거나 잘못 지정하면 문제가 발생할 수 있다. DELETE 쿼리를 실행시키기 전에 SELECT로 해당 쿼리의 WHERE 절을 미리 검증해 보자.

SQL 문법을 익힌 후에는 SQL 관련 문제를 풀어 보자. 다음 링크는 프로그래머스에서 제공하는 'SQL 고득점 Kit'이다. 그 외에도 구글에서 'sql test online' 키워드를 검색하면 다양한 SQL 문법 연습 문제를 찾아볼 수 있다.

- https://school.programmers.co.kr/learn/challenges?tab=sql_practice_kit

끝으로 지금까지 8~11장에서 만든 상품 관리 애플리케이션의 코드는 다음 링크에서 확인할 수 있다.

- https://github.com/lleellee0/java-for-backend/tree/main/11

 마무리

이번 장에서는 상품 관리 애플리케이션이 데이터를 데이터베이스에 저장하게 만드는 방법을 알아봤다. 도커를 사용해 데이터베이스를 실행했고, 도커 내에 설치된 데이터베이스에 직접 접속하여 SQL을 실행하고 애플리케이션 코드에 SQL 문을 추가하여 기능을 구현했다. 다음 장에서는 ListProductRepository와 DatabaseProductRepository를 중심으로 지금까지 작성한 애플리케이션 코드를 객체지향적인 코드로 바꿔 본다. 학습을 마치기 전에 다음 내용을 제대로 진행했는지 확인해 보자.

- 데이터베이스를 사용하는 이유를 애플리케이션의 메모리에 데이터를 저장하는 것과 데이터베이스에 저장하는 것의 차이를 중심으로 배웠다.

- 데이터베이스를 사용하기 위해 도커를 설치하고, 도커 컨테이너로 MySQL 데이터베이스를 실행했다.

- 데이터베이스에 스키마와 테이블을 추가했다.

- 애플리케이션에서 데이터베이스를 사용하기 위해 필요한 의존성을 추가했다.

- INSERT, SELECT, UPDATE, DELETE 쿼리를 활용하여 애플리케이션에서 데이터베이스로 상품을 관리하는 기능을 추가했다.

Q1. 웹 애플리케이션을 개발하면서 데이터를 애플리케이션 위에 저장해도 서비스가 가능할 것 같은데, 왜 데이터베이스를 사용하나요?

A1. 우리가 저장하려는 데이터가 어떤 것인가에 따라 달라질 것 같습니다. 애플리케이션의 메모리에 저장한 내용은 애플리케이션이 종료되면 날아가 버립니다. 애플리케이션이 설치된 서버에 파일 형태로 저장하면 문제를 해결할 수 있겠지만, 애플리케이션 간 데이터를 공유하기 어렵습니다. 물론 애플리케이션끼리 API 통신으로 데이터를 주고받으면 가능할 수 있지만 너무 복잡할 것 같습니다.

자연스럽게 데이터베이스에 저장하면 좋겠다는 생각이 듭니다. 그러면 애플리케이션간에 데이터를 공유할 필요 없이 저장할 때도 데이터베이스에, 조회할 때도 데이터베이스에서 조회해 오면 간단하기 때문입니다. 데이터베이스는 이런 데이터 공유 외에도 트랜잭셔널한 처리나 캐시 등 애플리케이션을 저장하고 조회하는 데 높은 성능을 제공하는 소프트웨어이므로 사용되고 있다고 생각합니다.

해설

이 답변에는 왜 애플리케이션 서버 간에 데이터가 공유되어야 하냐는 질문이 이어질 수 있다. 이 역시 본문에서 설명했던 로드 밸런싱에 대한 내용으로 답변이 가능하다. 그럼 다시 데이터베이스도 로드 밸런싱이 가능하냐는 질문이 이어질 수 있다. 데이터베이스의 부하를 줄이기 위한 방법도 여러 가지가 있으므로 웹 애플리케이션 개발에 충분히 익숙해진 후에 데이터베이스나 시스템 설계 관련 서적을 좀 더 찾아보자.

Q1-1. 왜 애플리케이션 서버 간에 데이터가 공유되어야 하나요?

Q1-2. 데이터베이스도 로드 밸런싱이 가능한가요?

Q2. **트랜잭션이 무엇인지 설명해 보세요.**

A2. 트랜잭션은 일련의 동작들에 대해 모든 동작이 완전히 실행되거나 완전히 실행되지 않음을 보장하는 것입니다. 만약 모든 동작이 성공적으로 실행되었다면 해당 트랜잭션을 '커밋'하여 작업을 확정해야 하고, 특정 동작에 실패하여 해당 트랜잭션이 시작되기 전 상태로 되돌리려 한다면 '롤백'시켜야 합니다. 이러한 특성이 바로 트랜잭션의 원자성이라는 특징이며, 이 외에도 ACID라고 부르는 다른 특징들이 있습니다.

해설

트랜잭션은 데이터베이스가 제공해 주는 대표적인 기능 중 하나이다. 물론 데이터베이스로만 트랜잭션을 구현할 수 있는 것은 아니며, 여러분이 직접 구현해 줄 수도 있다. 본문에서는 원자성에 대한 내용에 대해서만 이야기했지만, 트랜잭션에는 ACID(Atomicity, Consistency, Isolation, Durability)라고 부르는 네 가지 성질(원자성, 일관성, 고립성, 지속성)이 있다. 원자성은 '트랜잭셔널한 처리'의 가장 근간이 되는 성질이다. 그 외의 다른 성질들도 트랜잭션을 이해하는 데 매우 중요한 요소지만, 책에 모두 담기 어려운 심화 내용이므로 필요한 경우 별도의 학습으로 보완하기 바란다.

Q3. **DB 커넥션 풀은 왜 사용하나요?**

A3. 데이터베이스와 통신하기 위해서는 데이터베이스와의 커넥션이 필요합니다. 커넥션 풀을 사용하지 않는다면 매번 통신이 필요할 때 커넥션을 생성했다가 닫는 과정이 필요할 것입니다. 이것은 데이터베이스와 통신하기 위해 발생하는 오버헤드로, 이런 오버헤드를 줄이기 위해 커넥션을 미리 만들어 두고, 해당 커넥션을 필요한 곳에 빌려줬다가 사용 후 반납하는 형태로 사용합니다. 오버헤드를 줄이면 애플리케이션의 성능도 끌어올릴 수 있습니다.

해설

데이터베이스와 통신하기 위한 커넥션 풀과 비슷한 목적의 스레드 풀Thread Pool이라는 것이 있다. 사실 여러분은 알게 모르게 스레드 풀을 사용하고 있었다. 여러분이 만든 스프링 부트 프로젝트는 '톰캣Tomcat'이라는 웹 애플리케이션 서버를 사용하는데, 톰캣에서는 기본적으로 클라이언트의 요청을 받기 위해 200개의 스레드를 스레드 풀에 생성해 둔다. 만약 톰캣이 스레드 풀을 만들어 두지 않고 요청이 올 때마다 스레드를 만들어서 처리했다면, 스레드를 만드는 시간만큼의 오버헤드가 발생했을 것이다.

무언가 만드는 것은 제법 무거운 작업이다. 똑같은 코드 한 줄이라도 단순히 변수를 더하는 코드와 커넥션이나 스레드를 생성하는 코드는 그 작업의 무게가 다르다. 특히 커넥션을 생성하는 작업은 애플리케이션 내에서만 이루어지는 것이 아니라, 운영체제를 통한 데이터베이스와의 통신까지 필요한 아주 무거운 작업이다. 따라서 이런 작업을 할 때는 오버헤드를 반드시 줄여야 한다.

Q4. **MySQL을 사용해 보셨다고 했습니다. 그럼 다른 데이터베이스와 MySQL의 SQL 문법은 다를까요?**

A4. 데이터베이스마다 SQL 문법이 조금씩 다르기 때문에 MySQL에서 작성한 SQL이 Oracle에서 실행했을 때는 동작하지 않을 수도 있습니다. 이런 문제를 최소화하려면 가급적 SQL을 표준 SQL 문법에 따라 작성하는 것이 중요합니다. 가능하다면 애플리케이션에서는 SQL을 직접 사용하지 않고 개발할 수 있는 방법을 사용하면 도움이 됩니다. 애플리케이션에서 SQL을 직접 사용하지 않고 데이터베이스를 사용하려면 JPA 같은 인터페이스를 사용하면 된다고 알고 있습니다.

해설

Oracle은 MySQL과 마찬가지로 많이 사용되는 데이터베이스 중 하나지만, MySQL와 Oracle은 SQL 작성 방법도 크게 다르고, 기본 동작도 다르다. 예를 들어 MySQL에서는 id 값에 사용할 1씩 증가하는 값을 설정하기 위해 컬럼에 AUTO_INCREMENT를 설정해 줬지만, Oracle에서는 시퀀스Sequence라는 별도의 데이터베이스 객체를 사용한다. 데이터베이스 객체란 마치 하나의 테이블 같은 존재를 의미한다. 이런 차이에도 불구하고 표준적인 SQL을 사용하는 방법은 분명 가치 있는 일이다.

애플리케이션 코드에 SQL을 직접 사용하지 않는 방법에는 JPA를 사용하는 방법이 대표적이다. 그럼 SQL은 배울 필요가 없다고 해야 할까? 당연히 아니다. SQL에 대한 이해 없이 JPA를 사용하면 여러 문제를 불러 일으키는 코드가 된다. 따라서 포트폴리오를 개발할 때는 SQL을 먼저 학습하고 JPA를 연습하여 적용하자.

Q5. 데이터베이스 비밀번호를 application.properties에 올려 놓으면 문제가 될까요?

A5. 로컬에서 실행하는 데이터베이스라면 문제가 되지 않겠지만, 실제 서비스에 사용되는 데이터베이스의 비밀번호가 올라가는 것은 문제가 될 것 같습니다. 비밀번호를 application.properties에 올려 두면 그 내용은 고스란히 깃허브에서 확인이 가능하므로 application.properties에 비밀번호를 노출하지 않는 방법이 필요합니다. 여러 방법이 있지만, 간단하게는 jasypt 같은 라이브러리를 통해 application.properties에 있는 비밀번호를 암호화시키고, 관리해야 할 프로젝트의 수가 늘어나면 Valut과 같은 솔루션을 사용하는 것이 효율적일 것 같습니다.

해설

깃허브에 데이터베이스 비밀번호 같은 것을 올려 두면 해킹의 대상이 되기 쉽다. 따라서 비밀번호를 안전하게 보관하되 애플리케이션이 시작될 때는 암호화된 비밀번호를 복호화하여 원래의 비밀번호를 사용할 수 있는 메커니즘이 필요하다. 여러 가지가 있지만, 답변에서 제시한 jasypt나 Vault를 활용한 방법을 도입해 볼 수 있다. 일정 규모가 되는 서비스 기업에서는 자체적으로 Vault 서버를 구축해 두고, Vault에 비밀번호와 같은 민감한 정보를 저장하는 방법을 주로 사용한다.

상품 관리
애플리케이션에
객체지향 더하기

이번 장에서는 지금까지 만든 상품 관리 애플리케이션에 객체지향적 개념을 더해 본다. 객체지향의
중요한 가치 중 하나인 추상화를 중심으로 코드를 수정하고, 테스트 코드를 작성해 안전하게 리팩토
링을 진행해 보자.

❰1❱ 클래스 추상화하기

객체지향 프로그래밍에는 캡슐화, 상속, 추상화, 다형성이라는 네 가지 원칙이 있다. 쉬운 예제를 통해 그 개념은 익혔지만, 우리가 만드는 애플리케이션에서 어떤 의미를 가지는지 이해하게 되는 것은 나중의 일이다. 네 가지 원칙 중 가장 이해하기 어려운 원칙이자, 가장 중요한 원칙은 바로 추상화이다. 지금부터 추상화의 가치에 대해 알아보자.

애플리케이션이 실행되는 여러 가지 환경

앞서 우리는 SimpleProductService에 들어 있던 ListProductRepository를 모두 DatabaseProductRepository로 바꿔 줬다. 그럼 이제 ListProductRepository는 사실 필요하지 않지만, 다음과 같은 요구사항을 가정해 보자.

- **애플리케이션이 로컬 개발환경**에서 실행될 때는 개발 중 기능을 테스트하기 위해 **ListProductRepository**를 사용
- **애플리케이션이 서버에 올라가서 서비스되는 환경**에서 실행될 때는 원활한 데이터 저장과 애플리케이션 서버 간 데이터 공유를 위해 데이터베이스를 사용하는 **DatabaseProductRepository**를 사용

이는 실무에서 애플리케이션을 개발할 때 자주 발생하는 요구사항이다. 이를 대응하기 위해서는 어떻게 해야 할까?

가장 먼저 떠올릴 수 있는 간단한 방법은 우선 DatabaseProductRepository를 코드에 넣어 두고, 개발하는 과정에서는 DatabaseProductRepository를 전부 ListProductRepository로 바꿔서 실행해 보는 것이다. 테스트가 끝난 후 서버에 올릴 때는 다시 DatabaseProductRepository로 바꿔서 배포하면 된다. 생각보다 간단하게 요구사항을 처리할 수 있다. 그런데 만약 애플리케이션이 개발되면서 ListProductRepository와 DatabaseProductRepository와 같은 관계를 가지는 클래스가 점점 많아진다고 해도 이런 식으로 바꿀 수 있을까? 점점 바꾸기 어려워지는 것은 물론이고, 바꾸는 과정에서 일부 코드에 대한 변경을 실수로 빠뜨릴 가능성도 아주 높다.

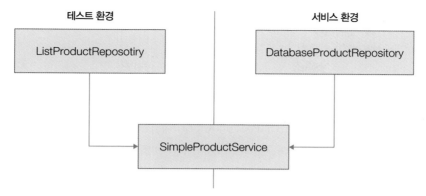

테스트 환경

ListProductReposotiry

서비스 환경

DatabaseProductRepository

SimpleProductService

테스트 환경과 서비스 환경에서 서로 다른 빈이 주입되어야 하는 상황

의존성 주입을 기준으로, 테스트 환경에서는 ListProductRepository 빈^{Bean}이 의존성 주입되어야 하고 서비스 환경에서는 DatabaseProductRepository 빈이 주입되어야 한다. 그러나 지금 코드에서는 해줄 수 없는 일이다. SimpleProductService가 DataProductRepository라는 '클래스'에 의존하고 있기 때문이다. 이제는 추상화가 나설 차례이다.

인터페이스에 의존하기

3장에서 우리는 다음과 같은 코드로 인터페이스를 통한 다형성에 대해 다뤘다. Sonata와 K5 클래스는 둘 다 Car라는 인터페이스를 구현하는 클래스이므로 Car 인터페이스 타입의 참조 변수를 선언하면, 해당 참조 변수에는 Car 인터페이스를 구현하는 클래스의 인스턴스가 들어갈 수 있다. 이 다형성이 힌트가 된다. Sonata와 K5를 DatabaseProductRepository와 ListProductRepository로 생각해 보자. 두 클래스에 대한 인터페이스가 필요하므로 인터페이스를 먼저 만들어 줘야 한다.

3-2-4.java 다형성 구현 소스코드

```java
public interface Car {}

public class Sonata implements Car {}

public class K5 implements Car {}

public class Main {
```

```
    public static void main(String[] args) {
        Car car1 = new Sonata();
        Car car2 = new K5();
    }
}
```

여기서는 DatabaseProductRepository와 ListProductRepository 두 클래스의 인터페이스 이름을 ProductRepository로 지었다. 그럼 ProductRepository는 어떤 패키지에 존재해야 할까? DatabaseProductRepository와 ListProductRepository가 존재하는 패키지인 infrastructure가 적절하다고 생각할 수도 있지만, 더 적절한 패키지는 domain 계층이다. 앞에서 도메인 주도 설계에 대해 이야기하며 반드시 지켜져야 하는 의존성 방향 중 하나로 '다른 모든 계층은 인프라스트럭처 계층에 의존하면 안 된다'라고 설명했다. infrastructure 패키지에 ProductRepository 인터페이스를 위치시키면 애플리케이션 계층인 SimpleProductService에서 인프라스트럭처 계층 방향으로의 의존성이 생긴다. 따라서 domain 계층에 ProductRepository를 위치시켜야 한다.

인터페이스에 의존하도록 코드 변경하기

그럼 domain 패키지에 ProductRepository 인터페이스를 추가하고, 코드를 작성해 보자. ProductRepository는 DatabaseProductRepository와 ListProductRepository 두 클래스가 가진 public 메서드를 인터페이스가 가지고 있어야 한다. 그래야 기존에 DatabaseProductRepository를 사용하던 코드에서 ProductRepository 타입의 참조 변수로 동일한 기능을 사용할 수 있을 것이다.

ProductRepository.java 인터페이스 정의

```
package kr.co.hanbit.product.management.domain;

import java.util.List;

public interface ProductRepository {
    Product add(Product product);
    Product findById(Long id);
    List<Product> findAll();
    List<Product> findByNameContaining(String name);
    Product update(Product product);
```

```
    void delete(Long id);
}
```

DatabaseProductRepository와 ListProductRepository에도 각각 ProductRepository 인터페이스를 구현하고 있다는 사실을 알려 주는 코드를 넣어 주자. 다음 코드를 넣지 않으면 다형성을 활용할 수 없다. ProductRepository 타입의 참조 변수에 DatabaseProductRepository와 ListProductRepository 인스턴스를 넣을 수 없다는 의미이다.

DatabaseProductRepository.java ProductRepository 인터페이스 implements

```java
package kr.co.hanbit.product.management.infrastructure;

import kr.co.hanbit.product.management.domain.Product;
import kr.co.hanbit.product.management.domain.ProductRepository;

(생략)

@Repository
public class DatabaseProductRepository implements ProductRepository {

(생략)
```

ListProductRepository.java ProductRepository 인터페이스 implements

```java
package kr.co.hanbit.product.management.infrastructure;

import kr.co.hanbit.product.management.domain.EntityNotFoundException;
import kr.co.hanbit.product.management.domain.Product;
import kr.co.hanbit.product.management.domain.ProductRepository;

(생략)

@Repository
public class ListProductRepository implements ProductRepository {

(생략)
```

이제 ProductRepository 타입의 참조 변수에 DatabaseProductRepository와 ListProductRepository를 넣을 수 있게 되었다. SimpleProductService도 다음과 같이 수정해 보자.

SimpleProductService.java ProductRepository 인터페이스에 의존하도록 변경

```java
package kr.co.hanbit.product.management.application;

import kr.co.hanbit.product.management.domain.Product;
import kr.co.hanbit.product.management.domain.ProductRepository;
import kr.co.hanbit.product.management.presentation.ProductDto;
import org.modelmapper.ModelMapper;
import org.springframework.beans.factory.annotation.Autowired;
import org.springframework.stereotype.Service;

import java.util.List;

@Service
public class SimpleProductService {

    private ProductRepository productRepository;
    private ModelMapper modelMapper;
    private ValidationService validationService;

    @Autowired
    SimpleProductService(ProductRepository productRepository, ModelMapper modelMapper,
ValidationService validationService
    ) {
        this.productRepository = productRepository;
        this.modelMapper = modelMapper;
        this.validationService = validationService;
    }

    public ProductDto add(ProductDto productDto) {
        Product product = modelMapper.map(productDto, Product.class);
        validationService.checkValid(product);

        Product savedProduct = productRepository.add(product);
        ProductDto savedProductDto = modelMapper.map(savedProduct, ProductDto.class);
        return savedProductDto;
    }
```

```
public ProductDto findById(Long id) {
    Product product = productRepository.findById(id);
    ProductDto productDto = modelMapper.map(product, ProductDto.class);
    return productDto;
}

public List<ProductDto> findAll() {
    List<Product> products = productRepository.findAll();
    List<ProductDto> productDtos = products.stream()
            .map(product -> modelMapper.map(product, ProductDto.class))
            .toList();
    return productDtos;
}

public List<ProductDto> findByNameContaining(String name) {
    List<Product> products = productRepository.findByNameContaining(name);
    List<ProductDto> productDtos = products.stream()
            .map(product -> modelMapper.map(product, ProductDto.class))
            .toList();
    return productDtos;
}

public ProductDto update(ProductDto productDto) {
    Product product = modelMapper.map(productDto, Product.class);
    Product updatedProduct = productRepository.update(product);
    ProductDto updatedProductDto = modelMapper.map(updatedProduct, ProductDto.class);
    return updatedProductDto;
}

public void delete(Long id) {
    productRepository.delete(id);
}
```

바뀐 SimpleProductService를 보면 다음과 같은 의문이 들 것이다. ProductRepository라고 적
어 주면 DatabaseProductRepository와 ListProductRepository 중 어떤 빈이 주입되어야 할
지 모호하지 않을까? 스프링 프레임워크에서는 어떤 빈을 의존성 주입해 줄지 궁금할 것이다. '혹시
클래스 이름 기준 오름차순으로 우선순위를 부여해 주는 걸까?'라는 추측을 했을지도 모르지만, 이
의문은 간단히 해결할 수 있다. 애플리케이션을 재시작해 보자. 그러면 애플리케이션 시작에 실패하
고, 다음과 같은 에러 메시지를 보게 된다.

```
***************************
APPLICATION FAILED TO START
***************************

Description:

Parameter 0 of constructor in kr.co.hanbit.product.management.application.
SimpleProductService required a single bean, but 2 were found:
        - databaseProductRepository: defined in file [...\infrastructure\
DatabaseProductRepository.class]
        - listProductRepository: defined in file [...\infrastructure\
ListProductRepository.class]


Action:

Consider marking one of the beans as @Primary, updating the consumer to accept
multiple beans, or using @Qualifier to identify the bean that should be consumed

(생략)
```

에러 메시지는 다음과 같이 정리할 수 있다.

- **에러의 원인:** SimpleProductService 생성자의 0번째 매개변수(Parameter)에는 하나의 빈(Bean)이 필요한데, 2개가 들어갈 수 있음. 따라서 어떤 빈을 넣어야 할지 알 수 없음.
- **해결 방법(Action):** 둘 중 하나의 빈에 @Primary를 붙일지, 여러 개의 빈을 주입받을 수 있도록 바꿀지, @Qualifier를 붙여서 어떤 빈이 주입되도록 할지를 지정.

에러의 원인은 우리가 예상했던 것과 같고, 해결 방법으로는 여러 선택지를 제시했다. 상황에 따라 모두 적절한 해결책이 될 수 있지만, **테스트 환경과 서비스 환경에서 각각 다른 빈이 주입되는 것**을 달성할 수 있는 방법들은 아니다.

인터페이스를 도입하여 바뀐 의존 방향

어떻게 수정해야 우리가 의도한 대로 작동할지는 이어서 알아보고, 먼저 의존성의 방향을 짚어 보자. 우리는 DatabaseProductRepository와 ListProductRepository라는 '클래스'에 의존하던

SimpleProductService를 수정하여 ProductRepository라는 '인터페이스'에 의존하도록 변경했다. 사소해 보이지만, 그 효과는 강력하다. **구체적인 존재가 아닌 추상적인 존재에 의존하도록 함으로써 애플리케이션의 동작을 코드 변경 없이, 실행 시점Runtime에 결정**할 수 있도록 만든 것이다. 다음은 변경 전과 후의 계층별 의존성 방향을 정리한 그림이다.

변경 전

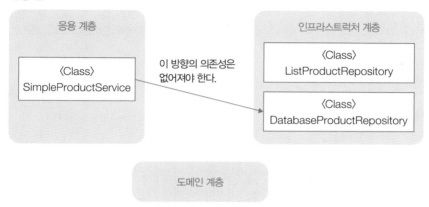

SimpleProductService가 DataBaseProductRepository에 직접 의존

변경 후

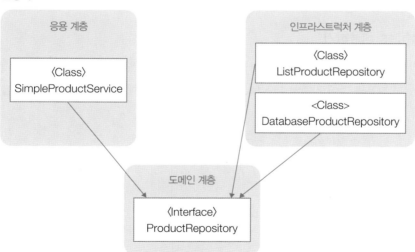

SimpleProductService, ListProductRepository, DatabaseProductRepository가 모두 ProductRepository에 의존

예외 등 다른 추가된 코드보다 눈여겨봐야 할 부분은 SimpleProductService, ListProductRepository, DatabaseProductRepository 세 가지 클래스의 의존성 방향이 모두 ProductRepository로 향했다는 점이다. SimpleProductService는 ProductRepository를 사용하므로 의존하고, ListProductRepository와 DatabaseProductRepository는 ProductRepository 인터페이스를 구현하고 있으므로 의존하는 것이다. 지금처럼 구체적인 클래스를 사용하던 코드를 추상화하는 과정을 거치면 추상적인 존재인 인터페이스 방향으로 의존성의 방향이 모이게 된다. 그리고 이렇게 인터페이스에 의존하는 코드를 **추상화에 의존하는 코드**라고 표현한다.

의존성 주입과 @Profile

SimpleProductService가 ProductRepository라는 추상적인 존재에 의존하도록 변경했지만, 아직 해결해야 할 과제가 있다. ProductRepository에 들어갈 수 있는 빈이 두 가지나 있다는 것이다. 에러 메시지에 나와 있던 해결 방법을 사용하지 않고 구태여 다른 방법을 사용하는 이유는 ProductRepository에 주입될 빈을 테스트 환경과 서비스 환경에서 각각 다르게 적용해야 하기 때문이다.

Spring Profiles 적용하기

스프링 프레임워크에는 이런 요구사항에 적용하기에 적절한 메커니즘을 제공한다. 바로 'Spring Profiles'이다. 먼저 다음과 같이 각각의 ProductRepository 구현체에 @Profile 애너테이션을 추가해 살펴보자.

ListProductRepository.java test Profile일 때 빈 생성

```
(생략)

import org.springframework.context.annotation.Profile;

(생략)

@Repository
@Profile("test")
```

```
public class ListProductRepository implements ProductRepository {

(생략)
```

DatabaseProductRepository.java prod Profile일 때 빈 생성

```
(생략)

import org.springframework.context.annotation.Profile;

(생략)

@Repository
@Profile("prod")
public class DatabaseProductRepository implements ProductRepository {

(생략)
```

두 클래스 위에 각각 test, prod라는 이름의 @Profile을 지정해 줬다. 각각의 이름은 개발자가 로컬 개발환경에서 기능을 테스트할 때 사용하는 환경이므로 'test', 개발자가 아니라 사용자에게 서비스가 제공된다는 의미에서 'production'의 'prod'로 지었다.

NOTE production 환경은 운영 환경, 상용 환경이라고도 부른다.

이와 같이 @Profile을 지정하면 특정 환경에서 특정 클래스의 빈이 생성되도록 만들 수 있다. test라는 이름의 Profile로 애플리케이션을 실행하면 ListProductRepository의 빈이 생성되고, prod라는 이름의 Profile로 애플리케이션을 실행하면 DatabaseProductRepository의 빈이 생성된다.

이제 우리가 해야 할 일은 애플리케이션이 어떤 Profile로 실행될지 지정해 주는 것이다. 여러 가지 방법 중 가장 먼저 application.properties에 지정하는 방법부터 알아보자. 다음과 같은 설정을 추가하면 된다.

application.properties test Profile을 사용하도록 지정

```
spring.profiles.active=test

spring.datasource.url=jdbc:mysql://localhost:3306/product_management
spring.datasource.username=root
```

```
spring.datasource.password=hanbit
spring.datasource.driver-class-name=com.mysql.cj.jdbc.Driver
```

이 상태로 애플리케이션을 시작하면 애플리케이션의 Profile이 test로 실행되어, ListProductRepository의 빈만 생성되고, DatabaseProductRepository의 빈은 생성되지 않도록 만든다.

그런데 이렇게 하면 Profile이 코드에 명시되어 있어서 다른 Profile로 애플리케이션을 실행하려면 application.properties 파일을 바꿔 줘야 할 것이라 생각할 수 있다. 그러나 다음과 같은 명령어로 실행하면 애플리케이션을 실행하는 시점에 명령어에 Profile을 명시해 줄 수 있다.

실행 시점에 사용할 Profile을 지정하는 방법
```
java -jar -Dspring.profiles.active=test application.jar

혹은

java -jar --spring.profiles.active=test application.jar
```

이와 같이 실행했을 때 명령어로 지정한 Profile은 application.properties에 설정된 Profile보다 우선순위가 높다. 즉, 명령어로 Profile을 지정하지 않는 경우 application.properties에 명시한 Profile이 적용된다.

실행할 때 명령어로 Profile을 지정할 수 있다는 것을 이해했다면, 애플리케이션을 실행하는 시점에 Profile을 통해 ListProductRepository 혹은 DatabaseProductRepository 중 하나를 빈으로 생성하여 주입받을 수 있다는 사실도 알 수 있을 것이다.

그런데 우리 프로젝트는 아직 test 환경과 prod 환경을 나눠서 실행할 준비가 되어 있지 않다. test 환경에서는 ListProductRepository를 사용하기 때문에 데이터베이스가 없어도 애플리케이션이 정상적으로 실행되어야 하지만, 지금 우리 프로젝트는 데이터베이스가 없으면 실행되지 않는다. 도커 데스크톱에서 MySQL 컨테이너를 종료해 직접 확인해 보자.

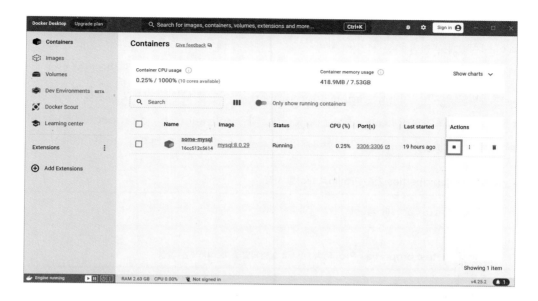

다시 애플리케이션을 시작해 보자. 코드를 잘 수정했다면 현재 사용 중인 Profile은 test일 것이다. 따라서 ListProductRepository만 사용하기 때문에 데이터베이스가 없어도 애플리케이션이 작동해야 한다. 하지만 다음과 같이 에러가 발생하면서 애플리케이션이 정상적으로 작동하지 않는다.

```
(생략)
com.zaxxer.hikari.HikariDataSource        : HikariPool-1 - Starting...
2022-06-04 11:26:40.495 ERROR 25148 --- [          main] com.zaxxer.hikari.pool.
HikariPool         : HikariPool-1 - Exception during pool initialization.

com.mysql.cj.jdbc.exceptions.CommunicationsException: Communications link failure

The last packet sent successfully to the server was 0 milliseconds ago. The
driver has not received any packets from the server.
    at com.mysql.cj.jdbc.exceptions.SQLError.createCommunicationsException(SQLErr
or.java:174) ~[mysql-connector-java-8.0.28.jar:8.0.28]
(생략)
Caused by: java.net.ConnectException: Connection refused: no further information
```

에러 메시지를 보면 커넥션 풀을 생성하는 과정에서 문제가 발생했고, 데이터베이스 연결이 거부되었다는 내용을 확인할 수 있다. 우리가 데이터베이스를 사용하지 않는데도 이런 문제가 발생하는 이유는 데이터베이스를 사용하기 위해 추가해 준 의존성인 spring-boot-starter-jdbc에서 데이터베이스 연결과 관련된 자동 설정^{Auto Configuration}을 진행하기 때문이다. 따라서 test Profile로 애플리케이션이 실행될 때는 데이터베이스 연결과 관련된 자동 설정이 작동하지 않도록 만들어야 한다.

다른 방법도 있지만, 여기서는 application.properties 파일을 나누는 것으로 해결해 보자. 먼저 resources 경로에 'application-test.properties'와 'application-prod.properties'를 추가하고, application.properties를 포함한 3개의 properties 파일 내용을 다음과 같이 입력한다.

application.properties 기본 Profile로 test를 지정

```
spring.profiles.active=test
```

application-test.properties Profile이 test로 실행되었을 때 적용되는 설정

```
spring.autoconfigure.exclude=org.springframework.boot.autoconfigure.jdbc.
DataSourceAutoConfiguration
```

application-prod.properties Profile이 prod로 실행되었을 때 적용되는 설정

```
spring.datasource.url=jdbc:mysql://localhost:3306/product_management
spring.datasource.username=root
spring.datasource.password=hanbit
spring.datasource.driver-class-name=com.mysql.cj.jdbc.Driver
```

application.properties에는 애플리케이션에서 사용할 Profile을 지정하는 설정만 남기고, 데이터베이스 연결과 관련된 정보는 제거했다. application.properties에는 모든 애플리케이션 환경에서 공통적으로 사용할 설정만 남겨야 한다. 각 환경에서만 사용하는 설정 정보는 각각의 Profile에 해당하는 properties 파일에 두는 것이 적절하다. 따라서 application-prod.properties에는 데이터베이스에 대한 연결 정보를 넣었다. application-test.properties에 넣은 설정은 처음 보는 설정일텐데, spring-boot-starter-jdbc에 의해 진행되는 데이터베이스 연결 자동 설정이 작동하지 않도록 제외시키는 설정이다. 이렇게 하면 test 환경에서 데이터베이스를 사용하지 않는 개발환경과 부합하게 된다.

다시 한번 애플리케이션을 시작해 보자. 기대와는 다르게 여전히 애플리케이션이 실행되지 않는다. 이번에는 다음과 같은 에러 메시지가 나온다.

```
****************************
APPLICATION FAILED TO START
****************************


Description:

Parameter 0 of method runner in kr.co.hanbit.product.management.Application
required a bean of type 'javax.sql.DataSource' that could not be found.


Action:

Consider defining a bean of type 'javax.sql.DataSource' in your configuration.


Process finished with exit code 1
```

에러 메시지에서는 main 메서드가 있는 Application 클래스의 코드가 문제라고 한다. 커넥션 풀을 생성하기 위해 애플리케이션 시작과 함께 ApplicationRunner를 등록해 줬었는데, 거기서 문제가 생긴 것이다. 다시 에러 메시지를 보면 정확한 원인을 확인할 수 있다. DataSource 타입의 빈이 없다는 것이다. 여기에는 두 가지 해결 방법이 있다.

- DataSource 타입의 빈을 강제로 생성해 준다.
- ApplicationRunner 빈을 생성하는 코드에도 @Profile("prod")를 붙인다.

상황에 따라 다르겠지만, 현재 상황에서는 데이터베이스를 사용하지 않는데 DataSource 타입의 빈을 강제로 생성하는 것보다는 두 번째 방법이 더 간단하고 깔끔할 것이다.

ApplicationRunner 빈을 생성하는 코드에도 @Profile("prod")를 붙이기 위해 다음과 같이 코드를 수정한다. 그리고 애플리케이션을 재시작해 기능을 테스트해 보면 test Profile로 정상 실행될 것이다.

Application.java Profile이 prod일 때만 빈이 생성되도록 함

```
package kr.co.hanbit.product.management;

(생략)

import org.springframework.context.annotation.Profile;

import javax.sql.DataSource;
import java.sql.Connection;

@SpringBootApplication
public class Application {

(생략)

    @Bean
    @Profile("prod")
    public ApplicationRunner runner(DataSource dataSource) {
        return args -> {
            // 이 부분에 실행할 코드를 넣으면 된다.
            Connection connection = dataSource.getConnection();
        };
    }

}
```

지금까지 우리는 다음 그림처럼 DatabaseProductRepository와 ListProductRepository를 추상화한 ProductRepository 인터페이스를 추가했고, @Profile을 통해 환경에 따라 서로 다른 빈이 생성될 수 있도록 코드를 구성했다.

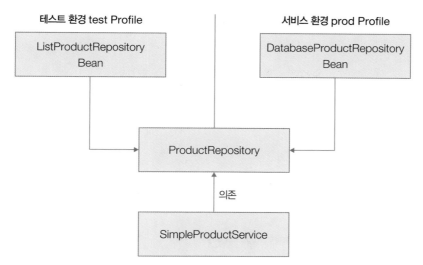

Profile에 따라 다른 ProductRepository 구현체로 변경할 수 있는 구조

그림을 보면 알 수 있듯이 SimpleProductService는 ProductRepository에만 의존할 뿐 DatabaseProductRepository와 ListProductRepository를 알지 못한다.

의존성 주입(DI)과 의존성 역전 원칙(DIP)

객체지향 프로그래밍에 대해 공부하다 보면 헷갈리는 키워드가 있다. 의존성 주입DI, Dependency Injection 과 의존성 역전 원칙DIP, Dependency Inversion Principle이다. 각각에 대해 알아보자.

의존성 주입

앞서 DatabaseProductRepository를 의존하던 코드를 ProductRepository로 추상화 시키고, 환경에 따라 서로 다른 빈을 생성하여 주입하도록 바꿨던 코드에는 의존성 주입과 의존성 역전 원칙이 모두 들어가 있다. 먼저 각각의 개념을 알아보자.

의존성 주입은 의존성 주입 패턴이라고도 부르는데, '의존성 주입'이라고 부를 때는 의존성이 주입되는 행위 자체에 초점을 맞추는 경우가 많고, '의존성 주입 패턴'이라고 부를 때는 의존성이 주입될 수 있는 코드 설계를 지칭하는 경우가 많다. 우리는 이미 의존성이 주입되는 코드를 작성했다. SimpleProductService에 ProductRepository의 의존성을 주입받던 코드를 다시 살펴보자.

```
(생략)

@Service
public class SimpleProductService {

    private ProductRepository productRepository;

(생략)

    @Autowired
    SimpleProductService(ProductRepository productRepository, (생략)
    ) {
        this.productRepository = productRepository;
(생략)
    }

(생략)
```

SimpleProductService가 정상적으로 작동하기 위해서는 ProductRepository에 필요한 의존성이 주입되어야 하며, 의존성을 주입해 주는 행위는 이와 같이 코드를 작성해 스프링 프레임워크에 의해 수행된다. 이 패턴은 이미 의존성 주입 패턴을 따르는 코드이다. 의존성 주입 패턴을 따르는 코드만 봐서는 의존성 주입 패턴이 주는 유연함을 이해할 수 없다. 의존성 주입 패턴을 따르지 않는 코드를 보면서 이해해 보자. 다음은 ProductRepository 타입의 의존성을 주입받지 않고 직접 생성해 주는 코드이다.

```
(생략)

@Service
public class SimpleProductService {

    private ProductRepository productRepository;
(생략)

    @Autowired
    SimpleProductService(
```

```
     (생략)
       ) {
           this.productRepository = new ListProductRepository();
     (생략)
       }

     (생략)
```

이 코드는 문법적으로 올바르기 때문에 이렇게 코드를 바꾸고 실행해 봐도 분명 잘 작동할 것이다. 그러나 이 코드에는 심각한 문제가 있다. 앞서 우리는 Profile을 통해 환경에 따라 서로 다른 의존성을 주입해 줄 수 있도록 만들었는데, 이 코드에서는 Profile에 따라 ProductRepository에 주입될 의존성을 변경할 수 있을까? 직접 ListProductRepository를 생성하여 productRepository에 넣어 줬기 때문에 불가능하다. 그리고 SimpleProductService에서 ListProductRepository 쪽으로의 의존을 제거하려고 인터페이스를 뒀는데 다시 의존이 생겨버렸다. 이와 같이 코드를 작성하면 의존성 방향은 다음과 같아진다.

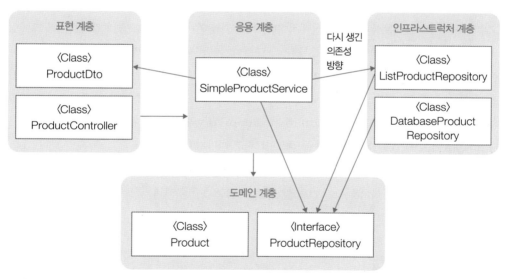

클래스의 인스턴스를 직접 생성해 주면서 발생한 의존성 방향

결국 필요한 의존성을 직접 생성하여 사용하는 코드는 추상화의 이점이 없어지는 코드가 된다. 따라서 의존성을 주입하여 사용해야만 훨씬 유연하게 실행 시점에 의존성을 바꿔서 사용할 수 있다.

의존성 역전

의존성 역전 원칙은 '고수준 컴포넌트가 저수준 컴포넌트에 의존하지 말아야 한다'는 의미이다. 쉽게 이야기하면 '추상화에 의존해야 한다'는 것이다. 좀 더 자세히 알아보자.

우리가 만든 상품 관리 애플리케이션에서 SimpleProductService는 ProductRepository 같은 인터페이스를 두지 않았다면 자연스럽게 ListProductRepository나 DatabaseProductRepository를 의존했을 것이다. 인터페이스를 넣지 않았을 때 생기는 자연스러운 의존 방향은 고수준 컴포넌트가 저수준 컴포넌트에 의존하는 구조이다. 다음과 같이 의존성 역전 원칙에 반대되는 쪽으로 의존성 방향이 생긴다는 것이다.

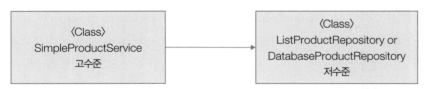

고수준 컴포넌트가 저수준 컴포넌트에 의존하는 상황

고수준과 저수준을 나누는 기준은 상대적이다. 비교 대상이 되는 두 컴포넌트가 있을 때 도메인의 정책에 가까울수록 고수준으로 분류하고, 애플리케이션 외부에 가까울수록 저수준으로 분류한다. ListProductRepository는 애플리케이션 메모리 내부에 데이터를 저장하므로 외부에 가깝지 않다고 생각할 수도 있지만, SimpleProductService와 비교해 보면 상대적으로 도메인의 정책과는 거리가 멀다. 따라서 ListProductRepository와 DatabaseProductRepository가 SimpleProductService보다는 저수준 컴포넌트라고 이야기할 수 있다.

의존성 역전 원칙에 대해서는 이해가 된다. 그런데 왜 **역전**Inversion이라고 표현할까? 여기서는 의존성의 방향이 역전된 것을 의미하는데, 다음 그림처럼 고수준 컴포넌트가 저수준 컴포넌트에 의존하던 의존성 방향이 역전된 것을 이야기한다.

의존성 역전에 의해 더 이상 고수준 컴포넌트가 저수준 컴포넌트에 의존하지 않음

원래는 ListProductRepository나 DatabaseProductRepository를 의존하던 SimpleProductService의 의존성 방향이 더 이상 두 클래스를 의존하지 않고 추상적인 존재인 ProductRepository만을 의존하도록 바뀌었다. 그리고 결정적으로 저수준 컴포넌트였던 두 클래스에서 ProductRepository 방향으로의 의존성 방향이 생겼다. 기존과 반대 방향으로의 의존성이 생긴 것이다. 이것이 의존성 역전 원칙을 지키는 설계이다.

즉, 앞서 인터페이스에 의존하는 코드를 만들면서 이미 의존성 역전 원칙을 지키는 코드를 만들었던 것이다. 의존성 역전 원칙을 지키는 코드는 의존성의 방향이 인터페이스 쪽으로 모인다. 따라서 추상화(인터페이스)에 의존하는 코드를 만들면 의존성 역전 원칙을 지킬 수 있다.

정리해 보면 의존성 역전 원칙을 지키는 코드가 됐기 때문에 저수준이던 Repository 구현체들이 ProductRepository로 추상화될 수 있었고, 추상화된 ProductRepository를 통해 의존성 주입 패턴을 적용할 수 있었다. 만약 ProductRepository가 없었다면 실행 시점에 서로 다른 의존성을 주입해 줄 수 없었을 것이다. 이것이 객체지향 프로그래밍의 가장 중요한 가치라 할 수 있는 추상화가 제공하는 유연함이다.

지금까지 실습한 내용을 반영한 상품 관리 애플리케이션의 코드는 다음 링크에서 확인할 수 있다.

- https://github.com/lleellee0/java-for-backend/tree/main/12-1

 **리팩토링과 테스트 코드**

리팩토링Refactoring이라는 단어에 대해 들어 본 적이 있을 것이다. 리팩토링은 '동일한 입력에 대해 결과의 변경 없이 코드의 구조가 개선되는 것'을 이야기한다. 핵심은 '결과의 변경'이 없어야 한다는 점이다. 코드의 구조가 개선되었지만, 결과도 변경되었다면 리팩토링이라고 볼 수 없다.

테스트 코드 역시 들어 본 적이 있을 것이다. 테스트 코드는 말 그대로 작성한 로직을 테스트하기 위한 코드를 의미한다. 예를 들어, ListProductRepository에 Product가 잘 저장되고 조회되는지 테스트하는 코드를 만들어 볼 수 있다. 이번 절에서는 리팩토링을 진행하며 테스트 코드와의 관계와 중요성에 대해 알아본다.

리팩토링과 테스트 코드의 관계

리팩토링은 동일한 입력에 대해 '결과의 변경' 없이 코드의 구조가 개선되는 것을 이야기한다고 설명했다. 결과의 변경이 없다는 것은 어떻게 확인할 수 있을까? 바로 테스트 코드를 통해 확인할 수 있다. 다음 예시를 살펴보자.

테스트 코드 예시

```
// ProductDto의 생성자를 만들어 주지 않았기 때문에
// 아직 다음처럼 ProductDto를 생성할 수 없다. 생성자는 잠시 후 추가해 본다.
ProductDto productDto = new ProductDto("연필", 300, 20); … ❶

ProductDto savedProductDto = simpleProductService.add(productDto); … ❷
Long savedProductId = savedProductDto.getId();

ProductDto foundProductDto = simpleProductService.findById(savedProductId); … ❸
…
System.out.println(savedProductDto.getId() == foundProductDto.getId());
System.out.println(savedProductDto.getName() == foundProductDto.getName());
System.out.println(savedProductDto.getPrice() == foundProductDto.getPrice());    ❹
System.out.println(savedProductDto.getAmount() == foundProductDto.getAmount());
```

ProductDto는 아직 생성자를 추가해 주지 않았기 때문에 'new ProductDto("연필", 300, 20)'처럼 생성해 줄 수는 없다. 생성자는 잠시 후에 추가할 예정이니 지금은 코드의 흐름에 집중하자.

먼저 ❶에서는 저장을 위한 ProductDto를 생성하고, ❷에서는 해당 ProductDto를 인자로 add 메서드를 실행하여 Repository에 Product를 저장한 후 저장된 Product의 ProductDto를 반환한다. 그리고 이를 savedProductDto에 넣어 준다. 다음으로 savedProductDto의 id만 가져와서 ❸에서 findById로 Repository에 저장된 상품을 id로 조회한다. 조회된 ProductDto는 foundProductDto에 넣어준 후 ❹에서 저장할 때 반환받은 savedProductDto와 id로 조회한 foundProductDto의 각 필드를 비교하여 true/false를 출력한다. 이렇게 하면 저장된 Product와 조회된 Product가 같아야 하므로 당연히 모두 true가 나와야 한다.

만약 SimpleProductService의 add 메서드를 잘못 수정하여 add에서 ProductRepository를 사용하여 Product를 저장하는 코드를 호출하지 않았다면 어떻게 될까?

정상적으로 동작하는 add 메서드

```
public ProductDto add(ProductDto productDto) {
    Product product = modelMapper.map(productDto, Product.class);
    validationService.checkValid(product);

    Product savedProduct = productRepository.add(product);
    ProductDto savedProductDto = modelMapper.map(savedProduct, ProductDto.class);
    return savedProductDto;
}
```

잘못 수정한 add 메서드

```
public ProductDto add(ProductDto productDto) {
    // 아무것도 하지 않는다.
    return productDto;
}
```

이와 같이 코드를 수정했다면 테스트 코드에서 findById를 하는 순간 EntityNotFoundException 예외가 발생할 것이다. 이렇게 극단적으로 잘못 수정하는 경우는 드물지만, 코드가 기존 작동과 미묘하게 달라지는 경우는 자주 발생한다. 따라서 우리는 코드가 의도하지 않은 방향으로 달라지는 것을 알아채기 위해 테스트 코드를 돌려 봐야 한다.

만약 코드를 의도적으로 기존과 다르게 기능하도록 변경한 경우에는 테스트 코드를 새로운 기능에 맞게 변경해야 한다. 그러나 리팩토링을 하는 경우에는 기능의 변경을 의도하지 않았기 때문에 테스트 코드에 맞춰 원래 기능대로 작동하도록 수정해야 한다. 리팩토링 전에 작성해 둔 테스트 코드는 '작성한 테스트 코드'에 대해 변경 전 코드와 동일하게 작동함을 보장한다.

가끔 이 말을 '테스트 코드를 작성하면 버그가 없는 코드를 만들 수 있다'라는 의미로 오해하는 경우가 있다. 테스트 코드는 **작성한 테스트 코드에 한해 기존과 동일하게 작동한다**는 사실만 보장한다. 테스트 코드로 작성하지 않은 부분에서는 여전히 버그가 발생할 수 있다.

이제부터는 몇 가지 리팩토링을 직접 실습해 보자. 리팩토링을 하기 전에 테스트 코드를 먼저 작성해 보고, 리팩토링 전과 후에 여전히 동일한 기능을 한다는 사실을 확인해 보자.

테스트 코드 추가하기

리팩토링을 할 수 있는 여러 포인트 중 여기서 직접 진행해 볼 리팩토링은 ModelMapper를 사용하던 코드를 제거하고 우리가 만든 코드로 Product와 ProductDto 간 변환을 수행하는 것이다. SimpleProductService에 대한 테스트 코드를 작성해 보자. SimpleProductService는 컨트롤러에 의해 호출되어 ModelMapper에 의해 Product와 ProductDto 간 변환 로직이 실행되는 곳이다. 따라서 ModelMapper를 제거하는 리팩토링을 진행하기 위해서는 해당 코드가 사용되고 있는 곳인 SimpleProductService에 대한 테스트 코드를 작성하는 것이 적절하다.

먼저 SimpleProductService 코드를 마우스 오른쪽으로 클릭해 [Generate..] − [test...]를 선택한다.

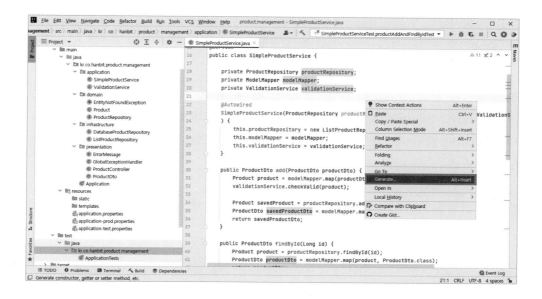

[Create Test] 창의 내용을 기본으로 설정하고, [OK] 버튼을 누르면 SimpleProductServiceTest.
java라는 이름의 파일이 생성된다. 우리가 테스트 코드를 작성할 파일이다.

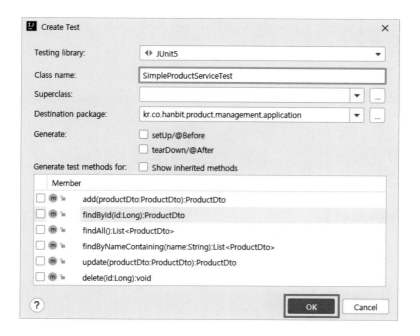

집필 시점에는 'Testing library'로 'JUnit5'라는 버전이 자동 선택되었다. 버전이 바뀔 때마다 일부 애너테이션들이 달라지므로 테스트가 제대로 되지 않을 수도 있다. 따라서 책과 동일한 환경에서 테스트하려면 JUnit5를 선택하자.

눈여겨볼 점은 SimpleProductService.java와 SimpleProductServiceTest.java의 파일 위치이다. SimpleProductService.java는 애플리케이션의 소스코드로 'src 〉 main'에 위치한 반면, SimpleProductServiceTest.java는 'src 〉 test'에 위치한다. 또한 패키지 경로는 동일하게 kr.co. hanbit.product.management인 것을 볼 수 있다.

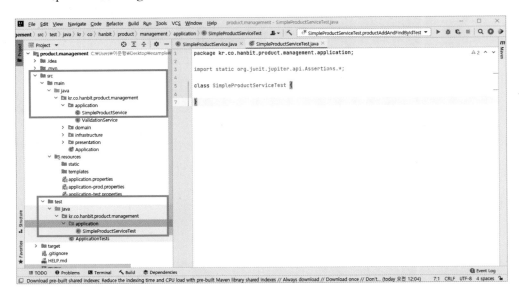

테스트 코드 작성하기

이제 SimpleProductServiceTest.java 파일에 다음과 같이 간단한 테스트 코드를 작성해 보자.

SimpleProductServiceTest.java

```java
package kr.co.hanbit.product.management.application;

import kr.co.hanbit.product.management.presentation.ProductDto;
import org.junit.jupiter.api.DisplayName;
import org.junit.jupiter.api.Test;
import org.springframework.beans.factory.annotation.Autowired;
```

```
import org.springframework.boot.test.context.SpringBootTest;
import org.springframework.test.context.ActiveProfiles;

import static org.junit.jupiter.api.Assertions.*; // 아직 사용하지 않는다.

@SpringBootTest ⋯ ❶
@ActiveProfiles("test") ⋯ ❷
class SimpleProductServiceTest {

    @Autowired ⋯ ❸
    SimpleProductService simpleProductService;

    @Test ⋯ ❹
    @DisplayName("상품을 추가한 후 id로 조회하면 해당 상품이 조회되어야 한다.") ⋯ ❺
    void productAddAndFindByIdTest () { ⋯ ❻
        ProductDto productDto = new ProductDto("연필", 300, 20);

        ProductDto savedProductDto = simpleProductService.add(productDto);
        Long savedProductId = savedProductDto.getId();

        ProductDto foundProductDto = simpleProductService.findById(savedProductId);

        System.out.println(savedProductDto.getId() == foundProductDto.getId());
        System.out.println(savedProductDto.getName() == foundProductDto.getName());
        System.out.println(savedProductDto.getPrice() == foundProductDto.getPrice());
        System.out.println(savedProductDto.getAmount() == foundProductDto.getAmount());
    }

}
```

코드를 하나하나 살펴보자.

❶ @SpringBootTest는 '스프링 컨테이너가 뜨는 통합 테스트'를 위해 사용하는 애너테이션이다. 이 애너테이션을 사용하면 통합 테스트가 애플리케이션이 실제 실행되는 것과 마찬가지로 빈(Bean)을 스프링 프레임워크가 생성해 준 상태에서 진행된다. 애플리케이션이 실제 실행되는 것처럼 테스트하기 때문에 테스트 코드가 실행될 때까지 시간이 오래 걸린다는 단점이 있다. 만약 테스트 코드의 실행 시간을 줄이려면 '스프링 컨테이너가 뜨는 통합 테스트'가 아니라 '스프링 컨테이너가 뜨지 않는 통합 테스트'를 해야 한다. 그 방법은 뒤에서 알아보자.

❷ @ActiveProfiles 애너테이션은 테스트 코드에서 사용할 Profile을 지정한다. 코드에서는 test Profile로 실행되는 것이므로 @Profile("test")가 붙어 있는 클래스가 빈으로 등록된다.

❸ SimpleProductService 의존성을 주입하는 코드이다. 애플리케이션 코드에서는 생성자를 통한 주입을 사용했지만, 테스트 코드에서는 필드에 바로 주입해 줘도 무관하다.

❹ @Test 애너테이션은 해당 메서드가 테스트 코드라는 것을 의미한다. productAddAndFindByIdTest 메서드는 @Test가 붙어 있기 때문에 테스트 코드로서 작동한다.

❺ @DisplayName 애너테이션은 해당 테스트 코드의 이름을 지정할 수 있다. 지금은 테스트 코드가 하나 뿐이지만, 테스트 코드가 여러 개가 되면 서로 구분할 필요가 생기고, 테스트 코드의 이름을 통해 해당 테스트 코드가 무엇을 테스트하려고 하는지에 대한 정보를 알려줄 수 있다.

❻ 여기서는 productAddAndFindByIdTest처럼 메서드 이름을 영어로 지었지만, 실무에서는 한글로 작성하는 경우도 많다.

테스트 코드를 실행시키려면 테스트 메서드 왼쪽에 있는 실행(🔄) 아이콘을 클릭해 [Run 'productAddAndFindB···()']를 선택하면 된다. 인텔리제이 하단에 있는 창에서 성공한 테스트 코드 실행 내용을 볼 수 있다.

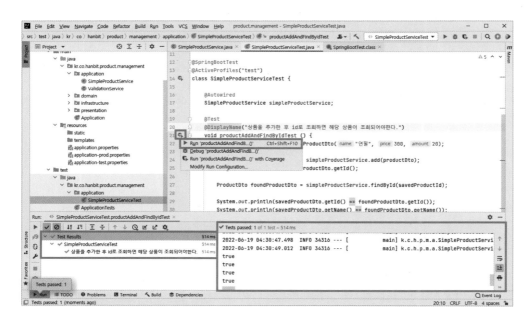

왼쪽에는 어떤 테스트 코드가 실행되었는지, 해당 테스트 코드의 이름이 보인다. @DisplayName 에 지정한 이름이다. 오른쪽에는 해당 테스트 코드가 실행되는 동안 찍힌 로그를 볼 수 있다. 우리는 savedProductDto와 foundProductDto의 필드들을 비교하여 출력하도록 코드를 구성했으므로

4개의 'true'가 출력되어 있다. 만약 우리가 코드를 리팩토링하는 과정에서 네 가지 정보 중 하나라도 false가 나온다면 동작이 달라진 것이다. 즉, 코드를 잘못 수정한 것이다.

그럼 매번 모든 테스트 코드에서 true, false가 있는 로그를 확인해야 할까? 그래도 되지만, 편의를 위해 로그를 일일이 확인하지 않아도 되도록 코드를 수정해 보자.

테스트 성공/실패 여부를 자동으로 체크하기

지금은 코드를 잘못 수정하더라도 예외가 발생하지 않는 한 테스트 코드는 항상 성공한다. 테스트 성공/실패 여부를 자동으로 체크하는 기능을 구현하기에 앞서 이 문제부터 확인해 보자. SimpleProductService.java의 findById 메서드를 다음과 같이 바꿔 보자.

SimpleProductService.java 비어 있는 **ProductDto**를 반환하도록 **findById**를 변경

```
(생략)

public ProductDto findById(Long id) {
    Product product = productRepository.findById(id);
    ProductDto productDto = modelMapper.map(product, ProductDto.class);
//    return productDto;
    return new ProductDto();
}

(생략)
```

원래라면 ProductRepository에서 조회하여 ModelMapper로 변환한 올바른 ProductDto가 반환되어야 하는 코드를 아무 필드도 초기화하지 않은 ProductDto를 생성하여 반환하도록 수정한 것이다.

이 상태에서 다시 테스트 코드를 실행시키면 여전히 성공으로 표시되지만, 출력된 로그에는 모두 false가 나온다. 당연히 데이터가 정상적으로 들어 있는 ProductDto와 비어 있는 ProductDto를 비교했으니 각 필드의 값이 다르므로 false가 나오는 것이다.

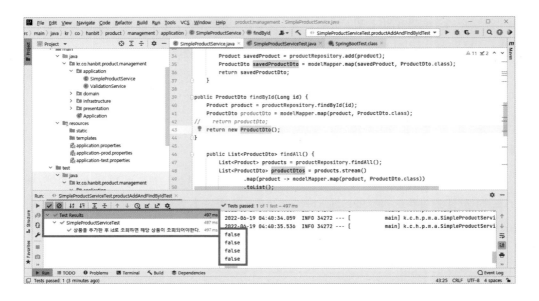

문제는 코드가 잘못 수정되었다는 사실을 테스트 코드에서 판단하지 못하므로 로그를 직접 확인하여 테스트 코드의 성공과 실패 여부를 판단해야 한다는 것이다. 테스트 코드가 적을 때는 이렇게 확인해도 괜찮지만, 몇십 개만 되어도 확인이 어려워진다. 테스트 코드가 실패해야 되는 상황에서는 실패했다고 알려 주도록 바꾸기 위해서는 import 문에서 주석으로 표시해 Assertions를 활용하면 가능하다. 테스트 코드를 다음과 같이 바꿔 보자.

SimpleProductServiceTest.java assert 문을 사용하여 테스트 성공/실패 자동 체크

```java
package kr.co.hanbit.product.management.application;

(생략)

import static org.junit.jupiter.api.Assertions.*;

(생략)
class SimpleProductServiceTest {

(생략)
    void productAddAndFindByIdTest () {
        ProductDto productDto = new ProductDto("연필", 300, 20);

        ProductDto savedProductDto = simpleProductService.add(productDto);
```

```
        Long savedProductId = savedProductDto.getId();

        ProductDto foundProductDto = simpleProductService.findById(savedProductId);

        assertTrue(savedProductDto.getId() == foundProductDto.getId());
        assertTrue(savedProductDto.getName() == foundProductDto.getName());
        assertTrue(savedProductDto.getPrice() == foundProductDto.getPrice());
        assertTrue(savedProductDto.getAmount() == foundProductDto.getAmount());
    }

}
```

import static은 import한 클래스의 static 메서드들을 클래스 이름을 입력하지 않고도 사용하도록 만들어 준다. 그래서 코드에서 사용한 assertTrue를 메서드 이름만으로도 사용할 수 있는 것이다. 만약 import만 해줬다면 assertTrue 대신 Assertions.assertTrue라고 입력해 줘야 한다. 반복적으로 Assertions를 입력할 필요가 없기 때문에 이와 같이 사용하면 편리하다. 차이점은 오직 System.out.println으로 로그에 출력하던 코드를 전부 assertTrue로 바꾼 것뿐이다.

이 상태에서 테스트 코드를 실행시켜 보자. SimpleProductService.java의 findById 메서드를 원래대로 돌려놓지 말고, 아직은 잘못된 상태로 테스트 코드를 돌려 보자. 이렇게 해야 테스트 코드 실행이 실패하는 상황을 확인할 수 있다.

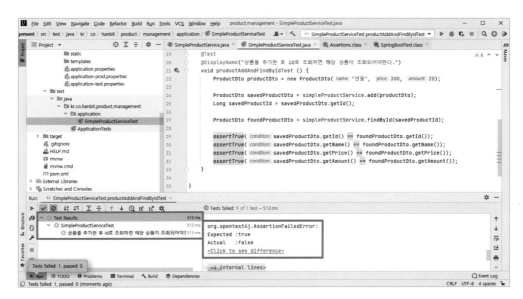

이번에는 테스트 코드가 실패한 것을 확인할 수 있다. 로그에 출력된 내용을 통해 테스트 코드가 왜 실패했는지 살펴보자.

테스트 코드 실행이 실패한 경우에 볼 수 있는 로그

```
(생략)

org.opentest4j.AssertionFailedError:
Expected :true
Actual   :false
<Click to see difference>

(생략)
at kr.co.hanbit.product.management.application.SimpleProductServiceTest.productAddAnd
FindByIdTest(SimpleProductServiceTest.java:29)
(생략)
```

SimpleProductServiceTest.java의 29번째 줄에서 테스트에 실패했고, 테스트 코드는 true를 기대(Expected)했지만, 실제(Actual) 값은 false라서 검증에 실패했다.

테스트 코드가 다시 성공할 수 있도록 SimpleProductService.java의 findById 메서드를 다음과 같이 원래대로 돌려놓고 실행해 보자.

SimpleProductService.java 다시 올바르게 작동하는 findById 메서드

```java
public ProductDto findById(Long id) {
    Product product = productRepository.findById(id);
    ProductDto productDto = modelMapper.map(product, ProductDto.class);
    return productDto;
}
```

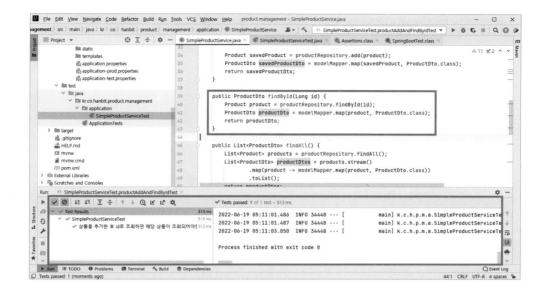

테스트 코드 실행에 성공했다. 앞으로 테스트 코드를 작성할 때는 System.out.println처럼 출력한 결과를 로그에서 직접 확인하는 방식 말고, Assertions를 활용하여 체크할 수 있도록 만들자.

예외 발생에 대한 테스트 코드 추가하기

테스트 코드 작성에 익숙해질 수 있도록 한 가지 코드를 더 작성해 보자. 테스트 코드에 반드시 포함되어야 하는 코드 중 하나는 예외 발생에 관한 것이다. 우리는 상품 관리 애플리케이션을 만들면서 Product 조회에 실패했을 때 발생하는 EntityNotFoundException 예외를 정의했다. 이번에는 이 예외 발생에 대한 테스트 코드를 추가해 보자.

예외가 던져지는지 체크하는 테스트 코드 추가하기

없는 id를 조회하여 EntityNotFoundException 예외가 발생하는지 테스트하는 코드부터 작성해 보자. 다음과 같은 테스트 코드를 추가하면 된다.

SimpleProductServiceTest.java 존재하지 않는 상품 조회 시 예외가 발생하는지 확인하는 테스트

```java
package kr.co.hanbit.product.management.application;

(생략)
class SimpleProductServiceTest {

(생략)

    @Test
    @DisplayName("존재하지 않는 상품 id로 조회하면 EntityNotFoundException이 발생해야한다.")
    void findProductNotExistIdTest () {
        Long notExistId = -1L;

        assertThrows(EntityNotFoundException.class, () -> {
            simpleProductService.findById(notExistId );
        });
    }

}
```

예외 발생을 테스트하려면 assertThrows 메서드를 사용한다. assertThrows는 2개의 인자를 받으며, 첫 번째 인자로는 어떤 예외가 발생해야 하는지를 지정해 준다. 지금은 EntityNotFoundException을 기대하기 때문에 EntityNotFoundException.class를 넘겨주면 된다. 두 번째 인자로는 예외가 발생해야 할 코드를 넣을 수 있는 람다 표현식을 넣어 주면 된다. 여기서는 존재할 수 없는 id −1을 사용했다. −1을 findById의 인자로 넘겨 주면 Product를 찾을 수 없으므로 EntityNotFoundException이 발생할 것이기 때문이다.

이 테스트 코드를 실행시키면 다음과 같이 테스트에 성공했다는 메시지를 확인할 수 있다.

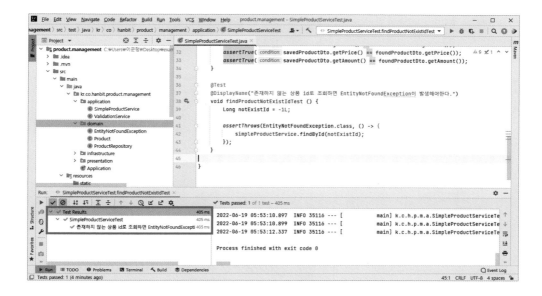

로그에 성공의 메시지가 표시되긴 하지만, 정말 EntityNotFoundException 예외가 던져져 테스트 코드가 성공한 것인지는 알 수 없다. EntityNotFoundException 예외가 던져지지 않았을 때 테스트에 실패한 것까지 확인해 봐야 한다. 간단히 테스트해 보려면 람다 표현식에 있는 findById 코드를 주석 처리하면 되지만, Profile을 prod로 바꿔 DatabaseProductRepository를 빈으로 주입받아 테스트해 보자.

ListProductRepository에서는 Product를 찾지 못한 경우 EntityNotFoundException를 던져 주도록 코드를 작성했지만, DatabaseProductRepository에서는 별도로 예외를 처리해 주지 않았다. 테스트 코드의 동작 여부를 테스트하고, DatabaseProductRespository에서 EntityNotFoundException를 던지도록 변경하여 테스트에 통과하는 코드로 바꿔 보자.

먼저 테스트에 실패하는 상황부터 확인해 보자. 테스트 코드에서 @ActiveProfiles만 prod로 변경해 주면 된다.

SimpleProductServiceTest.java 테스트 코드에서 prod Profile을 사용하도록 설정

```
(생략)

@SpringBootTest
@ActiveProfiles("prod")
class SimpleProductServiceTest {

(생략)
```

이제 테스트 코드를 실행하면 바라던 대로 테스트에 실패한 것을 볼 수 있다. 실패한 로그 기록을 살펴보자.

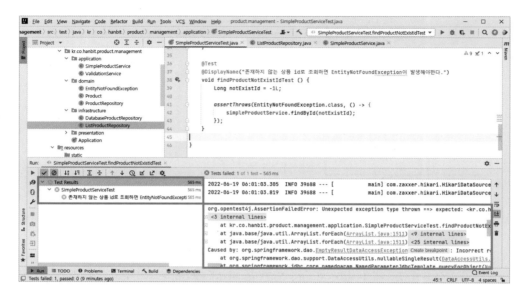

MySQL 도커 컨테이너가 종료되어 있을 수도 있다. 도커 데스크톱에서 MySQL 도커 컨테이너가 실행 중인지 확인해 보고, 종료되어 있다면 다시 실행시키자.

테스트 코드에 대한 실패 로그 중 일부

```
org.opentest4j.AssertionFailedError: Unexpected exception type thrown ==> expected:
<kr.co.hanbit.product.management.domain.EntityNotFoundException> but was: <org.
springframework.dao.EmptyResultDataAccessException>
```

EntityNotFoundException을 기대했는데, EmptyResultDataAccessException이 발생했다. EmptyResultDataAccessException 예외를 잡아서 EntityNotFoundException로 변경하는 방법을 알아보자.

EmptyResultDataAccessException 예외 변환하기

다음과 같이 스택 트레이스Stack Trace를 참고하면 어디서 예외가 발생했는지 확인할 수 있다.

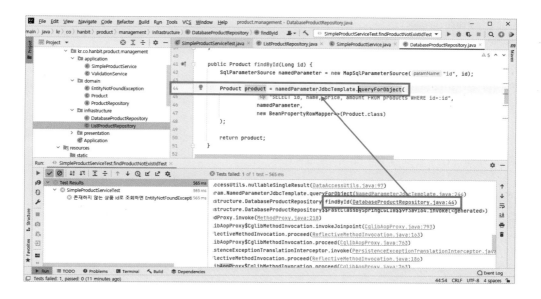

DatabaseProductRepository.java의 44번째 줄에서 발생한 예외로, namedParameter
JdbcTemplate.queryForObject를 호출하는 지점이라는 것을 확인할 수 있다. 그
럼 namedParameterJdbcTemplate.queryForObject를 try-catch로 감싸서
EmptyResultDataAccessException 예외를 잡고, EntityNotFoundException로 새로 던져
주면 이 예외를 처리할 수 있을 것이다. 다음과 같이 코드를 변경하자.

DatabaseProductRepository.java 예외를 변환하고 있는 findById 메서드

```java
public Product findById(Long id) {
    SqlParameterSource namedParameter = new MapSqlParameterSource("id", id);

    Product product = null;

    try {
        product = namedParameterJdbcTemplate.queryForObject(
            "SELECT id, name, price, amount FROM products WHERE id=:id",
            namedParameter,
            new BeanPropertyRowMapper<>(Product.class)
        );
    } catch (EmptyResultDataAccessException exception) {
        throw new EntityNotFoundException("Product를 찾지 못했습니다.");
    }
```

```
        return product;
    }
```

이처럼 Product를 try 블록 내에 선언하면 'return'시켜 줄 수 없기 때문에 깔끔해 보이지 않는 코드가 된다. 다만, 코드 자체는 문제가 없으므로 잘 작동된다.

테스트 코드를 다시 실행하여 테스트에 성공하는지 확인해 보자. 다음과 같이 예외를 'catch'하여 제대로 바꿔서 던져 줄 것이므로 테스트에 성공한다.

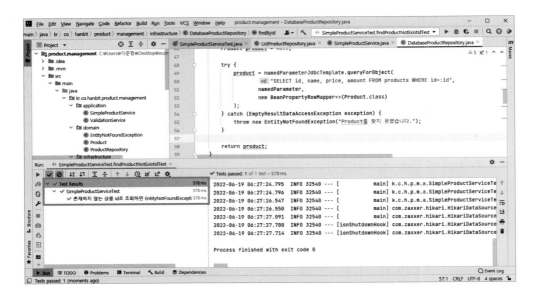

코드가 조금 지저분해진 것 같지만 이 정도는 괜찮다. try-catch를 많이 사용하면 코드 읽기가 어려워지므로 try-catch는 가급적 사용하지 않는 편이 좋다.

동일성과 동등성

Profile을 prod로 해둔 채로 처음 작성했던 테스트 코드로 돌아가 보자. 상품을 추가한 후 해당 id로 조회하면 상품이 조회되면서 성공하는 테스트였다. 앞서 공들여 System.out.println을 assertTrue로 바꿔 줬으므로 당연히 이 테스트도 성공할 것이라 생각할 수 있다. 그러나 테스트는 실패한다. 우리가 작성했던 테스트 코드에는 사실 심각한 결함이 있다. 먼저 테스트 실패를 확인하기 위해 productAddAndFindByIdTest 테스트 코드를 실행해 보자.

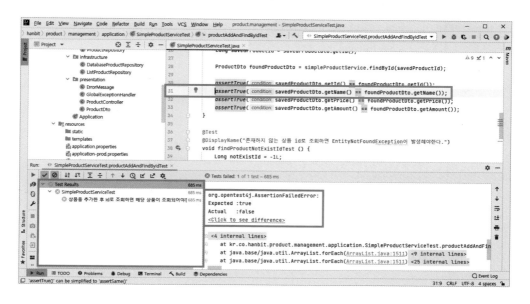

id에 대한 비교는 성공했지만, name에 대한 비교는 실패했다. 그 이유는 바로 동일성 비교를 하고 있기 때문이다. DatabaseProductRepository를 사용할 때의 savedProductDto의 name과 foundProductDto의 name은 서로 다른 String 인스턴스이다. 반면, ListProductRepository를 사용할 때는 두 String 인스턴스가 같은 인스턴스이다. 왜 이런 차이가 발생할까?

답은 두 ProductRepository 구현체의 findById 메서드에 있다. 답을 확인하기 위해 두 findById를 비교해 보자.

```java
public Product findById(Long id) {
    SqlParameterSource namedParameter = new MapSqlParameterSource("id", id);

    Product product = null;

    try {
        product = namedParameterJdbcTemplate.queryForObject(
            "SELECT id, name, price, amount FROM products WHERE id=:id",
            namedParameter,
            new BeanPropertyRowMapper<>(Product.class)
        );
    } catch (EmptyResultDataAccessException exception) {
        throw new EntityNotFoundException("Product를 찾지 못했습니다.");
    }

    return product;
}
```

ListProductRepository.java의 findById 메서드

```java
private List<Product> products = new CopyOnWriteArrayList<>();

(생략)

public Product findById(Long id) {
    return products.stream()
        .filter(product -> product.sameId(id))
        .findFirst()
        .orElseThrow(() -> new EntityNotFoundException("Product를 찾지 못했습니다."));
}
```

DatabaseProductRepository의 findById 메서드에서는 애플리케이션의 외부에 있는 존재인 데이터베이스에 저장된 상품 데이터를 조회하여 새로운 Product 인스턴스를 생성한다. 이 과정에서 Product의 name도 함께 생성되는데, 이때 새로 생성된 name은 저장할 때 반환되었던 ProductDto의 name과 같은 값을 가지지만, 완전히 다른 String 인스턴스이다.

반면, ListProductRepository는 애플리케이션의 메모리상에 존재하는 리스트에서 저장되어 있던 Product 인스턴스를 꺼내 와서 반환한다. 이 과정에서는 Product가 새로 생성되지 않으며, 당연

히 Product의 name도 새로 생성되지 않는다. 저장했던 Product의 name과 조회된 Product의 name이 완전히 동일한 것이다. 이는 다음 그림과 같이 표현할 수 있다.

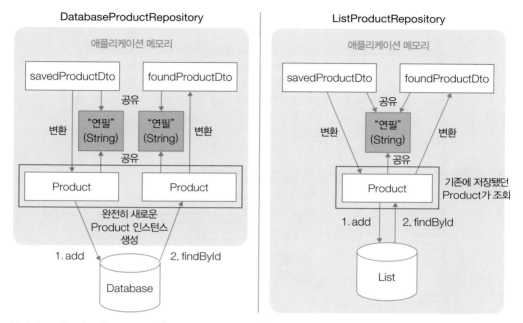

DatabaseProductRepository와 ListProductRepository의 차이

파란색 박스로 표현된 String 인스턴스가 포인트이다. DatabaseProductRepository에서는 두 인스턴스가 서로 다른 String 인스턴스지만, ListProductRepository에서는 같은 인스턴스이다. 따라서 test Profile로 ListProductRepository를 주입받아 테스트를 진행했을 때는 테스트가 성공했던 것이다. 우리는 두 인스턴스가 동일한지를 비교하고 싶은 것이 아니기 때문에 두 값을 비교하는 코드를 변경해 줘야 한다.

동일성을 비교하는 코드에서 동등성을 비교하는 코드로 바꿔 주기

동등성 비교를 진행하려면 equals 메서드를 사용하면 된다. 코드를 다음과 같이 수정해 테스트를 실행해 보자. 그러면 테스트가 통과하는 것을 확인할 수 있다.

SimpleProductServiceTest.java 동등성을 비교하는 코드

(생략)

```java
        ProductDto foundProductDto = SimpleProductService.findById(savedProductID);

        assertTrue(savedProductDto.getId().equals(foundProductDto.getId()));
        assertTrue(savedProductDto.getName().equals(foundProductDto.getName()));
        assertTrue(savedProductDto.getPrice().equals(foundProductDto.getPrice()));
        assertTrue(savedProductDto.getAmount().equals(foundProductDto.getAmount()));
}
```

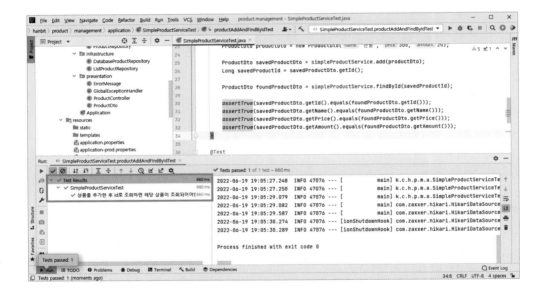

여기까지 읽고 나면 몇 가지 의문이 든다. 여러분이 생각할 만한 의문점 몇 가지를 정리해 봤다. 이어서 하나씩 살펴보자.

❶ 왜 id에 대한 비교는 동일성 비교를 했는데도 통과했는가?

❷ savedProductDto와 foundProductDto도 서로 다른 ProductDto 인스턴스인가?

❸ ProductDto에서 Product로 변환되는 과정과 그 반대 과정에서는 왜 새로운 String 인스턴스를 생성하지 않고 공유하는가?

❹ prod Profile로 실행하면 테스트 코드가 실행될 때마다 Product가 하나씩 추가되는데, 괜찮은가?

❶ 왜 id에 대한 비교는 동일성 비교를 했는데도 통과했는가?

그 이유는 당연히 id는 동일성 비교를 해도 같은 Long 인스턴스를 반환하기 때문이다. Long 역시 String과 마찬가지로 클래스이고, 별개의 인스턴스가 생성될 것이므로 동일성 비교에 실패할 것 같지만, 자바에서는 일정 범위의 Long 인스턴스를 캐시Cache를 생성하여 재사용한다. 기본 설정으로 실행할 때 −128 ~ 127 값에 대해 캐시를 사용한다. Integer도 마찬가지이다. 캐시가 생성되지 않는 범위의 값을 비교해 보면 직접 확인할 수 있다. price는 300의 값을 가지기 때문에 캐시가 되지 않을 것이다.

따라서 id와 다르게 price에 대한 동일성 비교를 테스트해 보면 실패하게 된다. assert 문 위쪽에 다음 테스트 코드를 추가하고 실행해 보자.

SimpleProductServiceTest.java

```
(생략)

assertTrue(savedProductDto.getPrice() == foundProductDto.getPrice());

// assert 문
```

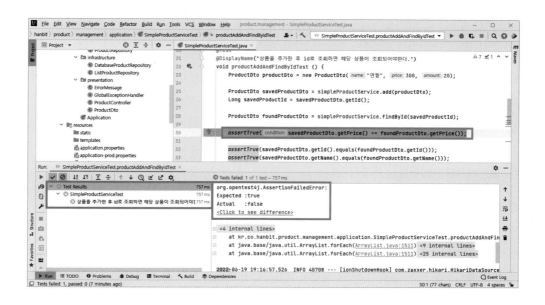

'assertTrue(savedProductDto.getPrice() == foundProductDto.getPrice());'를 실행했더니 테스트에 실패했다. 두 Integer 클래스의 인스턴스가 서로 같지 않기 때문이다. 이를 통해 캐시가 되지 않았다는 사실을 확인할 수 있다. 만약 price의 값이 −128~127이라면 성공했을 것이다. 이와 관련한 내용은 다음 링크에서 좀 더 알아볼 수 있다.

- https://stackoverflow.com/questions/19485818/why−are−2−long−variables−not−equal−with−operator−in−java

❷ **savedProductDto와 foundProductDto도 서로 다른 ProductDto 인스턴스인가?**

savedProductDto와 foundProductDto는 단순히 참조 변수만 따로인 것이 아니라 실제로 서로 다른 인스턴스이다. 정말 다른 인스턴스인지를 확인해 보려면 두 인스턴스에 대한 동일성 비교를 해보면 된다. 'assertTrue(savedProductDto == foundProductDto);'로 비교만 해보면 당연히 결과는 실패일 것이다. 두 인스턴스가 서로 다른 인스턴스라는 의미이다.

❸ **ProductDto에서 Product로 변환되는 과정과 그 반대 과정에서는 왜 새로운 String 인스턴스를 생성하지 않고 공유하는가?**

바로 효율성 때문이다. 만약 변환 과정에서 새로운 String 인스턴스를 생성해야 한다면, 인스턴스 생성에 비용이 들 것이다. 여기서는 ProductDto와 Product 필드가 겨우 4개뿐이지만, 실무에서 다루는 데이터는 훨씬 더 많은 필드를 가지고 있는 경우가 많다. 따라서 해당 인스턴스가 가지고 있는 필드들을 완전히 새로운 인스턴스들을 만들어 복사할 경우 많은 비용이 들기 때문에 참조만 복사하여 필드들을 사용한다. 이렇게 참조만 복사하는 복사 방식을 '얕은 복사^{Shallow Copy}'라고 하며, 반대로 필드에 있는 인스턴스들을 공유하지 않고, 완전히 새로운 인스턴스를 생성하여 복사하는 방법을 '깊은 복사^{Deep Copy}'라고 한다. 당연히 깊은 복사가 복사 과정에서 더 많은 리소스와 메모리를 사용한다. 그러나 원본 인스턴스와 복사된 인스턴스가 완전히 독립적인 존재가 되므로 한 쪽을 변경해도 다른 쪽은 변경되지 않는다는 특징이 있다.

❹ **prod Profile로 실행하면 테스트 코드가 실행될 때마다 Product가 하나씩 추가되는데, 괜찮은가?**

당연히 괜찮지 않다. 만약 실제 서비스를 운영하는 데이터베이스에 이런 테스트 코드를 돌린다면 불필요한 데이터가 계속 쌓여 리소스가 낭비되기 때문이다. 이와 유사한 문제 중 개발 과정에서 테스트 문자 메시지를 일반 사용자들에게 전송해 버렸다는 이야기를 들어 본 적이 있을 것이다. 이런 문제를 막으려면 어떻게 해야 할까? 상황에 따라 다르지만, 데이터베이스에 한해 트랜잭션을 활용하는 방법을 설명한다.

데이터베이스를 사용하는 테스트 실행 시 주의해야 할 내용

해법을 알아보기에 앞서 먼저 데이터가 하나씩 쌓이고 있는지부터 확인해 보자. 실습을 진행하면서 테스트 코드를 여러 번 돌려 봤을 것이다. 애플리케이션을 실행시켜서 /products 경로로 요청하여 상품 목록을 확인한다. 데이터베이스를 사용하도록 만들어야 하기 때문에 Profile을 prod로 실행해야 한다. 다음과 같이 application.properties에서 Profile을 prod로 변경한 후 애플리케이션을 실행한다.

application.properties

```
spring.profiles.active=prod
```

> **질문 있습니다**
>
> **애플리케이션 시작 버튼을 눌렀더니 테스트 코드가 실행된다면?**
>
> 테스트 코드를 실행한 후에는 애플리케이션 시작 버튼을 눌러도 테스트 코드가 실행된다. 만약 다시 애플리케이션을 실행하려면 'Application.java' 파일을 마우스 오른쪽 버튼으로 클릭한 후 [Run 'Applicaton.main()'] 을 선택해야 한다. 테스트 코드가 실행되는 이유는 오른쪽 위에 있는 실행 대상이 테스트 코드로 되어 있기 때문이다.

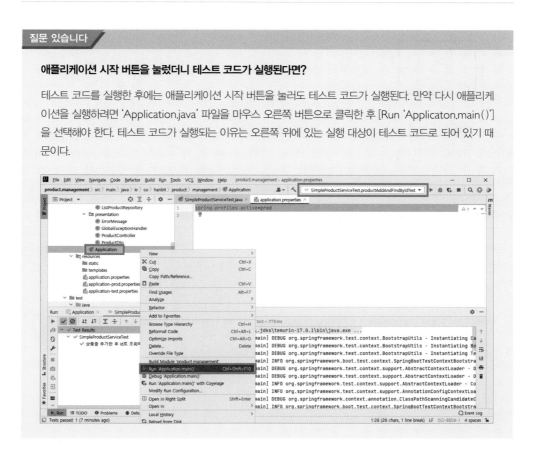

애플리케이션이 실행되었다면 Postman에서 /products 경로로 요청해 보자. 그러면 다음과 같이 테스트 코드에서 추가된 상품 데이터가 확인된다.

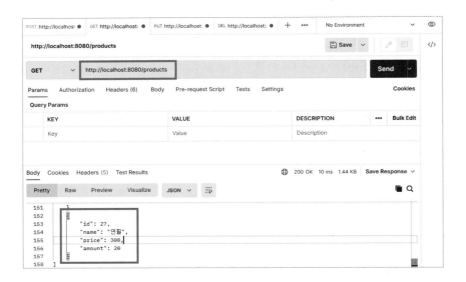

그럼 트랜잭션을 활용하여 테스트 코드에서 실행된 데이터가 데이터베이스에 반영되지 않도록 만들어 보자. 방법은 간단하다. 테스트 메서드 위에 '@Transactional' 이라는 애너테이션을 추가하면 된다.

SimpleProductServiceTest.java

```java
package kr.co.hanbit.product.management.application;

(생략)

import org.springframework.transaction.annotation.Transactional;

import static org.junit.jupiter.api.Assertions.*;

@SpringBootTest
@ActiveProfiles("prod")
class SimpleProductServiceTest {

    @Autowired
```

```
SimpleProductService simpleProductService;

@Transactional
@Test
@DisplayName("상품을 추가한 후 id로 조회하면 해당 상품이 조회되어야한다.")
void productAddAndFindByIdTest () {
(생략)

}
```

@Transactional 애너테이션은 원래 트랜잭셔널한 처리를 지원하기 위해 사용되는 애너테이션이다. 11장에서 설명한 것처럼 트랜잭션은 작업이 '모두 실행되거나 모두 실행되지 않은 상태로 만드는 것'을 말한다. @Test 애너테이션이 붙어 있는 테스트 코드에 @Transactional을 함께 사용하면, 해당 테스트 코드는 테스트 코드 실행 후 '커밋'되는 것이 아니라 자동으로 '롤백'된다. 따라서 테스트 코드에서 추가한 데이터가 실제로는 데이터베이스에 반영되지 않도록 만들어 준다.

정말 이렇게 작동하는지 확인해 보자. @Transactional 애너테이션을 붙여 준 상태에서 여러 번 테스트 코드를 실행해 본 후 /products 경로로 요청해 보자. 테스트 코드가 실행되어 상품이 추가되어야 할 것 같지만, 테스트 코드가 실행되었음에도 상품 데이터는 추가되지 않았다.

테스트 코드를 처음 작성하는 사람은 동일성 비교와 동등성 비교를 선택할 때, 동등성을 비교해야 할 곳에서 동일성 비교를 하는 실수를 자주 한다. 사소해 보이지만, 이런 문제는 테스트 코드 작성이나 실제 애플리케이션을 개발하는 과정에서 매우 중요한 차이를 만든다. 우리가 테스트 코드에서 작성했던 것처럼 동등성 비교가 필요한 곳에 동일성 비교를 하면 원래라면 참이 나와야 할 결과가 거짓으로 나오는 버그가 발생할 수도 있다.

ModelMapper 제거하기

이제 본격적으로 리팩토링을 해보자. 앞서 ModelMapper를 사용하던 ProductDto와 Product 간의 변환 코드를 ModelMapper를 사용하지 않고 변환하도록 변경해 보자. 애플리케이션의 동작을 확인할 수 있는 테스트 코드를 만들었으므로 이를 활용해 테스트하면 된다. 만약 리팩토링 과정에서 ModelMapper가 해주던 ProductDto와 Product 간 변환 과정에 문제가 생긴다면 테스트 코드는 실패할 것이다.

ModelMapper를 사용하던 코드 파악하기

ModelMapper를 사용하던 코드들이 어디 있는지를 먼저 확인해 보자.

SimpleProductService.java

```java
package kr.co.hanbit.product.management.application;

(생략)

@Service
public class SimpleProductService {

    private ProductRepository productRepository;
    private ModelMapper modelMapper;
    private ValidationService validationService;

    @Autowired
    SimpleProductService(ProductRepository productRepository, ModelMapper modelMapper,
ValidationService validationService
    ) {
        this.productRepository = productRepository;
        this.modelMapper = modelMapper;
        this.validationService = validationService;
    }

    public ProductDto add(ProductDto productDto) {
        Product product = modelMapper.map(productDto, Product.class);
        validationService.checkValid(product);

        Product savedProduct = productRepository.add(product);
        ProductDto savedProductDto = modelMapper.map(savedProduct, ProductDto.class);
        return savedProductDto;
    }

    public ProductDto findById(Long id) {
        Product product = productRepository.findById(id);
        ProductDto productDto = modelMapper.map(product, ProductDto.class);
        return productDto;
    }

    public List<ProductDto> findAll() {
```

```
        List<Product> products = productRepository.findAll();
        List<ProductDto> productDtos = products.stream()
                .map(product -> modelMapper.map(product, ProductDto.class))
                .toList();
        return productDtos;
    }

    public List<ProductDto> findByNameContaining(String name) {
        List<Product> products = productRepository.findByNameContaining(name);
        List<ProductDto> productDtos = products.stream()
                .map(product -> modelMapper.map(product, ProductDto.class))
                .toList();
        return productDtos;
    }

    public ProductDto update(ProductDto productDto) {
        Product product = modelMapper.map(productDto, Product.class);
        Product updatedProduct = productRepository.update(product);
        ProductDto updatedProductDto = modelMapper.map(updatedProduct, ProductDto.class);
        return updatedProductDto;
    }

    public void delete(Long id) {
        productRepository.delete(id);
    }
}
```

여러 곳에서 사용되고 있지만, 결국 코드의 형태는 두 가지이다.

- ProductDto → Product : modelMapper.map(productDto, Product.class)
- Product → ProductDto : modelMapper.map(product, ProductDto.class)

ProductDto를 Product로 만드는 메서드와 Product를 ProductDto로 만드는 메서드를 만들어야 한다. 이들 메서드를 어디에 위치시켜야 할지는 9장에서 이야기한 도메인 주도 설계를 따르는 아키텍처를 떠올려 보면 된다. ProductDto는 표현 계층에 위치하고, Product는 도메인 계층에 위치한다. 다른 계층이 도메인 계층에 의존하는 것은 괜찮지만, 도메인 계층은 다른 어떤 계층에도 의존하지 않아야 하므로 ProductDto 코드에서 Product 클래스를 의존하는 형태로 만들어야 할 것이다. 만약 Product 코드에서 ProductDto 클래스를 의존하는 형태로 만들면 도메인 계층에서 표현 계층으로의 의존성이 생기는 것이다. 따라서 ProductDto 클래스에 변환 코드를 추가해 주자.

ModelMapper와 같은 동작을 하는 코드 추가하기

다음과 같이 ProductDto에 Product와 서로 변환할 수 있는 코드를 추가하자. toEntity는 ProductDto를 Product로 변환하고, toDto는 반대로 Product를 ProductDto로 변환한다.

```java
ProductDto.java
package kr.co.hanbit.product.management.presentation;

import kr.co.hanbit.product.management.domain.Product;

import jakarta.validation.constraints.NotNull;

public class ProductDto {
    private Long id;

    @NotNull
    private String name;

    @NotNull
    private Integer price;

    @NotNull
    private Integer amount;

    public ProductDto() {
    }

    public ProductDto(String name, Integer price, Integer amount) {
        this.name = name;
        this.price = price;
        this.amount = amount;
    }

(생략)

    public static Product toEntity(ProductDto productDto) {
        Product product = new Product();

        product.setId(productDto.getId());
        product.setName(productDto.getName());
        product.setPrice(productDto.getPrice());
        product.setAmount(productDto.getAmount());
```

```
            return product;
        }

    public static ProductDto toDto(Product product) {
        ProductDto productDto = new ProductDto(
            product.getName(),
            product.getPrice(),
            product.getAmount()
        );

        productDto.setId(product.getId());

        return productDto;
    }

}
```

두 메서드는 조금 다르게 생겼는데, toEntity는 네 가지 필드를 모두 setter로 값을 넣어 준 반면, toDto는 id를 제외한 세 가지 필드는 생성자로 생성해 줬다. ProductDto는 세 가지 필드로 초기화할 수 있는 생성자가 있기 때문이다. 생성자를 통해 초기화하는 방법과 setter를 통해 초기화하는 방법 중 어떤 것이 더 좋은 방법일까? 가능하면 생성자를 통해 완전한 인스턴스를 생성하는 것이 좋다. setter를 통해 초기화하면 실수로 값이 초기화되지 않은 인스턴스가 생성될 수 있다. 이 부분은 잠시 후에 리팩토링 하기로 하고, ModelMapper를 사용하던 SimpleProductService 코드를 각각 toEntity와 toDto로 변경해 보자.

> **여기서 잠깐**
>
> **toEntity를 구현하는 다른 방법**
>
> 여기서는 일관성을 유지하기 위해 toEntity와 toDto를 둘 다 static 메서드로 선언했지만, toEntity의 경우 static 메서드가 아닌 인스턴스 메서드로 동일한 기능을 수행하도록 구현할 수 있다.
>
> **인스턴스 메서드로 구현한 toEntity 메서드**
>
> ```
> public Product toEntity() {
>     Product product = new Product();
>
>     product.setId(this.id);
> ```

```
        product.setName(this.name);
        product.setPrice(this.price);
        product.setAmount(this.amount);

        return product;
    }
```

그러나 이와 같이 구현한다면 두 메서드를 사용하는 방법이 달라져야 한다. 관점에 따라 더 적절할 때도 있겠지만, 일관성에 초점을 맞춘다면 본문과 같이 구현할 수 있다.

Entity → DTO, DTO → Entity 변환 시 일관성이 떨어지는 코드

```
// Entity -> DTO
ProductDto.toDto(product);

// DTO -> Entity
productDto.toEntity();
```

ModelMapper를 사용하던 코드 제거하기

SimpleProductService에 있는 ModelMapper를 사용하는 코드를 다음과 같이 toEntity와 toDto를 사용하도록 바꿔 보자. ModelMapper 관련 코드를 제거하고, 새로 만들어 준 toEntity와 toDto를 사용하도록 변경한다.

SimpleProductService.java ProductDto.toEntity, ProductDto.toDto 코드로 변경

```
package kr.co.hanbit.product.management.application;

import kr.co.hanbit.product.management.domain.Product;
import kr.co.hanbit.product.management.domain.ProductRepository;
import kr.co.hanbit.product.management.presentation.ProductDto;
import org.springframework.beans.factory.annotation.Autowired;
import org.springframework.stereotype.Service;

import java.util.List;
```

```java
@Service
public class SimpleProductService {

    private ProductRepository productRepository;
    private ValidationService validationService;

    @Autowired
    SimpleProductService(ProductRepository productRepository, ValidationService
validationService
    ) {
        this.productRepository = productRepository;
        this.validationService = validationService;
    }

    public ProductDto add(ProductDto productDto) {
        Product product = ProductDto.toEntity(productDto);
        validationService.checkValid(product);

        Product savedProduct = productRepository.add(product);
        ProductDto savedProductDto = ProductDto.toDto(savedProduct);
        return savedProductDto;
    }

    public ProductDto findById(Long id) {
        Product product = productRepository.findById(id);
        ProductDto productDto = ProductDto.toDto(product);
        return productDto;
    }

    public List<ProductDto> findAll() {
        List<Product> products = productRepository.findAll();
        List<ProductDto> productDtos = products.stream()
            .map(product -> ProductDto.toDto(product))
            .toList();
        return productDtos;
    }

    public List<ProductDto> findByNameContaining(String name) {
        List<Product> products = productRepository.findByNameContaining(name);
        List<ProductDto> productDtos = products.stream()
            .map(product -> ProductDto.toDto(product))
            .toList();
```

```
            return productDtos;
    }

    public ProductDto update(ProductDto productDto) {
        Product product = ProductDto.toEntity(productDto);
        Product updatedProduct = productRepository.update(product);
        ProductDto updatedProductDto = ProductDto.toDto(updatedProduct);
        return updatedProductDto;
    }

    public void delete(Long id) {
        productRepository.delete(id);
    }
}
```

이제 리팩토링한 코드가 잘 작동하는지 테스트 코드를 실행시켜 보자. 다음과 같이 테스트는 무사히 성공한다.

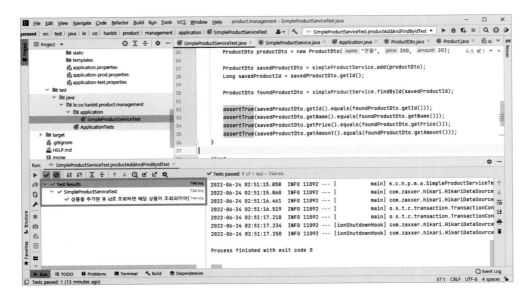

이 테스트 코드는 리팩토링한 코드의 동작이 리팩토링 전과 동일한 결과를 낸다는 사실을 보여 준다. 그러나 이 테스트 코드로는 한계가 있다. 먼저 add와 findById 메서드에 대해서는 테스트되고 있지만, 그 외 findAll, findByNameContaining, update, delete 메서드는 테스트하지 않고 있다.

리팩토링을 하기 위해서는 원래 리팩토링의 영향을 받는 모든 코드에 대해 테스트하는 것이 좋다. 여기서는 테스트 코드 작성과 리팩토링 방법을 배우기 위해 일부 메서드만 테스트 코드를 작성했으므로 나머지 메서드에 대한 테스트 코드는 여러분이 직접 작성해 보자.

더불어 toEntity와 toDto가 Product와 ProductDto의 생성자를 사용하도록 변경하고, 다음으로 ModelMapper 관련 나머지 코드와 의존성을 모두 제거하자. Product와 ProductDto의 모든 필드를 파라미터로 받는 생성자를 추가해 주고, toEntity와 toDto에 적용해 보면 다음과 같이 코드가 변경된다.

Product.java 모든 필드를 파라미터로 받는 생성자 추가

```java
package kr.co.hanbit.product.management.domain;

(생략)

public class Product {

(생략)

    public Product() {
    }

    public Product(Long id, String name, Integer price, Integer amount) {
        this.id = id;
        this.name = name;
        this.price = price;
        this.amount = amount;
    }

(생략)

}
```

ProductDto.java 모든 필드를 파라미터로 받는 생성자 추가

```java
package kr.co.hanbit.product.management.presentation;

import kr.co.hanbit.product.management.domain.Product;
```

```java
import jakarta.validation.constraints.NotNull;

public class ProductDto {

(생략)

    public ProductDto() {
    }

    public ProductDto(String name, Integer price, Integer amount) {
        this.name = name;
        this.price = price;
        this.amount = amount;
    }

    public ProductDto(Long id, String name, Integer price, Integer amount) {
        this.id = id;
        this.name = name;
        this.price = price;
        this.amount = amount;
    }

(생략)

    public static Product toEntity(ProductDto productDto) {
        Product product = new Product(
            productDto.getId(),
            productDto.getName(),
            productDto.getPrice(),
            productDto.getAmount()
        );

        return product;
    }

    public static ProductDto toDto(Product product) {
        ProductDto productDto = new ProductDto(
            product.getId(),
            product.getName(),
            product.getPrice(),
            product.getAmount()
        );
```

```
            return productDto;
    }

}
```

이렇게 코드를 변경하고 테스트 코드를 돌려 보면 문제없이 잘 작동할 것이다. 이제 ModelMapper 코드를 제거하고 의존성도 제거하자. ModelMapper가 남은 곳은 main 메서드가 있는 Application 클래스이다. 여기서는 편의를 위해 주석으로 처리했지만, 해당 코드를 완전히 지워도 된다.

Application.java ModelMapper 관련 코드 주석 처리

```
package kr.co.hanbit.product.management;

//import org.modelmapper.ModelMapper;
//import org.modelmapper.config.Configuration;

(생략)

@SpringBootApplication
public class Application {

    public static void main(String[] args) {
        SpringApplication.run(Application.class, args);
    }

//    @Bean
//    public ModelMapper modelMapper() {
//        ModelMapper modelMapper = new ModelMapper();
//        modelMapper.getConfiguration()
//                    .setFieldAccessLevel(Configuration.AccessLevel.PRIVATE)
//                    .setFieldMatchingEnabled(true);
//        return modelMapper;
//    }

    @Bean
    @Profile("prod")
    public ApplicationRunner runner(DataSource dataSource) {
        return args -> {
            // 이 부분에 실행할 코드를 넣으면 된다.
            Connection connection = dataSource.getConnection();
```

```
            };
        }


    }
```

pom.xml에서 ModelMapper 의존성도 마저 제거해 준다. 의존성 설정 역시 주석으로 처리했다.
의존성 설정을 지우고 메이븐도 새로고침해 준다.

pom.xml ModelMapper 의존성 제거

(생략)

```
<!--    <dependency>-->
<!--        <groupId>org.modelmapper</groupId>-->
<!--        <artifactId>modelmapper</artifactId>-->
<!--        <version>3.1.0</version>-->
<!--    </dependency>-->
```

(생략)

이제 테스트 코드를 다시 실행시켜 보면 테스트가 성공한다. 리팩토링이 잘 진행된 것이다.

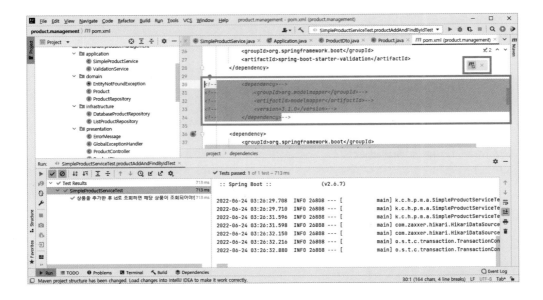

코드 원래대로 돌려주기

다음 절로 넘어가기 전에 Profile 관련 코드를 정리하자. 현재 prod로 되어 있는 SimpleProduct
ServiceTest의 @ActiveProfiles를 test로 바꿔 주고, productAddAndFindByIdTest에 있던
@Transactional 애너테이션을 다음과 같이 주석 처리한다.

SimpleProductServiceTest.java

```java
package kr.co.hanbit.product.management.application;

import kr.co.hanbit.product.management.domain.EntityNotFoundException;
import kr.co.hanbit.product.management.presentation.ProductDto;
import org.junit.jupiter.api.DisplayName;
import org.junit.jupiter.api.Test;
import org.springframework.beans.factory.annotation.Autowired;
import org.springframework.boot.test.context.SpringBootTest;
import org.springframework.test.context.ActiveProfiles;
import org.springframework.transaction.annotation.Transactional;

import static org.junit.jupiter.api.Assertions.*;

@SpringBootTest
@ActiveProfiles("test")
class SimpleProductServiceTest {

    @Autowired
    SimpleProductService simpleProductService;

//    @Transactional
    @Test
    @DisplayName("상품을 추가한 후 id로 조회하면 해당 상품이 조회되어야 한다.")
    void productAddAndFindByIdTest () {
(생략)
    }

    @Test
    @DisplayName("존재하지 않는 상품 id로 조회하면 EntityNotFoundException이 발생해야 한다.")
    void findProductNotExistIdTest () {

(생략)
```

```
    }

}
```

application.properties에 있는 spring.profiles.active도 test로 바꿔 주자.

---

application.properties

```
spring.profiles.active=test
```

기껏 데이터베이스를 사용하는 prod Profile을 만들고 다시 이렇게 바꿔 주는 이유는 이 프로젝트를 다운로드하여 진행하게 될 사람이 아무 코드를 건드리지 않고도 바로 애플리케이션을 테스트해 볼 수 있도록 하기 위해서이다. 만약 prod Profile이라면 프로젝트를 처음 다운로드한 사람이 데이터베이스부터 설치해야 한다. 가급적 프로젝트는 코드를 변경하지 않고도 다운로드한 그대로 사용할 수 있도록 만들어 두는 것이 좋다. 실무에서 보안상의 이유로 비밀번호를 설정하는 과정을 거치기도 하지만, 그 외의 다른 환경은 그대로 실행할 수 있는 것이 좋다. 만약 프로젝트를 다운로드한 다음 애플리케이션을 실행시키기 위해 반드시 해야 하는 절차가 있다면 그 절차는 문서화되어 있어야 한다. 애플리케이션 문서화에 대한 내용은 자료실(https://www.hanbit.co.kr/src/11133)에서 확인할 수 있다.

지금까지 수정한 상품 관리 애플리케이션의 코드는 다음 링크에서 확인할 수 있다.

- https://github.com/lleellee0/java-for-backend/tree/main/12-2

질문 있습니다

@Transactional을 왜 주석 처리해 준 건가요?

@Transactional 애너테이션은 데이터베이스 같은 트랜잭션 처리를 위해 사용하는 애너테이션이다. 만약 트랜잭션 처리가 필요하지 않은 곳에 사용하면 예외가 발생한다. 어떤 예외가 발생하는지는 @Transactional 애너테이션의 주석을 풀고 테스트 코드를 돌려 확인할 수 있다.

그럼 Profile이 바뀔 때마다 주석을 넣었다 풀었다 해야 하는 걸까? 그렇게 해도 되지만, **더 좋은 방법은 test와 prod Profile 각각을 위한 테스트 코드를 따로 만드는 것**이다. test Profile이 적용되는 테스트에는 @Transactional 애너테이션을 붙이지 않고, prod Profile이 적용되는 테스트에는 @Transactional 애너테이션을 붙이면 된다.

❬3❭ 모킹과 단위 테스트

앞에서 우리가 작성한 테스트는 '통합 테스트Integration Test'라고 하는데, 2개 이상의 클래스(혹은 컴포넌트)가 협력하는 테스트를 말한다. 일반적으로는 스프링 부트 애플리케이션을 실행시켜서 두 클래스에 대한 빈을 실제로 생성하여 테스트한다. 우리는 SimpleProductService를 테스트하기 위해서 ProductRepository 인터페이스의 구현체 중 하나를 Profile에 따라 빈을 생성하여 SimpleProductService를 테스트하는 데 사용했다. 그런데 이런 테스트 방식에는 문제가 있다. SimpleProductService를 테스트하기 위해 ProductRepository에 대한 구현체가 반드시 필요하다는 것이다. 애플리케이션 코드를 모두 개발한 다음 테스트 코드를 작성하는 경우에는 문제가 없지만, 실무에서는 특정 인터페이스에 대한 구현체가 없는 상태에서 개발하고 있는 로직을 테스트해야 하는 경우가 종종 발생한다. 즉, ProductRepository 인터페이스만 있고 구현체는 없는 상태에서 SimpleProductService를 개발해야 하는 것이다. 이때 필요한 것이 바로 '단위 테스트Unit Test'이다.

단위 테스트

단위 테스트는 다른 클래스를 사용하지 않고 작동하는 테스트로, 개발 중인 로직만 간결하고 빠르게 테스트하기 위해 실행한다. 통합 테스트는 '내가 개발 중인 코드' 외에도 '내가 개발 중인 코드가 의존하고 있는 코드'까지 대상으로 실행한다는 특징이 있다. SimpleProductService와 ProductRepository의 두 구현체를 사용하여 '상품 추가 후 상품 조회'를 테스트했던 것처럼 말이다. 만약 ProductRepository를 제외한 SimpleProductService만을 테스트하고 싶을 때는 이처럼 테스트할 수 있을까? SimpleProductService의 메서드들에서는 이미 ProductRepository를 사용하는 코드들이 들어 있다. 그럼 테스트 코드를 실행시킬 때마다 ProductRepository를 사용하는 코드를 제거하면 어떨까? SimpleProductService의 add 메서드를 예시로 살펴보자.

SimpleProductService의 add 메서드

```
public ProductDto add(ProductDto productDto) {
    Product product = ProductDto.toEntity(productDto);
    validationService.checkValid(product);

    Product savedProduct = productRepository.add(product);
    ProductDto savedProductDto = ProductDto.toDto(savedProduct);
    return savedProductDto;
}
```

ProductRepository를 사용하지 않도록 만들려면 코드를 다음과 같이 수정해야 한다.

ProductRepository를 사용하지 않는 SimpleProductService의 add 메서드

```
public ProductDto add(ProductDto productDto) {
    Product product = ProductDto.toEntity(productDto);
    validationService.checkValid(product);

    Product savedProduct = product;
    savedProduct.setId(1L);

    ProductDto savedProductDto = ProductDto.toDto(savedProduct);
    return savedProductDto;
}
```

ProductRepository의 add 메서드는 Product를 저장하고, Product의 id를 설정하는 기능을 수행한다. 따라서 해당 코드를 대체하기 위해서는 강제로 id를 설정해 주는 코드가 들어가야 한다.

그러나 이 코드는 **오직 테스트를 위해서 애플리케이션의 로직이 수정된다는 큰 문제가 있다. 그것도 ProductRepository를 사용하지 않는 테스트를 할 때마다 계속 수정해 줘야 한다는 문제이다.** 더구나 테스트 대상인 add 메서드가 테스트를 위해 변경되었으므로 결국 애플리케이션이 실제 실행될 때의 add 메서드가 테스트되는 것이 아니다. 이런 식의 테스트는 바람직하지 않다.

그럼 이 문제는 어떻게 해결할 수 있을까? 이럴 때 사용할 수 있는 기법이 바로 '모킹Mocking'이다. 이번 절에서는 모킹을 통해 ProductRepository 구현체 없이도 SimpleProductService를 테스트할 수 있는 방법에 대해 알아보자.

모킹

자바에서는 모킹 라이브러리로 'Mockito'를 많이 사용한다. 실무에서 만나게 될 모킹 라이브러리도 Mockito일 확률이 높으므로 Mockito를 통해 모킹해 보자.

어떻게 모킹은 ProductRepository 구현체 없이도 SimpleProductService를 테스트할 수 있도록 도와주는지 코드를 살펴보자. Mockito를 사용해 단위 테스트를 진행하려면 '@SpringBootTest'가 아니라 '@ExtendWith(MockitoExtension.class)'라는 애너테이션을 클래스 위에 붙여 줘야 한다.

Mockito로 단위 테스트 코드 작성하기

기존의 테스트 코드는 그대로 두고 새로운 테스트 코드 파일을 추가하자. 이름을 'SimpleProductServiceUnitTest'로 짓고 기존 테스트 코드와 동일한 패키지에 위치시킨다.

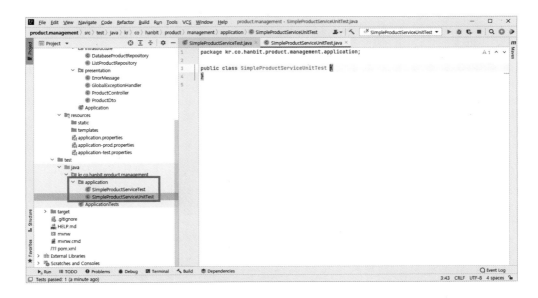

그 후에 다음과 같이 SimpleProductService의 add 메서드에 대한 단위 테스트를 하는 코드를 작성한다.

```
package kr.co.hanbit.product.management.application;

import kr.co.hanbit.product.management.domain.Product;
import kr.co.hanbit.product.management.domain.ProductRepository;
import kr.co.hanbit.product.management.presentation.ProductDto;
import org.junit.jupiter.api.DisplayName;
import org.junit.jupiter.api.Test;
import org.junit.jupiter.api.extension.ExtendWith;
import org.mockito.InjectMocks;
import org.mockito.Mock;
import org.mockito.junit.jupiter.MockitoExtension;

import static org.mockito.Mockito.*;
import static org.junit.jupiter.api.Assertions.assertTrue;

@ExtendWith(MockitoExtension.class)
public class SimpleProductServiceUnitTest {

    @Mock
    private ProductRepository productRepository;

    @Mock
    private ValidationService validationService;

    @InjectMocks
    private SimpleProductService simpleProductService;

    @Test
    @DisplayName("상품 추가 후에는 추가된 상품이 반환되어야한다.")
    void productAddTest () {
        ProductDto productDto = new ProductDto("연필", 300, 20);
        Long PRODUCT_ID = 1L;

        Product product = ProductDto.toEntity(productDto);
        product.setId(PRODUCT_ID);
        when(productRepository.add(any())).thenReturn(product);

        ProductDto savedProductDto = simpleProductService.add(productDto);

        assertTrue(savedProductDto.getId().equals(PRODUCT_ID));
```

```
            assertTrue(savedProductDto.getName().equals(productDto.getName()));
            assertTrue(savedProductDto.getPrice().equals(productDto.getPrice()));
            assertTrue(savedProductDto.getAmount().equals(productDto.getAmount()));
    }

}
```

다른 코드는 앞에서 다뤘던 코드와 비슷하다. Product의 id를 설정해 주는 코드가 추가되어 있기는 하지만, 이해하기 어렵지는 않다. 중요한 부분은 굵게 표시한 Mockito 관련 코드이다. 코드를 하나 씩 차근차근 알아보자.

모킹된 테스트 코드의 작동 원리

통합 테스트에서는 클래스 위에 '@SpringBootTest'라는 애너테이션을 사용했으나, 단위 테스트에 서는 그 대신 '@ExtendWith(MockitoExtension.class)'를 사용한다. 두 애너테이션은 스프링 부 트 애플리케이션이 뜨느냐 마느냐를 결정한다. '@SpringBootTest'의 경우 스프링 부트 애플리케이 션이 시작되면서 필요한 의존성들을 빈으로 등록하고 주입하는 과정을 거친다. 반면, '@ExtendWith (MockitoExtension.class)'는 스프링 부트 애플리케이션을 실행시키지 않고도 테스트 코드를 실 행시킬 수 있다.

이러한 차이는 애플리케이션이 개발될수록 점점 커진다. 우리가 만든 상품 관리 애플리케이션은 아 주 간단하기 때문에 3초 이내에 실행되지만, 애플리케이션이 커지면 테스트 코드를 실행시킬 때마 다 이렇게 오랜 기다림이 따를 것이다. 그에 비례해 개발 속도는 점점 느려진다.

모킹된 테스트 코드에는 '@ActiveProfiles'를 지정해 주지 않았다. Profile을 ProductRepository 구현체 중 어떤 것을 사용할지 지정하기 위해 사용했던 것인데, ProductRepository 구현체 없이 테스트 할 수 있는 단위 테스트를 할 것이기 때문에 필요가 없어 지정하지 않은 것이다.

ProductRepository, ValidationService 두 의존성에는 '@Mock'이라는 애너테이션을 붙여 줬 다. '@Mock'이라는 애너테이션은 해당 의존성에 '목 객체^Mock Object'를 주입한다는 의미이다. 목 객체 는 주입하는 것만으로는 아무 기능을 하지 않는다. 테스트 코드에서 목 객체가 어떤 메서드에 대해 어떤 동작을 할지는 여러분이 직접 정의해야 한다.

SimpleProductService에는 '@InjectMocks'라는 애너테이션을 붙여 줬다. 이 애너테이션은 위 에서 '@Mock'으로 주입해 준 목 객체들을 SimpleProductService 내에 있는 의존성에 주입해 주는 역할을 한다. 목 객체들을 주입받는 대상인 SimpleProductService는 목 객체가 아니라 실제 인스턴스를 생성하여 로직으로 사용할 수 있다.

NOTE 목(Mock)은 '모조품' 혹은 '모의'라는 의미를 가지고 있어 '목 객체'를 '모의 객체'라고도 표현한다.

마지막으로 'when(productRepository.add(any())).thenReturn(product);'는 목 객체가 어떻게 행동해야 하는지를 정의한다. 이 코드는 'when'과 'thenReturn'으로 분리하여 봐야 한다. 쉽게 이야기하면 '목 객체가 when에 해당하는 동작을 수행할 때 thenReturn에 있는 값을 반환한다'라는 의미이다. 그래서 'productRepository.add 메서드의 인자로 any()가 들어가면, 반환값은 product가 된다'라는 의미이다. 여기서 'any()'는 아무 값이나 들어가는 것을 의미한다. 따라서 productRepository.add 메서드는 어떤 파라미터를 받는지와 무관하게 product를 반환하도록 정의된 것이다. 참고로 when(), any()는 'import static org.mockito.Mockito.*;'에서 import static을 해줬기 때문에 메서드 이름만으로 사용할 수 있다.

productRepository.add(아무 값) → product 반환

이렇게 정의된 목 객체의 행동은 그대로 SimpleProductService의 add 메서드에서 확인할 수 있다.

SimpleProductService.java

```
(생략)

@Service
public class SimpleProductService {

    private ProductRepository productRepository;
    private ValidationService validationService;

    @Autowired
    SimpleProductService(ProductRepository productRepository, ValidationService
validationService
    ) {
        this.productRepository = productRepository;
        this.validationService = validationService;
    }
```

```java
    public ProductDto add(ProductDto productDto) {
        Product product = ProductDto.toEntity(productDto);
        validationService.checkValid(product);

        Product savedProduct = productRepository.add(product);
        ProductDto savedProductDto = ProductDto.toDto(savedProduct);
        return savedProductDto;
    }

    (생략)
}
```

앞서 언급한 것처럼 ProductRepository와 ValidationService에는 목 객체가 주입되었으며,
'productRepository.add(product)'는 테스트 코드에서 정의해 준 대로 product를 반환한다.

Mockito로 작성한 단위 테스트 코드 실행하기

단위 테스트를 무사히 작성했으므로 이제 테스트 코드를 실행해 보자. 테스트 코드가 잘 작동한다.
통합 테스트를 실행했을 때와 비교해 미묘한 차이를 느낄 수 있다. 지금 실행한 단위 테스트는 통합
테스트보다 더 빠르게 실행된다. 스프링 부트 애플리케이션이 뜨면서 출력되는 로그도 보이지 않는
다. 두 테스트를 번갈아 실행해 보며 실행 속도의 차이를 비교해 보자.

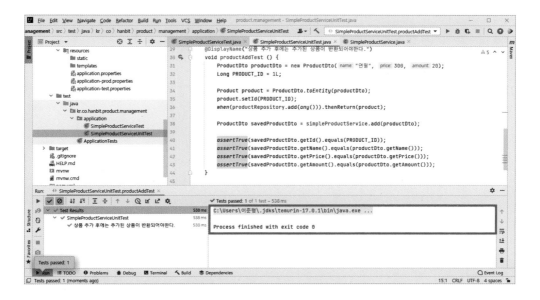

단위 테스트를 작성하면서 생긴 의문점 해결하기

지금까지 모킹을 통한 단위 테스트 작성 방법을 간단히 알아보았다. 아주 기본적인 내용만 설명했으므로 더 자세히 학습하고 싶다면 관련 도서를 통해 보완하자. 다음은 단위 테스트를 작성하며 여러분이 가졌을 만한 의문점을 정리한 것이다. 하나씩 해결해 보자.

❶ ValidationService는 따로 모킹을 해주지 않는데, 왜 목 객체를 주입해 줬나?

❷ SimpleProductService는 목 객체가 아니라 진짜 객체인지를 어떻게 아는가?

❸ 정말 SimpleProductService의 add 메서드를 테스트한 것인가? 동작을 테스트 코드에서 정의한다면 테스트하는 의미가 없는 것은 아닌가?

❹ 정말로 ProductRepository의 구현체가 없어도 테스트되는 것이 맞는가?

❺ ProductRepository의 구현체 없이 SimpleProductService를 개발하는 상태에서 ProductRepository가 무슨 역할을 할지 어떻게 알 수 있는가?

모킹하지 않은 ValidationService에 목 객체를 주입한 이유

❶ ValidationService는 따로 모킹을 해주지 않는데, 왜 목 객체를 주입해 줬나?

우리는 ProductRepository와 ValidationService 모두에 @Mock 애너테이션을 달아서 목 객체를 주입해 줬다. ProductRepository는 add 메서드에 대해 모킹을 해줬지만, ValidationService는 목 객체가 해야 할 행동을 정의해 주지 않았다. 그럼 ValidationService는 애초에 필요하지 않았던 것이 아닐까? 이를 확인하려면 ValidationService에 @Mock을 달아 주지 않고, 테스트를 실행한 결과를 살펴보면 된다. 다음과 같이 코드를 바꾸고 테스트를 실행해 보자.

SimpleProductServiceUnitTest.java

```
(생략)
@ExtendWith(MockitoExtension.class)
public class SimpleProductServiceUnitTest {

    @Mock
    private ProductRepository productRepository;

//  @Mock
    private ValidationService validationService;

    @InjectMocks
```

```
private SimpleProductService simpleProductService;
(생략)
```

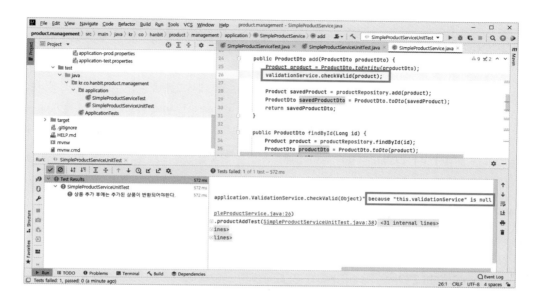

테스트에 실패했다. 에러 로그를 확인해 보면 NullPointException이 발생했고, this. validationService가 null이라는 메시지를 볼 수 있다. 스프링 부트 애플리케이션이 실행되지 않고, 목 객체를 넣어 주지 않았기 때문에 SimpleProductService의 ValidationService에 아무것도 주입받지 못해 NullPointException이 발생하는 것이다. 따라서 ValidationService는 모킹을 하지 않더라도 @Mock 애너테이션을 붙여 줘야 한다.

바로 이어서 드는 궁금증은 'validationService.checkValid 메서드는 모킹하지 않아도 되는가?' 일 것이다. 메서드의 행동을 정의해 주지 않은 이유는 해당 메서드가 로직에 아무 영향을 미치지 않기 때문이다. 만약 해당 메서드가 로직에 영향을 미치는 로직이라면, productRepository.add 메서드와 마찬가지로 행동을 정의해 줘야 했으나, 행동을 정의해 주지 않아도 SimpleProductService. add 메서드 자체를 테스트하는 데 있어서는 아무 문제가 없기 때문에 목 객체만 집어 넣고 모킹하지 않은 것이다.

로직에 중요한 영향을 미치지만 반환값이 없는 로직인 경우, 이것이 호출됐는지를 테스트하는 방법이 있기는 하다. Mockito의 'verify' 메서드를 활용하면 호출 여부 자체를 검증할 수 있다. 자세한 내용은 직접 구글에서 검색하여 알아보자.

진짜 객체와 목 객체를 구분하는 방법

❷ SimpleProductService는 목 객체가 아니라 진짜 객체인지를 어떻게 아는가?

사실 생각해 보면 아주 쉽게 알 수 있다. 우리가 SimpleProductService의 add 메서드를 실제로 테스트 코드로 실행시키고 있기 때문이다. 좀 더 확실하게 진짜 객체와 목 객체를 구분하는 방법을 알아보자.

먼저 SimpleProductService의 productRepository.add 메서드를 호출하는 부분에 '브레이크 포인트Break Point'를 추가하자. 방법은 간단하다. 해당 코드 왼쪽에 있는 빈 공간을 클릭하면 빨간색 브레이크 포인트(●) 아이콘이 생긴다. 이 상태에서 테스트 코드로 돌아와 '디버그 모드Debug Mode'로 테스트를 실행시킨다. 그리고 다음과 같이 클래스 선언부 왼쪽에 있는 브레이크 포인트 아이콘을 클릭한 후 [Debug 'SimpleProductServiceUnitTest']를 선택하자.

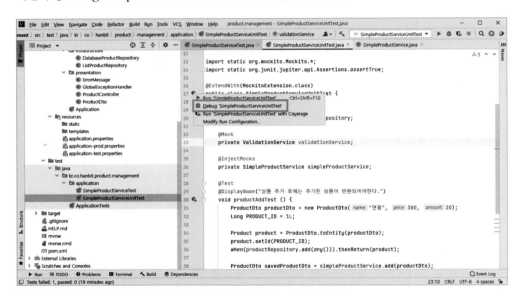

이렇게 실행이 되면 우리가 브레이크 포인트를 지정해 준 곳에서 실행이 멈추게 된다. 여기서 중요한 부분은 아래쪽에 있는 'Variables'라는 항목에 나오는 내용이다.

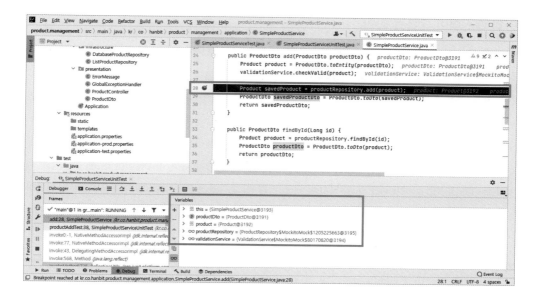

해당 항목은 현재 브레이크 포인트에서 접근 가능한 지역변수, 인스턴스의 멤버 변수를 보여 준다. 다음과 같은 5개의 값이 노출될 것이다.

Variables 항목에 노출되는 내용

```
this = {SimpleProductService@3193}
productDto = {ProductDto@3191}
product = {Product@3192}
productRepository = {ProductRepository$MockitoMock$1205225663@3195}
validationService = {ValidationService$MockitoMock$80170820@3194}
```

this는 브레이크 포인트가 찍혀 있는 SimpleProductService 자체를 의미하며, 오른쪽에 클래스 이름과 '@숫자'가 나와 있다. 여기서 눈여겨봐야 할 점은, SimpleProductService 역시 포함되어 있다는 점이다. 반면, 아래에 있는 productRepository와 validationService에는 클래스 이름과 함께 '$MockitoMock'이라고 나와 있다. 이것은 해당 객체가 목 객체라는 사실을 의미한다. 즉, SimpleProductService에는 진짜 객체가 들어 있고, ProductRepository와 ValidationService 에는 목 객체가 들어 있다는 것을 확인할 수 있다.

방금 소개한 디버거는 여러모로 활용도가 높다. 잘못 작동하는 코드의 버그를 찾을 때 특정 지점에서 각 변수에 어떤 값이 들어 있는지를 확인할 수 있다. 유용한 기능이므로 꼭 기억해 두자.

단위 테스트의 유효성 확인

❸ 정말 SimpleProductService의 add 메서드를 테스트한 것인가? 동작을 테스트 코드에서 정의해 준 것 같은데, 이러면 테스트하는 의미가 없는 것은 아닌가?

지금까지 우리가 작성한 단위 테스트는 분명 의미가 있다. 이 의문점을 해결하기 전에 다시 한 번 확실히 해야 할 점은 테스트 코드가 ProductRepository.add를 테스트하는 것이 아니라, SimpleProductService.add를 테스트한다는 사실이다. 따라서 SimpleProductService.add 메서드를 잘못 수정하면 테스트에 실패해야 한다. 이 점에 유의하며 SimpleProductService.add 메서드를 고의로 잘못 작동하도록 수정하여 테스트를 실패시켜 보자. 다음과 같이 코드를 수정하면 된다.

SimpleProductService의 add 메서드

```
public ProductDto add(ProductDto productDto) {
    Product product = ProductDto.toEntity(productDto);
    validationService.checkValid(product);

    Product savedProduct = productRepository.add(product);
    ProductDto savedProductDto = null;
    return savedProductDto;
}
```

원래는 'ProductDto.toDto(savedProduct)'였던 코드를 실수로 null로 변경했다고 가정했다. 이렇게 바꾸고 테스트에 실패한다면 우리가 작성한 단위 테스트가 확실히 SimpleProductService의 add 메서드를 테스트한다는 사실을 확인할 수 있을 것이다.

실제로 테스트 코드를 돌려 보면 의도한 대로 테스트에 실패한다. 테스트 대상(SimpleProductService의 add 메서드)이 잘못된 작동을 하도록 바꿨더니 테스트에 실패했다. 우리가 작성한 테스트는 테스트 대상이 제대로 테스트되고 있는 것이다.

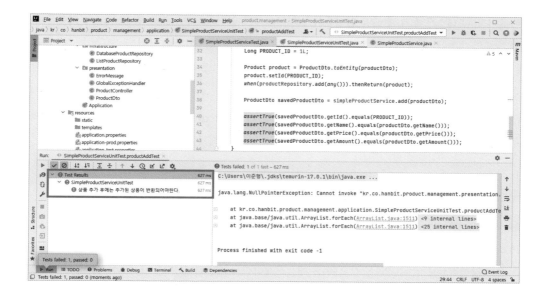

주입될 의존성 없이 테스트 가능 여부 확인

❹ 정말로 ProductRepository의 구현체가 없어도 테스트되는 것이 맞는가?

이 의문에 대한 답은 ProductRepository 구현체를 모두 없애고 테스트 코드를 돌려 보면 된다. 같은 의미로 DatabaseProductRepository와 ListProductRepository 코드를 주석으로 처리하자. 전체 코드를 선택해 [Ctrl] + [/]를 눌러 주석으로 처리하고 테스트 코드를 돌려 보자. 테스트에 성공했다.

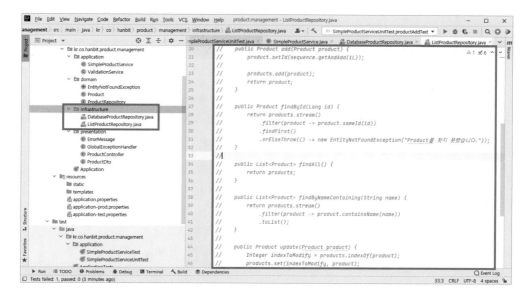

이로써 단위 테스트를 통해 해당 인터페이스의 구현체가 없더라도 ProductRepository 역할을 하는 객체의 행동을 정의하여 테스트할 수 있다는 사실을 확인했다. 이처럼 단위 테스트는 테스트하려는 대상이 의존하고 있는 다른 요소가 존재하지 않더라도 테스트하려는 대상을 자유롭게 테스트할 수 있다.

주석 처리했던 DatabaseProductRepository와 ListProductRepository를 원래 상태로 되돌려주자. 전체 코드를 선택해 다시 [Ctrl] + [/]를 누르면 주석이 해제된다.

구현체가 없는 인터페이스의 역할을 확인하는 방법

 ProductRepository의 구현체 없이 SimpleProductService를 개발하는 상태에서 ProductRepository가 무슨 역할을 할지 어떻게 알 수 있는가?

이것은 경험적으로 알 수 있다. 앞으로 웹 애플리케이션을 개발하다 보면 여러분이 만드는 웹 애플리케이션이 일정한 패턴을 가진다는 사실을 깨닫게 될 것이다. 컨트롤러를 만들어서 클라이언트의 요청을 받을 수 있고, 그 요청을 서비스를 호출하여 처리하고, 서비스에서는 다시 레포지토리를 호출하여 데이터를 조회해 오거나 저장하는 식의 패턴 말이다. 우선은 책에서 제시한 패키지 구조대로 코드를 배치하는 연습을 해보자. 꾸준히 연습하다 보면 나중에는 분명 어떤 클래스가 어떤 역할을 해야 하는지 예상하며 개발할 수 있을 것이다.

지금까지 진행한 상품 관리 애플리케이션의 코드는 다음 링크에서 확인할 수 있다.

- https://github.com/lleellee0/java-for-backend/tree/main/12-3

마무리

이번 장에서는 상품 관리 애플리케이션에 객체지향적인 개념을 더해 봤다. ListProductRepository와 DatabaseProductRepository를 중심으로 추상화에 의존하는 코드를 만들어 보고, 리팩토링과 테스트 코드를 작성했다. 학습을 마치기 전에 다음 내용을 제대로 진행했는지 확인해 보자.

- 2개의 구현 클래스를 인터페이스로 추상화시키며 의존성 주입 패턴과 의존성 역전 원칙에 대해 알아봤다.
- Profile을 통해 여러 환경에 따라 서로 다른 의존성을 생성하고 주입하는 방법을 학습했다.
- 리팩토링의 개념을 알아보고, ModelMapper를 사용하던 DTO ↔ Entity 변환 작업을 직접 구현한 코드로 변경하는 리팩토링을 진행했다.
- 테스트 코드를 작성하여 리팩토링을 안정적이고 빠르게 진행하는 방법을 배웠다.
- 통합 테스트와 단위 테스트가 적절한 상황과 목적을 알아보고 코드를 작성해 봤다.

Q1. 객체지향 프로그래밍에서 이야기하는 '추상화'란 무엇인가요?

A1. 객체지향 프로그래밍의 관점에서 추상화란 '추상적인 존재에 의존하라'는 의미입니다. 일반적 의미의 추상화는 현실 세계에 있는 사물을 필요한 부분으로 단순화하여 핵심적인 개념에 집중할 수 있도록 만드는 것을 이야기합니다. 이것은 추상화의 한 종류인 '모델링'이라 할 수 있습니다. 그러나 모델링은 객체지향 프로그래밍뿐 아니라 다른 프로그래밍 패러다임에서도 활용되는 개념으로, 객체지향 프로그래밍에서의 추상화는 추상적인 존재에 의존하면서 생기는 유지 보수의 용이성이 핵심입니다. 추상적인 존재에 의존하면 다형성이 있고, 테스트하기 용이한 코드를 작성할 수 있습니다.

해설

자바의 기본 문법에 대한 이해만으로는 추상화가 주는 가치를 이해하기 어렵다. 그래서 추상화가 무엇인지 물어 보면 '인터페이스를 두고 인터페이스를 통해 클래스를 사용하는 것'이라고 답변하는 경우가 많다. 물론 틀린 답은 아니지만 자칫 너무 피상적일 수 있다. 혹은 모델링을 이야기하기도 한다. 모델링 역시 추상화의 한 종류이므로 틀린 답은 아니지만, 객체지향 프로그래밍에서의 추상화는 '객체가 가진 공통된 특징과 행동을 추상화하여 부모 클래스나 인터페이스로 정의하고, 이를 활용해서 구현 클래스를 만드는 것'을 의미한다. 이렇게 추상화를 잘 활용한 코드는 상황에 따라 구현체로 다양하게 주입하여 다형성 있는 코드를 만들 수 있고, 테스트하기에도 용이한 코드가 된다.

Q2. 새로운 기능을 개발할 때는 버그가 발생하기 쉽습니다. 어떤 버그는 서비스 장애를 유발합니다. 이런 문제는 어떻게 개선할 수 있을까요?

A2. 저는 특정 기능을 개발하기 전에 영향을 받을 만한 기존 코드들에 대한 테스트 코드를 미리 작성해 봅니다. 미리 테스트 코드를 작성해 두고 기능을 개발하면 변경한 코드가 기존의 기능에 영향을 미치는지 확인할 수 있습니다. 물론 제가 테스트 코드로 작성하지 않은 케이스에 대해서는 버그가 발생할 수 있지만, 반드시 동작해야 하는 케이스에 대해 테스트 코드를 작성하면 많은 문제를 예방할 수 있습니다. 테스트 코드만으로 모든 문제를 막을 수는 없으므로 개발을 완료하고 배포하기 전에 QA를 거치는 것도 좋은 방법이 될 것 같습니다.

해설

실무에서도 테스트 코드를 작성한 후 리팩토링을 진행하는 과정을 거친다. 테스트 코드가 버그를 원천적으로 막아 주는 것은 아니지만, 그마저 작성하지 않는 것보다는 당연히 많은 버그를 예방할 수 있다.

QA$^{Quality\ Assurance}$는 '품질 보증'을 의미한다. 보통 사용자가 실제 소프트웨어를 사용하는 것처럼 QA를 진행하는데, UI상에서 서비스의 기능을 하나씩 수행해 보면서 테스트를 진행한다. 당연히 QA를 진행하기 위해서는 사용자들의 트래픽을 받는 서버와 데이터베이스가 아닌 별도의 서버와 데이터베이스가 필요하다. 개발자의 PC 앞에 와서 QA를 진행하면 너무 비효율적이고, 사용자들의 트래픽을 받는 서버에 배포하여 테스트하면 이미 서비스를 이용 중인 사용자들이 그 영향을 받기 때문이다.

Q3. 리팩토링이란 무엇인가요?

A3. 리팩토링이란 '동일한 입력에 대해 결과의 변경 없이 코드의 구조를 개선하는 것'입니다. 여기서 핵심은 결과의 변경이 없어야 한다는 점입니다. 따라서 결과가 변경되지 않았음을 보장하기 위해서는 적절한 케이스에 대한 테스트 코드가 작성되어야 합니다.

해설

리팩토링은 테스트 코드 없이도 할 수 있다. 그러나 테스트 코드 없이 리팩토링을 진행하면 변경 전 코드와 동일한 동작을 한다는 확신을 가질 수 없으므로 테스트 코드를 꼭 작성하고 리팩토링을 진행하자. 또한 리팩토링을 할 때 테스트 코드가 있으면 리팩토링하는 코드만 빠르게, 반복적으로 실행해 볼 수 있다는 것이다. 이것은 테스트 코드가 가지는 아주 강력한 장점이기도 하다. 본문에서 우리는 원래라면 컨트롤러를 통해 호출되어야 할 SimpleProductService를 테스트 코드를 통해 호출해 주었다. 만약 테스트 코드를 작성하지 않고 SimpleProductService를 테스트한다면 계속 Postman을 통해 테스트해야 했을 것이다.

좋은 코드를 만들기 위해서는 리팩토링 과정이 동반되어야 하므로 '리팩토링해 본 경험이 있나요?'와 같은 질문이 이어질 수 있다. 사소한 것이라도 좋다. 여러분이 작성한 코드를 리팩토링해 보고 그 경험을 정리해 두자.

Q4. 통합 테스트와 단위 테스트의 차이를 설명해 보세요.

A4. 통합 테스트는 2개 이상의 클래스가 협력하여 특정 기능을 정상적으로 수행하는지를 테스트하는 것입니다. 예를 들어 Service를 테스트하면서 데이터베이스에 데이터를 조회하고 저장하는 행위가 정상적으로 작동하는지 테스트해 볼 수 있습니다. 통합 테스트는 일반적으로 2개 이상의 클래스를 진짜 객체로 만들어서 테스트하기 때문에 스프링 프레임워크를 사용하는 경우 스프링 애플리케이션을 실행하여 테스트하게 됩니다. 클래스들을 빈으로 만들어서 테스트하기 때문에 테스트를 위해 애플리케이션이 시작되는 시간이 소모됩니다.

반면, 단위 테스트는 2개 이상의 클래스가 협력하는 것이 아니라 작은 단위로, 보통은 메서드 단위로 테스트를 수행합니다. Service의 특정 메서드를 테스트한다면 해당 메서드에서 사용하는 다른 클래스의 메서드들은 모킹하여 테스트합니다. 그래서 단위 테스트는 모킹된 클래스의 구현과는 무관하게 테스트하려는 메서드만을 테스트할 수 있습니다. 그리고 테스트하려는 클래스만 진짜 객체로 만들고, 다른 클래스는 목 객체로 만들어 테스트하기 때문에 스프링 애플리케이션이 실행될 필요가 없습니다. 따라서 빠르게 시작되는 테스트 코드를 작성할 수 있습니다.

> **해설**
>
> 통합 테스트와 단위 테스트의 가장 큰 차이점은 2개 이상의 클래스가 협력하는가 아닌가이다. 이 차이점 때문에 또 다른 차이점이 파생된다. 두 테스트 중 무엇이 더 좋고 나쁘다라고는 이야기할 수 없다. 필요한 상황에 따라 달라지기 때문이다. 만약 데이터베이스에 실제로 데이터를 넣는 테스트는 단위 테스트로 수행할 수 없다. 단위 테스트는 데이터베이스를 사용하지 않을 것이기 때문이다. 이런 상황에서는 통합 테스트를 작성하는 것이 적절하다. 반대로 ProductDto의 toEntity와 toDto 같은 메서드는 사용하는 의존성이 없으므로 단위 테스트가 적절하며, 심지어 모킹하지 않고도 단위 테스트가 가능하다.
>
> 별개로 테스트 자체에서의 중요한 차이는 스프링 컨테이너가 뜨는 테스트인지 아닌지에 대한 것이다. 통상적으로 통합 테스트는 스프링 컨테이너가 뜨도록 테스트하지만, 통합 테스트 역시 스프링 컨테이너가 뜨지 않고 테스트가 가능한 상황이 있다. 당연히 스프링 컨테이너가 뜨지 않았기 때문에 테스트를 빠르게 실행할 수 있다. 책에서는 이와 관련된 내용을 설명하지는 않았지만, 통합 테스트와 스프링 컨테이너가 뜨는 테스트가 다르다는 사실은 기억해 두자.

실전 과제
테스트 문제

단축 URL
서비스 개발

여러분도 알게 모르게 많이 사용하고 있는 단축 URL 서비스 개발은 과제 테스트로 자주 출제되는 문제이다. 간단하게 개발할 수 있지만, 여러 가지 요소를 평가할 수 있다. 이번 장에서는 단축 URL 서비스 과제를 직접 풀어 보면서 어떤 포인트가 평가 요소로 적용될 수 있는지 알아보자.

〈1〉 과제 테스트 제시

과제 테스트에는 일반적으로 해당 과제 테스트에서 구현해야 하는 서비스에 대한 설명이나 요구사항이 제시된다. 여러분은 설명에 부합하면서 제시되는 요구사항을 만족하는 애플리케이션을 개발해야 한다. 단축 URL 서비스 과제 테스트에서 제시될 만한 요구사항에는 무엇이 있는지 살펴보자.

과제 요구사항

과제 요구사항은 보통 메일이나 깃허브 레포지토리와 함께 README.md로 제시된다. 단축 URL 서비스 개발 과제는 다음과 같은 요구사항이 제시될 수 있다.

단축 URL 서비스 요구사항

1 bitly(https://bitly.com/)와 같은 단축 URL 서비스를 만들어야 합니다.

2 단축된 URL의 키(Key)는 8글자로 생성되어야 합니다. '단축된 URL의 키'는 'https://bit.ly/3onGWgK'에서 경로(Path)에 해당하는 '3onGWgK'를 의미합니다. bitly에서는 7글자의 키를 사용합니다.

3 키 생성 알고리즘은 자유롭게 구현하시면 됩니다.

4 사용자가 단축된 URL로 요청하면 원래의 URL로 리다이렉트(Redirect)되어야 합니다.

5 원래의 URL로 다시 단축 URL을 생성해도 항상 새로운 단축 URL이 생성되어야 합니다. 이때 기존에 생성되었던 단축 URL도 여전히 동작해야 합니다.

6 단축된 URL → 원본 URL로 리다이렉트될 때마다 카운트가 증가되어야 하고, 해당 정보를 확인할 수 있는 API가 있어야 합니다.

7 데이터베이스 없이 컬렉션을 활용하여 데이터를 저장해야 합니다.

8 기능이 정상 작동하는 것을 확인할 수 있는 적절한 테스트 코드가 있어야 합니다.

9 (선택) 해당 서비스를 사용할 수 있는 UI 페이지를 구현해 주세요.

경로, HTTP 메서드, 파라미터 전달은 여러분의 의도에 맞게 적절히 구현해 주세요.

1 단축 URL 생성 API

2 단축 URL 리다이렉트 API

3 단축 URL 정보 조회 API

[필요 API]의 경우 제시해 주지 않는 경우가 더 많다. API 설계 자체도 평가 요소로 활용될 수 있기 때문이다. 필요 API를 제시하지 않으면 과제가 너무 어려워지므로 여기서는 제시된 내용을 참고하자.

다음으로 넘어가기 전에 요구사항을 보고 어떻게 과제를 진행해야 할지 스스로 계획을 세워 보자. 계획을 세우고 요구사항을 그대로 구현할 수 있다면 더할 나위 없이 좋겠지만, 아직은 조금 어려울 것이다. 이번 문제와 다음 문제까지 풀어 보고 나면 조금 감이 잡힐 것이므로 그 후에 다시 돌아와서 과제를 풀어 보자.

> **NOTE** README.md로 제시되는 경우는 다음 링크에서 확인해 보자.
> - https://github.com/lleellee0/java-for-backend/blob/main/13/README.md

단축 URL 서비스 살펴보기

먼저 단축 URL 서비스인 bitly가 어떤 기능을 하는지부터 살펴보자. 요구사항에서 구현하라는 서비스와 유사한 서비스가 이미 있기 때문에 해당 서비스를 참고하는 과정은 과제를 이해하는 데 매우 중요하다. 서비스를 사용해 보는 과정에서 혼자서는 생각해 내기 어려운 인사이트를 얻을 수 있기 때문이다.

bitly 분석하기

bitly는 URL(https://bitly.com/)을 통해 접속할 수 있다. 스크롤을 조금 내리면 다음과 같이 단축하고자 하는 URL을 입력하는 [Paste a long URL]과 [Sign up and get your link] 버튼을 볼 수 있다. 현재는 회원가입을 해야만 URL 단축 서비스를 사용할 수 있으므로 본인이 편한 방법으로 회원가입하고 로그인하자.

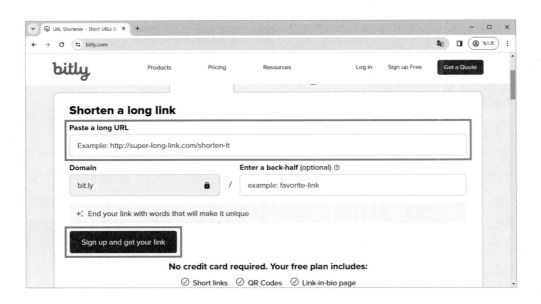

단축 기능을 테스트해 보기 위해 왼쪽 메뉴에 있는 [Create new] - [Link]를 클릭해 [Destination]에 단축할 URL을 입력하고 [Create] 버튼을 누르면 된다. [Title(optional)]을 통해 직접 제목을 지정할 수도 있다.

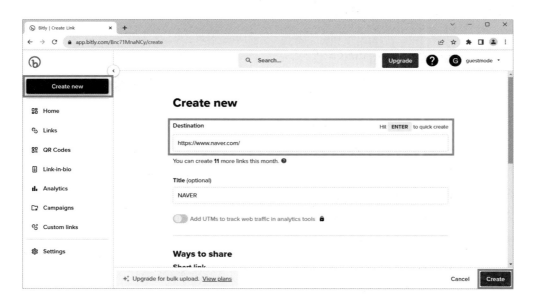

다음과 같은 세 가지 단축 URL을 생성하고, 단축된 URL 하나를 선택해 접속해 보면 잘 접속되는 것을 확인할 수 있다.

- https://www.naver.com/ → https://bit.ly/47LVX0V
- https://www.daum.net/ → https://bit.ly/3NhBdpw
- https://www.google.com/ → https://bit.ly/3uEWfbd

NOTE 단축된 URL은 추후 서비스 변경 등의 사유로 접속이 되지 않을 수도 있지만, 중요한 것은 접속이 아니라 URL의 구조이다.

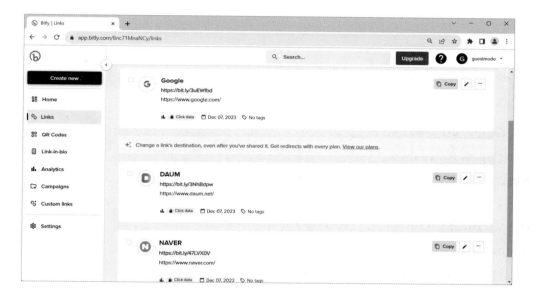

단축된 URL을 살펴보면 앞쪽이 'https://bit.ly/'로 동일한 것을 발견할 수 있다. 그러므로 URL 스키마와 호스트 정보보다는 다음과 같이 뒤쪽에 있는 문자열을 잘 살펴봐야 한다.

- 47LVX0V
- 3NhBdpw
- 3uEWfbd

각각의 문자열은 다음과 같은 특징을 갖고 있다.

- 7글자로 짧은 편이다. 단축을 시도한 URL이 짧아서 큰 차이가 없어 보이지만, 더 긴 문자열을 단축했다면 그 차이를 크게 체감할 수 있었을 것이다.

- 숫자와 알파벳 대소문자로 구성되어 있다.
- 숫자 3과 4로 시작한다. 이것이 어떤 의미가 있는지는 아직 알기 어렵다.

정리한 특징들에는 우리에게 의미가 있는 것도 있고, 의미가 없는 것도 있다. 우선은 이 정도로 시작해도 충분하다. 한 가지 사항만 더 확인해 보자. 단축된 URL로 접속하는 경우 무슨 일이 일어나는지를 확인해 봐야 서비스를 제대로 구현할 수 있다.

개발자 도구를 켜고 [Network] 탭으로 들어가서 [Network] 탭 바로 하단에 있는 [Preserve log]에 체크한다.

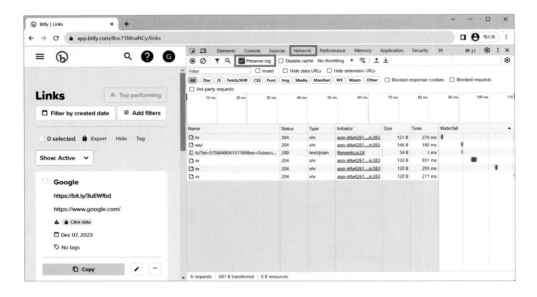

이 옵션을 체크하지 않은 채로 페이지를 이동하면 [Network] 탭에 기록된 HTTP 요청이 모두 사라진다. 페이지가 이동하는 과정을 모두 지켜봐야 서비스를 제대로 이해할 수 있으므로 활성화된 상태에서 살펴보자.

구글의 단축 URL을 입력하고 엔터를 눌러 웹 페이지를 이동시키면 단축 URL에 의해 원래 페이지로 이동하는 과정을 확인할 수 있다. 새로운 페이지로 이동하면 해당 구글 페이지에 포함된 이미지와 CSS 파일 등이 함께 보이기 때문에 단축 URL의 문자열과 이동된 원래 페이지의 URL을 함께 확인할 수 있다.

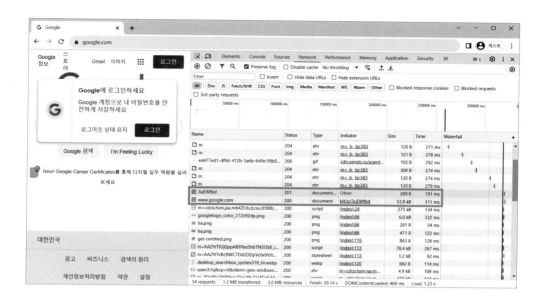

주목해야 할 부분은 단축 URL로 요청했을 때 돌아오는 응답 부분이다. 단축 URL에 해당하는 HTTP 트랜잭션을 클릭하면 다음과 같은 특징을 볼 수 있다. 하나씩 살펴보자.

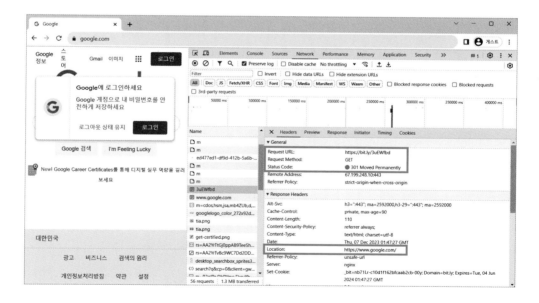

과제에 활용해야 할 HTTP 헤더

[Headers] 탭에서 'Request URL'로는 우리가 요청한 URL이 들어가 있고, 'Request Method'에는 우리가 URL을 통해 직접 요청한 GET 메서드로 요청되었다. 그 다음으로 Status Code의 301 상태 코드가 속한 300번대는 '다른 페이지로 이동'을 의미하는 리다이렉트[Redirect] 상태 코드이다. 그 중에서도 301은 'Moved Permanently'라는 이름을 가지고 있는 상태 코드로, 사용자가 요청한 자원이 영구히 이동되었음을 의미한다. 단축 URL은 한 번 생성되면 계속 같은 URL로 리다이렉트시키므로 적절한 상태 코드이다. 그럼 웹 브라우저가 어디로 이동해야 하는지는 어떻게 알 수 있을까? [Headers] 탭을 스크롤해 직접 찾아보자.

[Response Headers] 항목에 있는 'Location'을 보면 원래의 웹 페이지 URL이 적혀 있다. 이 항목이 웹 브라우저에게 이동할 URL을 알려 주는 부분이다. 결과적으로 웹 브라우저에서 단축 URL로 접속하는 경우에는 다음과 같은 과정이 일어난다고 정리할 수 있다.

1. 웹 브라우저에서 단축된 URL로 접속한다.
2. 단축된 URL에서 상태 코드 301 응답과 응답 헤더의 'Location'으로 이동할 페이지의 URL을 알려 준다.
3. 웹 브라우저가 해당 URL로 다시 요청하여 원래의 웹 페이지로 접속하게 된다.

여기서 2번의 과정이 과연 올바른 과정인지, Location이라는 헤더가 널리 사용되는 것인지에 대한 의문이 들 수 있다. 이 과정은 웹 표준에 따른 올바른 절차로, 웹 표준에 따라 웹 브라우저에서 적절히 동작한 것이므로 걱정하지 않아도 된다. 추가적으로 Location 헤더에 대해 좀 더 알고 싶다면 다음 링크를 참고하자.

- https://developer.mozilla.org/en-US/docs/Web/HTTP/Headers/Location

이 정도면 충분히 단축 URL을 구현할 수 있다. 이제 문제를 풀어 보자.

〈2〉 문제 풀어 보기

과제 테스트를 시작하려니 문득 막막할 수 있다. 지금은 연습한다고 생각하고 과제 테스트를 구현하는 과정에 익숙해져 보자. 책을 따라 구현해 보고, 그 후에 책을 보지 않고 다시 구현해 보는 과정을 거치면 실력 향상에 도움이 될 것이다.

프로젝트 생성과 컨트롤러 구현

과제 테스트는 대략 다음과 같은 순서로 풀어 나가는 것을 권장한다. 물론 과제에 대한 요구사항 분석이 선행되어야 하지만, 막상 코드로 옮기기 전에는 요구사항이 잘 와닿지 않을 수 있기 때문에 큰 흐름에서 어떤 데이터가 필요하고, 어떤 API가 필요한지 정도만 설계한 후 시작해도 괜찮다.

1. 프로젝트 생성
2. 패키지 추가
3. 데이터 정의
4. 컨트롤러 추가
5. DTO 추가
6. 서비스 코드 추가
7. 레포지토리 코드 추가
8. Postman으로 테스트하면서 기능 개발
9. 테스트 코드 추가

개발이 익숙한 사람은 이 과정을 모두 따르지 않아도 된다. 테스트 코드 작성에 익숙해졌다면 테스트 코드를 먼저 작성하는 편이 더 빠른 개발 방법이 될 수도 있다. 그러나 처음 과제 테스트를 연습한다면 이 과정을 따라해 보자.

프로젝트 생성 및 패키지 추가

그럼 프로젝트를 생성하는 것부터 시작하자. 프로젝트는 스프링 이니셜라이저(https://start.spring.io/)에서 다음과 같이 설정하여 생성한다.

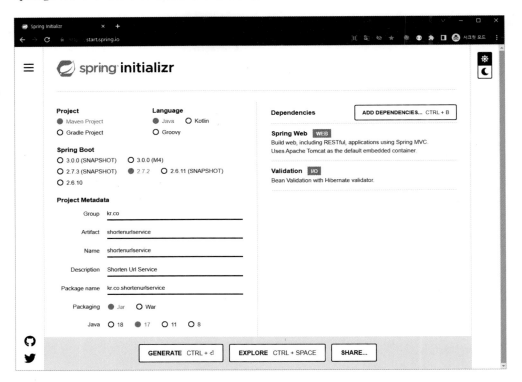

NOTE 스프링 이니셜라이저 설정 방법이 잘 기억나지 않는다면 142쪽을 다시 살펴보자. 원활한 실습 진행을 위해 가급적 책과 동일한 내용으로 설정하자.

인텔리제이로 프로젝트를 열어 준 후 의존성 다운로드가 완료되면 왼쪽의 프로젝트 탐색기에서 소스 코드를 확인할 수 있다. 앞서 설명했던 것처럼 패키지부터 추가해 주자.

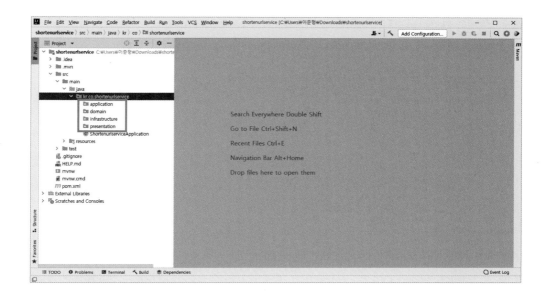

데이터 정의

다음으로 데이터를 정의하기 위해서는 요구사항으로 돌아가야 한다. 단축 URL 서비스에는 어떤 데이터가 필요할까? 요구사항에서 우리가 저장해야 할 데이터가 될 만한 키워드를 표시해 보자.

1. bitly(https://bitly.com/)와 같은 단축 URL 서비스를 만들어야 합니다.

2. **단축된 URL의 키(Key)**는 8글자로 생성되어야 합니다. '**단축된 URL의 키**'는 'https://bit.ly/3onGWgK'에서 **경로(Path)**에 해당하는 '3onGWgK'를 의미합니다. bitly에서는 7글자의 키를 사용합니다.

3. **키 생성 알고리즘**은 자유롭게 구현하시면 됩니다.

4. 사용자가 **단축된 URL**로 요청하면 **원래의 URL**로 리다이렉트(Redirect)되어야 합니다.

5. **원래의 URL**로 다시 단축 URL을 생성해도 항상 **새로운 단축 URL**이 생성되어야 합니다. 이때 **기존에 생성되었던 단축 URL**도 여전히 동작되어야 합니다.

6. **단축된 URL → 원본 URL로 리다이렉트될 때마다 카운트**가 증가되어야 하고, 해당 정보를 확인할 수 있는 API가 있어야 합니다.

7. 데이터베이스 없이 컬렉션을 활용하여 데이터를 저장해야 합니다.

8. 기능이 정상 작동하는 것을 확인할 수 있는 적절한 테스트 코드가 있어야 합니다.

9. (선택) 해당 서비스를 사용할 수 있는 UI 페이지를 구현해 주세요.

요구사항에는 다르게 표현되어 있지만, 같은 내용들을 정리해 보고 우리가 구현해야 할 기능이 무엇인지 생각해 보자. 다음의 세 가지 데이터가 필요하다는 사실을 추론해 낼 수 있다.

- 단축된 URL
- 원래의 URL
- 리다이렉트 카운트

키 생성 알고리즘의 경우도 자칫 데이터로 저장해야 되는 것처럼 보이지만, 결국 '단축된 URL'을 생성하는 방법에 관한 내용이다. 즉, 우리가 만들 단축 URL 서비스는 여러 개의 키 생성 알고리즘을 제공할 필요가 없으므로 데이터로 저장해 줄 필요가 없다.

그럼 이 세 가지 데이터를 저장할 클래스를 추가해 보자. 클래스의 이름은 'ShortenUrl' 정도로 지으면 적절할 것 같다. ShortenUrl은 도메인 객체로 다뤄야 할 대상이기 때문에 다음과 같이 Domain 패키지에 위치시켰다. 원래의 URL은 originalUrl, 단축된 URL은 shortenUrlKey, 리다이렉트 카운트는 redirectCount로 지었다. 왜 단축된 URL 뒤에 Key를 붙였는지 답하자면 해당 값은 URL이 아니라 '3bdyXA5'와 같은 키 값이 들어갈 것이기 때문이다. 이를 반영한 코드는 다음과 같다.

ShortenUrl.java

```
package kr.co.shortenurlservice.domain;

public class ShortenUrl {
    private String originalUrl;
    private String shortenUrlKey;
    private Long redirectCount;
}
```

컨트롤러 추가

데이터를 저장할 클래스를 정의해 줬으므로 이번에는 컨트롤러를 추가해 보자. 컨트롤러는 presentation 계층에 ShortenUrlRestController라는 이름으로 만들면 적절할 것 같다. 앞서 요구사항에서 언급한 것처럼 단축 URL에는 세 가지 API가 필요할 것으로 보인다.

1. 단축 URL 생성 API
2. 단축 URL 리다이렉트 API
3. 단축 URL 정보 조회 API

단축 URL을 생성하는 API는 어떤 경로에, 어떤 메서드로 만드는 것이 적절할까? 이미 'ShortenUrl' 이라는 이름의 도메인 객체를 만들어 줬기 때문에 경로 이름으로는 '/shortenUrl' 정도면 적절할 것 같다. '원래의 URL로 다시 단축 URL을 생성해도 항상 새로운 단축 URL이 생성되어야 하고, 이때 기존에 생성되었던 단축 URL도 여전히 동작되어야 한다'는 5번 요구사항을 고려하면 단축 URL 생성 API는 멱등성이 없어야 한다. 동일한 요청을 보내도 계속 새로운 단축 URL이 생성되어야 하기 때문이다. '생성'이라는 의미도 있으니 POST 정도로 응답하면 적절할 것이다.

여기서 잠깐

URL 경로의 네이밍

API를 설계하다 보면 URL 경로의 이름을 어떻게 표기해야 할지 고민하게 된다. 주로 세 가지 경우를 고려하게 되는데, 각각 다음과 같은 특징을 가진다.

- **/shortenUrl**: 카멜 케이스(Camel Case)라고 부르는 형식으로, 단어를 띄어 쓰는 부분을 대문자로 표현하는 표기법이 마치 낙타의 등과 닮았다고 하여 붙은 이름이다. 카멜 케이스를 사용할 경우 자바에서의 네이밍 방법과 일관성을 가진다는 장점이 있지만, 대소문자를 구분하지 않는 서버에서는 정상 작동하지 않을 수 있고, 알파벳이 아닌 문자를 표현할 때는 띄어쓰기를 할 수 없다는 단점이 있다.

- **/shorten-url**: 정식 명칭은 척추 케이스(Spinal Case)지만, 보통 '하이픈(-)으로 구분한다' 정도로 이야기하는 표기법이다. **일반적으로 가장 권장하는 방법**으로, 구글 검색엔진에서 URL에 포함된 하이픈을 단어의 띄어쓰기로 판단하여 검색 결과에 반영한다고 알려져 있다. 카멜 케이스와는 다르게 알파벳이 아닌 문자를 표현할 때도 띄어쓰기를 나타낼 수 있다는 장점이 있다.

- **/shorten_url**: 스네이크 케이스(Snake Case)라고 부르는 형식으로, 단어 사이를 언더바(_)로 구분하는 표기법이다. 하이픈을 사용하는 척추 케이스와 비슷하지만, URL에서는 많이 권장하지 않는 방법이다. 간혹 구글 등의 일부 검색엔진에서 언더바를 띄어쓰기가 아니라 하나의 단어로 인식하는 경우가 있기 때문이다.

책에서는 **카멜 케이스로 표현**한다. 그 이유는 **자바 코드상에서 최대한 일관성 있는 네이밍으로 실습을 진행해야 불필요한 과정을 줄일 수 있기 때문**이다. 그러나 실무에서 API를 설계할 때는 가장 많이 사용하는 척추 케이스를 사용하자.

이번에는 단축 URL로 요청하면 원래 페이지로 리다이렉트해 주는 API의 메서드를 생각해 보자. 사용자가 단축 URL을 입력하여 접속할 때는 반드시 GET으로 요청할 수밖에 없다. 웹 브라우저에 직접 단축 URL을 입력하든, 링크를 클릭해서 들어오든 결국은 GET 메서드로 요청하게 되는 것이다.

그럼 경로는 앞에서 '/shortenUrl'이라는 경로에 생성 API를 만들어 줬기 때문에 '/shortenUrl/{shortenUrlKey}' 같은 이름을 사용하는 편이 적절해 보인다. 그러나 **사용자가 단축 URL을 직접 입력해서 들어오는 경우도 있고, 실제 URL 자체를 단축할 때는 URL이 짧아지는 것을 기대하기 때문에 가급적 단축 URL을 짧게 만드는 편이 좋다. 이때 앞쪽에 있는 '/shortenUrl'은 없애고 '/{shortenUrlKey}'처럼 설계하면 단축 URL을 더 짧게 만들 수 있다.** 이것은 bitly에서도 똑같이 확인할 수 있는 특징이다. 'https://bit.ly/3onGWgK'에서 '3onGWgK' 부분이 '/{shortenUrlKey}'에 해당하는 부분이 된다.

마지막으로 단축 URL 정보를 조회하는 API에는 사용자가 URL을 직접 입력할 필요가 없기 때문에 자원의 주소를 포함하면 된다. 따라서 경로는 '/shortenUrl/{shortenUrlKey}'로 설정하고, 조회라는 행위를 위해 GET 메서드로 설정하면 적절할 것이다.

각 API의 경로와 메서드를 정리하면 다음과 같다.

1. 단축 URL 생성 API → /shortenUrl, POST
2. 단축 URL 리다이렉트 API → /{shortenUrlKey}, GET
3. 단축 URL 정보 조회 API → /shortenUrl/{shortenUrlKey}, GET

정리된 내용을 코드로 옮겨 보자.

ShortenUrlRestController.java

```java
package kr.co.shortenurlservice.presentation;

import org.springframework.http.ResponseEntity;
import org.springframework.web.bind.annotation.RequestMapping;
import org.springframework.web.bind.annotation.RequestMethod;
import org.springframework.web.bind.annotation.RestController;

@RestController
public class ShortenUrlRestController {

    @RequestMapping(value = "/shortenUrl", method = RequestMethod.POST)
    public ResponseEntity<?> createShortenUrl() {
        return ResponseEntity.ok().body(null);
    }

    @RequestMapping(value = "/{shortenUrlKey}", method = RequestMethod.GET)
    public ResponseEntity<?> redirectShortenUrl() {
        return ResponseEntity.ok().body(null);
```

```
    }

    @RequestMapping(value = "/shortenUrl/{shortenUrlKey}", method = RequestMethod.GET)
    public ResponseEntity<?> getShortenUrlInformation() {
        return ResponseEntity.ok().body(null);
    }

}
```

아직은 무엇을 반환할지 알 수 없기 때문에 전부 적당한 값을 반환하는 코드로 채워 두었다. 각 API
에서 필요로 하는 데이터도 넣어 주어야 하므로 이어서 각 기능별로 필요한 데이터를 정의해 보자.

DTO 추가

단축 URL을 생성하는 API의 경우에는 어떤 데이터를 받고, 어떤 데이터를 돌려줘야 할까? 클라이
언트는 단축 URL 생성 API에게 '단축할 URL', 즉 원래의 URL을 전달해 줘야 한다. 그럼 해당 API
에서는 서비스를 호출하여 단축 URL을 생성하고, 해당 단축 URL을 저장하면 될 것이다. 그리고 생
성된 단축 URL을 클라이언트에게 응답으로 보내 주면 된다. 클라이언트는 해당 응답에 포함된 단
축 URL을 복사하여 다른 곳에 사용할 수 있다. 단축 URL 생성 요청과 응답에 사용되는 DTO를 정
의해 보자.

ShortenUrlCreateRequestDto.java

```
package kr.co.shortenurlservice.presentation;

import jakarta.validation.constraints.NotNull;
import org.hibernate.validator.constraints.URL;

public class ShortenUrlCreateRequestDto {
    @NotNull
    @URL(regexp = "[(http(s)?):\\/\\/(www\\.)?a-zA-Z0-9@:%._\\+~#=]{2,256}\\.[a-z]{2,6}\\b([-a-
zA-Z0-9@:%_\\+.~#?&//=]*)")
    private String originalUrl;

    public String getOriginalUrl() {
        return originalUrl;
    }
}
```

NOTE regexp에 해당하는 정규 표현식은 직접 입력하지 말고 'url regex'를 키워드로 검색하여 복사 – 붙여넣기하자. 이와 관련한 자세한 내용은 다음 링크를 통해 확인할 수 있다.

- https://github.com/lleellee0/java-for-backend/issues/2

ShortenUrlCreateResponseDto.java

```
package kr.co.shortenurlservice.presentation;

public class ShortenUrlCreateResponseDto {
    private String originalUrl;
    private String shortenUrlKey;

    public ShortenUrlCreateResponseDto(ShortenUrl shortenUrl) {
        this.originalUrl = shortenUrl.getOriginalUrl();
        this.shortenUrlKey = shortenUrl.getShortenUrlKey();
    }

    public String getOriginalUrl() {
        return originalUrl;
    }

    public String getShortenUrlKey() {
        return shortenUrlKey;
    }
}
```

DTO에 필드 외에 생성자와 getter가 들어간 이유는 상품 관리 애플리케이션의 경우와 동일하다. 생성자는 ShortenUrl 도메인 객체를 DTO로 변환하기 위해, getter는 컨트롤러에서 JSON으로 변환되는 과정에서 필요하여 추가했다. 요청 DTO에는 originalUrl에 대한 @NotNull 애너테이션을 추가했다. 이 애너테이션은 컨트롤러의 @Valid 애너테이션과 함께 널 체크와 같은 기본적인 유효성에 대한 검사를 진행한다. URL의 경우 그 형태가 바뀔 일이 없고, 딱히 도메인과 관련된 지식도 아니기 때문에 컨트롤러에서 유효성을 검사해 주는 편이 적절하다.

작성된 @URL 애너테이션을 사용해 URL에 대한 유효성 검사를 진행할 수 있다. @URL 애너테이션의 파라미터로는 정규 표현식이 오는데, URL에 대한 정규 표현식은 검색을 통해 어렵지 않게 찾을 수 있으므로 무작정 따라서 입력하지 말고 직접 찾아 복사 – 붙여넣기해 보자. 이제 다음과 같이 정의된 DTO를 단축 URL 생성 API의 요청과 응답 타입으로 넣어 준다.

ShortenUrlRestController.java

```java
(생략)

@RestController
public class ShortenUrlRestController {

    @RequestMapping(value = "/shortenUrl", method = RequestMethod.POST)
    public ResponseEntity<ShortenUrlCreateResponseDto> createShortenUrl(
            @Valid @RequestBody ShortenUrlCreateRequestDto shortenUrlCreateRequestDto
    ) {

        return ResponseEntity.ok().body(null);
    }

(생략)

}
```

단축 URL 생성 API에 대한 요청과 응답 DTO를 지정해 주고 나니 다른 컨트롤러들도 적절히 반환 값을 지정해 줄 수 있을 것 같다.

단축 URL 리다이렉트 API의 경우에는 경로에 있는 shortenUrlKey를 @PathVariable을 통해 문자열로 받으면 된다. 응답할 때는 DTO가 중요하지 않다. 앞에서 bitly를 개발자 도구로 확인해 봤던 것처럼 상태 코드 301과 Location 헤더만 적절하게 지정해 주면 되기 때문이다. 따라서 응답은 현재 상태 그대로 두자.

단축 URL 정보 조회 API의 경우에는 shortenUrlKey를 @PathVariable로 받아 shortenUrlKey에 해당하는 단축 URL 정보를 응답으로 주면 된다. 단축 URL 정보에는 우리가 도메인을 정의해 줬던 것처럼 원래의 URL, 단축된 URL, 리다이렉트 횟수가 들어가면 된다. 이러한 내용을 기반으로 DTO와 컨트롤러를 다음처럼 구현해 보자.

ShortenUrlInformationDto.java

```java
package kr.co.shortenurlservice.presentation;

public class ShortenUrlInformationDto {
    private String originalUrl;
    private String shortenUrlKey;
```

```java
    private Long redirectCount;

    public String getOriginalUrl() {
        return originalUrl;
    }

    public String getShortenUrlKey() {
        return shortenUrlKey;
    }

    public Long getRedirectCount() {
        return redirectCount;
    }
}
```

ShortenUrlRestController.java

```java
package kr.co.shortenurlservice.presentation;

import org.springframework.http.ResponseEntity;
import org.springframework.web.bind.annotation.*;

import jakarta.validation.Valid;

@RestController
public class ShortenUrlRestController {

(생략)

    @RequestMapping(value = "/{shortenUrlKey}", method = RequestMethod.GET)
    public ResponseEntity<?> redirectShortenUrl(
            @PathVariable String shortenUrlKey
    ) {
        return ResponseEntity.ok().body(null);
    }

    @RequestMapping(value = "/shortenUrl/{shortenUrlKey}", method = RequestMethod.GET)
    public ResponseEntity<ShortenUrlInformationDto> getShortenUrlInformation(
            @PathVariable String shortenUrlKey
    ) {
        return ResponseEntity.ok().body(null);
```

```
            }

        }
```

컨트롤러와 DTO는 적절히 추가된 것 같다. 이번에는 서비스와 레포지토리를 중심으로 과제의 요구 사항에 부합하는 단축 URL 기능을 구현해 보자.

단축 URL 기능 구현

컨트롤러 코드는 어느 정도 틀을 갖췄으므로 서비스 코드와 레포지토리 코드를 구현해 전체 코드를 완성하면 된다. 서비스 코드와 레포지토리 코드는 함께 구현하게 될 텐데, 먼저 서비스 코드에 어떤 메서드가 필요한지부터 정의해야 한다. 서비스는 컨트롤러에 의해 호출되므로 컨트롤러에 있는 API 별로 어떤 기능이 수행되어야 하는지 미리 정의해야 하기 때문이다.

단축 URL 생성 기능 추가 – 컨트롤러와 서비스

단축 URL을 생성하는 API를 호출할 때는 원래의 URL을 단축 URL로 바꿔 주고, 그것을 저장하는 기능이 실행되어야 한다. 컨트롤러 입장에서는 URL이 저장된다는 사실을 알 필요가 없다. 컨트롤러 입장에서 생각해 보면 이것은 원래의 URL에 해당하는 단축 URL을 생성하는 과정이라고 볼 수 있다. 따라서 'generateShortenUrl' 같은 이름의 메서드를 사용하면 적절하다. 파라미터는 당연히 'ShortenUrlCreateRequestDto'가 된다. application 계층에 SimpleShortenUrlService 클래스를 추가하고 다음과 같은 코드를 추가하자.

SimpleShortenUrlService.java

```
package kr.co.shortenurlservice.application;

import kr.co.shortenurlservice.presentation.ShortenUrlCreateRequestDto;
import kr.co.shortenurlservice.presentation.ShortenUrlCreateResponseDto;
import org.springframework.stereotype.Service;

@Service
public class SimpleShortenUrlService {
```

```
    public ShortenUrlCreateResponseDto generateShortenUrl(
            ShortenUrlCreateRequestDto shortenUrlCreateRequestDto
    ) {
        return null;
    }

}
```

응답은 ShortenUrlCreateResponseDto가 된다. generateShortenUrl 메서드에서 해야 하는 일은 다음과 같다.

1. 단축 URL 키(Key) 생성
2. 원래의 URL과 단축 URL 키를 통해 ShortenUrl 도메인 객체 생성
3. 생성된 ShortenUrl을 레포지토리를 통해 저장
4. ShortenUrl을 ShortenUrlCreateResponseDto로 변환하여 반환

단축 URL 애플리케이션에서 상품 관리 애플리케이션과 다른 부분은 상품 관리 애플리케이션에서 ProductDto를 그대로 Product로 변환해 주는 과정에 있다. 상품 관리 애플리케이션은 간단한 CRUD만 진행하는 애플리케이션이었기 때문에 클라이언트가 모든 데이터를 채워서 보내줬지만, 단축 URL 서비스는 다르다. 단축 URL의 키는 사용자가 지정하여 보내는 것이 아니라, 애플리케이션 내에서 생성된다. 따라서 DTO를 그대로 변환하는 것이 아니라 오직 originalUrl이라는 문자열 만 가져오고, 단축 URL 키는 애플리케이션에서 생성된 값을 사용한다. 이 코드는 잠시 후 구현해 보고, 이어서 컨트롤러에서 generateShortenUrl를 호출하도록 변경해 보자. 다음과 같이 컨트롤러 의 코드를 수정하면 된다.

ShortenUrlRestController.java

```
package kr.co.shortenurlservice.presentation;

import kr.co.shortenurlservice.application.SimpleShortenUrlService;
import org.springframework.beans.factory.annotation.Autowired;
import org.springframework.http.ResponseEntity;
import org.springframework.web.bind.annotation.*;

import jakarta.validation.Valid;
```

```java
@RestController
public class ShortenUrlRestController {

    private SimpleShortenUrlService simpleShortenUrlService;

    @Autowired
    ShortenUrlRestController(SimpleShortenUrlService simpleShortenUrlService) {
        this.simpleShortenUrlService = simpleShortenUrlService;
    }

    @RequestMapping(value = "/shortenUrl", method = RequestMethod.POST)
    public ResponseEntity<ShortenUrlCreateResponseDto> createShortenUrl(
            @Valid @RequestBody ShortenUrlCreateRequestDto
shortenUrlCreateRequestDto
    ) {
        ShortenUrlCreateResponseDto shortenUrlCreateResponseDto =
            simpleShortenUrlService.generateShortenUrl(shortenUrlCreateRequestDto);
        return ResponseEntity.ok(shortenUrlCreateResponseDto);
    }

(생략)

}
```

컨트롤러는 애플리케이션 서비스를 믿고 호출하기 때문에 지금 이 상태로도 코드가 컴파일되어 실행되는 것에는 문제 없다. 물론 아직 서비스의 메서드가 구현되지 않았기 때문에 기능이 작동하지는 않는다.

이제 단축 URL을 생성하는 기능을 수행하는 서비스 메서드를 구현해 보자. ShortenUrl에 대한 레포지토리 인터페이스를 domain 계층에 추가하기 위해 다음과 같은 코드를 추가해 보자.

ShortenUrlRepository.java

```java
package kr.co.shortenurlservice.domain;

public interface ShortenUrlRepository {
}
```

```java
package kr.co.shortenurlservice.application;

import kr.co.shortenurlservice.domain.ShortenUrlRepository;
import kr.co.shortenurlservice.presentation.ShortenUrlCreateRequestDto;
import kr.co.shortenurlservice.presentation.ShortenUrlCreateResponseDto;
import org.springframework.beans.factory.annotation.Autowired;
import org.springframework.stereotype.Service;

@Service
public class SimpleShortenUrlService {

    private ShortenUrlRepository shortenUrlRepository;

    @Autowired
    SimpleShortenUrlService(ShortenUrlRepository shortenUrlRepository) {
        this.shortenUrlRepository = shortenUrlRepository;
    }

    public ShortenUrlCreateResponseDto generateShortenUrl(
            ShortenUrlCreateRequestDto shortenUrlCreateRequestDto
    ) {
        return null;
    }

}
```

단축 URL 생성 기능 추가 – 단축 URL 생성 로직

generateShortenUrl이 해야 하는 일을 다시 생각해 보자. 가장 먼저 해야 할 일은 단축 URL 키를 생성하는 작업이다. 단축 URL 키는 어떻게 생성해야 할까? 요구사항을 다시 한번 살펴보자.

- **단축된 URL의 키는 8글자로 생성되어야** 합니다. '**단축된 URL의 키**'는 '**https :/bit.ly/3onGWgK**'에서 경로(Path)에 해당하는 '**3onGWgK**'를 의미합니다. bitly에서는 7글자의 키를 사용합니다.
- **키 생성 알고리즘은 자유롭게 구현**하시면 됩니다.

단축된 URL의 키는 8글자이면서, 그 생성 알고리즘을 자유롭게 구현하면 된다는 요구사항이었다.

자유롭게 구현하라고는 했지만, 여기에는 반드시 논리가 있어야 한다. 아무 문자열이나 그냥 사용하기 보다는 어떤 문자열을 단축 URL의 키로 사용하는 것이 적절할지 생각해 봐야 한다. 우리는 Base56 이라는 인코딩 방식에 사용되는 문자열을 사용하는 방법으로 진행한다. Base56에 사용되는 문자열 은 다음과 같은 집합이다.

- 23456789ABCDEFGHJKLMNPQRSTUVWXYZabcdefghijkmnpqrstuvwxyz

문자열 집합을 보면 숫자, 알파벳 대소문자에서 몇 가지 문자가 빠져 있는 것을 알 수 있다. 빠진 문자 들은 서로 비슷하게 생겨 헷갈리기 때문이다.

- 숫자 0, 대문자 오(O), 소문자 오(o)
- 숫자 1, 대문자 아이(I), 소문자 엘(l)

Base56은 인코딩 방식 중 하나로, 여러분이 직접 무언가를 인코딩할 필요는 없다. 해당 문자열을 사 용하여 랜덤하게 단축 URL 키를 생성하면 된다. 그래서 우리는 다음과 같은 Base56 문자열 생성 메서드를 ShortenUrl에 추가해 줬다.

ShortenUrl.java

```java
package kr.co.shortenurlservice.domain;

import java.util.Random;

public class ShortenUrl {
    private String originalUrl;
    private String shortenUrlKey;
    private Long redirectCount;

    public static String generateShortenUrlKey() {
        String base56Characters = "23456789ABCDEFGHJKLMNPQRSTUVWXYZabcdefghijkmnpqrs
tuvwxyz";
        Random random = new Random();
        StringBuilder shortenUrlKey = new StringBuilder();

        for(int count = 0; count < 8; count++) {
            int base56CharactersIndex = random.nextInt(0, base56Characters.length());
            char base56Character = base56Characters.charAt(base56CharactersIndex);
```

```
            shortenUrlKey.append(base56Character);
        }

        return shortenUrlKey.toString();
    }
}
```

여기서 잠깐

인코딩

인코딩(Encoding)은 암호화(Encryption)와는 다르게 데이터 전송과 같이 특정 목적을 위해 데이터를 일정한 형태로 변환하는 행위를 의미한다. 암호화는 다른 사람들이 데이터를 보지 못하도록 데이터에 암호키(Secret Key)를 부여하는 방식으로, 암호키를 알아야만 데이터를 볼 수 있다.

인코딩의 경우에는 암호키를 사용하지 않고, 어떤 인코딩 방식을 사용했는지만 알면 그대로 디코딩하여 원래 데이터를 볼 수 있다.

추가한 코드는 반복문을 돌며 Base56 문자열을 하나씩 뽑아서 StringBuilder로 붙이는 과정을 여덟 번 반복한 후 반환한다. 'StringBuilder는 스레드 세이프하지 않는 클래스인 이 방법을 사용해도 괜찮을까?'라는 의문이 들 수 있다. 메서드 내에 있는 지역변수는 해당 스레드 내에서만 사용되기 때문에 괜찮다. 우리가 스레드 세이프하지 않은 ArrayList를 자주 사용하는 것과 같은 이유이다.

여기서 잠깐

generateShortenUrlKey 메서드 내에 선언된 지역변수

스프링 부트 프로젝트를 실행하면 그 안에 사용자들의 요청을 처리하는 '톰캣(Tomcat)'이라는 서버가 실행되고, 이 톰캣이 사용자의 요청을 처리한다. 톰캣은 기본 설정에서 총 200개의 스레드를 띄워 두고 요청을 처리할 준비를 하는데, 스레드가 준비된 상태에서 사용자의 요청이 들어오면 하나의 스레드를 할당하여 요청을 처리하기 시작한다. 컨트롤러에서부터 로직이 실행되고 본문에 작성한 generateShortenUrlKey 메서드 역시 실행되어 요청이 처리된다.

이때 스레드는 로직을 실행하면서 스택(Stack)이라는 독자적인 메모리 영역을 가지게 되고, 이 스택에는 지역변수 같은 것이 저장된다. 즉, 지역변수는 각 스레드의 스택에 저장되기 때문에 서로 다른 스레드 간에 공유되지 않으므로 StringBuilder를 사용해도 문제가 없다.

이 메서드를 활용하여 generateShortenUrl 메서드를 구현하기 위해 다음과 같이 코드를 수정하자.

SimpleShortenUrlService.java

```java
package kr.co.shortenurlservice.application;

import kr.co.shortenurlservice.domain.ShortenUrl;
import kr.co.shortenurlservice.domain.ShortenUrlRepository;
import kr.co.shortenurlservice.presentation.ShortenUrlCreateRequestDto;
import kr.co.shortenurlservice.presentation.ShortenUrlCreateResponseDto;
import org.springframework.beans.factory.annotation.Autowired;
import org.springframework.stereotype.Service;

@Service
public class SimpleShortenUrlService {

    private ShortenUrlRepository shortenUrlRepository;

    @Autowired
    SimpleShortenUrlService(ShortenUrlRepository shortenUrlRepository) {
        this.shortenUrlRepository = shortenUrlRepository;
    }

    public ShortenUrlCreateResponseDto generateShortenUrl(
            ShortenUrlCreateRequestDto shortenUrlCreateRequestDto
    ) {
        String originalUrl = shortenUrlCreateRequestDto.getOriginalUrl();
        String shortenUrlKey = ShortenUrl.generateShortenUrlKey();

        ShortenUrl shortenUrl = new ShortenUrl(originalUrl, shortenUrlKey);
        shortenUrlRepository.saveShortenUrl(shortenUrl);

        ShortenUrlCreateResponseDto shortenUrlCreateResponseDto = new ShortenUrlCreateResponseDto(shortenUrl);
        return shortenUrlCreateResponseDto;
    }

}
```

이 코드는 아직 실행이 되지 않는다. 아직 ShortenUrl의 문자열 2개를 받는 생성자가 없고, ShortenUrlRepository 인터페이스에 saveShortenUrl 메서드가 없고, ShortenUrlCreateResponseDto에도 ShortenUrl을 받을 수 있는 생성자가 없기 때문이다.

다음과 같이 ShortenUrl, ShortenUrlRepository, ShortenUrlCreateResponseDto 코드를 수정하면 코드를 실행할 수 있다.

ShortenUrl.java

```java
package kr.co.shortenurlservice.domain;

import java.util.Random;

public class ShortenUrl {
    private String originalUrl;
    private String shortenUrlKey;
    private Long redirectCount;

    public ShortenUrl(String originalUrl, String shortenUrlKey) {
        this.originalUrl = originalUrl;
        this.shortenUrlKey = shortenUrlKey;
        this.redirectCount = 0L;
    }

    public String getOriginalUrl() {
        return originalUrl;
    }

    public String getShortenUrlKey() {
        return shortenUrlKey;
    }

    public Long getRedirectCount() {
        return redirectCount;
    }

    (생략)
}
```

ShortenUrlRepository.java

```java
package kr.co.shortenurlservice.domain;

public interface ShortenUrlRepository {
    void saveShortenUrl(ShortenUrl shortenUrl);
}
```

ShortenUrlCreateResponseDto.java

```java
package kr.co.shortenurlservice.presentation;

import kr.co.shortenurlservice.domain.ShortenUrl;

public class ShortenUrlCreateResponseDto {
    private String originalUrl;
    private String shortenUrlKey;

    public ShortenUrlCreateResponseDto(ShortenUrl shortenUrl) {
        this.originalUrl = shortenUrl.getOriginalUrl();
        this.shortenUrlKey = shortenUrl.getShortenUrlKey();
    }

    public String getOriginalUrl() {
        return originalUrl;
    }

    public String getShortenUrlKey() {
        return shortenUrlKey;
    }
}
```

ShortenUrl에 있는 originalUrl과 shortenUrlKey에 대한 getter의 경우 ShortenUrlCreateResponseDto에서 사용해야 하기 때문에 함께 추가하고, redirectCount도 앞으로 사용할 것이므로 미리 추가해 줬다.

단축 URL 생성 기능 추가 – 생성된 단축 URL 저장 로직

다음으로 레포지토리 코드를 추가하자. ShortenUrl을 저장하는 메서드를 구현하면 되는데, 인터페이스에는 이미 추가해 줬고, 요구사항에는 '데이터베이스 없이 컬렉션을 활용하여 데이터를 저장해야 한다'는 내용만 있을 뿐 어떤 컬렉션을 활용해야 하는지는 나와 있지 않다.

단축 URL 키를 통해 단축 URL을 찾아내기 때문에 Map이 적절할 것이다. 단축 URL의 키를 통해 매핑된 값을 찾는 연산에 List를 사용하면 List의 0번째 요소부터 비교하는 비효율적인 과정이 필요하다. 그런데 Map은 Collection 인터페이스 밑에 있는 존재가 아닌데, 컬렉션이라고 할 수 있을까? 일반적으로는 맵도 컬렉션 프레임워크의 일부로 본다. 인터페이스 상속 관계에서는 포함되지 않았다는 점만 명확히 알고 있자. 그럼 다음과 같이 Map으로 구현된 MapShortenUrlRepository를 추가하자.

MapShortenUrlRepository.java

```java
package kr.co.shortenurlservice.infrastructure;

import kr.co.shortenurlservice.domain.ShortenUrl;
import kr.co.shortenurlservice.domain.ShortenUrlRepository;
import org.springframework.stereotype.Repository;

import java.util.Map;
import java.util.concurrent.ConcurrentHashMap;

@Repository
public class MapShortenUrlRepository implements ShortenUrlRepository {

    private Map<String, ShortenUrl> shortenUrls = new ConcurrentHashMap<>();

    @Override
    public void saveShortenUrl(ShortenUrl shortenUrl) {
        shortenUrls.put(shortenUrl.getShortenUrlKey(), shortenUrl);
    }

}
```

Map을 인터페이스로 ConcurrentHashMap 구현체를 사용한 MapShortenUrlRepository를 추가해 줬다. Map에 저장할 때는 단축 URL의 키를 Map의 키로 사용하고, 밸류Value는 ShortenUrl 자체를 저장한다.

여기까지 개발하면 단축된 URL이 Map에 정상적으로 저장된다. 디버그 모드로 실행한 후 브레이크 포인트를 걸어 코드의 작동을 바로 확인할 수도 있지만, 우리는 단축 URL의 정보를 조회할 수 있는 API를 추가하여 확인해 보자.

단축 URL 정보 조회 기능 추가

단축 URL 정보 조회 기능을 추가하기 위해 컨트롤러, 서비스, 레포지토리에 다음과 같은 코드를 추가한다. 어려운 코드가 아니기 때문에 하나씩 살펴보면 충분히 이해할 수 있을 것이다.

ShortenUrlRestController.java

```java
(생략)

@RestController
public class ShortenUrlRestController {

(생략)

    @RequestMapping(value = "/shortenUrl/{shortenUrlKey}", method = RequestMethod.GET)
    public ResponseEntity<ShortenUrlInformationDto> getShortenUrlInformation(
            @PathVariable String shortenUrlKey
    ) {
        ShortenUrlInformationDto shortenUrlInformationDto =
            simpleShortenUrlService.getShortenUrlInformationByShortenUrlKey(shortenU
rlKey);
        return ResponseEntity.ok(shortenUrlInformationDto);
    }

}
```

SimpleShortenUrlService.java

```java
(생략)

@Service
public class SimpleShortenUrlService {

(생략)
```

```java
    public ShortenUrlInformationDto getShortenUrlInformationByShortenUrlKey(String
shortenUrlKey) {
        ShortenUrl shortenUrl = shortenUrlRepository.findShortenUrlByShortenUrlKey(s
hortenUrlKey);

        ShortenUrlInformationDto shortenUrlInformationDto = new ShortenUrlInformati
onDto(shortenUrl);

        return shortenUrlInformationDto;
    }

}
```

ShortenUrlInformationDto.java

```java
package kr.co.shortenurlservice.presentation;

import kr.co.shortenurlservice.domain.ShortenUrl;

public class ShortenUrlInformationDto {
    private String originalUrl;
    private String shortenUrlKey;
    private Long redirectCount;

    public ShortenUrlInformationDto(ShortenUrl shortenUrl) {
        this.originalUrl = shortenUrl.getOriginalUrl();
        this.shortenUrlKey = shortenUrl.getShortenUrlKey();
        this.redirectCount = shortenUrl.getRedirectCount();
    }

    public String getOriginalUrl() {
        return originalUrl;
    }

    public String getShortenUrlKey() {
        return shortenUrlKey;
    }

    public Long getRedirectCount() {
        return redirectCount;
    }
}
```

ShortenUrlRepository.java

```java
package kr.co.shortenurlservice.domain;

public interface ShortenUrlRepository {
    void saveShortenUrl(ShortenUrl shortenUrl);
    ShortenUrl findShortenUrlByShortenUrlKey(String shortenUrlKey);
}
```

MapShortenUrlRepository.java

```java
(생략)

@Repository
public class MapShortenUrlRepository implements ShortenUrlRepository {

    private Map<String, ShortenUrl> shortenUrls = new ConcurrentHashMap<>();

    @Override
    public void saveShortenUrl(ShortenUrl shortenUrl) {
        shortenUrls.put(shortenUrl.getShortenUrlKey(), shortenUrl);
    }

    @Override
    public ShortenUrl findShortenUrlByShortenUrlKey(String shortenUrlKey) {
        ShortenUrl shortenUrl = shortenUrls.get(shortenUrlKey);
        return shortenUrl;
    }

}
```

컨트롤러에서 @PathVariable로 받은 shortenUrlKey를 사용하여 ShortenUrl을 조회하고, 다시 ShortenUrlInformationDto로 변환하여 컨트롤러에게 반환한 후 클라이언트에게 응답을 준다. 실제로 그대로 작동하는지 다음과 같이 Postman으로 테스트해 보자.

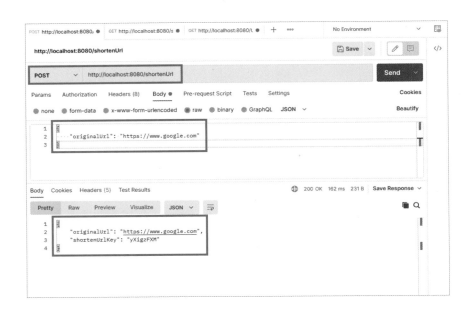

생성 요청을 했을 때는 Key가 잘 생성되어 응답으로 오므로 shortenUrlKey를 복사하여 조회도 잘 되는지 확인해 보자. 다음과 같이 단축 URL의 정보를 조회했을 때도 원래의 URL이 잘 조회되는 것을 볼 수 있다.

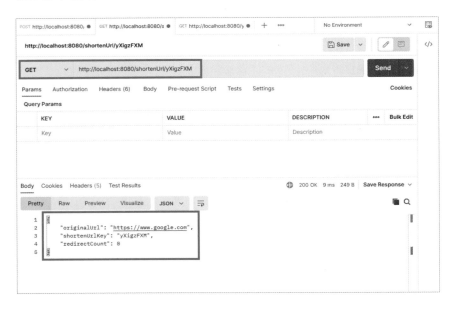

단축 URL 리다이렉트 기능 추가

이어서 단축 URL 서비스의 가장 핵심 기능인 리다이렉트되는 API를 구현해 보자. SimpleShortenUrlService의 getShortenUrlInformationByShortenUrlKey를 그대로 사용하면 될 것 같지만, 이 메서드와는 세부적인 동작이 다르다. '단축된 URL → 원본 URL로 **리다이렉트될 때마다 카운트가 증가**되어야 하고, 해당 정보를 확인할 수 있는 API가 있어야 한다'는 요구사항에 따라 원본 URL로 리다이렉트될 때마다 카운트가 증가되어야 하기 때문이다. 따라서 서비스에 다음과 같은 새로운 메서드를 추가한다.

SimpleShortenUrlService.java

```
(생략)

@Service
public class SimpleShortenUrlService {

(생략)

    public String getOriginalUrlByShortenUrlKey(String shortenUrlKey) {
        ShortenUrl shortenUrl = shortenUrlRepository.findShortenUrlByShortenUrlKey(s
hortenUrlKey);

        shortenUrl.increaseRedirectCount();
        shortenUrlRepository.saveShortenUrl(shortenUrl);

        String originalUrl = shortenUrl.getOriginalUrl();

        return originalUrl;
    }

(생략)

}
```

'shortenUrl.increaseRedirectCount();' 부분은 아직 없는 메서드를 활용한다. 해당 메서드를 ShortenUrl에 추가해 줘야 하므로 다음과 같이 ShortenUrl의 redirectCount를 1 증가시켜 주는 메서드를 추가해 주자.

ShortenUrl.java

```
(생략)

public class ShortenUrl {
(생략)

    public void increaseRedirectCount() {
        this.redirectCount = this.redirectCount + 1;
    }

(생략)
}
```

그런데 방금 추가한 메서드는 다음과 같은 코드를 사용해도 결과가 동일하다.

getter와 setter를 사용하는 getOriginalUrlByShortenUrlKey

```
public String getOriginalUrlByShortenUrlKey(String shortenUrlKey) {
    ShortenUrl shortenUrl = shortenUrlRepository.findShortenUrlByShortenUrlKey
(shortenUrlKey);

    shortenUrl.setRedirectCount(shortenUrl.getRedirectCount() + 1);
    shortenUrlRepository.saveShortenUrl(shortenUrl);

    String originalUrl = shortenUrl.getOriginalUrl();

    return originalUrl;
}
```

이처럼 getter와 setter를 사용하면 동일한 기능을 만들 수 있지만, 최대한 getter와 setter의 사용을 지양해 도메인 객체가 풍부하고 표현력 있는 메서드를 가지도록 만들자.

리다이렉트 기능의 핵심은 컨트롤러이다. 서비스에서 가져온 originalUrl을 응답 헤더의 Location으로 설정해 주고, 상태 코드를 301로 변경해 주는 두 가지 동작을 해야 한다. 이 사실만 알고 있으면 관련 코드를 검색해 쉽게 찾을 수 있다. 우리는 연습을 위해 다음 코드를 활용해 컨트롤러를 만들어 보자.

ShortenUrlRestController.java

```java
package kr.co.shortenurlservice.presentation;

import kr.co.shortenurlservice.application.SimpleShortenUrlService;
import org.springframework.beans.factory.annotation.Autowired;
import org.springframework.http.HttpHeaders;
import org.springframework.http.HttpStatus;
import org.springframework.http.ResponseEntity;
import org.springframework.web.bind.annotation.*;

import jakarta.validation.Valid;
import java.net.URI;
import java.net.URISyntaxException;

@RestController
public class ShortenUrlRestController {

(생략)

    @RequestMapping(value = "/{shortenUrlKey}", method = RequestMethod.GET)
    public ResponseEntity<?> redirectShortenUrl(
            @PathVariable String shortenUrlKey
    ) throws URISyntaxException {
        String originalUrl = simpleShortenUrlService.getOriginalUrlByShortenUrlKey
(shortenUrlKey);

        URI redirectUri = new URI(originalUrl);
        HttpHeaders httpHeaders = new HttpHeaders();
        httpHeaders.setLocation(redirectUri);

        return new ResponseEntity<>(httpHeaders, HttpStatus.MOVED_PERMANENTLY);
    }

(생략)

}
```

다음과 같이 애플리케이션을 재시작하고 단축 URL을 생성해 리다이렉트 요청을 해보자. URL 단축
도, 리다이렉트도 잘 되는 것을 확인할 수 있다.

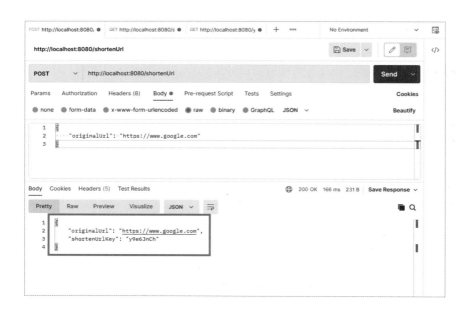

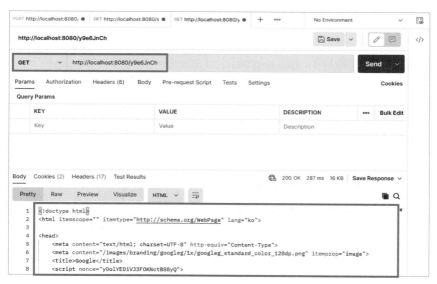

상태 코드 301과 Location 헤더를 확인하지 못한 채 바로 원래의 URL로 이동해 버렸다면 Postman 설정을 변경해 확인할 수 있다. 상단 메뉴에 있는 설정(⚙) 아이콘을 클릭한 후 [Settings]를 선택하자.

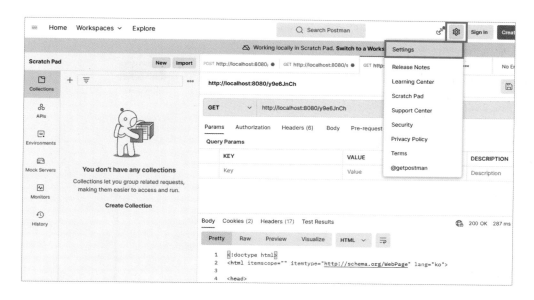

[SETTINGS] 창에서 [Automatically follow redirects]의 상태를 비활성화하고 다시 요청하면 상태 코드 301과 Location 헤더를 확인할 수 있다.

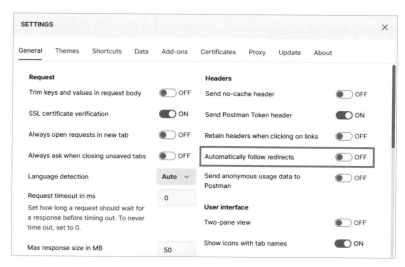

Postman 설정 변경

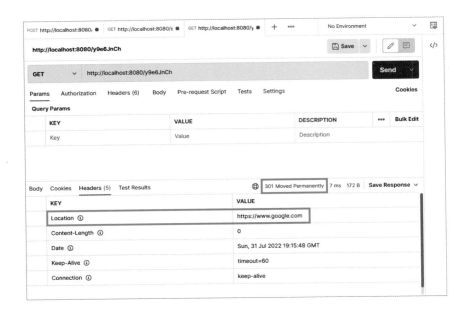

모든 과정은 bitly의 기능을 개발자 도구로 확인했던 것과 동일한 방법으로 확인할 수 있다. 웹 브라우저에서 개발자 도구를 켜고 동일한 과정을 거쳐 리다이렉트되는지 확인해 보면 된다.

질문 있습니다

redirectCount가 변경된다는 말은 자원이 변경된다는 뜻 아닌가요?

단축 URL 리다이렉트 API의 메서드를 GET으로 지정해 주는 것에 관해 의문을 가질 수도 있다. 이것은 웹 애플리케이션에서의 '자원'을 어떻게 보느냐에 따라 그 의미가 달라질 수 있다. redirectCount는 게시판형 서비스의 조회수와 동일한 기능을 한다. 조회수는 자원의 상태라고 할 만큼 중요한 정보는 아닐 것이다.

게시판형 서비스의 조회수는 상대적으로 게시글의 제목과 내용보다 중요하지 않다. 단축 URL 서비스에서도 redirectCount의 중요도가 높지 않으므로 그 값이 변한다고 자원의 상태가 변한다고 보지는 않는다.

예외 정의하고 처리하기

여기까지 개발하면 단축 URL 서비스의 기능은 모두 정상 작동하지만, 몇 가지 문제가 될 만한 상황이 남아 있다. 아직 아무 예외도 정의해 주지 않았다는 것이다. 우리가 만든 상품 관리 애플리케이션에서는 대표적으로 다음과 같은 예외 상황이 발생할 수 있다.

- 클라이언트가 요청한 shortenUrlKey를 레포지토리에서 찾을 수 없는 경우
- generateShortenUrlKey로 생성된 단축 URL이 이미 존재하는 shortenUrlKey인 경우

예외적인 상황을 식별하는 능력은 애플리케이션 개발을 많이 경험하다 보면 자연스럽게 길러질 것이다. 대개 일정한 패턴을 가지고 있기 때문이다. 특히 클라이언트가 요청한 자원을 찾지 못하는 경우는 대부분의 애플리케이션에서 발생할 만한 예외 상황이다.

생성된 단축 URL이 이미 존재하는 경우는 단축 URL 서비스가 자체적으로 Key를 랜덤하게 생성하기 때문에 발생하는 예외 상황이다. 8자리에 56개의 문자를 사용하기 때문에 최대 '56의 8제곱' 만큼의 조합을 가질 수 있다. 충분히 큰 숫자이지만, 무한하지는 않고 '생일 역설^{Birthday Paradox}'과 같은 것을 고려해 보면 중복을 확인하지 않는 경우 서비스에서 충돌하는 상황이 쉽게 발생하게 된다.

NOTE 생일 역설이란 우리가 생각하는 것보다 빠르게 경우의 수 중복이 발생할 수 있음을 의미한다. 자세한 내용은 다음 링크를 참고하자.

- https://ko.wikipedia.org/wiki/생일_문제

단축 URL을 찾지 못하는 상황에 대한 예외 추가

그럼 예외를 하나씩 정의하고 처리하는 코드를 만들어 보자. 먼저 클라이언트가 요청한 shortenUrlKey를 레포지토리에서 찾을 수 없는 경우부터 처리한다.

해당 경우를 처리하기에 적절한 두 곳이 있다. SimpleShortenUrlService에서 레포지토리로 ShortenUrl을 조회해 온 후 null 체크를 할 수도 있고, MapShortenUrlRepository에서 findShortenUrlByShortenUrlKey 메서드에서 null 체크를 할 수도 있다. 상품 관리 애플리케이션에서는 레포지토리에서 체크해 줬으므로 이번에는 두 방식을 비교하기 위해 서비스에 추가해 보자.

그럼 우리는 예외부터 정의해 줘야 한다. 예외의 이름은 'NotFoundShortenUrlException' 정도로 짓고 다음과 같이 코드를 추가해 주자.

NotFoundShortenUrlException.java

```java
package kr.co.shortenurlservice.domain;

public class NotFoundShortenUrlException extends RuntimeException {
}
```

그 다음에는 조회된 단축 URL이 없는 경우, 즉 ShortenURL의 값이 null인 경우에 앞서 정의한 NotFoundShortenUrlException 예외가 던져지도록 다음과 같은 코드를 추가하자.

SimpleShortenUrlService.java

```java
(생략)

@Service
public class SimpleShortenUrlService {

(생략)

    public String getOriginalUrlByShortenUrlKey(String shortenUrlKey) {
        ShortenUrl shortenUrl = shortenUrlRepository.findShortenUrlByShortenUrlKey(shortenUrlKey);

        if(null == shortenUrl)
            throw new NotFoundShortenUrlException();

        shortenUrl.increaseRedirectCount();
        shortenUrlRepository.saveShortenUrl(shortenUrl);

        String originalUrl = shortenUrl.getOriginalUrl();

        return originalUrl;
    }

    public ShortenUrlInformationDto getShortenUrlInformationByShortenUrlKey(String shortenUrlKey) {
        ShortenUrl shortenUrl = shortenUrlRepository.findShortenUrlByShortenUrlKey(shortenUrlKey);

        if(null == shortenUrl)
            throw new NotFoundShortenUrlException();

        ShortenUrlInformationDto shortenUrlInformationDto = new ShortenUrlInformationDto(shortenUrl);

        return shortenUrlInformationDto;
    }

}
```

이때 존재하지 않는 shortenUrlKey로 요청했을 때 어떤 상태 코드가 떨어질지 확인하기 위해 다음과 같이 존재하지 않는 단축 URL로 요청해 보자.

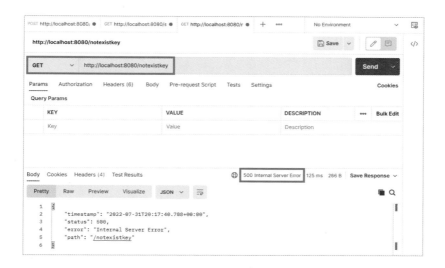

존재하지 않는 shortenUrlKey로 요청했더니 500 상태 코드가 응답된다. 그 이유는 바로 전역 예외 핸들러가 없기 때문이다. 따라서 다음과 같은 전역 예외 핸들러를 추가해 상태 코드 404로 응답받아 보자.

GlobalExceptionHandler.java

```java
package kr.co.shortenurlservice.presentation;

import kr.co.shortenurlservice.domain.NotFoundShortenUrlException;
import org.springframework.http.HttpStatus;
import org.springframework.http.ResponseEntity;
import org.springframework.web.bind.annotation.ExceptionHandler;
import org.springframework.web.bind.annotation.RestControllerAdvice;

@RestControllerAdvice
public class GlobalExceptionHandler {

    @ExceptionHandler(NotFoundShortenUrlException.class)
    public ResponseEntity<String> handleNotFoundShortenUrlException(
            NotFoundShortenUrlException ex
    ) {
```

```
        return new ResponseEntity<>("단축 URL을 찾지 못했습니다.", HttpStatus.NOT_FOUND);
    }

}
```

이제 애플리케이션을 재시작하고 요청해 보면 이번에는 상태 코드 404로 응답하는 것을 확인할 수 있다. 이어서 생성된 단축 URL이 중복되는 상황에 대한 예외도 추가해 보자.

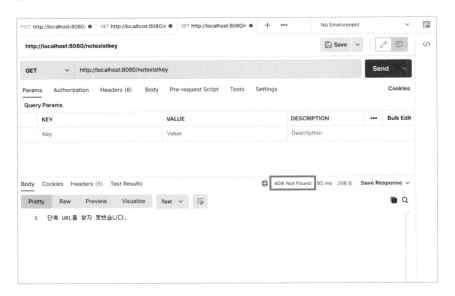

생성된 단축 URL이 중복되는 상황에 대한 예외 추가

generateShortenUrlKey로 생성된 단축 URL이 이미 존재하는 shortenUrlKey인 경우에 대한 예외도 추가하자. 먼저 해당 예외가 발생하는 로직이 어떤 부분이고, 어떻게 처리해야 할지 생각해야 한다. shortenUrlKey는 SimpleShortenUrlService에서 다음과 같은 코드에서 생성된다.

SimpleShortenUrlService.java ShortenUrlkey가 생성되는 코드

```
(생략)

@Service
public class SimpleShortenUrlService {
```

```
    private ShortenUrlRepository shortenUrlRepository;

    @Autowired
    SimpleShortenUrlService(ShortenUrlRepository shortenUrlRepository) {
        this.shortenUrlRepository = shortenUrlRepository;
    }

    public ShortenUrlCreateResponseDto generateShortenUrl(
            ShortenUrlCreateRequestDto shortenUrlCreateRequestDto
    ) {
        String originalUrl = shortenUrlCreateRequestDto.getOriginalUrl();
        String shortenUrlKey = ShortenUrl.generateShortenUrlKey();

        ShortenUrl shortenUrl = new ShortenUrl(originalUrl, shortenUrlKey);
        shortenUrlRepository.saveShortenUrl(shortenUrl);

        ShortenUrlCreateResponseDto shortenUrlCreateResponseDto = new ShortenUrlCre
ateResponseDto(shortenUrl);
        return shortenUrlCreateResponseDto;
    }

(생략)

}
```

ShortenUrl의 static 메서드인 generateShortenUrlKey를 호출하여 랜덤한 Base56 문자열 조
합으로 8개의 shortenUrlKey가 생성되는 것이다.

ShortenUrl.java ShortenUrlkey의 값을 생성하는 코드

```
(생략)

public class ShortenUrl {

(생략)

    public static String generateShortenUrlKey() {
        String base56Characters = "23456789ABCDEFGHJKLMNPQRSTUVWXYZabcdefghijkmnpqr
stuvwxyz";
        Random random = new Random();
```

```
        StringBuilder shortenUrlKey = new StringBuilder();

        for(int count = 0; count < 8; count++) {
            int base56CharactersIndex = random.nextInt(0, base56Characters.length());
            char base56Character = base56Characters.charAt(base56CharactersIndex);

            shortenUrlKey.append(base56Character);
        }

        return shortenUrlKey.toString();
    }
}
```

해당 메서드로 랜덤하게 생성된 shortenUrlKey가 이미 존재하는지는 어떻게 알 수 있을까? 방법은 간단하다. 레포지토리에서 조회하여 이미 존재하는 shortenUrlKey라면 다시 생성하도록 만들면 된다.

그런데 다시 생성했는데도 계속 존재하는 shortenUrlKey라면 어떻게 할까? 무한정 반복해 줄 수는 없고, 한 번 중복이 발생하는 상황이라면 이미 shortenUrlKey 자원이 굉장히 부족해진 상황이므로 계속 중복이 발생할 확률이 높다. 따라서 몇 번 재시도한 후 해당 횟수를 넘어가면 그냥 예외를 던지고 개발자에게 자원이 부족하다고 알려 주는 편이 더 적절할 것이다.

shortenUrlKey 자원이 부족하여 일정 횟수 이상 중복됐을 때 발생하는 예외를 추가해 주자. 다음과 같이 LackOfShortenUrlKeyException 코드를 작성하면 된다.

LackOfShortenUrlKeyException.java

```
package kr.co.shortenurlservice.domain;

public class LackOfShortenUrlKeyException extends RuntimeException {
}
```

다음으로 일정 횟수까지 반복하여 shortenUrlKey를 생성한 후 예외를 던지는 코드를 추가해 보자. 다음과 같이 코드를 작성하면 된다.

SimpleShortenUrlService.java

(생략)

```java
@Service
public class SimpleShortenUrlService {

(생략)

    public ShortenUrlCreateResponseDto generateShortenUrl(
            ShortenUrlCreateRequestDto shortenUrlCreateRequestDto
    ) {
        String originalUrl = shortenUrlCreateRequestDto.getOriginalUrl();
        String shortenUrlKey = "";

        final int MAX_RETRY_COUNT = 5;
        int count = 0;

        while(count++ < MAX_RETRY_COUNT) {
            shortenUrlKey = ShortenUrl.generateShortenUrlKey();
            ShortenUrl shortenUrl = shortenUrlRepository.findShortenUrlByShortenUrlK
ey(shortenUrlKey);

            if(null == shortenUrl)
                break;
        }

        if (count > MAX_RETRY_COUNT )
            throw new LackOfShortenUrlKeyException();

        ShortenUrl shortenUrl = new ShortenUrl(originalUrl, shortenUrlKey);
        shortenUrlRepository.saveShortenUrl(shortenUrl);

        ShortenUrlCreateResponseDto shortenUrlCreateResponseDto = new ShortenUrlCre
ateResponseDto(shortenUrl);
        return shortenUrlCreateResponseDto;
    }

(생략)

}
```

MAX_RETRY_COUNT만큼 반복하여 실행되고, 한 번 반복할 때마다 shortenUrlKey를 생성하고 중복된 shortenUrlKey가 있는지 검사한다. 중복되지 않는 경우 반복문을 빠져나오게 되고, 중복되는 경우 다시 반복하며 count를 증가시킨다. 반복문을 모두 실행하는 경우 count는 MAX_RETRY_COUNT보다 큰 상태가 되기 때문에 해당 상태에서는 예외가 발생되어야 해서 예외를 던져줬다.

그런데 이 코드에는 문제가 있다. generateShortenUrl 메서드가 필요 이상으로 너무 복잡해졌기 때문에 중요한 부분에 집중할 수 없다는 점이다. generateShortenUrl 메서드의 본질적인 역할은 shortenUrlKey를 생성하고, 해당 shortenUrlKey로 ShortenUrl 도메인 객체를 생성한 후 그것을 레포지토리를 통해 저장하는 것이다. 생성된 shortenUrlKey가 중복되는지에 대한 체크는 안정적이고 신뢰성 높은 애플리케이션을 만들기 위해 꼭 필요한 행위지만, 핵심적인 로직은 아니다.

필수적이지만 핵심적이지는 않다는 이야기가 잘 와닿지 않을 수 있다. 이렇게 생각해 보자. 우리는 일반적으로 어떤 서비스를 사용할 때 로그인과 로그아웃이라는 행위를 한다. 로그인을 하여 여러분의 자격을 인증하고, 그 인증 정보를 바탕으로 서비스를 사용한다. 그리고 서비스 사용이 완료된 후에는 로그아웃을 한다. 로그인과 로그아웃은 분명 필수적이다. 그러나 핵심적이라고 말할 수 있을까? 우리는 보통 로그인과 로그아웃을 하려고 서비스를 이용하는 것이 아니라 서비스에서 제공하는 기능을 활용하기 위해 서비스를 사용한다. 따라서 **서비스가 제공하는 기능은 로그인과 로그아웃에 비해 상대적으로 '핵심적'이라고 할 수 있고, 반대로 로그인과 로그아웃은 상대적으로 핵심적이지는 않지만 '필수적'이라고 할 수 있다.**

이처럼 애플리케이션을 개발하다 보면 필수적이긴 하지만, 핵심적이지 않은 로직을 마주하게 된다. 우리는 이런 필수적인 로직과 핵심적인 로직을 분리해서 생각해야 한다. 그래야 좀 더 핵심적인 로직에 집중할 수 있기 때문이다. 핵심적이지는 않지만, 필수적인 로직을 처리하기 위한 방법을 좀 더 알고 싶다면 '관점지향 프로그래밍, AOP^Aspect Oriented Programming'라는 키워드로 검색해 보자.

다시 코드로 돌아와 이번에는 다음처럼 리팩토링을 해줄 차례이다. 간단한 리팩토링만으로도 코드를 읽는 것이 훨씬 쉬워진다.

SimpleShortenUrlService.java

```
(생략)

@Service
public class SimpleShortenUrlService {
```

(생략)

```
    public ShortenUrlCreateResponseDto generateShortenUrl(ShortenUrlCreateRequestDto
shortenUrlCreateRequestDto) {
        String originalUrl = shortenUrlCreateRequestDto.getOriginalUrl();
        String shortenUrlKey = getUniqueShortenUrlKey();

        ShortenUrl shortenUrl = new ShortenUrl(originalUrl, shortenUrlKey);
        shortenUrlRepository.saveShortenUrl(shortenUrl);

        ShortenUrlCreateResponseDto shortenUrlCreateResponseDto = new ShortenUrlCre
ateResponseDto(shortenUrl);
        return shortenUrlCreateResponseDto;
    }
```

(생략)

```
    private String getUniqueShortenUrlKey() {
        final int MAX_RETRY_COUNT = 5;
        int count = 0;

        while(count++ < MAX_RETRY_COUNT) {
            String shortenUrlKey = ShortenUrl.generateShortenUrlKey();
            ShortenUrl shortenUrl = shortenUrlRepository.findShortenUrlByShortenUrlK
ey(shortenUrlKey);

            if(null == shortenUrl)
                return shortenUrlKey;
        }

        throw new LackOfShortenUrlKeyException();
    }

}
```

이렇게 작성하면 원래 있던 ShortenUrl.generateShortenUrlKey를 직접 호출하던 코드와 거의
동일하므로 가독성을 크게 해치지 않는다. LackOfShortenUrlKeyException에 대한 전역 예외
핸들러까지 등록해 주자.

GlobalExceptionHandler.java

(생략)

```java
@RestControllerAdvice
public class GlobalExceptionHandler {

    @ExceptionHandler(LackOfShortenUrlKeyException.class)
    public ResponseEntity<String> handleLackOfShortenUrlKeyException(
        LackOfShortenUrlKeyException ex
    ) {
        // 개발자에게 알려 줄 수 있는 수단 필요
        return new ResponseEntity◇("단축 URL 자원이 부족합니다.", HttpStatus.INTERNAL_
SERVER_ERROR);
    }

(생략)

}
```

---

shortenUrlKey 자원이 부족한 경우는 개발자에게 고지가 필요한 상황이므로 회사나 팀에서 사용하는 적절한 수단을 이용하자. 포트폴리오로 사용할 프로젝트라면 텔레그램과 같은 메신저를 통해 알림을 받는 것도 괜찮은 방법이다.

전역 예외 핸들러를 추가해 줬고, 이제는 해당 예외가 던져지는 것을 확인해 보기 전에 해결해야 할 문제가 있다. LackOfShortenUrlKeyException는 URL 자원이 부족해지는 상황에서 발생하는데, 그 상황을 테스트 코드에서는 어떻게 만들어야 할까? 테스트 코드를 실행시킬 때마다 SimpleShortenUrlService의 getUniqueShortenUrlKey 메서드 내용을 바꾸면 테스트가 가능하겠지만, 실제 실행되는 코드가 테스트되지 않으므로 다른 방법을 찾아야 한다.

여기서 잠깐

DTO와 도메인 객체

앞서 상품 관리 애플리케이션에서는 Product 도메인 객체가 그대로 ProductDto라는 DTO로 1 대 1 매핑되었지만, 단축 URL 서비스에서는 ShortenUrl 도메인 객체가 다음 그림과 같이 세 가지 DTO로 매핑된다.

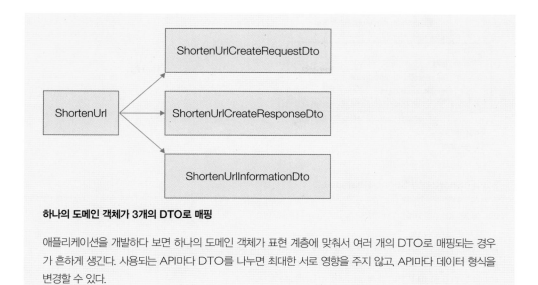

하나의 도메인 객체가 3개의 DTO로 매핑

애플리케이션을 개발하다 보면 하나의 도메인 객체가 표현 계층에 맞춰서 여러 개의 DTO로 매핑되는 경우가 흔하게 생긴다. 사용되는 API마다 DTO를 나누면 최대한 서로 영향을 주지 않고, API마다 데이터 형식을 변경할 수 있다.

테스트 코드 작성하기

LackOfShortenUrlKeyException을 포함하여 다음과 같은 몇 가지 테스트 코드를 작성해 보자.

- 단축 URL을 생성한 후 조회되는지 테스트(통합 테스트)
- LackOfShortenUrlKeyException 발생 테스트(단위 테스트)
- 컨트롤러 MOVED_PERMANENTLY, Location 헤더 테스트(컨트롤러 단위 테스트)

NotFoundShortenUrlException에 대한 테스트가 없어서 의아할 텐데, 이 테스트는 여러분이 작성할 수 있을 것이다. 먼저 가장 기본적인 단축 URL을 생성한 후 조회하는 통합 테스트를 해보자.

단축 URL 생성 후 조회하는 통합 테스트 작성

SimpleShortenUrlService 코드를 테스트하기 위해 test 코드가 위치하는 디렉토리에 동일한 패키지를 추가해 주고, 테스트 클래스를 추가하자. 테스트 코드는 앞서 작성했던 내용을 바탕으로 쉽게 만들 수 있다.

SimpleShortenUrlServiceTest.java

```java
package kr.co.shortenurlservice.application;

import kr.co.shortenurlservice.presentation.ShortenUrlCreateRequestDto;
import kr.co.shortenurlservice.presentation.ShortenUrlCreateResponseDto;
import org.junit.jupiter.api.DisplayName;
import org.junit.jupiter.api.Test;
import org.springframework.beans.factory.annotation.Autowired;
import org.springframework.boot.test.context.SpringBootTest;

import static org.junit.jupiter.api.Assertions.*;

@SpringBootTest
class SimpleShortenUrlServiceTest {

    @Autowired
    private SimpleShortenUrlService simpleShortenUrlService;

    @Test
    @DisplayName("URL을 단축한 후 단축된 URL 키로 조회하면 원래 URL이 조회되어야 한다.")
    void shortenUrlAddTest() {
        String expectedOriginalUrl = "https://www.hanbit.co.kr/";
        ShortenUrlCreateRequestDto shortenUrlCreateRequestDto = new ShortenUrlCreat
eRequestDto(expectedOriginalUrl);

        ShortenUrlCreateResponseDto shortenUrlCreateResponseDto =
simpleShortenUrlService.generateShortenUrl(shortenUrlCreateRequestDto);
        String shortenUrlKey = shortenUrlCreateResponseDto.getShortenUrlKey();

        String originalUrl = simpleShortenUrlService.getOriginalUrlByShortenUrlKey(s
hortenUrlKey);
```

```
        assertTrue(originalUrl.equals(expectedOriginalUrl));
    }

    // 존재하지 않는 단축 URL을 조회하는 경우는 여러분이 테스트 작성해 보기

}
```

테스트를 진행하려면 굵게 표시된 ShortenUrlCreateRequestDto에 대한 생성자를 다음과 같이
추가해야 한다.

ShortenUrlCreateRequestDto.java

```java
package kr.co.shortenurlservice.presentation;

import jakarta.validation.constraints.NotNull;
import org.hibernate.validator.constraints.URL;

public class ShortenUrlCreateRequestDto {

(생략)
    private String originalUrl;

    public ShortenUrlCreateRequestDto() {
    }

    public ShortenUrlCreateRequestDto(String originalUrl) {
        this.originalUrl = originalUrl;
    }

    public String getOriginalUrl() {
        return originalUrl;
    }
}
```

테스트 코드는 이제 제법 익숙해졌으므로 존재하지 않는 단축 URL을 조회하여
NotFoundShortenUrlException이 발생하는 경우에 대해서는 여러분이 직접 테스트 코드를 추
가해 보자.

LackOfShortenUrlKeyException 예외 발생에 대한 단위 테스트 추가

이번에는 LackOfShortenUrlKeyException 발생에 대한 단위 테스트를 작성해 보자. 해당 예외를 단위 테스트하는 이유는 레포지토리가 하는 행위를 테스트 코드 내에서 임의로 지정해 주는 편이 테스트 코드 작성에 유리하기 때문이다. 즉, 모킹을 해주는 것이 적절하다는 의미이다. 다음과 같이 동일한 패키지에 예외를 검증하고 모킹하는 테스트 클래스를 추가해 보자.

SimpleShortenUrlServiceUnitTest.java

```
package kr.co.shortenurlservice.application;

import kr.co.shortenurlservice.domain.LackOfShortenUrlKeyException;
import kr.co.shortenurlservice.domain.ShortenUrl;
import kr.co.shortenurlservice.domain.ShortenUrlRepository;
import kr.co.shortenurlservice.presentation.ShortenUrlCreateRequestDto;
import org.junit.jupiter.api.Assertions;
import org.junit.jupiter.api.DisplayName;
import org.junit.jupiter.api.Test;
import org.junit.jupiter.api.extension.ExtendWith;
import org.mockito.InjectMocks;
import org.mockito.Mock;
import org.mockito.junit.jupiter.MockitoExtension;

import static org.mockito.Mockito.*;

@ExtendWith(MockitoExtension.class)
public class SimpleShortenUrlServiceUnitTest {

    @Mock
    private ShortenUrlRepository shortenUrlRepository;

    @InjectMocks
    private SimpleShortenUrlService simpleShortenUrlService;

    @Test
    @DisplayName("단축 URL이 계속 중복되면 LackOfShortenUrlKeyException 예외가 발생해야한다.")
    void throwLackOfShortenUrlKeyExceptionTest() {
        ShortenUrlCreateRequestDto shortenUrlCreateRequestDto = new ShortenUrlCreat
eRequestDto(null);
```

```
        when(shortenUrlRepository.findShortenUrlByShortenUrlKey(any())).thenReturn(new
ShortenUrl(null, null));

        Assertions.assertThrows(LackOfShortenUrlKeyException.class, () -> {
            simpleShortenUrlService.generateShortenUrl(shortenUrlCreateRequestDto);
        });
    }

}
```

예외를 검증하는 코드는 어렵지 않다. SimpleShortenUrlService의 generateShortenUrl 메서
드를 호출했을 때 LackOfShortenUrlKeyException이 발생하는지를 검증하는 것이다. 모킹하는
코드가 중요한 부분인데, ShortenUrlRepository의 findShortenUrlByShortenUrlKey에 아무
값이나 들어가면 ShortenUrl 인스턴스가 반환되도록 모킹해 줬다. 이 모킹된 코드가 어떤 효과를
가지는지 확인하려면 SimpleShortenUrlService를 살펴봐야 한다.

SimpleShortenUrlService.java 모킹된 코드의 효과 확인

```
(생략)

@Service
public class SimpleShortenUrlService {

(생략)

    public ShortenUrlCreateResponseDto generateShortenUrl(ShortenUrlCreateRequestD
to shortenUrlCreateRequestDto) {
        String originalUrl = shortenUrlCreateRequestDto.getOriginalUrl();
        String shortenUrlKey = getUniqueShortenUrlKey();

        ShortenUrl shortenUrl = new ShortenUrl(originalUrl, shortenUrlKey);
        shortenUrlRepository.saveShortenUrl(shortenUrl);

        ShortenUrlCreateResponseDto shortenUrlCreateResponseDto = new ShortenUrlCre
ateResponseDto(shortenUrl);
        return shortenUrlCreateResponseDto;
    }

(생략)
```

```
    private String getUniqueShortenUrlKey() {
        final int MAX_RETRY_COUNT = 5;
        int count = 0;

        while(count++ < MAX_RETRY_COUNT) {
            String shortenUrlKey = ShortenUrl.generateShortenUrlKey();
            ShortenUrl shortenUrl = shortenUrlRepository.findShortenUrlByShortenUrl
Key(shortenUrlKey);

            if(null == shortenUrl)
                return shortenUrlKey;
        }

        throw new LackOfShortenUrlKeyException();
    }

}
```

굵게 표시된 부분이 모킹된 부분이다. 해당 메서드 호출의 결과로 ShortenUrl 인스턴스가 조회되기 때문에 'if (null == shortenUrl)' 조건문이 참이 되지 못하고, MAX_RETRY_COUNT만큼 반복한 후 반복문을 빠져나와 LackOfShortenUrlKeyException이 발생하게 된다. 그렇게 테스트 코드가 성공할 것이다. 모킹을 활용하면 테스트하기 어려운 코드도 쉽게 테스트할 수 있다. 만약 모킹을 하지 않았다면 생성된 ShortenUrlKey가 다섯 번 중복되는 상황을 만들기 어려웠을 것이다. 테스트 코드를 실행시키면 LackOfShortenUrlKeyException 예외 발생에 대한 테스트가 쉽게 되는 것을 확인할 수 있다.

컨트롤러에 대한 단위 테스트 추가

마지막으로 컨트롤러에서 단축 URL로 조회하여 상태 코드로 MOVED_PERMANENTLY가 반환되고, 헤더에 Location으로 우리가 지정해 준 originalUrl이 넘어오는지를 테스트해 보자. 컨트롤러 단위 테스트는 지금까지 작성했던 테스트 코드와 사용하는 애너테이션이 조금 다르다.

다음의 컨트롤러에 대한 테스트 코드를 보면서 앞에서 작성했던 다른 테스트 코드와의 차이를 확인해 보자.

ShortenUrlRestControllerTest.java

```java
package kr.co.shortenurlservice.presentation;

import kr.co.shortenurlservice.application.SimpleShortenUrlService;
import org.junit.jupiter.api.DisplayName;
import org.junit.jupiter.api.Test;
import org.springframework.beans.factory.annotation.Autowired;
import org.springframework.boot.test.autoconfigure.web.servlet.WebMvcTest;
import org.springframework.boot.test.mock.mockito.MockBean;
import org.springframework.test.web.servlet.MockMvc;

import static org.mockito.Mockito.any;
import static org.mockito.Mockito.when;
import static org.springframework.test.web.servlet.request.MockMvcRequestBuilders.get;
import static org.springframework.test.web.servlet.result.MockMvcResultMatchers.header;
import static org.springframework.test.web.servlet.result.MockMvcResultMatchers.status;

@WebMvcTest(controllers = ShortenUrlRestController.class)
class ShortenUrlRestControllerTest {

    @MockBean
    private SimpleShortenUrlService simpleShortenUrlService;

    @Autowired
    private MockMvc mockMvc;

    @Test
    @DisplayName("원래의 URL로 리다이렉트 되어야한다.")
    void redirectTest() throws Exception {
        String expectedOriginalUrl = "https://www.hanbit.co.kr/";

        when(simpleShortenUrlService.getOriginalUrlByShortenUrlKey(any())).thenReturn(
expectedOriginalUrl);

        mockMvc.perform(get("/any-key"))
                .andExpect(status().isMovedPermanently())
                .andExpect(header().string("Location", expectedOriginalUrl));
    }

}
```

첫 번째로 다른 부분은 클래스 위에 @WebMvcTest라는 애너테이션으로 달려 있는 부분이다. 컨트롤러를 단위 테스트하기 위해 필요한 애너테이션으로, 매개변수로 지정해 준 controllers라는 값에 따라 테스트할 컨트롤러를 지정하는 코드이다.

또한 컨트롤러에 대한 단위 테스트에서는 서비스에 대한 단위 테스트와는 달리 컨트롤러에 대한 빈을 실제로 생성한다. 이 코드와 같이 지정해 주면 ShortenUrlRestController에 대한 빈을 생성하여 테스트 코드가 실행된다. 빈이 생성된다는 의미는 스프링 애플리케이션 컨테이너가 생성되고, 그 안에 컨트롤러에 대한 빈도 생성된다는 의미이다. 즉, 컨트롤러에 대한 단위 테스트지만, 통합 테스트처럼 애플리케이션이 실제로 실행되는 것과 동일한 효과를 낼 수 있다.

처음 등장한 @MockBean 애너테이션은 @Mock 애너테이션과 비슷한 역할을 하지만 조금 다르다. 컨트롤러에 대한 단위 테스트는 스프링 애플리케이션 컨테이너가 실행되기 때문에 컨테이너에 빈을 생성해 줘야만 컨트롤러에서 해당 빈을 주입받아서 코드를 실행시킬 수 있다. @Mock의 경우 스프링 애플리케이션 컨테이너와는 무관하게, @InjectMocks 애너테이션이 붙은 곳으로 의존성을 집어 넣을 수 있었다는 차이가 있다.

MockMvc라는 클래스를 사용하고 있는데, 이 클래스는 컨트롤러를 테스트하기 위한 기능을 가지고 있는 클래스이다. 컨트롤러를 테스트할 때는 컨트롤러의 메서드를 직접 호출하는 것이 아니라 MockMvc를 통해 테스트해야 한다. 그래야 실제로 웹 애플리케이션 서버와 통신하는 것처럼 테스트할 수 있기 때문이다. 만약 메서드를 직접 호출한다면 HTTP 응답이 아니라 반환 값을 줄 것이다. 우리가 컨트롤러를 테스트하는 목적은 HTTP로 클라이언트의 요청에 적절한 응답을 주는지 테스트하는 것이다. 이러한 기능을 수행하기 위해서는 MockMvc를 주입받아서 테스트해야 하며, MockMvc에 대한 빈은 @WebMvcTest 애너테이션으로 테스트 코드를 실행하는 경우에 생성된다. 따라서 @Autowired를 통해 MockMvc 빈을 주입받을 수 있는 것이다.

어려운 내용이므로 잘 이해가 되지 않는다면 우선 필요한 애너테이션이 다르다는 것 정도만 기억해 두고, 추가 자료를 통해 보완하자.

테스트 코드의 내용은 서비스에 대한 단위 테스트와 거의 동일하다. 모킹을 하는 부분이 있기 때문이다. originalUrl을 'https://www.hanbit.co.kr/'로 지정해 주고, 해당 URL로 리다이렉트시켜 주는지를 테스트하면 된다. SimpleShortenUrlService는 분명 빈이 생성되지만, 그 정체는 목 객체이므로 모킹을 해줘야 하는 것이다. 그래서 우리는 아무 값이나 인자로 넘겨주면 'https://www.hanbit.co.kr/'를 반환하도록 모킹해 주고, MockMvc를 통해 클라이언트가 서버로 요청을 보낸 것처럼 호출해 주고 있다.

MockMvc에 대해 perform 메서드를 호출하는 것은 인자로 지정한 행위를 한다는 뜻이다. 즉, 직관적으로 '/any-key'라는 경로로 GET 메서드 요청을 하는 것이다. 그렇다면 다음 중 어떤 @RequestMapping에 걸릴까?

1. @RequestMapping(value = "/shortenUrl", method = RequestMethod.POST)
2. @RequestMapping(value = "/{shortenUrlKey}", method = RequestMethod.GET)
3. @RequestMapping(value = "/shortenUrl/{shortenUrlKey}", method = RequestMethod.GET)

당연히 2번에 걸리게 되고, 다음과 같은 코드가 실행된다.

```
ShortenUrlRestController.java의 일부

(생략)

@RequestMapping(value = "/{shortenUrlKey}", method = RequestMethod.GET)
public ResponseEntity<?> redirectShortenUrl(
        @PathVariable String shortenUrlKey
) throws URISyntaxException {
    String originalUrl = simpleShortenUrlService.getOriginalUrlByShortenUrlKey(shor
tenUrlKey);

    URI redirectUri = new URI(originalUrl);
    HttpHeaders httpHeaders = new HttpHeaders();
    httpHeaders.setLocation(redirectUri);

    return new ResponseEntity<>(httpHeaders, HttpStatus.MOVED_PERMANENTLY);
}

(생략)
```

굵게 표시된 부분이 앞서 모킹된 코드이다. SimpleShortenUrlService는 테스트 대상이 아니기 때문에 목 객체를 넣어 줬고, 그에 따라 모킹해 줬다는 사실을 기억하자. 해당 값에서는 항상 'https://www.hanbit.co.kr/'이 조회될 것이고, 그 후에는 그 아래 있는 코드에 의해 상태 코드와 헤더가 설정된다. 테스트 코드에서는 이를 .andExpect로 검증한다. 검증하는 방법은 코드를 천천히 읽어 보면서 이해하자.

지금까지 작성한 테스트 코드를 실행해 결과를 직접 확인해 보고, 더 필요해 보이는 테스트 코드가 있다면 직접 추가해 보자.

UI 구현하기

UI의 구성 요소는 하나하나를 모두 설명하지 않고, 완성된 코드로 살펴보자. UI를 추가하는 방법에는 여러 가지가 있는데, 하나의 스프링 부트 프로젝트 내에 UI를 포함하기 위해서는 다음과 같은 두 가지 방법을 고려할 수 있다.

- MVC 패턴을 통해 뷰(View)를 추가하는 방법
- 정적(static) 리소스로 HTML 페이지를 추가하는 방법

첫 번째 방법을 사용하면 @RestController 말고 @Controller를 추가해 줘야 한다. 즉, API 형태로 통신하는 컨트롤러 말고 또 다른 컨트롤러가 추가되어야 하므로 우리는 두 번째 방법으로 UI를 추가해 보자.

정적 리소스로 HTML 페이지 추가하기

resources/static 경로에 index.html이라는 파일을 추가하고, 다음 내용을 참고해 작성하자.

index.html

```html
<html lang="kr">
    <head>
        <meta charset="utf-8">
        <title>URL 단축 서비스</title>
    </head>
    <body>
        <h1>URL 단축 서비스</h1>
        <div>
            <form onsubmit="return makeShortenUrl();">
                <input type="url" id="originalUrl" placeholder="단축할 URL을 입력하세요"
size="50" required autofocus>
                <input type="submit" value="단축 URL 생성">
            </form>
            단축된 URL : <span id="generatedUrl"></span>
        </div>
        <br>
        <hr>
        <br>
        <h2>단축 URL 정보 조회</h2>
```

```
<div>
    <form onsubmit="return getShortenUrlInformation();">
        <input type="url" id="shortenUrl" placeholder="정보를 조회할 단축 URL을
입력하세요" size="50" required>
        <input type="submit" value="단축 URL 정보 조회">
    </form>
    단축 URL 정보 : <span id="shortenUrlInformation"></span>
</div>
<script>
    function makeShortenUrl() {
        const originalUrl = document.querySelector('#originalUrl').value;
        const requestObject = {originalUrl: originalUrl};
        const requestJson = JSON.stringify(requestObject);

        function onReadyStateChange(event) {
        if (ajaxRequest.readyState === XMLHttpRequest.DONE) {
            if (ajaxRequest.status === 200) {
                    const shortenUrl = JSON.parse(ajaxRequest.responseText);
                    const completedShortenUrl = window.location.protocol +
"//" + window.location.host + "/" +
                        shortenUrl.shortenUrlKey;

                    const generatedUrlDom = document.
querySelector('#generatedUrl');
                    generatedUrlDom.innerHTML = completedShortenUrl;
                } else {
                    console.error('request failed');
                }
            }
        }

        const ajaxRequest = new XMLHttpRequest();

        ajaxRequest.onreadystatechange = onReadyStateChange;
        ajaxRequest.open('POST', '/shortenUrl');
        ajaxRequest.setRequestHeader('Content-Type', 'application/json');
        ajaxRequest.send(requestJson);

        return false;
    }

    function getShortenUrlInformation() {
```

```
                const shortenUrl = document.querySelector('#shortenUrl').value;
                const shortenUrlKey = shortenUrl.split("/")[3];

                function onReadyStateChange(event) {
                if (ajaxRequest.readyState === XMLHttpRequest.DONE) {
                    if (ajaxRequest.status === 200) {
                            const shortenUrlInformation = JSON.parse(ajaxRequest.
responseText);

                            const shortenUrlInformationDom = document.querySelector(
'#shortenUrlInformation');

                            shortenUrlInformationDom.innerHTML = ajaxRequest.
responseText;
                        } else {
                            console.error('request failed');
                        }
                    }
                }

                const ajaxRequest = new XMLHttpRequest();

                ajaxRequest.onreadystatechange = onReadyStateChange;
                ajaxRequest.open('GET', '/shortenUrl/' + shortenUrlKey);
                ajaxRequest.send();

                return false;
            }
        </script>
    </body>
</html>
```

이어서 application.properties에 다음과 같은 설정을 추가한 후 'http://localhost:8080/ui/
index.html'로 접속하면 UI를 통해 단축 URL 서비스를 사용할 수 있다.

application.properties

```
spring.mvc.static-path-pattern=/ui/**
```

URL 단축 서비스

| 단축할 URL을 입력하세요 | 단축 URL 생성 |

단축된 URL :

단축 URL 정보 조회

| 정보를 조회할 단축 URL을 입력하세요 | 단축 URL 정보 조회 |

단축 URL 정보 :

---

index.html 코드에서 굵게 표시된 부분은 shortenUrlKey를 통해 완성된 HTTP URL을 생성하는 코드이다. 이러한 코드가 필요한 이유는 단축 URL 서비스를 서버에 올려 두는 경우 localhost가 아니라 서버의 도메인 주소나 IP 주소를 사용해야 하기 때문이다. 단축 URL로 'http://localhost:8080/3bdyXA5'와 같은 값을 사용자에게 보여 주는 것은 아무 의미가 없다. localhost는 항상 자기 자신을 의미하는 호스트 주소이기 때문이다.

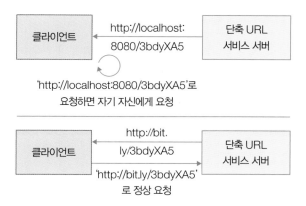

localhost로 접속하는 것이 아니라 사용자의 웹 브라우저에 있는 URL을 사용하는 이유

따라서 클라이언트가 보고 있는 웹 페이지에서 자바스크립트를 통해 URL을 완성하는 것이 적절하다. 다음 이미지에는 localhost가 아니라 특정 사설 IP로 접속했을 때 보이는 URL이 표시되었다.

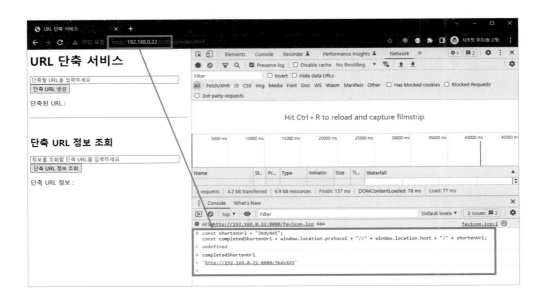

명령 프롬프트(cmd)에서 ipconfig를 입력해 '192.168'로 시작하는 사설 IP 주소로 접속하여 확인해 보자.

NOTE 혹시 여러 이유로 해당 IP를 찾을 수 없다면 'localhost'로 테스트해도 무관하다.

단축 URL 생성, 리다이렉트, 정보 조회를 했을 때 모두 정상적으로 작동하는지 확인해 보기 위해 다음과 같이 http://www.google.com/의 단축 URL을 생성한다.

NOTE http://192.168.0.22는 필자의 공유기 내에서 사용되는 사설 IP 주소이므로 실제로 표시되는 URL은 책과 다를 수 있다.

웹 브라우저를 통해 단축 URL로 접속하면 다음과 같이 구글 웹사이트로 접속되는 것을 확인할 수 있다.

마지막으로 단축 URL 정보를 조회해 보자. 다음과 같이 원래의 URL과 단축 URL, 그리고 리다이렉트된 횟수가 표시되면 정상적으로 기능이 작동하는 것이다.

spring.mvc.static-path-pattern 설정을 추가해 준 이유

'spring.mvc.static-path-pattern=/ui/**' 설정을 applicaton.properties에 추가한 이유가 있다. 기본 설정으로 정적 리소스를 resources/static 경로에 위치시킨 후 스프링 부트 애플리케이션을 실행시키면 경로에 아무것도 붙이지 않아도 해당 파일에 접근할 수 있다. 원래라면 resources/static/index.html은 '/index.html'로 접근이 가능해야 하지만, 지금은 이 설정을 달아 줬기 때문에 '/ui/index.html'로 접근해야 한다.

피치 못하게 이 설정이 들어가는 이유는 우리가 등록해 준 @RequestMapping 때문이다. 이는 '@RequestMapping(value = "/{shortenUrlKey}", method = RequestMethod.GET)'에 걸리는데, 요청의 경로를 실제로 분석하는 스프링 부트 애플리케이션 입장에서는 '/index.html'과 '/{shortenUrlKey}'를 구분할 수 없어서 이런 일이 발생하는 것이다. 따라서 명시적 구분을 위해 정적 리소스 앞쪽에 '/ui'를 붙여서 매핑되도록 변경해 준 것이다.

그럼 이 설정을 제거하고 'http://localhost:8080/index.html'로 요청해 보는 경우를 한 번 테스트해 보자. spring.mvc.static-path-pattern=/ui/** 설정을 주석 처리하고, 애플리케이션을 재시작한 후 다시 요청하면 다음과 같이 단축 URL을 찾을 수 없을 것이다.

주석 처리된 application.properties

```
#spring.mvc.static-path-pattern=/ui/**
```

이는 index.html을 /{shortenUrlKey} 패턴으로 인식했기 때문에 해당 값을 기준으로 ShortenUrl 을 찾았지만, 찾지 못해 NotFoundShortenUrlException이 발생하는 문제이다.

spring.mvc.static-path-pattern=/ui/** 설정의 주석을 해제하여 원래대로 돌려주자. 이로써 단축 URL 서비스 구현을 완료했다. 요구사항을 하나씩 확인하면서 충족하지 않는 부분이 있는지 꼼꼼 하게 확인해 보자. 모든 요구사항을 충족했다면 과제를 제출하면 된다.

.

마무리

이번 장에서는 요구사항에 따라 단축 URL 과제를 구현해 봤다. 앞서 배운 내용을 종합적으로 활용하여 풀이 하는 문제를 한 번 풀어 봤으니, 요구사항으로 돌아가 다시 한번 복습해 보길 권장한다. 다음 장에서 또 다른 과제 테스트를 풀어 보며 한 번 더 연습해 보자.

단축 URL 과제를 제출한 후 과제를 기반으로 나올 만한 면접 질문을 다뤘다. 배운 내용을 정리한다는 마음으로 읽어 보자.

Q1. **URL 단축 서비스는 왜 있는지, 어디에 활용하면 좋을지 설명해 보세요.**

A1. 단축 URL 서비스는 원래의 URL보다 짧은 길이의 URL을 생성하는 데 사용됩니다. URL을 짧게 만드는 것이 유리한 상황으로는 크게 두 가지가 있을 수 있습니다. 하나는, 문자 메시지처럼 전체 메시지의 길이에 제한이 있는 경우 긴 URL을 전송하는 대신 단축된 URL을 전송함으로써 메시지 전송 요금을 절약할 수 있습니다. 또 다른 하나는, 사람이 URL을 직접 입력해야 하는 경우, 예를 들어 사용자가 책에 적혀 있는 URL로 접속하려고 할 때 너무 긴 URL은 직접 입력하기가 어렵습니다. 단축 URL을 활용하면 사용자가 쉽게 URL을 입력할 수 있어 유용합니다.

해설

제시된 과제에 대한 근본적인 질문이다. 무작정 과제를 제출하기에 급급하기 보다는 과제가 출제된 의도를 생각하면서 과제를 풀어 보는 것이 좋다. 보통 과제는 지원자의 실력을 검증하거나 지원한 기업 또는 팀의 도메인과 관련된 내용이 제시되거나, 실제로 입사 후 다루게 될 도메인일 가능성이 높으므로 어떤 식으로 활용될 수 있을지에 대한 고민도 해보는 것이 좋다.

덧붙여, 단축 URL은 접속해 보기 전까지 원래 URL이 무엇인지 알 수 없어 문자 메시지를 이용한 스미싱Smishing에 악용된다는 단점도 있다. 참고로 알아 두자.

Q2. 단축 URL 생성에 왜 Base56 문자열을 사용했나요?

A2. 16진수로도 고민해 봤지만 경우의 수가 너무 적어서 선택하지 않았고, Base62나 Base58에는 사람이 읽기 어려운 문자가 섞여 있어서 선택하지 않았습니다. bitly에서 단축 URL로 제공되는 문자열을 분석해 관련 아티클을 검색해 봤습니다. 결과적으로 동일한 길이라면 Base56이 많은 경우의 수를 만들 수 있고, 읽기 편하기 때문에 선택했습니다.

> **해설**
>
> Base56은 사람이 읽기 좋은Human Readable 인코딩 방식이라고도 불린다. 참고로 단축 URL 생성을 여러 번 테스트해 본 결과, bitly는 Base56이 아니라 Base60을 사용하고 있는 것으로 보인다. 정확한 정보가 아니더라도 본인이 과제를 수행하면서 고민하고 분석한 결과를 면접관에게 보여주자.

Q3. 제출된 단축 URL 서비스 애플리케이션을 서버에 배포해 서비스하면 정상적으로 작동하나요?

A3. 네. 정상적으로 작동합니다. 이 부분 때문에 단축 URL을 클라이언트 페이지에서 자바스크립트를 통해 완성하도록 만들었습니다. 물론 실제 서버에 배포하려면 지금처럼 Map을 통해 애플리케이션 내에서만 제공하지 않고, 데이터베이스에 단축 URL을 저장하도록 만들어야 합니다.

> **해설**
>
> 만약 localhost를 URL에 고정적으로 넣는 방식으로 애플리케이션을 만들었다면, 이 질문에 답변할 수 없었을 것이다. 아직은 배포라는 개념이 익숙하지 않겠지만, 항상 어떤 환경에서든 애플리케이션이 실행될 수 있도록 개발하자. 서버에서도 동일한 코드로 실행되고, 클라이언트가 이용할 수 있어야 한다는 말이다.
>
> 지금 상태에서는 단축 URL이 생성된 후 애플리케이션의 메모리에만 존재하다가 애플리케이션이 종료되면 단축 URL이 날아간다. 따라서 서버에 배포하여 실제로 서비스하려면 데이터베이스를 사용하도록 개발할 필요가 있다. 덧붙여, bitly처럼 짧은 도메인 주소가 있다면 더 좋은 서비스를 만들 수 있을 것이다.

Q4. **제시된 요구사항 외에 따로 신경 쓴 부분이 있나요?**

A4. 앞서 말씀드렸던 것처럼 서버에 배포되었을 때를 가정하여 URL을 클라이언트 페이지에서 완
성하는 부분에 신경 썼습니다. 또 다른 부분으로는, 단축 URL을 생성할 때 단축 URL 문자열
조합이 부족해지는 상황에 대한 처리를 해준 것입니다. 최대 다섯 번까지 단축 URL을 다시 생
성해 주고, 다섯 번 모두 중복된 단축 URL이 생성될 경우에는 예외를 던지도록 만들었습니다.
과제로 구현하지는 않았지만, 단축 URL이 계속 중복으로 생성된다면 단축 URL의 자원이 부족
한 상황이 될 수 있기 때문에 개발자에게 알림을 줄 수 있는 부분에 주석으로 처리해 두었습니다.

해설

요구사항을 만족하는 것은 기본이다. 거기서 한발 더 나아가야 한다. 요구사항에 반하지 않는 선
에서 더 나은 방법이라고 생각하는 것이 있다면 과제에 반영하고 그 부분을 면접에서 어필하자.

클라이언트 페이지에서 URL을 완성하는 포인트를 앞선 답변에서 말하지 않았다면, 이 질문에서 설명
하면 된다. 단축 URL이 중복으로 생성되는 경우에 대해서는 LackOfShortenUrlKeyException
관련해서 처리해 주었던 부분을 기반으로 답변하면 된다. 경우의 수가 정해져 있는 경우에는 이
와 같이 중복되는 경우에 대한 처리를 반드시 해줘야 한다.

주문 관리 API
서버 개발

이번 장에서는 실전에서 많이 출제될 만한 주제와 난이도를 담고 있는 '주문 관리 API 서버'를 다룬다. 상품에 대한 주문과 상태 관리는 커머스 같은 도메인에서 광범위하게 사용되는 개념으로, 해당 분야의 종사자가 아니더라도 쉽게 머릿속에 떠올릴 수 있는 주제이기도 하다. 요구사항을 읽고 차근차근 문제를 풀어 보자.

〈1〉 과제 테스트 제시

이번 과제 테스트는 일부 개발된 프로젝트를 깃허브에서 다운로드하여 진행하는 프로젝트이다. 과제의 일부가 이미 구현되어 있으므로 제시된 요구사항에 맞춰 그 이후 지점부터 적절하게 이어서 구현하는 것이 관건이다.

과제 요구사항

이번에는 깃허브에서 프로젝트를 다운로드하여 클론을 받아 진행하는 과제이므로 깃허브로 요구사항을 받았다는 가정 하에 실습을 진행한다. 앞으로 설명할 요구사항은 다음의 깃허브 레포지토리 링크에서도 확인할 수 있다. 요구사항에 데이터 포맷과 코드도 있기 때문에 링크로 접속하여 보는 편이 편리할 것이다.

- https://github.com/lleellee0/java-for-backend/blob/main/14-1/README.md

---

주문 관리 API 서버 개발 요구사항

1 상품을 주문할 수 있는 주문 관리 API 서버를 만들어야 합니다. 일부 코드는 이미 구현되어 있으며, 해당 코드에 주문 관리 기능을 추가해야 합니다. 이 GitHub 레포지토리를 다운로드하여 프로젝트를 진행해 주세요.

2 상품은 상품 번호와 상품 이름, 가격, 재고 수량이라는 정보를 가집니다. 상품을 나타내는 Product 클래스와 각각의 정보를 나타내는 필드는 이미 코드로 추가되어 있습니다.

3 상품은 미리 추가되어 있으며, 해당 상품들을 주문할 수 있어야 합니다. 다음은 애플리케이션 시작 시 상품을 추가하는 코드입니다.

```
@PostConstruct
void initProducts() {
    Product product1 = new Product(1L, "상품1", 10000, 100);
    Product product2 = new Product(2L, "상품2", 25000, 300);
    Product product3 = new Product(3L, "상품3", 30000, 500);
```

```
        products.add(product1);
        products.add(product2);
        products.add(product3);
    }
```

4 상품 주문과 관련된 요구사항은 아래 API 명세를 참고하세요.

5 미리 구현된 코드에 추가할 코드가 있다면 추가해도 됩니다.

API 명세

1 상품 주문 API

- 클라이언트에게 주문하려는 상품 번호와 주문 수량을 받아서 주문 정보를 생성합니다. 생성된 주문 정보는 응답 바디에 담겨 클라이언트에게 제공됩니다.

- 주문 수량만큼 상품의 재고 수량이 줄어들어야 합니다.

- 주문된 상품의 재고 수량이 부족하면 주문에 실패해야 합니다(응답은 아래 명세를 참고). **이때 주문 자체가 생성되지 않아야 하므로 재고가 있는 상품의 재고 수량이 감소되지 않아야 합니다.**

- 클라이언트가 잘못된 상품 번호로 요청하는 경우에도 주문에 실패해야 합니다(응답은 아래 명세를 참고).

- 주문에 성공하는 경우 아래와 같은 정보가 응답 바디에 담겨야 합니다.

    - id: 주문 번호

    - orderedProducts: 주문된 상품 목록

      - id: 주문된 상품 번호

      - name: 주문된 상품 이름 (주문 시점의 이름)

      - price: 주문된 상품 가격 (주문 시점의 가격)

      - amount: 주문 수량

    - totalPrice: 전체 주문 가격

    - state: 주문상태

- 주문상태는 생성(CREATED), 배송중(SHIPPING), 완료(COMPLETED), 취소(CANCELED)가 있고, 각 주문상태에서 다른 주문상태로의 변경은 2번 '주문상태 강제 변경 API'와 5번 '주문 취소 API'를 참고하세요.

- 주문 생성 시 최초 주문상태는 생성(CREATED) 상태여야 합니다.

    - 요청 메서드: POST

    - 요청 경로: /orders

주문 성공(/orders)

요청 바디

```json
[
    {
        "id": 1,
        "amount": 1
    },
    {
        "id": 3,
        "amount": 1
    }
]
```

응답 바디

```json
{
    "id": 1,
    "orderedProducts": [
        {
            "id": 1,
            "name": "상품1",
            "price": 10000,
            "amount": 1
        },
        {
            "id": 3,
            "name": "상품3",
            "price": 30000,
            "amount": 1
        }
    ],
    "totalPrice": 40000,
    "state": "CREATED"
}
```

case 2　**주문 실패(수량 부족)**

요청 바디

```
[
    {
        "id": 1,
        "amount": 99999
    },
    {
        "id": 3,
        "amount": 1
    }
]
```

응답 바디(상태 코드 500)

```
{
    "message": "1번 상품의 수량이 부족합니다."
}
```

case 3　**주문 실패(id에 해당하는 상품이 없음)**

요청 바디

```
[
    {
        "id": 99999,
        "amount": 1
    },
    {
        "id": 3,
        "amount": 1
    }
]
```

응답 바디(상태 코드 404)

```
{
    "message": "Product를 찾지 못했습니다."
}
```

2 주문상태 강제 변경 API

- 주문상태 강제 변경 API는 {orderId}에 해당하는 주문의 상태를 강제로 변경합니다. 여기서 변경되는 주문 상태는 어떤 상태라도 요청하는 상태로 변경됩니다. 주문상태 강제 변경 API에는 주문상태 변경과 관련된 제약사항이 존재하지 않습니다.

- 주문상태를 변경할 수 있는 API는 이외에도 5번의 '주문 취소 API'가 있습니다. 주문상태 변경과 관련해서는 제약사항이 있으므로 해당 API를 참고하세요.
  - 요청 메서드: PATCH
  - 요청 경로: /orders/{orderId}

case 1 　변경 성공(/orders/1)

요청 바디

```
{
    "state": "SHIPPING"
}
```

응답 바디

```
{
    "id": 1,
    "orderedProducts": [
        {
            "id": 1,
            "name": "상품1",
            "price": 10000,
            "amount": 1
        },
        {
            "id": 3,
            "name": "상품3",
            "price": 30000,
            "amount": 1
        }
    ],
    "totalPrice": 40000,
    "state": "SHIPPING"
}
```

case 2　주문 실패(id에 해당하는 주문이 없음)

응답 바디(상태 코드 404)

```
{
    "message": "Order를 찾지 못했습니다."
}
```

3 주문 번호로 조회 API

- 주문 번호로 주문을 조회할 수 있는 API입니다.
    - 요청 메서드: GET
    - 요청 경로: /orders/{orderId}

case 1　조회 성공(/orders/1)

요청 바디 없음

응답 바디

```
{
    "id": 1,
    "orderedProducts": [
        {
            "id": 1,
            "name": "상품1",
            "price": 10000,
            "amount": 1
        },
        {
            "id": 3,
            "name": "상품3",
            "price": 30000,
            "amount": 1
        }
    ],
    "totalPrice": 40000,
    "state": "CREATED"
}
```

case 2 주문 실패(id에 해당하는 주문이 없음)

응답 바디(상태 코드 404)

```
{
    "message": "Order를 찾지 못했습니다."
}
```

4 주문상태로 조회 API

- 특정 주문상태를 가지는 주문을 전부 조회할 수 있는 API입니다.

- 해당 주문상태를 가지는 주문이 아무것도 없다면 빈 배열이 반환되어야 합니다.

    ◦ 요청 메서드: GET

    ◦ 요청 경로: /orders?state={state}

case 1 조회 성공(/orders?state=CREATED)

요청 바디 없음

응답 바디

```
[
    {
        "id": 1,
        "orderedProducts": [
            {
                "id": 1,
                "name": "상품1",
                "price": 10000,
                "amount": 1
            },
            {
                "id": 3,
                "name": "상품3",
                "price": 30000,
                "amount": 1
            }
        ],
        "totalPrice": 40000,
        "state": "CREATED"
    }
]
```

case 2 조건에 맞는 주문이 없는 경우(/orders?state=COMPLETED)

응답 바디

```
[ ]
```

5 주문 취소 API

- 주문상태를 변경할 수 있는 API입니다.

- 주문 취소는 오직 CREATED 상태에서만 가능하고, 나머지 상태(SHIPPING, COMPLETED, CANCELED) 상태에서는 불가능합니다. 취소가 불가능한 상태에서 취소하려고 하면 에러 메시지가 반환되어야 합니다.

- 주문이 취소되는 것이지, 삭제되는 것은 아닙니다. 취소된 상태로 여전히 주문을 조회할 수 있어야 합니다.
  - 요청 메서드: PATCH
  - 요청 경로: /orders/{orderId}/cancel

case 1 취소 성공(/orders/1/cancel)

요청 바디 없음

응답 바디

```
{
    "id": 1,
    "orderedProducts": [
        {
            "id": 1,
            "name": "상품1",
            "price": 10000,
            "amount": 1
        },
        {
            "id": 3,
            "name": "상품3",
            "price": 30000,
            "amount": 1
        }
    ],
    "totalPrice": 40000,
    "state": "CANCELED"
}
```

취소 실패(취소할 수 없는 상태)

응답 바디(상태 코드 500)

```
{
    "message": "이미 취소되었거나 취소할 수 없는 주문상태입니다."
}
```

다음으로 넘어가기 전에 요구사항을 보고 어떻게 과제를 진행해야 할지 스스로 계획을 세워 보자. 책을 따라 과제를 풀면서 자신이 세운 계획과 비교해 보고, 다시 돌아와 풀이 없이 과제를 풀어 보자.

깃허브에서 프로젝트를 다운로드하여 과제 시작하기

깃허브로 제시된 과제이므로 깃허브에서 기반이 되는 프로젝트를 다운로드하여 진행하자.

01. 책의 소스코드 레포지토리 페이지(https://github.com/lleellee0/java-for-backend)로 접속해 소스코드 목록 위에 있는 [Code] 버튼을 눌러 [Download ZIP]을 선택한다.

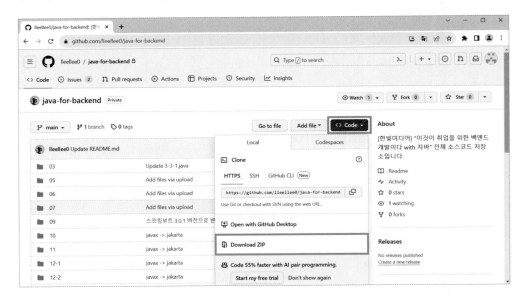

02. 다운로드된 예제 소스코드 ZIP 파일을 압축 해제하고, 파일 폴더에 있는 '14-1'을 인텔리제이로 연다.

03. 다운로드한 프로젝트를 열면 다음과 같이 신뢰할 수 있는 프로젝트인지를 묻는 경고 문구가 나타난다. 실습용 파일을 실행하기 위해 [Trust Project]를 클릭한다.

NOTE 인터넷에서 다운로드한 프로젝트를 열 때는 정말 믿을 수 있는 프로젝트인지 꼭 확인하자. 악성 코드가 숨어 있는 프로젝트일 수도 있다.

04. 외부에서 다운로드한 프로젝트를 열면 프로젝트가 초기화되고 나서 잠시 기다리면 다음과 같이 소스코드를 확인할 수 있다.

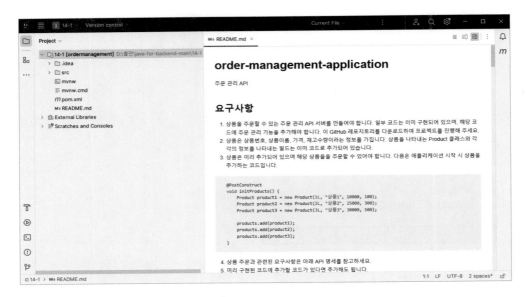

NOTE 프로젝트를 열 때, 기존에 열어 놨던 프로젝트가 있다면 새로운 창으로 열지를 묻는 문구도 나타난다. 필자는 보통 여러 프로젝트를 띄워 놓고 확인하기 때문에 [New Window]를 선택한다. 스타일에 맞게 선택하자.

기반 코드 살펴보기

다운로드한 프로젝트를 한번 살펴보자. 프로젝트 탐색기를 보면 다음과 같이 꽤 많은 코드가 구현되어 있는 것을 볼 수 있다. 기반 코드를 활용하여 주문 관리 애플리케이션을 개발해야 하기 때문에 먼저 각각의 코드가 어떻게 구현되어 있는지를 확인해 보는 것이 좋다. 코드를 하나하나 차례대로 살펴보자.

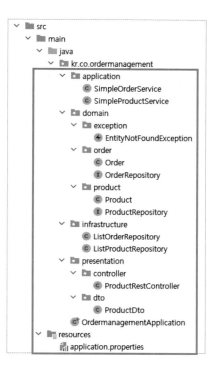

SimpleOrderService.java

```java
package kr.co.ordermanagement.application;

import kr.co.ordermanagement.domain.order.OrderRepository;
import kr.co.ordermanagement.domain.product.ProductRepository;
import org.springframework.beans.factory.annotation.Autowired;
import org.springframework.stereotype.Service;

@Service
public class SimpleOrderService {

    private ProductRepository productRepository;
    private OrderRepository orderRepository;

    @Autowired
    public SimpleOrderService(ProductRepository productRepository, OrderRepository
orderRepository) {
```

```
            this.productRepository = productRepository;
            this.orderRepository = orderRepository;
        }

    }
```

SimpleOrderService에는 프로젝트에서 사용하는 의존성만 코드로 추가되어 있고, 실제 로직은 아무것도 없다. 여기에 주문 관련 로직을 추가해야 할 것으로 보인다.

SimpleProductService.java

```
package kr.co.ordermanagement.application;

import kr.co.ordermanagement.domain.product.Product;
import kr.co.ordermanagement.domain.product.ProductRepository;
import kr.co.ordermanagement.presentation.dto.ProductDto;
import org.springframework.beans.factory.annotation.Autowired;
import org.springframework.stereotype.Service;

import java.util.List;

@Service
public class SimpleProductService {

    private ProductRepository productRepository;

    @Autowired
    SimpleProductService(ProductRepository productRepository) {
        this.productRepository = productRepository;
    }

    public List<ProductDto> findAll() {
        List<Product> products = productRepository.findAll();
        List<ProductDto> productDtos = products.stream()
                .map(product -> ProductDto.toDto(product))
                .toList();
        return productDtos;
    }

}
```

SimpleProductService에는 ProductRepository를 통해 전체 Product를 조회하는 findAll 메서드가 들어 있다. 상품 관리 애플리케이션과 동일한 메서드이기 때문에 어렵지 않게 이해할 수 있다.

EntityNotFoundException.java

```
package kr.co.ordermanagement.domain.exception;

public class EntityNotFoundException extends RuntimeException {
    public EntityNotFoundException(String message) {
        super(message);
    }
}
```

엔티티Entity를 찾지 못했을 때 발생하는 예외로, 현재는 ListProductRepository에서 사용 중인 예외이다.

Order.java

```
package kr.co.ordermanagement.domain.order;

public class Order {
}
```

OrderRepository.java

```
package kr.co.ordermanagement.domain.order;

public interface OrderRepository {
}
```

Order는 Product처럼 엔티티가 될 클래스이고, OrderRepository는 Order에 대한 레포지토리 인터페이스이다. 둘 다 아무 내용도 없으므로 요구사항에 따라 채워 줘야 한다.

Product.java

```
package kr.co.ordermanagement.domain.product;

import java.util.Objects;
```

```java
public class Product {
    private Long id;
    private String name;
    private Integer price;
    private Integer amount;

    public Product(Long id, String name, Integer price, Integer amount) {
        this.id = id;
        this.name = name;
        this.price = price;
        this.amount = amount;
    }

    public Long getId() {
        return id;
    }

    public String getName() {
        return name;
    }

    public Integer getPrice() {
        return price;
    }

    public Integer getAmount() {
        return amount;
    }

    public Boolean sameId(Long id) {
        return this.id.equals(id);
    }

    @Override
    public boolean equals(Object o) {
        if (this == o) return true;
        if (o == null || getClass() != o.getClass()) return false;
        Product product = (Product) o;
        return Objects.equals(id, product.id);
    }
}
```

ProductRepository.java

```java
package kr.co.ordermanagement.domain.product;

import java.util.List;

public interface ProductRepository {
    Product findById(Long id);
    List<Product> findAll();
    void update(Product product);
}
```

Product 역시 상품 관리 애플리케이션과 거의 동일하다. ProductRepository에는 인터페이스로 3개의 메서드가 선언되어 있지만, 현재 사용 중인 것은 오직 findAll 메서드뿐이다. 다시 말해, findAll 메서드를 제외한 나머지 메서드는 구현되어 있기는 하지만 사용되고 있지 않다.

ListOrderRepository.java

```java
package kr.co.ordermanagement.infrastructure;

import kr.co.ordermanagement.domain.order.OrderRepository;
import org.springframework.stereotype.Repository;

@Repository
public class ListOrderRepository implements OrderRepository {
}
```

ListProductRepository.java

```java
package kr.co.ordermanagement.infrastructure;

import kr.co.ordermanagement.domain.exception.EntityNotFoundException;
import kr.co.ordermanagement.domain.product.Product;
import kr.co.ordermanagement.domain.product.ProductRepository;
import org.springframework.stereotype.Repository;

import jakarta.annotation.PostConstruct;
import java.util.List;
import java.util.concurrent.CopyOnWriteArrayList;
```

```java
@Repository
public class ListProductRepository implements ProductRepository {

    private List<Product> products = new CopyOnWriteArrayList<>();

    @PostConstruct
    void initProducts() {
        Product product1 = new Product(1L, "상품1", 10000, 100);
        Product product2 = new Product(2L, "상품2", 25000, 300);
        Product product3 = new Product(3L, "상품3", 30000, 500);

        products.add(product1);
        products.add(product2);
        products.add(product3);
    }

    @Override
    public Product findById(Long id) {
        return products.stream()
                .filter(product -> product.sameId(id))
                .findFirst()
                .orElseThrow(() -> new EntityNotFoundException("Product를 찾지 못했습니다."));
    }

    @Override
    public List<Product> findAll() {
        return products;
    }

    @Override
    public void update(Product product) {
        Integer indexToModify = products.indexOf(product);
        products.set(indexToModify, product);
    }

}
```

ListOrderRepository에는 클래스만 정의되어 있고 내용은 없으므로 요구사항을 만족할 수 있도록
코드를 추가해야 한다. 또한 요구사항에서 봤던 것처럼 주문 가능한 상품 목록을 초기화하는 코드가
들어 있으므로 이를 바탕으로 해당 상품을 주문하는 기능을 구현해야 한다.

ProductRestController.java

```java
package kr.co.ordermanagement.presentation.controller;

import kr.co.ordermanagement.application.SimpleProductService;
import kr.co.ordermanagement.presentation.dto.ProductDto;
import org.springframework.beans.factory.annotation.Autowired;
import org.springframework.web.bind.annotation.RequestMapping;
import org.springframework.web.bind.annotation.RequestMethod;
import org.springframework.web.bind.annotation.RestController;

import java.util.List;

@RestController
public class ProductRestController {

    private SimpleProductService simpleProductService;

    @Autowired
    ProductRestController(SimpleProductService simpleProductService) {
        this.simpleProductService = simpleProductService;
    }

    @RequestMapping(value = "/products", method = RequestMethod.GET)
    public List<ProductDto> findProducts() {
        return simpleProductService.findAll();
    }

}
```

ProductDto.java

```java
package kr.co.ordermanagement.presentation.dto;

import kr.co.ordermanagement.domain.product.Product;

public class ProductDto {
    private Long id;
    private String name;
    private Integer price;
    private Integer amount;
```

```java
    public ProductDto(Long id, String name, Integer price, Integer amount) {
        this.id = id;
        this.name = name;
        this.price = price;
        this.amount = amount;
    }

    public Long getId() {
        return id;
    }

    public String getName() {
        return name;
    }

    public Integer getPrice() {
        return price;
    }

    public Integer getAmount() {
        return amount;
    }

    public static ProductDto toDto(Product product) {
        ProductDto productDto = new ProductDto(
                product.getId(),
                product.getName(),
                product.getPrice(),
                product.getAmount()
        );

        return productDto;
    }

}
```

ProductRestController에는 SimpleProductService의 findAll 메서드를 호출하여 전체 상품 목록을 조회하는 API가 있다. ProductDto는 상품 관리 애플리케이션에서 사용했던 그 ProductDto 코드이다.

Main 메서드가 위치하는 OrdermanagementApplication에는 특별히 살펴볼 내용은 없다. resources/application.properties 역시 내용이 없는 파일이다.

제시된 프로젝트의 기반 코드를 모두 살펴봤다. 이 코드를 활용하여 모든 요구사항을 만족하려면 어떤 로직이 더 필요한지 그려 보자. 먼저 스스로 어떤 로직이 필요한지 고민해 보고, 생각한 방법과 책에서 제시한 방법을 비교하면서 실습해 보자.

❰2❱ 문제 풀어보기

이번 문제는 명확하게 제시된 요청 경로와 메서드, 바디, 응답 바디와 상태 코드가 있다. 여러 가지 예외 상황에 대한 처리 역시 어떻게 응답이 와야 하는지 제시하고 있다. 이러한 형태의 문제는 주로 소수의 지원자를 대상으로 진행되는 상시 채용보다는 대규모의 공개 채용에서 출제되는 경우가 많다. 요청과 응답의 포맷이 정해져 있어 채점이 용이하기 때문이다. 따라서 이러한 문제가 출제되면 반드시 포맷에 맞게 요청과 응답이 처리될 수 있도록 만들어야 한다.

상품 주문 기능 구현

API 서버를 개발할 때는 특정 자원이 생성되는 기능을 먼저 구현해 보는 것도 좋은 시작점이 된다. 특정 자원이 생성되는 과정에서 대부분의 코드가 추가되기 때문이다. 그럼, 지금부터 컨트롤러부터 상품 주문 기능을 하나씩 구현해 보자.

기반 코드에는 Product에 대한 컨트롤러는 있지만, Order에 대한 컨트롤러는 없다. 따라서 컨트롤러를 구현하려면 Order에 대한 컨트롤러를 추가해 줘야 한다.

OrderRestController.java

```java
package kr.co.ordermanagement.presentation.controller;

import kr.co.ordermanagement.application.SimpleOrderService;
import org.springframework.beans.factory.annotation.Autowired;
import org.springframework.web.bind.annotation.RequestMapping;
import org.springframework.web.bind.annotation.RequestMethod;
import org.springframework.web.bind.annotation.RestController;

@RestController
public class OrderRestController {

    private SimpleOrderService simpleOrderService;

    @Autowired
```

```
OrderRestController(SimpleOrderService simpleOrderService) {
    this.simpleOrderService = simpleOrderService;
}

// 상품 주문 API
@RequestMapping(value = "/orders", method = RequestMethod.POST)

}
```

우선 클래스를 생성했다. SimpleOrderService를 사용할 것이 예상되므로 해당 의존성을 주입받는 코드도 작성했지만, @RequestMapping에 해당하는 코드로 무엇을 넣어야 할지 고민이 된다. 고민을 해결하기 위해 요구사항에 있던 상품 주문 API의 요청과 응답을 먼저 확인해 보자.

요청 바디

```
[
    {
        "id": 1,
        "amount": 1
    },
    {
        "id": 3,
        "amount": 1
    }
]
```

응답 바디

```
{
    "id": 1,
    "orderedProducts": [
        {
            "id": 1,
            "name": "상품1",
            "price": 10000,
            "amount": 1
        },
        {
            "id": 3,
```

```
                "name": "상품3",
                "price": 30000,
                "amount": 1
            }
        ],
        "totalPrice": 40000,
        "state": "CREATED"
    }
```

실패하는 것에 대해서는 전역 예외 핸들러로 처리하면 되기 때문에 아직 고민할 필요가 없다. 요청 바디 부분이 일반적인 JSON 문자열과는 다르게 '['로 시작하고 있다는 것을 알 수 있다. JSON 자체가 배열이라는 의미이다. 배열 안에는 2개의 JSON 객체가 있는데, 해당 객체는 id와 amount라는 숫자 값을 가지고 있다. 주문하려는 상품의 상품 번호(id)와 주문 수량(amount)을 의미하는 값이다. 현재는 이런 값을 받을 수 있는 DTO가 없으므로 DTO부터 추가해 줘야 한다. 다음과 같이 요청을 처리할 수 있는 DTO를 선언하자.

OrderProductRequestDto.java

```java
package kr.co.ordermanagement.presentation.dto;

public class OrderProductRequestDto {
    private Long id;
    private Integer amount;

    public Long getId() {
        return id;
    }

    public Integer getAmount() {
        return amount;
    }
}
```

OrderProductRequestDto라는 이름의 요청에 사용될 DTO를 추가했다. 왜 배열이 아니라 단일 DTO를 선언했는지는 이어서 등장하는 컨트롤러 코드를 보면 된다. 다음과 같이 응답에 해당하는 DTO를 추가해 보자.

OrderResponseDto.java

```java
package kr.co.ordermanagement.presentation.dto;

import java.util.List;

public class OrderResponseDto {
    private Long id;
    private List<ProductDto> orderedProducts;
    private Integer totalPrice;
    private String state;

    public OrderResponseDto(Long id, List<ProductDto> orderedProducts, Integer
totalPrice, String state) {
        this.id = id;
        this.orderedProducts = orderedProducts;
        this.totalPrice = totalPrice;
        this.state = state;
    }

    public Long getId() {
        return id;
    }

    public List<ProductDto> getOrderedProducts() {
        return orderedProducts;
    }

    public Integer getTotalPrice() {
        return totalPrice;
    }

    public String getState() {
        return state;
    }
}
```

state는 네 가지 값을 가지기 때문에 String보다는 enum으로 처리하는 것이 적절하다고 생각할 수 있다. 이 부분은 잠시 후에 다룰 예정이므로 지금은 상품 주문 기능을 완성하는 데 초점을 맞추자.

이어서 컨트롤러의 @RequestMapping에 적절한 메서드를 정의한다. 상품 주문 API에 대한 컨트롤러 코드에 다음과 같이 메서드를 추가하면 된다.

OrderRestController.java

```java
package kr.co.ordermanagement.presentation.controller;

(생략)

@RestController
public class OrderRestController {

(생략)

    // 상품 주문 API
    @RequestMapping(value = "/orders", method = RequestMethod.POST)
    public ResponseEntity<OrderResponseDto> createOrder(@RequestBody
List<OrderProductRequestDto> orderProductRequestDtos) {
        OrderResponseDto orderResponseDto = simpleOrderService.createOrder(orderProduct
RequestDtos);

        return ResponseEntity.ok(orderResponseDto);
    }

}
```

SimpleOrderService에는 아직 createOrder 메서드가 없으므로 코드를 추가하면 분명 빨간 줄이 표시될 것이다. createOrder 메서드를 구현하기 전에 createOrder 메서드가 해야 할 일이 무엇인지 잠시 짚고 넘어가자.

1. OrderProductRequestDto의 상품 번호(id)에 해당하는 상품이 주문 수량만큼 재고가 있는지 확인
2. 재고가 있다면 해당 상품의 상품 재고를 차감
3. 차감된 상품 정보를 바탕으로 주문(Order)을 생성
4. 생성된 주문을 OrderResponseDto로 변환하여 반환

이 내용을 다음과 같이 코드로 옮겨 보자. 연관된 코드들까지 함께 추가해 줘야 하기 때문에 꼼꼼히 확인하면서 입력한다.

```java
package kr.co.ordermanagement.application;

import kr.co.ordermanagement.domain.order.Order;
import kr.co.ordermanagement.domain.order.OrderRepository;
import kr.co.ordermanagement.domain.product.Product;
import kr.co.ordermanagement.domain.product.ProductRepository;
import kr.co.ordermanagement.presentation.dto.OrderProductRequestDto;
import kr.co.ordermanagement.presentation.dto.OrderResponseDto;
import org.springframework.beans.factory.annotation.Autowired;
import org.springframework.stereotype.Service;

import java.util.List;

@Service
public class SimpleOrderService {

    private ProductRepository productRepository;
    private OrderRepository orderRepository;

    @Autowired
    public SimpleOrderService(ProductRepository productRepository, OrderRepository
orderRepository) {
        this.productRepository = productRepository;
        this.orderRepository = orderRepository;
    }

    public OrderResponseDto createOrder(List<OrderProductRequestDto>
orderProductRequestDtos) {
        List<Product> orderedProducts = makeOrderedProducts(orderProductRequestDtos);
        decreaseProductsAmount(orderedProducts);

        Order order = new Order(orderedProducts);
        orderRepository.add(order);

        OrderResponseDto orderResponseDto = OrderResponseDto.toDto(order);
        return orderResponseDto;
    }

    private List<Product> makeOrderedProducts(List<OrderProductRequestDto>
orderProductRequestDtos) {
```

```
        return orderProductRequestDtos
                .stream()
                .map(orderProductRequestDto -> {
                    Long productId = orderProductRequestDto.getId();
                    Product product = productRepository.findById(productId);

                    Integer orderedAmount = orderProductRequestDto.getAmount();
                    product.checkEnoughAmount(orderedAmount);

                    return new Product(
                            productId,
                            product.getName(),
                            product.getPrice(),
                            orderProductRequestDto.getAmount()
                    );
                }).toList();
    }

    private void decreaseProductsAmount(List<Product> orderedProducts) {
        orderedProducts
                .stream()
                .forEach(orderedProduct -> {
                    Long productId = orderedProduct.getId();
                    Product product = productRepository.findById(productId);

                    Integer orderedAmount = orderedProduct.getAmount();
                    product.decreaseAmount(orderedAmount);

                    productRepository.update(product);
                });
    }
}
```

먼저 OrderProductRequestDto의 상품 번호(id)에 해당하는 상품이 주문 수량만큼 재고가 있
는지 확인하는 일은 makeOrderedProducts 메서드에서 수행한다. 해당 메서드에서는 요청으로
들어온 OrderProductRequestDto의 List에 대한 map 연산을 수행한다. 하나의 map 연산 안
에서는 Product를 조회해 오는 코드가 있고, 조회된 Product의 상품 재고(amount)가 충분한지
Product의 checkEnoughAmount 메서드를 통해 확인한다. 조회 후에는 Product를 생성하도
록 했다.

Product의 checkEnoughAmount 메서드가 아직 구현되지 않았으므로 다음과 같이 코드를 추가하면 된다. 주문하려는 수량보다 상품 재고가 부족하면 예외가 던져지도록 만드는 메서드이다.

Product.java

```java
package kr.co.ordermanagement.domain.product;

import java.util.Objects;

public class Product {

(생략)

    public void checkEnoughAmount(Integer orderedAmount) {
        if(this.amount < orderedAmount)
            throw new RuntimeException(this.id + "번 상품의 수량이 부족합니다.");
    }

(생략)

}
```

다시 createOrder 메서드로 돌아오자. makeOrderedProducts 메서드 다음에는 decreaseProductsAmount라는 메서드를 호출한다. makeOrderedProducts와 마찬가지로 아래쪽에 SimpleOrderService의 private 메서드로 구현되어 있다. 상품을 가져와서 상품의 재고를 주문된 수량만큼 빼고, 해당 상품을 다시 ProductRepository를 통해 저장하는 로직을 가지고 있다. Product의 decreaseAmount 메서드도 아직 없으므로 다음과 같이 추가해 주자.

Product.java

```java
package kr.co.ordermanagement.domain.product;

import java.util.Objects;

public class Product {

(생략)

    public void decreaseAmount(Integer orderedAmount) {
        this.amount = this.amount - orderedAmount;
    }

(생략)

}
```

아주 단순한 로직이지만, 왜 상품의 재고 수량을 확인하는 과정과 재고 수량을 차감하는 과정이 따로 존재하는 것일까? 현재는 모든 상품의 재고를 확인한 후 재고가 전부 있다는 사실까지 확인한 다음, 재고 수량을 차감하는 과정이 진행된다. 애초에 두 과정을 합쳐서 재고 수량을 차감하는 과정 내에서 재고 수량을 먼저 체크하면 되지 않을까?

이는 요구사항에 힌트가 있다.

- 주문된 상품의 재고 수량이 부족하면 주문에 실패해야 합니다. **이때 주문 자체가 생성되지 않아야 하므로 재고가 있는 상품의 재고 수량이 감소되지 않아야 합니다.**

'상품1'에 대한 재고를 확인하고 '상품1'의 재고를 차감한 다음 '상품3'의 재고가 부족한 경우에는 어떻게 해야 할까? 해당 요구사항을 만족하려면 '상품1'의 차감된 재고를 다시 원래대로 복구시켜야 한다. 이처럼 코드를 실행 이전의 상태로 되돌리는 롤백 기능은 데이터베이스를 사용하지 않는다면 여러분이 직접 구현해 줘야 한다.

출제자가 롤백의 구현을 살펴보려는 목적은 아닐 것이므로 롤백 없이도 요구사항을 만족할 수 있도록 모든 상품이 충분한 재고를 가지고 있는지 확인하고, 상품 재고를 차감하는 과정을 진행하면 된다. 문제가 되는 상황은 다음 코드와 같다. 이 메서드는 롤백이 필요한 상황에 대한 예시이므로 코드를 바꿀 필요는 없다.

```
┌─ SimpleOrderService.java의 재고 확인과 동시에 차감하는 makeOrderedProducts 메서드 ─────┐
│ (생략)                                                                                  │
│     private List<Product> makeOrderedProducts(List<OrderProductRequestDto>            │
│ orderProductRequestDtos) {                                                             │
│         return orderProductRequestDtos                                                 │
│                 .stream()                                                              │
│                 .map(orderProductRequestDto -> {                                       │
│                     Long productId = orderProductRequestDto.getId();                   │
│                     Product product = productRepository.findById(productId);           │
│                                                                                        │
│                     Integer orderedAmount = orderProductRequestDto.getAmount();        │
│                     product.checkEnoughAmount(orderedAmount);                          │
│                     product.decreaseAmount(orderedAmount);                             │
│                                                                                        │
│                     productRepository.update(product);                                 │
│                                                                                        │
│                     return new Product(                                                │
│                             productId,                                                 │
│                             product.getName(),                                         │
│                             product.getPrice(),                                        │
│                             orderProductRequestDto.getAmount()                         │
│                     );                                                                 │
│                 }).toList();                                                           │
│     }                                                                                  │
│ (생략)                                                                                  │
└────────────────────────────────────────────────────────────────────────────────────────┘
```

굵게 표시된 부분이 재고를 차감하고 Product를 업데이트하는 코드이다. 이렇게 코드를 작성하면 롤백 기능이 필요한 상황이 된다. 실제로 애플리케이션을 개발할 때는 롤백이 필요한 상황이 아주 많다. 트랜잭셔널한 처리가 필요한 상황이다. 이런 트랜잭셔널한 처리를 로직에 직접 구현하는 것은 아주 어려우므로 일반적으로는 데이터베이스를 활용한다. 그러나 우리는 데이터베이스를 사용하지 않기 때문에 롤백이 없어도 요구사항을 만족할 수 있도록 로직 작성에 주의를 기울여야 한다.

decreaseProductsAmount 메서드로 상품 재고를 차감하는 것까지 진행했으므로 다음에는 주문 (Order)을 생성해야 한다. Order에는 현재 클래스에 대한 선언만 되어 있을 뿐 아무 코드도 없다. 따라서 다음과 같이 Order에 필요한 필드와 생성자를 추가하자.

Order.java

```java
package kr.co.ordermanagement.domain.order;

import kr.co.ordermanagement.domain.product.Product;

import java.util.List;

public class Order {
    private Long id;
    private List<Product> orderedProducts;
    private Integer totalPrice;
    private String state;

    public Order(List<Product> orderedProducts) {
        this.orderedProducts = orderedProducts;
        this.totalPrice = calculateTotalPrice(orderedProducts);
        this.state = "CREATED";
    }

    public Long getId() {
        return id;
    }

    public List<Product> getOrderedProducts() {
        return orderedProducts;
    }

    public Integer getTotalPrice() {
        return totalPrice;
    }

    public String getState() {
        return state;
    }

    public void setId(Long id) {
        this.id = id;
    }

    private Integer calculateTotalPrice(List<Product> orderedProducts) {
        return orderedProducts
```

```
                    .stream()
                    .mapToInt(orderedProduct -> orderedProduct.getPrice() * orderedProduct.
getAmount())
                    .sum();
    }
}
```

상품 주문에 성공했을 때 생성되어 반환된 응답 바디를 확인하면 어떤 정보를 가져야 하는지 알 수
있다. totalPrice는 주문된 상품의 가격과 주문 수량을 곱한 값을 전부 더하면 구할 수 있다. getter
와 setId도 곧 필요하게 될 코드이므로 미리 추가해 줬다.

다음으로 OrderRepository를 통해 주문을 저장하는 과정을 구현해 보자. OrderRepository 역
시 인터페이스만 선언되어 있을 뿐 아무 메서드도 없다. 따라서 OrderRepository에 주문을 저장할
수 있는 add 메서드를 추가하고, 해당 메서드의 구현체도 ListOrderRepository에 추가해 주자.

OrderRepository.java

```
package kr.co.ordermanagement.domain.order;

public interface OrderRepository {
    Order add(Order order);
}
```

ListOrderRepository.java

```
package kr.co.ordermanagement.infrastructure;

import kr.co.ordermanagement.domain.order.Order;
import kr.co.ordermanagement.domain.order.OrderRepository;
import org.springframework.stereotype.Repository;

import java.util.List;
import java.util.concurrent.CopyOnWriteArrayList;
import java.util.concurrent.atomic.AtomicLong;

@Repository
public class ListOrderRepository implements OrderRepository {

    private List<Order> orders = new CopyOnWriteArrayList<>();
```

```
    private AtomicLong sequence = new AtomicLong(1L);

    @Override
    public Order add(Order order) {
        order.setId(sequence.getAndAdd(1L));

        orders.add(order);
        return order;
    }

}
```

상품 관리 애플리케이션에서 사용했던 것과 동일한 코드이다. 마지막으로 Order를 통해 OrderResponseDto를 생성하는 toDto 코드를 다음과 같이 추가하자.

OrderResponseDto.java

```
package kr.co.ordermanagement.presentation.dto;


(생략)

public class OrderResponseDto {

(생략)

    public static OrderResponseDto toDto(Order order) {
        List<ProductDto> orderedProductDtos = order.getOrderedProducts()
                .stream()
                .map(orderedProduct -> ProductDto.toDto(orderedProduct))
                .toList();

        OrderResponseDto orderResponseDto = new OrderResponseDto(
                order.getId(),
                orderedProductDtos,
                order.getTotalPrice(),
                order.getState()
        );

        return orderResponseDto;
    }
}
```

이제 상품 주문 기능을 테스트해 보자. 애플리케이션을 시작하고 Postman으로 테스트하면 된다. 요구사항으로 주어진 대로 테스트해 보면 주문 생성 요청에 대해 응답이 잘 오고 있다는 사실을 확인할 수 있다.

주문 생성 성공 응답

```
{
    "id": 1,
    "orderedProducts": [
        {
            "id": 1,
            "name": "상품1",
            "price": 10000,
            "amount": 1
        },
        {
            "id": 3,
            "name": "상품3",
            "price": 30000,
            "amount": 1
        }
    ],
```

```
            "totalPrice": 40000,
        "state": "CREATED"
    }
```

물론 제대로 저장되었는지까지는 아직 알 수 없다. 저장된 내용을 확인하려면 조회 기능까지 구현해야 한다. 한 가지 더 확인할 내용이 있다. 상품의 재고 수량이 감소되었는지 확인하는 것이다. ProductRestController에는 전체 상품 목록을 조회할 수 있는 API가 있다. 'http://localhost: 8080/products'로 요청해 보면 다음과 같이 1, 3번 상품의 상품 재고가 잘 줄어든 것을 확인할 수 있다.

상품 목록 조회 결과

```
[
    {
        "id": 1,
        "name": "상품1",
        "price": 10000,
        "amount": 99
    },
    {
        "id": 2,
        "name": "상품2",
        "price": 25000,
        "amount": 300
    },
    {
        "id": 3,
        "name": "상품3",
        "price": 30000,
        "amount": 499
    }
]
```

이로써 상품 주문 기능을 모두 구현했다. 다음과 같이 재고보다 주문 수량을 크게 키워서도 한번 요청해 보자.

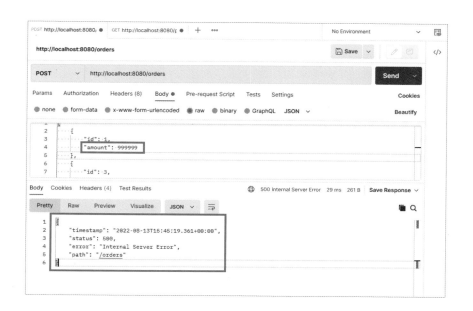

아직은 전역 예외 핸들러가 없기 때문에 500 에러가 던져지는 것을 볼 수 있다. 이 문제는 뒤에서 다른 문제들과 한 번에 해결하고, 우선은 요구사항대로 기능부터 추가해 보자.

주문 번호로 조회 기능과 주문상태 강제 변경 기능 구현

처음 제시되었던 기반 코드에서 많은 기능이 추가되었다. 주문 번호로 조회하는 기능을 먼저 구현하고, 이어서 주문상태를 강제로 변경하는 기능을 구현해 보자. API 순서상으로는 주문상태를 강제로 변경하는 기능이 더 앞에 있는데, 주문 번호로 조회하는 기능을 먼저 구현하는 이유는 주문상태를 강제로 변경하기 위해 주문 번호로 조회하는 기능이 필요하기 때문이다.

주문 번호로 조회 기능 구현

주문 번호로 조회하는 기능은 컨트롤러에 다음과 같은 코드를 추가해 구현한다. 이제 이 코드는 많이 익숙해진 상태일 것이다.

OrderRestController.java

```java
package kr.co.ordermanagement.presentation.controller;

(생략)

@RestController
public class OrderRestController {

    (생략)

        // 주문번호로 조회 API
        @RequestMapping(value = "/orders/{orderId}", method = RequestMethod.GET)
        public ResponseEntity<OrderResponseDto> getOrderById(@PathVariable Long orderId) {
            OrderResponseDto orderResponseDto = simpleOrderService.findById(orderId);

            return ResponseEntity.ok(orderResponseDto);
        }

}
```

아직 구현하지 않은 SimpleOrderService의 findById도 다음과 같이 코드를 입력하여 구현해 주자.

SimpleOrderService.java

```java
package kr.co.ordermanagement.application;

(생략)

@Service
public class SimpleOrderService {

    (생략)

    public OrderResponseDto findById(Long orderId) {
        Order order = orderRepository.findById(orderId);

        OrderResponseDto orderResponseDto = OrderResponseDto.toDto(order);
        return orderResponseDto;
```

```
    }

    (생략)

}
```

마찬가지로 다음과 같이 코드를 작성해 OrderRepository에도 findById 메서드를 추가하자.

OrderRepository.java

```
package kr.co.ordermanagement.domain.order;

public interface OrderRepository {
    Order add(Order order);
    Order findById(Long id);
}
```

이어서 OrderRepository의 구현체인 ListOrderRepository에 findById 메서드를 구현한다.

ListOrderRepository.java

```
package kr.co.ordermanagement.infrastructure;

(생략)

@Repository
public class ListOrderRepository implements OrderRepository {

(생략)

    @Override
    public Order findById(Long id) {
        return orders.stream()
                .filter(order -> order.sameId(id))
                .findFirst()
                .orElseThrow(() -> new EntityNotFoundException("Order를 찾지 못했습니다."));
    }

}
```

표현력 있는 메서드를 사용하기 위해 Order에 있는 id를 getter로 가져오기보다는 sameId라는 메서드를 사용했다. 다음과 같이 메서드를 추가하자.

Order.java

```java
package kr.co.ordermanagement.domain.order;

(생략)

public class Order {

(생략)

    public Boolean sameId(Long id) {
        return this.id.equals(id);
    }

(생략)

}
```

findById에서 사용하는 Order의 sameId 메서드는 상품 관리 애플리케이션에서도 활용했던 코드이다. Order에도 마찬가지로 추가하면 된다. 이 정도 코드를 추가해 주면 이제 주문 번호로 조회를 할 수 있다.

애플리케이션을 재시작한 후 주문 번호로 조회 기능을 테스트해 보자. **애플리케이션을 재시작하면 이전에 생성했던 주문이 모두 날아가기 때문에 반드시 주문을 다시 생성해 주고 조회해야 한다.** 주문을 생성한 후 응답으로 돌아온 주문의 id로 조회하면 다음과 같이 잘 조회되는 것을 확인할 수 있다.

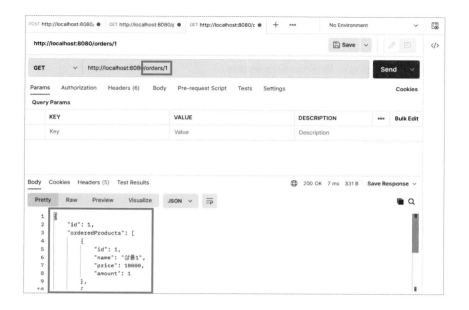

주문상태 강제 변경 기능 구현

이어서 주문상태를 강제로 변경하는 기능을 구현해 보자. 다음과 같이 컨트롤러와 DTO 코드를 추가하면 된다.

OrderRestController.java

```java
package kr.co.ordermanagement.presentation.controller;

(생략)

@RestController
public class OrderRestController {

(생략)

    // 주문상태 강제 변경 API
    @RequestMapping(value = "/orders/{orderId}", method = RequestMethod.PATCH)
    public ResponseEntity<OrderResponseDto> changeOrderState(
            @PathVariable Long orderId,
            @RequestBody ChangeStateRequestDto changeStateRequestDto
    ) {
```

```
        OrderResponseDto orderResponseDto = simpleOrderService.changeState(orderId,
changeStateRequestDto);

        return ResponseEntity.ok(orderResponseDto);
    }

}
```

ChangeStateRequestDto.java

```
package kr.co.ordermanagement.presentation.dto;

public class ChangeStateRequestDto {
    private String state;

    public String getState() {
        return state;
    }
}
```

요구사항에는 주문상태를 강제 변경하는 API가 요청 바디를 통해 변경할 주문상태를 전달받도록 명시하고 있다. 따라서 DTO가 필요하기 때문에 ChangeStateRequestDto라는 이름의 DTO를 추가해 줬다. 다음에는 SimpleOrderService의 changeState 메서드를 다음과 같이 추가하자.

SimpleOrderService.java

```
package kr.co.ordermanagement.application;

(생략)

@Service
public class SimpleOrderService {

(생략)

    public OrderResponseDto changeState(Long orderId, ChangeStateRequestDto
changeStateRequestDto) {
        Order order = orderRepository.findById(orderId);
        String state = changeStateRequestDto.getState();
```

```
        order.changeStateForce(state);
//        orderRepository.update(order);

        OrderResponseDto orderResponseDto = OrderResponseDto.toDto(order);
        return orderResponseDto;
    }

(생략)

}
```

Order에 대한 changeStateForce가 사용되고 있으므로 해당 메서드에 대한 구현을 위해 다음과 같이 코드를 추가하자.

Order.java

```
package kr.co.ordermanagement.domain.order;

(생략)

public class Order {

(생략)

    public void changeStateForce(String state) {
        this.state = state;
    }

(생략)

}
```

작성된 로직은 먼저 주문 번호(orderId)를 통해 강제로 상태를 변경해 줄 Order를 조회해 온 다음, 변경할 state로 강제로 Order를 변경해 주는 메서드를 호출한다. 그 메서드의 이름은 changeStateForce라고 붙여 줬다. 주문상태 강제 변경 API는 어떤 상태라 하더라도 주문의 상태를 강제로 변경할 수 있으므로 setter처럼 간단한 이름을 지어도 된다. 그러나 setState보다는 changeStateForce와 같은 이름이 더 강제로 변경한다는 의미를 나타내기에 적절할 것이다.

앞에서 우리가 만들었던 상품 관리 애플리케이션처럼 OrderRepository에서 update를 실행해 줄 것이라고 생각했을 수 있다. 하지만 실제로는 'orderRepository.update(order);' 없이도 업데이트가 잘 된다. 즉, 주문의 상태가 정상적으로 변경되므로 해당 코드가 필요하지는 않지만, 이해를 돕기 위해 일부러 주석 처리된 'orderRepository.update(order);' 코드를 넣어 두었다.

다음 과정에 따라 주문의 상태를 강제로 변경하는 기능이 잘 작동하는지 테스트해 보자. 잘 변경되는 것을 확인할 수 있다.

1. 주문 생성(id는 1번이 될 것)
2. 해당 주문의 상태를 'SHIPPING'으로 변경
3. 해당 주문을 주문 번호로 조회하고, 조회한 결과에서 state가 SHIPPING으로 변경되면 정상적으로 작동한 것

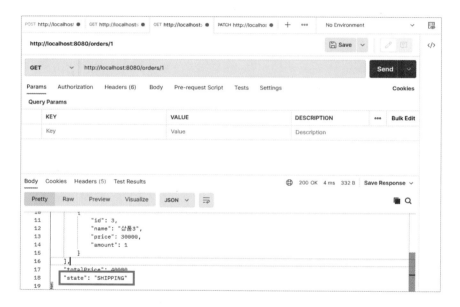

update가 필요 없는 이유

상품 관리 애플리케이션에서 update가 필요했던 이유는 컨트롤러로 들어온 ProductDto를 통해 완전히 새로운 Product 인스턴스를 만들고, 그 인스턴스를 리스트에 저장되어 있던 동일한 id를 가진 Product 인스턴스와 교체해야 했기 때문이다. 다음 코드를 살펴보자.

상품 관리 애플리케이션의 Product 수정

```java
public ProductDto update(ProductDto productDto) {
    logger.info("상품을 수정합니다. productDto={}", productDto);

    Product product = ProductDto.toEntity(productDto);
    Product updatedProduct = productRepository.update(product);
    ProductDto updatedProductDto = ProductDto.toDto(updatedProduct);
    return updatedProductDto;
}
```

굵게 표시된 Product는 리스트에 저장된 Product와는 다른 Product 인스턴스이다. id만 같기 때문에 update 요청이 들어온 새로운 Product 인스턴스로 교체될 뿐이다. 그러나 지금 구현하고 있는 주문 관리 API 서버에서는 DTO를 통해 새로운 Order 인스턴스를 만드는 것이 아니라, 기존에 리스트에 저장되어 있던 Order 인스턴스를 가져와서 수정한다. 다음 코드를 살펴보자.

주문 관리 API 서비스의 Order 수정

```java
public OrderResponseDto changeState(Long orderId, ChangeStateRequestDto
changeStateRequestDto) {
    Order order = orderRepository.findById(orderId);
    State state = changeStateRequestDto.getState();

    order.changeStateForce(state);

    OrderResponseDto orderResponseDto = OrderResponseDto.toDto(order);
    return orderResponseDto;
}
```

이렇게 조회된 Order 인스턴스는 여전히 리스트에 들어가 있다. 따라서 이 인스턴스를 변경하면 그 내용이 그대로 리스트 Order 인스턴스에 반영되기 때문에 별도의 update 과정이 없어도 되는 것이다.

마찬가지로 앞서 상품 재고를 감소시키기 위해 사용했던 decreaseProductsAmount의
'productRepository.update(product);' 역시 실행될 필요가 없다. 다음과 같이 주석 처리한 후
상품 주문 기능을 실행시켜 보면 정상적으로 재고가 줄어드는 것을 볼 수 있다.

SimpleOrderService.java의 decreaseProductsAmount 메서드

```
(생략)
    private void decreaseProductsAmount(List<Product> orderedProducts) {
        orderedProducts
                .stream()
                .forEach(orderedProduct -> {
                    Long productId = orderedProduct.getId();
                    Product product = productRepository.findById(productId);

                    Integer orderedAmount = orderedProduct.getAmount();
                    product.decreaseAmount(orderedAmount);

//                  productRepository.update(product);
                });
    }
(생략)
```

그런데 주문상태를 강제로 변경하는 기능에는 아직 문제가 있다. 다음과 같이 아무 문자열이나 state
로 넣으면 상태가 변경되는 문제이다.

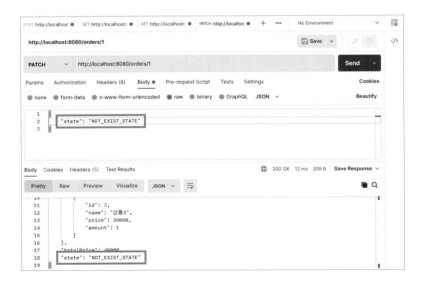

다음과 같은 코드를 해결책으로 떠올렸을 수 있다. 반복되는 코드가 일관성 있어 보이지만 너무 복잡하고, 프로젝트 이곳 저곳에 같은 코드가 추가될 가능성이 높다. 이런 문제는 열거형이라고 부르는 Enum을 활용하면 해결할 수 있다. Enum을 활용하는 방법은 잠시 후에 알아보기로 하고, 나머지 기능을 먼저 구현해 보자.

OrderRestController.java의 조건문으로 체크하는 주문상태

```java
(생략)
    // 주문상태 강제 변경 API
    @RequestMapping(value = "/orders/{orderId}", method = RequestMethod.PATCH)
    public ResponseEntity<OrderResponseDto> changeOrderState(
            @PathVariable Long orderId,
            @RequestBody ChangeStateRequestDto changeStateRequestDto
    ) {
        if (changeStateRequestDto.getState().equals("CREATED") ||
                changeStateRequestDto.getState().equals("SHIPPING") ||
                changeStateRequestDto.getState().equals("COMPLETED") ||
                changeStateRequestDto.getState().equals("CANCELED")) {
            OrderResponseDto orderResponseDto = simpleOrderService.changeState(orderId,
changeStateRequestDto);

            return ResponseEntity.ok(orderResponseDto);
        } else {
            throw new RuntimeException("존재하지 않는 주문상태입니다.");
        }
    }
(생략)
```

주문상태로 조회하는 기능과 주문을 취소하는 기능 구현

이제 남아 있는 기능은 주문상태로 조회하는 기능과 주문을 취소하는 기능이다. 요구사항에 적합한 API를 개발해 보자.

주문상태로 조회하는 기능 구현

마찬가지로 컨트롤러에 다음과 같은 코드를 추가해 기능을 구현해 보자.

OrderRestController.java

```
package kr.co.ordermanagement.presentation.controller;

(생략)

@RestController
public class OrderRestController {

(생략)

    // 주문상태로 조회 API
    @RequestMapping(value = "/orders", method = RequestMethod.GET)
    public ResponseEntity<List<OrderResponseDto>> getOrdersByState(@RequestParam
String state) {
        List<OrderResponseDto> orderResponseDtos = simpleOrderService.findByState(state);

        return ResponseEntity.ok(orderResponseDtos);
    }

}
```

요구사항에 따라 주문상태로 조회하는 기능은 조회할 주문상태(state)를 쿼리 파라미터로 받아야 한다. '/orders?state={state}'처럼 받아야 하므로 @RequestParam을 사용했다. 응답은 JSON 배열 형태로 되어야 하기 때문에 OrderResponseDto 리스트 타입으로 지정했다.

다음으로 SimpleOrderService의 findByState를 구현해 주자. 앞에서 작성했던 코드와 거의 동일하므로 바로 코드를 살펴보며 이해해 보자.

SimpleOrderService.java

```
package kr.co.ordermanagement.application;

(생략)

@Service
public class SimpleOrderService {

(생략)
```

```
    public List<OrderResponseDto> findByState(String state) {
        List<Order> orders = orderRepository.findByState(state);

        List<OrderResponseDto> orderResponseDtos = orders
                .stream()
                .map(order -> OrderResponseDto.toDto(order))
                .toList();

        return orderResponseDtos;
    }

(생략)

}
```

OrderRepository의 findByState 메서드가 아직 없으므로 다음과 같이 코드를 추가한다.

OrderRepository.java

```
package kr.co.ordermanagement.domain.order;

import java.util.List;

public interface OrderRepository {
    Order add(Order order);
    Order findById(Long id);
    List<Order> findByState(String state);
}
```

다음으로 ListOrderRepository와 Order에 각각 다음과 같이 메서드를 구현한다. sameId와 비슷한 맥락으로 sameState 메서드를 추가했다.

ListOrderRepository.java

```
package kr.co.ordermanagement.infrastructure;

(생략)

@Repository
public class ListOrderRepository implements OrderRepository {
```

(생략)

```java
    @Override
    public List<Order> findByState(String state) {
        return orders.stream()
                .filter(order -> order.sameState(state))
                .toList();
    }

}
```

Order.java

```java
package kr.co.ordermanagement.domain.order;
```

(생략)

```java
public class Order {
```

(생략)

```java
    public Boolean sameState(String state) {
        return this.state.equals(state);
    }
```

(생략)

```java
}
```

그럼 애플리케이션을 재시작하고 주문상태로 조회하는 기능을 테스트해 보자. 다음과 같이 몇 개의
주문을 추가하고 주문상태 'CREATED'로 검색해 보면 CREATED 상태인 주문들이 잘 조회된다.

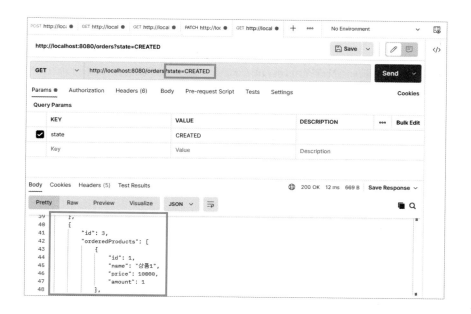

CREATED 이외의 다른 주문상태로 변경해 검색해 봐도 잘 동작할 것이다. 이로써 주문상태로 조회하는 기능을 모두 구현했다.

주문 취소 기능 구현

주문 취소 기능에는 중요한 제약사항이 있다.

- 주문 취소는 오직 CREATED 상태에서만 가능하고, 나머지 상태(SHIPPING, COMPLETED, CANCELED) 상태에서는 불가능합니다. 취소가 불가능한 상태에서 취소하려고 하면 에러 메시지가 반환되어야 합니다.

이 제약사항을 만족하려면 CREATED일 때만 주문 취소가 가능하고 나머지 상태에서는 예외를 던지도록 구현하면 된다. 먼저 다음과 같이 컨트롤러부터 추가해 보자.

OrderRestController.java

```
package kr.co.ordermanagement.presentation.controller;

(생략)

@RestController
public class OrderRestController {
```

(생략)

```java
    // 주문 취소 API
    @RequestMapping(value = "/orders/{orderId}/cancel", method = RequestMethod.PATCH)
    public ResponseEntity<OrderResponseDto> cancelOrderById(@PathVariable Long orderId) {
        OrderResponseDto orderResponseDto = simpleOrderService.cancelOrderById(orderId);

        return ResponseEntity.ok(orderResponseDto);
    }

}
```

이어서 SimpleOrderService의 cancelOrderById 메서드를 다음과 같이 구현해 주자. 이 코드
는 orderId를 통해 주문을 조회한 후 해당 주문에 대해 cancel 메서드를 호출한다. 이전과 마찬가
지로 update는 필요가 없다.

SimpleOrderService.java

```java
package kr.co.ordermanagement.application;

(생략)

@Service
public class SimpleOrderService {

(생략)

    public OrderResponseDto cancelOrderById(Long orderId) {
        Order order = orderRepository.findById(orderId);

        order.cancel();
//        orderRepository.update(order);

        OrderResponseDto orderResponseDto = OrderResponseDto.toDto(order);
        return orderResponseDto;
    }

(생략)

}
```

다음은 Order의 cancel 메서드 구현이다. 여기에 요구사항에서 언급했던 제약사항을 만족하는 코드가 포함되어야 한다. 다음과 같이 제약사항에 해당하지 않으면 취소로 상태를 변경시키는 코드를 추가한다.

Order.java

```
package kr.co.ordermanagement.domain.order;

(생략)

public class Order {

(생략)

    private String state;

    public void cancel() {
        if(!this.state.equals("CREATED"))
            throw new RuntimeException("이미 취소되었거나 취소할 수 없는 주문상태입니다.");

        this.state = "CANCELED";
    }

(생략)

}
```

state가 CREATED가 아닌 경우에는 예외가 던져지도록 코드를 작성했다. state가 CREATED인 경우에는 해당 조건문을 지나 state를 CANCELED로 변경하는 코드가 실행된다.

이제 주문 취소 기능을 테스트해 보기 위해 다음과 같이 아무 주문을 하나 생성해 보고, 주문 취소 API를 실행하면 state가 CANCELED로 변경되는 것을 확인할 수 있다.

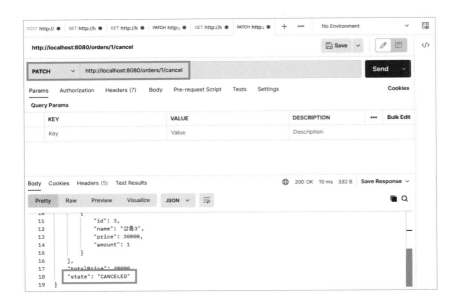

해당 주문에 대해 취소 요청을 한 번 더 하면 이미 취소된 상태이기 때문에 예외가 발생할 것이다. 다음과 같이 취소 요청을 한 번 더 해보자.

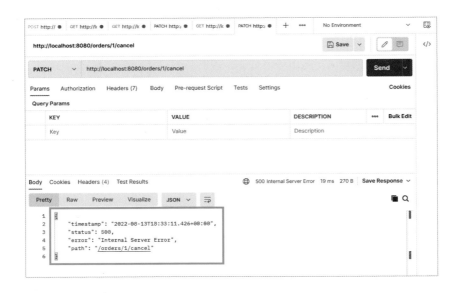

실행 결과를 보면 예외가 발생하여 500 에러가 응답으로 오는 것을 확인할 수 있다. 이제 기능적인 측면에서는 모두 구현했다.

예외 정의하고 처리하기

미루어 두었던 예외 처리를 해보자. 앞서 여러 기능을 구현하면서 응답으로 예외에 대한 메시지를 받아 봐야 하는 부분을 처리하지 않고 넘겼다. 따라서 예외가 발생한 경우 다음과 같은 응답이 발생한다.

예외가 발생한 경우의 응답

```
{
    "timestamp": "2022-08-13T18:33:11.426+00:00",
    "status": 500,
    "error": "Internal Server Error",
    "path": "/orders/1/cancel"
}
```

그러나 우리가 요구사항에서 제시받은 API 예외 상황별 응답은 다음과 같은 형태이다.

취소 실패(취소할 수 없는 상태) - 응답 바디 (상태 코드 500)

```
{
    "message": "이미 취소되었거나 취소할 수 없는 주문상태입니다."
}
```

이외에도 상품의 재고 수량이 부족한 경우와 id를 찾지 못하는 경우에 대한 에러 메시지와 상태 코드도 정의되어 있다. 먼저 타입별로 예외를 선언해 주는 것이 적절해 보인다. 그중 EntityNotFoundException는 이미 정의되어 있으므로 다른 경우의 예외들을 추가하는 것부터 시작하자.

상품 재고가 부족할 때 발생하는 예외인 NotEnoughAmountException과 주문상태가 취소할 수 없는 상태일 때 발생하는 예외인 CanNotCancellableStateException부터 추가하자. 다음과 같이 코드를 작성하면 된다.

NotEnoughAmountException.java

```java
package kr.co.ordermanagement.domain.exception;

public class NotEnoughAmountException extends RuntimeException {
    public NotEnoughAmountException(String message) {
```

```
            super(message);
    }
}
```

CanNotCancellableStateException.java

```
package kr.co.ordermanagement.domain.exception;

public class CanNotCancellableStateException extends RuntimeException {
    public CanNotCancellableStateException(String message) {
        super(message);
    }
}
```

이어서 기존 코드에서 RuntimeException으로 작성해 두었던 것을 다음과 같이
NotEnoughAmountException과 CanNotCancellableStateException으로 바꿔 주자.

Product.java checkEnoughAmount 메서드

```
(생략)
    public void checkEnoughAmount(Integer orderedAmount) {
        if(this.amount < orderedAmount)
            throw new NotEnoughAmountException(this.id + "번 상품의 수량이 부족합니다.");
    }
(생략)
```

Order.java cancel 메서드

```
(생략)
    public void cancel() {
        if(!this.state.equals("CREATED"))
            throw new CanNotCancellableStateException("이미 취소되었거나 취소할 수 없는 주
문상태입니다.");

        this.state = "CANCELED";
    }
(생략)
```

이번에는 우리가 정의해 준 예외를 처리할 수 있는 전역 예외 핸들러를 추가해 줘야 한다. presentation/controller 패키지에 GlobalExceptionHandler라는 이름으로 전역 예외 핸들러를 추가하고, 다음과 코드를 같이 작성하면 된다.

GlobalExceptionHandler.java

```java
package kr.co.ordermanagement.presentation.controller;

import kr.co.ordermanagement.domain.exception.CanNotCancellableStateException;
import kr.co.ordermanagement.domain.exception.EntityNotFoundException;
import kr.co.ordermanagement.domain.exception.NotEnoughAmountException;
import kr.co.ordermanagement.presentation.dto.ErrorMessageDto;
import org.springframework.http.HttpStatus;
import org.springframework.http.ResponseEntity;
import org.springframework.web.bind.annotation.ExceptionHandler;
import org.springframework.web.bind.annotation.RestControllerAdvice;

@RestControllerAdvice
public class GlobalExceptionHandler {

    @ExceptionHandler(CanNotCancellableStateException.class)
    public ResponseEntity<ErrorMessageDto> handleCanNotCancellableState(
            CanNotCancellableStateException ex
    ) {
        ErrorMessageDto errorMessageDto = new ErrorMessageDto(ex.getMessage());
        return new ResponseEntity<>(errorMessageDto, HttpStatus.INTERNAL_SERVER_ERROR);
    }

    @ExceptionHandler(EntityNotFoundException.class)
    public ResponseEntity<ErrorMessageDto> handleEntityNotFoundException(
            EntityNotFoundException ex
    ) {
        ErrorMessageDto errorMessageDto = new ErrorMessageDto(ex.getMessage());
        return new ResponseEntity<>(errorMessageDto, HttpStatus.NOT_FOUND);
    }

    @ExceptionHandler(NotEnoughAmountException.class)
    public ResponseEntity<ErrorMessageDto> handleNotEnoughAmountException(
            NotEnoughAmountException ex
    ) {
        ErrorMessageDto errorMessageDto = new ErrorMessageDto(ex.getMessage());
```

```java
        return new ResponseEntity<>(errorMessageDto, HttpStatus.INTERNAL_SERVER_ERROR);
    }

}
```

ErrorMessageDto라는 이름의 DTO도 함께 추가해야 한다. 우선 다음과 같이 ErrorMessageDto를 정의하자.

ErrorMessageDto.java

```java
package kr.co.ordermanagement.presentation.dto;

public class ErrorMessageDto {

    private String message;

    public ErrorMessageDto(String message) {
        this.message = message;
    }

    public String getMessage() {
        return message;
    }
}
```

여기서 그냥 String을 반환하는 것이 아니라 ErrorMessageDto도 추가해 준 이유는 다음과 같이 JSON 형태로 응답을 반환해야 하기 때문이다.

```
{
    "message": "이미 취소되었거나 취소할 수 없는 주문상태입니다."
}
```

요구사항에서 각각의 예외 타입과 어떤 상태 코드로 응답해 줬는지 꼭 체크하자. 다음과 같이 애플리케이션을 재시작해 보고 각각의 예외를 발생시켜 응답이 잘 오는지 확인해 보자.

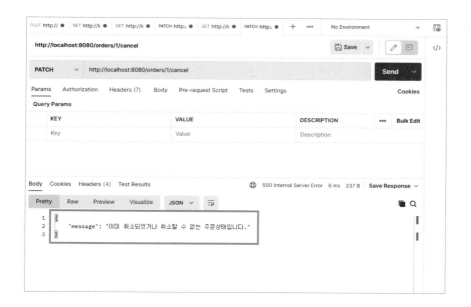

Enum 활용하기

앞서 주문상태가 정의된 네 가지 상태 외에 다른 상태로 변경되는 것이 문제였다. 이 문제를 해결할 때 유용한 것이 바로 Enum이다. 이번에는 Enum을 활용하여 주문상태(state) 관련 코드를 개선해 보자. Enum은 단순히 타입을 제한하는 열거형으로만 사용되는 것이 아니라, 데이터에 따라 다형적인 로직이 실행되도록 만들 수 있다. 이는 실제로 아주 강력한 기능이다.

Enum 적용하여 정해진 주문상태만 받을 수 있도록 만들기

Enum을 사용하기 위해 해당 코드를 추가하자. 주문상태를 표현하는 타입으로 사용되므로 주문과 깊은 관련이 있다. 따라서 domain/order 패키지에 위치시키는 것이 적절하다. 다음과 같이 코드를 작성하자.

State.java

```java
package kr.co.ordermanagement.domain.order;

public enum State {
    CREATED,
    SHIPPING,
    COMPLETED,
    CANCELED
}
```

코드를 살펴보면 class가 들어갈 자리에 enum이 들어갔다. 내용으로는 우리가 사용하기 원하는 데이터 값을 정의하면 된다. 즉, 요구사항에 있는 네 가지 상태를 정의했다.

다음으로 state를 String 타입으로 선언하는 코드를 모두 State Enum 타입으로 변경해 줘야 한다. 여러 곳에 state에 대한 코드가 퍼져 있기 때문에 검색 기능을 활용하면 좋다. 검색 기능은 다음과 같이 프로젝트를 마우스 오른쪽 클릭한 후 [Find in Files…] 메뉴를 선택해 사용할 수 있다. 그러면 다음과 같은 검색창이 나타난다.

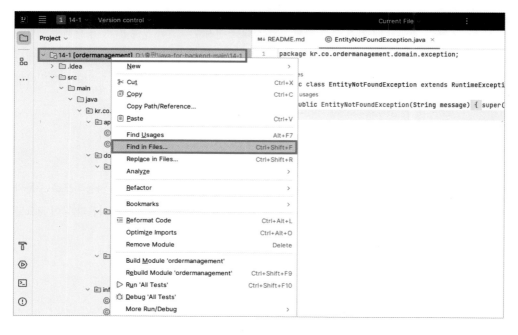

NOTE [Ctrl] + [Shift] + [F] 키를 눌러도 검색 기능을 사용할 수 있다.

무엇을 키워드로 삼아 검색하면 좋을까? 'String state'처럼 선언한 곳이 많기 때문에 해당 키워드로 검색하면 state를 String 타입으로 선언하는 코드가 대부분 나올 것이다.

다음과 같이 [검색] 창에서 state 관련 코드를 찾아 보자. 이때 주의해야 할 점은 키워드를 입력하는 란의 바로 아래에 있는 [In Project]를 선택한 후 검색해야 프로젝트 전체 코드에 대한 검색이 이루어진다는 것이다. [Directory]나 다른 메뉴에서는 제한된 범위에서만 코드가 탐색되기 때문에 찾는 코드가 나오지 않을 수도 있다.

'String state' 외에 'getState'와 같은 코드도 있기 때문에 키워드를 조금씩 바꿔 가면서 찾아보자. 지금은 코드가 그리 많지는 않으므로 스크롤만으로도 금방 찾아서 바꿀 수 있지만, 추후에 코드가 복잡한 프로젝트를 진행할 때는 찾기가 힘들다. 따라서 미리 연습한다는 마음으로 키워드를 생각해 보고 직접 검색하자.

String 타입으로 선언된 state를 Enum 타입으로 바꿔 주자. 우리는 Enum을 State라는 이름으로 정의했으므로 대체로 String state가 State state의 형태로 바뀔 것이다. 수정된 코드는 다음과 같다.

```
package kr.co.ordermanagement.domain.order;

(생략)

public class Order {
    private Long id;
    private List<Product> orderedProducts;
    private Integer totalPrice;
    private State state;

    public Order(List<Product> orderedProducts) {
        this.orderedProducts = orderedProducts;
        this.totalPrice = calculateTotalPrice(orderedProducts);
        this.state = State.CREATED;
    }

(생략)

    public State getState() {
        return state;
    }

(생략)

    public Boolean sameState(State state) {
        return this.state.equals(state);
    }

    public void changeStateForce(State state) {
        this.state = state;
    }

    public void cancel() {
        if(!this.state.equals(State.CREATED))
            throw new CanNotCancellableStateException("이미 취소되었거나 취소할 수 없는 주
문상태입니다.");

        this.state = State.CANCELED;
    }
```

```
(생략)
}
```

SimpleOrderService.java State 관련 수정된 부분

```
(생략)
    public OrderResponseDto changeState(Long orderId, ChangeStateRequestDto
changeStateRequestDto) {
        Order order = orderRepository.findById(orderId);
        State state = changeStateRequestDto.getState();

        order.changeStateForce(state);
//        orderRepository.update(order);

        OrderResponseDto orderResponseDto = OrderResponseDto.toDto(order);
        return orderResponseDto;
    }

    public List<OrderResponseDto> findByState(State state) {
        List<Order> orders = orderRepository.findByState(state);

        List<OrderResponseDto> orderResponseDtos = orders
                .stream()
                .map(order -> OrderResponseDto.toDto(order))
                .toList();

        return orderResponseDtos;
    }
(생략)
```

OrderRepository.java State 관련 수정된 부분

```
package kr.co.ordermanagement.domain.order;

import java.util.List;

public interface OrderRepository {
    Order add(Order order);
    Order findById(Long id);
    List<Order> findByState(State state);
}
```

ListOrderRepository.java findByState 메서드, State 관련 수정된 부분

```
(생략)
    @Override
    public List<Order> findByState(State state) {
        return orders.stream()
                .filter(order -> order.sameState(state))
                .toList();
    }
```

OrderRestController.java 주문상태로 조회하는 API, State 관련 수정된 부분

```
(생략)
    // 주문상태로 조회 API
    @RequestMapping(value = "/orders", method = RequestMethod.GET)
    public ResponseEntity<List<OrderResponseDto>> getOrdersByState(@RequestParam
State state) {
        List<OrderResponseDto> orderResponseDtos = simpleOrderService.findByState(state);

        return ResponseEntity.ok(orderResponseDtos);
    }
(생략)
```

ChangeStateRequestDto.java State 관련 수정된 부분

```
package kr.co.ordermanagement.presentation.dto;

import kr.co.ordermanagement.domain.order.State;

public class ChangeStateRequestDto {
    private State state;

    public State getState() {
        return state;
    }
}
```

OrderResponseDto.java

```java
package kr.co.ordermanagement.presentation.dto;

(생략)

public class OrderResponseDto {
    private Long id;
    private List<ProductDto> orderedProducts;
    private Integer totalPrice;
    private State state;

    public OrderResponseDto(Long id, List<ProductDto> orderedProducts, Integer
totalPrice, State state) {
        this.id = id;
        this.orderedProducts = orderedProducts;
        this.totalPrice = totalPrice;
        this.state = state;
    }

(생략)

    public State getState() {
        return state;
    }

(생략)
}
```

모든 코드를 바꿨다면 애플리케이션을 재시작하여 주문상태를 존재하지 않는 주문상태로 바꿔 보자. 정상적으로 설정되었다면 다음과 같이 400 에러가 떨어질 것이다.

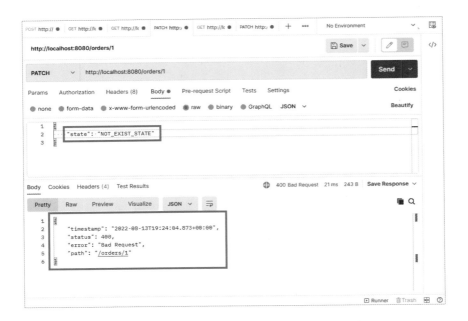

존재하지 않는 주문상태에 대해 400 에러가 떨어지는 것은 기본 설정에 의한 것이다. 여기서는 이처럼 기본 설정을 수정하지 않아도 괜찮지만, 만약 다른 과제를 진행할 때 기본 설정된 응답 코드가 부자연스럽다면 요구사항에 없더라도 응답 코드를 변경해 자연스럽게 만드는 것이 좋다.

Enum에 객체지향적인 개념 더하기

다음으로는 Enum을 활용하여 주문상태와 관련된 제약사항 로직을 개선해 보자. 주문상태와 관련된 제약사항에 대한 로직은 다음과 같다.

Order.java cancel 메서드

```java
(생략)
    public void cancel() {
        if(!this.state.equals(State.CREATED))
            throw new CanNotCancellableStateException("이미 취소되었거나 취소할 수 없는 주문상태입니다.");
        this.state = State.CANCELED;
    }
(생략)
```

지금 코드도 분명 훌륭해 보이는데 더 고칠 필요가 있을까? 이 의문은 다음 코드를 살펴보면서 확인해 보자.

```
Order.java 개발하다보니 분기가 많아진 cancel 메서드
(생략)
    public void cancel() {
        if(!this.state.equals(State.CREATED))
            throw new CanNotCancellableStateException("이미 취소되었거나 취소할 수 없는 주문상태입니다.");
        else if(this.state.equals(State.CREATED) && totalPrice < 10000)
            // 무언가 하는 코드
        else
            // 또 다른 무언가 하는 코드

        this.state = State.CANCELED;
    }
(생략)
```

실무에서는 한 번 if 분기를 추가한 상태에서 요구사항이 많아지면 또 다른 if 분기를 계속 추가하는 방향으로 코드가 수정된다. if 분기가 많아진 코드는 읽기가 어렵고, 문제가 생겼을 때 디버깅하기도 어렵다. 따라서 가능하다면 if 분기를 추가하지 않고도 간접적으로 데이터에 따라 다른 로직이 실행되도록 할 수 있는 방식을 사용하자.

Enum은 그 방식을 달성하기에 적절한 도구이다. 더 좋은 코드를 만들기 위해 Enum을 활용하여 다음과 같이 코드를 변경해 보자.

State.java

```
package kr.co.ordermanagement.domain.order;

import kr.co.ordermanagement.domain.exception.CanNotCancellableStateException;

public enum State {
    CREATED {
        @Override
        void checkCancellable() {}
    },
    SHIPPING,
    COMPLETED,
```

```
    CANCELED;

    void checkCancellable() {
        throw new CanNotCancellableStateException("이미 취소되었거나 취소할 수 없는 주문상
태입니다.");
    }
}
```

Order.java cancel 메서드

```
(생략)
    public void cancel() {
        this.state.checkCancellable();
        this.state = State.CANCELED;
    }
(생략)
```

State Enum 코드는 각 타입별로 checkCancellable 메서드가 생긴 것과 마찬가지의 효과를 낸다. 코드 아래쪽에 선언된 checkCancellable가 모든 타입에 대해 기본적으로 실행되는 checkCancellable 메서드의 로직이다.

CREATED 타입만 해당 메서드를 오버라이딩해 CanNotCancellableStateException 예외가 던져지지 않도록 만들어 줬다. 이렇게 하면 다른 타입은 모두 기본으로 지정된 checkCancellable 메서드의 로직을 실행시켜서 CanNotCancellableStateException 예외가 발생하겠지만, CREATED 타입만은 예외가 발생하지 않는다.

이와 같이 코드를 변경했더니 Order의 cancel에는 if 분기가 없어졌다. cancel 메서드 입장에서는 state에 어떤 값이 들어 있는지 신경 쓸 필요조차 없다. 그저 state가 어떤 값을 가지느냐에 따라 State Enum 내부에 다형적으로 선언된 로직에 의해 실행될 뿐이다. 따라서 이 코드는 충분히 객체 지향적이라고 할 수 있다.

코드 다듬기

이제 코드를 조금 다듬고 요구사항을 최종적으로 확인하며 과제를 마무리하자. 앞서 과제를 구현하면서 우리는 주문Order에서 주문된 상품의 정보를 저장할 때 상품 클래스인 Product를 그대로 사용

했다. 주문과 주문된 상품, 이 둘은 가지고 있는 데이터가 같아서 마치 같아 보이지만, 서로 다르다고 보는 것이 합당하다. 예를 들어 다음과 같은 요구사항이 생기면 어떻게 해야 할까?

- **새로운 요구사항: 주문된 상품에 대한 부분 취소 기능을 넣어 주세요. 부분 취소된 상품도 주문의 일부로 포함되어야 합니다.**

새로운 요구사항을 만족시키기 위해 Product 클래스에 해당 로직과 필드를 추가하는 것이 옳을까? 주문과 주문된 상품을 나눠 보면, 주문된 상품은 기존에 Product 클래스가 가지고 있던 메서드들이 필요 없다는 사실을 알게 될 것이다.

이번에 할 일은 Product 클래스를 공유하고 있던 상품과 주문된 상품을 나눠서 Product 클래스는 그대로 두고, 주문된 상품을 OrderedProduct라는 이름의 새로운 클래스로 만들어 보는 것이다. Order에서 orderedProducts라는 필드의 이름으로 주문된 상품을 사용하고 있기 때문에 여기서부터 코드를 다듬으면 된다.

먼저 OrderedProduct라는 이름으로 클래스를 생성하고 다음과 같이 코드를 추가하자. 그리고 Order에서도 관련 코드를 모두 수정해 주자.

OrderedProduct.java

```java
package kr.co.ordermanagement.domain.order;

public class OrderedProduct {
    private Long id;
    private String name;
    private Integer price;
    private Integer amount;

    public OrderedProduct(Long id, String name, Integer price, Integer amount) {
        this.id = id;
        this.name = name;
        this.price = price;
        this.amount = amount;
    }

    public Long getId() {
        return id;
    }
}
```

```java
    public String getName() {
        return name;
    }

    public Integer getPrice() {
        return price;
    }

    public Integer getAmount() {
        return amount;
    }
}
```

Order.java

```java
package kr.co.ordermanagement.domain.order;

(생략)

public class Order {
    private Long id;
    private List<OrderedProduct> orderedProducts;
    private Integer totalPrice;
    private State state;

    public Order(List<OrderedProduct> orderedProducts) {
        this.orderedProducts = orderedProducts;
        this.totalPrice = calculateTotalPrice(orderedProducts);
        this.state = State.CREATED;
    }

(생략)

    public List<OrderedProduct> getOrderedProducts() {
        return orderedProducts;
    }

(생략)

    private Integer calculateTotalPrice(List<OrderedProduct> orderedProducts) {
        return orderedProducts
                .stream()
```

```
                    .mapToInt(orderedProduct -> orderedProduct.getPrice() *
    orderedProduct.getAmount())
                    .sum();
    }
}
```

이렇게 코드를 수정한 후에는 Order를 사용하고 있는 코드들 역시 모두 수정해 줘야 한다. 다음과
같이 코드를 수정하자.

SimpleOrderService.java

```
package kr.co.ordermanagement.application;

(생략)

@Service
public class SimpleOrderService {

(생략)

    public OrderResponseDto createOrder(List<OrderProductRequestDto>
orderProductRequestDtos) {
        List<OrderedProduct> orderedProducts = makeOrderedProducts(orderProductReque
stDtos);
        decreaseProductsAmount(orderedProducts);

        Order order = new Order(orderedProducts);
        orderRepository.add(order);

        OrderResponseDto orderResponseDto = OrderResponseDto.toDto(order);
        return orderResponseDto;
    }

(생략)

    private List<OrderedProduct> makeOrderedProducts(List<OrderProductRequestDto>
orderProductRequestDtos) {
        return orderProductRequestDtos
                .stream()
                .map(orderProductRequestDto -> {
                    Long productId = orderProductRequestDto.getId();
```

```
                Product product = productRepository.findById(productId);

                Integer orderedAmount = orderProductRequestDto.getAmount();
                product.checkEnoughAmount(orderedAmount);

                return new OrderedProduct(
                        productId,
                        product.getName(),
                        product.getPrice(),
                        orderProductRequestDto.getAmount()
                );
            }).toList();
    }

    private void decreaseProductsAmount(List<OrderedProduct> orderedProducts) {
        orderedProducts
                .stream()
                .forEach(orderedProduct -> {
                    Long productId = orderedProduct.getId();
                    Product product = productRepository.findById(productId);

                    Integer orderedAmount = orderedProduct.getAmount();
                    product.decreaseAmount(orderedAmount);

//                     productRepository.update(product);
                });
    }
}
```

다음으로 ProductDto와 같은 역할을 하는 OrderedProductDto를 만들어 준다.

OrderedProductDto.java

```
package kr.co.ordermanagement.presentation.dto;

import kr.co.ordermanagement.domain.order.OrderedProduct;

public class OrderedProductDto {
    private Long id;
    private String name;
    private Integer price;
```

```java
        private Integer amount;

        public OrderedProductDto(Long id, String name, Integer price, Integer amount) {
            this.id = id;
            this.name = name;
            this.price = price;
            this.amount = amount;
        }

        public Long getId() {
            return id;
        }

        public String getName() {
            return name;
        }

        public Integer getPrice() {
            return price;
        }

        public Integer getAmount() {
            return amount;
        }

        public static OrderedProductDto toDto(OrderedProduct orderedProduct) {
            OrderedProductDto orderedProductDto = new OrderedProductDto(
                    orderedProduct.getId(),
                    orderedProduct.getName(),
                    orderedProduct.getPrice(),
                    orderedProduct.getAmount()
            );

            return orderedProductDto;
        }
    }
```

DTO 쪽에도 바꿔 줘야 할 코드가 있다. OrderResponseDto 역시 다음과 같이 수정해 주자.

```
package kr.co.ordermanagement.presentation.dto;

(생략)

public class OrderResponseDto {
    private Long id;
    private List<OrderedProductDto> orderedProducts;
    private Integer totalPrice;
    private State state;

    public OrderResponseDto(Long id, List<OrderedProductDto> orderedProducts, Integer
totalPrice, State state) {
        this.id = id;
        this.orderedProducts = orderedProducts;
        this.totalPrice = totalPrice;
        this.state = state;
    }

(생략)

    public List<OrderedProductDto> getOrderedProducts() {
        return orderedProducts;
    }

(생략)

    public static OrderResponseDto toDto(Order order) {
        List<OrderedProductDto> orderedProductDtos = order.getOrderedProducts()
                .stream()
                .map(orderedProduct -> OrderedProductDto.toDto(orderedProduct))
                .toList();

(생략)

    }
}
```

Product와 OrderedProduct를 나누는 것이 적절하다고 생각하여 나누기는 했으나, 이러한 결정이 항상 옳은 것만은 아니다. 때로는 나누지 않는 편이 더 적절할 수도 있다. 두 존재가 절대 다르게 사용되지 않을 때 이렇게 나누면 불필요한 코드 하나가 더 추가된 것이기 때문이다. 실무에서는 나눠야 하는 상황이 발생할 때 나눠도 된다. 왜냐하면 아직까지는 요구사항을 수용하는 것에 문제가 없었기 때문이다.

여기까지 코드를 수정했다면 불필요하게 추가한 import 문이나 주석은 없는지, 코드의 일관성이 없는 부분은 없는지 등 코드를 한번 훑어보는 것이 좋다. 필자 역시 앞서 남겨 놨던 주석을 제거했다. 마지막으로 요구사항을 만족하는지 API를 호출하며 확인해 보자. 요구사항에 해당하는 요청에 대해 적절한 응답이 오고 있음을 확인할 수 있다.

다음 링크에서 우리가 완성한 프로젝트의 소스코드를 확인할 수 있다.

- https://github.com/lleellee0/java-for-backend/tree/main/14-2

완성된 프로젝트에는 다음과 같은 소스코드가 있다.

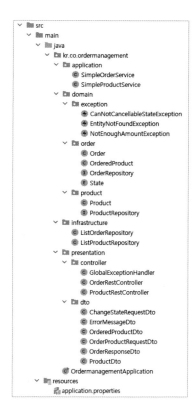

자동화된 테스트

사실 이 프로젝트에는 요구사항을 테스트해 볼 수 있는 테스트 코드가 있다. 해당 테스트 코드를 통과하면 요구사항을 만족하는 프로젝트가 된다. 테스트 코드가 위치한 test 디렉토리로 가면 테스트 코드를 찾을 수 있다. OrdermanagementApplicationTests를 실행하자.

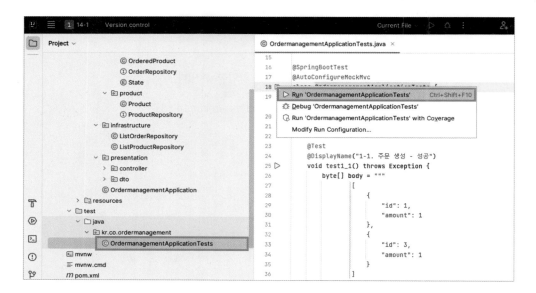

그러면 다음과 같은 테스트가 진행된다. 요구사항을 정상적으로 구현했다면 작성된 테스트 코드에 의해 모든 테스트에 통과할 수 있을 것이다.

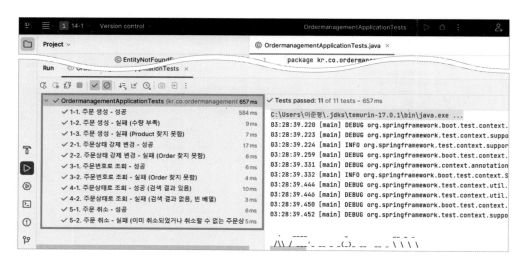

채점을 위해 테스트 코드는 컨트롤러에 대한 통합 테스트로 작성했다. 채점을 위해서만 작성했기 때문에 테스트 코드로서는 부족하지만, 채점은 훌륭하게 해낼 수 있는 코드이다. 실제로 기반 코드만 들어 있는 프로젝트를 처음 열었을 때 테스트 코드를 돌리면 다음과 같이 모든 테스트에 실패한다.

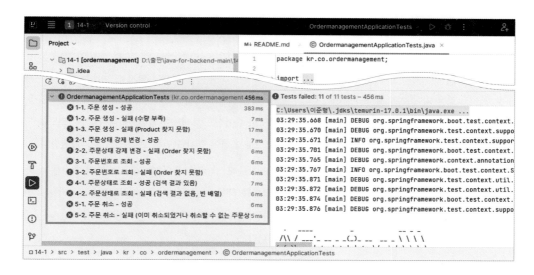

만약 여러분이 완성한 과제에서 테스트 코드를 돌렸는데 실패한 테스트가 있다면 코드가 잘못된 것이다. 해당 테스트가 왜 실패했는지 확인해 보고 코드를 변경해 보자.

마무리

이번 장에서는 요구사항에 따라 주문 관리 API 서버를 구현해 봤다. 이 정도 문제를 요구사항만 보고 풀어 낼 수 있다면 실제로 채용 과정에서 출제되는 과제 테스트도 충분히 풀 수 있을 것이다.

풀이가 어렵다면 책에서 제시한 코드와 설명을 부분적으로 참고하여 반복적으로 코드를 구현해 보자. 혼자서 가상의 요구사항을 추가해 보며 API 서버를 확장해 나가거나 해당 API 서버에 대한 UI를 구현해 보는 것도 좋은 공부가 될 것이다.

13장과 마찬가지로 주문 관리 API 서버 개발 과제를 제출한 후 과제를 기반으로 나올 만한 면접 질문을 다룬다.

Q1. 과제를 어떤 과정으로 풀었는지 설명해 주세요.

A1. 먼저 제시된 요구사항을 읽어 보면서 어떤 순서로 과제를 진행해야 할지 확인했습니다. 요구사항을 읽어 보며 제가 구현해야 할 도메인을 식별하고, 도메인에 부여된 여러 가지 데이터와 행동, 제약사항을 적었습니다. 다음으로 기반 코드로 주어진 프로젝트를 확인했습니다. 기반 코드를 확인하면서 제가 생각했던 설계를 어떻게 코드로 옮겨야 할지 고민해 보고 코드를 추가했습니다.

요구사항에 명시적으로 드러난 주문(Order) 클래스와 컨트롤러, DTO 코드부터 추가해 줬고, 개인적으로 특정 자원에 대한 생성부터 코드를 작성하는 것을 선호하여 주문이 생성되는 로직부터 작성했습니다. 이러한 방식을 선호하는 이유는 자원이 생성되는 기능을 구현하는 과정에서는 대부분의 데이터가 정의되기 때문입니다.

주문 생성 기능을 작성한 후에는 다른 기능도 하나씩 추가해 줬습니다. 그러면서 중간중간 요구사항에 맞게 개발하고 있는지 확인했습니다. 요구사항에는 몇 가지 예외 상황이 있었는데요. 없는 id로 조회하거나 주문 수량보다 상품 재고가 부족한 상황 등은 예외로 정의해 줬고, 예외를 던진 후 예외 처리 핸들러를 통해 예외를 처리하도록 만들었습니다.

최종적으로 기능과 요구사항을 모두 구현하고 요구사항을 하나씩 확인하며, 제가 구현한 애플리케이션이 요구사항을 제대로 만족하고 있는지 점검하고 제출했습니다.

해설

문제를 해결하는 것 자체도 중요하지만, 문제를 해결해 나가는 과정을 다른 사람에게 설명할 수 있는 것 역시 중요하다. 이런 질문에는 짧게 답변하기보다는 문제에 접근하고, 풀어 나갔던 과정을 차근차근 설명하자.

실무에서 어떤 기능을 구현하거나 문제를 해결하기 위해 다른 사람과 커뮤니케이션해야 하는 상황이 매우 자주 발생한다. 그럴 때는 '하려는 것은 무엇이고, 어떤 과정을 거치며, 상대방이 도와줬으면 하는 일이 무엇인지' 소통할 수 있어야 한다. 겪고 있는 커다란 문제를 작은 문제로 쪼개고, 작은 문제를 해결하는 과정을 이야기하는 연습을 해 보자.

Q2. **주문상태를 관리하기 위해 Enum을 활용한 이유가 있나요?**

A2. 두 가지 이유가 있습니다. 첫 번째는 주문상태가 총 네 가지로 제한되어 있기 때문에 열거형을 사용하기에 아주 적절한 필드라는 생각을 했기 때문입니다. 두 번째는 주문상태에 따라 취소가 가능한 상태와 아닌 상태가 나뉘어 있기 때문에 Enum에 메서드를 추가하면 if 문을 없앨 수 있을 것이라고 생각했습니다.

해설

실제 면접에서는 이와 같이 Enum을 직접적으로 물어보는 것이 아니라, 주문상태를 관리하기 위해 무엇을, 어떻게 처리했는지에 대해 물을 수 있다.

Q3. **기반 코드로 주어진 Product와 OrderedProduct를 공유해도 되는데, 굳이 나눈 이유가 있을까요?**

A3. 저도 구현하면서 그 부분을 고민했습니다. 왜냐하면 가지고 있는 데이터가 모두 같기 때문입니다. 그러나 두 객체를 나누는 것이 적절하다고 생각했습니다. amount라는 필드가 두 객체에서 의미하는 바가 전혀 다르게 느껴졌기 때문입니다. Product에서의 amount는 상품의 재고 수량을 의미하지만, OrderedProduct에서의 amount는 주문된 상품의 주문 수량을 의미합니다. 그래서 저는 두 객체가 amount 필드를 공유하는 것이 부적절하다고 생각했습니다.

한 가지 이유를 덧붙이자면, 새로운 요구사항이 추가된다면 두 객체는 당연히 다른 필드와 메서드를 가지는 형태로 변화될 것이라고 생각했습니다. 만약 주문에 대한 부분 취소 기능을 구현해야 한다면 OrderedProduct에 부분 취소와 관련된 필드와 메서드를 추가해야 할 것입니다. 그런데 이것이 Product에게도 필요한 코드는 아닐 것이므로 나누는 것이 적절하다고 판단했습니다. 현재도 Product에만 존재하는 checkEnoughAmount, decreaseAmount와 같은 메서드가 OrderedProduct에는 전혀 필요가 없는데, 이것 역시 같은 맥락이라고 생각합니다.

해설

본문에서 언급했던 Product와 OrderedProduct를 나누는 이유에 대해서 조금 더 풀어서 작성한 답변이다. 앞서 언급했던 것처럼 나누지 않는 것이 더 좋을 수도 있지만, 나누는 것이 적절한지 아닌지는 여기서 중요한 문제가 아니다. 더 중요한 것은 나누는 것을 뒷받침할 만한 근거와 논리이다.

Q4. 구현해 주신 코드에서 레포지토리의 구현체로는 모두 리스트를 활용한 구현체를 쓰고 있습니다. 그런데 데이터베이스를 활용하는 레포지토리 구현체가 추가된다면, 현재 코드 그대로 사용할 수 있을까요?

A4. 어떤 데이터베이스 사용 라이브러리나 프레임워크가 사용되느냐에 따라 다르겠지만, 지금의 애플리케이션 서비스 코드로는 모든 요구사항을 충족하지는 못할 것 같습니다. 저는 레포지토리에 update를 구현해 주지 않았는데, JdbcTemplate 같은 것을 사용한다면 수정된 엔티티의 내용이 데이터베이스에 반영되지 않을 것 같습니다. 물론 저는 과제 내에서 리스트로 구현된 레포지토리를 사용했기 때문에 update를 해주지 않아도 문제가 없었지만, 데이터베이스를 활용하게 된다면 코드를 수정해야 할 것 같습니다.

해설

애플리케이션 서비스의 코드는 가급적 인프라스트럭처Infrastructure 계층에 무관하게 동작할 수 있도록 만드는 것이 좋다. 즉, 인프라스트럭처 계층으로의 의존성이 없도록 만들라는 것이다. 그러나 현실적으로 타협을 해야 하는 상황도 있다. 모든 인프라스트럭처를 고려하여 코드를 작성할 수는 없다. 과제 상황에서는 적어도 리스트로 구현된 레포지토리가 기반 코드로 주어졌기 때문에 해당 레포지토리를 사용하는 것을 가정하여 기능을 구현해도 괜찮다.

추가로, 만약 JdbcTemplate 대신 Spring Data JPA 같은 기술로 데이터베이스를 사용했다면 지금의 코드로도 수정된 엔티티의 내용이 데이터베이스에 반영되도록 만들 수 있다. 우선 과제 테스트를 풀어 나가는 일에 집중하자.

Q5. **과제를 진행하면서 특별히 어려웠거나 신경 썼던 부분이 있나요?**

A5. 주문하려는 상품의 재고가 있는지 미리 체크하는 로직을 작성하는 부분이 어려웠습니다. 요구
사항에 명시적으로 나와 있는데, 처음에는 상품 재고를 감소시키기 직전에 체크하고 예외를 던
지려고 했습니다. 그런데 먼저 실행된 재고 감소 로직에 대한 롤백이 필요해 보였습니다.

롤백을 구현할까도 생각해 보았습니다. 그러나 롤백을 구현하는 것보다는 주문된 모든 상품에
대한 상품 재고를 먼저 확인한 다음에 상품 재고를 감소시키면 좀 더 쉽게 해결할 수 있을 것
같다는 생각이 들었습니다. 그래서 전체 재고 확인 후 전체 재고가 감소되도록 로직을 작성하
여 요구사항을 만족시켰습니다.

> **해설**
>
> 상품 재고를 체크하고 감소시키는 부분이 어렵다고 느낄 만한 부분이다. 확실히 롤백을 구현하
> 는 것보다는 상품 재고를 체크하고 감소시키도록 처리하는 것이 구현하기가 쉽다. 같은 효과를
> 얻을 수 있다면 좀 더 쉬운 방법을 선택하는 것이 합리적이다.